T0326421

La gestion du personnel au Crédit lyonnais de 1863 à 1939

Une fonction en devenir
(genèse, maturation et rationalisation)

P.I.E. Peter Lang

Bruxelles · Bern · Berlin · Frankfurt am Main · New York · Oxford · Wien

Cécile OMNÈS

La gestion du personnel
au Crédit lyonnais
de 1863 à 1939

Une fonction en devenir
(genèse, maturation et rationalisation)

« Économie et Histoire »
N° 1

Cet ouvrage est publié avec le soutien de LCL.

Illustration de couverture : Personnel de l'agence du Crédit lyonnais de Chalons-sur-Marne © Service des Archives historiques Groupe de Crédit agricole SA.

© P.I.E. PETER LANG S.A.
Éditions scientifiques internationales
Bruxelles, 2007
1 avenue Maurice, 1050 Bruxelles, Belgique
info@peterlang.com;   www.peterlang.com

Imprimé en Allemagne

ISSN 1784-7761
ISBN 978-90-5201-358-9
D/2007/5678/48

Information bibliographique publiée par « Die Deutsche Bibliothek »
« Die Deutsche Bibliothek » répertorie cette publication dans la « Deutsche Nationalbibliografie » ; les données bibliographiques détaillées sont disponibles sur le site http://dnb.ddb.de.

Mais pourquoi la souffrance est-elle toujours pour nous ? et pour des gens comme nous ? pour les gens ordinaires ? pour les petits bourgeois. Que la guerre arrive, que le franc baisse, qu'il y ait chômage ou crise ou révolution, les autres s'en tirent. Nous sommes toujours écrasés ! Pourquoi ? Qu'est-ce que nous avons fait ? Nous payons pour toutes les fautes. Bien sûr, on ne nous craint pas, nous ! Les ouvriers se défendent, les riches sont forts. Nous, nous sommes les moutons bons à tondre. Qu'on m'explique pourquoi ! Qu'est-ce qui se passe ? Je ne comprends pas.

Jeanne Michaud, auxiliaire temporaire
de la Banque Corbin, in Irène Némirovsky,
Suite française, Éditions Denoël, 2004, p. 67.

Table des matières

Remerciements

Traversée en solitaire, la réalisation d'une thèse ne dépend pas moins de nombreuses personnes.

Ma reconnaissance va d'abord au professeur Alain Plessis pour la confiance qu'il m'a témoignée durant ces quatre années. Il m'a permis en outre d'accomplir ce travail dans de bonnes conditions comme allocataire de recherches.

Cette thèse doit aussi au dynamisme et à la convivialité du séminaire de Patrick Fridenson et de ses co-animateurs : Yves Cohen puis Aude Debarle ainsi qu'à la curiosité et à la qualité de nombreux membres du séminaire que j'ai pu y rencontrer.

Au Crédit lyonnais où nous avons passé de longs mois de travail, nous tenons à exprimer ma profonde gratitude à toute l'équipe des Archives Historiques et en particulier, à Roger Nougaret, à Béatrice Letellier et à Josianne Coleville ainsi qu'aux stagiaires que nous avons côtoyés : Nolwen, Nicolas Cattelain et Céline Troadec.

Ce travail a été nourri des discussions avec André Straus et Catherine Omnes et guidé par les encouragements et l'exemple de Delphine Gardey, une lectrice attentive.

Enfin, la réflexion sur la fonction Personnel et l'organisation même de ce travail, selon une démarche « constructiviste », est redevable des séminaires de Régis Ribette, Frédérique Pigeyre, Patrick Gilbert et Béatrice Dauberville, enseignants au Conservatoire National des Arts et Métiers.

Delphine Gardey, Roger Nougaret, Bertrand Durupt, Anne Morrier, Béatrice Omnès, Dominique Dubois et André Straus ont consacré des heures à la relecture ou à l'élaboration matérielle de ce travail qui n'aurait pas été le même sans eux.

Enfin, la grande disponibilité, la patience légendaire et le soutien inconditionnel de Jo et de René Omnès ont été indispensables à l'accomplissement de ce travail. Qu'ils soient avec Béatrice, Isabelle, David, Max et Élie Zeitoun, Anne, Dominique, Mathilde, Léna et Corentin Dubois assurés de mon affection.

Préface

L'histoire des banques, qui constitue en France un secteur particulièrement dynamique de l'histoire des entreprises, n'a pourtant guère porté attention à la gestion de leur personnel. L'histoire sociale, qui a longtemps privilégié le monde des ouvriers, a ensuite élargi son champ de recherche à d'autres groupes professionnels, notamment à celui des employés, mais elle s'est intéressée aux employés de bureau et a laissé de côté le groupe bien particulier des employés de banque. Aussi la gestion du personnel des banques, la condition de leurs employés et leur identité sociale sont-elles demeurées trop longtemps à l'écart des préoccupations des historiens. Une telle ignorance est fort regrettable, car elle concerne une part de la population active qui a connu une forte croissance (le personnel bancaire devait avoisiner un effectif de 50 000 personnes au début du XXe siècle, pour atteindre 160 000 personnes en 1931 et 400 000 cinquante ans plus tard), et la gestion de ce personnel, qui pour l'essentiel s'est trouvé concentré dans quelques très grandes banques, disposant d'un réseau étoffé d'agences, a toujours posé des problèmes spécifiques.

La thèse de Cécile Omnès est donc une œuvre pionnière. Pour défricher ces champs de recherche nouveaux, elle s'est lancée dans l'exploitation systématique d'archives mises fort heureusement et fort libéralement à sa disposition par les Archives historiques du Crédit lyonnais (aujourd'hui intégrées dans le service des Archives historiques du Crédit agricole SA). Ces archives abondantes, d'une exploitation parfois délicate, mais souvent passionnantes, lui ont permis de mener à bien cette recherche originale, qui présente un grand intérêt. D'abord, parce qu'elle concerne le Crédit lyonnais, qui a été presque constamment jusqu'en 1966 la première banque française, et, au moins jusqu'en 1914, une des toutes premières banques mondiales par le montant de ses ressources. Et aussi une des plus grandes entreprises françaises par l'effectif de ses salariés, qui étaient déjà près de 16 000 en 1914, avant d'être quelque 26 000 en 1931 et encore 23 000 à la veille de la Seconde Guerre mondiale, soit un chiffre supérieur à celui du personnel employé aujourd'hui par cette banque, après, il est vrai, les graves vicissitudes qu'elle a traversées dans les années 1990. L'intérêt de cette œuvre vient aussi de ce qu'elle suit la gestion de ce personnel pendant une période longue de trois quarts de siècle. Elle fait apparaître des étapes successives, pendant lesquelles les caractéristiques spécifiques des employés sont mises en relation avec la politique de gestion du personnel des dirigeants de la banque, et les nécessités d'une adaptation à la transformation de tout leur environnement et aux mutations des activités bancaires.

Le Crédit lyonnais a d'abord, depuis sa création jusque vers 1885, recruté essentiellement des hommes, ayant acquis déjà d'une certaine expérience professionnelle, munis de recommandations attestant de leur moralité, et choisis en raison des qualités de leur tenue et de leur éducation plus que de leur niveau d'instruction.

Quand la croissance de ses opérations et le développement de son réseau d'agences nécessitent un gonflement rapide des effectifs, entre 1885 et 1914, le Crédit lyonnais, en quête de personnel qualifié, fait davantage appel à des jeunes sans expérience professionnelle, mais ayant au moins un bon niveau d'instruction primaire. Pratiquant une politique systématique de mobilité entre les services et entre les agences, il arrive à former ainsi sur le tas des cadres, constituant une méritocratie qui n'est pas prédéterminée par la possession d'un diplôme. C'est alors que se met véritablement en place une gestion paternaliste du personnel efficace, mais qui a son coût.

La Grande Guerre et ses suites immédiates provoquent une profonde rupture, dans la gestion de ce personnel comme dans bien d'autres domaines. La guerre elle-même, qui entraîne la mobilisation de la moitié des employés, accélère brutalement la féminisation du personnel : si la banque avait commencé à recruter auparavant des femmes, elle les avait jusque-là cantonnées dans certains de ses services administratifs. Mais les femmes qui entrent à la banque pendant la guerre ne sont recrutées que comme des auxiliaires temporaires, et certaines d'entre elles seront renvoyées par la suite. La guerre entraîne aussi le recrutement massif de jeunes d'origine modeste, et la forte inflation qu'elle a déclenchée et qui est un phénomène très nouveau, signifie pour l'ensemble du personnel une remise en cause des avantages acquis et un recul du niveau de vie : les employés demandent en vain l'indexation de leur rémunération ou au moins l'octroi d'une prime contre « la vie chère ». De là une profonde détérioration du climat social, qui se traduit par la montée du *turn-over* et de l'absentéisme, et par une série de grèves localisées, en 1917, 1919, et 1923.

Pour tenter de faire face à cette situation, les dirigeants du Crédit lyonnais créent une direction du personnel, qui institue des règles d'avancement et harmonise le système de paie. Le paternalisme subsiste et se renforce même, mais il se fait plus dirigiste, le rythme de recrutement apparaît peu adapté aux changements du métier, et les employés se plaignent de plus en plus de « l'insuffisance des salaires » qui ne suivent pas la hausse des prix. Cette inadaptation de la politique sociale à des conditions nouvelles a pour double sanction la perte de rentabilité de la banque et la grande grève de 1925. Dans l'immédiat, les grévistes n'obtiennent pas la satisfaction de leurs revendications. C'est aussi durant ces années 1920-1925 que le Crédit lyonnais perd son rang de première banque française et se voit dépassé, pour le total de son bilan, par sa grande rivale, la Société générale.

Mais ses dirigeants, parmi lesquels le nouveau directeur général Escarra joue un rôle actif, réagissent résolument pour sortir de cette grave crise : tout en pratiquant l'ouverture accélérée de nouveaux sièges en France, ils dotent leurs établissements de nouvelles machines et développent ainsi la mécanisation des opérations de bureau, placée sous l'égide d'un Bureau de la mécanographie créé en 1926. Ils se lancent aussi dans une politique résolue de rationalisation du travail, qui se traduit tout à la fois par une rationalisation de l'espace bancaire et par une amélioration de la mesure des performances des employés, ce qui permet d'accroître leur productivité et de réduire les frais généraux. Dans le même temps, ils parviennent à améliorer les relations avec le personnel.

Aussi la crise économique des années 1930 qui arrête brutalement les embauches et provoque un dégonflement progressif des effectifs employés, ne remet-elle pas en cause la paix sociale dans l'entreprise. Mais s'il n'y a pas eu en 1936 de grande grève au Crédit lyonnais, tout comme dans les autres établissements de crédit, le Front populaire, en imposant à la profession la conclusion de la première convention collective des banques, suscite l'émergence d'un nouveau mode de régulation sociale : désormais, il est difficile pour le Crédit lyonnais de continuer à avoir une gestion autonome de son personnel.

Ce travail montre l'ampleur des changements qui se sont opérés au fil du temps dans le recrutement du personnel, dans sa formation et dans ses carrières. Les évolutions du mode de gestion, qui sont liées aussi bien à des facteurs économiques ou sociaux qu'à des facteurs politiques auxquels il a toujours fallu s'adapter tant bien que mal, s'accompagnent d'une transformation profonde de la composition du personnel et d'une véritable mutation de son identité professionnelle, qui a été remise en cause par une véritable crise d'identité au début des années 1920. Cécile Omnès a réussi à faire entrer les employés du Crédit lyonnais dans l'histoire sociale, et elle a ouvert ainsi une voie prometteuse. Il faut espérer que d'autres recherches prolongeront cette étude stimulante vers des époques plus récentes ou l'étendront aux employés d'autres grandes banques.

Alain PLESSIS

Liste des abréviations

AH CL	Archives Historiques Crédit lyonnais
BR HCL	Brochure Historique Crédit lyonnais
BR HBA	Brochure Histoire Bancaire
AH AFB	Archives Historiques Association Française de Banque
AN	Archives Nationales
APPP	Archives de la Préfecture de Police de Paris
BH VP	Bibliothèque Historique de la Ville de Paris

Introduction générale

I. Présentation du sujet

Le choix du sujet, « la gestion du personnel au Crédit lyonnais : 1863-1939 », n'est pas neutre. Il correspond à l'inquiétude qui pesait alors sur notre cœur et notre esprit : en cela, il constitue une prise de position pas vraiment nouvelle mais militante sur l'histoire « fille de son temps ».

Commencées en 1993, ces recherches ont coïncidé avec la publication d'un ouvrage collectif *Repenser la GRH*[1] qui traduisait la prise de conscience par les professionnels d'une crise de la fonction Personnel. Dans le même temps, Jean Fombonne, ancien directeur des Ressources humaines de la Compagnie bancaire, en entreprenant l'histoire de cette Fonction, s'interrogeait sur le silence des historiens en la matière : « l'Histoire de la Fonction Ressources humaines n'a jamais été écrite, ni même sérieusement étudiée suivant des méthodes scientifiques d'investigation ».[2] Pourtant, dans l'essai bibliographique consacré à l'histoire d'entreprise en France,[3] Jean-Pierre Daviet identifie la « Fonction des Ressources Humaines » comme un champ d'investigation possible au même titre que les autres fonctions qui composent la généalogie de toute entreprise : fonction de Production, fonction Commerciale ou Marketing, fonction de Comptabilité et Contrôle, et fonction Financière.

Mais jusqu'alors, l'intérêt des historiens pour cette fonction se mesurait aux chapitres plus ou moins denses rédigés dans le cadre de monographies d'entreprises.[4]

---

[1] Jean Brabet (dir.), *Repenser la GRH*, Economica, Paris, 1993.

[2] Jean Fombonne, « Pour un Historique de la Fonction Personnel », in Dimitri Weiss & co, *La Fonction Ressources Humaines*, Les Éditions d'Organisation, Paris, 1992, 784 pages, p. 55.

[3] Alain Beltran, Jean-Pierre Daviet et Michèle Ruffat, « L'histoire d'entreprise en France, Essai bibliographique », *Les Cahiers de l'IHTP*, cahier n° 30, juin 1995, p. 22.

[4] Hubert Bonin, « Une grande entreprise bancaire », chapitre III, in « Un ancêtre combatif de la BNP : la Banque Nationale de Crédit, (1913-1932) », thèse de 3ᵉ cycle préparée sous la direction de Maurice Lévy-Leboyer, Université de Nanterre-Paris X, 1978, 191 pages, p. 32-42.

Centrée à l'origine sur l'émergence de la fonction Personnel, cette étude répond à deux ambitions qui se nouent à la charnière du managérial et du social.

La première est d'identifier l'évolution des processus de gestion du personnel. Pour cela, nous nous sommes interrogée sur les choix que l'entreprise a progressivement été amenée à faire en ce domaine. Comme le soulignait récemment Larry W. Hunter,[5] « il n'est pas inutile de concevoir la gestion des ressources humaines comme une série de choix que fait une entreprise quant à la façon de gérer le personnel ».[6] Ces choix peuvent être regroupés en plusieurs catégories. Pour ma part, nous nous sommes attachée à en considérer six qui sont apparus et ont évolué au gré des besoins internes et des contraintes externes auxquels l'entreprise fut soumise : le recrutement, la formation, l'organisation du travail, la rémunération et les relations sociales qu'on appellerait aujourd'hui expression et représentation des salariés. Or, ces choix ne sont pas uniformes.

En effet, l'espace organisationnel et le cadre temporel de l'étude sont déterminants : ils conditionnent la spécificité des processus de gestion du personnel observés. C'est pourquoi il convient de présenter le couplage « espace-temps » dans lequel ils ont été opérés.

Le choix de l'espace organisationnel s'est orienté vers une organisation qui s'est dotée d'un service d'Archives historiques,[7] le Crédit lyonnais.

Si la « Fonction des Ressources Humaines » a été délaissée par l'historiographie française, il n'en a pas été de même pour les institutions financières. L'enquête d'Alain Beltran, de Jean-Pierre Daviet et de Michèle Ruffat, déjà citée, démontre même que dans le classement des secteurs qui ont été étudiés par l'histoire d'entreprise, le secteur bancaire a largement été privilégié. Les institutions financières arrivent en tête avec quatre-vingts publications recensées pour la Banque et une douzaine pour l'Assurance : « Il est clair que le prestige de la profession bancaire, son rôle d'irrigation de l'ensemble de l'activité économique et

---

[5]   Larry W. Hunter enseigne le management à la Wharton School. Ses recherches portent notamment sur les effets des politiques du personnel sur les individus et les organisations, ainsi que sur les relations entre ces politiques et la stratégie organisationnelle.

[6]   Larry W. Hunter, « Rendre performant le lieu de travail : une gestion efficace des ressources humaines ne peut plus se contenter d'exécuter un ensemble standard de politiques et de procédures », in *Les Échos*, vendredi 28 et samedi 29 mars 1997, dossier spécial, l'Art du Management.

[7]   En 1992, le président Jean-Yves Haberer a doté l'entreprise d'un nouveau service : un service d'Archives historiques dont on peut dire que l'une des missions consiste à transformer la mémoire de l'entreprise en une valeur ajoutée pour l'organisation.

le poids de l'intervention de l'État dans ce domaine n'ont pas été sans effet sur le nombre de travaux qui la concernent. Les pionniers de l'histoire d'entreprise s'y retrouvent en grand nombre ».[8] Le Crédit lyonnais lui-même a fait l'objet d'au moins onze publications.[9]

Mais le vif intérêt des historiens pour les institutions financières s'accompagne jusqu'à présent d'une relative désaffection pour les hommes qui y travaillent. Parmi les quatre-vingts publications recensées depuis 1985, aucune n'est en effet consacrée à l'étude des employés de banque.

Ma seconde ambition est donc d'aider à l'identification de ce groupe socio-professionnel. Comme la première ambition, elle constitue une prise de position militante en faveur de l'histoire « fille de son temps ».

Ce projet a en effet coïncidé avec une mutation de la profession d'employé de banque qui a suscité les réflexions de journalistes et de sociologues. Ainsi en est-il du journaliste Éric Aeschimann, auteur d'un article intitulé « Comment un secteur détruit des milliers d'emplois par an : La mort lente de l'employé de banque »[10] et de deux sociologues, Yves Grafmeyer et David Courpasson qui se sont intéressés à ce groupe socio-professionnel. Le premier, en publiant en juin 1992 les résultats d'une enquête effectuée sur le personnel de la Société lyonnaise de Banque[11] et le second, en publiant en avril 1995 dans la revue *Sociologie du Travail* un article intitulé : « Éléments pour une sociologie de la relation commerciale : les paradoxes de la modernisation dans la banque ».[12] Dans cet article, l'auteur étudie les changements qui ont affecté le métier de vendeur : « Alors que la relation au client était jusqu'à présent marquée par une insertion locale forte et le poids de compétences internes, les années 1990 verront se développer des relations commerciales de plus en plus spécialisées suite à la modernisation du secteur. En raison de l'apparition de règles de segmentation de marché et de la codification précise des clientèles, on assiste alors à une hiérarchisation technique accrue entre vendeurs qui voient leur activité soumise à un plus grand contrôle de la part de la direction. Ce processus de modernisation, qui vise à une meilleure flexibilité des compétences commerciales, engendre toutefois, selon l'auteur, nombre d'effets préjudi-

---

[8]   Alain Beltran, Jean-Pierre Daviet, Michèle Ruffat, *art. cit.*, p. 8.

[9]   Cf. la bibliographie.

[10]   Éric Aeschimann, « Comment un secteur détruit des milliers d'emplois par an : La mort lente de l'employé de banque », in *Libération*, le 9 mars 1993, p. 10-11.

[11]   Yves Grafmeyer, *Les gens de la banque*, PUF, Paris, 1992, 284 pages.

[12]   David Courpasson, « Éléments pour une sociologie de la relation commerciale : les paradoxes de la modernisation dans la banque », in *Sociologie du Travail*, n° 37, avril 1995, p. 1-25.

ciables à la qualité de la relation commerciale ».[13] Contrairement à ce que ce sociologue paraît croire, « spécialisation, codification, hiérarchisation et contrôle accrus » ne constituent pas les facettes d'une évolution en rupture avec le passé : elles s'inscrivent dans la continuité d'un mouvement plus profond qui trouve ses origines dans la mise en œuvre, à partir de 1926 semble-t-il, de la rationalisation dans les banques. Longtemps appliquée au seul travail de bureau, de nouveaux instruments permettent aujourd'hui d'élargir la rationalisation à l'immatériel que constitue par exemple la relation aux clients. Ceci illustre ce qui distingue l'Histoire des autres sciences sociales : dépasser le temps court, l'instantané, pour le situer dans ce que Fernand Braudel appelait la « longue durée », cette « histoire de profondeur » sans pour autant nier les manifestations de la « discontinuité ».[14] Or, le Crédit lyonnais est une de ces entreprises dont l'histoire plus que centenaire se prête à l'exercice de l'analyse sur la longue durée. Il s'agit en effet d'une de ces banques par actions, un de ces établissements de crédit qui, comme le Crédit industriel et commercial quatre ans avant lui et la Société générale un an après lui, sont nés sous le Second Empire.

Le choix du cadre organisationnel invite à une analyse historique des employés de banque même si le caractère monographique de l'étude présente des limites pour identifier l'ensemble de ce groupe socio-professionnel. En ce sens, ce travail qui s'est intéressé à l'étude des employés du Crédit lyonnais sur plusieurs générations n'est qu'une contribution à une histoire plus générale des employés de banque qui reste à faire.

Aussi précieux que soit le courant sociologique qui vient d'être évoqué pour qui s'intéresse au monde des employés de banque, l'absence d'étude historique sur le sujet s'est donc faite cruellement sentir lors de l'élaboration de ce travail. Cette carence a toutefois été partiellement compensée grâce aux recherches de Delphine Gardey sur l'histoire des employés de bureau en France entre 1890 et 1930.[15] Tout en observant les traits communs que les employés de banque partageaient avec

---

[13] David Courpasson, *art. cit.*, p. 1.

[14] Fernand Braudel, « Histoire et économie : le problème de la discontinuité », conférence inédite, prononcée en espagnol (traduction Paule Braudel), Archives Fernand Braudel. L'intérêt de cette conférence est qu'elle s'adresse non à des historiens mais à des économistes, vis-à-vis desquels Fernand Braudel esquisse sa conception du rôle de la durée dans les sciences sociales de l'actuel, cf *Les écrits de Fernand Braudel : Les ambitions de l'Histoire*, Éditions de Fallois, Paris, 1997, 529 pages, p. 116.

[15] Delphine Gardey, « Un monde en mutation, les employés de bureau en France, 1890-1930 : féminisation, mécanisation, rationalisation », thèse de doctorat d'histoire sous la direction de Michelle Perrot, le 9 janvier 1995, Université de Jussieu-Paris VII, 929 pages.

l'ensemble des employés de bureau, la tache consistait à définir leurs spécificités sociales et professionnelles.

Ainsi, nous nous sommes intéressée à l'étude de l'évolution des origines sociales, scolaires et professionnelles des employés du Crédit lyonnais. Et la question s'est posée de savoir comment, plus peut-être qu'en raison de la démocratisation de leurs origines sociales, inévitable dès lors qu'une petite PME régionale se transforme en entreprise de dimension nationale, la prolétarisation progressive des conditions de vie et de travail des employés de l'établissement a pesé sur l'émergence de la conscience collective de ce groupe de salariés. Pendant plus longtemps que d'autres en effet, ils ne se sont définis que par rapport à la « maison » à laquelle ils appartenaient.

Guidé par cette double problématique, le choix du champ chronologique s'est porté sur la période la plus apte à mettre en valeur non seulement l'émergence et la modernisation des processus de gestion du personnel au Crédit lyonnais mais aussi les étapes de la mutation de l'identité sociale et professionnelle des employés de banque, phénomènes qui doivent être étudiés dans leurs interactions.

Comme première borne, 1863 s'impose. C'est l'année de la fondation du Crédit lyonnais : Henri Germain, son président-fondateur, est alors la seule personne reconnue pour gérer et administrer un personnel de 41 personnes. Plus difficile en revanche est le choix de la seconde borne. Il s'est finalement porté sur 1936-1939. Les effectifs s'élèvent en 1939 à 22 224 et la gestion du personnel ne relève plus seulement des pouvoirs de direction et d'organisation du chef d'entreprise mais elle dépend aussi de plusieurs partenaires : partenaires-adversaires tout d'abord que constituent les pouvoirs publics et les syndicats d'employés de banque, et partenaire-associé ensuite que représente le syndicat patronal.

Ce champ chronologique permet de prendre en compte les transformations structurelles de l'entreprise qui ont pu influer sur ses choix en matière de recrutement, de formation et d'organisation du travail. Par ailleurs, le XXe siècle, et plus précisément l'entre-deux-guerres, au travers de conjonctures monétaires saccadées marquées d'abord par l'inflation entre 1919 et 1926 puis par la déflation entre 1930 et 1935, ont contraint l'entreprise à modifier sa politique de rémunération.

Dans le domaine social aussi, la période de l'entre-deux-guerres est particulièrement agitée. Dans le secteur bancaire précisément, les secousses sociales se sont révélées décalées par rapport à celles qui ont eu lieu dans les autres secteurs. Alors qu'en 1925, la paix sociale semble enfin régner sur l'ensemble de l'économie française, une longue grève éclate dans les banques : c'est la première grève générale dans ce secteur d'activité ; en 1936 en revanche, alors que tous les secteurs de l'activité économique du pays sont paralysés par des grèves, le travail continue dans le secteur bancaire en même temps que des négociations collectives s'ouvrent entre les partenaires sociaux. Dans ces contextes d'agitation sociale, des choix ont été faits par l'entreprise, tantôt librement, tantôt sous la contrainte. Dans quelle mesure ont-ils débouché tout d'abord sur une transformation des méthodes de production et ensuite sur une mutation des relations sociales ?

II. Sources et méthodes

Pour mener à bien cette recherche, des sources internes et externes au Crédit lyonnais ont été consultées. Les premières peuvent être regroupées en quatre catégories : les sources administratives, les sources comptables, les dossiers individuels du personnel et la presse d'entreprise. Quant aux secondes, elles désignent les rapports de police qui ont contribué à l'analyse des grèves du personnel, les rapports annuels de l'Union syndicale des banquiers de Paris et de la province qui ont facilité l'analyse de l'application de la législation sociale dans le secteur bancaire et qui ont rendu compte de l'évolution de l'organisation du syndicat patronal, enfin, tout un corpus de revues professionnelles et syndicales qui ont permis de commenter l'application des nouvelles méthodes de travail au Crédit lyonnais et d'appréhender l'émergence de la conscience collective des employés de banque.

Seules les sources internes dont la structure est sérielle, à savoir les sources administratives, les sources comptables et les dossiers individuels du personnel, ont suscité l'élaboration de méthodes d'exploitation particulières qu'il convient de commenter.

Pour faciliter la compréhension des méthodes qui ont été utilisées, une présentation succincte du Crédit lyonnais s'impose.

Le Crédit lyonnais est donc une de ces banques par actions, un de ces établissements de crédit nés dans la seconde moitié du XIXe siècle. Fondé en 1863 à Lyon par Henri Germain, il découvre qu'il dispose d'un moyen miraculeux pour attirer l'épargne dans ses caisses, en proposant au public diverses formules attrayantes de dépôts : dépôts à vue (et portant intérêt), dépôts à terme et comptes courants. Pour développer sa clientèle, il lui offre de nombreux services. Enfin, il ouvre ses premières succursales autour de Lyon qui lui ont permis de multiplier l'effet des techniques d'appel à la clientèle. Le mouvement est alors lancé. En 1914, le Crédit lyonnais est un établissement de crédit composé de quatre grands réseaux d'agences : le réseau des agences régionales, le réseau des agences départementales, le réseau des agences étrangères et le réseau des agences parisiennes, et de deux sièges, un siège social, à Lyon, et un siège central à Paris. En 1939, malgré quelques modifications de structures, ces réseaux continuent d'exister à travers la direction des agences dans Paris, la direction des agences de province et d'Afrique qui centralise depuis 1935 les Agences régionales et les agences départementales, et la direction des agences étrangères.[16]

Entreprise dotée d'une structure en réseaux, le Crédit lyonnais présente comme autre caractéristique celle d'exercer une activité de main-d'œuvre, c'est-à-dire une activité dont le principal facteur de production est le travail. Aussi en 1894, les dépenses de personnel représentaient-elles déjà 68 % des frais généraux et en 1937, 83 %.

La structure de l'établissement a influé sur la sélection de certaines sources et sur le choix des méthodes d'exploitation.

A. Les sources administratives

Les sources administratives comprennent quatre corpus d'instructions ou circulaires :

– les instructions adressées aux directeurs d'agence par l'Inspection générale des agences régionales entre 1873 et 1939. Ces instructions sont d'un grand intérêt pour apprécier l'évolution de la gestion du personnel d'exploitation travaillant en agence par opposition au personnel administratif travaillant dans les sièges ;

L'évolution de la gestion du personnel administratif a été analysée à la lumière d'un autre corpus composé :

– des circulaires adressées aux chefs de service par le service du personnel du siège central entre 1904 et 1938 ;

Enfin, deux autres corpus d'instructions, moins locales, moins nombreuses mais plus stratégiques ont été consultés :

– les rares instructions de la direction générale relatives au personnel et à partir d'août 1920, date de la création d'une direction du Personnel centralisée, les instructions de cette dernière.

L'exploitation des sources administratives est facilitée par leur classement dans un tableau synoptique et chronologique. Les instructions ont en effet été classées en fonction de sept thèmes qui furent définis à l'occasion d'un premier repérage lors du DEA. Ils désignent :

– le recrutement et la formation ;

– les méthodes de rémunération ;

– les méthodes de motivation ;

---

[16] Le réseau des Agences étrangères n'est pas compris dans le champ de l'étude. François Gallice doit consacrer sa thèse à l'exploitation de ce réseau.

- les conditions de travail et l'élaboration des règlements intérieurs ;
- les premiers outils de gestion et d'administration du personnel ;
- la circulation de l'information ;
- la gestion sociale.

L'analyse qualitative des sources administratives permet tout d'abord de rendre compte de l'évolution des pratiques en matière de gestion et d'administration du personnel, elle permet de retracer l'évolution de l'espace de travail, et enfin, d'apprécier l'évolution de la gestion sociale passée d'un système proche du « patronage », fondé sur la charité à un système « paternaliste » progressivement soumis aux différentes obligations légales en la matière.

Aussi précieuse qu'ait été pour notre sujet l'exploitation de ces sources administratives, elles ne rendent pas compte des évolutions de la productivité de l'établissement et surtout, elles ne mettent pas suffisamment en lumière les choix opérés par l'entreprise pour continuer à faire de la gestion du personnel un avantage concurrentiel malgré l'apparition de toute une série de contraintes juridiques, sociales et politiques qui, à terme, devaient réduire l'indépendance des décideurs en la matière.

B. Les sources comptables

Par sources comptables, on entend :

- pour la période située entre 1894 et 1928, les « Livres rouges » encore appelés « Comptes de profits et pertes au 31 décembre » ;
- pour la période située entre 1929 et 1939, les « Comparaisons trimestrielles des chapitres de l'inventaire ».

Parmi les postes comptables compris dans ces sources, trois postes ont été sélectionnés. Les « frais généraux » tout d'abord, parce qu'ils représentent les dépenses normales de fonctionnement de l'établissement, c'est-à-dire non seulement les loyers et les impôts, l'économat et les frais divers mais aussi et surtout les dépenses de personnel.

Ce poste « dépenses de personnel » a ensuite fait l'objet d'une analyse qualitative avant d'être soumis à un traitement quantitatif.

Les dépenses de personnel comprennent ce qu'on appellerait aujourd'hui :

- la masse salariale, définie par la somme des appointements, des primes, des gratifications de fin d'année et des participations versées au « personnel intéressé », à savoir les cadres dont une partie de la rémunération repose sur une participation aux bénéfices des agences et des sièges qu'ils dirigent ;

– et les charges sociales, définies par les coûts des œuvres sociales patronales et des obligations sociales légales.

Hormis les postes « frais généraux » et « dépenses de personnel », le troisième poste sélectionné représente l'ensemble des « recettes », appelé aujourd'hui « produit net bancaire ». Ce poste désigne la marge brute d'un établissement de crédit avant tous frais généraux, amortissements, provisions et impôts.

Ces trois postes comptables, dont l'évolution a été reconstituée sans interruption entre 1894 et 1939, ont fait l'objet d'un traitement quantitatif, effectué à partir de quelques ratios de gestion[17] dont le calcul paraît intéressant pour apprécier :

– l'évolution de la part des frais de personnel dans les frais généraux ;

– l'évolution du coût du travail (dépenses de personnel/effectifs), en distinguant l'évolution du coût salarial (masse salariale/effectifs) de celle du coût social (charges sociales/effectifs). Il convient de s'interroger sur les facteurs de résistance à la baisse de ces coûts. Mais appréhender l'évolution du coût de la main-d'œuvre, c'est aussi saisir l'évolution de la rémunération moyenne du personnel. Les deux approches (gestionnaire et sociale) ont été prises en compte en fonction de leurs intérêts propres.

À partir du calcul de la rémunération moyenne du personnel, nous nous sommes interrogée sur l'évolution de son pouvoir d'achat. Pour déflater le montant de la rémunération, la méthode qui a été adoptée est celle qui se fonde sur l'évolution du pouvoir d'achat du franc d'après la moyenne des indices des prix de gros et de détail.[18] Ainsi, à partir de 1915, année où débute l'inflation, nous avons transformé les francs courants en francs constants en choisissant comme référence le franc de 1913.

Quelles que soient les limites de cette méthode,[19] elle a néanmoins été adoptée pour déflater les autres valeurs ici considérées (produit net

---

[17] Sur ce sujet, cf Association française des conseils en organisation scientifique, *Les Ratios, outils de gestion*, Étude introductive par les conseils en organisation, préface de Gabriel Ardant, commissaire général à la Productivité, Les Éditions d'Organisation, Paris, 1959.

[18] Cf. le « pouvoir d'achat du franc d'après la moyenne des indices des prix de gros et de détail », annexe 3, in *Liaisons sociales*, 12 mars 1981.

[19] « Il est rappelé que, du fait même de sa généralité, ce tableau ne peut servir pour évaluer en francs constants certaines grandeurs telles que le chiffre d'affaires d'une branche industrielle déterminée – dont les prix peuvent suivre des mouvements très différents de ceux de l'ensemble des produits et services – ou le commerce extérieur dont les transactions s'effectuent presque uniquement aux prix de gros ». Conscient de ces limites pour le secteur bancaire, Jean Bouvier proposa une solution qui consistait à déflater les valeurs bancaires courantes par le revenu national à prix courants, cf

bancaire par exemple) parce que la méthode de Jean Bouvier définie en fonction du revenu national à prix courant réduisait à néant la perspective évolutive de notre étude, la valeur du revenu national n'étant pas sérieusement connue avant 1913. Malgré ses limites, la déflation d'après la moyenne des indices des prix de gros et de détail a permis, même grossièrement, de mettre en évidence, en valeur réelle, les grandes tendances de l'évolution des indicateurs choisis.

Il reste encore à définir les indicateurs qui ont été adoptés pour mesurer les évolutions de la productivité de l'établissement et du personnel.

La productivité du Crédit lyonnais a été analysée à la lumière de son coefficient d'exploitation, reconstitué à partir du ratio : frais généraux/ produit net bancaire ou recettes. Compte tenu de l'évolution du coût du travail sur la faiblesse duquel la forte productivité de l'établissement a reposé jusqu'en 1913, il convient de s'interroger sur les moyens dès lors utilisés par l'entreprise pour accroître sa productivité face à la résistance à la baisse des salaires tout d'abord et des charges sociales ensuite.

La consultation d'autres sources comptables, les « Dossiers d'inventaire général » s'est ainsi imposée. Comprenant le détail des dépenses d'intérêt général, ils ont permis de retracer les évolutions, entre 1927 et 1939, des budgets consacrés à la mécanographie, à la formation professionnelle et à la direction du Personnel. À des degrés divers, ces trois facteurs ont exercé une influence sur l'évolution de la productivité du personnel qui a été mesurée à l'aide de deux indicateurs :

– le premier porte sur le volume moyen des comptes traités chaque année par employé : nombre de comptes traités par an/effectifs ;

– le second mesure la productivité du personnel en valeur : produit net bancaire ou recettes/effectifs, étant entendu que toute l'activité de l'établissement tend vers l'augmentation du produit net bancaire.

Après avoir commenté les méthodes qui ont permis d'exploiter les sources administratives et comptables, il convient de présenter un troisième type de sources dont l'exploitation a exigé une méthode particulière.

Jean Bouvier, « Système bancaire et inflation au XXe siècle », *Bulletin de l'Institut d'histoire économique et sociale de l'Université de Paris I-Panthéon Sorbonne*, n° 5, janvier 1977.

C. Les dossiers individuels du personnel

1. La présentation des archives du personnel

Dans sa thèse, Delphine Gardey a exposé l'intérêt et les caractéristiques principales des archives du personnel.[20] Elle a également rendu hommage à Rolande Trempe qui a, la première, montré l'intérêt de ce type d'archives.[21] Cette dernière distinguait trois types de documents relatifs à la main-d'œuvre dont le fichier du personnel. Celui-ci, fréquemment présent dans les entreprises dotées d'une caisse de retraite, rassemble « des fiches individuelles sur le personnel, où sont consignés des renseignements relatifs à leur âge, leur lieu de naissance, leur sexe, leur situation familiale, le nombre de leurs enfants, leur adresse, la date d'embauche et de sortie, les emplois successifs dans l'entreprise »,[22] auxquelles s'ajoutent parfois, comme c'est le cas dans les dossiers du Crédit lyonnais, des informations sur les professions et les emplois antérieurs, sur le niveau d'instruction, sur les traitements et sur les motifs de départ.

Ces dossiers individuels du personnel rassemblent donc quatre types d'informations :

– des informations permettant l'identification du salarié (nom et prénom, lieu et date de naissance, adresse, statut familial, enfants) ;

– des informations relatives à son passé scolaire et professionnel (niveau d'instruction, emplois antérieurs) ;

– des informations relatives à sa carrière dans l'entreprise (date d'entrée, de sortie, fonctions occupées, noms des services, des sièges et des agences, traitements et gratifications) ;

– des informations relatives à son comportement (absences, appréciations du chef du personnel ou du chef de service, motifs de départ).

Les dossiers de personnel ont donc déjà fait l'objet de plusieurs recherches : après celles de Rolande Trempe qui ont porté sur les archives d'entreprises de la région toulousaine, il y eut celles de Françoise Cribier qui a travaillé sur les dossiers de retraite du personnel salarié du Grand Paris pour appréhender les phénomènes d'usure au travail d'une

---

[20] Delphine Gardey, *op. cit.*

[21] Rolande Trempe, « Pour une meilleure connaissance de la classe ouvrière, l'utilisation des archives d'entreprise : le fichier du personnel » in *Le Mouvement Social*, janvier-mars 1974, p. 126-263.

[22] D. Gardey, *op. cit.*, « Pour une histoire de la gestion de la main d'œuvre et une généalogie des archives du personnel », p. 371.

génération de salariés parisiens[23] ; il y eut aussi celles de Catherine Omnès qui a travaillé à la fois sur des dossiers de retraite et sur des fichiers de personnel de plusieurs entreprises, notamment Thomson-Houston et Tibaud-Gips, pour cerner les processus de mobilité individuels des ouvrières parisiennes.[24] Delphine Gardey a, quant à elle, reconstitué les itinéraires des employés de bureau des usines Renault à partir du fichier du personnel de cette entreprise.[25]

Tous ces travaux constituent des contributions à l'histoire sociale : si Rolande Trempe et Catherine Omnès se sont attachées aux vies ouvrières, Françoise Cribier s'est penchée sur le « monde salarié » en distinguant les différentes catégories socio-professionnelles du salariat parisien, dépassant les catégories « très hétérogènes socialement des « ouvriers » et des « employés ».[26] Delphine Gardey s'est en revanche exclusivement intéressée au monde des employés de bureau de chez Renault.

Mais comme l'a souligné cette historienne, les dossiers de personnel peuvent faire l'objet d'une approche autre que sociale, d'une approche managériale :

« Les supports, les outils de cette gestion du personnel mériteraient une étude historique en tant que telle. Il serait en effet très intéressant de connaître comment évoluent les formes de la gestion de la main-d'œuvre aux XIXe et XXe siècles, de déterminer à partir de quand les patrons éprouvent le besoin d'inscrire le nom de ceux qu'ils embauchent dans un registre et dans quel but. Il faudrait également étudier précisément l'évolution dans le temps du contenu des registres et retracer le contexte de l'avènement de la gestion individuelle par fiche de la main-d'œuvre. C'est en fait une histoire globale de la gestion de la main-d'œuvre à l'ère de l'usine, puis de la grande entreprise, qui serait nécessaire. Outre la question de la maîtrise des fluctuations de la main-d'œuvre, elle devrait englober l'analyse de l'évolution de la gestion de la paye, de celle de l'embauche, de celle des carrières et bien sûr d'autres aspects qui sont eux mieux connus comme celui de la discipline ».[27]

---

[23] Françoise Cribier, « Itinéraires professionnels et usure au travail : une génération de salariés parisiens », in *Le Mouvement Social*, juillet-septembre 1983, p. 11-44.

[24] Catherine Omnes, « Entreprises, salariés et marchés du travail : les ouvrières parisiennes de l'entre-deux-guerres », thèse de doctorat d'État, sous la direction de Maurice Lévy-Leboyer, Université de Paris X-Nanterre, novembre 1993.

[25] Delphine Gardey, « Les employées et employés de bureau aux usines Renault : de la création de l'entreprise à la fin des années 1920, vol. 2, *op. cit.*, p. 364 et suivantes.

[26] Françoise Cribier, *art. cit.*, p. 14.

[27] Delphine Gardey, *op. cit.*, p. 371-372.

Pour ma part, l'analyse des dossiers individuels du personnel a été entreprise afin de mettre en évidence l'évolution des stratégies et des modalités de recrutement, d'identifier la mobilité comme mode de gestion du personnel et d'appréhender l'évolution du *turn-over*.

En effet, les stratégies et les modalités de recrutement mises en œuvre au Crédit lyonnais sont rarement explicitées dans les instructions ou les circulaires. Certes, on connaît le soin apporté par l'administration aux choix des directeurs d'agence lors de la constitution des réseaux :

« Le choix des directeurs reste évidemment un élément capital du succès de la nouvelle création. Ils doivent à la fois satisfaire aux exigences professionnelles du poste qui leur est confié et posséder les qualités personnelles susceptibles de vaincre au besoin les résistances du particularisme local. Ici, un homme du cru est absolument indispensable ; un joyeux convive, sera d'ailleurs le bienvenu ; là, un jeune homme bien introduit dans la haute société posséderait la meilleure chance. Il arrive parfois que la direction de l'agence soit offerte à un banquier local ou qu'un banquier même encore en exercice se laisse approcher, préférant, comme à Chalon, céder sa clientèle tout en gardant, dans des conditions très honorables, la direction de sa maison transformée en une agence du Crédit lyonnais ».[28]

Mais le personnel de l'établissement ne se limite pas aux seuls directeurs d'agence : ces derniers ne constituent qu'une petite minorité et les critères présidant au recrutement d'autres catégories de personnels méritent d'être étudiés.

La composition du personnel d'un établissement comme le Crédit lyonnais est en effet complexe dans la mesure où coexistent plusieurs mondes salariés : un personnel de service, composé de gardiens, de veilleurs de nuit, d'hommes de peine et d'équipe et de femmes de ménage ; un personnel situé à la charnière entre le personnel de service et le personnel de bureau, composé de « garçons » ; un personnel de bureau enfin, de loin le plus important, composé « d'employés de banque » *stricto sensu* dont certains ont servi de « pépinière » au personnel d'encadrement, à savoir les gradés et les cadres. En effet, la promotion interne peut jouer un rôle considérable dans la constitution du personnel d'encadrement.

La mise en évidence de l'évolution des stratégies de recrutement passe par la connaissance de ce personnel. Dans quelle mesure le milieu social d'origine, l'expérience professionnelle, le niveau d'instruction, le sexe, l'âge et le statut marital à l'entrée ont-ils pu servir de critères de

---

[28] Maurice Mogenet, *Un siècle d'économie française : 1863-1963*, ouvrage du Centenaire du Crédit lyonnais, Draeger Frères, Montrouge, 1963, 241 pages, p. 37.

recrutement à une époque où ce dernier ne faisait pas encore l'objet de « méthodes scientifiques » ?

L'exploitation des dossiers individuels du personnel doit donc permettre de répondre à trois ambitions.

En premier lieu, il convient de voir dans quelle mesure le Crédit lyonnais a privilégié tel ou tel critère de recrutement en fonction tout d'abord des exigences internes qui sont apparues au cours de son passage de statut de PME régionale à celui d'entreprise de dimension nationale et sous l'effet ensuite de contraintes externes liées à l'évolution de son environnement – social, juridique, technique et état du marché du travail bancaire.

En second lieu, il faut voir comment la structure en réseaux du Crédit lyonnais et l'absence d'école de banque jusqu'en 1926 ont conditionné l'émergence d'un mode de gestion spécifique, fondé sur une double mobilité, géographique et fonctionnelle, du personnel.

Enfin, au regard de l'évolution du *turn-over*[29] que l'on mesurera en fonction de la durée des carrières dans l'établissement, il s'agira d'appréhender l'évolution des politiques de maîtrise des flux de main-d'œuvre.

Pour réaliser les objectifs ainsi assignés à l'exploitation des dossiers individuels du personnel, il convient de choisir un échantillon représentatif de la complexité structurelle et géographique du personnel et permettant d'appréhender l'évolution de sa composition, sur plusieurs générations.

2. La méthode d'échantillonnage et la collecte des données

Les contraintes archivistiques : les caractéristiques des « fichiers du personnel » du Crédit lyonnais

Cet établissement de crédit est donc composé de deux sièges (un siège social situé depuis les origines à Lyon et un siège central situé depuis 1882 à Paris) et de quatre grands réseaux d'agences : celui des agences régionales qui s'est constitué autour de Lyon au cours des premières années qui ont suivi la guerre de 1870, celui des agences étrangères[30] qui s'est développé depuis Londres à la même époque, celui des agences départementales et celui des agences dans Paris.

La centralisation des dossiers de personnel de ces sièges et de ces réseaux ne va pas de soi. Durant longtemps, ils furent conservés dans les

---

[29] Le *turn-over* est défini par le ratio : nombre d'entrées (ou de sorties)/effectif total moyen.

[30] Rappelons que le groupe des Agences étrangères est exclu de notre objet d'études.

services du personnel des sièges et des réseaux respectifs. Puis, sous l'effet des modifications structurelles de l'organisation, ils ont été rassemblés dans deux directions distinctes : la direction de Paris et la direction des agences de province et d'Afrique. Ils sont aujourd'hui archivés à Tourcoing où sont conservées les archives administratives (par opposition aux archives historiques) du Crédit lyonnais.

Les dossiers du personnel du siège social demeurent toutefois conservés près de Lyon, à Villeurbanne ; ils sont classés par ordre alphabétique, en deux groupes : celui des personnes nées avant 1900, celui des personnes nées après 1900.

Les dossiers archivés à Tourcoing sont classés par ordre alphabétique et par année de sortie.

Les dossiers du personnel d'encadrement[31] de l'ensemble de l'établissement, sorti des rangs avant 1920, sont conservés aux Archives historiques. Ils sont classés par ordre alphabétique et selon leur réseau d'appartenance. Les dossiers des gradés et des cadres sortis après 1920 cessent d'obéir à un classement particulier.

La méthode d'échantillonnage

De tous ces classements, le dénominateur commun est le classement alphabétique. C'est pourquoi, en nous inspirant des travaux du démographe Jacques Dupaquier,[32] nous avons choisi dans un premier temps de sélectionner tous les patronymes commençant par les lettres « Ber » et « Tra ». Le résultat de cette première « pêche » étant insuffisant, la sélection a dans un deuxième temps été élargie à tous les patronymes commençant par les lettres « B » et « T ».

Si cette méthode s'est révélée fructueuse pour les dossiers du personnel conservés à Villeurbanne, pour les dossiers du personnel parisien et ceux du personnel des agences régionales et départementales conservés à Tourcoing, elle s'est en revanche révélée inopérante pour les dossiers du personnel dirigeant conservés aux Archives historiques.

Alors que pour tous les autres dossiers, le critère de sélection patronymique a été croisé avec un critère de sélection chronologique, pour les dossiers du personnel dirigeant sorti avant 1920, le critère de sélection chronologique a seul prévalu.

---

[31] Entendre par personnel d'encadrement le personnel muni d'une procuration, de la « signature ».

[32] Jacques Dupaquier et Denis Kessler (dir.), *La Société française au XIXe siècle : tradition, transition, transformation*, Fayard, Paris, 1992, 529 pages. Ces chercheurs ont en effet démontré que les patronymes les plus représentatifs de la société française commencent par ces six lettres : « Ber » et « Tra ».

Car tous les objets d'étude choisis ici (stratégies et modalités du recrutement, spécificité du mode de gestion et maîtrise des fluctuations du personnel) sont des phénomènes dont les évolutions dans le temps ou l'absence même d'évolution constituent un pan de la problématique générale.

Aussi, pour mettre en évidence ces évolutions ou ces constantes au cours de la période 1863-1939, quatre périodes de référence de cinq ans ont été choisies :

– la première comprend le personnel sorti entre 1880 et 1885, c'est-à-dire celui qui a été recruté entre 1863 et 1885.[33] L'étude de cette première génération de personnel doit permettre d'identifier les critères de recrutement qui ont été privilégiés par le Crédit lyonnais lors de sa phase de constitution, de voir dans quelle mesure la double mobilité du personnel a émergé comme mode de gestion et d'observer les conséquences de la crise bancaire de 1882 sur la structure du personnel.

– la seconde période désigne le personnel sorti entre 1910 et 1915, c'est-à-dire celui qui fut majoritairement recruté entre 1885 et 1915. L'étude de cette seconde génération doit tout d'abord permettre d'apprécier l'évolution des critères de recrutement au regard de la taille de l'entreprise dont les effectifs sont passés de 3 348 en 1885 à 17 249 en 1915, d'observer ensuite un mode de gestion arrivé à maturité et d'appréhender enfin l'émergence de la politique mise en œuvre par le Crédit lyonnais pour fidéliser le personnel.

– la troisième période désigne le personnel sorti entre 1920 et 1925, c'est-à-dire celui qui a été majoritairement recruté entre 1915 et 1925. L'analyse de cette troisième génération de personnel devait contribuer à rendre compte de l'évolution des choix de l'entreprise en matière de recrutement, de formation, de rémunération et de politique sociale sous l'effet notamment des contraintes liées à la guerre et à l'environnement technique, monétaire et social.

– la quatrième période désigne le personnel sorti entre 1930 et 1935. Cet échantillon a essentiellement été choisi pour apprécier la façon dont le Crédit lyonnais a géré ses effectifs durant la crise économique des années 1930.

Une étude transversale des dossiers de personnel s'est donc imposée, compte tenu des ambitions de départ : il ne s'agissait pas en effet d'entreprendre une étude longitudinale biographique en observant la vie professionnelle d'une seule génération du personnel du Crédit lyonnais. Si l'intérêt de cette méthode longitudinale biographique n'est plus à

---

[33] Classés au Crédit lyonnais selon l'année de sortie, les dossiers sélectionnés ont été reclassés en fonction de l'année d'entrée.

démontrer aujourd'hui grâce aux travaux mentionnés de Françoise Cribier et de Catherine Omnès (elle permet entre autres d'observer la façon dont une génération de salariés subit les transformations de son travail à l'intérieur d'un espace de travail lui-même en mutation), elle n'a pourtant pas été retenue dans le cadre de cette étude dans la mesure où elle ne permet pas de rendre suffisamment compte de l'évolution des phénomènes étudiés.

L'analyse inter-générationnelle du personnel s'est doublée d'une analyse par genre pour apprécier les débuts de la féminisation d'une profession aujourd'hui très largement exercée par les femmes.

Si aucune femme n'est recensée dans le premier échantillon composé des 123 salariés recrutés entre 1863 et 1885, elles sont 46 dans le second échantillon composé des 273 personnes entrées au Crédit lyonnais entre 1886 et 1914. Leur nombre s'élève à 148 dans le troisième échantillon comprenant les 293 personnes recrutées entre 1915 et 1925 et il s'élève à 30 dans le dernier échantillon composé des 103 salariés recrutés entre 1926 et 1935.

La collecte des données en vue de l'élaboration
de la base de données

Un travail de repérage des thèmes et informations contenus dans les dossiers a été entrepris pour procéder à la sélection des informations qui ont servi à l'élaboration de la base de données.

Ce travail de repérage et de sélection des critères retenus fut long, compte tenu de la richesse des dossiers du personnel du Crédit lyonnais.

Mis à part ceux du personnel dirigeant sorti avant 1920 et ceux du tout début de la période, la plupart de ces dossiers comprennent en effet six sous-dossiers numérotés de zéro à cinq.

Le premier s'intitule « renseignements » et renferme les informations relatives à l'identification du salarié et à sa formation générale et professionnelle : nom, prénom, date et lieu de naissance, adresse, professions du père et de la mère, date d'embauche, niveau d'instruction, emplois antérieurs, recommandations et enquête de moralité effectuée par des inspecteurs sur le candidat et son entourage.

Le deuxième sous-dossier s'intitule « notes de fin d'année » et renferme douze critères en fonction desquels le personnel était noté : le degré d'instruction, les langues étrangères, le degré d'intelligence, le degré d'initiative, la bonne tenue, l'éducation et le caractère qui rendent ou non l'employé apte à être en contact avec la clientèle, les aptitudes pour faire la correspondance, le genre de travail correspondant à ses aptitudes, l'habileté dans le travail, l'exactitude aux heures de travail, les absences pour raison de santé, la capacité à commander, enfin une appréciation générale sur la valeur de l'employé émise par le chef de service et en fonction de laquelle ce dernier proposait au chef du personnel les augmentations de salaires et les gratifications de fin d'année.

Le troisième sous-dossier s'intitule « pièces de forme » et peut comprendre les lettres de titularisation, les demandes émises par le personnel pour passer les examens organisés par le Crédit lyonnais au lendemain de la Grande Guerre, etc.

Le quatrième sous-dossier s'intitule « absences » : il comptabilise les absences du personnel en donnant la date, le nombre de jours et parfois le motif.

Le cinquième sous-dossier qui porte le numéro 4 n'a pas de nom. Nous l'avons baptisé « dossier d'entrée » parce qu'il contient les procédures administratives antérieures à l'embauche comme la visite médicale, la convocation du candidat à un premier entretien et parfois sa copie à l'examen d'entrée.

Le sixième sous-dossier a pour nom « pièces postérieures à la sortie de l'employé ». Ces pièces désignent le certificat du casier judiciaire, les certificats de travail des employeurs précédents et le certificat de travail du Crédit lyonnais, tous remis à l'employé lors de son départ. Ce dossier peut comprendre la lettre de démission de l'employé s'il y a lieu.

Il est rare que toutes les rubriques de ces sous-dossiers soient complétées : la tonalité en est souvent tributaire du zèle ou de l'humeur d'un « gratte-papier » appartenant au service du personnel et assigné au travail d'identification, de suivi et parfois de police de ses collègues. De tous ces sous-dossiers, le dossier « Renseignements » semble avoir été le plus scrupuleusement rempli.

C'est pourquoi les informations sélectionnées sont celles qui ont pu se prêter à un traitement quantitatif ; toutefois, certains renseignements peu fréquents (comme les copies d'examen d'entrée) ont été relevés afin de faire l'objet d'un traitement qualitatif.

Ajoutons que ces sous-dossiers qui se présentent comme de fines chemises sur lesquelles sont inscrites les informations d'abord manuscrites puis dactylographiées, constituent le contenu d'un plus gros dossier, cartonné, comprenant, depuis 1893, sur le *verso* du premier volet, les photographies de face et de profil du personnel,[34] et sur le *recto* du second volet, son « déroulement de carrière ».[35]

Ce dernier comprend le statut d'entrée, la ou les fonctions occupées, le ou les services fréquentés lorsque l'employé dépendait d'un des deux sièges ; l'agence ou les agences fréquentées lorsque l'employé dépendait d'un réseau d'agences, avec la plupart du temps, les dates de changement de fonction, de changement de service ou d'agence, le mode de rémunération (journalier pour les auxiliaires, annuel pour les titulaires) et son montant ainsi que celui des gratifications de fin d'année, et enfin, le motif de départ.

Mais toutes les informations retenues pour l'élaboration de la base de données ne peuvent entrer dans un seul « champ ». Des champs supplémentaires ont dû être créés pour préciser ou généraliser des critères. Ainsi, la rubrique « motif de départ » est décrite en plusieurs sous-rubriques selon que le départ est volontaire ou involontaire. De même, nous avons saisi tous les changements de service, d'agence, de siège et de groupe et créé un champ supplémentaire pour comptabiliser ces changements.

Une cinquantaine de rubriques a été établie. Elles peuvent être rassemblées en trois groupes.

Les rubriques relatives à l'identification de l'employé : nom, prénom, âge d'entrée, milieu social d'origine (profession des parents), recommandations, statut marital au moment du recrutement, photos. Grâce aux photos précisément, un « triptyque » a pu être réalisé[36] : il illustre l'évolution de la présentation du personnel du Crédit lyonnais et permet au lecteur d'apprécier la permanence dans l'établissement de cette fameuse *Kragenlinie*[37] depuis la Belle Époque jusqu'à la crise économique des années 1930.

---

[34] Instruction de l'inspection générale des agences régionales datée du 1er juillet 1893 relative à la nécessité de joindre la photographie du personnel à leur dossier. Cette mesure qui ne concerna dans un premier temps que les Garçons fut étendue ensuite à l'ensemble du personnel, AH CL, 068 AH 010.

[35] Cf. un exemplaire de dossier individuel aux Archives historiques du Crédit lyonnais, DAPA 109/1 pour certains membres du personnel des Agences de province et d'Afrique sorti entre 1901 et 1914 ou encore Personnel 500/1 et Personnel 500/2 pour les membres du personnel du siège central sortis en 1922-1923.

[36] Il est reporté dans le volume de la thèse consacré aux annexes, annexe III.

[37] Sur cette notion allemande de *Kragenlinie* (« ligne de col » en français), cf la thèse de Delphine Gardey et les travaux de Jürgen Kocka : *Unternehmensverwaltung und Angestelltenschaft am Beispiel Siemens, 1847-1914. Zum Verhältnis von Kapitalismus und Bürokratie in der deutschen Industrialisierung*, Stuttgart, 1969 ; *Arbeiter und Bürger im 19. Jahrhundert, Schriften des historischen Kollegs Kolloquien 7*,

Les rubriques relatives au niveau d'instruction de l'employé et à ses expériences professionnelles antérieures : niveau d'études, diplômes, aptitudes spéciales, langues étrangères connues et pour les références de travail antérieures, la nature de l'emploi occupé et le nom de l'entreprise.

Les rubriques relatives à la période de travail au Crédit lyonnais : la date d'entrée et de sortie, le statut d'entrée (auxiliaire temporaire, auxiliaire fixe, titulaire), la fonction occupée, le ou les services fréquentés, l'agence ou les agences, le ou les sièges, le ou les groupes, le mode de rémunération, le motif de départ.

Une grille pour la saisie des données a d'abord été manuscrite avant d'être informatisée.[38] Cette double saisie des données fut longue et fastidieuse. Parallèlement à ce travail de repérage des informations contenues dans ces dossiers, un travail de codification a été entrepris à partir de l'étude de quatre sous-groupes de 50 à 150 personnes.

Croisée avec d'autres sources comme les instructions, les circulaires et les documents comptables, l'analyse des dossiers de personnel a permis d'apprécier l'évolution des stratégies et des modalités de recrutement, d'identifier la double mobilité comme mode de gestion et d'appréhender l'évolution des politiques de maîtrise des flux de main-d'œuvre.

La présentation des résultats

À l'issue du long travail de saisie, l'exploitation des résultats a été entreprise. Ces derniers seront exprimés dans des tableaux qui doivent aider la compréhension du lecteur.

München, 1986, 340 pages ; *Les employés en Allemagne : histoire d'un groupe social*, EHESS, Paris, 1989, 220 pages.

[38] La grille manuscrite est présentée dans le volume de la thèse consacré aux annexes, annexe IV ; je n'ai pas jugé utile en revanche de présenter la feuille de calcul correspondante, « volumineuse » et peu lisible pour le lecteur.

CHAPITRE I

Des choix motivés par l'implantation d'une petite entreprise régionale 1863-1885

Motivé par son implantation locale et son expansion régionale et rapidement nationale, et tenant compte aussi des propriétés du marché du travail du secteur bancaire, le Crédit lyonnais fait entre 1863 et 1885 une série de choix en matière de recrutement, de formation et de gestion des carrières qu'il convient tout d'abord d'analyser avant de voir dans quelle mesure les flux de personnel, réels malgré un *turn-over* relativement faible, ne suscitent pas à cette époque de politique de maîtrise systématique.

I. Un recrutement *ex nihilo*

A. Un nouvel établissement

Le Crédit lyonnais est fondé le 6 juillet 1863, à Lyon, aux côtés de la Bourse et de la chambre de commerce. C'est alors une banque régionale dont les premiers pas sont hésitants. Néanmoins, la croissance est là qui permet à la banque lyonnaise, très vite, dès 1865, de disposer de deux prolongements à Paris et à Marseille.

Contrairement aux banques privées, généralement bien assises dans leur circonscription lyonnaise, vivant cachées du public et du commerce en général, ne s'adressant qu'à l'industrie locale avec laquelle elles entretiennent des relations d'affaires et des liens personnels, la nouvelle institution bancaire créée par Henri Germain s'adresse à tous pour faire sortir l'argent des bas de laine, des tiroirs des entreprises où il dort. Pour ce fondateur, la banque dont l'économie lyonnaise a besoin, doit être un réservoir où affluent les plus petites disponibilités pour être déversées dans le circuit commercial.

Ses idées, il les expose dans la circulaire qui annonce l'ouverture de la banque. « Germain a bien soin d'attirer l'attention non seulement sur les concours financiers qu'on peut attendre d'elle, mais aussi sur certains avantages spécifiques de la nouvelle institution :

- faible dépôt initial (50 francs), à la portée de toutes les bourses ;
- aucun frais d'ouverture de compte ;
- large éventail des titres admis en garantie d'avances, alors qu'il y a beaucoup de titres d'affaires locales sur lesquelles la Banque de France ne prête pas ;
- modicité de la commission prélevée sur les opérations de Bourse... »[1]

Le Crédit lyonnais, comme les autres établissements de crédit par actions nés au même moment (le Crédit industriel et commercial en 1859, la Société générale en 1864, la Banque de Paris en 1869), commence à découvrir qu'il dispose « d'un moyen miraculeux pour attirer l'épargne dans ses caisses, en proposant au public avec force publicité, diverses formules attrayantes de dépôts : dépôts à vue (et portant intérêt), dépôts à terme et comptes courants ; pour développer sa clientèle, il lui offre de nombreux services ; la loi de 1865, qui introduit le chèque en France, facilite ses efforts ».[2]

Le Crédit lyonnais se présente donc comme une entreprise de services. En janvier 1880, l'établissement propose 16 types de services recensés dans un prospectus destiné à la clientèle :« les dépôts d'argent à vue, les bons à échéance, les envois de fonds dans toutes les localités de la France et de l'étranger, les domiciliations, les ordres de paiement par la Poste et par le Télégraphe, les lettres de crédit, les dépôts de titres, les prêts sur titres, les coupons, les ordres de Bourse, les valeurs de placement, l'escompte et le recouvrement, les ouvertures de crédit, la location de coffres-forts, effective à partir de 1882, la garde de bijoux, d'argenterie, etc., et les monnaies étrangères ».[3]

Le fonctionnement de tous ces services nécessite un personnel devenu rapidement important compte tenu de l'activité croissante des sièges, social puis central, et de l'expansion des réseaux. À l'heure où ce prospectus circule, soit dix-sept ans après sa création, le Crédit lyonnais emploie un peu plus de 3 000 personnes.

Quelles sont alors les stratégies et les modalités de recrutement adoptées par cet établissement pour satisfaire les besoins en personnel qu'exigent son implantation et son expansion ?

---

[1] Maurice Mogenet, *Un siècle d'économie française : 1863-1963*, ouvrage du centenaire du Crédit lyonnais, Draeger Frères, Montrouge, 1963, p. 23.

[2] Alain Plessis, *De la fête impériale au mur des fédérés : 1852-1871*, tome 9 de la Nouvelle Histoire de la France contemporaine, Le Seuil, Paris, p. 106.

[3] Cité in prospectus du Crédit lyonnais destiné à la clientèle, daté de janvier 1880, BH VP, série-Actualités, C.L., n° 123.

Une rapide analyse du premier échantillon étudié permet de procéder à une photographie instantanée : le Crédit lyonnais a tout d'abord recruté un personnel masculin, moyennement jeune, marié pour moitié, issu essentiellement des classes moyennes, parfois possédantes, placé pour partie sur recommandations, ne disposant pas de façon générale d'un niveau d'instruction très élevé mais d'une solide expérience professionnelle comme employé (de banque, d'assurance ou de commerce). Bien sûr cette photographie gomme des nuances qu'il nous faut préciser.

B. Un recrutement exclusivement masculin

Recruter uniquement des hommes s'inscrit dans la logique dominante du marché du travail du secteur bancaire. L'absence de femme dans cet échantillon en témoigne. Pourtant, comme l'a constaté Delphine Gardey dans sa thèse, alors qu'en 1872 « plus de 30 000 femmes travaillent dans le commerce sous la rubrique « employé, caissier, commis », près de 1 600 femmes travaillent en effet dans le secteur « transport, crédits, banque, commission ».[4] La Banque de France semble en effet avoir ouvert ses portes aux femmes en 1852, quatre places leur furent alors réservées. L'évolution des recrutements féminins est irrégulière dans cet établissement au XIXe siècle puisqu'il compte une centaine de femmes en 1872, plus de 300 en 1875, 160 en 1882 et près de 300 de nouveau en 1892.[5] Il est difficile d'affirmer que ces femmes occupaient des emplois de bureau, des emplois de banque : « la plupart des femmes recrutées à la Banque de France le sont pour trier les billets et repérer les ratés ».[6]

Ce n'est qu'en 1884 que le Crédit lyonnais, et plus précisément le siège central, crée des services de dames. Leur création à l'état permanent date en effet du mois de mars 1884.[7] En février 1885, l'ensemble des effectifs féminins s'élève à 43. Ils se répartissent dans quatre services : le service du Téléphone emploie une femme, celui du Mouvement des titres, quatre femmes, celui de la Conservation des titres, trois, et celui des Coupons enfin, de loin le plus important service de dames, emploie alors trente-cinq femmes. À ce personnel féminin « fixe », composé d'auxiliaires-fixes et de titulaires, s'ajoute un personnel féminin « intérimaire » composé d'auxiliaires temporaires ; ces dernières sont

---

[4] Delphine Gardey, *op. cit.*, p. 157.

[5] *La Fronde*, 21 juillet 1898, citée par Vivianne Zouary, « Les femmes dans la banque au tournant du siècle », *Pénélope*, n° 10 : Femmes au bureau, Printemps 1984, p. 57-59.

[6] Archives de la Banque de France. Dossiers des auxiliaires consultés par D. Gardey.

[7] Cité in note du Crédit lyonnais Paris relative aux « Services des Dames », datée du 15 février 1885, AH CL, 74 AH 013.

généralement recrutées lors des échéances trimestrielles et servent de vivier en cas de vacances des titulaires.

La création relativement tardive de ces services de dames[8] est motivée, semble-t-il, par la nécessaire réduction des frais généraux, et donc des frais de personnel, consécutive à la crise bancaire de 1882.

La crise éclate dans les derniers jours de 1881. La liquidation en Bourse à la fin de 1881 a été très difficile ; peu de temps après, la Banque de Lyon et de la Loire avait suspendu ses paiements. À la liquidation du 15 janvier 1882, le parquet de Lyon n'a pu satisfaire ses engagements et, le 30 janvier, l'Union générale, après avoir épuisé ses disponibilités au soutien des cours de ses actions, a dû également fermer ses portes. Sa faillite a été prononcée au début de février. Le Crédit lyonnais fut ébranlé par la crise mais la traversa. Néanmoins, compte tenu de quelques pertes (il se trouvait pris pour environ sept millions lors de la défaillance du parquet de Lyon sur lesquels un million restait à recouvrer au moment de l'inventaire de 1882) et d'autres charges exceptionnelles, un prélèvement de plusieurs millions fut effectué sur les réserves. « Les bénéfices courants ayant produit plus de 8 millions, un dividende put être mis en paiement mais il était ramené à 20 francs. Le Crédit lyonnais se trouvait également atteint dans le cours de ses propres actions qui, de 887 francs à Paris avant la panique, était tombé à 560 francs à la fin de 1882. À cette date, la baisse des dépôts à vue pouvait être considérée comme stoppée mais ils se trouvaient ramenés à 161 millions de francs alors qu'ils avaient atteint 240 millions à la fin de 1881 et 272 à la fin de 1880.[9] Dans ce contexte, une lutte contre les frais généraux est entreprise. Les rapports des procès-verbaux du conseil d'administration de l'époque attestent cette volonté de réduire les frais généraux en obtenant une réduction systématique du nombre des employés et une réduction du montant des gratifications à accorder : « passant à la question des frais généraux, le directeur général[10] informe le conseil qu'il ne cesse d'en poursuivre la réduction à Paris et dans toutes les agences ; pour Lyon, Jacques Letourneur[11] dit que Jules

---

[8] Cette création est tardive par rapport à la création de l'établissement puisqu'elle intervient 21 ans après cette dernière.

[9] M. Mogenet, *op. cit.*, p. 64.

[10] Il s'agit d'Adrien Mazerat qui a reçu lors du procès-verbal du 4 mai 1882 la procuration lui conférant officiellement le titre et les fonctions de directeur général, notamment « les pouvoirs de choisir le personnel, d'en fixer les attributions, les appointements et les gratifications », cf le procès-verbal du conseil d'administration, le 4 mai 1882, AH CL, 4 AH 1.

[11] Jacques Letourneur a été le premier directeur salarié à avoir été recruté au Crédit lyonnais : entré en fonctions au début de novembre 1863, âgé de 41 ans, il possédait une bonne expérience de la banque et de la finance. Indépendamment de sa fonction directoriale, il peut se présenter comme l'un des 352 fondateurs du Crédit lyonnais

Enders[12] s'occupe constamment de cette partie de l'exploitation et qu'il s'attache à ramener la dépense aux moindres proportions possibles, notamment en ce qui concerne le nombre des employés qui est actuellement de 592. [...] À l'approche de la fin de l'année, la direction générale se trouve aux prises avec la question des gratifications à accorder aux employés. Le conseil est d'avis de les maintenir en principe mais de se montrer très économe en raison du peu de profits faits par la Société dans le courant de l'année 1882 ».[13] Les gratifications pâtissent donc, elles aussi, des circonstances. « On voit celles du siège social passer de 184 000 francs en 1880 (pour 1 076 000 francs de traitements) à 42 600 francs en 1884 (pour 958 000 francs de traitements) ».[14]

Cette lutte contre les frais généraux est poursuivie l'année suivante : « quant au personnel, le travail de réduction continue. Le Crédit lyonnais compte actuellement dans tous ses bureaux, en France et à l'étranger, 3 625 employés »[15] alors qu'au 31 décembre de l'année 1882, les effectifs de l'établissement s'élevaient à 3 778.

En effet, comme l'a montré Jean Bouvier dans sa thèse, « lors des périodes de campagne pour la diminution des frais généraux – 1877, 1882 – le conseil pense d'abord à diminuer le nombre des employés. Le droit de renvoi est considéré par la direction comme un droit absolu. Letourneur fait alors tout son possible pour amortir la dureté de certaines décisions d'Henri Germain mais finalement, les « intérêts supérieurs » de l'entreprise l'emportent toujours. Viennent les années difficiles : on réduira le nombre et le traitement des employés ».[16]

La création des services de dames s'inscrit donc bel et bien dans ce contexte de réduction des frais généraux et par conséquent, compte tenu de la structure de ces derniers, de réduction des frais de personnel. C'est en effet dans ce but que les services féminins sont créés. La note du siège central attestant leur création le confirme : « quelques-unes (des dames employées) sont remarquablement intelligentes et révèlent des aptitudes spéciales. Elles prennent toutes leur emploi fort au sérieux. Et l'on peut affirmer que l'essai d'une organisation de services de femmes a réussi. L'économie déjà réalisée sur le travail des hommes dépasse

---

avec 50 actions, in Jean Rivoire, *Le Crédit lyonnais : histoire d'une banque*, Le cherche-midi éditeur, Paris, 1989, 239 pages, p. 22.

[12] À l'occasion de l'assemblée du 31 mars 1882, Jules Enders, alors sous-directeur du siège social, fut promu à 46 ans, directeur, *idem*, p. 60.

[13] Cité in procès-verbal du conseil d'administration, le 2 juillet 1882, AH CL, 4 AH 1.

[14] Jean Bouvier, « Le Crédit lyonnais : 1863-1882 », thèse de doctorat d'État, tome 1, Seupen, 1961, p. 365.

[15] Cité in procès-verbal du conseil d'administration, le 8 février 1883, AH CL, 4 AH 1.

[16] Jean Bouvier, *op. cit.*, p. 361-362.

30 000 francs ».[17] En effet, « des employés hommes coûteraient en moyenne 2 200 francs au lieu de 1 100 ou 1 200 francs pour les femmes ».[18]

La création des premiers services féminins est donc conjoncturelle au sens où elle a été motivée par la nécessaire réduction des frais généraux que les conséquences de la crise bancaire de 1882 ont imposée au Crédit lyonnais. Il conviendra de montrer comment cette création conjoncturelle s'est traduite à long terme par une féminisation structurelle de certains emplois dans l'établissement.

C. L'expérience professionnelle : un critère déterminant ?

L'image répandue par la suite selon laquelle ces recrues sont essentiellement de jeunes gens, célibataires, inexpérimentés, formés progressivement à l'École du Crédit lyonnais, ne prévaut pas pour l'heure où l'établissement, en phase de constitution (jusqu'en 1872) et de première expansion (jusqu'en 1882), recherche un personnel expérimenté le plus souvent. De fait, l'âge d'entrée et le statut marital des recrues masculines sont souvent ceux d'hommes mûrs.

En effet, un tiers du personnel appartenant à la génération entrée entre 1863 et 1885 a été recruté à un âge supérieur à 30 ans. Sur ces quarante et une personnes, quatorze d'entre elles ont été recrutées à plus de 40 ans. De même, l'analyse du statut marital de ces recrues penche dans ce sens : plus du tiers d'entre elles sont des hommes mariés ou qui l'ont été. Bien sûr, il existe également de jeunes recrues. Mais ces dernières sont loin de constituer une majorité écrasante en comparaison de ce qui se produira par la suite : en effet, les jeunes gens ne représentent que deux tiers de l'échantillon contre plus des trois quarts pour les générations suivantes. La très grande majorité des jeunes gens recrutés entre 1863 et 1885 sont des hommes célibataires, à l'aube de leur carrière professionnelle.

La présence importante, mais pas encore écrasante, de célibataires parmi les candidats recrutés peut s'expliquer par certaines caractéristiques des administrations publiques et privées et notamment la régularité de la progression salariale. Compte tenu de la modicité du salaire d'un employé débutant dont l'âge d'entrée se situe entre 15 et 25 ans (moins de 150 F par mois), le célibat est une condition qui s'impose pour « s'en sortir ». En revanche, la régularité de la progression salariale dans ces administrations permet à l'employé qui a commencé comme débutant de

---

[17] Cité in note déjà citée, le 15 février 1885, AH CL, 74 AH 013.

[18] E. Mathieu à J. Letourneur, 23 février 1885. « Letourneur avait fait une causerie à la Société d'économie politique de Lyon sur les employés. Le sténographe lui demande la confirmation de certains chiffres », in Jean Bouvier, *op. cit.*, p. 363.

toucher à 30 ans une somme raisonnable (environ 3 000 F par an) pour envisager de fonder une famille.[19] Ceci explique que la très grande majorité des recrues dont l'âge d'entrée se situe entre 13 et 30 ans soient célibataires.

Le Crédit lyonnais effectue donc dans un premier temps un recrutement partagé entre des hommes jeunes, célibataires et inexpérimentés et des hommes d'âge mûr, mariés et qualifiés.

Compte tenu de l'évolution de l'âge d'entrée du personnel par la suite, c'est l'importance de ce second groupe qui constitue l'originalité du recrutement en cette période de constitution et de première expansion.

Que faut-il entendre par « qualifiés » ? En effet, à une époque caractérisée par l'absence de formation professionnelle bancaire publique ou privée et par l'absence de formation d'employé de bureau, nous considérons comme « employé qualifié », celui qui, au moment de son entrée au Crédit lyonnais, a déjà été formé par plusieurs années de travail comme employé de banque ou de bureau. Or, parmi le personnel de la première génération, plus de la moitié des personnes disposent déjà d'une expérience professionnelle dans la banque, dans l'assurance ou dans une autre administration, publique ou privée. Sur les 123 personnes recensées, on compte en effet 2 banquiers, 40 employés de banque, 6 employés d'assurance et 6 employés d'administration. La part du personnel jouissant d'une expérience professionnelle de banque ou de bureau avant l'entrée dans l'établissement est supérieure à celle représentant le personnel dont l'âge d'entrée supérieur à 30 ans et le statut d'homme marié laissent supposer une carrière antérieure à celle entreprise au Crédit lyonnais. Ceci permet de conclure qu'une partie des jeunes recrues, si minoritaire soit-elle, disposait également d'une qualification dans la banque ou dans le bureau.

Ainsi, à défaut de diplôme professionnel, l'expérience dans une banque, une maison d'assurances, ou encore dans l'administration, voire dans le commerce, constitue, semble-t-il, pour le Crédit lyonnais, un important critère de sélection à cette époque.

De quelles banques provient ce personnel déjà formé ?

Les uns proviennent des grands établissements de crédit : sept d'entre eux sont en effet passés par la Société générale, trois par l'Union générale, l'un par le Comptoir d'escompte de Paris, un autre par le Crédit industriel et commercial et deux autres enfin sont déjà passés par le Crédit lyonnais et font l'objet d'une réintégration. La question de

---

[19] Il s'agit de chiffres optimums, cités in A. Artaud, *La question de l'employé en France, étude sociale et professionnelle*, Librairie Georges Roustan, Paris, 1909, p. 101.

savoir si les établissements de crédit se sont livrés, à cette époque, à une concurrence sur le personnel, peut être posée.

Les autres, un peu plus nombreux, proviennent des Maisons de Banque et des banques locales. En effet, en dehors des établissements de crédit cités, différentes Maisons de banque comme la maison Lehideux et certaines banques locales comme les Comptoirs d'Escompte de Lyon et de Rouen, ont servi à approvisionner le Crédit lyonnais en personnel qualifié.

Pourtant, malgré un recrutement important de personnel déjà formé, l'établissement affiche vite sa volonté de devenir une solide école de formation bancaire.

À l'heure où l'expansion du Crédit lyonnais est plus rapide que le temps de formation de ses cadres, alors même qu'elle nécessite un important personnel d'encadrement, le recrutement d'hommes mûrs, « qualifiés », dont l'expérience professionnelle déjà acquise dans la banque dispense l'établissement d'un temps de formation trop long, s'impose. Comme l'expriment à plusieurs reprises les rapports annuels du conseil d'administration des années 1870, l'expansion des réseaux provoque en effet une ponction « parmi les collaborateurs les plus distingués de la direction, élevés à l'école du Crédit lyonnais, imbus de ses traditions et pénétrés de ses principes de prudence ».[20] Ces vides, l'administration s'efforce « de les combler en cherchant dans la banque des hommes auxquels elle pourrait confier des postes importants ».[21] C'est ainsi qu'on explique la présence de deux anciens banquiers dans l'échantillon composé du personnel recruté entre 1863 et 1885. L'un a connu une première expérience dans un établissement concurrent, la Société générale, avant de s'établir à son compte[22] ; l'autre a jusqu'alors fait toute sa carrière dans sa propre maison de Banque, la Maison Coard & Cie.[23] L'un et l'autre, mariés, sont recrutés à plus de 35 ans comme fondés de pouvoirs. Le premier démissionne au bout d'un an, le second décède après trois ans de carrière alors qu'il occupe la fonction d'inspecteur banque des agences départementales.

Cette pénurie de « cadres » constitue, semble-t-il, un frein dans l'expansion de l'établissement à l'étranger. En effet, la création de l'agence de New York en 1879 n'est différée que pour « donner le temps au Crédit lyonnais de constituer dans son personnel les éléments nécessaires à cette création ».[24] Le recrutement d'un personnel d'encadrement

---

[20] Cité in rapport annuel du conseil d'administration, le 30 mars 1875, AH CL, usuels.

[21] *Idem.*

[22] AH CL, dossiers du personnel dirigeant, 26 AH OO7.

[23] *Idem.*

[24] Cité in rapport annuel du conseil d'administration, le 5 avril 1879, AH CL, usuels.

supérieur extérieur à la « maison » ne semble donc pas satisfaire l'administration « plus pénétrée que personne de la nécessité de contrôler et de surveiller chaque jour ses agences aussi bien en France qu'à l'étranger ».[25] À cette occasion, le conseil insiste sur les nécessités « de recruter et de fortifier sans cesse le personnel » sans négliger pour autant le coût que cela représente : « vous savez enfin les sacrifices qu'a entraînés la formation d'un personnel aujourd'hui éprouvé et auquel il est juste d'attribuer la meilleure part du succès de vos opérations mais dont l'expérience n'a pu s'acquérir sans un apprentissage toujours onéreux ».[26] Ainsi, à la veille de la crise bancaire de 1882, les problèmes de pénurie de personnel dont avait souffert le Crédit lyonnais au cours des années 1870 semblent avoir été résolus.

À la lecture des propos extraits des rapports annuels, il semblerait qu'une formation type « Crédit lyonnais » ait très tôt concerné l'ensemble du personnel, à savoir le jeune personnel inexpérimenté comme le personnel déjà qualifié, dans la mesure où l'établissement répugne à placer, aux fonctions supérieures, des cadres formés à l'extérieur de la « maison ». Certes, le contexte marqué par une expansion des réseaux plus rapide que le temps de formation de ses propres cadres le contraint parfois à ce genre de recrutement. Mais ces derniers demeurent limités, imposés par les circonstances, considérés par l'administration comme exceptionnels et contraires aux us de la « maison ». Ainsi, sur les 68 employés qualifiés de notre échantillon qui ont été recrutés durant cette phase d'implantation et de première expansion, seuls 13 se sont vus directement attribuer des fonctions de gradés ou de cadres : ce fut le cas pour deux sous-chefs de service, un chef de service, un gérant de sous-agence, six fondés de pouvoirs, un directeur d'agence et pour finir, deux inspecteurs. Les 55 autres, en plus de leur formation initiale dans la banque, l'assurance, l'administration ou le commerce, ont, semble-t-il, également été formés par et pour le Crédit lyonnais avant de bénéficier, le cas échéant, d'une promotion leur permettant d'accéder aux postes d'encadrement. C'est dans cette mesure que nous pouvons dire que, malgré un recrutement relativement important de personnel déjà qualifié, le Crédit lyonnais s'est affiché très tôt comme une solide école de formation. Il s'agit de former le personnel, du bas en haut de l'échelle, à l'esprit « maison ».

Les propos du conseil d'administration relatifs à la qualité de la formation de son personnel ont pu être vérifiés par les travaux de Mylène

---

[25] *Idem.*

[26] Cité in rapport annuel du conseil d'administration, le 12 mars 1881, AH CL, usuels.

Cabour[27] : cette dernière a en effet constaté, dans ses investigations sur les employés de la Société lyonnaise de dépôts, que cette banque locale, née en 1865, a longtemps recherché, à la fin du XIXe et au début du XXe siècle, à embaucher des anciens employés du Crédit lyonnais parce qu'ils passaient pour être bien formés. Il semble donc que la volonté très tôt affichée par l'établissement de se constituer en « école de formation » se soit traduite dans les faits. C'est cette politique de formation systématique du personnel associée à un recrutement relativement important d'employés déjà qualifiés qui a permis au Crédit lyonnais de résoudre ses problèmes de pénurie de personnel au cours de cette phase de constitution et de première expansion.

L'objet de l'étude entreprise ici porte sur l'identification des stratégies et des modalités de recrutement ; la question du contenu de la formation est donc examinée plus bas.

Le recrutement du Crédit lyonnais, durant les vingt premières années, s'est donc porté sur un personnel masculin, composé de jeunes célibataires pour la majorité inexpérimentés et d'hommes d'âge mûr, mariés, et déjà formés aux emplois de banque, de bureau ou de commerce. Notons que l'origine professionnelle ouvrière des recrues est marginale : un seul employé a travaillé moins d'un an comme ouvrier dans les chantiers de la Bièvre. Entré à 19 ans comme « petit garçon » au siège social, il est renvoyé trois ans plus tard en raison de « son mauvais travail ».[28]

Nous avons vu dans quelle mesure une expérience professionnelle dans la banque, l'assurance, l'administration ou le commerce a pu constituer un critère pour être recruté au Crédit lyonnais entre 1863 et 1885. Existe-t-il d'autres critères sur lesquels l'établissement fonde le recrutement de son personnel ?

D. La « tenue » et « l'éducation » plus que le niveau d'instruction ?

Sur les 123 dossiers recensés pour la première génération, 70 d'entre eux ne précisent pas le niveau d'instruction (on suppose qu'il s'agit du niveau primaire), vingt-deux comprennent la mention « instruction primaire » non sanctionnée par le certificat d'études, six personnes sont déclarées avoir suivi une instruction primaire supérieure sans pour

---

[27] Mylène Cabour, « Promotion, Formation, Stabilisation : l'exemple d'une banque lyonnaise au XIXe siècle », DEA, sous la direction d'Yves Lequin, Lyon, 1992.

[28] Dossiers du personnel lyonnais conservés à Villeurbanne : ces dossiers ne sont pas cotés mais classés par ordre alphabétique et de façon chronologique selon que l'employé est né avant ou après 1900. Le patronyme de la personne commence par Bert et sa date de sortie est 1884.

autant avoir obtenu l'un des diplômes de fin d'étude ; seize autres personnes sont déclarées avoir suivi une instruction secondaire dont dix titulaires du baccalauréat (on compte quatre bacheliers ès-lettres, un bachelier ès-sciences et deux bacheliers titulaires des deux baccalauréats ès-lettres et ès-sciences), sept personnes enfin sont déclarées avoir effectué des études supérieures ; parmi elles, trois juristes qui ont suivi l'enseignement de la Faculté de droit, quatre diplômés des Écoles supérieures de commerce et deux diplômés de Polytechnique.

De tout cela, il ressort qu'un niveau élevé d'instruction n'est pas à cette époque un critère déterminant pour entrer au Crédit lyonnais puisque les trois quarts de cette première génération, ne disposent, semble-t-il, que d'un niveau d'instruction primaire non sanctionnée par le certificat d'études. Ainsi, à une époque où l'instruction est encore peu répandue (en 1876-1877, 624 743 enfants en âge d'être scolarisés (6-13 ans) sont tenus hors de l'école),[29] la simple maîtrise de la lecture, de l'écriture et du calcul constituent les conditions nécessaires et suffisantes pour accéder aux emplois de banque et de bureau. La maîtrise des connaissances pratiques se joue dans l'apprentissage *in situ*. L'essentiel de la formation des employés de banque et de bureau s'acquiert donc dans le cadre de l'instruction primaire. Il faut attendre les années 1920 pour percevoir une évolution des exigences en termes de niveaux de formation, par ailleurs liée à l'évolution des emplois de banque et de bureau. Ce qui prime entre 1863 et 1885, c'est la « tenue » ou « l'éducation » : l'importance des lettres de recommandation et la prise en compte du milieu social d'origine au moment du recrutement le confirmeront. Un spécialiste du monde du bureau l'a d'ailleurs souligné dans un article au titre révélateur : « l'éducation de l'employé » (et non la « formation ») :

« En outre l'employé devra jouir d'une bonne éducation, être poli sans obséquiosité, discret et par-dessus toute chose, il sera méticuleusement propre ».[30]

Nous verrons ainsi que pour être recrutés au Crédit lyonnais, les « savoir-être » ont longtemps, jusqu'à ce que les métiers de banque et de bureau se professionnalisent, compté autant, si ce n'est davantage, que les « savoir-faire », appris pour l'essentiel dans le travail. Il faudra attendre la Belle Époque et plus encore l'entre-deux-guerres pour que, devant les transformations en cours dans le travail de bureau puis dans le travail de banque, des initiatives soient prises en vue d'établir des formations spécifiques.

---

[29] Chiffres empruntés à la Statistique de l'Enseignement Primaire, publiée par le ministère de l'Instruction Publique, tome 1 : 1876-1877, cité in Mona Ozouf, *L'École, l'Église et la République, 1871-1914*, Éditions Cana/Jean Offredo, Paris, 1982, 259 pages, annexes, p. 234.

[30] Jacques Elfuy, « L'éducation de l'employé », *Mon Bureau*, n° 1, juillet 1909, p. 10.

Cette primauté de « l'éducation », évaluée par la connaissance du milieu social du candidat, sur l'élévation du niveau d'instruction, apparaît implicitement dans une circulaire du Crédit lyonnais relative à la confection des dossiers de personnel :

« Nous constatons souvent l'insuffisance des renseignements portés sur les dossiers du personnel de nos agences. […] Il ne suffit pas d'indiquer le nom du père et de la mère ; il est utile d'y ajouter la profession, le domicile, la situation de famille de la mère et même des proches parents. De même, lorsque l'employé est marié, indiquer la position des parents de la femme, la fortune, les relations de famille, etc. Désigner aussi avec soin les antécédents de l'employé. En un mot, donner soit sur l'employé lui-même, soit sur ses proches, tous les renseignements qui sont de nature à nous éclairer lorsque nous avons à étudier le dossier quand il est question de confier au titulaire un poste comportant une certaine responsabilité ».[31]

De la rubrique « niveau d'instruction », il n'est pas question alors que cette dernière était très souvent négligée comme nous avons pu le constater au niveau de notre échantillon (dans 70 des 123 dossiers consultés, le niveau d'instruction n'était pas mentionné).

Cela s'explique peut-être par le fait que le niveau d'instruction primaire constituait la normalité, le niveau d'instruction secondaire et supérieur, l'exception. Il arrivait néanmoins au Crédit lyonnais de recruter des diplômés. Certains étaient titulaires des baccalauréats ès-lettres et ès-sciences, d'autres avaient suivi un enseignement supérieur et certains en étaient sortis diplômés. Parmi ces derniers, l'on compte un diplômé de l'École supérieure de commerce de Lyon qui avait été fondée en 1871, un diplômé de l'École supérieure de commerce de Paris et un diplômé de l'École polytechnique. La possession de ces diplômes avait-elle une incidence sur la nature du premier emploi confié au candidat diplômé ?

Il semble que non. En effet, en considérant les bacheliers et les plus diplômés, nous nous apercevons que tous ont été recrutés comme simples employés et même parfois comme « employés à l'essai » : c'est le cas de Jean-Baptiste B., Léon B. et Henri T.,[32] ainsi que de Maurice T.,[33] Jean D.,[34] Marcel B.,[35] Joseph de P. de B.[36] et

---

[31] Cité in circulaire du siège social, datée du 23 août 1880, relative à la confection des dossiers de personnel, AH CL, 068 AH 002.

[32] AH CL, Dossiers du personnel lyonnais, conservés à Villeurbanne.

[33] AH CL, Dossiers du personnel dirigeant, 26 AH 14.

[34] AH CL, Dossiers du personnel dirigeant, 26 AH 008.

[35] AH CL, Dossiers du personnel dirigeant, 26 AH 007.

[36] AH CL, Dossiers du personnel dirigeant, 26 AH 10.

Alfred S.[37] Pour la plupart débutants, dotés d'une excellente instruction générale complétée dans une École supérieure de commerce ou dans une Grande École d'ingénieurs, ils ne doivent pas « s'imaginer capables d'occuper immédiatement les plus hauts emplois. Qu'ils n'oublient point que ceux de leurs pareils qui ont atteint les situations les plus merveilleuses sont ceux-là même qui ont accepté de très modestes occupations de début. Quelles que soient les connaissances préalablement acquises par un jeune employé, elles ne sauraient lui servir qu'adaptées aux besoins pratiques de la maison dans laquelle il entrera ».[38]

Ainsi, la sélection à l'entrée du Crédit lyonnais, dans les vingt premières années, ne repose pas sur le niveau d'instruction mais plutôt sur la « tenue » ou « l'éducation » du candidat que l'administration évalue par la connaissance de son milieu social. Cette dernière s'obtient grâce aux informations demandées concernant les milieux socio-professionnels des parents et grâce aux différentes recommandations que le candidat présente au moment du recrutement.

E. Recommandations et connaissance du milieu social

Nous n'avons relevé aucun règlement relatif aux recommandations. Cependant, compte tenu de la faible représentation de ceux qui ne disposent d'aucune recommandation, nous en avons conclu qu'elles sont passées dans l'usage. En effet, sur 123 recrues, seules 12 n'ont présenté aucune recommandation. La majorité, évaluée à près des deux tiers de l'échantillon, n'est pourvue que d'une seule recommandation ; tous les autres candidats disposent de plusieurs recommandations, dont le nombre varie de deux à six.

Qui sont ces recommandants ?

Pour près de la moitié, il s'agit des membres du Crédit lyonnais. Parmi ces 56 personnes, l'on compte 7 parents collatéraux du candidat, 13 employés et gradés et 33 personnes qui occupent une fonction de cadre ou d'administrateur. Ainsi, connaître un membre du Crédit lyonnais, et pas n'importe quel membre puisque la majorité des « recommandants » appartiennent au personnel d'encadrement de l'établissement, semble alors constituer un critère de sélection supplémentaire.

Pour vingt recrues, le dernier employeur ou bien l'employeur d'un de leurs parents quand elles ne disposent pas d'expérience professionnelle, peut aussi servir de recommandation.

---

[37] AH CL, Dossiers du personnel dirigeant, 26 AH 11.
[38] Jacques Elfuy, *art. cit.*

Pour le reste, les personnes qui recommandent sont des notables de la commune où se situe l'agence du Crédit lyonnais : certains sont responsables politiques (on compte en effet trois hommes politiques comme recommandants), d'autres sont responsables de l'organisation du commerce de la commune (on compte un président et un membre de chambre de commerce et un président du tribunal de commerce), d'autres encore exercent des professions juridiques (on compte un magistrat et un notaire) et six autres personnes sont des notables dont la profession n'est pas précisée.

Enfin, il existe deux catégories de recommandants dont l'importance devait croître par la suite : il s'agit des clients du Crédit lyonnais, encore faiblement représentés puisque leur nombre s'élève à deux, et des témoins directs de la « moralité » du candidat comme les curés, les abbés et les pasteurs dont le nombre s'élève à quatre et surtout, les directeurs d'école, dont le nombre atteint déjà près de la dizaine.

Comme nous pouvons le constater, ces recommandants font presque tous partie des élites : qu'il s'agisse des élites de l'établissement ou des élites municipales. Le choix de ces recommandations n'est certainement pas fortuit : il répond de l'intégration potentielle du candidat au sein du Crédit lyonnais et de son intégration réelle dans le tissu économique et social de la commune où est installée l'agence.

Rappelons que le Crédit lyonnais attache à cette époque une importance toute particulière à la connaissance du milieu économique où il s'implante : « une étude minutieuse du milieu économique précède toujours la création d'une agence. Les premières indications obtenues auprès de relations personnelles, de notabilités, de commerçants déjà connus du siège, de chambres de commerce, de notaires, de magistrats, d'agences de publicité sont toujours complétées par les observations recueillies, au cours de leur tournée de prospection, par les inspecteurs du Crédit lyonnais ».[39]

Lors de la première phase d'expansion du réseau, (fin 1880, il y a en province 23 agences),[40] il importe de recruter un personnel plus ou moins déjà intégré à l'économie locale. La nature des recommandations présentées répond, semble-t-il, à ce souci d'intégration préalable du candidat dans le tissu économique et social de la commune d'implantation : la connaissance des mœurs et des caractères des habitants doivent en effet faciliter l'abord de la clientèle.

---

[39] Maurice Mogenet, *op. cit.*, p. 35.

[40] Dr. Eugène Kaufmann, *La Banque en France*, Éditions M. Giard & E. Brière, Paris, 1914, p. 216. (traduit de l'allemand par A.S. Sacker).

Quels sont les autres témoignages que les candidats peuvent donner de leur intégration au tissu économique et social ?

La connaissance des milieux socio-professionnels des deux parents du futur employé permet de situer le postulant dans son réseau de relations. L'importance « stratégique » de ces renseignements pour l'administration du Crédit lyonnais a déjà été soulignée dans la circulaire relative à la confection des dossiers de personnel.

D'après A. Artaud, « l'employé de bureau est souvent d'essence bourgeoise, c'est un déclassé ou un surclassé, c'est un laissé pour compte des universités et des concours qui a échoué à l'administration [...] il a usé sa jeunesse sur les bancs de l'école. Il va grossir l'armée des ronds de cuir ».[41] Cette définition qui date du début du siècle est-elle adaptée aux années 1863-1885 ?

Nous avons vu que le niveau moyen d'instruction du personnel du Crédit lyonnais dépasse rarement à cette époque celui de l'instruction primaire même s'il existe quelques diplômés des universités, des grandes écoles de commerce ou des grandes écoles d'ingénieurs. Nous verrons que la part des diplômés des études supérieures parmi les employés du Crédit lyonnais diminuera encore par la suite, confirmant ainsi le jugement d'A. Artaud selon lequel les employés de bureau étaient « les laissés pour compte des universités et des concours ». Faut-il en revanche conclure comme cet auteur que l'employé du Crédit lyonnais des vingt-cinq premières années est souvent recruté dans la bourgeoisie et qu'il s'agit « d'un déclassé ou d'un surclassé » ?

Ce jugement d'A. Artaud sur l'origine sociale partagée des employés, Jean Morin l'a confirmé pour ce qui est de l'origine sociale des employés de banque : « les employés comprenaient des éléments absolument opposés : d'une part, l'employé de banque courant type 1900, sans instruction, barbu, habillé d'une jaquette élimée, portant col droit amidonné et manchettes mobiles également amidonnées ; d'autre part, des fils de famille à noms ronflants, recommandés par des administrateurs ou de hautes personnalités. Licenciés en droit, habillés avec élégance et bien décidés à ne pas travailler, la plupart étaient des enfants prodigues que leur famille avait casés là pour les occuper et dans l'espoir qu'avec du piston ils arriveraient à décrocher une place de directeur en province ».[42]

Nous avons vu plus haut que plus de 59 % des recommandations des employés du Crédit lyonnais recrutés entre 1863 et 1885 sont des « ad-

---

[41] A. Artaud, *op. cit.*, p. vi-vii.
[42] Jean Morin, *Souvenirs d'un banquier français : 1875-1947*, Denoël, Paris, 1983, 326 pages, p. 52.

ministrateurs ou de hautes personnalités ». Ce pourcentage élevé signi-fie-t-il que la majorité des employés de l'établissement sont alors « des fils de famille à noms ronflants » ?

Quand on analyse le milieu socio-professionnel des pères des candi-dats, on s'aperçoit qu'un quart de l'échantillon, soit 20 personnes sur 80 sont en effet issues de la haute bourgeoisie[43] : l'on compte deux ban-quiers, trois négociants, trois professions libérales, cinq rentiers, trois haut-fonctionnaires et quatre propriétaires terriens.

Quelle est à la fin du Second Empire et au début de la Troisième Ré-publique la nature de cette bourgeoisie que Christophe Charle[44] préfère décliner au pluriel ?

Par « bourgeoisies », ce chercheur désigne « les propriétaires et/ou les cadres dirigeants des affaires industrielles, commerciales, financières ou des entreprises agricoles les plus importantes »[45] même si « d'autres groupes privilégiés par la fonction ou le niveau de culture continuaient d'être englobés sous ce terme générique, conformément à l'usage des trois premiers quarts du XIXe siècle ».[46]

Les membres des professions libérales et ceux de la haute fonction publique composent-ils ces autres groupes privilégiés traditionnellement compris dans la haute bourgeoisie ?

Pour asseoir son pouvoir central et départemental, le Second Empire a dû s'appuyer en grande partie sur les notabilités liées aux régimes précédents. Au niveau local, les éléments traditionnels de pouvoir des notables (disponibilités financières, niveau d'instruction, réseaux so-ciaux anciens), même s'ils n'assurent pas une prééminence aussi in-contestable qu'avant 1848, gardent toute leur importance tant que n'ont pas émergé les groupes nouveaux pour encadrer les masses rurales. « Les conseils généraux en 1870, malgré le suffrage universel, sont ainsi composés à peu de choses près de la même façon qu'en 1840 : plus de 28 % de propriétaires, plus de 15 % d'hommes d'affaires, près de 40 % de magistrats et de fonctionnaires ».[47] Ces catégories socio-profes-

---

[43] L'échantillon est composé de 123 candidats mais pour 43 d'entre eux, on bien le père était décédé au moment de leur entrée au Crédit lyonnais (dans 34 cas), ou bien la profession n'était pas indiquée (dans 9 cas). Le nombre important des pères décédés peut s'expliquer par l'âge relativement avancé au moment du recrutement d'une par-tie non négligeable de l'échantillon.

[44] Christophe Charle est directeur de recherches au CNRS (Institut d'histoire moderne et contemporaine) et spécialiste d'histoire sociale : en collaboration avec Jacques Dupaquier *et al.* : *La Société française au XIXe siècle*, Fayard, Paris, 1992.

[45] Christophe Charle, *L'Histoire sociale de la France au XIXe siècle*, Le Seuil, Paris, 1991, p. 239.

[46] *Idem.*

[47] *Idem*, p. 98.

sionnelles sont celles dont sont issus près de 20 % des pères des employés du Crédit lyonnais composant notre échantillon. Nous pouvons donc affirmer que l'établissement recrute alors une partie non négligeable de son personnel parmi les fils de cette haute bourgeoisie traditionnelle, encore importante en ces débuts de Troisième République même si la bourgeoisie économique tend à devenir la bourgeoisie par excellence sous l'effet de la diffusion de l'idéologie socialiste. En recrutant ces fils de la haute bourgeoisie traditionnelle, ne sont-ce pas les disponibilités financières et les réseaux sociaux des parents que le Crédit lyonnais recrute ? Nous ne pouvons l'affirmer, compte tenu de l'absence d'informations explicites sur ce thème, mais l'existence d'une cohérence entre ce type de recrutement et la recherche de réseaux sociaux locaux bien établis pour favoriser le succès de la nouvelle banque auprès des clientèles locales nous autorise à poser la question.

En dehors de cette haute bourgeoisie traditionnelle, c'est dans les classes moyennes, et plus particulièrement dans le monde des employés que le Crédit lyonnais recrute l'essentiel de ses troupes. En effet, sur 80 pères encore vivants, 25 avaient été ou étaient encore artisans ou commerçants et 18 avaient été employés : six furent employés de commerce, cinq autres, employés de banque et assurance, six autres enfin, employés d'administration publique ou privée.

Alors que la société de la première moitié du XIXe siècle se caractérisait par la faiblesse de ce qu'on appelle aujourd'hui les classes moyennes, l'urbanisation, l'extension du grand capitalisme et le développement des activités tertiaires, déjà bien amorcés sous le Second Empire, provoquèrent l'extension de ces « nouvelles couches ». Les débouchés étaient alors, outre la fonction publique, les bureaux des grandes sociétés, l'encadrement dans les grands magasins, les maisons de négoce, les fonctions commerciales intermédiaires, les transports, les banques et les fonctions administratives dans l'industrie. Évaluer leur nombre à cette époque est très difficile car les classifications des recensements retardent sur la réalité et les confondent avec des catégories beaucoup plus populaires. En effet, il existait dans la première partie du XIXe siècle des commis ou des demoiselles de magasin suppléant ou aidant le patron ou la patronne. Mais la médiocrité des établissements, l'emploi d'éléments jeunes souvent renouvelés, l'absence de carrière possible, sauf sur le mode paternaliste de l'intégration dans la famille patronale, les distinguaient mal d'une catégorie particulière de domestiques. La rubrique des « employés » du recensement de 1872 qui englobe le plus grand nombre mêle en fait les employés de commerce formés sur le tas, qui se multiplient dans les villes, et les salariés qualifiés travaillant dans les bureaux des sociétés importantes. Jacques Dupaquier et Jean-Pierre Pélissier font remonter au milieu des années 1860 la première croissance du nombre des employés. Ils constatent en effet dans le cadre de leurs travaux sur les professions des époux « Tra » mentionnées sur les actes de mariage que la profession d'employés de bureau connaît un premier essor dans la décennie 1863-1872.[48] Mais « il est pourtant clair que les métiers d'employés de commerce tels que bouchers, coiffeurs, demoiselles de magasins etc., ont peu à voir avec le travail d'un correspondancier, par exemple. Or dans le sens commun comme dans la statistique officielle, jusqu'au début du XXe siècle, on entend indistinctement par « employé : employé de commerce ou de bureau » ».[49] « On peut du moins opérer une différenciation indirecte par la part de ceux qui emploient un ou une domestique : on arrive ainsi à moins de 30 000 personnes ».[50] La rareté relative de ce groupe se doublait « d'une position stratégique dans les nouveaux réseaux sociaux nés de la modernité ».[51] Malgré leur hétérogénéité et leur relative faiblesse numérique sous le Second Empire et au début de la Troisième République, les employés étaient donc bien intégrés aux tissus économiques et sociaux des villes. C'est cette même intégration que le Crédit lyonnais semblait rechercher chez tous ceux qui aspiraient à devenir membres de l'établissement.

La très faible représentation du monde ouvrier dans l'analyse de l'origine socio-professionnelle des pères des employés du Crédit lyonnais (2 sur 123) est sur ce point révélatrice. En effet, dans un pays encore dominé par la petite entreprise, la forte instabilité de la main-d'œuvre ouvrière est impliquée par la contrainte du sous-emploi cyclique : changer d'entreprise, de quartier ou de ville est un moyen de passer une crise d'emploi local ou de négocier ailleurs une meilleure rémunération. La mobilité géographique faisait donc partie de la norme du monde ouvrier : d'après Denis Poulot, petit patron observateur critique des éléments qualifiés de la classe ouvrière parisienne, « 60 % des ouvriers ont de 3 à 5 patrons par an ».[52] Or cette instabilité du monde ouvrier se situe aux antipodes du type d'intégration locale recherché par le Crédit lyonnais chez son personnel.

L'analyse de l'origine socio-professionnelle des mères des employés du Crédit lyonnais ne nous renseigne pas davantage sur le niveau d'intégration des candidats dans le tissu économique et social de la ville où l'établissement s'était implanté. Elle confirme tout au mieux les

---

[48] Jacques Dupaquier & Jean-Pierre Pelissier, « Mutations d'une société : la mobilité professionnelle » in Dupaquier Jacques et Kessler Denis (dir.), *La société française au XIXe siècle, Tradition, transition, transformation*, Fayard, Paris, 1992, p. 143.

[49] Delphine Gardey, *op. cit.*, p. 35.

[50] Christophe Charle, *op. cit.*, p. 131.

[51] *Idem.*

[52] Guy Duveau, *La vie ouvrière sous le Second Empire*, Gallimard, Paris, 1946, p. 256.

conclusions précédentes : la part des mères non salariées est de loin majoritaire (62 sur 78 mères encore en vie dont l'activité est connue),[53] on compte parmi elles 52 mères sans profession et 8 rentières. Parmi les mères salariées (18 sur 78), on compte sept commerçantes ou artisanes, trois employées, trois domestiques et cinq ouvrières du textile.

Nous pouvons ainsi conclure qu'en cette phase d'implantation et de première expansion (1863-1885), le Crédit lyonnais a axé son recrutement sur quatre critères essentiels : le sexe, l'âge et l'expérience, la « tenue » et « l'éducation » que la présentation des recommandations et la connaissance du milieu social d'origine permettent d'évaluer.

Nous proposons maintenant de voir dans quelle mesure la gestion du personnel d'un établissement de crédit comme le Crédit lyonnais a obéi dès les origines à une gestion spécifique fondée sur une double mobilité du personnel, fonctionnelle (inter-services) et géographique (inter-agences).

II. L'émergence d'une double mobilité du personnel : système de formation et mode de gestion des carrières

Le Crédit lyonnais est une entreprise de services bancaires et une entreprise très tôt dotée d'une structure en réseaux. Dans quelle mesure cette nature et cette structure de l'établissement ont-elles imposé un mode de gestion du personnel fondé sur une double mobilité ?

L'absence de formations théoriques spécifiques à la banque et au bureau à cette époque a induit une gestion du personnel caractérisée par une importante mobilité entre services.

A. Une forte mobilité fonctionnelle inter-services

L'apprentissage est en effet effectué *in situ*, c'est-à-dire dans les services où la durée moyenne de passage se situe entre 2 et 3 ans, parfois plus. Ainsi, près des trois quarts de la génération étudiée (92 personnes) ont fréquenté au cours de leur carrière plus d'un service : pour certaines (vingt-deux d'entre elles), le nombre de services fréquentés s'élève à 2, pour d'autres, plus nombreuses encore (vingt-huit d'entre elles), il s'élève à 3, pour douze autres, il s'élève à 4, pour dix autres, à 5, pour huit autres, à 6, pour cinq autres, à 7 et pour sept autres enfin, à 8. L'idéal est donc de ne « demeurer dans un service que le temps néces-

---

[53] L'échantillon comprend 123 personnes mais nombre d'entre elles n'avaient plus leur mère au moment du recrutement (certaines étaient décédées, une encore était inconnue).

saire à en comprendre la marche et à apprendre à en résoudre les difficultés ».[54]

Cette importante mobilité entre services assure ainsi au personnel du Crédit lyonnais une solide formation en ces temps où aucune loi encore n'oblige l'employeur à assurer la formation de son jeune personnel (la loi Astier ne date en effet que de 1919). Jusqu'à la Première Guerre mondiale, le personnel du Crédit lyonnais passe d'ailleurs pour être le personnel bancaire le mieux formé. En 1914, le Dr Eugène Kaufmann n'hésite pas à affirmer que « nombre d'agents dirigeants des grandes banques privées parisiennes sont d'anciens employés du Crédit lyonnais dont l'école est réputée comme la meilleure ».[55]

Toutefois, une forte mobilité,[56] le plus souvent synonyme de formation achevée, donc de promotion, peut parfois constituer une sanction. Nous avons relevé trois cas où la forte mobilité de l'employé traduit en fait une sanction des chefs de service qui aspirent à s'en séparer. Cette mobilité-sanction se distingue de la mobilité-promotion par la durée moyenne de passage dans le service. En effet, lorsqu'il s'agit d'une mobilité-sanction, la durée moyenne de passage est plus courte : elle atteint tout au plus 1 an. L'exemple le plus explicite de cette mobilité-sanction est celui de Denis B.,[57] admis au siège social en 1878, à l'âge de 13 ans comme « petit garçon ». En 5 ans, il est passé par 7 services : il est en effet d'abord entré au service des Titres où il est resté à peine 1 an, puis il a été admis au service des Recouvrements où il n'est pas resté plus longtemps ; il est ensuite entré au service du Vestibule des Titres où il est encore resté 1 an pour ensuite être admis au service des Expéditions où il ne termine même pas l'année ; enfin, il retourne au service des Titres pour une durée d'un an avant d'entrer au service des Entrées-Banque d'où il est renvoyé « en raison de son mauvais travail ».

Mais s'il arrive qu'une forte mobilité entre services peut traduire une sanction, le plus souvent, elle constitue le signe d'une formation parachevée.

Il semble donc que la nature même des services offerts par le Crédit lyonnais, à savoir des services bancaires, et surtout l'absence d'enseignement publique ou privé adapté, ont induit cette importante mobilité entre services comme mode de formation et par suite comme mode de gestion. Nous verrons que la spécialisation des métiers de bureau

[54] Jacques Dagneau, *Les Agences Régionales du Crédit lyonnais, 1870-1914*, Arno Press, New-York, 1977, 485 pages, p. 426.

[55] Dr Eugène Kaufmann, *La Banque en France*, p. 362-363.

[56] Nous considérons que la mobilité est forte lorsque le nombre de services fréquentés est strictement supérieur à 3.

[57] Dossiers du personnel lyonnais nés avant 1900, non cotés, conservés à Villeurbanne.

d'abord, des métiers de banque ensuite, liée à l'essor de formations professionnelles plus adaptées (sténographie, dactylographie, comptabilité, etc.) mettra fin à ce type de mobilité.

En plus d'être une entreprise de services bancaires, le Crédit lyonnais présente la caractéristique d'être une entreprise dotée d'une structure en réseaux. En 1885, ses deux sièges (le siège social puis le siège central) et ses principaux réseaux (celui des agences régionales, celui des agences étrangères, celui des agences départementales et celui des agences dans Paris) sont déjà en place. Dans l'échantillon, 63 personnes sont issues du siège social, 19, du siège central, 15, des agences dans Paris, 21 enfin, des agences départementales et 5 seulement, du réseau des agences régionales.

Dans quelle mesure la mobilité géographique a-t-elle pu constituer un mode de gestion spécifique à cette structure en réseaux ?

Nous distinguons deux natures de mobilité géographique : une mobilité inter-groupes ou inter-réseaux et une mobilité inter-agences. Nous allons voir que la mobilité inter-agences, relativement répandue à l'intérieur même des réseaux, a contrasté avec une certaine immobilité inter-groupes.

B. Une mobilité géographique inter-agences

Sur les 50 personnes de l'échantillon qui ont effectué leur carrière au sein des réseaux d'agences, métropolitaines et étrangères, 28 d'entre elles ont fréquenté plus d'une agence. Pour dix d'entre elles, le nombre d'agences fréquentées s'élève à 2, pour huit autres, il s'élève à 4, pour une autre, il s'élève à 5, et pour une autre enfin, il s'élève à 6. Sur ces 28 personnes, 24 d'entre elles sont des gradés ou des cadres.

Dans quelle mesure la question de l'existence d'une corrélation entre les déplacements des gradés et des cadres et leur promotion peut-elle être posée ?

Dans quelle mesure enfin ce type de mobilité géographique ne concerne-t-il que le personnel déjà parvenu à un certain échelon de la hiérarchie ?

Des éléments de réponse à ces questions apparaissent dans les travaux de Jacques Dagneau qui s'est intéressé à l'organisation et au fonctionnement d'un des réseaux, celui des agences régionales.

« Car plus on s'élève dans la hiérarchie et plus les déménagements se multiplient, du moins jusqu'à une éventuelle nomination à Paris ».[58] Pour les années 1883-1913, ce chercheur a relevé « 101 mutations de

---

[58] Jacques Dagneau, *op. cit.*, p. 418.

caissiers non liées à une promotion, 111 cas semblables pour les fondés de pouvoirs, 187 cas touchant des gérants, 220 mutations de sous-directeurs et 225 mutations de directeurs, toujours sans promotion. Tout cela coûte cher, au Crédit lyonnais d'abord, qui en principe défraie toutes les dépenses occasionnées par ces déplacements, à l'employé aussi, qui doit supporter, par exemple, les réparations éventuellement effectuées au nouvel appartement ainsi que les achats de mobilier ou de tentures ». [...] « Le coût est aussi élevé en énergie, en volonté, en dépaysements, en efforts d'adaptation ». [...] La politique de la banque est d'ailleurs très claire : « nous devons pouvoir toujours compter sur nos collaborateurs quand nous avons besoin de leurs services sur un point ou sur un autre et quand ils n'ont aucune raison plausible à opposer à nos propositions ».[59]

S'il arrive parfois que le « mouvement » s'accompagne d'un apparent recul de l'intéressé dans la hiérarchie, « les déplacements sont cependant plus souvent liés à des promotions ».[60] Jacques Dagneau a ainsi relevé 526 promotions au rang de caissiers, 565 nominations de fondés de pouvoirs, 479 nominations de gérants, 237 nominations de sous-directeurs et 242 nominations de directeurs pendant les années 1883-1913, mais, comme il l'a écrit, « nous ne pouvons pas préciser le nombre des promotions intervenues à l'occasion des déplacements ».[61]

Ainsi, même s'il apparaît clairement que les déplacements ne touchent que le personnel déjà parvenu à un certain échelon de la hiérarchie, la corrélation pouvant exister entre ces déplacements et les promotions n'est pas directement établie.

La mobilité inter-agences de ce personnel d'exploitation (par opposition au personnel administratif) concourt au perfectionnement de sa formation : en effet, comme le souligne Eugène Kaufmann dans son ouvrage sur les banques en France, « généralement on ne propose le poste de chef de service dans une grande agence qu'à des personnes qui ont travaillé dans plusieurs autres agences ; en remplissant ses fonctions dans des conditions différentes, sous la direction de plusieurs chefs, l'agent requiert une bien plus grande habileté et une plus grande habitude des affaires ».[62]

Si le Crédit lyonnais assure la formation de tous ses gradés et de tous ses cadres, tant les administratifs que les responsables d'exploitation des réseaux, par une mobilité inter-services, le perfectionnement des se-

---

[59] *Idem*, p. 418-419.
[60] *Idem*, p. 420.
[61] *Idem*.
[62] Dr Eugène Kaufmann *op. cit.*, p. 362.

conds passe par une mobilité inter-agences. Alors que le recrutement du personnel des réseaux d'exploitation est alors décentralisé au niveau des agences, « c'est surtout de la formation que s'occupe la direction du réseau : encore s'agit-il de la variété de cette formation plus que de sa qualité. À l'occasion des promotions ou des mutations, on passe en revue les qualifications des employés susceptibles d'être impliqués dans « le mouvement » : pour chacun, l'expérience acquise, les services futurs escomptés et donc la plus ou moins grande importance de lui assurer une « formation complète » sont passés en revue. Pour autant que les circonstances s'y prêtent, on cherche alors à « parfaire la formation » de l'employé en lui permettant d'acquérir l'expérience d'un nouveau service, d'une autre clientèle, d'un milieu de travail différent ».[63]

Le rôle joué par les deux types de mobilité (inter-services et inter-agences) dans la formation des gradés et des cadres des réseaux est ici explicite. Nous verrons que ce mode de gestion a perduré jusqu'à la Première Guerre mondiale.

À la mobilité géographique fondée sur les déplacements inter-agences à l'intérieur de chaque réseau, s'est opposée une immobilité géographique fondée sur l'absence relative d'échanges de personnel entre les réseaux comme si chacun fonctionnait en huis clos.

C. L'absence d'échanges de personnel entre les réseaux : la « féodalisation » des groupes

Sur l'ensemble de l'échantillon, seulement 21 personnes ont en effet changé de réseau, et pour la grande majorité d'entre elles, seulement une fois ; pour deux personnes uniquement, le nombre de groupes fréquentés s'élève à 3.

Ce chiffre de 21 pourrait même être révisé à la baisse dans la mesure où sur l'ensemble, près d'une dizaine a effectué le même changement en quittant le groupe des agences dans Paris pour celui des agences départementales. Or, dans les années 1880, dans le contexte de réduction des frais généraux imposée par les conséquences de la crise bancaire de 1881-1882, le Crédit lyonnais dût procéder à la fermeture de 12 bureaux dans Paris.[64] Le motif de fermeture invoqué par le conseil d'administration était alors d'ordre fiscal : « ces bureaux, dont le fonctionnement est excellent, sont malheureusement frappés de taxes exorbitantes. Nous avions entamé une instance devant le Conseil d'État pour obtenir qu'ils fussent considérés comme de simples guichets du siège central puis-

---

[63] Jacques Dagneau, *op. cit.*, p. 410.

[64] Cité in rapport annuel du conseil d'administration, le 7 mars 1885, AH CL, usuels.

qu'ils n'ont ni capital spécial, ni autonomie de gestion ; nous avons succombé dans cette instance : le moindre de ces bureaux de quartier continuera à supporter les mêmes droits fixes de Patente qu'un établissement distinct et indépendant. Bien plus, le grand nombre d'employés exigé par les services de caisse et d'escompte que nous mettons à la disposition du public fait taxer notre société plus chèrement dans la plupart de ses agences qu'une maison de Haute Banque traitant des affaires beaucoup plus importantes avec un personnel moindre ».[65] Certes, aucun élément ne permet d'affirmer que la fermeture d'une partie des agences parisiennes s'est traduite par le transfert d'une partie de leur personnel qualifié dans le réseau des agences départementales alors en expansion. En revanche, l'importance de ces transferts par rapport à l'absence d'échanges de personnel entre les autres réseaux nous autorise à poser la question.

Il semblerait donc que le nombre d'échanges entre les réseaux qui concerne 17 % de notre échantillon soit « gonflé » pour une raison conjoncturelle. L'absence de ces échanges inter-réseaux se confirmera d'ailleurs par la suite : en effet, dans l'échantillon composé des 273 personnes recrutées entre 1886 et 1914, seulement 35 d'entre elles, soit un peu plus de 12 %, ont effectué un seul changement de réseau, voire deux pour une seule d'entre elles. Cette tendance à l'immobilisme entre les réseaux est confirmée dans une note du service du personnel parisien datée du 12 mars 1910 : « les mutations entre groupes qui nous semblent un peu plus fréquentes maintenant que par le passé et qui nous paraissent d'ailleurs désirables à plus d'un titre, ne doivent pas, selon nous, entraîner la remise d'une démission ; elles comportent seulement l'avis favorable des deux directions intéressées et la transmission d'un dossier. Si tel est votre sentiment (il s'adresse au directeur du groupe des agences étrangères), nous avons l'honneur de vous prier de vouloir bien nous le faire savoir, car dans ce cas, nous demanderions à la direction générale de donner des instructions dans ce sens aux différents groupes du Crédit lyonnais pour qu'il y ait unités de vues et de pratique sur cette question ».[66]

Cette simplification des mesures administratives, rendue possible par la réponse favorable de la direction des agences étrangères, n'a pas eu, semble-t-il, d'impact sensible sur les mouvements de personnel entre les réseaux comme le montre la composition des échantillons de la troisième et de la quatrième génération. Il semble donc qu'une tendance à la « féodalisation » des groupes se soit très tôt installée au sein du Crédit

---

[65] Cité in rapport annuel du conseil d'administration, le 15 mars 1884, AH CL, usuels.

[66] Note du Colonel Walewski, alors chef du personnel du siège central, au directeur des Agences étrangères, James Rosselli, AH CL, 98 AH 250.

lyonnais. Nous verrons d'ailleurs que la culture « maison » définie par l'appartenance à l'établissement s'est doublée d'une culture de « groupe », stimulée par la concurrence à laquelle les réseaux se livrent lors des lancements d'emprunts par exemple, et progressivement structurée autour d'activités sociales propres (groupes sportifs, groupes musicaux, etc.).

Nous pouvons donc conclure qu'une double mobilité du personnel, fonctionnelle et géographique, s'est incontestablement imposée au Crédit lyonnais comme le mode de gestion le mieux adapté à la nature et à la structure de l'établissement en cette période de constitution et de première expansion. Cette double mobilité est toutefois limitée : au « personnel d'avenir » tout d'abord et géographiquement ensuite dans la mesure où les déplacements ne s'effectuent pas au-delà des réseaux.

Nous proposons maintenant de voir dans quelle mesure les fluctuations de personnel n'ont pas, à cette époque, fait l'objet de politique de maîtrise systématique. Pour cela, nous avons mesuré et observé la durée des carrières du personnel et analysé les motifs de départ.

III. Un personnel qui ne fait que « passer » au Crédit lyonnais

À une époque où les employés de banque ne disposent pas encore de tous les avantages qui vont faire de cette catégorie l'élite du monde employé (les congés payés, la semaine anglaise et la retraite n'étaient pas encore des avantages acquis même si la titularisation, la mensualisation et la progression du salaire à l'ancienneté semblaient déjà établies dans les établissements de crédit), existe-t-il un important *turn-over* au Crédit lyonnais ?

A. Un **turn-over** *relativement faible ?*

Nous avons choisi comme indicateur de mesure du *turn-over*, la durée de la carrière du personnel. Au regard de cet indicateur, nous constatons un *turn-over* relativement faible à cette époque par rapport à l'évolution qu'il connaîtra par la suite. En effet, pour 16 personnes seulement, soit 13 % de la génération représentée ici, la carrière au Crédit lyonnais n'a pas dépassé 1 an ; pour les autres, la durée de la carrière se situe entre 2 et 40 ans, voire plus ; pour quarante-six personnes, elle se situe entre 2 et 5 ans (temps de formation), pour treize autres, elle se situe entre 5 et 10 ans, pour huit autres encore, entre 15 et 20 ans, pour quatre autres, entre 20 et 25 ans, pour six autres, entre 25 et 30 ans, pour huit autres, entre 30 et 35 ans, pour huit autres encore, entre 35 et 40 ans, et pour cinq autres enfin, elle dépasse 40 ans.

Si le *turn-over* apparaît donc au regard de l'indicateur choisi comme relativement faible à cette époque, l'analyse de la durée de la carrière traduit néanmoins qu'une très légère minorité a effectué l'essentiel de sa carrière au Crédit lyonnais. Nous n'avons d'ailleurs relevé que cinq départs en retraite dans l'intervalle de 40 ans que couvrent les trois premiers flux de sortie.[67] Nombreux sont donc ceux qui ne font que « passer » au Crédit lyonnais. Quels peuvent être les motifs de leur départ ?

B. Des départs surtout volontaires

Si les départs volontaires constituent la grande majorité, on relève néanmoins des départs involontaires. Quelles peuvent donc être les raisons invoquées par le personnel pour quitter le Crédit lyonnais et quels sont les motifs de son renvoi ?

Les départs volontaires apparaissent en effet majoritaires : au regard des 76 départs recensés dans l'intervalle des deux flux de sortie qui couvrent la période « 1863-1885 », 49 personnes ont volontairement quitté l'établissement ; 47 d'entre elles ont, semble-t-il, démissionné et deux autres, sorties entre 1880 et 1885, ont pris leur retraite.

Il est très difficile d'analyser les motifs de démission dans la mesure où, à cette époque, le chef du personnel (ou celui qui en faisait office), chargé d'inscrire le motif de départ, se donne rarement la peine de l'expliciter. Néanmoins, nous avons relevé neuf cas de démission dont le motif est inscrit dans le dossier. À deux reprises, la raison invoquée est le désir « d'entreprendre une autre carrière », une fois, l'employé démissionnaire déclare « vouloir s'établir à son compte », dans deux autres cas, il invoque « des problèmes de santé », dans un cas seulement, il déclare entrer dans une autre banque, dans un autre, dans une maison de commerce, et dans un autre encore, il déclare vouloir « reprendre les cours ». Soulignons que tous les motifs de démission qui viennent d'être cités sont des « motifs positifs » par opposition aux « motifs négatifs » qui mettent en cause directement la qualité de la vie au travail dans l'établissement. Sur la période considérée, et notamment sur l'intervalle « 1863-1879 », un seul motif négatif a été avancé par l'employé démissionnaire : c'est le manque de motivation.

Que conclure de ces quelques motifs de démission connus ?

---

[67] Le premier projet de caisse de retraite est énoncé dans une instruction de la direction des Agences régionales datée du 7 janvier 1889 : il ne concernait que les « garçons », AH CL, 068 AH 007.

À cette époque, comme l'a montré Michel Launay,[68] l'employé apparaît encore comme un patron possible. Le salariat lui pèse. C'est aussi l'image qu'en donne Pierre Delon, secrétaire de la Fédération CGT des employés de 1930 à 1947 : « avec le développement du commerce et de l'industrie est apparue une catégorie particulière de travailleurs : les employés dont le rôle était d'aider le commerçant, le patron, dans la vente de ses marchandises, dans ses tâches de comptables et d'administration [...] À l'origine le commis, l'employé de commerce, de bureau, de manufacture, en contact direct avec son patron était très souvent son auxiliaire, originaire de la petite bourgeoisie, il aspirait lui-même à devenir patron à son tour ».[69] Cette aspiration des employés des petits commerces et des petites industries à devenir indépendants est-elle le fait des employés des grands établissements de crédit ?

Il semblerait que pour la période qui nous intéresse, la volonté de s'établir à son compte (rompre du même coup avec le statut de salarié) ait constitué un des motifs de démission des employés du Crédit lyonnais. Nous sommes en revanche dans l'impossibilité de savoir si ce motif de démission était invoqué par un grand nombre ou bien s'il était le fait d'une minorité.

Nous avons d'autre part pu constater que, quels que soient les avantages que comporte dès cette époque la carrière d'employé de banque (titularisation, mensualisation et progression du salaire à l'ancienneté), cette « vie de bureau » peut se révéler inadaptée à certains qui préfèrent entreprendre « une autre carrière ». Les conditions de travail dans la banque sont en effet particulièrement difficiles d'autant plus qu'elles échappent à toutes les réglementations du travail ouvrier, notamment en matière de durée du travail : « l'employé travaille et aucune loi ne règle la durée de son labeur. Jusqu'en juillet 1903, il pouvait même travailler dans les conditions les plus déplorables : il n'y avait pas d'hygiène pour lui ».[70] En effet, cette nouvelle catégorie de travailleurs échappe presque totalement à la législation en matière d'hygiène et de protection du travail. Dans la mesure où dans l'idéal « employé », le salariat ne constitue qu'un statut transitoire vers l'accession au statut de patron, aucun mouvement revendicatif n'est alors organisé pour réclamer la protection légale. Il faudra attendre le début du siècle pour que les employés, ne pouvant plus espérer quitter le salariat, entreprennent des mouvements revendicatifs. Ils veulent être considérés comme des travailleurs à part

---

[68] Michel Launay, « Aux origines du syndicalisme chrétien en France : le syndicat des Employés de Commerce et de l'Industrie, de 1887 à 1914 », in *Le Mouvement Social*, n° 68, juillet-septembre 1969, p. 50.

[69] Pierre Delon, *Les employés, de la plume d'oie à l'ordinateur, un siècle de luttes, origines et activités de la Fédération CGT*, Éditions sociales, 1969, p. 13.

[70] A. Artaud, *op. cit.*, p. x.

entière et bénéficier comme tels de la protection légale. C'est d'ailleurs l'hypothèse adoptée par Michel Launay : « Dès 1900-1905, l'employé ne peut plus espérer quitter le salariat. Alors il prend son parti. Il s'y installe. Le ton de sa revendication change. Ses préoccupations sont tout autres qu'auparavant. Jusque-là, la législation ouvrière n'intéressait guère l'employé. Soudain, il revendique l'extension aux employés de la législation sur la protection du travail ouvrier ».[71] Cette tension interne entre le rêve d'entrer en bourgeoisie et la tendance dominante, à partir du début du siècle, à un rapprochement d'un statut de salarié modeste, finit par être à l'origine d'un malaise des « employés » que traduit l'essor de leurs syndicats.

Enfin, un autre motif de démission connu, à savoir « les problèmes de santé », ne résulte-t-il pas de ces difficiles conditions de travail et de ces mauvaises conditions d'hygiène dans les bureaux ? Le personnel du Crédit lyonnais n'hésite pas à dénoncer certaines d'entre elles (strict respect des horaires, amendes,[72] etc.) dans un texte qu'il chantonne peu après la crise bancaire de 1882, sur l'air d'*À la façon de Barbari, mon ami*. Rien que le titre, « Complainte »,[73] est évocateur.

Enfin, les autres motifs de départs volontaires que sont les départs pour une autre banque ou pour une maison de commerce ne sont évoqués qu'une fois alors qu'ils constitueront par la suite le motif de démission le plus répandu.

Nous venons d'analyser les seuls motifs connus des départs volontaires qui, nous l'avons vu, semblent très nettement majoritaires au regard de l'échantillon. Néanmoins, il arrive au Crédit lyonnais de licencier son personnel.

Même si l'arme du renvoi s'abat en effet sans faiblesse quand le personnel ne « donne pas satisfaction » ou quand il commet une « faute », la sévérité de son application dépend étroitement de l'état des « affaires » de l'établissement. En effet, si sur les 76 départs recensés au cours de la période « 1863-1885 », nous n'avons relevé que dix cas de licenciement, nous pouvons observer que s'ils sont seulement quatre à avoir été recensés dans l'intervalle « 1863-1879 », ils sont six à l'avoir été dans l'intervalle suivant, « 1880-1885 », près de trois fois plus court. Les raisons de la multiplication des licenciements dans l'intervalle « 1880-1885 » sont indubitablement liées à la volonté, évoquée plus haut, de réduire, au lendemain de la crise bancaire de 1882, les frais

---

[71]   Michel Launay, *art. cit.*, p. 50.

[72]   Sur la question des amendes, voir infra, deuxième partie.

[73]   Cf. la « Complainte », Crédit lyonnais, 9 mars 1882, AH CL, in volume consacré aux annexes, annexe XXIII.

généraux, et par voie de conséquence, compte tenu de leur structure, les frais de personnel.

Après avoir abordé l'aspect quantitatif de l'évolution des licenciements sur la période considérée, intéressons-nous à la nature des motifs explicités.

Dans un cas, l'employé ne jouit pas d'une santé suffisante pour continuer à travailler dans les bureaux de l'établissement : les absences répétées pour maladie, à l'heure où les congés-maladie ne sont pas légalisés mais considérés comme une simple mesure de bienveillance prise par l'administration à l'égard de ses bons employés[74] peuvent en effet constituer un motif de licenciement.

Dans cinq autres cas, dont deux dans le premier intervalle et trois dans le second, sans avoir commis de faute disciplinaire ou de faute professionnelle grave, l'employé est néanmoins renvoyé parce qu'il « ne donne pas satisfaction » à ses chefs. Enfin, dans deux cas, l'employé est licencié pour faute. La nature de la faute n'est toutefois pas précisée : elle peut tout aussi bien être disciplinaire (refuser de faire la recette, quitter son poste sans autorisation, refuser de faire une heure supplémentaire)[75] que professionnelle (dérober des timbres dans la caisse).[76] Rappelons qu'aucune loi ne réglemente alors le licenciement du personnel, considéré par l'employeur comme un de ses droits fondamentaux.

Mis à part le renvoi, il existe un autre motif de départ involontaire : le départ imposé par l'obligation militaire. Compte tenu du jeune âge de certaines recrues, le service militaire peut en effet interrompre la carrière entreprise au Crédit lyonnais. Encore marginal à l'époque, ce motif de départ se développera par la suite, sous l'effet d'un recrutement d'employés de plus en plus jeunes : il va d'ailleurs faire l'objet d'un règlement particulier portant sur les conditions de réintégration ou de non-réintégration de l'employé parti pour le service militaire.

Il reste à analyser le dernier motif de départ involontaire, alors relativement répandu, que constitue le décès du personnel. Le nombre d'employés décédés au cours de la période « 1863-1885 » s'élève en effet à 16, représentant plus de 20 % de la totalité des départs recensés. Pour la très grande majorité, la cause du décès est naturelle. Ce nombre relativement important peut s'expliquer par le recrutement non négligeable de personnes d'âge mûr que le Crédit lyonnais effectue durant la phase de constitution et de première expansion. Dans un cas cependant, le décès

---

[74] Cf. l'instruction de la direction des agences régionales datée du 9 juin 1876, relative aux congés de maladie à accorder « aux employés qui auront satisfait la Direction par leur travail », AH CL, 068 AH 001.

[75] Ce sont des exemples de fautes disciplinaires recensées par la suite.

[76] *Idem.*

est intervenu à la suite d'un attentat dont fut victime un « garçon » au cours de sa recette. Des mesures de sécurité sont alors prises à l'égard des garçons de recettes : « une de ces précautions doit être, tout d'abord, de ne pas recevoir à l'encaissement des effets du premier venu, mais de vous renseigner exactement sur la personnalité et l'identité de votre cédant avant de vous charger d'un service de ce genre. […] Une autre précaution beaucoup plus efficace, consisterait à recommander à vos garçons de se tenir sur leurs gardes quand ils ont à encaisser chez des inconnus, dans des endroits qui ne leur sont pas familiers ou qui ont une apparence suspecte ; ils doivent refuser sans hésitation de s'aventurer dans l'intérieur du local et se borner à recevoir les fonds à la porte ou à remettre la carte au concierge. Une bonne précaution aussi serait de couper la recette en obligeant vos garçons à rentrer au milieu de la journée. Nous vous engageons même à pousser la chose plus loin et à faire faire la recette par fractions, surtout lorsqu'il s'agit de gros appoints ».[77]

Ces mesures témoignent des risques que comportent alors certains métiers de banque considérés dans leur ensemble comme des métiers « protégés ».

La mort (naturelle ou accidentelle) semble d'ailleurs constituer, au regard des flux analysés, un motif de départ involontaire plus important que le licenciement : faut-il en conclure pour autant que la banque comporte un mode de travail, voire un mode de vie, nuisible à la santé ? Nous ne le pensons pas mais il est sans doute vrai que la vie de bureau, dans des conditions de travail difficiles (horaires non réglementés) et dans de mauvaises conditions d'hygiène, ne contribue pas à l'allongement de la durée de vie au travail à une époque où le Crédit lyonnais n'est pas encore sensibilisé au mouvement hygiéniste.

À l'issue de l'analyse des motifs de départ du Crédit lyonnais, nous pouvons dire que pour le plus grand nombre d'employés, la carrière au sein de l'établissement n'a constitué qu'un simple passage dans leur carrière professionnelle. Nombreux étaient ceux qui quittaient le Crédit lyonnais après deux, trois, quatre, voire cinq ans, parfois plus, c'est-à-dire après avoir été formés et même, dans certains cas, perfectionnés. La réputation du Crédit lyonnais comme excellente école de formation se répandait en effet progressivement, attirant peu à peu l'intérêt des autres établissements tertiaires. Pourtant, seulement deux départs pour ces établissements ont été déclarés comme motif de démission. Rappelons que sur les 47 cas de démissions constatés, 38 restaient sans motif apparent. Jacques Dagneau a pu constater dans son étude consacrée aux agences

---

[77] Cité in instruction de l'inspection générale des agences régionales n° 475, datée du 6 décembre 1883, signée Émile Béthénod, AH CL, 068 AH 005.

régionales entre 1870 et 1914 « qu'un grand nombre de démissions semblent liées à un changement d'employeur [...] : élevé en 1883 (24 cas annuels), le nombre de ces départs diminue jusqu'en 1886-1887 (6 cas annuels) ».[78]

Faut-il en conclure que le personnel qui changeait d'employeur préférait taire le motif de son départ à une époque où encore aucune enquête systématique n'était entreprise par l'administration sur le devenir professionnel de l'employé après son départ de l'établissement ? Nous pouvons le supposer. La gestion sociale entreprise par la suite visera d'ailleurs à limiter la relative instabilité du personnel qualifié.

Les choix faits par l'administration du Crédit lyonnais entre 1863 et 1885 en matière de recrutement, de formation et de gestion des carrières se sont ainsi révélés ceux d'une petite entreprise lyonnaise, motivée par sa stratégie d'implantation sur le marché et pas encore soucieuse de fidéliser son personnel.

En 1913, la petite entreprise régionale a cédé la place à un grand établissement de crédit de dimension nationale et mondiale tant par le produit net bancaire que par ses effectifs qui sont passés de 45 en 1863 à 16 430 en 1913.

Dans la deuxième partie qu'il convient d'aborder, il s'agit tout d'abord de montrer dans quelle mesure, sous l'effet de contraintes essentiellement internes liées au changement de dimension de l'entreprise, le recrutement s'est démocratisé. Ensuite, il faut voir comment, tout en parvenant à maturité, le mode de gestion fondé sur la double mobilité du personnel, laisse apparaître les premiers signes de dysfonctionnement ; enfin, il convient d'apprécier les raisons pour lesquelles le Crédit lyonnais cherche, à partir de la fin du siècle, à fidéliser son personnel notamment par la mise en œuvre d'une gestion sociale paternaliste.

---

[78] Jacques Dagneau, *op. cit.*, p. 412.

CHAPITRE II

Des processus adaptés au changement de dimension de l'entreprise 1886-1914

I. Une démocratisation du recrutement

A. La féminisation progressive du personnel

Dans l'échantillon composé du personnel recruté entre 1886 et 1914, nous pouvons constater la présence de 46 femmes sur un total de 273 personnes. Représentant près d'un cinquième de l'échantillon, ce chiffre traduit l'ampleur du recrutement du personnel féminin amorcé depuis 1884. À Lyon, au siège social, la part des recrutements féminins entre 1894 et 1902 représente déjà près de 5,5 % de l'ensemble des effectifs lyonnais recrutés.[1] À Paris, « en 1913, les dames occupées dans les services des Titres, au nombre de 1918, forment 40 % du total de l'effectif parisien ».[2] Selon le rapport de Jules Pauthonnier relatif à l'organisation des services du siège central qu'il dirige, le personnel féminin est, dès 1894, bien représenté dans trois services : le service des Titres, le service des Recouvrements et le service des Coupons.[3]

La création de « la Mutuelle féminine du Crédit lyonnais », le 9 mai 1910, société de secours mutuels approuvée, dont le siège social se situe au 19, boulevard des Italiens, témoigne de l'organisation sociale de cette composante du personnel. L'année même de sa création, cette société comprend 453 membres ; cinq ans plus tard, ses effectifs s'élèvent à 773.[4] Peuvent adhérer à la société, les personnes qui remplissent les conditions suivantes :

---

[1] Cf. le répertoire des entrées et sorties du personnel du siège social, AH CL, 105 AH 011. (Ce répertoire demeure le seul du genre : nous n'avons pas trouvé l'équivalent pour Paris ou les autres groupes métropolitains).

[2] Maurice Mogenet, *op. cit.*, p. 97.

[3] Cité in rapport de Jules Pauthonnier au Président Henri Germain, daté du 18 juin 1894, AH CL, 105 AH 007.

[4] Voir documents isolés apportés par une ancienne adhérente de cette organisation et qui entreprend d'écrire l'histoire de la « mutuelle féminine ».

« 1° Faire partie du personnel féminin du Crédit lyonnais en France ou en Afrique,

2° Être âgée de 16 ans accomplis ou de 60 ans au plus,

3° Avoir été reconnue exempte de maladie chronique par un médecin de la Société auquel l'identité de la candidate a été au préalable certifiée par une sociétaire ou par un agent de la société.

Les enfants ou orphelins des sociétaires admis entre l'âge de 7 ans et 14 ans révolus à l'exclusion de ceux dont le père travaille au Crédit lyonnais et sous la condition expresse que les enfants dont il s'agit ne fassent l'objet d'aucune adhésion à toute autre société mutualiste ».[5] La fondation de cette société de secours mutuels réservée exclusivement aux employées du Crédit lyonnais témoigne de la relative importance numérique des femmes dans le personnel de l'établissement : ces dernières commencent ainsi, avant la Grande Guerre, à organiser leur protection sociale sur le modèle mutualiste.

Cette féminisation progressive d'une partie du personnel du Crédit lyonnais, le personnel administratif essentiellement, s'inscrit dans un mouvement plus général, celui de la féminisation des emplois de bureau. Dans ses recherches sur le monde des employés de bureau, Delphine Gardey a constaté que ce mouvement a d'abord touché les administrations publiques avant de toucher les administrations privées. Cette historienne s'appuie sur un article de la *Grande Encyclopédie* qui prend acte des changements intervenus dans le monde des employés en ces termes : « Durant des siècles, le mot employé a eu cours seulement au masculin dans les administrations publiques. Depuis plusieurs années, la direction des Postes et des Télégraphes a été amenée, par la multiplication des services, à introduire des employées dans ses bureaux. Cette mesure, imitée bientôt par des administrations privées a été non seulement un acte d'équité envers les femmes mais de bonne gestion à tous égards ». Et l'auteur de cet article de préciser également que quelques maisons de commerce préfèrent les femmes comme caissières car « elles sont plus honnêtes que les hommes ».[6] Selon Delphine Gardey, l'avènement des femmes dans les emplois de bureau des grands magasins semble plus tardif que dans la banque. Elle fait pour cela référence à l'étude menée par Claudie Lesselier sur la féminisation des grands magasins. Cette dernière note qu'avant 1900, dans ces établissements, les femmes sont quasiment absentes des emplois administratifs : au Bon Marché par exemple, il faut attendre 1906 pour noter la présence d'une dizaine de

---

[5]   Voir les anciens statuts de la société qui ont été rappelés à l'occasion de leur modification lors de l'assemblée générale extraordinaire du 30 janvier 1955.

[6]   Cité in *La Grande Encyclopédie*, 31 volumes, 1885-1895, in D. Gardey, *op. cit.*, p. 161.

femmes dans les bureaux. Au Printemps, des femmes sont embauchées comme dactylographes, sténo-dactylographes et employées aux écritures au début du XXe siècle.[7] A. Artaud précise que 130 femmes travaillent comme caissières au BHV en 1909 et qu'à cette date, les Magasins du Louvre comptent un tiers d'effectifs féminins, les femmes étant surtout présentes dans les bureaux.[8] Enfin, selon Louis Franck, un chercheur contemporain, ardent défenseur de l'accès des femmes aux « emplois bureaucratiques », en 1893, les femmes peuvent également être employées au département des Finances, à la Banque de France, à la banque Rothschild, au Comptoir national d'escompte, au Crédit lyonnais et dans « une foule de banques privées qui confient aux femmes une série d'emplois soit dans les services de comptabilité, soit au bureau des titres ».[9] Le Crédit foncier emploie également des femmes. En 1900, 250 femmes travaillent à l'émargement des obligations.[10] L'enquête menée en 1900 par Camille Rouyer comprend une description de ce travail devenu spécifiquement féminin : « Au Crédit foncier les obligations émises sont représentées dans des volumes par le coupon qui est touché. C'est ainsi que les dix-huit cent mille obligations émises par le Crédit foncier sont représentées dans quarante volumes où il se trouve dix-huit cent mille feuilles de papier représentant l'obligation elle-même. Sur chaque feuille sont des carrés de la forme et de la dimension du coupon, et dans chaque carré est collé le coupon qui a été payé, avec mention de la date de payement et de la personne qui en a touché le montant. Si un coupon est volé ou perdu, on sait tout de suite, par sa feuille, le montant de l'obligation et à qui elle appartient. Voilà le travail principal des femmes ».[11] C'est un travail semblable que les femmes du Crédit lyonnais effectuent au service des coupons du siège central. D'après A. Artaud, le personnel féminin représente en 1909 le dixième du personnel central du Crédit foncier.[12] Au siège parisien de la Société générale, le personnel féminin représente en 1914 un peu plus de 25 % de l'ensemble de l'effectif (elles sont en effet 800 sur un ensemble de

---

[7] Voir Claudie Lesselier, « Les femmes employées dans les grands magasins à Paris avant 1914 », maîtrise d'Histoire, Université-Paris VII, 1976, p. 23.

[8] A. Artaud, *op. cit.*, p. 7.

[9] Louis Franck, *La femme dans les emplois publics, enquête et rapports*, Rozes, Bruxelles, 1893, p. 55

[10] Guy Thuillier, *Les femmes dans l'administration depuis 1900*, PUF, Paris, 1988, p. 23.

[11] Camille Rouyer, *Les chemins de la vie, La femme dans l'administration*, Mame, Tours, 1900, p. 189 : c'est là « un rare témoignage sur la condition des femmes dans les bureaux du ministère des Finances, du Crédit foncier, de la Banque de France ». Un compte rendu de l'enquête a été publié dans *Études & Documents*, la revue du Comité d'Histoire Économique et Financière de la France, tome VI, 1994, p. 644.

[12] A. Artaud, *op. cit.*, p. 107.

3 100). Au Comptoir national enfin, elles représentent près de 25 % du total de l'effectif parisien (700 sur 3 000).[13]

La féminisation d'un certain nombre d'emplois au Crédit lyonnais s'inscrit donc bel et bien dans un mouvement plus général de féminisation des emplois de bureau qui, après avoir touché les administrations publiques, s'étend aux administrations privées dont les grands établissements de crédit. Au regard des chiffres cités plus haut, nous pouvons donc affirmer que l'entrée des femmes dans la banque précède la Première Guerre mondiale. Comme l'a d'ailleurs montré Delphine Gardey, le rôle de la guerre de 1914 est donc mineur pour ce qui concerne l'accession des femmes aux différents « emplois de bureau ». Contrairement à l'opinion des contemporains et à l'image d'Épinal qui en a résulté, la Première Guerre mondiale n'a pas mis au travail les femmes françaises. N'aurait-elle donc qu'accentué un phénomène déjà ancré depuis la fin du siècle ? Plus que l'accentuation de ce phénomène, nous nous posons la question de savoir si l'influence de la guerre n'a pas davantage porté sur la structure de l'emploi féminin. Comme l'a écrit Françoise Thébaud : « La grande guerre a demandé aux Françaises de répondre à un besoin conjoncturel, mais dans le long terme de l'évolution du travail féminin, elle renverse la tendance du XIXe siècle à l'augmentation de l'activité féminine, en même temps qu'elle en amène une modification qualitative ».[14] Dans quelle mesure la guerre de 1914-1918 a-t-elle donc provoqué une modification de la structure de l'emploi bancaire féminin, notamment au Crédit lyonnais ? En effet, avant 1914, le trait commun à ces employées de banque réside dans l'absence de contact de ces femmes avec la clientèle : qu'elles travaillent aux Coupons, aux Titres ou aux Recouvrements, comme c'est le cas au siège central du Crédit lyonnais, ces femmes ne sont jamais admises à traiter des opérations avec le client : elles demeurent cantonnées « aux services intérieurs, jamais aux guichets ».[15] La guerre a-t-elle favorisé l'accession des femmes aux guichets ? Selon Sylvie Zerner : « l'élévation du niveau d'instruction des femmes, les places laissées vacantes par les hommes partis au front, l'obligation dans laquelle elles se voyaient de travailler, tout ceci a permis effectivement une formidable percée des femmes dans les administrations, les bureaux, derrière les guichets, dans les maga-

---

[13] Eugène Kaufmann, *op. cit.*, p. 368 : chiffres relatifs au nombre d'employés et employées de banque à Paris (auxiliaires exceptés) qui furent donnés à l'auteur par le syndicat des employés de banque.

[14] Françoise Thébaud, *La femme au temps de la guerre de 14*, Stock, Paris, 1986, p. 291.

[15] Eugène Kaufmann, *op. cit.*, p. 368.

sins ».[16] Entre 1885 et 1913, les « dames employées » n'entrent pas au Crédit lyonnais avec le même statut que leurs homologues masculins. Selon Eugène Kaufmann, avant 1914, « beaucoup d'entre elles étaient engagées la veille des jours de grands paiements de coupons pour être congédiées aussitôt après ».[17] Cette remarque pose la question du statut du personnel féminin à l'entrée dans l'établissement de crédit : bénéficient-elles directement du statut de titulaire ou bien sont-elles d'abord employées comme auxiliaires ? Quelle est alors la durée d'obtention de leur titularisation ? Dans la grande majorité des cas recensés, il apparaît que les femmes mettent beaucoup plus de temps que les hommes à obtenir leur titularisation et ce, tout au long de notre période d'études. Pour l'époque qui nous intéresse, nous citerons deux exemples révélateurs : il s'agit dans les deux cas de jeunes célibataires de 22 ans recrutées comme auxiliaires temporaires : l'une en 1910,[18] l'autre en 1912.[19] La première est demeurée auxiliaire temporaire tout au long de sa carrière qui a duré 5 ans ; après avoir fait la navette entre le service des Titres, celui de la Conservation, celui de la Comptabilité des agences et celui des Coupons sans avoir obtenu de titularisation, ni même le statut d'auxiliaire fixe, elle donne sa démission. La seconde entre au Crédit lyonnais comme auxiliaire temporaire au service des Titres où elle ne travaille que les 9 derniers jours du mois de juin. Recontactée à la fin du mois de juillet pour travailler au service des Recouvrements, elle y demeurera près d'un an comme auxiliaire temporaire avant d'obtenir le statut d'auxiliaire fixe qu'elle conservera jusqu'à sa démission, donnée le 30 juin 1914, pour accoucher. Rappelons que la loi Strauss qui accorde un congé de maternité de quatre semaines, après l'accouchement, aux seules femmes ayant une activité salariée et dont les ressources sont insuffisantes, ne date que du 17 juin 1913. Notre employée peut donc bénéficier de ce congé doublé d'une allocation journalière de 0,50 à 1,50 F ; néanmoins, elle donne sa démission car ce congé lui paraît insuffisant. C'est pourquoi elle demande au Crédit lyonnais un congé sans solde d'une durée d'un an pour pouvoir élever son enfant : il sera accepté mais son dossier ne comporte pas toutefois de trace de réintégration.

Aucune de ces deux femmes n'a donc obtenu sa titularisation avant son départ du Crédit lyonnais : l'une d'entre elles a tout au plus acquis le statut d'auxiliaire fixe après plus d'un an de carrière. Des motifs d'ordre fiscal peuvent contribuer à expliquer les titularisations tardives

---

[16] Sylvie Zerner, « Travail domestique et force de travail : ouvrières et employées entre la Première Guerre mondiale et la Grande Crise », thèse de doctorat sous la direction de M. André Nicolaï, Université de Paris X-Nanterre, mars 1985, p. 407.

[17] Eugène Kaufmann, *op. cit.*, p. 368.

[18] AH CL, Dossiers du personnel du siège central : Personnel 399/1.

[19] Eugène Kaufmann, *op. cit.*, p. 368.

du personnel féminin et par suite, leur maintien dans le statut d'auxiliaire : « étant donné les exigences très élevées du fisc, [...], le nombre d'employés subalternes du siège social et des grandes agences subit des variations considérables. On congédierait l'employé aussitôt qu'on n'a plus besoin de lui. Un grand nombre est employés à la journée. Il en est ainsi, notamment, pour un grand nombre de femmes et de jeunes filles employées dans les services intérieurs ».[20] Quelle est alors la réglementation fiscale en vigueur ? Dans quelle mesure a-t-elle contribué au développement de l'auxiliariat ?

Une loi du 15 juillet 1880 réglemente les déclarations à faire au fisc, relatives au paiement de la taxe des patentes : « la taxe est due par personne employée, en sus du nombre de 5, aux écritures, aux caisses et à la surveillance ».[21] Dès 1885, alors qu'il continue sa lutte, entreprise depuis la crise bancaire, contre les frais généraux, le Crédit lyonnais exhorte les directeurs d'agence à ne déclarer aux contrôleurs des Contributions directes que le plus petit nombre possible d'employés : « nous engageons donc celles de nos agences qui ont eu plus d'employés que l'année passée à déclarer le même chiffre que les années précédentes ; quant à celles qui prévoient une réduction de personnel d'ici à la fin de l'année, elles pourront, dans leur déclaration tenir compte de cette réduction en perspective. Enfin, vous n'avez à comprendre comme employés que ceux qui sont payés.[22] Ceux que vous ne payez pas de même que les employés d'assurances, les grooms, les garçons ne doivent pas entrer en ligne de compte. Jusqu'à présent, vous aviez compris votre directeur dans le total d'employés de banque que vous déclariez. Vous voudrez bien à l'avenir ne plus le compter car il ne doit pas être assujetti à la taxe des employés ».[23] Cette application plutôt restrictive de la loi, qui peut alors apparaître conjoncturelle, participant directement de la lutte contre les frais généraux imposée par les conséquences de la crise de 1881-1882, s'est par la suite révélée structurelle comme nous le montrent les propos d'une instruction adressée aux directeurs des agences régionales, vingt ans plus tard, en pleine phase d'expansion : « la

---

[20] Cité in instruction de l'inspection générale des agences régionales, datée du 20 janvier 1903, signée Macé, AH CL, 068 AH 024. Louis Macé dirigea l'inspection générale des agences régionales de 1895 à 1908.

[21] Au regard des dossiers consultés, il semblerait que les « employés non payés » dont il est question soient les très jeunes employés alors « payés au pair » et quelques jeunes filles, auxiliaires temporaries, cité in instruction de l'inspection générale des agences régionales, datée du 21 septembre 1885, AH CL, 068 AH 006.

[22] Cité in instruction déjà citée, il semblerait que les « employés non payés » dont il est question soient les très jeunes employés alors « payés au pair » et quelques jeunes filles, auxiliaires temporaires.

[23] Cité in instruction de l'inspection générale des agences régionales, datée du 21 septembre 1885, AH CL, 068 AH 006.

taxe ne doit atteindre que les employés proprement dits, à l'exclusion du directeur qui n'est pas compris dans le personnel, à l'exclusion des garçons de recette, de bureau, et des grooms, qui sont employés aux courses. Dans les sous-agences, les règles sont les mêmes, le gérant étant alors au regard du fisc, considéré comme un directeur ».[24] Existe-t-il donc légalement un personnel déclarable que le Crédit lyonnais déclare et un personnel non déclarable que l'établissement s'abstient de déclarer ? En effet, la loi fiscale du 15 juillet 1880 qui continue à être en vigueur en 1903 donne à la notion d'employé un sens restrictif en le désignant comme toute « personne employée aux écritures, aux caisses et à la surveillance ». Cependant, un établissement de crédit comme le Crédit lyonnais comprend un personnel dont la structure est autrement complexe ; les différentes catégories de personnel qui n'entrent pas dans la dénomination prévue par la loi de 1880 échappent ainsi « légalement » au fisc. En revanche, les femmes employées aux écritures et aux caisses doivent être déclarées conformément à la loi. Or, sous l'effet de l'expansion continue qu'a connue le Crédit lyonnais entre 1890 et 1914 et des recrutements massifs d'hommes et de femmes qui ont suivi, un phénomène est peu à peu apparu, limitant dans une certaine mesure les déclarations du « personnel déclarable » à faire au fisc : « l'auxiliariat ». En effet, alors que jusqu'en 1885, nous n'avons pas relevé d'employés recrutés comme auxiliaires, nombreuses et nombreux furent celles et ceux qui cessent, au début du siècle, d'être directement recrutés comme titulaires pour entrer au Crédit lyonnais comme auxiliaires. Recruter des auxiliaires et les maintenir comme tels comporte un intérêt sur le plan fiscal : ceci permet en effet de ne pas déclarer le nombre réel d'employés recrutés mais de ne déclarer que le nombre de journées effectives de travail fournies par les auxiliaires dans le courant d'une année, en divisant ce total par 300. C'est le résultat de cette division qui constitue le nombre d'auxiliaires à déclarer au fisc. À une époque où la forte croissance du Crédit lyonnais provoque d'importants besoins en personnel et où la fiscalité en vigueur, pourtant appliquée de façon restrictive, n'est pas favorable aux grandes unités « humaines », le Crédit lyonnais recourt à l'auxiliariat qui lui permet de recruter à tout moment le personnel dont il a besoin tout en limitant les taxes dues au fisc. C'est pourquoi nous pouvons dire que les exigences fiscales ont contribué à développer l'auxiliariat et par là même une certaine précarité d'une partie du personnel de l'établissement, composée essentiellement de jeunes employés subalternes et surtout de femmes. Si l'auxiliariat qui a

---

[24] Cité in instruction de la direction des agences régionales (1).

d'abord touché les femmes[25] s'étend désormais aux hommes, ces derniers conservent néanmoins un avantage sur leurs consœurs dans la mesure où l'obtention de leur titularisation est plus rapide que pour elles. En plus de ces différences dans l'octroi du statut qui séparent le personnel féminin du personnel masculin, ceux-ci sont également séparés par les décors. Les femmes n'ont en effet « aucun contact avec leurs collègues masculins ; elles entrent par un escalier spécial ».[26] D'autre part, hommes et femmes sont reçus « dans des salles séparées au restaurant aménagé dans l'annexe de la rue Ménars : 1 200 repas par jour y étaient servis avant guerre ».

Le recrutement du personnel féminin qui avait débuté au Crédit lyonnais au début des années 1880 s'est donc développé jusqu'en 1914 : il s'inscrit dans un développement plus large de la féminisation des emplois de bureau comme l'a très bien montré Delphine Gardey. La solidité de l'implantation des femmes au Crédit lyonnais est illustrée par la création, en 1910, d'une organisation de protection sociale qui leur est propre. Bien implantées, elles ne souffrent pas moins de certaines inégalités par rapport aux hommes, notamment au niveau du temps d'obtention de leur titularisation puis comme nous le verrons plus tard, de différences salariales notables. Mais n'oublions pas que ce sont ces mêmes inégalités, permettant à l'établissement de réaliser des économies au niveau de la gestion du personnel, qui sont à l'origine de leur recrutement. À présent, il convient de voir dans quelle mesure le rajeunissement de l'âge d'entrée du personnel au Crédit lyonnais a participé, à cette époque, d'une réelle stratégie de recrutement mise en place par l'établissement pour favoriser la constitution d'une pépinière d'employés appelés à devenir les futurs cadres de la « maison ».

B. Le rajeunissement de l'âge d'entrée du personnel et ses corollaires : le célibat et l'inexpérience

Rappelons que la phase de constitution et de première expansion s'était achevée dans les années 1885-1890. Dès lors, les conséquences de la crise financière de 1882 sont aplanies et la banque peut se développer de façon ininterrompue jusqu'à la Première Guerre mondiale. « Elle ne souffrit aucunement de la crise de Baring de 1890 ni de celle qui se produisit en France l'année suivante ; la faillite de l'ancien Comptoir d'escompte ne pouvait que lui profiter ».[27] Une stagnation

---

[25]   Voir le répertoire des entrées et sorties du personnel du siège social, AH CL, 105 AH 011. (Ce répertoire demeure le seul du genre : nous n'avons pas trouvé l'équivalent pour Paris ou les autres groupes métropolitains).

[26]   Maurice Mogenet, *op. cit.*, p. 97.

[27]   *Idem.*

générale et une dépression constante du taux de l'intérêt règnent alors sur le marché français et la concurrence toujours croissante entre les banques porte une rude atteinte aux bénéfices. Cependant, le Crédit lyonnais sait donner pendant les années qui ont suivi une impulsion nouvelle à son chiffre d'affaires et à ses bénéfices. De 80 000 en 1885, le nombre des comptes s'élève à 115 000 en 1889, à 169 000 en 1893, à 265 000 en 1900 et à près de 700 000 en 1914.[28] Afin de développer rapidement son chiffre d'affaires, la banque procède à une augmentation de ses ressources propres qui semble d'autant plus indiquée qu'on est en présence d'un mouvement très prononcé en faveur d'une limitation législative des dépôts de banque. Ainsi, en 1900, le Crédit lyonnais porte son capital de 200 à 250 millions de francs. Le développement des réseaux d'agences peut dès lors continuer d'une façon plus accélérée. De 73 en 1890, le nombre des agences de province s'élève à 136 en 1900 ; 264 nouvelles agences en province furent créées entre 1900 et 1913 et 19 nouveaux bureaux à Paris. En 1913, le réseau métropolitain est composé de 67 agences à Paris et en banlieue parisienne et de 307 agences en province.[29] Cette expansion du réseau d'agences a nécessairement provoqué d'importants besoins en personnel qui se sont traduits par des recrutements massifs. De 5 385 en 1890, le nombre des effectifs s'élève à près de 17 000 en 1914. Contrairement à la période antérieure, les recrutements effectués ne l'ont pas été *ex nihilo* : le Crédit lyonnais constitue désormais une importante communauté humaine, composée d'hommes et de femmes élevés à l'école de l'établissement. La nécessité de recruter un personnel d'encadrement déjà expérimenté n'est donc plus aussi pressante. Le recrutement de cadres formés à l'extérieur du Crédit lyonnais avait d'ailleurs commencé, nous l'avons déjà souligné, à devenir exceptionnel. En revanche l'habitude est prise « d'entrer au Crédit lyonnais dans un emploi subalterne, après des études plus ou moins poussées ».[30] Une des conséquences est le rajeunissement de l'âge d'entrée du personnel recruté.

1. Le rajeunissement de l'âge d'entrée

Dans sa grande majorité, le personnel entre désormais dans l'établissement avant 30 ans comme en témoigne l'analyse de l'âge d'entrée du personnel de la deuxième génération.[31] En effet, sur les 273 personnes retenues, recrutées entre 1886 et 1914, 242 parmi elles ont entre 13 et

---

[28] Chiffres cités in les Comptes de profits et pertes du Crédit lyonnais, AH CL, 31 AH 52, 31 AH 53, 31 AH 54.

[29] Jacques Dagneau, *op. cit.*, p. 409.

[30] Eugène Kaufmann, *op. cit.*, p. 362.

[31] Observations présentées par M. Adrien Mazerat à l'assemblée générale ordinaire du 28 mars 1899, in rapport annuel du conseil d'administration, AH CL, usuels.

30 ans au moment de leur recrutement, soit près de 90 % de l'échantillon contre 66 % pour le personnel recruté entre 1863 et 1885. La tendance progressivement affichée pour un recrutement de jeunes gens inexpérimentés de préférence à des hommes d'âge mûr et qualifiés sur lesquels le Crédit lyonnais avait fondé une partie non négligeable de son recrutement durant la période de constitution et de première expansion s'est transformée en un véritable principe en cette période d'âge d'or. Selon Eugène Kaufmann, « ce principe de ne pas engager de personnes ayant dépassé la trentaine »[32] était commun aux trois grands établissements de crédit qu'étaient alors devenus la Société générale, le Comptoir national d'escompte de Paris et le Crédit lyonnais. Pour ce dernier, le rajeunissement de l'âge d'entrée participe de sa stratégie en matière de formation des cadres puisqu'il répugne désormais à recruter des cadres externes à la maison : « nous nous attachons à accroître par tous les moyens en notre pouvoir les connaissances professionnelles de nos employés. Nous tâchons de les rendre aptes à occuper successivement des emplois de plus en plus élevés. Nous cherchons à créer, si je suis m'exprimer ainsi, une sorte de pépinière dans laquelle nous puissions trouver de jeunes gens tout formés aux affaires de banque pour remplir les vides qui se produisent fréquemment dans nos cadres et pour assurer d'une manière permanente le recrutement de votre personnel. [...] Au Crédit lyonnais, plus peut-être que partout ailleurs, l'avenir est largement ouvert aux jeunes gens intelligents et laborieux ; ils sont assurés d'y faire leur carrière, l'avancement n'y est pas donné avec faveur : il est la récompense du mérite et du travail ».[33] Ce principe de la pépinière institué pour assurer l'auto-recrutement des cadres ne résulte-t-il pas de la concurrence de plus en plus vive que se font les établissements de crédit ?

Très tôt, le Crédit lyonnais prend conscience de l'avantage concurrentiel que peut constituer un personnel bien formé : « le personnel se perfectionne tous les jours ; il représente, par son savoir, son expérience, son dévouement, une force qu'il serait très difficile de reconstituer. Il a fallu un quart de siècle pour atteindre ce résultat ».[34] « Vous possédez en effet un personnel de choix auquel ne saurait être comparé celui d'aucun établissement similaire. Je n'en vois qu'une preuve : c'est que quand l'un et l'autre de ces établissements veut renforcer ses cadres, c'est généralement au personnel du Crédit lyonnais qu'il cherche à faire des emprunts ». Nous verrons que l'établissement a cherché à maîtriser les

---

[32] Eugène Kaufmann, *op. cit.*, p. 362.

[33] Observations présentées par M. Adrien Mazerat à l'assemblée générale ordinaire du 28 mars 1899, in rapport annuel du conseil d'administration, AH CL, usuels.

[34] Cité in rapport annuel du conseil d'administration, le 14 avril 1888, AH CL, usuels.

fluctuations de son personnel qualifié en instituant une gestion sociale fondée sur des avantages d'abord accordés aux seuls employés titulaires. Le rajeunissement de l'âge d'entrée du personnel explique l'augmentation du nombre de célibataires parmi les recrues du Crédit lyonnais.

2. Une augmentation des recrues célibataires

En effet, représentant un peu plus de la moitié de l'échantillon précédent, la part des célibataires représente désormais plus des trois quarts de l'échantillon considéré. En se fondant sur le raisonnement d'A. Artaud selon lequel, compte tenu de la régularité de la progression salariale propre aux employés, l'employé de bureau débutant devait atteindre l'âge de 30 ans pour gagner une somme annuelle suffisante pour envisager de fonder une famille, nous nous posons la question de savoir dans quelle mesure la coïncidence entre l'âge de pouvoir entrer en ménage et l'âge de l'achèvement de la formation du personnel a pu influencer la mise en place d'une politique familiale qui a constitué l'un des pans fondamentaux de la politique sociale du Crédit lyonnais. Le rajeunissement de l'âge d'entrée du personnel contribue également à expliquer l'augmentation de la part de ceux qui entrent dans l'établissement sans aucune expérience professionnelle préalable.

3. Des nouvelles recrues dépourvues d'expérience professionnelle ?

Ne composant qu'un quart de l'échantillon précédent, la part de ceux qui ne disposent d'aucune expérience professionnelle avant leur entrée dans l'établissement s'élève désormais à près de 54 %. Par ailleurs, parmi les recrues disposant déjà d'une expérience professionnelle, la carrière d'employé demeure la plus représentée : en effet, 89 personnes sur 273, soit près de 33 % de l'échantillon considéré, ont exercé des fonctions d'employés dans la banque, le commerce, les administrations ainsi que dans les usines et dans l'assurance. Seulement 37 personnes, soit 13,5 % de l'échantillon, ont exercé une activité professionnelle différente de celle d'employé. Onze d'entre elles ont une origine professionnelle ouvrière, ce qui constitue 4 % de l'ensemble de l'échantillon.

Ces résultats montrent d'une part que l'expérience professionnelle sur laquelle le Crédit lyonnais avait fait reposer une partie de sa sélection au cours de la période de constitution et de première expansion a cessé par la suite de constituer l'un des critères dominants du recrutement dans la mesure où la part de ceux qui ne disposent d'aucune expérience a considérablement augmenté. Toutefois, en cas d'expérience professionnelle préalable du candidat (c'est encore le cas de 65,5 % de l'échantillon), le Crédit lyonnais fait porter son choix sur d'anciens employés : ces derniers représentent en effet près de 70 % de l'ensemble des candidats disposant d'une expérience professionnelle antérieure. Existait-il alors une culture « employée » comme il existait une culture ouvrière ?

Avant la Grande Guerre, « la position sociale spécifique des employés de bureau, héritage du passé et du prestige du fonctionnaire, semble se poursuivre pour la plupart des employés adultes masculins »[35] ; bien que les employés partagent les mêmes longues journées de travail et nombre de conditions de travail identiques échappant à la réglementation du travail ouvrier, « ils sont rémunérés au mois, ont un salaire convenable qui progresse régulièrement et bénéficient d'une forme de stabilité des revenus et de l'emploi. C'est cet ensemble d'avantages qui distinguent nettement ces employés des autres salariés plus que le montant de leur salaire et leur niveau de vie. Bien identifiés socialement, les employés de banque et d'assurances apparaissent comme l'élite du groupe en raison de leur bon niveau de salaire, du bénéfice de la semaine anglaise et souvent des congés payés ».[36] À la veille de la guerre de 1914, le Crédit lyonnais accorde en effet à ses employés les bénéfices de la semaine anglaise et des congés payés. Est-ce pour cette raison que l'établissement exerce une forte attraction auprès des autres catégories d'employés ? D'un autre côté, faisant partager à son personnel les longues journées de travail et certaines des conditions de travail communes à l'ensemble des employés, le recrutement de ces derniers procure au Crédit lyonnais une certaine garantie en matière de stabilité du personnel : les départs pour inadaptation à la carrière de bureau s'en trouvent ainsi limités. Que conclure en revanche de l'attraction qu'exerce le Crédit lyonnais sur d'autres employés de banque ? Un peu plus d'un tiers des employés recrutés par l'établissement sont en effet d'anciens employés de banque contre 68 % pour l'échantillon précédent. Si l'établissement continue à recruter des employés de banque, leur part dans le recrutement diminue indiscutablement : cette diminution constitue-t-elle une conséquence de l'intensification de la concurrence entre les établissements de crédit ? Au regard de l'analyse des banques d'où sont originaires les employés, candidats à un emploi au Crédit lyonnais, nous constatons en effet une nette diminution de la représentation des établissements de crédit au profit des maisons de banque : en effet, alors que dans l'échantillon précédent, 14 recrues étaient d'anciens employés de banque issus des grands établissements de crédit, dans l'échantillon considéré *hic et nunc*, ils ne sont plus que 5 ; en revanche, le nombre de ceux issus des maisons de banque a été multiplié par 3 : de 5, il est en effet passé à 17. En 1914, Eugène Kauf-

---

[35] Delphine Gardey, *op. cit.*, p. 88.
[36] *Idem.*

mann souligne que « les trois établissements de crédit évitaient alors de prendre à leur service des employés ayant appartenu au personnel de l'un des deux établissements rivaux. De même, ils ne rengageaient plus, en principe, les employés qui ont quitté leur service pour quelque raison que cela soit ».[37] L'intensification de la concurrence entre la Société générale, le Comptoir national d'escompte de Paris et le Crédit lyonnais ainsi que leur prise de conscience de l'avantage concurrentiel que pouvait constituer un personnel bien formé a sans aucun doute contribué à limiter le nombre de recrutements provenant de la concurrence et le nombre de réintégrations. Toutefois, nous constatons dans l'échantillon la présence de trois anciens membres de la Société générale et le cas d'une réintégration. Certes marginalisé, le recrutement d'employés d'établissements concurrents n'en demeure pas moins présent. Déjà formés au métier qu'ils seront appelés à exercer dans le cadre du Crédit lyonnais, la « culture maison » mise à part, les anciens membres de la Société générale n'entrent pas dans l'établissement par la « petite porte » : aucun n'entre en effet comme auxiliaire, l'un est directement admis comme titulaire, l'autre comme caissier, le dernier enfin comme chef de service. Devant une marginalisation des grands établissements de crédit comme viviers d'employés potentiels, le Crédit lyonnais a davantage étendu son champ de recrutement aux différentes maisons de banque : sur les 22 employés de banque recrutés, 17 en sont issus. Cette pratique semblait être commune aux trois grands établissements de crédit comme en témoignent ces propos d'Eugène Kaufmann : « À leurs sièges principaux et dans les grandes agences, surtout dans le service de correspondance, travaillent toujours nombre de jeunes gens ayant fait leur apprentissage dans des maisons de banque en France ou à l'étranger. Ils veulent acquérir, au service de la grande banque, une instruction technique encore plus complète, et se contentent, en attendant, d'un traitement d'employé subalterne ».[38]

Nous avons vu plus haut que le Crédit lyonnais s'était attaché à créer une pépinière d'employés formés par ses soins pour éviter de recruter des cadres « au dehors ». Qu'est-ce qui pouvait donc motiver le Crédit lyonnais à recruter des employés parmi les établissements de crédit concurrents et les maisons de banque d'autant qu'en 1895, le conseil d'administration affirmait devant l'assemblée générale des actionnaires « être arrivé à constituer des cadres qui sont dès à présent excellents et qui continuent à s'améliorer ».[39] Pourtant, dès 1896, le réseau des agences régionales commence à souffrir d'une pénurie de personnel. Cette

---

[37] Eugène Kaufmann, *op. cit.*, p. 363.

[38] *Idem.*

[39] Cité in rapport annuel du conseil d'administration, le 3 avril 1895, AH CL, usuels.

pénurie ne portait pas sur le personnel des services intérieurs, c'est-à-dire sur le personnel administratif, mais sur « le personnel des services de la caisse et plus particulièrement sur celui des services de titres ». Cette branche d'activités s'était beaucoup développée à partir du début des années 1890 : « en même temps qu'il a développé ses opérations commerciales de banque, le Crédit lyonnais a sensiblement étendu ses activités dans le domaine des placements de titres. La clientèle du Crédit lyonnais, après avoir fourni une souscription de 297 millions à l'emprunt de 1890, a contribué aussi au succès de la nouvelle conversion, en 1894, des emprunts 1871 et 1872 de libération. La même année, le Crédit lyonnais apporta une somme de 443 millions de francs à l'emprunt de la Ville de Paris et l'année suivante, il parvint à placer 30 % de l'emprunt du Crédit foncier de France ».[40] Compte tenu de la structure du marché financier français de cette époque, cette branche d'activités était appelée à s'étendre davantage encore, provoquant une désorganisation relative des services de titres, inhabitués jusque-là à faire face à un tel mouvement des affaires au sein de ce secteur de l'industrie bancaire : « Depuis un certain temps, je regrette de constater dans quelques-unes de nos agences que le service des titres marche d'une façon plus pénible qu'autrefois et que le travail matériel ne s'y exécute pas avec la même régularité. [...] Nous n'ignorons pas que cet état de choses est la conséquence du gros travail occasionné par les placements dont vous avez eu à vous occuper, d'une façon presque ininterrompue depuis 4 ou 5 mois, opérations qui vous ont mises dans la nécessité de consacrer une partie de votre personnel aux démarches à domicile au détriment du travail intérieur de l'agence. Mais rien ne fait prévoir que les affaires de placements seront moins actives dans l'avenir que pendant la période que nous venons de traverser et il est probable que notre conseil d'administration s'efforce d'alimenter cette branche de notre industrie autant que les circonstances le lui permettent et dans la proportion de notre force d'absorption ; ce dont nous n'aurons qu'à nous féliciter puisque ces opérations apportent à nos inventaires un appoint très appréciable ».[41] Dans ce contexte, il devenait donc urgent d'adapter l'organisation des services des Titres à l'extension de cette branche d'activités. Pourtant, dès le début de l'année 1896, l'inspection générale des agences régionales avait exhorté ses directeurs à l'aider au recrutement et « à la formation de cette nouvelle couche de personnel ».[42] Pour cela, l'inspection avait tracé le portrait idéal de l'employé des Titres : « Jeune homme

---

[40] Maurice Mogenet, *op. cit.*, p. 81.
[41] Cité in instruction de l'inspection générale des agences régionales datée du 13 mai 1899, adressée par Macé aux directeurs d'agence, AH CL, 068 AH 018.
[42] Cité in instruction de l'inspection générale des agences régionales datée du 15 janvier 1896 adressée aux directeurs d'agence, AH CL, 068 AH 013.

intelligent, apte aux affaires, ayant de l'initiative, une teinte de notre comptabilité et de nos divers services, de la tenue, un physique qui ne déplaise pas, tel doit être l'employé des Titres ».[43] La recherche de ce type de personnel à l'intérieur même des agences, voire du réseau, était privilégiée par rapport à un recrutement externe mais ce dernier n'était toutefois pas exclu : « Je vous serai obligé de voir si vous ne trouvez pas ce type dans vos divers services et au cas où vous l'auriez, de me le signaler. [...] Par ailleurs, si vous trouvez au dehors quelque employé qui sorte de l'ordinaire, vous pourrez nous le proposer et après examen, nous vous dirions si vous devez le prendre en subsistance à nos frais ».[44]
À la fin de la même année, Louis Macé, alors directeur du groupe des agences régionales, souligne une nouvelle fois auprès des directeurs d'agence « la situation très grave au point de vue de la bonne marche des affaires » provoquée par la pénurie de bons employés dont souffre « le service de la caisse et plus particulièrement le service des titres ».[45] D'après Louis Macé, cette pénurie de personnel constituait une des conséquences de l'important mouvement de créations d'agences entrepris par le groupe en 1895 et en 1896 : « Il ne faut pas oublier que les nombreuses créations que nous avons été amenés à faire cette année et l'année dernière ont appauvri d'une façon sensible notre personnel ».[46] Pour mettre fin à cette pénurie de personnel dont souffrait le groupe des agences régionales, Louis Macé continuait encore à privilégier le recrutement interne au recrutement externe sans toutefois l'exclure : « Étudiez un à un tous les éléments qui composent actuellement votre service des titres et si, parmi eux, vous trouvez des employés incapables d'avancer, n'hésitez pas à les placer dans un service intérieur en les remplaçant par d'autres sujets que vous estimerez plus formables et que vous pouvez prendre dans d'autres services. Si, par contre, votre service des Titres est suffisamment outillé pour parer au présent et pour préparer l'avenir, et que vous ayez quand même dans d'autres services de bons employés susceptibles de faire, après un stage de quelques mois, de bons guichetiers, je vous serais reconnaissant de me les signaler et nous examinerons s'il y a lieu de les mettre en supplément à votre service des Titres en les prenant à la charge de l'inspection générale. Il peut arriver que vous trouviez, en dehors de votre agence, par vos relations personnelles, des jeunes gens intelligents ayant une bonne tenue et désirant se faire une situation, mais que vous ne pouvez utiliser si vos cadres sont complets. Dans ce cas, proposez-nous ces candidats et après examen, nous

---

[43] *Idem.*

[44] *Idem.*

[45] Cité in instruction de la direction des agences régionales datée du 19 octobre 1896 et adressée aux directeurs d'agence, AH CL, 068 AH 015.

[46] *Idem.*

les prendrons également à notre charge et vous en confierons l'éducation ».[47] Cinq ans plus tard, en 1903, le problème posé par la pénurie de bons employés « Titres » ne semble pas avoir été résolu : « Plus nous allons, plus je constate que quand il s'agit de choisir pour une de nos agences un chef de service, surtout dans une branche productive comme la Caisse, et les Titres plus particulièrement, nous éprouvons de très grandes difficultés. Il est rare, lorsqu'une vacance se produit, que nous puissions la combler sur place, sans avoir recours à des combinaisons onéreuses à tout point de vue ».[48] Par « combinaisons onéreuses », Louis Macé désignait-il les débauchages que le Crédit lyonnais effectuait parmi le personnel de certains établissements de crédit et, depuis l'intensification de la concurrence entre ces derniers, parmi le personnel des maisons de banque ? À défaut de précision, la question demeure posée. Pour éviter « ces combinaisons onéreuses », il précise une nouvelle fois quelle doit être la stratégie des directeurs d'agence en matière de recrutement et de formation : « notre objectif doit être d'avoir dans toutes nos agences, non seulement le personnel qui est nécessaire pour exécuter la besogne présente mais un personnel en formation qui nous permette de suffire à l'extension de nos affaires et de pourvoir sans difficultés aux vacances de quelque nature qu'elles soient, qui peuvent se produire. Pour y parvenir, vous devez examiner attentivement et accueillir toute demande sérieuse qui vous est faite. Je dirai même que vous ne devez pas attendre ces demandes et que lorsque vous sentez un peu d'insuffisance dans votre personnel, vous devez rechercher autour de vous et provoquer des demandes de jeunes gens instruits et intelligents, appartenant à des familles honorables et vous paraissant avoir les qualités que nous recherchons pour être mis en rapport avec le public. L'exemple des situations que l'on peut arriver à obtenir chez nous est, à mon avis, un stimulant à mettre en avant, parce qu'il est capable de nous amener des demandes intéressantes ».[49] À la lecture de ces instructions, il apparaît que le recrutement d'un personnel déjà formé au métier de banque, d'âge mûr et marié, constituant pour toutes ces raisons « une combinaison souvent onéreuse », était appelé à devenir l'exception au profit d'un recrutement axé sur de jeunes gens, célibataires et le plus souvent inexpérimentés que le Crédit lyonnais aspirait à former afin de constituer une « pépinière » d'employés qualifiés et de cadres dans laquelle l'établissement pouvait puiser à moindre frais pour répondre aux créations d'emplois que provoquait l'extension du réseau. Si toutefois les recrutements d'employés de banque ont perduré au-delà de la phase de

---

[47] *Idem.*

[48] Cité in instruction de l'inspection générale des agences régionales datée du 27 août 1903, adressée par Louis Macé aux directeurs d'agence, AH CL, 068 AH 024.

[49] *Idem.*

constitution et de première expansion, et cela malgré l'intensification de la concurrence entre les grands établissements de crédit, c'est parce qu'ils constituaient dans certains cas la seule alternative aux pénuries de personnel qualifié provoquées par l'extension brutale d'une branche d'activités productive comme celle du placement des titres.

L'expérience professionnelle dans une maison de banque, d'assurance ou de commerce a donc cessé d'être considérée comme l'un des critères fondamentaux du recrutement. Sur quels autres critères portait donc désormais la sélection du personnel embauché ? Dans quelle mesure désormais le niveau d'instruction constitue-t-il un critère de sélection plus déterminant que par le passé ?

C. Le niveau d'instruction : un critère désormais plus important que la « tenue » ou « l'éducation »

Composant les 3/4 de la première génération, la part de ceux dont le niveau d'instruction est inconnu ou faible a fortement diminué : elle ne représente plus que 15,5 %. L'élévation du niveau d'instruction du personnel du Crédit lyonnais recruté entre 1885 et 1915 est à mettre en relation avec la généralisation progressive de la scolarisation des enfants sous la Troisième République : alors qu'en 1876-1877, 624 743 enfants en âge d'être scolarisés (6-13 ans) étaient encore tenus hors de l'école, en 1901-1902, seulement 43 673 enfants d'âge scolaire ne sont pas inscrits dans une école quelconque (sur ce chiffre, 2 828 enfants reçoivent l'instruction à domicile).[50]

1. Une augmentation des titulaires du certificat d'études primaires

Plus que par l'augmentation du nombre de recrues qui ont suivi l'instruction primaire désormais obligatoire pour tous les enfants âgés de 6 à 13 ans, l'élévation du niveau d'instruction du personnel du Crédit lyonnais s'est manifestée par le nombre relativement important de recrues titulaires du certificat d'études primaires : parmi les 70 personnes disposant d'un niveau d'instruction primaire, 34 étaient en effet titulaires du CEP, alors que nous n'avions constaté aucun de ces diplômés dans l'échantillon précédent. Institué en 1834, le certificat d'études primaires a été consacré par la loi du 28 mars 1882. Sanctionnant la fin des études primaires, le certificat d'études constituait une étape essentielle dans la vie de l'individu. Pour certains, il marque la rupture avec l'école et l'enfance, et l'entrée dans le monde du travail ; pour d'autres, il est la condition nécessaire à la poursuite des études dans l'enseigne-

---

[50] Chiffres cités in Mona Ozouf, *L'École, l'Église et la République, (1871-1914)*, annexes, p. 234.

ment primaire supérieur. On présentait le certificat à 13 ans et beaucoup de familles accordaient une grande importance à ce diplôme obtenu par un tiers seulement des élèves en âge de le passer en 1907.[51] Le personnel embauché au Crédit lyonnais entre 1890 et 1914 était donc diplômé dans des proportions sensiblement supérieures à l'ensemble de la population ayant achevé sa scolarité primaire. Ainsi, l'élévation du niveau d'instruction du personnel du Crédit lyonnais ne semble pas avoir résulté de la seule progression de la scolarisation mais bel et bien d'une volonté de la part de l'administration de ne recruter qu'un personnel disposant « d'une solide instruction primaire ».

2. Une représentation relativement importante des anciens élèves des écoles primaires supérieures

L'élévation du niveau d'instruction du personnel de l'établissement est également perceptible à travers le nombre relativement important d'employés ayant suivi une instruction primaire supérieure : la part de ces derniers représente en effet près de 13 % de l'échantillon (sur les 134 personnes le composant, 17 ont en effet suivi les cours de l'instruction primaire supérieure). Depuis la loi organique du 30 octobre 1886, l'enseignement primaire comprend effectivement plusieurs aspects : l'instruction dans les écoles élémentaires (pour les enfants de 6 à 13 ans), mais aussi dans les écoles primaires supérieures, les cours complémentaires et les écoles manuelles d'apprentissage. Différents diplômes sanctionnent la fin de l'instruction primaire supérieure : le brevet d'enseignement primaire supérieur, le certificat d'études complémentaires et le brevet élémentaire. Parmi les dix-sept employés recrutés ayant suivi l'instruction primaire supérieure, neuf sont sortis diplômés : quatre sont titulaires du brevet d'enseignement primaire supérieur, l'un est titulaire du certificat d'études complémentaires et quatre autres enfin possèdent le brevet élémentaire. Ce dernier diplôme, le deuxième de l'enseignement primaire, est alors exigé pour enseigner dans un établissement public ou privé.[52] Ainsi, une institutrice vient-elle travailler au Crédit lyonnais comme employée de bureau. C'est le cas d'Élisabeth qui a été institutrice de 1906 à 1908 avant d'entrer au Crédit lyonnais.[53] Il est ici intéressant de remarquer que les rares femmes présentes dans notre échantillon sont presque toutes diplômées de l'enseignement primaire supérieur (trois sur quatre sont en effet titulaires du brevet élémentaire, l'autre n'étant titulaire que du CEP) comme si l'on exigeait du personnel

---

[51] R. Grew, P. J. Harrigan, J.-B. Whitney, « La scolarisation en France, 1829-1906 », *Annales ESC*, Janvier-février 1984, p. 136.

[52] Loi du 16 juin 1881.

[53] AH CL, Dossiers du personnel du siège central : Personnel 302.

féminin un niveau d'instruction supérieur. Le brevet élémentaire s'obtenait sur concours, à l'issue des trois ou quatre années d'enseignement dispensé dans les cours complémentaires et au sein des écoles primaires supérieures. On pouvait le présenter à partir de 15 ans. Le brevet d'enseignement primaire supérieur dont quatre de nos employés étaient titulaires est à rattacher au brevet élémentaire. Les écoles primaires supérieures, séparées physiquement des écoles élémentaires (contrairement aux cours complémentaires), avaient pour mission de drainer les meilleurs élèves des milieux ruraux et de la petite bourgeoisie afin de leur permettre d'occuper les emplois moyens de l'administration, du commerce et de l'industrie. Orientées vers la préparation à l'activité professionnelle, ces écoles d'enseignement général avaient une fin pratique. Ne visaient-elles pas à la « formation professionnelle des commis aux écritures, des employés de bureau et de commerce » ou encore « des cadres administratifs de la Nation »[54] ? On y entrait après obtention du certificat d'études. À l'issue d'une année d'études intermédiaire, commune à tous les élèves, l'enseignement comportait en plus de la formation générale, des sections spéciales industrielles, agricoles, commerciales, ménagères, maritimes. Les filles n'avaient accès qu'aux sections ménagères et commerciales. Le programme de ces écoles conservait une forte base d'enseignement général et préparait mal à la réalité d'un emploi déterminé : « il s'agit d'un enseignement bâtard qui n'a pu choisir entre un enseignement général court et la formation professionnelle ».[55] On y préparait le brevet d'enseignement primaire supérieur dont les épreuves générales étaient les mêmes que celles du brevet élémentaire avec, en outre, une épreuve orale de langue vivante et une épreuve pratique de travail manuel. Les élèves de ces sections pouvaient également se présenter au brevet élémentaire. Grâce à Bernard Charlot et à Madeleine Figeat, nous savons que ces écoles primaires supérieures étaient moins répandues que les cours complémentaires, simple prolongement de l'école élémentaire, et que les sections professionnelles étaient relativement peu fréquentées : en 1911, 15 % des garçons et 9 % des filles des EPS étaient inscrits dans une section professionnelle.[56]

3. Une faible représentation des anciens élèves des sections professionnelles et des écoles professionnelles

Dans notre échantillon, nous n'avons relevé que trois employés qui ont suivi une « instruction élémentaire professionnelle ». Ce type d'ins-

---

[54] Delphine Gardey, *op. cit.*, p. 88.

[55] Eugène Kaufmann, *op. cit.*, p. 363.

[56] D'après les chiffres cités par B. Charlot et M. Figeat, *op. cit.*, p. 159.

truction désignait-elle celle dispensée dans les écoles primaires supérieures professionnelles ? Dans ce cas, nous pouvons affirmer que sur les dix-sept employés ou employées du Crédit lyonnais qui ont suivi une instruction primaire supérieure, il y en a six qui sont passés par les EPS, dont deux seulement, semble-t-il, par une section professionnelle. Ce petit nombre d'employés disposant d'une instruction professionnelle résultait-il de la faiblesse du développement de l'enseignement professionnel en France ou bien traduisait-il une volonté de l'administration de privilégier les titulaires de l'instruction générale au détriment des titulaires d'une instruction professionnelle ?

Il semblerait que ce soit au contraire l'instruction professionnelle qui ait été privilégiée comme en témoigne le calcul des coefficients attribués au nombre de points obtenus dans les matières présentes à l'examen d'entrée du Crédit lyonnais : « Les candidats doivent obtenir un minimum de 150 points (sur 300) pour être admis. Les coefficients attribués au nombre de points obtenus sont calculés de manière à assurer la plus large part possible à l'instruction professionnelle ».[57] Ce petit nombre d'employés disposant d'une instruction professionnelle alors même que ce type d'instruction était plus recherché que l'instruction générale ne peut donc s'expliquer que par la faiblesse, en France, au début du siècle, de la diffusion de l'enseignement professionnel et plus particulièrement de l'enseignement commercial. C'est pourtant à cette époque, comme l'a montré Delphine Gardey, que, devant les transformations en cours dans le travail de bureau, les initiatives en vue d'établir des formations spécifiques aux carrières commerciales fleurissent. A. Artaud se veut ainsi un ardent défenseur du développement de l'enseignement commercial. Il insiste sur les « notions techniques » que les employés doivent apprendre et sur les « connaissances générales que l'expérience n'enseigne pas toujours ». S'inspirant de l'exemple allemand qui a créé un institut commercial dès 1817, il s'étonne qu'on ait nié l'utilité d'un tel enseignement aussi bien au conseil supérieur du travail qu'au conseil supérieur de l'enseignement technique.[58] L'insuffisance de l'enseignement public en la matière est l'objet principal de son mécontentement, malgré la mission affirmée des écoles pratiques de commerce et d'industrie (EPCI). Notre échantillon ne comprend d'ailleurs qu'un seul ancien élève d'une de ces écoles. À peine une cinquantaine en 1903, ces écoles pratiques de commerce et d'industrie qui avaient pour objectif de former directement les employés et les ouvriers à l'exercice de leur métier accueillaient alors seulement 4 121 garçons et 2 266 filles. En 1910 en

---

[57] Cité in circulaire du Colonel Walewski, alors chef du personnel du siège central, datée du 4 septembre 1909, relative aux conditions d'entrée au Crédit lyonnais, AH CL, 098 AH 247.

[58] A. Artaud, *op. cit.*, p. 283.

revanche, elles accueillent jusqu'à 12 979 élèves dont 2 513 filles.[59] Ces écoles qui comportaient deux sections (industrielle et commerciale) visaient à former dans leurs sections commerciales des employés de bureau. La scolarité qui durait trois ans comprenait, dans ces sections, des heures d'enseignement de la comptabilité, du commerce, de la calligraphie et de la sténo-dactylographie.[60]

Au début du siècle en effet, ce sont principalement les associations professionnelles patronales et ouvrières qui pallient l'insuffisance de l'enseignement commercial. À Paris, sur 700 cours du soir existants, 150 sont consacrés à la comptabilité, 18 au travail de la banque et de la bourse. La plupart des syndicats d'employés ont également organisé des cours de comptabilité, de sténo-dactylographie, de langues étrangères, de législation commerciale, etc. Le syndicat des employés de commerce et d'industrie ou syndicat des « petits carreaux » fondé par les employés catholiques, a ainsi mis en place très tôt « des conférences techniques » en faveur de ses adhérents, en fonction de leur domaine d'emploi (banque, écriture, représentants et voyageurs, etc.). Entre 1887, date de sa création et 1909, il a enregistré plus de 2 000 inscriptions pour des cours professionnels.[61] Mais ces cours professionnels syndicaux et patronaux, contrairement aux EPCI, étaient destinés aux employés déjà en exercice : ils complétaient leur expérience acquise sur le tas. Ainsi, la faiblesse même de la diffusion de l'enseignement professionnel, commercial et bancaire, malgré l'essor des EPCI entre 1903 et 1910, rendait d'autant plus précieuse l'instruction professionnelle détenue par le candidat à un emploi au Crédit lyonnais. D'ailleurs, si l'entrée dans les bureaux de l'établissement avait lieu, de façon générale, par voie d'examen,[62] « les élèves sortant des écoles de commerce de toute catégorie et des écoles primaires supérieures et ayant obtenu les diplômes qui couronnent les études qui y sont faites, en étaient dispensés ».[63] Ces mesures ne visaient-elles pas à attirer au Crédit lyonnais les titulaires du brevet d'enseignement primaire supérieur et les diplômés des écoles de commerce ? Mais malgré ces mesures, nous constatons dans notre échantillon la quasi-absence de diplômés d'écoles de commerce, tant inférieures que supérieures. Nous ne devons pas toutefois conclure à la totale absence d'élèves des écoles supérieures de commerce mais constater

---

[59] Bernard Charlot et Madeleine Figeat, *op. cit.*, p. 155.

[60] *Idem*, p. 156.

[61] Delphine Gardey, *op. cit.*, p. 114-115.

[62] L'existence de cet examen d'entrée est attestée pour la première fois par la circulaire du Colonel Walewski du 4-9-1909 citée ci-dessus, AH CL, 098 AH 247.

[63] *Idem*.

tout au plus que ces formations professionnelles étaient peut-être moins répandues que les formations universitaires.

L'analyse des différentes études supérieures suivies par les employés de notre échantillon penche dans ce sens : sur seulement sept éléments (soit à peine 5 % de l'ensemble de l'échantillon), quatre ont en effet fréquenté l'université de droit, deux autres ont suivi une formation d'ingénieur, l'un ne dépassant pas le cap des mathématiques spéciales, l'autre réussissant à entrer à l'école Centrale ; un autre enfin avait été formé à l'école militaire. Aucun en revanche ne semble être passé par une école supérieure de commerce. Mais ce modeste échantillon de 134 personnes est loin d'être représentatif de l'ensemble du personnel du Crédit lyonnais : nous disposons d'un exemple précis d'employé du Crédit lyonnais dont la formation professionnelle s'est effectuée dans le cadre d'une école supérieure de commerce. Il s'agit de Jean Morin, l'auteur des *Souvenirs d'un Banquier Français* (*1875-1947*) qui fut l'un des cadres des agences étrangères alors orchestrées par l'administrateur délégué James Rosselli. Après avoir obtenu son baccalauréat à l'issue des douze années passées au collège privé parisien Stanislas, Jean Morin avait conscience « d'avoir acquis des connaissances générales qui n'allaient pas lui servir directement dans la vie mais qui le mettaient déjà au-dessus de bien des gens et lui donnaient un rang dans la société ».[64] Reçu à l'examen d'entrée de l'Institut commercial de Paris, rue Blanche, il suivit durant deux ans l'enseignement dispensé par cette école. Cette dernière, fondée en 1886, par des commerçants exportateurs, avait été reconnue par le gouvernement et s'était vue accorder les mêmes droits que les deux écoles supérieures de commerce qui existaient déjà à Paris ; entre autres, les quatre cinquièmes des porteurs de son diplôme étaient dispensés de deux années de service militaire sur trois. Les sujets des examens d'entrée étaient communs aux trois écoles (l'Institut commercial de Paris, les Hautes études commerciales et l'École supérieure de commerce de Paris). De toutes les disciplines qui y étaient enseignées, Jean Morin se souvint plus précisément des cours d'exportation et des cours de géographie : « M. Coquantin, le professeur d'exportation, avait été pendant toute sa vie commis voyageur. Il parlait parfaitement anglais et espagnol. Il avait parcouru nombre d'océans et de contrées, vendu les articles les plus divers. Plein d'expérience il était demeuré calme, serein. Le commerce de gens de races différentes l'ayant instruit, il était devenu un profond psychologue. Il n'avait rien du jovial commis voyageur vantard, bavard et fat. Il était silencieux, aimable et courtois. Son cours était passionnant. Il suivait le programme, mais il le romançait. Il ne s'adressait pas à notre mémoire mais à notre jugement, il ne nous servait

---

[64] Jean Morin, *op. cit.*, p. 35.

pas des discours abstraits mais des tranches de vie, il nous transfusait son expérience. M. Coquantin, commis voyageur, savait persuader à ses clients d'acheter sa marchandise, M. Coquantin, professeur, a su persuader à ses élèves de s'expatrier, car, sur les seize qui ont suivi son cours, seize sont partis travailler à l'étranger ».[65] « Le professeur de géographie était un autre homme. Maigre, nerveux, il parlait d'un ton sec de commandement. Distant, il nous en imposait, nous le craignions. À peine installé sur sa chaire, il commençait son cours et pendant une heure il forçait l'attention de notre esprit sans lui laisser une minute de repos. Il nous faisait tracer de mémoire toutes les contrées du globe en indiquant les longitudes et les latitudes. Son cours était précis, farci de détails et de statistiques, mais il savait donner de la vie à ce qu'il disait. Lui aussi a su inculquer à ses élèves la curiosité de l'étranger ».[66] Ce témoignage apporte des informations intéressantes non seulement sur le contenu de l'enseignement suivi dans le cadre d'une école supérieure de commerce comme l'Institut commercial de Paris mais aussi sur la façon dont ce dernier était dispensé.

Quoique non représentatif de l'échantillon, l'exemple de Jean Morin témoigne du fait qu'il existait bien à cette époque dans le personnel du Crédit lyonnais des diplômés des écoles supérieures de commerce. Mais comme l'illustre l'analyse de l'échantillon, les rares diplômés de l'enseignement supérieur paraissent avoir davantage suivi une formation universitaire, et plus particulièrement une formation juridique, qu'une formation commerciale. À quelle stratégie répondait donc le recrutement de ces diplômés de l'enseignement supérieur à une époque où « un grand nombre de chefs de service et de directeurs d'agences débutaient par les plus modestes emplois, ayant pour toute instruction leur certificat d'études primaires » ?[67]

Si le recrutement des diplômés de l'enseignement primaire ou primaire supérieur répondait aux besoins en personnel des services intérieurs et des services d'exploitation, il existait certains types de services dont le fonctionnement exigeait un recrutement de diplômés de l'enseignement supérieur. Il s'agit essentiellement de ce que nous avons appelé les « services d'organisation ». Ces derniers désignent « les études financières » et les « services de contrôle et de révision » plus couramment appelés les « services d'inspection » : « En dehors des employés du bureau des études financières, seuls les agents de contrôle et de révision doivent avoir une instruction supérieure spéciale (juridique et

---

[65] Jean Morin, *op. cit.*, p. 37.

[66] *Idem.*

[67] Eugène Kaufmann, *op. cit.*, p. 363.

économique) ».[68] C'est Henri Germain, le fondateur du Crédit lyonnais qui avait créé à la fin de 1871 le bureau de renseignements et d'études. Ces « études » qui furent dans un premier temps confiées à Courtois, publiciste, et placées sous la haute direction d'un administrateur parisien, portaient sur les sujets les plus variés. Un état d'avancement des travaux établi en septembre 1872 mentionne de nombreuses études de fonds d'État français et étrangers, de villes, de banques d'émission, de chemins de fer français et étrangers, de sociétés privées. Tous ces travaux devaient notamment guider le Crédit lyonnais dans le choix des valeurs à recommander à la clientèle.[69] Les services de contrôle et de révision se sont quant à eux développés au fur et à mesure que les directions des groupes se sont organisées et structurées. Ils furent en effet institués pour assurer une collaboration étroite entre les directions des réseaux et le président en même temps qu'un contrôle suivi de la part de ce dernier. « À ces fins il y a division du travail entre l'inspection, organe de contrôle et de vérification, et la direction (des réseaux), dont la tâche est de guider et de stimuler les agences. C'est en 1897 seulement que cette inspection générale se dote de subdivisions officielles et se réorganise en quatre services : l'inspection Banque, l'inspection Comptabilité, l'inspection Titres et le bureau des agences ».[70] Si, (au regard du seul échantillon il est vrai), le nombre de diplômés de l'enseignement supérieur est demeuré faible, voire même plus faible par rapport à l'échantillon précédent (leur part est en effet descendue de 8,5 % à 5 %), c'est parce que leur recrutement répondait aux besoins spécifiques de quelques services uniquement : celui des études financières et ceux des inspections. C'est pourquoi nous pouvons dire que l'élévation du niveau d'instruction du personnel du Crédit lyonnais qui s'est traduite par une augmentation non seulement des diplômés de l'enseignement primaire et primaire supérieur mais aussi de ceux qui ont suivi une instruction secondaire (la part de ces derniers est en effet passée de 8,5 % à 13,5 %) s'est davantage effectuée par le bas que par le haut. Si cette élévation du niveau d'instruction de l'ensemble du personnel du Crédit lyonnais a contribué à démocratiser le recrutement dans le sens où ce critère s'est plus ou moins substitué aux critères de « tenue » ou « d'éducation », il n'a pas toutefois remplacé les recommandations qui demeurent le mode de placement le plus répandu. Enfin, si l'administration cesse d'exiger des candidats des témoignages de leur « tenue » ou de « leur éducation » que les niveaux d'instruction sanctionnés ou non par des diplômes suffisent à garantir, elle exige désormais des candidats des témoignages de leurs « qualités morales ».

---

[68] *Idem.*

[69] Maurice Mogenet, *op. cit.*, p. 42.

[70] Jacques Dagneau, *op. cit.*, p. 399-400.

D. Les « recommandations » : mode de placement traditionnel et garantie des « qualités morales »

À cette époque, le moyen le plus répandu pour devenir employé est encore de connaître quelqu'un dans une maison de banque, d'assurance ou de commerce et de s'y faire recommander. Selon A. Artaud, ces méthodes de placement informelles semblaient particulièrement fréquentes dans le monde des compagnies d'assurances. Nous avons montré lors de l'analyse de l'échantillon précédent que le système des recommandations constituait également un mode de placement fréquent dans les banques, et précisément au Crédit lyonnais. Si à cette époque, ce système continue à fonctionner, nous constatons que la part du personnel entrant au Crédit lyonnais sans aucune recommandation a fortement augmenté. Elle a même doublé, représentant désormais 24 % de la génération considérée. Mises à part ces méthodes informelles, existait-il donc d'autres modes de placement en vigueur avant la guerre ?

Les associations corporatives se donnaient comme but de favoriser le placement de leurs membres. Les organisations mixtes partageaient également cet objectif : c'est le cas de l'Union philanthropique, organe de la puissante Fédération des employés de France, qui concilie selon A. Artaud, un « esprit mutualiste » et « les qualités d'un syndicat nettement professionnel », à savoir les cours professionnels, le placement, les conférences économiques et l'action corporative.[71] Ces organismes utilisaient souvent leurs périodiques pour faire passer demandes et offres d'emplois. Il faudra attendre l'après-guerre pour que de véritables services de placement publics se développent. Dans l'état actuel de nos connaissances, nous ne pouvons pas préciser quelle était la méthode de placement utilisée par le personnel qui, avant la guerre, entrait au Crédit lyonnais sans recommandation. En revanche, le recrutement croissant d'un personnel non recommandé constitue un témoignage supplémentaire de sa démocratisation. Néanmoins, malgré cette augmentation, le système des recommandations continuait à être le mode de placement le plus utilisé par le personnel du Crédit lyonnais. En effet, 76 % de l'échantillon considéré avait au moins présenté une recommandation lors de son recrutement : une grande majorité (65 %) n'en avait présenté qu'une ; pour les autres, le nombre des recommandations présentées variait entre 2 et 4. Par qui étaient-ils recommandés ? Une évolution de la nature des recommandations est-elle perceptible ?

Comme précédemment, le nombre des recommandations liées directement ou indirectement au Crédit lyonnais est prédominant : en effet, pour un peu plus de 40 % du personnel concerné, il s'agit d'être recom-

---

[71] A. Artaud, *op. cit.*, p. 152.

mandé par un membre plus ou moins influent de la « maison » (c'est le cas de près de 30 % de l'échantillon) ou bien par l'un de ses clients (c'est le cas d'environ 11 %). La structure du personnel « recommandant » n'a pas évolué : la part du personnel subalterne dans les recommandations demeure marginale alors que celle des cadres et administrateurs continue d'être largement majoritaire ; quant à celle des employés et gradés, elle demeure stationnaire. Contrairement aux idées reçues, la part des parents du candidat dans les recommandations est marginale : nous n'avons en effet relevé qu'un cas où le recommandant, employé de l'établissement, était parent du candidat. Existait-il des arguments que l'administration invoquait pour freiner le recrutement de membres appartenant à une même famille ? Est-ce qu'au Crédit lyonnais comme au Crédit foncier, l'on considérait que le recrutement de femmes ou filles d'employés en fonction présentait plus d'inconvénients que d'avantages ?

« En effet, si un employé est malade, sa femme ou sa fille restent pour le soigner, et cela fait tout de suite deux employés qui manquent au lieu d'un. Il n'y a qu'une seule catégorie de femmes que l'on peut préférer... et encore !... ce sont les filles des employés retraités. Celles-là, on est très heureux de les avoir, car elles font partie en quelque sorte de la grande famille administrative et ne gênent nullement.[72] Qu'en était-il pour le recrutement des fils d'employés ? Existait-il des motifs invoqués pour freiner leur recrutement ? Nous ne disposons d'aucune information pour pouvoir l'affirmer. Dans le cas où le candidat ne connaissait personne au Crédit lyonnais mais quelqu'un dans une maison de commerce, une maison de banque ou une maison d'assurance, il se recommandait de cette personne : 13 recommandations de négociants ou de commerçants ont été relevées ainsi que 4 recommandations d'employés de banque ou d'assurance. Enfin, la part des notables communaux (professions libérales, haut-fonctionnaires, hommes politiques, membres du tribunal de commerce ou de la chambre de notaires) demeure relativement importante parmi les recommandations présentées par les candidats : elles représentent jusqu'à 13 % de l'ensemble des recommandations (14 sur 108). La connaissance d'un membre d'une maison de commerce, de banque ou d'assurance et la connaissance de notables des communes dans lesquelles les agences du Crédit lyonnais étaient implantées témoignaient de l'intégration du candidat dans le tissu économique et social de ces dernières.

Jusqu'alors, nous n'avons pas observé d'évolution significative de la nature des recommandations présentées par les candidats. Une évolution

---

[72] Camille Rouyer, « Les femmes employées aux Finances et au Crédit foncier en 1900 », in *Études et Documents VI*, CHEEF, 1994, p. 643-644.

est néanmoins perceptible : elle porte sur l'augmentation des recommandations garantissant les qualités morales du candidat. Ces dernières pouvaient être garanties par le dernier employeur, les directeurs d'école primaire, secondaire ou supérieure et, ce qui est plus significatif encore, par les curés, les abbés ou les pasteurs : leur nombre a en effet été multiplié par sept. Face à une multiplication des détournements de fonds commis par certains employés (entre 1894 et 1912, ces détournements d'espèces ont fait l'objet d'une dizaine d'instructions de l'IGAR)[73] et face aux tentatives de corruption dont le personnel était parfois victime, l'administration du Crédit lyonnais exhorta en effet les directeurs d'agence à davantage s'assurer des qualités morales des candidats avant leur recrutement. C'est à la suite d'une tentative de corruption dont avait été victime en mars 1905 l'un des garçons de l'agence de Marseille que Louis Macé, qui dirigeait alors l'inspection générale des agences régionales, rappelait aux directeurs « la nécessité d'être prudents et circonspects lors du recrutement du personnel et de n'arrêter les candidats qu'après s'être entourés de tous les renseignements susceptibles de les éclairer sur leur honorabilité et leur degré de moralité ».[74] Ces renseignements permettant de mesurer l'honorabilité et la moralité du candidat comprenaient d'une part, des renseignements officiels contenus dans l'extrait du casier judiciaire exigé du personnel à son entrée dans l'établissement et d'autre part, des renseignements officieux résultant de « l'enquête » menée par l'administration du Crédit lyonnais sur la famille du candidat. Nous ne savons pas de façon précise à partir de quand l'administration de l'établissement a exigé des postulants la remise d'un extrait de leur casier judiciaire. Une instruction de l'IGAR du 30 janvier 1892 précise toutefois que la remise de ce document n'était pas encore devenue à cette date un usage : « La vérification que nous venons de faire des casiers judiciaires des garçons en fonction chez nos agences nous a donné la preuve que, dans la plupart de nos sièges, les garçons ont été admis sans qu'on leur ait réclamé la production de

---

[73] Ce sont les instructions :
- du 11 juillet 1894, AH CL, 068 AH 011.
- du 11 août 1896, AH CL, 068 AH 014.
- du 24 avril 1897, AH CL, 068 AH 015.
- du 19 juillet 1897, AH CL, 068 AH 016.
- du 5 juillet 1898, AH CL, 068 AH 017.
- du 21 novembre 1899, AH CL, 068 AH 019.
- du 30 août 1901, AH CL, 068 AH 022.
- du 11 mars 1904, AH CL, 068 AH 025.
- du 10 mars 1905, AH CL, 068 AH 026.
- du 14 juin 1912, AH CL, 068 AH 035.

[74] Cité in instruction du 1er avril 1905 adressée par l'inspection générale des agences régionales aux directeurs d'agences, AH CL, 068 AH 026.

cette pièce indispensable puisqu'elle nous permet de nous assurer qu'ils n'ont pas subi de condamnation. Nous recommandons très instamment aux directeurs de ne pas négliger cette précaution à l'avenir et de ne jamais admettre un nouveau garçon sans avoir exigé au préalable la production de l'extrait de son casier judiciaire ». C'est ainsi que ce document officiel, confirmant *a priori* le degré de moralité satisfaisant du candidat, d'abord exigé des garçons avant de l'être de l'ensemble du personnel, est devenu une pièce constitutive des dossiers de personnel. Traduisant les nouvelles exigences de l'administration en matière de moralité et d'honorabilité de son personnel, l'usage de la remise de l'extrait du casier judiciaire des candidats coïncide avec l'augmentation du nombre des garants de leur moralité parmi les recommandations présentées : c'est cette coïncidence qui nous permet d'affirmer que les « qualités morales » du personnel sont dès lors devenues un critère de recrutement explicite. C'est également pour parvenir à une évaluation plus précise de l'honorabilité des candidats que l'administration entreprit d'enquêter sur leur milieu social avant de les recruter. Dès 1898, l'IGAR exhorte les directeurs d'agence à retranscrire « dans les dossiers tous les éléments permettant de rendre compte du milieu social auquel appartiennent les employés ».[75] Nous ne sommes pas en mesure de préciser de quand date la systématisation des enquêtes relatives à la connaissance du milieu social des candidats : il semblerait cependant qu'à la veille de la Grande Guerre, cette pratique soit au moins en vigueur au siège central. La connaissance du milieu social des candidats continuait ainsi à influer sur leurs recrutements.

E. La connaissance du milieu social : une assurance de « l'honorabilité » des candidats dont le recrutement se « prolétarise »

Après la phase de constitution et de première expansion, le Crédit lyonnais connut un développement *quasi* ininterrompu de ses sièges et de ses réseaux qui a exigé des recrutements massifs. Pour l'heure, il s'agissait moins de recruter des fils de famille dont le nombre n'aurait jamais suffi à satisfaire les besoins en personnel que de s'assurer de « l'honorabilité » de l'entourage de recrues de plus en plus nombreuses et de fait, de moins en moins « bourgeoises ». Cette recherche de « l'honorabilité » du milieu social dont étaient issus les candidats constituait une sorte de garantie contre certaines pressions (obligation morale de résoudre les difficultés financières d'un parent, penchant au jeu d'un autre, etc.) dont pouvait faire l'objet le futur employé. L'analyse de

---

[75] Cité in instruction du 28 décembre 1898 adressée aux directeurs d'agences par l'inspection générale des agences régionales, AH CL, 068 AH 018.

l'origine socio-professionnelle des parents des employés du Crédit lyonnais traduit ce recul du recrutement des fils de famille. La part des fils de la haute bourgeoisie traditionnelle a en effet diminué, sous l'effet des recrutements de masse, au profit des fils d'ouvriers (agricoles ou d'industrie), des fils de contremaîtres et des fils d'artisans : marginal dans l'échantillon précédent, ces derniers représentent jusqu'à près de 25 % de l'échantillon considéré tandis que les « fils de famille », à savoir les fils de notables et de négociants, ne représentent plus que 14 % du personnel recensé après avoir représenté le tiers de l'échantillon précédent. Pouvons-nous pour autant parler d'une prolétarisation du recrutement du personnel de l'établissement avant la guerre de 1914 et dans quelle mesure cette dernière est-elle liée à la relative prolétarisation de la condition d'employé à la Belle Époque ?

Précisons que près de 43 % des personnes composant l'échantillon sont issues de familles d'employés : nous avons en effet relevé 20 fils d'employés de commerce, 18 fils d'employés d'administration, 5 fils d'employés d'usine et 2 fils d'employés de banque et d'assurance. Fils d'employés, ils savent qu'ils ne pourront pas plus que leur père devenir indépendants et échapper à la position de salarié. Ce qui les distinguait alors des ouvriers devient de moins en moins réel. Enfermés dans cette condition, les employés de bureau en adoptent la cause et se rapprochent des ouvriers en créant notamment leurs propres syndicats. Les employés de banque ne semblent pas avoir fait exception : c'est en effet en 1901 qu'est créée, au sein de la Chambre syndicale, la section des employés de Banque et de Bourse. En plus des revendications communes à l'ensemble des employés (limitation de la journée de travail, paiement des heures supplémentaires), les employés de banque présentent des revendications plus catégorielles comme : la fixation annuelle des appointements des débutants (1 500 F pour les employés débutants des deux sexes, 1 800 F pour les garçons de recettes et d'agences) ; une pension de retraite égale à la moitié des appointements à 55 ans et 25 ans de service ; la soumission des révocations ou réprobations au conseil d'administration avec faculté pour l'intéressé de se faire défendre ; un congé annuel de deux semaines sans retenues.[76] Certains employés du Crédit lyonnais ont participé de façon active à ce mouvement de syndicalisation des employés de banque. Léopold Faure qui entra au siège central en 1903 fut le secrétaire du syndicat des employés de banque et de bourse. Né le 27 février 1872, ce fils d'un ouvrier porcelainier de Limoges a d'abord été huissier puis enseignant à la section supérieure de la société d'enseignement moderne avant d'entrer au

---

[76] Pierre Delon, *Les employés, de la plume d'oie à l'ordinateur, un siècle de luttes, origines et activités de la Fédération CGT*, Éditions sociales, Paris, 1969, p. 62.

Crédit lyonnais. En 1907, l'établissement le congédie pour « faits de grèves et activités syndicales ».[77] En 1911, alors que le personnel connaissait depuis 1907 une légère détérioration de son pouvoir d'achat résultant d'une augmentation du coût de la vie, Léopold Faure faisait état de nombreuses adhésions des employés du Crédit lyonnais au syndicat des employés de banque et de bourse.[78] Ses estimations sont toutefois à relativiser dans la mesure où l'importance du nombre de ces adhésions ne fit l'objet d'aucune circulaire, d'aucune instruction, d'aucune correspondance, témoignant des craintes de l'administration devant les succès remportés par le syndicat auprès des employés du Crédit lyonnais. Mettant en effet toute sa confiance dans les vertus d'une gestion paternaliste du personnel, l'administration de l'établissement pensait alors pouvoir tenir en échec la syndicalisation de ses employés, comme l'illustrent ces mots adressés en 1910 par le directeur des agences régionales au directeur de l'agence de Marseille : « Grâce à la direction paternelle que vous imprimez autour de vous, grâce aussi aux mesures bienveillantes que notre administration a prises ces temps derniers et aux améliorations que vous nous proposez vous-même pour chaque situation intéressante, votre personnel comprendra que son sort est l'objet de notre constante sollicitude et qu'il faut se fier à nous ».[79] Le calcul semblait bon et la prévision exacte puisque, comme l'a montré Jacques Dagneau, tout en n'étant pas entièrement fermé au syndicalisme, (les quelques succès remportés par le syndicat dirigé par Léopold Faure en témoignent), le monde de la banque n'était pas encore prêt, à la veille de la Grande Guerre, à adopter massivement le mode d'expression ouvrier : « l'heure n'est pas encore venue, les esprits ne sont pas prêts, les circonstances ne sont pas favorables ».[80] Néanmoins, en 1914, il est avéré que le syndicat des employés de banque et de bourse dispose d'assises non seulement à Paris mais aussi dans certaines des métropoles régionales comme à Lyon, Nice et Marseille.[81] La faiblesse relative de l'audience syndicale auprès des employés du Crédit lyonnais ne remet pas en cause l'hypothèse d'une prolétarisation de leur condition avant-guerre ; mais celle-ci n'en est qu'à ses débuts. La naissance du syndicat des employés de banque est-elle donc une conséquence de la prolétarisa-

---

[77] Jean Maitron (dir.), *Dictionnaire biographique du mouvement ouvrier français, 1871-1914.*

[78] Assemblée générale des employés de banque et de bourse, 27 avril 1911, 600 personnes, Notes 1911-1912, AN, F7 13 719.

[79] La correspondance de Macé à Pocachard, 14 mai 1910, cité in Jacques Dagneau, *op. cit.*, p. 441.

[80] *Idem*, p. 444.

[81] Voir la correspondance entre Macé et les directeurs des agences régionales à laquelle se réfère Jacques Dagneau.

tion de leur condition, voire de la « prolétarisation » de leur recrutement ? L'exemple de Léopold Faure est à ce titre révélateur : fils d'ouvrier, il en adopte le mode d'expression en créant le syndicat des employés de banque et de bourse.

À l'issue de l'analyse des critères de recrutement du personnel principalement recruté entre 1885 et 1915, nous pouvons ainsi affirmer que, pour répondre aux recrutements de masse qu'a exigés la forte croissance de l'établissement entre 1890 et 1913, l'administration du Crédit lyonnais a procédé à une démocratisation du recrutement de son personnel. Ce processus a résulté de contraintes socio-politiques comme une fiscalisation peu favorable aux importantes unités humaines et de différents mouvements sociaux comme la démocratisation de l'enseignement et la féminisation des emplois de bureau. Il s'est traduit par un rajeunissement des candidats et par une popularisation de leurs origines sociales. Toutefois, des éléments de continuité avec la période antérieure demeurent : le système des recommandations constitue encore le mode de placement le plus fréquemment utilisé même si la part de ceux qui en sont dépourvus augmente. Enfin, la connaissance du milieu social du postulant continue d'être d'un digne d'intérêt pour l'administration. Mais désormais, il ne s'agit plus de mettre cette connaissance à profit pour asseoir l'intégration de l'agence dans le tissu économique et social de la commune d'implantation, mais bel et bien de s'assurer de « l'honorabilité » de l'entourage du futur employé, garantie, selon la direction, contre d'éventuelles pressions dont il pourrait faire l'objet. À présent, il convient de voir comment, dans le contexte de forte croissance des années 1890-1913, le mode de gestion fondé sur la double mobilité du personnel, fonctionnelle (inter-services) et géographique (inter-agences), est parvenu à maturité.

II. Maturité du mode de gestion des carrières et du système de formation : renforcement de la féodalisation des réseaux

Dans l'échantillon composé du personnel sorti entre 1910 et 1915, toutes les composantes métropolitaines du groupe Crédit lyonnais sont représentées : sur les 134 dossiers recensés, 15 sont issus du siège social, 17 du siège central, 3 d'agences situées à Paris, 64 d'agences départementales et 34 des agences régionales.

A. Des réseaux gérés comme des fiefs

L'absence d'échanges entre les différents groupes d'agences s'est en effet accentuée : représentant les 3/4 de l'échantillon précédent, la part du personnel qui a effectué toute sa carrière au sein d'un même groupe s'élève désormais à 94 %. C'est dire le renforcement de la tendance à une féodalisation des réseaux qu'une simplification des mesures administratives à effectuer lors des échanges de personnel entre les groupes a pourtant tenté de limiter à partir de 1910 : « Les mutations entre groupes […] ne doivent pas, selon nous, entraîner la remise d'une démission ; elles comportent seulement l'avis favorable des deux directions intéressées et la transmission d'un dossier ».[82] Malgré ces quelques mesures facilitant les mutations entre groupes qui, aux yeux du Colonel Walewski, alors chef du personnel du siège central, « paraissaient d'ailleurs désirables à plus d'un titre », force est de constater que la féodalisation des sièges et des réseaux a représenté une constante durant toute notre période d'études : c'est en effet ce dont témoigne la composition des autres échantillons qui couvrent les années 1920 et les années 1930. Cette immobilité géographique inter-groupes (6 % seulement de l'échantillon a fréquenté plus d'un groupe) contraste avec une mobilité géographique toujours importante à l'intérieur de chaque réseau : la part du personnel qui effectue sa carrière dans plusieurs agences demeure en effet proche de 40 %. Pour ce personnel mobile, le nombre d'agences fréquentées varie entre deux et huit.

B. Du bon fonctionnement des « marchés du travail internes » pour une gestion plus intensive des emplois : le développement de la mobilité inter-agences

Après avoir eu recours à une gestion extensive des emplois rendue nécessaire par la forte expansion des réseaux, il semblerait que les directions de groupe aient cherché, à partir des années 1890, à entreprendre une gestion intensive en organisant des marchés d'emplois internes aux réseaux.

1. L'exemple du réseau des agences régionales

Selon Jacques Dagneau, pour le groupe des agences régionales, le recrutement de nombreux employés entre 1878 et 1882 a créé un engorgement qui a duré jusqu'à la fin du siècle[83] : cherchant alors à rationaliser les emplois en évitant de procéder à des recrutements externes, ce groupe a organisé une sorte de « bourse d'emplois ». C'est en tout cas ce que laissent supposer certaines des instructions adressées par l'inspection générale des agences régionales aux directeurs d'agence. Une bourse « est un lieu permettant la confrontation des demandeurs et des offreurs pour un produit donné. C'est donc un espace géographique particulier où se déterminent les cours d'échange, c'est-à-dire le prix

---

[82]   Note du Colonel Walewski adressée à James Rosselli, alors directeur des agences étrangères, datée 12 mars 1910, AH CL, 98 AH 250.

[83]   Jacques Dagneau, *op. cit.*, p. 414.

d'échange des produits en question ».[84] Une bourse d'emploi désigne donc un espace géographique permettant la confrontation des demandeurs et des offreurs pour un produit particulier qu'est l'emploi. Il s'agit bien d'un système approchant que la direction des agences régionales a tenté d'instituer dans son groupe pour réguler les excédents et les vacances de personnel qui existaient dans certaines agences : « Quelques agences ont un excédent de personnel que nous aurions intérêt à utiliser chez celles où il se produit des vacances : nous trouvons préférable de conserver par ce moyen des employés formés et capables de bons services plutôt que de recruter des sujets nouveaux. Veuillez donc lorsqu'il surviendra dans votre personnel, une vacance amenée par démission, service militaire ou une cause quelconque et à laquelle il y aura lieu de pourvoir, avoir l'obligeance de ne pas prendre un nouvel employé sans nous avoir préalablement consultés car nous pourrons sans doute vous proposer alors un employé disponible chez un autre siège ».[85] Cette volonté de rationaliser l'emploi en instituant un « contrôle » préalable de la direction du groupe sur les recrutements à effectuer par les directeurs d'agence traduit bien le passage vers une gestion plus intensive de l'emploi. Cette dernière constitue une réponse au problème posé par « les surplus de personnel qu'avaient de nombreuses agences régionales ».[86] La politique de péréquation entre les agences a perduré dans le réseau régional jusqu'à la veille de la guerre, motivée par la volonté de réaliser des économies d'effectifs en utilisant au mieux le personnel déjà recruté et en limitant les recrutements externes : « en 1908, on impose aux agences l'obligation de consulter Lyon avant tout « remplacement d'un employé formé et déjà un peu important ».[87] En 1913, « les devancements d'appels au service militaire et le maintien de la classe 1910 pendant une année de plus sous les drapeaux constituent une excellente occasion de « réaliser, dans une certaine mesure, un peu plus tôt que nous ne le pensions, l'économie de personnel que nous attendons des simplifications que nous avons apportées dans le fonctionnement des services ».[88] Les mutations de personnel, encouragées à l'intérieur du réseau régional par la stratégie de gestion intensive des emplois désormais adoptée par Lyon, sont néanmoins limitées : elles ne doivent s'appliquer « qu'aux employés formés et capables de bons

---

[84]   Jean-Yves Capul et Olivier Garnier, *Dictionnaire d'économie et de sciences sociales*, Hatier, Paris, 1994, p. 28.

[85]   Cité in instruction du 15 juin 1893 adressée par l'IGAR aux directeurs d'agence, AH CL, 068 AH 010.

[86]   C'est ce que Lyon signale en 1892 : circulaire aux agences régionales, n° 1582, 28 mars 1892, AH CL, 068 AH 009.

[87]   Jacques Dagneau, *op. cit.*, p. 415.

[88]   Circulaire aux agences régionales, n° 9115, 27 juin 1913, AH CL, 068 AH 036.

services » : d'ailleurs, « plus on s'élève dans la hiérarchie et plus les déménagements se multiplient ».[89] C'est également ce que traduit l'analyse de l'échantillon : sur les 41 mutations recensées, 36 sont en effet des mutations de gradés ou de cadres d'exploitation. « Dans le cas de gérants et fondés de pouvoirs, souvent aussi pour les caissiers, on cherche à organiser un « mouvement » : il s'agit de diversifier leur formation, de les mettre à l'épreuve dans des circonstances aussi variées que possible, de les voir à l'œuvre avec des collègues et des supérieurs différents qui fourniront des appréciations nouvelles ».[90] La mobilité géographique inter-agences s'est donc confirmée comme mode de gestion : elle s'inscrit désormais dans une stratégie de gestion intensive de l'emploi. Si cette mobilité demeure limitée aux « gradés et aux cadres », c'est parce que leurs déplacements représentent un coût relativement important pour l'administration. Cette dernière prend en effet en charge « en sus des frais de route et des frais d'hôtel, les indemnités de location ou perte de loyer, le transport du mobilier, les frais de mise en place du dit mobilier en tenant compte s'il y a lieu, de quelques menues dépenses d'aménagement sans entrer dans aucun frais de réparations, d'appartement ou de mobilier et d'achat de fournitures quelconques ».[91] Cinq ans plus tard, en 1903, alors « que le personnel devient de plus en plus nombreux et les déplacements plus fréquents, la question des frais qui en sont la conséquence prend une importance plus grande ».[92] Afin de limiter autant que possible l'augmentation de ce coût, l'administration est amenée « à examiner de plus près les notes qui lui sont présentées en ne remboursant que les dépenses directement provoquées par le changement de résidence imposé à l'employé et qui seraient une perte pour lui si elles restaient à sa charge ».[93] Par-là, elle tente de mettre fin à certains « abus » : ainsi « la location de l'appartement que vient de quitter un collaborateur appelé à changer d'agence doit rester à sa charge exclusive non pas seulement jusqu'au jour où il l'abandonne mais jusqu'au jour à partir duquel il a à son compte le loyer du logement qu'il va occuper dans sa nouvelle résidence. Et cela est absolument logique puisque nous lui payons les dépenses qu'il est forcé de faire à l'hôtel dans l'intervalle ».[94] Cette application plus restrictive des rembourse-

---

[89]   Jacques Dagneau, *op. cit.*, p. 418.

[90]   *Idem*, p. 416.

[91]   Instruction du 8 mars 1898 adressée par l'IGAR aux directeurs d'agence, AH CL, 068 AH 017.

[92]   Instruction du 8 décembre 1903 adressée par l'IGAR aux directeurs d'agence, AH CL, 068 AH 025.

[93]   *Idem*.

[94]   Instruction du 21 novembre 1904 adressée par l'IGAR aux directeurs d'agence, AH CL, 068 AH 026.

ments des frais de déplacement paraît être la conséquence d'une multiplication accélérée des mutations de personnel effectuées par la direction des agences régionales durant l'exercice 1903-1904.[95]

La multiplication des mutations de personnel à l'intérieur des réseaux entre 1890 et 1913 a contribué à la maturation d'un mode de gestion qui avait émergé lors de la constitution des différents groupes d'agences. Cette multiplication a résulté de l'élaboration d'une gestion désormais intensive de l'emploi et a permis de répondre aux exigences d'avancement du personnel qualifié. En effet, « si une mutation peut se réduire à l'échange de deux employés occupant la même fonction dans des sièges (agences) différents, elle coïncide le plus souvent avec une ou plusieurs promotions et peut affecter de nombreux sièges (agences) ».[96] Les grands établissements de crédit avaient alors la réputation d'offrir à leur personnel des carrières comprenant d'importantes possibilités d'avancement : c'est ce qui constituait l'attrait majeur de ce type de trajectoire professionnelle. Macé, alors directeur des agences régionales, ne s'y trompait pas : « notre rôle consiste ici à faire mouvoir le personnel selon les besoins généraux en veillant à ce que les sujets méritants aient uniformément sur tous les points de notre réseau des possibilités d'avancement ».[97] Le réseau offrait à cet égard une souplesse incomparable. En aucun cas, les désirs de promotion des « sujets méritants » ne devaient être négligés au risque de voir ces derniers quitter le Crédit lyonnais pour entrer dans un établissement concurrent. Ainsi, désirs de promotion du personnel, conservations des « sujets intéressants », répartition équitable des ressources humaines en fonction des besoins, utilisation de toutes les compétences disponibles, répartition encore des coûts et des charges, tout conduisait à une politique systématique de péréquation entre les agences. De même que la mobilité géographique inter-agences s'est accentuée à l'intérieur des réseaux, de même la mobilité fonctionnelle inter-services a continué de se développer, constituant encore l'unique mode de formation du personnel bancaire.

C. Du bon usage du système de formation traditionnel

La profession ne disposait toujours pas d'enseignement professionnel adapté : l'école spéciale de préparation aux banques ne date en effet que de 1926. L'apprentissage continuait donc de se faire sur le tas, c'est-à-dire dans les différents services où la durée moyenne de passage se situait entre deux et trois ans, parfois au-delà. Ainsi, 94 personnes ont

---

[95] Information confirmée par l'instruction du 3 décembre 1904 adressée par l'IGAR aux directeurs d'agence, AH CL, 068 AH 026.

[96] Jacques Dagneau, *op. cit.*, p. 417.

[97] *Idem*, p. 416.

fréquenté au cours de leur carrière plus d'un service[98] : pour vingt d'entre elles, le nombre de services fréquentés s'élève à 2, pour vingt et une autres, il s'élève à 3, pour douze autres, il s'élève à 4, pour six autres, il s'élève à 5, pour douze autres encore, le nombre de services fréquentés s'élève à 6, pour dix autres, à 7 et pour onze autres enfin, à 8. La part des effectifs à forte mobilité fonctionnelle (ceux ayant fréquenté 4 services et plus) a donc nettement augmenté par rapport à l'échantillon précédent : de près d'un quart, elle est passée à un peu plus de 38 %. Cette mobilité fonctionnelle, en contribuant à la formation des employés, continuait à être le plus souvent synonyme de « promotion ». Dans deux cas seulement, elle s'est révélée être une sanction. Jacques Dagneau cite l'exemple d'un employé qui est passé par trois services différents avant d'être promu caissier de la sous-agence d'Aix-en-Provence : « un employé passe par le service Correspondance Banque (de 1905 à novembre 1911) dont il était un des meilleurs éléments. En vue de le former pour un avancement ultérieur, nous l'avons placé à notre service Escompte de décembre 1911 à fin avril 1912 et c'est à cette dernière date qu'il est affecté au service des Titres de notre bureau D. Après 7 années dans l'administration et à l'âge de 29 ans, ce « garçon sérieux (un peu froid cependant), intelligent, actif, bien éduqué et de bonne tenue », marié depuis 15 mois et père d'une petite fille depuis 6 mois, est alors nommé caissier de la sous-agence d'Aix-en-Provence ».[99] Promu caissier de sous-agence, l'employé fait désormais partie des « gradés » du réseau : ne devaient être nommés caissiers de sous-agence que « des collaborateurs susceptibles de rentrer plus tard dans l'état-major pour concourir d'une façon active à la production ».[100] La nomination au rang de caissier constituait ainsi une étape importante dans le *cursus honorum* de l'employé de banque dans la mesure où les portes de l'état-major lui étaient désormais entrouvertes. Faisant figure de sous-gérant dans les sous-agences, le caissier était plus souvent promu gérant que fondé de pouvoirs. Pour le directeur des agences régionales, le poste de gérant est « un poste dont le titulaire doit être très complet et c'est pour cela que, de plus en plus, nous nous efforçons de n'y mettre que des hommes étant passés par tous nos services et ayant, notamment, rempli les fonctions de fondés de pouvoirs ».[101] La mobilité inter-services comme mode de formation des gradés et des cadres se trouve ici confirmée. Ainsi, après avoir émergé lors de la phase de constitution et de première expansion, le mode de gestion fondé sur une

---

[98] Soit 70 % de l'échantillon considéré.

[99] J. Dagneau, *op. cit.*, p. 421.

[100] Voir la correspondance de Macé, directeur des agences régionales à Pocachard, directeur de l'agence de Marseille, 25 septembre 1912, AH CL, 068 AH 035.

[101] La correspondance de Macé à Pocachard, 7 avril 1909, AH CL, 068 AH 032.

double mobilité du personnel (géographique et fonctionnelle) est parvenu à maturité entre 1890 et 1913. Il permet à l'administration du Crédit lyonnais de réaliser certains objectifs nécessaires au bon fonctionnement de l'organisation : satisfaire les désirs de promotion du personnel, assurer la conservation des sujets intéressants, répartir de façon équitable les ressources humaines en fonction des besoins, savoir utiliser toutes les compétences disponibles et savoir développer les compétences du jeune personnel pour en faire les gradés et les cadres de l'avenir. Ne sont-ce pas là certaines des missions constitutives de la « fonction Personnel » ? Ces missions existaient donc bien avant que la fonction Personnel ne se structure dans le cadre d'une direction centrale *ad hoc*. Devant le développement des processus de mobilité, l'administration procéda à une adaptation des outils de gestion.

D. Une adaptation des outils de gestion

Les directions des réseaux exigeaient d'abord des renseignements précis sur le personnel de chaque agence ; celle-ci devait transmettre en début d'année une liste nominative complète de tout son personnel, par ordre alphabétique pour chaque service (le chef de service venant en première place) et la compléter au 30 juin par la liste des mutations intervenues. Chaque mutation ou promotion devant être désormais approuvée par la direction de groupe, il s'agissait essentiellement de récapituler et de comparer les états tenus au niveau du groupe et au niveau de l'agence. À partir de 1896, devant l'accélération des mutations, les agences devront désormais prévenir, à chaque fin de mois, des mutations intervenues dans leur personnel. La modification de la périodicité des états du personnel qui cessait d'être semi-annuelle pour devenir mensuelle, coïncidait avec une plus grande précision des informations exigées dans les dossiers du personnel : en plus des mutations, entrées ou sorties et changements dans les familles des employés, les agences doivent désormais y ajouter « les noms, prénoms et professions des pères et mères, même décédés, ainsi que des frères et sœurs éventuels ; la date du mariage, le cas échéant, avec les nom, prénom, profession de l'épouse, ceux de ses parents et les prénoms et dates de naissance des enfants ; l'emploi du temps précis de tout nouvel employé « depuis sa sortie de l'école », avec enquête « s'il y a des solutions de continuité » ; un acte de naissance, un casier judiciaire « à la date de son entrée chez nous », les « pièces militaires ou certificat d'exemption », les « pièces légales pour les employés de nationalité étrangère », les « certificats d'écoles ou diplômes », les certificats des employeurs antérieurs. Bref, « nous tenons à avoir des renseignements précis qui nous permettent de juger du milieu social auquel appartient chaque employé, de sa situation pécuniaire et de la valeur morale de son entourage ».[102] Il semblerait que la responsabilité de la mise à jour des dossiers de personnel et des états du personnel revînt au chef du personnel ou à l'agent administratif qui en faisait office,[103] intermédiaire entre la direction de groupe et celle des agences. Il convient à présent d'apprécier l'évolution du *turn-over* pour voir dans quelle mesure cette dernière a suscité la mise en place d'une politique de maîtrise des flux de main-d'œuvre. Pour cela, une analyse des motifs de départ invoqués par le personnel, lorsqu'il quittait à cette époque le Crédit lyonnais, a été entreprise.

III. Une maîtrise plus systématique des flux de personnel ?

A. Une plus grande stabilité du personnel...

Malgré une légère augmentation de la part du personnel dont la carrière ne dépasse pas un an, nous constatons en effet un allongement moyen de la durée des carrières effectuées au Crédit lyonnais qui témoigne d'une relative satisfaction au travail des employés avant 1914.

Marginale dans l'échantillon précédent, la part du personnel dont la carrière n'excède pas un an s'élève désormais à 24 %. Cette augmentation est toutefois insuffisante pour conclure à une instabilité du personnel à la veille de la guerre de 1914 : la durée moyenne des carrières s'est d'ailleurs dans l'ensemble allongée. L'importance du nombre de carrières supérieures à 20 ans explique pour beaucoup cet allongement moyen de leur durée. Non représentées dans le précédent échantillon par la force des choses,[104] elles représentent désormais jusqu'à près de 30 % du présent échantillon, soit une part plus importante que celle des carrières n'atteignant pas un an : 15 personnes sont restées entre 20 et 25 ans dans l'établissement, 7 autres sont restées entre 25 et 30 ans, 8 autres, entre 30 et 35 ans, 2 autres enfin ont passé plus de 40 ans au Crédit lyonnais. Ces chiffres témoignent d'une réelle satisfaction au travail d'une partie du personnel. Néanmoins, 44 % de l'échantillon, ce qui constitue encore la part la plus importante, a effectué une carrière qui n'excède pas 20 ans : pour 31 personnes, la carrière ne s'est pas prolongée au-delà de 5 ans, pour 14 autres, au-delà de 10 ans, pour 7 autres, au-delà de 15 ans, et pour 8 autres enfin, au-delà de 20 ans. Pourquoi ces personnes quittaient-elles le Crédit lyonnais ? La réponse à cette question passe par l'analyse des motifs de départ.

---

[102] Circulaire aux agences régionales, n° 2296, 6 juin 1896, in J. Dagneau, *op. cit.*, p. 408.

[103] De chef du personnel *stricto sensu*, il n'est alors question qu'au siège central. Sur cette question des cadres de la fonction Personnel, voir *infra*, in Troisième partie.

[104] Cela faisait à peine vingt ans que le Crédit lyonnais était créé.

B. ...*Malgré des départs volontaires toujours plus nombreux*

En effet, même si leur part n'a pas augmenté, les départs volontaires demeurent plus nombreux que les départs involontaires. Au regard du présent échantillon, la part des démissions s'est stabilisée : elles continuent de représenter plus de la moitié des départs. En revanche, les motifs de démission ont évolué. Il faut dire que si, le plus souvent, ils n'étaient pas mentionnés dans les dossiers du personnel sorti entre 1880 et 1885, dans ceux du personnel sorti entre 1910 et 1915, ils sont systématiquement inscrits. Cette systématisation des inscriptions des motifs de démission dans les dossiers de personnel qui témoigne par ailleurs d'une volonté de réguler les flux de main-d'œuvre, date du 17 mai 1899 : dans une instruction, l'inspection générale des agences régionales incitait en effet les directeurs d'agence à « désormais indiquer la date exacte de la sortie de l'employé et dans la colonne « services et emplois », à indiquer le motif de son départ ».

1. *Une évolution des motifs de démission : augmentation des débauchages et des départs pour raison de santé*

Une analyse des motifs de démission a donc été entreprise. Alors que la part du personnel qui démissionnait pour entreprendre une autre carrière ou s'établir à son compte s'est stabilisée, représentant respectivement 7 % et 4 % de l'échantillon, le nombre d'employés qui quittent le Crédit lyonnais pour raison de santé a nettement augmenté, passant de 1 à 6. L'autre trait majeur de l'évolution porte sur l'augmentation du nombre de débauchages : ces derniers représentent désormais un tiers (33 %) des démissions.

Une augmentation des débauchages

En effet, sur les 72 démissions recensées, 10 d'entre elles s'expliquent par l'embauche dans une autre banque (succursales de la Banque de France, les Comptoirs d'escompte régionaux, différentes maisons de Banque, etc.), 6 autres s'expliquent par l'embauche dans une administration publique ou privée (La Poste, La compagnie des Chemins de Fer de l'État, les Chemins de Fer du Nord,etc.), 6 autres démissions encore s'expliquent par l'embauche dans une maison de commerce et 2 autres enfin, par l'embauche dans un établissement industriel. L'administration du Crédit lyonnais s'inquiète d'ailleurs des départs des employés qualifiés ; c'est pourquoi elle enquête : « les employés intéressants qui vous ont quitté, car je ne m'inquiète pas des autres, sont allés chez des agents de change, au Comptoir, dans le commerce ou ailleurs, croyant trouver là une voie meilleure que chez nous ».[105] Dans son étude relative aux agences régionales du Crédit lyonnais (1870-1914), Jacques Dagneau constate en effet « qu'un grand nombre de démissions semblent liées à un changement d'employeur : une moyenne annuelle de 18 cas pour toute notre période, de 25, pour les années 1909-1912. [...] Au total, 140 fondés de pouvoirs, 87 gérants, 60 sous-directeurs (dont 27 du groupe parisien) et 54 directeurs (13 du groupe parisien) sont perdus pour le Crédit lyonnais. Si on rapporte le nombre de départs au rythme d'expansion de l'établissement, on ne constate pas de concordance. Les créations des années 1890-1896 (78 sièges) n'empêchent pas les départs de se multiplier ; le nouvel élan des années 1900-1904 (60 sièges) coïncide au contraire avec une diminution du nombre des départs et les créations nombreuses de 1910-1913 (80 sièges au moins) se produisent alors que les départs augmentent à nouveau ».[106] Pour Jacques Dagneau, « les départs sont sans doute fonction du nombre d'employés en état de prétendre à une promotion (et par conséquent du nombre de déceptions liées à toute promotion) autant que du nombre de postes créés comme aussi des possibilités extérieures que module la marche générale de l'économie ».[107] La majorité des démissions serait donc le résultat des déceptions consécutives aux promotions effectuées ; toutefois, dans les rares lettres de démission jointes aux dossiers, cette raison n'est jamais explicitement invoquée. En revanche, trois employés n'hésitent pas à invoquer l'insuffisance de leurs traitements au Crédit lyonnais. Pourtant, l'administration cherche à satisfaire le mieux possible les désirs du personnel « intéressant, qualifié et prometteur » parce qu'elle a conscience de « l'atout sérieux » qu'il représente. Ainsi, elle tente parfois de retenir ceux qui désirent quitter leur emploi : « quand le gérant d'un bureau de quartier de Marseille démissionne pour s'occuper d'une propriété dont il vient d'hériter près de Toulon, on le persuade de revenir en lui offrant la sous-direction de Toulon. Quand en 1913, les grands établissements de crédit décident d'abandonner leur politique d'ostracisme à l'endroit du Comptoir d'escompte de Mulhouse, « [...] la principale condition mise à ces bons rapports est que le nouvel établissement de crédit ne recrute pas son personnel parmi nos employés ».[108] « Et lorsque la Banque suisse et française ouvre une agence à Marseille, son directeur parisien rend visite à Fleury Pocachard pour très courtoisement lui donner des explications sur les pourparlers que son personnel dirigeant à Marseille avait engagés avec un employé du Crédit lyonnais

---

[105] La correspondance de Macé à Pocachard, directeur de l'agence de Marseille, 5 juillet 1906, J. Dagneau, *op. cit.*, p. 412.

[106] J. Dagneau, *op. cit.*, p. 413.

[107] *Idem.*

[108] J. Dagneau, *op. cit.*, p. 411.

et préciser qu'il ne compte recruter que ce seul sous-chef du service des marchandises ».[109] Mais la courtoisie et les représailles possibles ne suffisent pas toujours, en particulier à l'endroit des banquiers privés et des agents de change, des administrations publiques ou privées, des maisons de commerce et des établissements industriels : c'est ce dont témoigne l'analyse de notre échantillon.

Si la part des démissions s'est donc stabilisée, représentant toujours un peu plus de 50 % des motifs de départ, les raisons invoquées ont, quant à elles, évolué : on démissionne en effet de plus en plus pour entrer dans un autre établissement, soit parce qu'on n'a pas eu la promotion escomptée, soit parce qu'on estime que les traitements sont insuffisants, soit parce que le nouvel établissement offre des garanties de carrière plus intéressantes. Mais on démissionne aussi de plus en plus pour raison de santé : est-ce dû à l'allongement de la durée d'une partie des carrières qui se traduit par un vieillissement de certains membres du personnel, plus sensibles de ce fait à la difficulté de certaines conditions de travail ? Quelles étaient alors ces conditions de travail dans les bureaux du Crédit lyonnais ?

Une augmentation des démissions pour raison de santé
alors que les conditions de travail se sont améliorées
au Crédit lyonnais entre 1886 et 1914

Il a été fait allusion lors de l'analyse de l'échantillon précédent à la difficulté de certaines conditions de travail dans la banque (horaires non réglementés, mauvaises conditions d'hygiène, etc.). Depuis 1886, ces dernières se sont améliorées.

La durée quotidienne de travail effectif a en effet été réduite par l'administration du Crédit lyonnais, à partir de 1893, à 9 heures « afin d'augmenter la productivité en obtenant une plus grande rapidité dans l'exécution des affaires »[110] ; quant à la durée hebdomadaire du travail, elle a été réduite d'une part, sous l'effet d'une disposition légale relative au repos hebdomadaire et d'autre part, sous l'effet d'une décision de l'administration du Crédit lyonnais relative à une généralisation progressive de la semaine anglaise. La loi sur le repos hebdomadaire du 13 juillet 1906 s'appliquait aux établissements de crédit. Elle stipulait que « le repos hebdomadaire doit être donné le dimanche » et en ce sens, elle ne fait qu'entériner ce qui était déjà l'usage au Crédit lyonnais pour la grande majorité du personnel. Toutefois, pour être en règle vis-à-vis de la loi, l'administration de l'établissement devait néanmoins apporter

---

[109] *Idem.*

[110] Instruction de l'inspection générale des agences régionales datée du 13 septembre 1893, AH CL, 068 AH 010.

une modification à son système de gestion : « au lieu de demander aux garçons chargés de garder nos bureaux de rester à leur poste toute la journée du dimanche, il faudra établir un roulement, avec remplacement à midi de façon à ce que nos garçons de garde ne restent qu'une demi-journée à leur poste le dimanche ».[111] Quant à la pratique de la semaine anglaise, elle apparaît progressivement au Crédit lyonnais dès le début du siècle avant d'être généralisée à la veille de la guerre de 1914 : déjà, à partir du 1er mai 1904, conformément à l'application d'une décision du syndicat lyonnais de la banque et de la bourse, il fut décidé que « les bureaux et les caisses du siège social et de ses bureaux de quartier seraient fermés toute l'année à 3 heures, les samedis et les veilles de fêtes légales. Le Mardi Gras, le Jeudi Saint et le jour du Grand Prix des Courses de la Ville de Lyon, les bureaux et les caisses du siège social seraient fermés à midi ».[112] Les mêmes conditions de fermeture des bureaux et des caisses du siège central et des agences dans Paris étaient appliquées en 1912 : « les bureaux seront fermés :

– à 3 heures, tous les samedis et veilles de fêtes légales, à partir du 6 janvier courant ;

– à midi, tous les samedis et veilles de fêtes légales, à partir du 6 juillet jusqu'au 28 septembre 1912 inclusivement ».[113]

L'amélioration des conditions de travail au Crédit lyonnais ne s'est pas seulement traduite par une réduction du temps de travail mais aussi par une amélioration des conditions d'hygiène et de sécurité dans les bureaux et les agences. Cette dernière représente une première contribution à la transformation de l'espace de travail dans l'établissement. Le 12 juin 1893, le législateur décida d'étendre l'application des prescriptions concernant l'hygiène et la sécurité des travailleurs, jusqu'alors réservées « aux seuls enfants ou filles mineures employés à des machines dangereuses ou manipulant des substances toxiques », à tous « les manufactures, fabriques, chantiers, ateliers de tout genre et leurs dépendances ».[114] Seuls, les magasins, les bureaux et les autres locaux de

---

[111] Conformément à l'article 5 de la loi qui stipule que « dans tout établissement qui aura le repos hebdomadaire le même jour pour tout le personnel, le repos hebdomadaire pourra être réduit à une demi-journée pour différentes catégories d'employés parmi lesquels figurent les gardiens .» cité in instruction de l'inspection générale des agences régionales du 11 août 1906, AH CL, 068 AH 028.

[112] Cité in instruction de l'inspection générale des agences régionales du 16 avril 1904, AH CL, 068 AH 025.

[113] Cité in instruction de la direction des agences régionales du 23 janvier 1912, AH CL, 068 AH 035.

[114] Vincent Viet, « Les premiers pas de l'Inspection du Travail » in Yves Cohen et Rémi Baudouï (dir.), *Les Chantiers de la Paix Sociale (1900-1940)*, ENS éditions, Fontenay/Saint-Cloud, 1995, 335 pages, p. 78.

travail échappaient à cette loi. Pourtant, les conditions d'hygiène et de sécurité dans les bureaux n'étaient pas, à cette époque, particulièrement meilleures que dans les ateliers. La description d'une agence de la Société générale, en province, en 1896, en témoigne : « L'agence de la Société générale se trouvait dans une large avenue, bordée d'arbres qui s'appelait le cours de la Bove. Elle occupait le rez-de-chaussée d'un modeste immeuble à un étage dans lequel habitait un directeur. Elle était sordide et il faudrait la plume de Balzac pour la décrire. La porte d'entrée sur la rue donnait sur un couloir lépreux et humide qui conduisait à l'étage. De ce couloir, par une porte à main gauche, on pénétrait dans l'agence. Elle comprenait une salle partagée en deux : la partie de droite, étroite et longue, était réservée au public, séparée de la partie de gauche par les guichets derrière lesquels travaillaient les employés. Trois grandes fenêtres, qui descendaient presque jusqu'au trottoir, éclairaient ce local. Au fond, donnant sur la partie réservée au public, se trouvait le cabinet du directeur qui recevait le jour d'une cour noire et crasseuse et dont la porte restait toujours ouverte sur la salle. Le tout était sale, poussiéreux, resserré, délabré. Un badigeon à la chaux, jamais renouvelé, couvrait les murs. À de nombreux endroits, le plâtre était tombé du plafond dont on apercevait les lattes. L'unique coffre-fort de l'agence se trouvait à la direction. Là, régnait une semi-obscurité qui ne permettait pas de bien distinguer les murs et le mobilier, on apercevait seulement le crin blanc sortant des deux fauteuils ».[115]

À partir de 1902, l'administration du Crédit lyonnais s'est souciée des conditions d'hygiène et de sécurité dans lesquelles s'effectuait le travail du personnel : elle devançait en cela le législateur.[116] Son but consistait en fait « à préserver les employés, dans la mesure du possible, contre les dangers de la propagation de certaines maladies dont la plus redoutable est la tuberculose ».[117] Elle expose pour cela certaines mesures se rapportant à l'aménagement et à l'entretien des bureaux : « nous devons nous efforcer d'avoir toujours des locaux spacieux afin d'éviter l'encombrement des services et de les aménager d'une façon telle que l'air et la lumière puissent y arriver en abondance. Nous devons aussi veiller à ce que, partout où cela est possible, nos salles de pas perdus soient carrelées, afin que le lavage en soit facile et à ce que les murs soient peints à l'huile ou au ripolin plutôt que recouverts de papier peint,

---

[115] Il s'agit d'une description de l'agence de Lorient, cité in Jean Morin, *Souvenirs d'un Banquier Français*, p. 55.

[116] La loi du 11 juillet 1903 qui complète celle du 12 juin 1893 étend l'application des mesures d'hygiène et de sécurité « aux magasins, bureaux et locaux de toute nature ».

[117] Cité in instruction de l'inspection générale des agences régionales datée du 16 décembre 1902, AH CL, 068 AH 024.

afin qu'ils puissent être lavés fréquemment à grande eau ».[118] D'autres mesures préconisées portaient plus particulièrement sur l'entretien des bureaux, à savoir l'aération, le nettoyage et le chauffage : « il est nécessaire que les bureaux soient aérés en toutes saisons, pendant l'absence du personnel par la large ouverture des portes des fenêtres. Il faut aussi qu'ils soient nettoyés chaque jour et avec le plus grand soin. À ce propos, il est important qu'ils ne soient jamais balayés ni époussetés à sec afin d'éviter la dispersion dans l'atmosphère des poussières qui peuvent être chargées de germes morbides. Je vous engage donc à faire employer le balai avec de la sciure de bois imbibée d'eau que l'on pousse devant soi sans la soulever, ou le nettoyage au moyen d'une toile humide. Il faut enfin que les bureaux soient chauffés l'hiver à une température normale et régulière et que l'été, le sol et les parquets soient arrosés avec un liquide volatil et désinfectant afin de rafraîchir et d'assainir l'atmosphère des bureaux. Il est important également de défendre aux employés de cracher à terre et je vous engage à placer sur tous les points utiles des crachoirs dont la sciure doit être changée fréquemment ».[119] Un an plus tard, conformément à la loi du 11 juillet 1903, le Crédit lyonnais était soumis à l'application des règles d'hygiène et de sécurité qui étaient désormais étendues à l'ensemble des magasins et des bureaux. Pour Vincent Viet, auteur d'une thèse récente consacrée aux origines de l'inspection du travail,[120] « l'évolution est sidérante. En près d'une dizaine d'années, les techniques d'hygiène et de sécurité ont affirmé leur force d'extension, investi la totalité du tissu industriel et commercial, ignorant les distinctions et les discriminations que comportait la protection légale ».[121] La question se pose en effet de savoir dans quelle mesure, conscient de « cette force d'extension des techniques d'hygiène et de sécurité », l'initiative prise en 1902 par le Crédit lyonnais, a pu correspondre à une volonté paternaliste de déployer les techniques de prévention dans un cadre autonome, purgé de toute influence extérieure, à savoir celle des inspecteurs du travail. N'était-ce pas en développant sa propre politique de protection du personnel (réduction de la durée quotidienne et hebdomadaire du travail, instauration de système de prévoyance et d'allocations familiales, etc.) que le Crédit lyonnais avait pu longtemps échapper au système de protection légale, et par conséquent, au contrôle externe des inspecteurs du travail ?[122] En effet, avant la guerre de 1914, « de toutes les lois faites pour protéger le travail

---

[118] *Idem.*

[119] *Idem.*

[120] Vincent Viet, *Les voltigeurs de la République, Aux origines de l'Inspection du Travail (1892-1914)*, Éditions du CNRS, Paris, 1994, 629 pages.

[121] *Idem*, p. 78.

[122] Depuis la loi du 19 mai 1874, ces derniers constituaient un corps d'État.

de l'ouvrier de l'industrie, l'employé bénéficiait seulement de la loi du 13 juillet 1906 sur le repos hebdomadaire ; de la loi du 13 novembre 1908 sur la juridiction prud'homale et de la loi du 26 mars 1908 sur les accidents de travail ».[123] Le personnel du Crédit lyonnais avait donc dû attendre dix ans avant de bénéficier de la loi du 9 avril 1898 relative aux accidents du travail.

Trois questions se posent : de quels accidents de travail pouvait être victime le personnel du Crédit lyonnais ? Dans quelle mesure la loi du 26 mars 1908 a-t-elle incité l'établissement à développer sa politique de prévention contre les accidents du travail ? Dans quelle mesure enfin certaines mesures de prévention ont-elles contribué à modifier l'espace de travail des agences ?

Dans une instruction de l'inspection générale des agences régionales sont exposés les dangers qui pesaient tant sur le personnel itinérant (les garçons de recettes[124] et les pèlerins[125]) que sur le personnel sédentaire (caissiers manipulateurs et garçons-payeurs[126]) : tous, en effet, pouvaient faire l'objet d'attentats motivés par le vol d'espèces. Pour améliorer la sécurité de ce personnel, l'administration envisageait plusieurs mesures :

---

[123] Cité in rapport d'A. Artaud présenté au conseil supérieur du travail, in *La Réglementation du Travail des Employés*, Imprimerie nationale, Paris, 1912, p. III.

[124] Le travail du garçon de recettes « consistait à se rendre chez les clients pour prendre les versements à domicile. Ce travail de ramasseur de fonds, tout aussi dangereux à l'époque qu'aujourd'hui (les vide-goussets et les pickpockets ont toujours existé), nécessitait l'emploi d'une chaîne attachant la sacoche de cuir. [...] L'uniforme ayant subi des transformations, fut abandonné en 1968. Le premier costume de garçon de recettes existait déjà en 1874. », cité in « Une vieille figure valenciennoise : M. Narcisse Hobart, (portant le premier costume de brigadier de recettes du Crédit lyonnais) », in *La Voix du Nord*, 2 janvier 1988. En 1875, à Lyon, le service de la Recette comprenait six garçons sous la direction du sous-brigadier. Ils étaient chargés des opérations suivantes : « de l'encaissement, de la remise des effets pour acceptation, et en communication, et de la distribution des lettres, etc. et cela dans toute l'agglomération lyonnaise, divisée en cinq circonscriptions à établir ultérieurement. », cité in Règlement intérieur des garçons, siège social, Lyon, 1875, AH CL, 062 AH 003.

[125] Les pèlerins peuvent se définir comme des garçons de recettes auxiliaires.

[126] Le travail des garçons-payeurs s'effectuait dans le service des Caisses et Espèces : en 1875, ce service comprenait neuf garçons dont deux garçons-payeurs, deux garçons-receveurs, deux garçons aides-payeurs et trois garçons aides-receveurs : « les heures réglementaires de bureau de ces neuf garçons sont de huit heures trois quart du matin à six heures du soir mais ils ne peuvent jamais partir avant que la Caisse ne soit juste et ils sont toujours à la disposition du chef des caisses, dans un cas de service extraordinaire », in Règlement intérieur des garçons, siège social, Lyon, 1875, AH CL, 062 AH 003.

– « munir d'office d'un revolver les pèlerins qui transportent des valeurs entre les agences et les sous-agences et les garçons qui sont chargés de missions spéciales au dehors ».[127]

Le port et l'usage du revolver n'étaient pas conseillés aux garçons de recettes pourtant exposés aux mêmes risques : « car l'emploi de cette arme, au cours de leurs tournées, est rendu difficile parce qu'ils sont déjà embarrassés par leur sacoche, par leur portefeuille, et aussi par leur pèlerine pendant la saison d'hiver ou les jours de mauvais temps ».[128] Il était donc préférable de :

– munir les garçons de recettes « d'un casse-tête comme cela existe déjà dans quelques-unes de nos principales agences : outre que cette arme n'offre pas de danger pour celui qui la porte, elle est plus facile à saisir et à manier et elle peut, dans un corps à corps, devenir un excellent moyen de défense ».[129]

Pour assurer la sécurité du personnel exposé aux cambriolages dans les agences, les mesures prises étaient les suivantes :

– continuer à « munir les gardiens de jour et de nuit d'un revolver chargé ».[130] Le recrutement de militaires à la retraite pour ce genre de poste, constaté à plusieurs reprises,[131] n'était donc pas fortuit : le maniement des armes à feu constituait la qualification professionnelle recherchée.

– enfermer enfin « les caissiers manipulateurs d'espèces, les garçons payeurs et les caissiers des Titres dans une cabine dont la porte ne pourra être ouverte de l'extérieur, mais par contre pourra être facilement ouverte de l'intérieur par l'employé placé dans la cabine ».[132]

C'est ainsi que, sous l'effet de mesures prises par l'administration pour assurer une plus grande sécurité du personnel, l'espace de travail s'est modifié dans les agences : « des cabines solidement construites,

---

[127] Cité in instruction de l'inspection générale des agences régionales du 12 avril 1912, AH CL, 068 AH 035. Voir les illustrations des tenues d'hiver et d'été des garçons de recettes, in *Notice sur le Crédit lyonnais*, *Exposition de Bruxelles* 1910, 67 pages, p. 46, BH VP, Série-Actualité n° 123.

[128] Cité in instruction de l'inspection générale des agences régionales du 12 avril 1912, AH CL, 068 AH 035.

[129] *Idem.*

[130] *Idem.*

[131] L'état des lieux de la gestion et de l'administration du personnel qui sera réalisé en 1922 par le Général Poindron le confirme : « Les surveillants et les gardiens de nuit sont recrutés de préférence parmi les gardiens de la paix et les gendarmes en retraite », in *État des lieux…*, 1922, p. 12, AH CL, 098 AH 248.

[132] Cité in instruction de l'inspection générale des agences régionales datée du 12 avril 1912, AH CL, 068 AH 35.

hautes de 2 mètres minimum à partir du sol, fermées sur les 4 côtés par des grilles ou des glaces résistantes et ne devant comporter qu'un guichet permettant de servir le public » se sont ainsi élevées dans les agences du Crédit lyonnais à la veille de la guerre. Ces mesures ont davantage été motivées, semble-t-il, par la succession d'attentats dont furent victimes, en 1912, certains employés de la Société générale que pour respecter telle ou telle mesure légale. Toutefois, l'entrée en vigueur au Crédit lyonnais, à partir du mois de mai 1909, de la loi sur les accidents du travail n'a peut-être pas été étrangère au développement de cette politique de prévention dans la mesure où, en cas d'incapacité de travail résultant d'un accident du travail subi par un salarié, l'établissement devait désormais « lui payer les journées pour lesquelles il aurait été convoqué et cela pendant tout le temps qu'aurait duré l'incapacité ainsi constatée ».[133] C'était au médecin du Crédit lyonnais de constater cette incapacité : « un médecin fut, en outre, désigné spécialement pour l'examen des accidents du travail et les visites à domicile des employés qui ne pouvaient se déplacer ».[134]

Si le développement de la prévention patronale en matière d'accidents du travail semble avoir résulté de l'entrée en vigueur de la loi du 26 mars 1908, en revanche, les mesures de prévention entreprises par l'administration du Crédit lyonnais contre les maladies contagieuses semble avoir précédé la prévention légale en la matière.

C'est en effet sur une initiative patronale qu'un service médical fut institué en 1901 au siège central. Dès sa constitution, ce service fut assuré par un professeur agrégé de la Faculté de Médecine de Paris et par un médecin des hôpitaux. Le chef du service examinait les candidats à l'admission ; son adjoint donnait des consultations et des conseils aux employés malades. C'est sur les indications de ce service médical que les précautions les plus minutieuses ont été prises pour combattre les maladies contagieuses et notamment la tuberculose : les bureaux étaient ainsi désinfectés dès qu'un danger de contagion était à craindre. Le risque de propagation des maladies contagieuses se développa au début du siècle au fur et à mesure que les effectifs des sièges augmentaient : il incombait à la médecine patronale de l'empêcher. L'institution d'une visite médicale obligatoire préalable à l'admission de tout nouvel em-

---

[133] Cité in circulaire du service du personnel du siège central n° 34 datée du 6 mai 1909, AH CL, 105 AH 003.

[134] Cité in *Notice sur le Crédit lyonnais : 1863-1913*, ouvrage hors commerce paru à l'occasion du Cinquantenaire, Montrouge, Draeger Imprimerie, 1914, 80 pages, p. 77. Pour ne pas la confondre avec l'autre notice réalisée à l'occasion de l'Exposition de Bruxelles, nous l'avons baptisée « Brochure du Cinquantenaire ».

ployé, participait directement d'une mission préventive.[135] Si, au siège central, depuis 1901, ces visites étaient assurées par le chef du service médical, dans les réseaux, elles devaient l'être par un « docteur » désigné par le directeur d'agence : « nous avons le devoir, si nous voulons éviter la contamination par l'introduction d'employés atteints de maladies susceptibles de se propager, de n'admettre aucun employé nouveau s'il n'a préalablement subi l'examen médical d'un Docteur de votre choix ». Ainsi se développait un nouveau mode de sélection à l'entrée du Crédit lyonnais, la sélection sanitaire : « dorénavant, les dossiers « Personnel » que vous nous enverrez devront faire mention de cet examen. Tout candidat suspect devra être impitoyablement éliminé ».[136] Des mesures de prévention furent aussi prises à l'égard du personnel déjà en fonction : ce dernier, après s'être absenté pour cause de maladie contagieuse, ne devait être autorisé à reprendre son travail qu'après avis du service médical.[137] À cette action préventive de la médecine patronale s'ajoutait une action curative. « Des consultations gratuites ont lieu tous les jours. Elles mettent ceux qui désirent y recourir, à même de recevoir les indications médicales que comporte leur état, tout en obtenant le repos momentané nécessaire à leur complet rétablissement ».[138] Le personnel du siège central ne bouda pas ces consultations : en 1913, leur nombre atteignait 4 964. Ce succès de la médecine curative patronale s'explique non seulement par l'avantage pécunier que représentait la gratuité des soins et des médicaments prescrits (la loi de 1893 relative à l'assistance médicale gratuite ne s'appliquait qu'aux personnes sans ressources)[139] mais également par la campagne de sensibilisation que l'établissement entreprit auprès de son personnel : dès 1904 en effet, le chef du personnel du siège central exhortait les chefs de service « à aviser leurs employés (hommes et dames) qu'ils pouvaient en cas de maladie, lui adresser une demande à l'effet d'obtenir la gratuité des soins médicaux et des médicaments ».[140] Une carte de la Société philanthropique, payée par le Crédit lyonnais, leur était alors remise, leur donnant droit à cette gratuité des soins et des médicaments. La création de ce service médical du siège central est donc apparue comme une

---

[135] Cité in instruction de l'inspection générale des agences régionales aux directeurs d'agence, datée du 16 décembre 1902, AH CL, 068 AH 024.

[136] *Idem.*

[137] Cité in circulaire du service du personnel du siège central datée du 1er février 1904, AH CL, 105 AH 003.

[138] Cité in *Brochure du Cinquantenaire du Crédit lyonnais*, p. 77.

[139] Pierre Rosanvallon, *L'État en France de 1789 à nos jours*, Le Seuil, Paris, 1990, 360 pages, p. 175.

[140] Cité in circulaire du service du personnel du siège central datée du 17 mai 1904, AH CL, 105 AH 003.

initiative patronale à une époque où la politique de santé publique « balbutiait » : le développement qui fut ensuite celui de cette médecine patronale entre 1901 et 1913 constitue le corollaire des mesures patronales et légales prises pour développer l'hygiène et la sécurité du personnel et le corollaire de la loi votée en 1908 pour indemniser les employés victimes d'accidents du travail. Dans ce cas précis, l'application de la loi impliquait le recours à la médecine : plutôt que de recourir aux services d'un médecin, étranger au Crédit lyonnais, l'administration préférait adapter son service médical en recrutant un médecin supplémentaire dont la mission consistait à examiner les accidentés du travail et à évaluer leur incapacité pour fixer le montant de leurs indemnités. Créé par le Crédit lyonnais pour répondre à des objectifs d'ordre préventif et curatif, à des objectifs de gestion (le contrôle des absences pour maladie) et de philanthropie (gratuité des soins et des médicaments), le service médical du Crédit lyonnais a su diversifier ses missions sous l'effet des mesures légales. Avec le vote, le 11 juillet 1903, de la loi sur l'hygiène et la sécurité, une première brèche était ouverte dans le système des relations professionnelles « patrons-employés » jusqu'alors fondé sur des ententes librement consenties. Désormais, la protection légale allait progressivement se généraliser.

À la veille de la guerre de 1914, les employés du Crédit lyonnais, au même titre que les autres employés, ne bénéficiaient que de trois lois relevant de la réglementation du travail : la loi sur l'hygiène et la sécurité, la loi sur le repos hebdomadaire et la loi sur les accidents du travail. Mais en dehors de ces lois, « aucune autre loi de réglementation du travail n'était alors applicable aux employés ; ni la loi du 9 septembre 1848 qui fixe à 12 heures la durée du travail des hommes adultes ; ni la loi du 2 novembre 1892 qui détermine pour les établissements industriels l'âge et l'admission des enfants et interdit le travail de nuit aux femmes et aux enfants ; ni la loi du 30 mars 1900 qui fixe à 10 heures la durée de la journée de travail de l'ouvrier ».[141] Le patronat « employé » échappait donc partiellement, avant 1914, à la réglementation légale du travail. Pour ces patrons des services, si « l'entente entre les patrons et les employés est préférable à toute réglementation », c'est sans doute parce qu'elle excluait toute intervention extérieure à l'entreprise, en particulier, celle des représentants de l'État. Quant aux employés, s'ils ne méconnaissaient pas les bienfaits d'un accord librement consenti, ils prenaient peu à peu conscience de la rareté, de la fragilité et de la faible efficacité de ce système de relations : « nous ne méconnaissons pas les bienfaits d'une entente librement consentie. Aucune corporation n'en a

---

[141] Cité in circulaire du service du personnel du siège central datée du 1er février 1904, AH CL, 105 AH 003.

usé comme celle des employés. C'est l'entente qui nous a permis jadis de réaliser le repos hebdomadaire bien avant la loi de 1906, d'obtenir la fermeture des magasins à des heures moins tardives et même des améliorations notables des conditions de travail dans certaines professions. Mais combien rares sont ces ententes et surtout combien fragiles et peu efficaces ! À côté des patrons qui veulent sincèrement améliorer la situation de leurs employés, combien s'en désintéressent ou s'y opposent ? »[142] C'est en cela que la loi du 11 juillet 1903 relative à l'extension dans les bureaux des prescriptions en matière d'hygiène et de sécurité constitue une petite « révolution » dans le mode de gestion des employés, en introduisant pour la première fois un contrôle de la puissance publique dans un domaine considéré jusqu'alors comme une prérogative patronale. De quelle façon l'administration du Crédit lyonnais a-t-elle accueilli les contrôles des inspecteurs du travail ?

À la lecture d'une instruction adressée aux directeurs d'agence dans laquelle elle leur expose la conduite à adopter à l'égard des inspecteurs du travail, l'administration du Crédit lyonnais est loin de considérer l'action du législateur comme une substitution à l'action patronale, bien au contraire : « comme vous le verrez à l'article 4 des lois du 12 juin 1893 et du 11 juillet 1903, il est institué des inspecteurs du travail qui sont chargés d'assurer l'exécution des présentes lois et décrets et des règlements qui y sont prévus. Ces inspecteurs vont entrer dans nos bureaux pour procéder à la surveillance et aux enquêtes dont ils sont chargés. Si donc un de ces messieurs se présentait dans vos bureaux, vous n'auriez qu'à vous mettre à sa disposition pour l'accompagner vous-même ou le faire accompagner par un membre de la sous-direction, s'il demande à visiter notre installation. Vous voudrez bien ensuite nous prévenir des observations qu'il ferait et des modifications qu'il vous demanderait pour que nous étudions avec vous les dispositions à prendre à cet égard. Nous comptons sur tous vos soins pour assurer l'application des mesures d'hygiène prescrites par nous, d'une part, et par les lois et décrets dont nous vous remettons les textes, d'autre part ».[143] L'administration entend ainsi conserver sa marge d'initiative pour ce qui concerne l'hygiène de ses locaux et la sécurité de son personnel tout en respectant la loi.

Il va sans dire que, sous l'effet d'une réduction de la journée de travail puis de la semaine de travail, et sous l'effet d'une amélioration des conditions d'hygiène et de sécurité, à l'initiative du Crédit lyonnais

---

[142] A. Artaud, *op. cit.*, p. II.

[143] Cité in instruction de l'inspection générale des agences régionales datée du 19 décembre 1905, AH CL, 068 AH 027. Les décrets auxquels il est fait allusion sont ceux du 28 juillet 1904 et du 29 novembre 1904.

d'abord puis du législateur ensuite, l'ensemble des conditions de travail du personnel de l'établissement se sont considérablement améliorées depuis 1886. De fait, l'importante augmentation des démissions pour raison de santé constatée au niveau de l'échantillon semble davantage due à l'allongement de la durée d'un certain nombre de carrières et par conséquent à un vieillissement relatif d'une partie du personnel qu'à la dureté des conditions de travail au Crédit lyonnais. Les conditions et le cadre de travail se sont donc transformés au Crédit lyonnais entre 1886 et 1914. Ces transformations n'ont pas seulement résulté de l'amélioration des conditions d'hygiène et de sécurité (généralisation progressive de l'éclairage électrique dans les agences,[144] élévation de cabines de sécurité pour le personnel exposé aux vols) mais aussi de l'introduction du machinisme dans les bureaux.

Une description de l'espace des bureaux du siège central montre que leur équipement, au tout début du siècle, était sommaire : « il importe que le matin, pendant le nettoyage, il n'y ait pour ainsi dire, rien sur les tables, en dehors des encriers, des chaises et des corbeilles ».[145] À partir de l'année 1912, cet espace de travail a commencé à changer de physionomie. Après des essais concluants réalisés au siège central, certaines machines furent introduites dans les différents réseaux. Dans celui des agences régionales, la mécanisation de certains services arrivait à points nommés dans la mesure où elle permettait à la direction d'améliorer son coefficient d'exploitation à une époque où ce groupe se distinguait des autres par des frais généraux plus élevés. Pour Macé, alors directeur des agences régionales, « il y a là un fait anormal et on ne s'explique pas que les conditions d'exploitation soient plus onéreuses qu'ailleurs ».[146] Or, l'équipement des agences en « machines à additionner et à enregistrer les effets » lui donnait l'occasion de réduire ses frais généraux en diminuant ses frais de personnel. Toutefois, la direction du groupe ne procéda pas à ce qu'on appellerait aujourd'hui « un plan de licenciement » puisque l'on ne devait « réduire le personnel qu'en supprimant des postes par voie d'extinction quand cela paraît possible ».[147] La décision de réduire le nombre d'employés a donc été prise peu de temps après la décision d'équiper l'ensemble du réseau en machines. Cette coïncidence chronologique entre les débuts de la mécanisation des

---

[144] Cité in instruction de l'inspection générale des agences régionales datée du 16 novembre 1907, AH CL, 068 AH 030.

[145] Cité in circulaire du service du personnel du siège central datée du 19 février 1904, AH CL, 105 AH 003.

[146] Cité in instruction de l'inspection générale des agences régionales datée du 6 novembre 1912, AH CL, 068 AH 035.

[147] Cité in instruction de l'inspection générale des agences régionales datée du 25 juin 1912, AH CL, 068 AH 035.

bureaux du Crédit lyonnais et les premières réductions du personnel pose donc la question de l'existence d'une relation de cause à effet entre les deux phénomènes. C'est donc en 1912, le 9 mai plus précisément, que Macé décida d'étendre l'utilisation des « machines à additionner et à enregistrer les effets » à sept de ses agences-mères avant de la généraliser à l'ensemble du réseau. Car « les essais ont montré que l'utilisation de machines de ce genre procure une économie de temps très appréciable, tout en donnant un travail mieux fait ».[148] Sur quelle marque l'administration de l'établissement a-t-elle arrêté son choix ?

« Parmi les titres qui nous ont été soumis, notre choix s'est arrêté à la machine « Burroughs » modèle n° 9, « Duplex », chariot de 31 centimètres, à marche au levier et électrique dont le prix est de 2 875 francs – moins un escompte de 3 % pour paiement au comptant ».[149] Quant à la généralisation de la diffusion des machines à calculer, elle n'est pas encore décidée même si déjà, certaines agences y ont recours, notamment « pour le calcul de l'escompte, le calcul des intérêts des comptes-courants et des comptes de dépôts et pour le chiffrage des coupons de la Serre ».[150] Macé exhorte en effet les directeurs d'agence à attendre les résultats des expériences faites à Paris avant de procéder à l'acquisition de telles machines. Pourtant, d'après une revue spécialisée qui s'intitule *Mon Bureau*, les machines à calculer ont fait leur apparition dans les maisons de commerce françaises vers 1895. « En 1907, la machine française « Dactyle » qui permet l'établissement du prix de revient, le calcul d'inventaires ou encore la vérification des comptes est présente dans la plupart des administrations d'État : dans les services des ministères de la Marine, de la Guerre, des Finances et des Travaux publics. Elle est également employée à la Compagnie parisienne du gaz, dans les compagnies d'omnibus et de chemins de fer et au Crédit foncier de France ».[151] Il apparaît ainsi que le Crédit lyonnais n'a pas fait figure de pionnier pour ce qui concerne la mécanisation de ses bureaux. Quant aux raisons qui ont motivé le choix de la marque américaine « Burroughs » au détriment des marques françaises existantes, il est difficile de les apprécier. La marque « Burroughs » était en effet loin d'avoir le monopole des machines à calculer sur le territoire français : « en 1910, de nombreuses marques de machines à calculer sont disponibles sur le

---

[148] Cité in instruction de l'inspection générale des agences régionales datée du 9 mai 1912, AH CL, 068 AH 035.

[149] *Idem.*

[150] Cité in instruction de l'inspection générale des agences régionales du 9 mai 1912, AH CL, 068 AH 035.

[151] Delphine Gardey, *op. cit.*, p. 792. Cette historienne a étudié dans le troisième volume de sa thèse les mouvements d'hygiénisation, de mécanisation et de rationalisation des bureaux de la fin du XIXe siècle à 1930.

marché français : la " Dactyle ", la machine à additionner électrique " Walles ", le " Comptometer ", le " Millionnaire ", les 65 modèles de la marque " Burroughs ", la " Triumphator ", la " Brunsviga ", la " Tim-Unitas ", " L'éclair ", la " Dalton ", etc. ».[152] Le 2 janvier 1913, la décision était prise par l'administration d'étendre à toutes les agences-mères l'usage des machines à additionner et à enregistrer les effets (aucune décision n'était encore prise quant à l'extension de l'usage des machines à calculer). Le choix définitif se portait sur des machines « Burroughs », automatiques, munies d'un chariot non plus de 31 centimètres mais de 46 centimètres permettant ainsi « de donner aux feuilles d'entrées et de sorties les dimensions voulues pour la facilité des inscriptions ».[153] C'était aux représentants de la société française des machines « Burroughs » de monter les machines et « d'en expliquer le fonctionnement aux employés qui seront désignés pour s'en servir ». Avec l'introduction du machinisme dans les bureaux du Crédit lyonnais à la veille de la guerre de 1914, c'est donc non seulement l'espace de travail qui commençait à se modifier mais aussi le contenu même de certains travaux de bureau. Si parmi les départs volontaires, la part des démissions s'est stabilisée, celle des départs en retraite s'est en revanche accrue.

2. Une augmentation des départs en retraite qui toutefois ne coïncide pas avec l'augmentation du nombre des carrières de plus de 30 ans

La part des départs en retraite a logiquement augmenté sous l'effet du développement de l'établissement : le nombre des carrières dont la durée dépasse 30 ans est en effet devenu important. N'étant pas représenté par la force des choses dans l'échantillon précédent, ce nombre s'élève désormais à 18. Or, seuls 7 cas de départs en retraite ont été comptabilisés. Ceci témoigne du fait que tous les employés dont la durée de la carrière atteignait 30 ans et plus n'étaient pas mis systématiquement à la retraite. Dans quelle mesure et à partir de quand le risque que constituait la vieillesse des employés du Crédit lyonnais a-t-il été couvert ? Dans quelle mesure les modalités de cette couverture ont-elles évolué ?

---

[152] *Idem.*

[153] Cité in instruction de l'inspection générale des agences régionales datée du 2 janvier 1913, AH CL, 068 AH 036.

*La couverture du risque vieillesse : de la charité patronale
à l'obligation légale en passant par l'assistance
d'inspiration mutuelliste*

Sur les 7 employés de l'échantillon partis à la retraite, seul, un employé bénéficiait d'une « allocation annuelle et renouvelable » de la part de l'administration du Crédit lyonnais. Le versement de cette allocation n'était donc pas systématique et ne constituait aucunement un droit : accordée de façon plutôt arbitraire, « l'allocation annuelle et renouvelable » était destinée à récompenser les carrières des employés jugés « dignes d'intérêt ». Ainsi, le versement de ce type d'allocation ne constituait pas une obligation pour l'administration mais une « mesure de bienfaisance » dont les bénéficiaires étaient désignés sur des critères subjectifs : la qualité des services rendus et l'état de leurs besoins. C'est dans cette mesure que nous pouvons dire que la « caisse de secours et de retraite », instituée par le conseil d'administration en 1881 et au crédit de laquelle fut portée une première dotation de 200 000 F, ne constituait pas un système de prévoyance mais une mesure de bienfaisance dans la mesure où les versements n'étaient effectués « qu'au profit de ceux d'entre eux qui seront désignés par leurs services et leurs besoins ».[154] Il faut attendre 1898 pour qu'un réel système de prévoyance soit organisé au Crédit lyonnais. Le conseil d'administration décida en effet de fonder une caisse de prévoyance en faveur de « tous les employés français des deux sexes » dont le but était de les encourager à l'épargne en vue de se constituer une retraite. Cette création, qui devançait de douze ans la loi du 5 avril 1910 sur les Retraites ouvrières et paysannes, intervenait deux ans après la constitution d'une caisse de prévoyance au Comptoir national d'escompte (1896)[155] et un an après la création d'une organisation semblable à la Société générale (1897).[156] Le caractère novateur de cette initiative sociale du Crédit lyonnais est donc à relativiser dans la mesure où, même si elle devance l'action du législateur, elle ne fait que suivre les initiatives du même genre déjà prises par ses concurrents. La question de la place occupée par les créations d'œuvres sociales dans les politiques de maîtrise des fluctuations du personnel prend ici tout son sens : ne tente-t-on pas en effet d'aligner la gestion sociale du personnel sur celle de ses concurrents directs, voire même de la surpasser, pour éviter des départs suscités par l'espoir d'y bénéficier d'avantages sociaux plus importants ? C'est dans ce sens que nous pouvons dire que la

---

[154] Cité in rapport annuel du conseil d'administration, le 12 avril 1880, AH CL, usuels.

[155] La caisse de prévoyance du CNEP a été créée le 29 février 1896 : cité in recherches de Mme Chantal Ronzon relatives à l'histoire des administrateurs des grands établissements de crédit.

[156] La caisse de prévoyance de la Société générale a été fondée lors de l'assemblée générale du conseil d'administration du 1er avril 1897.

coïncidence entre l'intensification de la concurrence entre les établissements de crédit et le développement de leur gestion sociale n'est pas fortuite. Cette émulation au niveau de la gestion sociale a permis aux trois établissements de crédit cités de faire partie des grandes entreprises françaises dont l'action sociale a largement devancé celle du législateur au début du XXe siècle. Dans quelle mesure la nouvelle caisse de prévoyance se distinguait-elle des simples mesures de bienfaisance jusqu'alors adoptées par le Crédit lyonnais ?

Contrairement aux allocations annuelles et renouvelables qui, « sans qu'il ait été pris d'engagement, étaient accordées par le conseil d'administration aux employés, hommes et femmes, dont la situation paraît digne d'intérêt et que l'âge ou la maladie amène à se retirer après un assez grand nombre d'années de présence »,[157] la caisse de prévoyance était destinée à tous les employés des deux sexes. Chaque adhérent devenait possesseur d'un livret individuel à la Caisse nationale des retraites pour la vieillesse.[158] Le système de prévoyance adopté au Crédit lyonnais se distinguait des systèmes, alors très répandus dans le monde de l'industrie, dont le fonctionnement était assuré par la « retenue obligatoire » sur le salaire de l'ouvrier. Au Crédit lyonnais, l'épargne accumulée par l'employé était constituée, d'une part, d'un prélèvement volontaire sur le traitement de l'employé et d'autre part, d'une subvention du Crédit lyonnais. Le bénéfice de cette épargne était acquis à titre irrévocable au détenteur du livret. S'il ne s'agissait pas encore d'une obligation pour l'établissement d'assurer le risque vieillesse de son personnel, le Crédit lyonnais s'engageait clairement en revanche à verser systématiquement une subvention à tous les employés et employées, adhérents à la caisse de prévoyance. De même qu'il ne s'agissait pas encore d'une obligation pour l'employeur, de même, étant donné le caractère volontaire des prélèvements effectués sur les traitements, il ne s'agissait pas non plus d'une obligation de s'assurer pour les employés. Mise en place dans le cadre d'un paternalisme libéral, qui s'inspirait de l'idée mutualiste selon laquelle « était préservé le principe libéral d'un acte volontaire d'adhésion à un système de prévoyance collective »,[159] la caisse de prévoyance a remporté un vif succès auprès de tous les em-

---

[157] Cité in *Brochure du Cinquantenaire du Crédit lyonnais*, p. 75.

[158] « Cette dernière avait été fondée en 1850 malgré l'opposition de certains députés de gauche comme Émile Barrault qui « condamnait le projet parce qu'il l'estimait prématuré compte tenu de l'impossibilité des travailleurs de supporter une retenue légale obligatoire sur leurs très faibles salaires en plus de celle opérée par certains patrons ». cité in Henri Hatzfeld, *Du paupérisme à la Sécurité Sociale, 1850-1940*, Armand Colin, Paris, 1971, p. 81.

[159] Pierre Rosanvallon, *L'État en France, de 1789 à nos jours*, Le Seuil, Paris, 1990, p. 176.

ployés qu'elle concernait. L'évolution du taux de participation en témoigne : alors qu'en 1899, soit un an après sa création, 2 153 employés concernés y adhéraient sur un total de 2 868 ayant-droits, représentant donc un taux de participation déjà assez important de 75 %, en 1913, ce même taux était évalué à 84 %, 5 773 personnes versaient en effet leurs cotisations alors que le nombre des ayant-droits était évalué à 6 840. Fort de ce succès, le conseil d'administration versa, chaque année à partir de 1907, une subvention d'un montant égal aux versements effectués par les employés. Il a été écrit plus haut que cette caisse de prévoyance était destinée à tous les employés des deux sexes du Crédit lyonnais. Il existait néanmoins certaines conditions d'adhésion à cette caisse de prévoyance : être bien sûr garçon ou employé (homme ou femme) du Crédit lyonnais, de nationalité française, « ayant cinq années de services effectifs exigées » et surtout, disposer d'une rémunération ne comportant pas de participation sur les bénéfices d'une part et n'excédant pas un montant de 10 000 F annuels d'autre part ; quant aux « employés ayant plus de 5 000 F d'appointements, ils seront inscrits pour 5 000 F mais le chiffre réel de leur traitement sera indiqué entre parenthèses ».[160] Ainsi, l'adhésion à la caisse de prévoyance comporte des conditions qui indiquent que ce système, réservé exclusivement au personnel formé, concourait à la stratégie adoptée pour maîtriser les flux du personnel qualifié. La caisse de prévoyance fondée, le système des « allocations annuelles et renouvelables » ne disparaissait pas pour autant : il coexistait avec le système de prévoyance nouvellement créé.

Jusqu'alors, nous avons vu que le système de prévoyance adopté par le Crédit lyonnais reposait sur l'idée mutualliste qui préservait le principe libéral d'un acte volontaire d'adhésion à un système de prévoyance collective. Cette idée mutualliste était dominante au début du siècle : pourtant, dès 1901, le débat sur l'obligation fut lancé lorsque le ministère Waldeck-Rousseau soutint un projet général de retraites ouvrières fondé sur l'obligation. Il fut repoussé. Une deuxième tentative, effectuée en 1905, déboucha également sur un échec. Une majorité de députés redoutait un système que l'on qualifiait d'«allemand ». La loi sur les Retraites ouvrières et paysannes (ROP) a finalement été votée le 5 avril 1910. « Mais son contenu est beaucoup moins avancé que celui des projets de 1901 et 1905. Les cotisations prévues sont faibles (9 francs par an pour la part ouvrière et pour la part patronale) et les pensions prévues restent donc très médiocres, leur montant étant à peine supérieur aux allocations d'assistance aux vieillards prévues par une loi de juillet 1905 ; il n'est, en outre, prévu de les verser qu'à partir de 65 ans ».[161]

---

[160] Cité in instruction de l'inspection générale des agences régionales, n° 3275, datée du 2 juin 1898, AH CL, 068 AH 017.

[161] Pierre Rosanvallon, *op. cit.*, p. 177.

Cette loi devait donc s'appliquer « d'une façon obligatoire aux salariés des deux sexes de l'industrie et du commerce, des professions libérales et de l'agriculture, aux serviteurs à gages et tous autres salariés qui ne jouissent pas d'une retraite et n'ont aucun droit à la retraite sur les fonds d'État, des départements et des communes ». Elle n'est entrée en vigueur au Crédit lyonnais qu'à partir du 3 juillet 1911. Sur quels salariés de l'établissement portait donc l'obligation ? Couvrait-elle tous les adhérents de la caisse de prévoyance ou bien l'assiette de l'obligation était-elle plus restreinte ou plus large ?

L'obligation concernait en fait « tout le personnel appointé, permanent et intermittent, hommes et femmes, c'est-à-dire que tous les employés, garçons et grooms, ainsi que les auxiliaires temporaires pour la recette, les gardiens de jour, de nuit et de nettoyage sont compris dans le qualificatif de « salariés » mentionné dans la Loi et que sont soumis à ses obligations tous ceux dont la rémunération, appointements et gratifications réunis, ne dépasse pas 3 000 F ».[162] L'étendue de l'obligation était donc à la fois plus large dans la mesure où elle s'appliquait à tous les salariés de l'établissement sans distinction de statuts (de l'auxiliaire temporaire à l'employé) et plus restreinte aussi, parce qu'elle comportait un plafond de rémunération dont le montant (3 000 F) était inférieur à celui du plafond (10 000 F) qui permettait l'adhésion à la caisse de prévoyance. Ainsi, tous les salariés dont la rémunération dépassait 3 000 francs, échappaient à l'obligation. La loi sur les ROP ne se substituait pas au système de prévoyance en vigueur dans l'établissement. Ce dernier pouvait continuer à fonctionner mais devait s'adapter à la nouvelle loi : « nous étudions, en ce moment-ci, l'adaptation de la nouvelle loi à celle qui existe déjà chez nous ».[163] Le système de prévoyance légal s'est-il traduit par un succès auprès des assurés obligatoires ?

Minimaliste dans son contenu (les cotisations prévues sont faibles, les pensions prévues sont donc très médiocres), le texte de 1910 n'a satisfait aucun des partenaires politiques et sociaux : la droite, la gauche, les syndicats, et plus particulièrement la CGT, y étaient en effet opposés : cette dernière contestait le système de la capitalisation, estimant que seulement 5 % des ouvriers atteindront l'âge requis (65 ans) pour obtenir une pension. « De plus, la CGT était radicalement hostile à l'obligation, dans laquelle elle voyait une atteinte à l'autonomie des salariés, un accroissement de la mainmise de l'État et du capital sur les travailleurs. Les socialistes enfin, à l'exception de Jaurès, s'opposaient également à la loi. Toutes ces oppositions contribuent à expliquer

---

[162] Cité in instruction de l'inspection générale des agences régionales, datée du 6 avril 1911, AH CL, 068 AH 034.

[163] *Idem.*

l'échec de son application : en effet, plusieurs arrêts de la Cour de cassation lui ont ôté dans les faits son caractère d'obligation. Le nombre de cotisants décrut en conséquence : 3 437 000 en 1913, et seulement 1 728 000 en 1922 (alors que le nombre théorique aurait dû être de 7 millions). »[164] Dans quelle mesure le personnel du Crédit lyonnais s'est-il opposé à ce système de prévoyance légal ?

Il est difficile de répondre précisément à cette question dans la mesure où nous ne disposons pas des informations nécessaires permettant d'évaluer le nombre des salariés du Crédit lyonnais assujettis à la loi, le nombre de ceux qui cotisent et le nombre de ceux qui refusent de verser la cotisation obligatoire. Cependant, nous savons que chaque agence fut tenue, à partir du mois de mars 1913, d'adresser, à sa direction de groupe, la liste de son personnel compris parmi les assujettis, en distinguant les « versants » de ceux qui refusaient de verser la cotisation.[165] De fait, les opposants à la retenue obligatoire existaient au Crédit lyonnais. Si leur existence n'est donc pas mise en doute, il nous est impossible, en revanche, d'évaluer la proportion exacte de ces opposants dans l'établissement. Une partie du personnel du Crédit lyonnais s'est donc réellement opposée à la « retenue obligatoire » en refusant de la payer. Quelle pouvait être la raison de cette opposition ? En dehors de l'hypothèse portant sur l'attachement du personnel à un système de prévoyance non seulement plus ancien mais aussi plus souple, fondé sur une adhésion et une cotisation volontaires, et comprenant une cotisation patronale proportionnelle à la cotisation salariale, il existe une autre hypothèse relative au coût que représentait le nouveau prélèvement pour les petits salaires. Or, cette cotisation obligatoire était précisément destinée aux salariés dont la rémunération annuelle ne dépassait pas 3 000 F. Certes, le montant annuel de la retenue obligatoire n'était pas élevé : 9 F. Mais il venait s'ajouter à la cotisation que le personnel, en fonction dans l'établissement depuis au moins cinq ans, était en droit, depuis 1898, de verser à la caisse de prévoyance de l'établissement. Il semblerait donc que les raisons de l'échec du système de prévoyance légal auprès des salariés du Crédit lyonnais soient de deux ordres : affectif et pécuniaire.

À la veille de la Grande Guerre, trois systèmes de prévoyance qui correspondent d'ailleurs aux trois âges de la protection sociale, coexistaient au Crédit lyonnais : le système des « allocations annuelles et renouvelables » tout d'abord, à partir de 1880, dont le fonctionnement rappelle les institutions de charité, la caisse de prévoyance de l'établis-

---

[164] Pierre Rosanvallon, *op. cit.*, p. 177.

[165] Cité in instruction de la direction des agences régionales, datée du 15 mars 1913, AH CL, 068 AH 036.

sement ensuite, à partir de 1898, dont le fonctionnement s'inspire de l'idée mutuelliste qui préserve le principe libéral d'un acte volontaire d'adhésion à un système de prévoyance collective, le système légal enfin, à partir de 1910, fondé sur l'assurance obligatoire des salariés contre le risque social que représente la vieillesse. Cette chronologie de l'entrée en vigueur des différents systèmes de prévoyance permet d'expliquer pourquoi, sur les 7 cas de départs en retraite recensés dans notre échantillon, le seul système de prévoyance appliqué fut celui fondé sur la charité, c'est-à-dire celui constitué des seuls versements « des allocations annuelles et renouvelables » ; les deux autres systèmes, compte tenu de leur entrée en vigueur relativement tardive, ne pouvaient pas s'appliquer aux employés partis en retraite entre 1910 et 1915. En effet, même s'ils avaient adhéré à la caisse de prévoyance dès sa création, leurs cotisations associées à la cotisation du Crédit lyonnais, ne pouvaient, par la force des choses, qu'être versées, au plus, sur 17 ans, au moins, sur 12 ans, ce qui ne leur permettait pas de bénéficier de réelles pensions même s'ils percevaient, à leur sortie du Crédit lyonnais, la totalité de l'épargne ainsi accumulée. De même, compte tenu de l'entrée en vigueur encore plus tardive de la loi sur les Retraites ouvrières et paysannes, les employés qui partaient à la retraite entre 1910 et 1915 ne pouvaient pas bénéficier des pensions légales. Ainsi, pour toute la génération entrée au Crédit lyonnais entre 1880 et 1885 et sortie entre 1910 et 1915, le risque social que constituait la vieillesse n'était pas assuré si ce n'est par les mesures de bienfaisance accordées par « charité » à quelques employés seulement, dont la désignation était déterminée par la qualité des services rendus au Crédit lyonnais et par l'état des besoins dans lequel ces employés se trouvaient.

Enfin, comme cela a déjà été souligné, le nombre de départs en retraite recensés ne coïncide pas avec le nombre de carrières dont la durée dépasse 30 ans : dans onze cas en effet, la longévité de la carrière ne s'est pas traduite par un départ ou une mise à la retraite. En fait, si le risque vieillesse commençait à être assuré pour une partie de plus en plus importante des salariés de l'établissement, grâce à la mise en place progressive de différents systèmes de prévoyance (patronal puis légal), en revanche, il existait encore une catégorie de personnel qui n'était pas concernée par ces systèmes d'assurance-vieillesse : les cadres de l'administration et de l'exploitation. Ceci explique que, malgré la longévité de leur carrière, onze cadres du Crédit lyonnais n'aient pas été mis à la retraite. Cette absence de mise à la retraite des personnes déjà éprouvées par une longue carrière contribue à expliquer le maintien d'un taux relativement important de décès naturels parmi les motifs de départs involontaires qui restent par ailleurs à analyser.

3. Une évolution des motifs de départs involontaires : diminution de la part des décès, stabilisation des licenciements et augmentation des départs pour le service militaire

Par rapport à l'échantillon précédent, le personnel meurt de moins en moins en service au Crédit lyonnais (la part des décès représente désormais 15 % des départs involontaires) même si les décès continuent de constituer un motif de départ très répandu, le second, après les démissions. Pour le seul réseau des agences régionales, ils ont représenté un peu moins du tiers des départs enregistrés entre 1883 et 1913.[166] Au niveau de notre échantillon, les causes des décès sont multiples : si la mort naturelle est la plus fréquente, consécutive pour une grande part à la longévité de certaines carrières, deux types de « mort accidentelle », étrangère au métier de banque, ont été relevés. Dans le premier cas, il s'agit d'un suicide dont la cause, non professionnelle semble-t-il, n'est pas précisée et dans les quatre autres cas, il s'agit d'employés « tués à l'ennemi ». La mobilisation générale avait en effet été décrétée le 2 août 1914 : en entrant dans la Première Guerre mondiale, le Crédit lyonnais perdait le noyau de son personnel qualifié, composé des hommes valides de 25 à 40 ans. Ils étaient ainsi nombreux à devoir quitter les bureaux et les agences de l'établissement pour la boue, le froid, la pluie et la neige des tranchées. Parmi eux, un grand nombre n'en est pas revenu. À la fin de la guerre en effet, la liste des disparus est longue : leur nombre s'élève à 1 593, représentant près de 10 % des effectifs de 1913.[167] Le prix que le Crédit lyonnais a ainsi payé en ressources humaines s'est révélé d'autant plus lourd qu'il a porté sur le personnel qualifié, formé à l'école de l'établissement. Compte tenu du caractère conjoncturel des deux causes de décès qui viennent d'être analysées (le suicide et les morts pour la France), nous ne pouvons pas dire que l'importance du nombre des décès parmi les motifs de départs involontaires, est due à la nature du travail effectué ou aux mauvaises conditions de travail dont il a d'ailleurs été dit qu'elles s'étaient améliorées depuis 1886. Quant aux morts naturelles, elles s'expliquent par l'absence de mise à la retraite de cadres dont la durée de la carrière et l'âge dépassent les limites autorisées pour les autres salariés. Qu'en est-il des autres motifs de départs involontaires ?

Représentant 12 % des motifs de départ, les licenciements demeurent marginaux. Pourtant, l'arme du renvoi continue de constituer un des

---

[166] Jacques Dagneau, *op. cit.*, p. 412.

[167] Voir la « Liste des membres du personnel du Crédit lyonnais morts pour la patrie ou disparus », jointe au rapport annuel du conseil d'administration, le 28 avril 1919, AH CL, usuels.

droits absolus de l'employeur même s'il commence à faire l'objet d'une réglementation. En effet, comme l'a relevé Alain Dewerpe, « la loi du 27 décembre 1890 a marqué la fin du caractère discrétionnaire du congédiement en instituant un délai de préavis et un recours avec dommages-intérêts contre le licenciement abusif ».[168] L'absence de nombreux renvois peut d'une part s'expliquer par la nature qui était alors celle du marché de l'emploi bancaire (dans ce secteur d'activité, le personnel qualifié était relativement rare alors que les grands établissements de crédit continuaient de se développer) et d'autre part, par une gestion particulière des réductions des emplois quand celle-ci s'avérait nécessaire, notamment pour maintenir un coefficient d'exploitation satisfaisant. La méthode adoptée, signalée plus haut, reposait en effet sur une suppression des postes par voie d'extinction, quand cela paraissait possible, de préférence à des renvois immédiats. Quels étaient alors les motifs de licenciement ? Sur les 17 licenciements recensés, pour 13 seulement, le motif du renvoi est explicité. Si dans la grande majorité des cas, le licenciement constitue une sanction prise à la suite d'une faute commise par l'employé, dans 2 cas néanmoins, ou bien la personne est renvoyée en raison de son mauvais état de santé ou bien à la suite d'une suppression d'emploi, ce qui correspond à ce qu'on appellerait aujourd'hui un « licenciement économique ».[169]

Malgré les mesures préconisées, les suppressions d'emplois pouvaient donc avoir lieu avant même l'extinction des postes. Celle-ci se traduisait par le départ non remplacé de l'employé. Si le Crédit lyonnais n'avait donc pas pour habitude de procéder à des « licenciements économiques collectifs », il lui arrivait d'avoir recours au « licenciement économique individuel » comme en témoigne la présence, dans l'échantillon, d'un cas de licenciement « pour suppression d'emploi ». Ce type de licenciement apparaît toutefois marginal au regard de ceux qui traduisaient une sanction. En effet, dans 7 cas, le renvoi est décidé « parce que l'employé ne donnait pas satisfaction », dans 3 autres cas, « parce que l'employé avait commis une faute disciplinaire », dans 1 cas enfin, « pour intempérance ». Par « faute disciplinaire », l'administration désignait tout acte du personnel qui contrevenait au pouvoir réglementaire du patron. Ce dernier consistait à édicter des règles internes de fonctionnement dans le règlement intérieur et dans les notes de service (instructions aux agences, circulaires aux services). À une époque où les conventions collectives n'existaient pas encore comme source de droit social

---

[168] Alain Dewerpe, *Le Monde du Travail en France : 1800-1950*, Armand Colin, Paris, 1989, 189 pages, p. 131.

[169] Constitue un licenciement pour motif économique le licenciement effectué par l'employeur pour un ou plusieurs motifs non inhérents à la personne du salarié résultant d'une suppression d'emploi.

privé (il faut attendre la loi de mars 1919 pour qu'un statut juridique soit donné aux conventions collectives),[170] les règlements intérieurs avaient force de loi dans l'entreprise. Le premier règlement intérieur recensé au Crédit lyonnais date de 1875. Il comprend exclusivement des dispositions relatives au fonctionnement du service des garçons du siège lyonnais. Pour les services bancaires *stricto sensu* et pour les agences des différents réseaux, nulle trace de tel règlement : en revanche, les diverses interdictions formulées et les diverses règles de conduite font l'objet de notes de service ou d'instructions aux agences. La question se pose de savoir dans quelle mesure la forme même du règlement intérieur était perçue comme un système de nature à s'appliquer davantage aux ouvriers des usines qu'aux employés des bureaux. Il semblerait donc que l'application au seul service des garçons de l'unique règlement intérieur recensé ne soit pas fortuite. Les garçons constituaient en effet une catégorie de personnel en marge de celle des employés : ils portaient un uniforme composé « d'un habit et gilet de drap, d'un pantalon de drap, d'une capote, d'un chapeau » pour la saison d'hiver et « d'un pantalon et gilet de coutil » pour la saison d'été ».[171] Pour Jean Morin, « le garçon tenait du domestique et de l'employé. Il dormait dans le bureau de la direction, devant le coffre, sur un grabat qu'il installait le soir. Le matin, il devait se lever de bonne heure pour balayer et nettoyer l'agence. À l'ouverture des bureaux, le garçon de recettes préparait sa recette du jour, endossait son uniforme et parcourait la ville. Le soir, il installait et vérifiait ses comptes dont il versait l'argent à la caisse. Les jours d'échéance, il ne chômait pas et c'était pour lui de rudes journées. Entre son service de domestique et celui d'employé, il ne disposait jamais d'un seul moment de liberté ».[172] Cette description porte sur les « garçons d'agence ». Le service des garçons du siège social était également soumis, semble-t-il, à des travaux qui tenaient du domestique et de l'employé. Ainsi, s'ils ne dormaient pas au siège, « tous les garçons doivent être dans les bureaux de l'administration le matin à 6 heures, pour y faire le nettoyage (sauf les deux garçons qui sont chargés de l'allumage des calorifères qui doivent faire cette opération dès 5 heures du matin), ils signent une feuille de présence qui sera remise chaque matin par le brigadier sur le bureau de l'économe. Quand le nettoyage est terminé, ils peuvent aller déjeuner. À 8 heures trois quarts, chacun doit être à son poste en uniforme et dans la meilleure tenue. Les dimanches et les jours de fête, les garçons sont également tenus de venir à sept heures du matin

---

[170] La première convention collective des banques date du 3 juillet 1936.

[171] Voir un document intitulé : « Habillement des Garçons et des Grooms », Économat, exercice 1880, AH CL, Fonds Letourneur AH 6.

[172] Jean Morin, *op. cit.*, p. 57. (Cette description date de 1896 : elle s'applique au garçon d'une agence de province de la Société générale).

faire les bureaux ».[173] C'est précisément parce que le travail des garçons se situait « à cheval » entre celui des domestiques et celui des employés que la question de l'existence d'une corrélation entre la nature des systèmes de diffusion des règles édictées par le patron (règlement intérieur, instructions et notes de service) et les différentes catégories de personnel (garçon ou employé) peut être posée. Toutefois, une circulaire témoigne du fait qu'au siège central, en 1909, « les circulaires, les notes de service et les décisions de la direction générale et du service du personnel », supports des règles de fonctionnement des services de l'administration centrale, étaient destinées indistinctement « aux nouveaux employés et aux garçons ».[174] Si l'hypothèse concernant l'existence d'une corrélation entre les différences de nature des systèmes de diffusion des règles de conduite et les différentes catégories de personnel n'est pas remise en cause pour autant, la question de sa validité dans le temps (le règlement intérieur à partir duquel le raisonnement a été fondé date de 1875) et dans l'espace (les usages pouvaient différer selon les administrations lyonnaises et parisiennes et les différents groupes d'agences dans la mesure où il n'existait pas encore de gestion centralisée du personnel) est posée. La question des différentes formes de diffusion des règlements ayant été abordée, intéressons-nous maintenant à la question du contenu même de ces règlements. Dans le règlement intérieur du service des garçons du siège lyonnais, daté de 1875, les dispositions générales comprenaient trois types de mesures : des mesures relatives aux horaires, des mesures relatives à la conduite (il était « interdit de fumer soit dans les bureaux, soit au-dehors pendant leurs heures de service »[175] et l'état d'ivresse était impitoyablement sanctionné : « tout garçon qui sera vu en état d'ivresse, soit dans les bureaux, soit au dehors sera renvoyé immédiatement »[176]) et des mesures relatives aux absences (« les garçons ne peuvent jamais faire une absence sans en avertir le brigadier »[177]). La violation de ces diverses règles par les garçons était alors passible d'amendes : « les garçons qui ne se conformeront pas au présent règlement seront passibles d'une amende de 2 F, si la faute commise n'est pas grave. En cas de récidive, ou si la faute est grave, ils seront passibles d'une amende de 5 F. La

---

[173] Conformément à l'article 4 du Règlement intérieur du service des garçons du siège social daté de 1875, AH CL, 062 AH 003.

[174] Cité in circulaire n° 32 du service du personnel du siège central relative « aux recommandations à faire aux employés nouveaux », datée du 6 février 1909, AH CL, 105 AH 003.

[175] Cité in article 8 du Règlement intérieur du Crédit lyonnais, siège social, 1875, AH CL, 062 AH 003.

[176] *Idem*, article 9.

[177] *Idem*, article 12.

direction appréciera si, après un certain nombre d'amendes, le garçon qui les aura encourues, ne doit pas être renvoyé de l'administration. Le brigadier est chargé d'appliquer les amendes ».[178] L'application de ce système des amendes alors même que ce dernier n'était plus appliqué aux employés depuis 1874[179] renforce l'hypothèse selon laquelle il existait des règlements différenciés, plus ou moins proches des règlements d'usine, selon les catégories de personnel (garçons ou employés). Quant aux recommandations qui sont faites environ trente ans plus tard « aux nouveaux employés et aux garçons » du siège central, si elles reprennent certaines des mesures relatives à la conduite et aux absences du personnel, elles exposent aussi les conditions de fonctionnement de services et de « sociétés » propres au siège central, témoignant des spécificités qui existaient au niveau de la gestion du personnel des sièges et des groupes. Ainsi étaient évoquées les interdictions suivantes : « jouer aux jeux de hasard et à la Bourse », « courir dans les corridors et les escaliers », « fumer dans les bureaux et cracher par terre », « recevoir dans les bureaux des visites privées et employer pour sa correspondance personnelle du papier à en-tête du Crédit lyonnais »[180] ; quant aux absences du personnel, elles devaient être prévues et/ou justifiées (connaissance des « règles de congé » et nécessité de « justifier chaque absence imprévue par une attestation médicale, etc. »[181]) ; enfin, les règles du fonctionnement des services et associations propres au siège central étaient précisées : celles notamment du service médical (« jours et heures de visite de nos médecins »), celle du réfectoire, celles enfin des sociétés subventionnées par le Crédit lyonnais : « groupe sportif », « société militaire », « groupe musical ». En plus des règles disciplinaires et des conditions de fonctionnement des diverses sociétés citées, des règles de management étaient également édictées comme « l'obligation de transmettre toute demande au chef du personnel par la voie hiérarchique ».[182] Les sanctions prises à l'encontre des contrevenants à ces différentes règles n'étaient pas mentionnées : du système des amendes, il n'était pas question. Jusqu'au début du XXe siècle, le système des amendes, qui consistait à sanctionner le non-respect des règlements,

---

[178] *Idem*, article 13.

[179] Voir *infra*.

[180] Cité in circulaire n° 32 du service du personnel du siège central, datée du 6 février 1909, AH CL, 105 AH 003.

[181] *Idem*.

[182] *Idem*.
Il est intéressant d'observer que ces divers interdictions et autres règles et obligations ne font l'objet d'aucun article, témoignant du fait qu'il ne s'agit pas d'un Règlement intérieur *stricto sensu* mais de simples recommandations, objets de circulaires ou notes de service.

était général au tissu industriel et commercial français.[183] Au Crédit lyonnais, le système des amendes a très tôt été supprimé. Cette suppression est à mettre au crédit de Jules Enders et ne concerne que les employés. Pour ce dernier, alors sous-directeur du siège social, ce système « est un moyen qui manque de dignité vis-à-vis des employés ».[184] Pour prévenir les absences et les retards de ces derniers, il préférait en effet le « système de la feuille de présence », mieux adapté, selon lui, aux employés : « il faut que la feuille de présence ait un effet moral. Elle atteindra ainsi mieux son but : appliquée à des employés, l'effet en sera plus grand que l'amende qui n'est que vexatoire et dont on croit être quitte après l'avoir payée ».[185] Le système des amendes supprimé, quelles étaient les sanctions prises par l'administration contre les fautes commises par les employés ?

Le licenciement constituait la sanction extrême : en dehors des employés qui commettaient des fautes graves, justifiant un renvoi immédiat par congédiement ou révocation, l'employé qui ne donnait simplement pas satisfaction ou qui commettait des fautes de service comme les erreurs répétées dues à la négligence ou à l'incapacité, des fautes de conduite comme les absences sans autorisation, les retards fréquents, ou encore des fautes de tenue comme fumer dans les bureaux, était également passible de licenciement. Toutefois, avant de faire l'objet d'une révocation, ces fautes pouvaient d'abord donner lieu de la part des chefs de service ou des directeurs d'agence à des observations, à des avertissements avec annotation au dossier, à un blâme, à un déplacement disciplinaire, ou enfin à un congédiement (de préférence démission provoquée).[186] Ainsi, bien avant que la loi ne l'institue,[187] le principe d'un avertissement préalable avec annotation au dossier de l'employé fautif

---

[183] « Les amendes existaient chez Saint-Gobain, Schneider, de Wendel, Pont à Mousson, Michelin, Hutchinson, au Crédit Lyonnais, etc. Si plus de la moitié de ces amendes sanctionnait des absences de travail, le reste s'appliquait à des rixes, ivresses, pertes d'outils, grossièretés. La suppression des amendes devint une des revendications des grévistes des aciéries de Micheville à Villerupt en 1905 et des ouvriers en chaussures de Raon-l'Étape en 1907 », Jean Fombonne, « Pour un historique de la Fonction Personnel » in Dimitri Weiss (dir.), *La Fonction Ressources Humaines*, p. 66.

[184] Correspondance de Jules Enders, sous-directeur du siège social à Jacques Letourneur, directeur du Crédit lyonnais, le 21 mars 1874, AH CL, 062 AH 003.

[185] *Idem.*

[186] C'est ce qu'il ressort des résultats de l'enquête entreprise à partir de 1920 par la toute nouvelle Direction du Personnel dans le but d'harmoniser les pratiques jusqu'alors plus ou moins propres à l'administration de chaque siège : ces derniers sont consignés dans un *État des lieux de la gestion et de l'administration du personnel du Crédit lyonnais*, 1922, dont le chapitre IV est consacré à la discipline et aux interdictions diverses, AH CL, 098 AH 248.

[187] Quoique la loi du 27 décembre 1890, en instituant un recours avec dommages-intérêts contre le licenciement abusif, a peut-être favorisé l'adoption de ce principe.

ou incapable était posé. Nous ne sommes toutefois pas en mesure de dire si ce principe était commun à l'ensemble de l'établissement avant 1914. Quant aux fautes graves qui entraînaient le licenciement immédiat, quelles étaient-elles ? Certaines d'entre elles sont mentionnées dans les instructions de l'inspection générale des agences régionales. Il était ainsi strictement interdit aux employés de répondre aux offres de représentation qui leur étaient faites par différentes sociétés de commerce. Il pouvait en effet arriver « qu'un employé attaché par exemple, au service Escompte-Renseignements, acceptât le rôle de correspondant de plusieurs agences de renseignements dont il annotait les bulletins moyennant une commission de 0,4 % chaque et plaçait même les carnets dans les maisons de commerce ».[188] Ce type d'interdiction dont le but était double, lutter contre les « double-emplois » en même temps que de diminuer l'importance des préjudices commerciaux ainsi portés à l'établissement, a régulièrement été réitéré jusqu'à la veille de la guerre de 1914. Elle a en effet fait l'objet des instructions du 1er avril 1902, du 12 novembre 1904, du 10 juillet 1906, du 2 février 1911 et du 28 novembre 1912. Ces répétitions témoignent du fait que certains employés préféraient continuer à outrepasser cette interdiction malgré la gravité de la sanction qu'entraînait son entrave. Le bénéfice d'une rémunération supplémentaire n'était pas étranger au risque encouru par les employés fautifs. Cette nécessité d'occuper un double-emploi comme en témoignent les entraves répétées à l'interdiction de recevoir une rémunération supplémentaire pour avoir fait contracter des abonnements à certaines publications financières, pour avoir participé directement ou indirectement à des entreprises ou opérations commerciales ou industrielles, pour avoir accepté des représentations commerciales quelles qu'elles soient, pose d'une part la question de l'insuffisance relative des appointements des employés du Crédit lyonnais avant 1914 et d'autre part, la question qui lui est d'ailleurs liée, de leur malaise croissant. En effet, si la stabilisation des démissions des employés a pu être interprétée comme un signe de leur relative satisfaction au travail, il n'en reste pas moins que la pratique du « double-emploi » révèle l'existence d'une gêne du personnel du Crédit lyonnais. Cette gêne coïncide avec le malaise que commence à ressentir l'ensemble de la population « employée ». Christophe Charle l'a analysé : « le développement d'un malaise des employés au début du XXe siècle tient à leur multiplication. À mesure que l'instruction primaire et primaire supérieure, voire secondaire écourtée, se répand, la petite qualification qui donne accès aux emplois de cols blancs perd sa rareté. Il s'ensuit un écrasement de la hiérarchie des salaires notamment par rapport aux ouvriers. On a pu

---

[188] Cité in instruction de l'inspection générale des agences régionales datée du 18 mars 1896, AH CL, 068 AH 014.

estimer que les trois quarts des salaires des employés à Paris étaient inférieurs à 1 800 F par an, soit moins qu'un travailleur qualifié ».[189] « Leur seul avantage maintenu est une plus grande sécurité et l'absence de déclin de la rémunération avec l'âge. Pourtant, la vie urbaine des employés et les exigences de tenue imposées par les supérieurs élèvent les dépenses de prestige (habillement, logement, distractions) qui font d'autant plus ressentir la médiocrité des salaires. La pratique d'un second métier, la tendance des femmes d'employés à devoir travailler, contrairement à l'éthique petite-bourgeoise, nourrissent, pour les plus mal lotis, un sentiment de déclassement. Il s'accentue avec l'embauche des femmes dans les bureaux ou l'utilisation d'auxiliaires pour rogner les avantages acquis ».[190] C'est dans cette mesure que nous pouvons dire que le développement de la pratique du « double-emploi », considérée comme une faute grave par l'administration de l'établissement, et par définition, passible de renvoi immédiat, a participé du malaise que commencent à ressentir les employés du Crédit lyonnais à la veille de la guerre de 1914. Les détournements de fonds constituaient également une faute grave qui appelait la révocation immédiate de l'employé fautif : « la sanction à prendre contre les employés qui se sont rendus coupables de détournements de fonds est le renvoi ».[191] Enfin, « effectuer des opérations pour le compte de tiers » de même « qu'effectuer des opérations de bourse revêtant un caractère de spéculation »[192] constituaient également des fautes graves, passibles de renvoi immédiat. Le renvoi immédiat qui représente donc la sanction des fautes graves constitue une brusque rupture du contrat de travail à l'initiative de l'employeur. Dans le cas de fautes non graves, la question se pose de savoir si, avant 1914, le renvoi était précédé d'un préavis dit délai-congé assorti d'une indemnité de licenciement remplaçant les dommages et intérêts que les tribunaux[193] pouvaient allouer à l'employé pour abus du droit de résiliation de l'employeur en vertu de l'article 1780 du code civil complété par la loi du 27 décembre 1890. Dans la mesure où aucun des dossiers du personnel licencié entre 1910 et 1915 ne mentionne le versement d'une quelconque indemnité de licenciement, il semble

---

[189] Lenard R. Berlanstein, *The Working People of Paris, 1871-1914*, The John Hopkins UP, Baltimore-Londres, 1984, p. 65, cité in Christophe Charle, *Histoire sociale de la France au XIXe siècle*, Le Seuil, Paris, 1991, p. 192.

[190] Christophe Charle, *op. cit.*, p. 192.

[191] Cité in instruction de l'inspection générale des agences régionales du 21 novembre 1899, AH CL, 068 AH 019.

[192] Voir les instructions de l'inspection générale des agences régionales du 8 avril 1905, AH CL, 068 AH 026 et du 8 janvier 1906, AH CL, 068 AH 028.

[193] Rappelons que la loi du 13 novembre 1908 relative à la juridiction prudhommale s'appliquait aux employés.

difficile d'affirmer que cette procédure était en vigueur au Crédit lyonnais avant 1914 ; elle le sera, en revanche, au début des années 1920. La part des licenciements parmi les motifs de départ n'a donc pas beaucoup évolué si l'on se rapporte à ce qu'ils représentaient durant la période 1880-1885. Trois types de licenciement ont été mis en évidence : le « licenciement économique individuel », le licenciement pour faute ou incapacité et le licenciement immédiat pour faute grave. L'analyse de ces deux types de licenciement s'est doublée d'une analyse des fautes commises, par le biais de l'étude des règles et interdictions édictées par le Crédit lyonnais dans le règlement intérieur, dans les instructions aux agences et dans les notes de service. L'évolution des motifs de départs involontaires ne s'est donc pas traduite par une augmentation des décès et des licenciements mais par une augmentation des départs pour le service militaire.

Le nombre de départs pour le service militaire a été multiplié par 12. Cette évolution s'explique par des motifs d'ordre structurel et conjoncturel. Cette augmentation des départs pour le service militaire peut en effet s'expliquer d'abord, par le rajeunissement de l'âge d'entrée au Crédit lyonnais et ensuite, par les « devancements d'appel » consécutifs à la loi du 7 juillet 1913 dite de « trois ans » qui, comme son nom l'indique, rallongeait la durée du service national à trois ans. Ainsi, compte tenu du rajeunissement du recrutement, le nombre d'employés recrutés avant d'avoir effectué leur service militaire a augmenté. C'est pourquoi cette catégorie de personnel en expansion a donné lieu à une gestion spécifique dont les modalités ont toutefois différé selon les directions de groupe. Si, dans le groupe lyonnais,[194] composé du siège social et des agences régionales, les départs des jeunes gens pour le service militaire ne donnaient pas lieu à la remise d'une lettre de démission, au siège central, les lettres de démission devaient être systématiquement jointes aux états de paiement des employés appelés sous les drapeaux. Cette différence de pratique entre les deux directions semble être liée à la façon dont elles procédaient aux réintégrations des jeunes gens, une fois démobilisés. Si le groupe lyonnais avait pris l'habitude avant 1914 de procéder à une réintégration systématique de son personnel conscrit, il n'en était pas de même pour l'administration du siège central. Ces usages différents obéissaient à des stratégies différentes. En effet, dans le groupe lyonnais, « on s'efforce de trouver un poste aux employés rentrant du service militaire » parce que « ces employés présentent l'avantage d'avoir déjà été formés ».[195] La stratégie observée par le siège

---

[194] Le groupe lyonnais était dirigé depuis janvier 1906 par Jean Madinier.

[195] Instruction aux agences régionales du 21 septembre 1895, cité in Jacques Dagneau, *op. cit.*, p. 415.

central était bien différente : si « les conscrits devaient, le jour de leur départ, se présenter au bureau du personnel, munis d'une lettre de démission visée de leur chef de service »,[196] c'était en effet pour permettre à l'administration « de ne pas reprendre au retour du service les employés qui ne donnaient pas satisfaction ou qui revenaient inaptes au travail pour raison de santé ». C'est dans cette optique également que l'administration du siège central décida que « les notes de fin d'année concernant les conscrits mentionneront si ceux-ci doivent être repris après leur service militaire ».[197] La question de l'uniformisation des procédures sera posée par la direction du personnel au lendemain de la Grande Guerre. Devant l'augmentation générale du nombre des départs pour le service militaire, consécutive au rajeunissement du recrutement d'une part et au vote de la loi de « trois ans » d'autre part, chaque groupe a donc pris des mesures propres à assurer, en fonction des stratégies recherchées (réintégrations systématiques ou réintégrations sélectives), la gestion des départs (remise de lettres de démissions ou non) de cette catégorie particulière de personnel que constituaient les conscrits. Ces mesures ont ainsi directement participé à l'élaboration des politiques de maîtrise des fluctuations de personnel dans le sens où elles ont cherché à contrôler les flux occasionnés par les départs pour le service national.

À l'issue de l'analyse de la durée des carrières et des motifs de départ du personnel sorti entre 1910 et 1915, nous pouvons dire que, devant un plus grand nombre de démissions liées à un changement d'employeur, l'administration du Crédit lyonnais s'est efforcée d'élaborer une politique plus systématique de maîtrise des flux de main-d'œuvre. La création de la caisse de prévoyance en 1898 semble avoir participé de cette politique. D'autre part, sous l'effet d'initiatives patronales et légales, des mesures ont été prises pour améliorer les conditions d'hygiène et de sécurité des bureaux et des agences, transformant ainsi l'espace de travail au Crédit lyonnais. Le résultat de toutes ces mesures fut incontestablement un allongement moyen de la durée des carrières passées dans l'établissement. Quant aux départs involontaires que représentent les licenciements, les décès et les départs pour le service militaire, ils sont demeurés minoritaires par rapport aux démissions et aux départs en retraite. Néanmoins, une évolution a eu lieu : la part des départs pour le service militaire a considérablement augmenté, sous l'effet d'une cause structurelle d'abord, le rajeunissement du recrutement, et conjoncturelle ensuite, la loi du 19 juillet 1913 portant de 2 à

---

[196] Cité in circulaire du service du personnel du siège central, n° 11, datée du 24 mai 1907, AH CL, 105 AH 003.
[197] *Idem.*

3 ans la durée du service militaire. Cette augmentation fut telle que les conscrits devenaient l'objet d'une gestion spéciale mise en place par chaque direction de groupe.

Pour répondre aux besoins en personnel qu'exige la forte croissance du Crédit lyonnais entre 1885 et 1914 et faire face à une concurrence de plus en plus vive entre les établissements de crédit, l'administration du Crédit lyonnais a d'abord su adapter sa stratégie de recrutement, en procédant à son rajeunissement et en encourageant la féminisation de certains services, réalisant ainsi une économie substantielle sur les dépenses de personnel dont le montant gonflait au fur et à mesure que les effectifs augmentaient. La multiplication des effectifs (de 3 473 en 1885, ils passent à 16 790 en 1914) s'est traduite par une certaine démocratisation du recrutement (à mesure que l'instruction primaire et primaire supérieure se répandait, la petite qualification qui donnait accès aux cols blancs perdait sa rareté et provoquait un écrasement de la hiérarchie des salaires notamment par rapport aux ouvriers) et une prolétarisation relative des origines sociales des nouveaux employés. Il s'ensuit un malaise grandissant du personnel dans un espace de travail en mutation, sous l'effet des initiatives patronales et légales prises en matière d'hygiène et de sécurité et sous l'effet de l'introduction du machinisme. Dans cet environnement incertain auquel le déclenchement de la guerre n'allait pas mettre fin, les employés du Crédit lyonnais commençaient donc à vivre une importante crise d'identité qui devait atteindre son paroxysme au milieu des années 1920. À la recherche de repères, ils choisirent avant 1914 l'alternative patronale au détriment de l'alternative syndicale. Le relatif échec, avant la Grande Guerre, du syndicat des employés de banque et de bourse auprès de la majorité des employés du Crédit lyonnais, en témoigne. L'alternative patronale qui consistait en une gestion sociale de type paternaliste dont la création de la caisse de prévoyance ne constitue qu'une illustration, semble avoir été mieux adaptée à la forme traditionnelle des relations professionnelles « patrons-employés » qui était fondée sur une entente librement consentie, par opposition aux revendications syndicales de type ouvrier. Tenant en échec l'entreprise syndicale, cette gestion sociale paternaliste visait en même temps à fidéliser un personnel formé dont les démissions liées à un changement d'employeur augmentaient. Ces dernières, souvent liées aux déceptions intervenues à la suite de promotions, traduisaient les limites du mode de gestion fondé sur la double-mobilité dont le but consistait à satisfaire les désirs de promotion du personnel pour assurer la conservation des sujets intéressants dans un contexte de déficit chronique de main-d'œuvre qualifiée. Pouvant compenser certaines de ces limites, le social commençait à apparaître comme un mode de gestion à part entière.

IV. L'élaboration d'une gestion sociale du personnel à l'heure du « paternalisme triomphant »

Le paternalisme peut tout d'abord se définir par rapport à un contexte. C'est, selon Gérard Noiriel, parce que le tissu industriel et commercial de la France souffrait d'un déficit chronique de main-d'œuvre, que ce mode de gestion a pu se mettre en place.[198] Le paternalisme est en fait un « système régissant les relations entre employeur et salariés d'une entreprise dans leur totalité. En d'autres termes, c'est un système à vocation non universelle mais intégral. Il naît dans la sphère du travail mais vise à intégrer, donc à protéger, l'homme avant, pendant et après, à l'échelle de la journée, de la semaine, de l'année, de la vie. Vu ainsi, c'est un système de production et de reproduction de la main-d'œuvre ».[199] Le paternalisme désignerait ainsi « un système de rémunération fondé sur la participation aux bénéfices, des institutions de prévoyance et de protection sociale (caisse d'épargne, caisse de secours, caisse de retraite), des logements ouvriers en location ou accession à la propriété, des structures d'éducation (écoles ménagères, orphelinat, subventions aux écoles), des structures de distraction (création et aides à des sociétés diverses) et des structures commerciales (commerces divers) ».[200]

Dans quelle mesure les différentes initiatives sociales prises par le Crédit lyonnais avant 1914 relevaient-elles d'une réelle politique paternaliste et non, comme l'a écrit Hubert Bonin à propos de la politique sociale des banques, de simple « philanthropie sociale »[201] ? Il pouvait en effet exister des politiques sociales dans certaines entreprises qui pouvaient emprunter au paternalisme quelques traits sans pour autant relever d'une stratégie paternaliste. Le but consiste ici à démontrer que les diverses mesures sociales prises par le Crédit lyonnais ont bel et bien

---

[198] Gérard Noiriel, « Du patronage au paternalisme : la restructuration des formes de domination de la main-d'œuvre ouvrière dans l'industrie métallurgique française », in « Paternalismes d'Hier et d'Aujourd'hui », in *Le Mouvement Social*, juillet-septembre 1988, n° 144, p. 28.

[199] Cité in André Gueslin, « Le paternalisme revisité en Europe Occidentale, (seconde moitié du XIXe, début du XXe siècle) », in *Genèses 7*, mars 1992, p. 201.

[200] *Idem.*

[201] « Parler de "paternalisme" serait trop facile – même si les œuvres sociales, les gratifications, les organismes de prévoyance et de retraites, les clubs sportifs, etc. – font des banques de bons exemples de philanthropie sociale. Il s'agit plutôt d'un mode banal de gestion hiérarchisée et autoritaire de l'entreprise où le "principe d'autorité" est déployé tout autant que le principe de responsabilité », Hubert Bonin, « La maturation de la professionnalisation bancaire en France des années 1910 aux années 1950 », in Pierre Guillaume (dir.), *La professionnalisation des classes moyennes*, Éditions de la MSH d'Aquitaine, Bordeaux, 1997, p. 134.

été des mesures paternalistes parce que le système dans lequel elles s'inscrivaient avait « pour but de faire écran à la fois à l'État et aux luttes de la cité et qu'il excluait ou avait les plus grosses difficultés à tolérer le syndicalisme ».[202]

A. Un paternalisme imposé de l'intérieur et de l'extérieur

Quels ont été au Crédit lyonnais les instigateurs du paternalisme ? Et d'abord, dans quelle mesure le paternalisme a-t-il ou non été l'œuvre d'un patronat chrétien ?

Les témoignages de la conviction paternaliste d'Henri Germain, président-fondateur du Crédit lyonnais, sont rares ; plus rares encore sont les témoignages de sa foi religieuse. Nous n'avons en effet relevé qu'un seul discours qui témoignait de l'adhésion d'Henri Germain à cette forme de gestion sociale que constituait le paternalisme. Il s'agit du discours qu'il prononça le 1er décembre 1900 à l'Académie des sciences morales et politiques dont il était alors le président.[203] Il y définit le paternalisme en exposant ce que devait être le « rôle social » des chefs d'entreprise : « les chefs d'une industrie qui exercent par le fait de leurs fonctions un certain pouvoir sur leurs semblables assument par là même une grave responsabilité ; ils doivent se préoccuper des misères qui peuvent atteindre leurs subordonnés et chercher à y remédier en organisant des maisons d'éducation pour l'enfance, des soins gratuits pour les malades, des sociétés de secours mutuels, des caisses de retraite pour la vieillesse ; ils doivent enfin « patronner » leurs ouvriers dans le vrai sens du mot, c'est-à-dire les protéger, leur témoigner de l'intérêt, s'occuper avec sollicitude de leur sort ».[204] De toutes les biographies et portraits qui ont jusqu'à présent été rédigés sur Henri Germain, aucune et aucun ne fait référence à ses convictions religieuses[205] : plus que pour ces dernières, le personnage était connu pour ses idées républicaines, ses idées saint-simonniennes et pour l'intérêt qu'il portait à certaines questions sociales comme celle de la formation professionnelle. Ne fonde-t-il pas, à Lyon, en 1864, la société d'enseignement professionnel du

---

[202] André Gueslin, *art. cit.*, p. 202.

[203] C'est en 1886 qu'il fut élu à l'Académie des sciences morales et politiques où il succéda, dans la section d'économie politique, à son beau-père, Adolphe Vuitry.

[204] Cité in discours de M. Henri Germain, séance publique annuelle de l'Académie des sciences morales et politiques, Institut de France, le 1er décembre 1900, Typographie de Firmin-Didot & Cie, Paris, p. 8.

[205] Mis à part les portraits d'Henri Germain rapidement dessinés dans les ouvrages consacrés au Crédit lyonnais, le personnage lui-même n'a pas fait l'objet de nombreuses biographies : Jean-Baptiste Senat, sous la direction d'Alain Plessis, lui a consacré en 1993 un mémoire de maîtrise et Bertrand de Lafargue, Maître de Conférences à l'Université de Toulouse II, lui a consacré sa thèse d'habilitation.

Rhône ?[206] Dans ces conditions, pouvons-nous dire que le paternalisme institué au Crédit lyonnais fut néanmoins un paternalisme d'inspiration chrétienne ? En effet, d'après André Gueslin, l'inspiration religieuse de ce système social désignait l'un de ses traits constitutifs : « Plus souvent, le paternalisme est l'œuvre d'un patronat chrétien. [...] Très souvent, apparaissent à côté des patrons, des épouses très pratiquantes ».[207] Or, au Crédit lyonnais, nous allons voir que d'une part, l'inspiration de cette politique sociale, plus que chrétienne, a été saint-simonienne[208] et que d'autre part, ce n'est pas tant l'épouse d'Henri Germain qui a joué un rôle actif dans la mise en œuvre de ce système social que sa seconde fille, Marie-Thérèse,[209] l'épouse du Baron Brincard, appelé en 1922 à devenir président du Crédit lyonnais.[210] Avant de procéder à l'analyse des pièces constitutives du système social « Crédit lyonnais », il convient de voir que le paternalisme n'a pas seulement été imposé de l'intérieur : en fait, il a même surtout été imposé de l'extérieur et ceci, pour au moins trios raisons.

En premier lieu, la question se pose de savoir dans quelle mesure les contraintes économiques ont imposé au patronat le paternalisme. C'est ce qu'a d'ailleurs souligné Maurice Lévy-Leboyer en signalant que « le paternalisme, soit une politique de formation et de protection de la main-d'œuvre par le patronat, lui a été imposé en quelque sorte de l'extérieur, du fait des conditions propres au marché du travail ».[211] Même si les cultures et les idéologies (influence du christianisme et des idées de Le Play) ont pesé lourd dans la naissance et l'épanouissement des paternalismes, elles vont de pair avec les contraintes économiques de l'entreprise. Le courant d'interprétation anglo-saxon selon lequel le paternalisme serait moins le produit de coutumes traditionnelles qu'une réponse à la révolution industrielle qui risquait de diluer le corps-social doit être ici évoqué.[212] Il aurait alors été un moyen de poursuivre l'indus-

---

[206] Jean Rivoire, « Henri Germain, le banquier pensif », in *La Revue des Deux Mondes*, octobre 1989, p. 82.

[207] André Gueslin, *art. cit.*, p. 203.

[208] Voir *infra* le discours prononcé le 13 février 1909 par Marie-Thérèse Brincard, née Germain, lors de la fondation de la Société des amis des employés du Crédit lyonnais, AH CL, dossier non coté.

[209] Henri Germain n'a eu d'enfants que de son second mariage avec Blanche Vuitry : deux filles, Henriette, en 1869 et Marie-Thérèse en 1875, puis en 1882, un fils, André.

[210] Les Brincard étaient de riches propriétaires terriens d'Île-de-France, anoblis pour faits de guerre sous le Ier Empire. Georges Brincard était artilleur sorti de Polytechnique et fut nommé administrateur du Crédit lyonnais en 1898.

[211] Maurice Lévy-Leboyer, « Le patronat a-t-il été malthusien ? », in *Le Mouvement Social*, juillet-septembre 1974, p. 10.

[212] P. Joyce, *Work, Society and Politics*, Brighton, 1980, cité par M. Rose, « Actes du congrès international d'histoire économique de Louvain », 20-24 août 1990, non pu-

trialisation et de développer le capitalisme. Les contraintes économiques aident à comprendre pourquoi la politique sociale va de pair avec l'expansion industrielle. Il s'agit de soutenir cette dernière et pour ce patronat, il n'y a pas contradiction entre une politique sociale hardie et une politique industrielle innovante, bien au contraire, l'une ne va pas sans l'autre. Il faut produire une main-d'œuvre. Or, ce que l'on appelle aujourd'hui le *turn-over* était fréquent et relativement important : il fallait donc trouver des moyens pour fixer cette main-d'œuvre. Henri Hatzfeld, remontant à une vieille institution colbertiste pour les marins, considère qu'à chaque fois dans l'histoire où il fallut assurer un recrutement massif de main-d'œuvre et sa stabilité, on recourut à la même formule, c'est-à-dire à la création d'un sursalaire capable d'assurer une sécurité au travailleur et dépendant de la libre appréciation patronale.[213] Car le paternalisme est sélectif. Il se caractérise en effet par une politique différenciée de fixation de la main-d'œuvre. « Il ne s'adresse pas dans les mêmes termes à tous les travailleurs de l'entreprise. Ses choix sont liés au prix qu'il attache à certains groupes »[214] – les employés qualifiés –, par exemple. La caisse de prévoyance du Crédit lyonnais n'avait-elle pas été, à l'origine, destinée aux seuls employés dont l'ancienneté était supérieure ou égale à 5 ans, considérée comme la durée moyenne de formation d'un employé de banque ? De la même façon, comme nous allons le voir, les allocations familiales furent versées, à l'origine, aux seuls employés masculins. Le système paternaliste visait aussi à assurer la rentabilité de l'appareil de production, donc à développer la productivité. Il avait pour but de transformer l'homme à tout faire, sans culture industrielle ou commerciale, en un ouvrier ou en un employé qualifié. Ce n'est d'ailleurs pas un hasard si la mise en place de la gestion paternaliste au Crédit lyonnais a coïncidé avec la démocratisation des origines sociales des employés et la perte de leurs repères traditionnels qui jusqu'alors les situaient sur l'échiquier social et professionnel.

En second lieu, le paternalisme peut être considéré comme avoir été imposé, « de l'extérieur », au Crédit lyonnais parce qu'il aurait été imposé par ses concurrents directs, à savoir les deux autres grands établissements de crédit qu'étaient le Comptoir national d'escompte de Paris et la Société générale. Eugène Kaufmann écrivait d'ailleurs en 1914 que « l'exemple de ces deux banques » en matière d'institutions d'assistance et de prévoyance « a forcé le Crédit lyonnais à sortir de son

---

bliés à ce jour : la session B consacrée à « Libéralisme et paternalisme au XIXe siècle » était animée par C. Beaud (université Paris-IV).

[213] André Gueslin, *art. cit.*, p. 209.

[214] Marianne Debouzy, « Permanence du paternalisme » in « Paternalismes d'Hier et d'Aujourd'hui », in *Le Mouvement Social*, juillet-septembre 1988, n° 144, p. 7.

indifférence » en la matière.[215] « Les institutions d'assistance et de prévoyance du Comptoir national, dont le président est un des adeptes les plus fervents en France du coopératisme, ont une organisation au-dessus de tous les éloges. Elles ont participé à quelques grandes exposi-tions internationales, où elles ont reçu plusieurs grands prix ».[216] Le Comptoir possédait 3 institutions distinctes qui étaient complètement dirigées par leurs membres mêmes. L'Association amicale de secours des employés, fondée en 1894, assurait à ses membres (3 189 en jan-vier 1910) les soins médicaux et pharmaceutiques ; elle contribuait pour une large part aux frais nécessités par le séjour de l'employé dans une maison de santé ou dans un sanatorium ; en cas de décès, elle pourvoyait aux funérailles et venait efficacement en aide à la veuve et aux enfants du décédé ; elle assurait aux employées-dames un secours en cas de naissance d'enfant, aux familles des employés, des réductions de prix chez le médecin et le pharmacien. La cotisation était de 1 F par mois. Une allocation annuelle était versée par le conseil du Comptoir national. La caisse de retraites et de prévoyance, fondée en 1896, percevait de ses membres 5 % du montant mensuel des appointements et des gratifica-tions et le premier douzième des augmentations. Les allocations du conseil se sont élevées progressivement jusqu'à devenir sensiblement égales aux cotisations des sociétaires. La retraite était acquise de droit à tout sociétaire ayant 60 ans d'âge et 30 ans de sociétariat. Le montant de la pension était fixé, en tenant compte des années de service au Comp-toir et du temps de sociétariat ; elle s'élevait à près de 25 % du traite-ment moyen. Le minimum était fixé à 500 F, le maximum à 7 500 F. La moitié de la pension passait, après décès du titulaire, à sa veuve ou à ses enfants. Les sociétaires démissionnaires avaient droit au remboursement intégral de leurs versements, augmentés des intérêts à 4 %.[217] En 1902 enfin était fondée une caisse mutuelle féminine pour les dames em-ployées à la journée, dans le but d'assurer à ses membres une indemnité journalière destinée à compenser, en partie, l'absence de salaire occa-sionnée par la maladie. Cette indemnité était en 1914 de 2 F par jour. La cotisation était de 50 centimes par mois.[218] Quant à la Société générale, c'est en 1897 qu'elle créa une caisse de prévoyance fonctionnant d'après le principe des caisses d'épargne. La direction appartenait en fait au conseil. Les cotisations, dont le montant variait d'après les appointe-

---

[215] Eugène Kaufmann, *La Banque en France*, Paris, 1914, p. 371.

[216] *Idem*, p. 369. Sur la participation des banques et des institutions de crédit aux expositions universelles, cf. : Georges Simon, ministre du commerce et de l'indus-rie, *Exposition Universelle et Internationale de Bruxelles, 1910, Banques et Institu-ions de Crédit*, Groupe XIX, classe (116 bis), Rapport du jury, 1912, BN, 4°V 7553.

[217] Eugène Kaufmann, *op. cit.*, p. 370.

[218] *Idem*.

ments du dernier exercice, étaient portées au crédit du compte de l'employé et portaient intérêt. Les allocations du conseil et des sociétaires atteignaient, à peu près, le même chiffre qu'au Comptoir national. Pour avoir droit à tout l'avoir se trouvant à son compte, l'employé démissionnaire devait avoir 5 ans de service. Le cas échéant (de même en cas de renvoi), la partie de l'avoir ne provenant pas des cotisations personnelles restait acquise à la caisse. Cette caisse de prévoyance a obtenu un grand prix aux expositions de Liège en 1905, de Milan en 1906, de Londres en 1908 et de Bruxelles en 1910.[219] Aux mêmes expositions, l'association des employés et agents de la Société générale de Paris qui avait pour but d'acheter, en participation, des valeurs françaises à lots, productives d'intérêt, obtint une médaille d'or. Enfin, en 1903, sur le modèle du groupe sportif du Crédit lyonnais, était fondé le club athlétique de la Société générale dont le but était de « resserrer les liens de camaraderie entre les employés et de leur faciliter la pratique des sports par l'organisation d'épreuves, de concours et d'excursions ». Nombre de ces institutions et associations ont donc devancé celles créées au Crédit lyonnais : l'association amicale de secours des employés du Comptoir national a devancé de 15 ans la société des amis des employés du Crédit lyonnais, les caisses de retraite et de prévoyance du Comptoir national et de la Société générale ont devancé respectivement de 2 ans et d'1 an la caisse de prévoyance du Crédit lyonnais, enfin la caisse mutuelle féminine du Comptoir national a devancé de 8 ans celle du Crédit lyonnais. C'est dans ce sens que nous pouvons écrire que le paternalisme a été imposé au Crédit lyonnais par les autres établissements de crédit.

Enfin, il serait intéressant de voir dans quelle mesure des contraintes plus politiques ont poussé le Crédit lyonnais à adopter ce mode de gestion sociale. En effet, le paternalisme est d'abord, sur le plan idéologique, un rempart contre l'intervention de l'État qu'Henri Hatzfeld montre fort bien dans sa thèse récemment rééditée.[220] Il est ensuite un rempart contre l'extension du mouvement ouvrier et en particulier contre celle des syndicats. Alors que l'industrialisation de nature libérale avait très vite révélé ses maux en matière de conditions de vie et de travail des salariés, le paternalisme eut pour but aussi de démontrer le caractère non pernicieux de l'industrie et du commerce. S'est posé le problème d'une politique sociale adaptée. S'affrontaient alors charité libre et charité obligatoire, avec, d'une façon évidente, la question de l'intervention de l'État. Or, plutôt qu'accepter l'ingérence de l'État dans les relations du travail, une partie du patronat français, à laquelle le Crédit lyonnais appartenait, a préféré imaginer ce système social qui

---

[219] Georges Simon, *op. cit.*

[220] Henri Hatzfeld, *Du paupérisme à la Sécurité Sociale, op. cit.* (1ʳᵉ édition, 1971).

consacrait la fonction patronale dans sa plénitude. François Ewald a parfaitement analysé ce qu'il appelle un *contre-droit*, des libéralités patronales que l'État n'est pas en droit d'exiger et qui évite surtout une ingérence éventuelle.[221]

Le paternalisme fut, en même temps, un système social visant à enrayer l'extension du mouvement syndical. Ce n'est pas, semble-t-il, un hasard si le développement du paternalisme au Crédit lyonnais a coïncidé avec le développement, à partir de 1907, du syndicat des employés de banque et de bourse. Le paternalisme constituait en effet une arme contre l'extension syndicale en ce qu'il promouvait des avantages sociaux visant à atténuer la difficulté des conditions de vie et de travail des salariés et aussi en ce qu'il postulait la concorde, l'entente des classes. Contrairement au mouvement ouvrier qui a vu dans le système paternaliste le moyen d'exploitation de la main-d'œuvre, les employés, et en particulier ceux du Crédit lyonnais, dont l'entente avec le patronat constituait jusqu'alors la forme traditionnelle des relations de travail, ont massivement adhéré au paternalisme : les nombreuses adhésions à la caisse de prévoyance et leur participation importante aux sociétés de distraction à caractère paternaliste en témoignent. Jusqu'en 1914, cette stratégie du patronat s'est révélée bonne au Crédit lyonnais dans la mesure où le syndicalisme y fut tenu en échec. Mais la guerre, et avec elle, des carences sociales devenues trop grandes, ont fait apparaître les limites d'un tel système de gestion sociale, notamment des limites en termes de coût. Avant de s'interroger sur ce que peut représenter le coût du paternalisme pour un établissement comme le Crédit lyonnais, le moment est venu de présenter et d'analyser les pièces constitutives de ce système social.

B. Une analyse du système de rémunération et des diverses œuvres sociales : les manifestations de la gestion paternaliste

Dans cet établissement, le paternalisme était un système qui reposait, avant 1914, sur un mode de rémunération fondé dans une certaine mesure sur « la participation aux bénéfices », sur des institutions de prévoyance, de protection sociale et de protection familiale, sur des logements dans les agences, en location ou prêtés au personnel à titre gracieux, sur des structures d'éducation (orphelinat et subventions aux écoles) et enfin sur des structures de distraction (groupe musical et groupe sportif).

Une partie du mode de rémunération en vigueur au Crédit lyonnais reposait en effet sur la participation du personnel aux bénéfices. C'était un système qui obéissait avant tout à un impératif économique dans le

---

[221] François Ewald, *L'État providence*, Grasset, Paris, 1986.

sens où il visait incontestablement à intéresser le personnel à la productivité. L'objectif consiste ici à démontrer que, parce que ce système de rémunération était « hiérarchique et autoritaire », il s'agissait d'un système paternaliste. Hiérarchique, il était d'abord : l'ensemble du personnel du Crédit lyonnais ne participait pas en effet dans les mêmes proportions, ni de la même façon, aux bénéfices. D'une part, « la participation de la Direction était basée sur la quotité attribuée et calculée sur le bénéfice de chaque mois »[222] : ainsi, le directeur de l'agence d'Agen jouissait d'une participation de 7 % sur les bénéfices de son agence tandis que la participation du directeur de l'agence de Versailles s'élevait à 10 % des bénéfices de cette dernière agence.[223] D'autre part, les directions participaient chaque année aux bénéfices des agences. Pour le reste du personnel, certaines participations aux bénéfices étaient exceptionnelles comme en témoigne leur dénomination : « gratifications spéciales ».[224] Une définition de ces gratifications fut donnée en 1907 par l'inspection générale des agences régionales : « pour nous, ces gratifications spéciales ont pour but de récompenser exceptionnellement les concours qui nous sont donnés et surtout les résultats qui nous sont apportés par nos collaborateurs, soit dans les opérations de placements, soit dans toutes les autres branches de nos services productifs. Elles doivent être proportionnées, par conséquent, au nombre et à l'importance des affaires traitées, en même temps qu'aux résultats obtenus par chacun, et comme elles sont indépendantes de la gratification ordinaire, elles peuvent être réduites et même supprimées sans que l'intéressé soit en droit de rien réclamer si, à cause de la diminution ou de l'absence de ces affaires, comme par suite d'un changement de poste, les résultats dûs à son concours ont été moins importants ou nuls. En résumé, la gratification spéciale est la récompense des services de nos employés producteurs, dans la proportion de leur production ».[225] Ainsi, contrairement aux participations que les directions percevaient régulièrement, chaque année, sur les bénéfices de leurs agences, les « gratifications spéciales » perçues par les employés pouvaient cesser d'être versées d'une année à l'autre ; à la fin de chaque année en revanche, tous les employés percevaient des « gratifications ordinaires » encore appelées

---

[222] Cité in instruction de l'inspection générale des agences régionales datée du 8 février 1894, AH CL, 068 AH 011.

[223] AH CL, Dossiers du personnel dirigeant, 26 AH 10.

[224] Les premières instructions relatives à l'attribution de ces « gratifications spéciales » semblent avoir été consignées dans une lettre de l'inspecteur général en date du 14 novembre 1900, cité in instruction de l'inspection générale des agences régionales datée du 5 novembre 1906, AH CL, 068 AH 029.

[225] Cité in instruction de l'inspection générale des agences régionales datée du 12 novembre 1907, AH CL, 068 AH 030.

« étrennes » lorsqu'il s'agissait de celles que percevaient les garçons et les petits-garçons. La création de ces gratifications de fin d'année, antérieure à la crise bancaire de 1882, avait, à l'origine, constitué une libéralité patronale. Elles étaient par la suite devenues un usage, c'est-à-dire une pratique professionnelle ancienne et constante, qui, dans l'esprit de ceux qui l'observaient, correspondait à une obligation. Si le versement de ces gratifications de fin d'année constituait désormais une obligation patronale, la fixation de leur montant n'obéissait *a priori* à aucune règle. Le montant des « gratifications ordinaires » des employés composant notre deuxième échantillon représente en effet entre 1,5 % et 20 % de leur rémunération annuelle, indépendamment de l'âge de l'employé et du poste occupé. Ainsi, un employé dont la rémunération annuelle était de 1 200 F pouvait bénéficier d'une « gratification ordinaire » dont le montant ne s'élevait qu'à 25 F, représentant donc un peu plus d'1,5 % de sa rémunération annuelle.[226] Pour un « petit employé » qui percevait 300 F par an, le montant de sa gratification de fin d'année pouvait atteindre 30 F, soit 10 % de sa rémunération annuelle.[227] Un autre employé enfin qui gagnait 2 400 F par an pouvait bénéficier d'une gratification ordinaire dont le montant, 500 F, représentait jusqu'à 20 % de sa rémunération annuelle.[228] C'est précisément parce que le versement de ces gratifications de fin d'année n'obéissait à aucune règle définie préalablement sinon celle de l'appréciation subjective du mérite par le chef de service que nous pouvons dire que ce type de participation aux bénéfices était autoritaire, voire arbitraire.[229] Et c'est parce que la participation aux bénéfices ainsi instituée était à la fois hiérarchique et

---

[226] Voir le dossier de Léon Mercier, AH CL, Dossiers du personnel dirigeant, 26 AH 10.

[227] Voir le dossier de Charles Berger, AH CL, Dossiers du personnel, DAPA 109/1.

[228] Voir le dossier de Paul de Gournier, AH CL, Dossiers du personnel dirigeant, 26 AH 5. À titre de comparaison, la plupart des employés de commerce du Bon Marché « commençaient avec un salaire allant de 300 à 800 F, d'autres étant embauchés au pair sans rien recevoir pendant plusieurs mois. Les augmentations annuelles étaient une pratique habituelle, mais la norme ne semble pas avoir dépassé 1 200 à 1 500 F. Les vendeurs dépendaient donc totalement de leur guelte pour échapper au niveau de vie de la classe ouvrière et cela signifiait donc qu'ils étaient à la merci des caprices de la clientèle. Sort peu enviable... », Michael B. Miller, *Au Bon Marché, 1869-1920, le consommateur apprivoisé*, Armand Colin, Paris,1987, 238 pages, p. 87.

[229] Il se distinguait du système de la Maison Leclaire, une entreprise parisienne de peinture en bâtiment et de décoration, qui déboucha sur une participation du personnel à la gestion financière et politique de l'entreprise : « C'est dès 1842 que Leclaire commença à redistribuer ses bénéfices à ses ouvriers. Plus tard, en 1863, il institua un véritable système de répartition, versant directement 30 % en liquide aux travailleurs et 20 % à une société d'aide mutuelle qui possédait ses propres statuts et devint commanditaire de l'établissement. Au moment de la mort de Leclaire, en 1872, la société d'aide mutuelle détenait 50 % des parts de l'entreprise et le pouvoir d'en choisir les dirigeants », Michael B. Miller, *op. cit.*, p. 96-97.

autoritaire, ne débouchant en aucun cas sur un système de participation du personnel à la gestion financière de l'entreprise, que nous pouvons dire qu'il s'agissait d'un mode de rémunération de type paternaliste. L'analyse de la structure de la masse salariale de l'établissement avant 1914 confirme l'existence d'une hiérarchie dans l'attribution de ces participations aux bénéfices. Il existait en effet de très fortes inégalités entre le montant de l'ensemble des participations du « personnel intéressé » et le montant de l'ensemble des gratifications ordinaires et spéciales accordées au reste du personnel. En effet, en 1900, ces dernières ne représentaient que 6,88 % de la masse salariale alors que la représentation des premières se situait au-delà de 14 %. Malgré une réelle tendance à la réduction de cet écart, observée à partir de 1905, la part des participations « du personnel intéressé » devait demeurer, en 1915, supérieure à l'ensemble des gratifications : les premières ne représentant plus que 6,92 % de la masse salariale contre 4,20 % pour les secondes. Cette nette diminution de la part des deux types de participation aux bénéfices (participations du « personnel intéressé » et gratifications ordinaires et spéciales du personnel non dirigeant) dans la masse salariale au profit de la représentation des appointements ou salaires directs s'expliquait par le ralentissement des affaires bancaires consécutif au déclenchement de la Première Guerre mondiale, le 3 août 1914.

Au Crédit lyonnais, le paternalisme ne se définissait pas seulement par un système de rémunération fondé sur « une participation aux bénéfices » mais également et surtout par un ensemble d'œuvres sociales. Les institutions de prévoyance, de protection sociale et de protection familiale désignent la caisse de prévoyance, créée en 1898, les allocations familiales instituées sur décision du conseil d'administration le 25 juin 1905 et la mutuelle féminine, société de secours mutuels approuvée, fondée en 1910. Nous ne reviendrons pas sur la création et le fonctionnement de la caisse de prévoyance qui a déjà fait l'objet d'une analyse approfondie lors de l'étude relative aux différents systèmes de retraite en vigueur dans l'établissement avant 1914. Arrêtons-nous en revanche sur la création des « allocations pour charges de famille ». C'est en effet le 24 juin 1905, soit 27 ans avant le vote de la première loi sur les allocations familiales,[230] que le conseil d'administration du Crédit lyonnais décida de verser aux employés et aux garçons « une allocation de dix francs par mois et par enfant, à partir du troisième enfant, si leur traitement fixe n'atteint pas 3 000 F par an ».[231] Le 5 mars 1910, les

---

[230] Rappelons que la loi sur les allocations familiales date du 11 mars 1932.

[231] Cité in circulaire n° 40 du service du personnel du siège central, datée du 27 juin 1905, AH CL, 105 AH 003 : précisons que ces premières allocations ne concernaient que « les employés hommes ou les veuves employées et que les enfants mâles âgés

conditions de versement des allocations pour charges de famille étaient modifiées, témoignant d'une préoccupation familiale accrue et d'un souci nataliste. D'une part, la fondation d'une famille pour les bas salaires était facilitée : « pour les garçons et les employés dont les appointements étaient inférieurs ou égaux à 2 300 F annuels (gratification non comprise), l'allocation de 10 F par mois serait versée dès le deuxième enfant, elle s'élèverait à 15 F par mois pour le troisième enfant et les suivants ».[232] D'autre part, la natalité était encouragée : en effet, si les garçons et les employés dont les appointements étaient strictement supérieurs à 2 300 F annuels et strictement inférieurs à 3 000 F, continuaient à recevoir une allocation de 10 F par mois à partir du 3e enfant, elle s'élevait désormais à 15 F pour le 4e et les suivants.[233] Henri Hatzfeld a réfléchi sur l'origine idéologique des allocations familiales. Selon ce chercheur en effet, cette idée de sursalaire familial n'a pas la même origine que celle de l'assurance-maladie ou de l'assurance-vieillesse. Si pour ces deux dernières, « on peut à juste titre évoquer les aspirations sociales de la révolution, les revendications du mouvement ouvrier, les programmes socialistes et la reconnaissance par une partie du patronat du fait que le salaire ne suffit pas à garantir l'existence du travailleur pendant les périodes d'inactivité dues à la maladie et à la vieillesse et qu'il convient d'y pourvoir par ailleurs, l'idée de donner, outre le salaire, un complément de revenus au travailleur, parce qu'il a des enfants, est une idée plus récente et trouve son origine dans un milieu plus localisé. Elle nous semble spécifique des milieux catholiques sociaux ».[234] Cette notion de sursalaire familial se situe au confluent de deux thèmes : le thème de la famille tout d'abord et le thème du « juste salaire » ensuite, tel que le définissait l'encyclique *Rerum Novarum* en 1891.[235] Le salaire n'est pas juste parce qu'il est conforme à un contrat mais parce qu'il suffit à faire vivre un ouvrier sobre et honnête ainsi que les siens. « Or aucun de ces thèmes n'appartient à la pensée républicaine, radicale ou socialiste non plus qu'aux traditions ouvrières. Ces deux thèmes sont caractéristiques du catholicisme social : c'est dans la pensée de ces catholiques qui animent le mouvement familial et en

---

de plus de 15 ans et les filles âgées de plus de 18 ans n'entraient pas en ligne de compte ».

[232] Cité in circulaire n° 172 du service du personnel du siège central datée du 5 mars 1910, AH CL, 105 AH 003.

[233] *Idem.*

[234] Henri Hatzfeld, *Du paupérisme à la sécurité sociale, essai sur les origines de la Sécurité Sociale en France*, 1850-1940, Armand Colin, Paris, 1971, p. 173.

[235] Le 15 mai 1891, le pape Léon XIII publiait cette encyclique sur la condition des ouvriers. Cette lettre papale appelait les gouvernements au souci social et sonnait l'heure du ralliement des catholiques à la République.

particulier l'Alliance nationale pour l'accroissement de la population française que l'on va voir s'affirmer une campagne destinée à répandre ces allocations familiales que déjà quelques patrons catholiques ont instituées dans leurs usines dès la fin du XIXe siècle ».[236] C'est le cas de certains réseaux de chemins de fer, de certaines entreprises textiles dans le Nord, de l'entreprise de Léon Harmel au Val-des-Bois, de l'entreprise de Klein à Vizille dès 1884, etc. L'instauration au Crédit lyonnais d'allocations pour charges de famille témoigne donc de l'inspiration chrétienne de cette initiative. Cette dernière ne peut être mise au crédit du fondateur de l'établissement, Henri Germain, puisque sa mort, intervenue au début de l'année 1905, a précédé la création de ces allocations. La question de leur paternité est donc posée. Si leur création relève d'une décision du conseil d'administration, la question se pose de savoir quel est ou quels sont le ou les membres du conseil qui, en 1905, ont mis la création de ce type d'allocations à l'ordre du jour. Jean Rivoire a émis l'hypothèse selon laquelle les « timides changements » qui se sont produits dans le style des relations sociales dans l'établissement, au début du siècle, ont été le fait des deux gendres d'Henri Germain[237] : Edmond Fabre-Luce et Georges Brincard. Le premier entra au conseil d'administration en 1897, le second, en 1898. Mais compte tenu de la nature des activités sociales entreprises peu après par la Baronne Brincard dans les domaines de la famille et de la maternité notamment, la question de l'influence de cette dernière sur l'instauration des allocations familiales peut être posée. En revanche, rien ne nous dit que ce sont davantage ses convictions religieuses que les résultats des enquêtes « à la Le Play » qu'elle entreprit dans les familles du personnel du Crédit lyonnais qui l'ont influencée dans l'adoption de cette politique familiale d'inspiration chrétienne : « Ce sont précisément les enfants qui nous ont permis de pénétrer dans nombre de familles dont les pères travaillent au Crédit lyonnais. […] Mais nous avons pu remarquer bien des différences de situations dont la majorité provient du nombre des enfants. S'agissait-il d'un premier bébé ? Sa venue était toujours bien accueillie, il y avait pour le recevoir un berceau coquet, des rideaux blancs, une layette bien fournie. On faisait déjà moins de frais pour le second enfant ; puis c'était la gêne que l'on sentait s'introduire au foyer avec le troisième. Pourrait-il en être autrement ? Le père gagne 1 400 F à 1 800 F[238] (il ne dépasse presque jamais ce second chiffre pendant les premières années de mariage, celles où naissent les enfants). 1 400 et 1 800 F divisés par 365 jours donnent respectivement 3,98 F et 4,93 F

---

[236] Henri Hatzfeld, *op. cit.*, p. 173.

[237] Jean Rivoire, *Le Crédit Lyonnais, Histoire d'une Banque*, Le cherche midi éditeur, Paris, 1989, p. 79.

[238] Elle parle de cette catégorie particulière de personnel que sont les garçons.

pour la dépense quotidienne de la famille avec nourriture, loyer, vêtements, blanchissage, chauffage et éclairage, sans compter les frais de
maladie et autres imprévus ! Lorsque la jeune femme n'a pas plus d'un
ou deux enfants, elle peut, soit les mettre en nourrice et travailler au
dehors, soit prendre chez elle de l'ouvrage qu'elle trouve le moyen de
faire sans négliger son ménage. Mais, si la famille s'accroît, si la mère
doit blanchir, raccommoder, surveiller trois ou quatre enfants, tout autre
travail lui devient impossible et c'est précisément au moment où elle
aurait le plus besoin d'ajouter son gain à celui de son mari qu'elle se
voit obligée de renoncer à ce salaire d'appoint. Il faut donc le reconnaître : au-delà de deux enfants dans une famille dont le chef gagne à peine
1 800 F, on se prive de bien des choses utiles, on manque quelquefois de
celles qui sont nécessaires ».[239]

On ne peut s'empêcher ici de mettre en relation la méthode de l'enquête et le discours de Marie-Thérèse Brincard avec l'héritage saint-
simonien d'Henri Germain dont elle déclare d'ailleurs avoir subi
l'influence : « Je vous suis très reconnaissante d'avoir si aimablement
répondu à mon appel et je voudrais profiter de votre réunion ici pour
examiner avec vous un projet d'organisation dont le but serait de venir
en aide au personnel du Crédit lyonnais. Je m'attends à ce que ce programme suscite votre étonnement. « L'employé du Crédit lyonnais a-t-il
donc besoin qu'on lui vienne en aide ? » demanderez-vous, comme je
l'ai demandé moi-même, avec une forte nuance d'incrédulité, à mon
Père lorsqu'il s'efforçait, il y a cinq ou six ans, d'attirer mon attention
de ce côté ».[240] L'instauration des allocations familiales dans l'établissement illustre parfaitement l'inspiration du système social « Crédit
lyonnais » ; en effet, en nuançant le point de vue d'André Gueslin relatif
à l'inspiration religieuse de ces systèmes sociaux, nous dirions que c'est
peut-être parce que l'inspiration de cette politique au Crédit lyonnais
n'était pas seulement chrétienne mais plus précisément saint-simonienne
qu'il s'agissait de paternalisme, et non de charité. Les allocations pour
charges de famille représentent le premier pan d'une politique familiale
qui s'est par la suite développée jusqu'en 1913. Ainsi, des congés de
maternité furent institués dans l'ensemble du groupe : « en cas d'accouchement, toute employée bénéficie d'un congé de trente jours pendant
lesquels son traitement continue de lui être payé ; d'un congé supplémentaire de vingt jours à demi-solde, si l'employée nourrit elle-même
son enfant ».[241] À Paris, la Société des amis des employés du Crédit

---

[239] Cité in discours prononcé par Marie-Thérèse Brincard lors de la fondation de la
Société des amis des employés du Crédit lyonnais, le 13 février 1909, 16 pages, p. 4-
5, AH CL, dossier non coté.

[240] *Idem*, p. 1.

[241] Cité in *Brochure du Cinquantenaire du Crédit lyonnais*, p. 74.

lyonnais dont la Baronne Brincard était la présidente, organisa une prévoyance maternelle « en versant aux accouchées dont les maris sont employés et ne touchent pas un traitement supérieur à un certain chiffre, une indemnité légèrement supérieure à celle que verse à ses adhérentes la mutuelle maternelle de Paris ».[242] Une prime d'allaitement était également instituée : « une prime est accordée à toute mère qui allaite son enfant durant les quatre premières semaines ».[243] Enfin, c'est aussi à Paris qu'en 1909, était créée la première crèche de l'établissement : « nous vous prions de porter à la connaissance de votre personnel féminin que depuis le 1er novembre 1909, fonctionne à Chauvry par Montsoult (Seine & Oise) une pouponnière réservée aux enfants des dames employées au Crédit lyonnais ».[244] La politique familiale a ainsi constitué un pan fondamental de la politique paternaliste du Crédit lyonnais avant 1914. Elle a connu une évolution rapide puisqu'en l'espace de 8 ans, entre 1905 et 1913, l'appareil s'est complexifié tout en s'étendant au personnel féminin : après n'avoir concerné que les seuls « employés hommes ou les veuves employées », les allocations pour charges de famille étaient en effet, en 1913, versées aux employés des deux sexes.[245] C'est que d'une part, l'importance numérique du personnel féminin augmente, du moins dans les sièges administratifs, à Paris et à Lyon, et que d'autre part, ce personnel s'organise. Au Crédit lyonnais, le personnel féminin a ainsi organisé sa protection sociale bien avant le personnel masculin. La création de la mutuelle féminine, société de secours mutuels approuvée, a en effet devancé de près de 20 ans la société de secours mutuels des employés du Crédit lyonnais : alors que la première était créée le 9 mai 1910, la seconde ne devait être créée qu'en mai 1929. Des doutes peuvent être émis quant à l'origine patronale de cette caisse de secours même si par la suite la Baronne Brincard fut appelée à la présider.[246] Ainsi, entre 1898, année de l'entrée du Baron

---

[242] *Idem*, p. 78. Voir sur la prévoyance maternelle, la circulaire du service du personnel du siège central datée du 28 décembre 1909, AH CL, 105 AH 003.

[243] *Idem*.

[244] Cité in circulaire du service du personnel du siège central datée du 15 mars 1911, AH CL, 105 AH 003.

[245] Cité in *Brochure du Cinquantenaire du Crédit lyonnais*, p. 76.

[246] Nous ne disposons que de très peu d'informations concernant la Mutuelle féminine : un tableau retraçant l'évolution du nombre de ses adhérentes depuis sa création et un autre tableau retraçant l'évolution du montant de la subvention patronale. Il semblerait que cette dernière ne fut versée qu'à partir de 1930, en réponse à la loi sur les assurances sociales. C'est pourquoi la création de cette société ne semble pas relever d'une initiative patronale mais bel et bien d'une initiative du seul personnel féminin. La brochure du Cinquantenaire ne fait d'ailleurs pas mention de la mutuelle féminine dans la liste comprenant la création des œuvres sociales patronales. C'est par Jean Rivoire que nous savons que la Baronne Brincard a accédé à la présidence de cette société de secours mais il ne nous précise pas à partir de quand ni quelles sont ses

Brincard au conseil d'administration, et 1914, année de l'entrée en guerre, un paternalisme d'inspiration peut-être plus saint-simonienne que simplement chrétienne s'est développé au Crédit lyonnais sous l'égide du couple Brincard, semble-t-il. Il s'est traduit par la mise en place d'un système d'assurance-vieillesse et d'un système de protection familiale novateurs, l'un et l'autre devançant les créations du législateur en la matière, le premier de 12 ans, le second, de 27 ans. Si ces deux systèmes ont remporté l'adhésion de la majorité du personnel le système de protection sociale établi qui consistait d'une part, à remettre gratuitement aux employés malades qui en faisaient la demande des cartes de la société philanthropique donnant droit aux soins des médecins, et d'autre part, à entretenir d'une façon permanente au profit de ses employés un certain nombre de lits dans des sanatoriums et dans l'un des grands hôpitaux de Paris,[247] ne semble pas avoir satisfait l'ensemble du personnel : l'organisation par le personnel féminin parisien d'un système de protection sociale plus élaboré en témoigne. La question se pose désormais de savoir si les logements qu'il arrivait au Crédit lyonnais de louer ou de prêter gracieusement à certains membres de son personnel, obéissaient à une logique paternaliste de logements ouvriers telle qu'elle existait dans certaines entreprises industrielles, notamment dans l'industrie minière et métallurgique. La première référence à l'existence de locaux prêtés par le Crédit lyonnais à son personnel date de 1904 : l'inspection générale des agences régionales demandait en effet aux directeurs de réactualiser « la liste des sous-locations dans les agences » en établissant la liste précise des personnes qui y étaient logées à « titre gracieux ».[248] Nous ne disposons d'aucune information sur la nature du personnel ainsi logé ni sur les critères d'attribution de ces logements. Il faut attendre 1912 pour que la question de ces logements fasse l'objet d'une nouvelle instruction de la direction des agences régionales : il était alors rappelé aux directeurs de faire signer « au personnel de tous rangs

---

sources : « voici une dizaine d'années, l'épouse du comte de Vogüé, née Geneviève Brincard, a succédé à sa mère, la baronne Brincard, à la présidence de la mutuelle féminine et de la Société des amis des employés du Crédit lyonnais », Jean Rivoire, *op. cit.*, p. 136.

[247] « Le Crédit lyonnais entretenait quatre lits à Bligny, donnant droit à 1460 journées de traitement par an, deux autres lits au Sanatorium de Berck donnant droit à 730 journées de traitement ; il entretenait encore un lit au Sanatorium de Chennevières-Ponchartrain (Seine-et-Oise) destiné aux dames seules, un autre au Sanatorium de l'Oeuvre lyonnaise des Tuberculeux à Hauteville (Ain), un autre encore à l'Hôpital Renée Sabran à Giens (Var). La fondation de ces deux derniers lits a été faite à l'occasion du Cinquantenaire du Crédit lyonnais », in *Brochure du Cinquantenaire du Crédit lyonnais*, p. 79.

[248] Cité in instruction de l'inspection générale des agences régionales datée du 1er avril 1904, AH CL, 068 AH 025.

logé dans des appartements faisant partie des locaux du Crédit lyonnais des formules de déclaration suivant le mode d'occupation ».[249] Au regard des formulaires qui étaient joints à l'instruction, il apparaît qu'il existait un personnel logé à « titre gracieux » et un personnel logé « moyennement un loyer ». Mais ni pour l'un, ni pour l'autre, il ne s'agissait d'une accession à la propriété puisqu'il était entendu que l'employé devrait « vider les lieux dont s'agit, sans aucune réclamation, le lendemain du jour où son changement ou son retrait d'emploi lui serait notifié par lettre recommandée ». Ainsi, les agences du Crédit lyonnais ne ressemblaient pas aux cités ouvrières fondées par certains grands patrons de l'industrie dans le but de stabiliser leur personnel : ces derniers, en reconstruisant dans la cité l'espace rural et l'espace privé avec le jardinet et en permettant aux ouvriers d'accéder à la propriété de leur logement, ont forcément séduit la main-d'œuvre.[250] Or, le *turn-over* dans les services, et plus particulièrement au Crédit lyonnais, n'était pas tel qu'il justifiât une politique de fixité du personnel par ailleurs contraire aux stratégies de mobilité géographique des employés des réseaux. C'est dans ce sens que nous ne pouvons pas dire qu'il existait une réelle politique de logement « social », de logement « employé » au Crédit lyonnais avant 1914 : d'une part, les logements ainsi prêtés ou loués ne concernaient que le personnel des agences, les sièges imposants du Palais du commerce à Lyon et du boulevard des Italiens à Paris n'étant pas destinés à comprendre les logements de leurs employés ; d'autre part, les conditions de production bancaire différaient de celles qui ont imposé certaines formes de logement, les cités ouvrières, au secteur industriel. Dans l'industrie métallurgique par exemple, « étant donné que selon les régions, selon la nature des installations, les « tours de main » nécessaires à la bonne marche de la forge étaient variables, étant donné que les connaissances pratiques ne pouvaient se transmettre que par de longues années de *familiarisation*, commencées dès l'enfance, l'enracinement visé par la concession de terres obéissait à une nécessité technique ».[251] Il faudra attendre l'après-guerre, voire le début des années 1930, après le vote des lois Sarraut et Loucheur sur le logement social, pour que le Crédit lyonnais organisât, à Paris tout au moins, une politique d'Habitations à Bon Marché en faveur de son personnel.[252] En

---

[249] Cité in instruction de la direction des agences régionales datée du 30 août 1912, AH CL, 068 AH 035.

[250] André Gueslin, *art. cit.*, p. 205.

[251] Gérard Noiriel, « Du patronage au paternalisme : la restructuration des formes de domination de la main-d'œuvre ouvrière dans l'industrie métallurgique française » in « Paternalismes d'Hier et d'Aujourd'hui », in *Le Mouvement Social*, juillet-septembre 1988, n° 144, p. 22.

[252] Les lois Sarraut et Loucheur ont été votées en 1928. Pourtant dès 1894, une loi sur les Habitations à Bon Marché avait été votée. Jules Sliegfried, longtemps la figure la

attendant, jusqu'en 1914, il appartenait à la grande majorité du personnel de l'établissement de trouver un logement plus ou moins proche des agences, plus ou moins proche des sièges, dans un marché immobilier à la hausse. « Le logement bénéficiait d'un régime d'entière liberté. De 1810 à 1910, le prix des loyers avait doublé, hausse très supérieure à celle du coût de la vie ».[253] Pour Paris, « les loyers ont augmenté de 18 % de 1878 à 1900, de 12 %, de 1901 à 1914 tandis que le coût de la vie restait stable ».[254] Dans quelle mesure les employés du Crédit lyonnais pouvaient-ils éprouver des difficultés à trouver un logement ? Existait-il une pénurie de logement avant 1914 ?

« Tout marché libre donne une impression d'excédents. Les écriteaux « appartements à louer » étaient nombreux. Mais si l'on considère non les besoins solvables, mais les besoins réels, réponse doublement positive : pénurie quantitative et insuffisance qualitative. Les recensements de 1896 et 1911 révèlent, pour Paris, un surpeuplement important dans les quartiers populaires. [...] La dépense de logement pour une famille restait certes largement inférieure à celle de l'alimentation, mais elle rémunérait un service passé, par le jeu des taux d'intérêt, alors que l'alimentation donnait lieu à des achats. D'autre part, par raison d'économie, les propriétaires français recouraient le plus souvent au loyer trimestriel. Économiser, pendant 3 mois, une somme représentant 15 à 20 % de leur salaire, exigeait pour un ouvrier et même un employé mensuel, un effort considérable. Le *terme* était souvent devenu un objet de terreur et d'indignation ».[255] Ce n'est donc pas en logeant son personnel que le patronat du Crédit lyonnais a pu favoriser sa production et sa reproduction. Il a, en revanche, privilégié le développement des structures d'éducation en organisant des cours d'adultes d'une part et en versant d'autre part des subventions à l'orphelinat des employés de banque et de bourse et en entretenant des bourses d'externat dans diverses écoles commerciales de Paris. « Des cours sont faits au siège central du Crédit lyonnais, par différents chefs et sous-chefs de service. Des prix sont accordés à la suite d'un examen qui, chaque année, clôture ces conférences. C'est un moyen de mettre en lumière les résultats d'efforts souvent très méritoires et qui, sans cela, auraient pu rester ignorés

---

plus visible du Musée Social, en créant en 1890, la Société Française des Habitations à Bon Marché, en était à l'origine. Voir sur ce sujet l'ouvrage de Roger-Henri Guerrand, *Propriétaires et locataires. Les origines du logement social en France (1850-1914)*, 2ᵉ édition, Quintette, Paris, 1987, 345 pages.

[253] Anita Hirsch, « Le logement » in Alfred Sauvy et Anita Hirsch, *Histoire économique de la France entre les deux guerres*, Economica, Paris, 1984, vol. II, p. 262.

[254] *Idem.*

[255] *Idem*, p. 264.

pendant un temps toujours trop long ».[256] Cette initiative, qui consistait à développer l'enseignement professionnel de son propre personnel dans le cadre de l'entreprise, devançait l'action du législateur en la matière : rappelons que la loi Astier, relative au développement de l'enseignement technique obligatoire, aboutissement d'enquêtes et de projets de loi élaborés depuis 1902, ne date que du 25 juillet 1919. Le Crédit lyonnais se préoccupait également des enfants du personnel en accordant une subvention annuelle à l'orphelinat des employés de banque et de bourse. « Il y place ainsi qu'à l'institution Saint-Nicolas, à Buzenval, dans les cas intéressants, les orphelins, enfants de ses employés décédés. Le service du personnel se fait adresser les notes des enfants dont il paie la pension dans ces orphelinats ; il s'intéresse à leur conduite, à leur travail, et les fait visiter ».[257] Il entretenait par ailleurs « des bourses d'externat à l'École commerciale (avenue Trudaine), à l'École supérieure pratique de commerce et d'industrie (avenue de la République), à l'École commerciale de la rive gauche (rue Armand-Moisan). Il en fait naturellement profiter les fils de ses employés ».[258]

La stratégie paternaliste élaborée par le Crédit lyonnais avant 1914 s'est donc manifestée à travers les créations de systèmes de prévoyance et de protection familiale relativement novateurs, à travers un système de protection sociale plus traditionnel et à travers des structures d'éducation pour assurer la production et la reproduction professionnelle du personnel ; enfin, il s'est traduit par l'organisation de structures de distraction. Ces dernières, mises en place essentiellement par les employés, recevaient des subventions de l'administration du Crédit lyonnais qui mettait à leur disposition de vastes salles de réunions. En 1900, un groupe sportif s'est constitué parmi les employés du siège central. Chacun de ses membres versait une cotisation mensuelle. Les différents sports pratiqués étaient le cyclisme, la course à pied, le football, la boxe, l'escrime et la natation. « On ne saurait trop encourager les sports si nécessaires aux personnes qui mènent une vie sédentaire ».[259] En 1909, une société militaire se constituait au siège central : agréée par le ministère de la Guerre (n° 3587), elle permettait aux jeunes gens qui en faisaient partie, « d'obtenir le brevet d'aptitude militaire et d'arriver au régiment déjà préparés à la vie qu'ils vont mener pendant trois ans ».[260] Ce brevet leur permettait de choisir leur régiment et « de pouvoir être proposés à 4 mois pour le grade de caporal et de brigadier et à 9 mois

---

[256] Cité in *Brochure du Cinquantenaire du Crédit lyonnais*, p. 73.

[257] *Idem*, p. 76.

[258] *Idem*, p. 74.

[259] Cité in *Brochure du Cinquantenaire du Crédit lyonnais*, 1913, p. 80.

[260] *Idem*, p. 79.

pour le grade de sous-officier ».[261] En 1914, le nombre d'élèves de ladite société ayant obtenu ce brevet s'élevait à 89. En 1913, elle comptait 249 membres. L'enseignement y était donné par des officiers et des sous-officiers de réserve faisant partie du Crédit lyonnais : il consistait en « un entraînement à la gymnastique éducative et aux agrès, en un entraînement à la marche, à l'équitation, à la voltige, au tir, à la topographie et à l'hygiène » et comprenait des conférences. En 1909 également, un groupe musical se constituait au siège central : dès sa création, le Crédit lyonnais lui alloua une subvention de 1 500 F à titre de première mise pour l'achat des instruments. En 1913, il formait un orchestre comprenant soixante exécutants, tous employés du Crédit lyonnais. À cette même date, la Chorale qui s'était créée en 1910, groupait déjà cinquante membres. La Chorale et l'Orchestre recevaient régulièrement des subventions : en 1912, une somme de 650 F leur fut versée, en 1913, la subvention annuelle de 600 F était doublée d'une subvention exceptionnelle de 500 F versée à l'occasion du Cinquantenaire du Crédit lyonnais.[262] L'importance du nombre des participants traduit l'adhésion d'une grande partie du personnel envers ces diverses associations à caractère paternaliste, parce que d'une part, subventionnées et encouragées par le Crédit lyonnais et d'autre part, « patronnées » par lui. L'exemple de la société militaire est, à ce titre, révélateur : son conseil d'administration, composé essentiellement de gradés du siège central, officiers ou sous-officiers de réserve de l'armée française, était en effet patronné par un « comité d'honneur » dans lequel siégeaient des administrateurs de l'établissement et des cadres situés au niveau le plus élevé de la hiérarchie. Ainsi, alors que quatre des fondateurs de cette société militaire, membres de son conseil d'administration, exerçaient les fonctions de sous-chef du personnel, de fondé de pouvoirs à la direction Haute-Banque et de sous-chefs du service des Monnaies et Matières, le comité d'honneur, quant à lui, comprenait, en 1913, « un ex-directeur du Crédit lyonnais, M. Bonzon, un administrateur-délégué, M. le Baron Brincard, trois directeurs en fonction, M. Brouty, M. le Baron du Marais et M. Pauthonnier, deux sous-directeurs, M. Dewisme et M. Masson et celui qui était alors chef du personnel du siège central, le Comte, Lieutenant-Colonel Walewski ».[263] Tous étaient, à des degrés divers, des

---

[261] Cité in lettre à en-tête de la Société militaire du Crédit lyonnais, datée de 1914 semble-t-il, et comprenant l'énoncé de son but précis, AH CL, 105 AH 15.

[262] Cité in *État des lieux de la gestion et de l'administration du personnel du Crédit lyonnais*, daté de 1922. Le chapitre X est consacré « aux dispositions spéciales au siège central », AH CL, 098 AH 248.

[263] Voir la lettre à en-tête de la Société militaire du Crédit lyonnais énonçant son but déjà citée. Les compositions de son comité d'honneur et de son conseil d'administration y étaient jointes, AH CL, 105 AH 15.

représentants du patronat de l'établissement. Les sociétés de distraction jusqu'à présent décrites ne concernaient que le personnel du siège central. Toutefois, il ne faudrait pas conclure que le personnel des réseaux ne bénéficiait d'aucune association de ce type : les organisations du siège central lui ont même parfois servi d'exemple. Ainsi, à Marseille, juste avant la guerre, s'est créée une « association amicale du personnel du Crédit lyonnais » dont le président était le gérant d'un bureau de quartier.[264] Une lettre au directeur de l'agence de Marseille marque les débuts de l'association qui se fixait « des objectifs artistiques et sportifs » ; qui se félicitait d'avoir bénéficié « dès le début » des « encouragements » du directeur ; qui voulait se développer « tant pour le bien particulier de chacun de ses membres que pour le renom de notre administration » ; dont le conseil d'administration serait reconnaissant à Pocachard, alors directeur de l'agence de Marseille, de bien vouloir lui obtenir une « allocation bienfaisante » et annuelle (« … car vous êtes le père de notre association dont tous les membres sont des frères ».)[265] Le président de l'association, un dénommé Pélissier, rappelait « qu'au siège central, à Paris, existait un « groupe sportif dont les exemples nous ont été précieux » et que ce « groupe », en plus du « plaisir de compter un nombre aussi considérable de membres honoraires », recevait de l'administration une « allocation généreuse ».[266] L'allocation fut accordée : 250 F par année, à la charge de l'agence de Marseille, sans engagement quant à la durée.[267] Les autres agences régionales ne semblent pas avoir disposé d'un tel « groupe » mais il est sans doute légitime de penser qu'en bonne part leurs employés ont été « animés du même esprit de corps et du même désir de faire une œuvre saine, utile et durable ».[268] Le personnel du siège central ne fut donc pas le seul à bénéficier de sociétés de distraction dans le cadre du Crédit lyonnais : le personnel des réseaux se serait même appuyé sur l'exemple du personnel parisien pour créer ses propres associations.

---

[264] Jacques Dagneau, *op. cit.*, p. 437.

[265] Cité in lettre de Pélissier, président-fondateur de l'Association, à Pocachard, datée du 17 mars 1914 : « … Je prends la liberté de soumettre à votre très haute bienveillance l'humble requête suivante », Jacques Dagneau, *op. cit.*, p. 437. Le choix du vocabulaire (« père », « frère ») est également révélateur de l'esprit paternaliste.

[266] *Idem*, p. 438. Avec ses « remerciements anticipés », Pélissier adressait au directeur « l'assurance de notre filial et plus parfait dévouement ».

[267] Lettre de Macé à Pocachard, 26 mars 1914. « L'administration se réserve le droit de revenir sur sa bienveillante décision, pour le cas, par exemple, où l'association de votre personnel ne se maintiendrait pas dans son bon esprit du début, ou pour tout autre motif ».

[268] Pelissier à Pocachard, lettre citée, 17 mars 1914.

L'analyse du système des œuvres sociales du Crédit lyonnais ne saurait être complète si l'on manquait d'aborder la question de la place qu'y occupait la Société des amis des employés du Crédit lyonnais. Le but, comme le soulignait sa présidente-fondatrice lors du discours qu'elle prononça le 13 février 1909, était de « constituer une caisse qui centralise les dons et les cotisations annuelles et un comité directeur qui se partage les différents travaux »[269] pour développer les rouages qui existaient déjà et en établir d'autres, destinés à rendre de grands services : « une caisse de prêts gratuits, une société d'habitations à bon marché, peut-être même une coopérative de consommation. Mais surtout, à l'œuvre ébauchée depuis 1905 et sur laquelle déjà on s'est habitué à compter, nous assurerons une stabilité indépendante des vicissitudes qui pourraient atteindre et paralyser telle ou telle bonne volonté individuelle ».[270] Une société a donc été fondée en 1909, à Paris, conformément aux articles 5 et 6 de la loi du 1er juillet 1901 relative à la liberté d'association : « elle a pour but de prêter, sous quelque forme que ce soit, son appui matériel et moral aux employés des deux sexes ainsi qu'à leur famille ».[271] Elle était administrée par un conseil, élu pour six ans par l'assemblée générale des adhérents. Toutes les fonctions de membre du conseil d'administration et du bureau étaient gratuites. Les ressources annuelles de l'association se composaient des cotisations de ses membres, des revenus de ses biens et valeurs de toute nature et des subventions du Crédit lyonnais. Non seulement les dames pouvaient en faire partie, mais leur place s'y révéla prépondérante : l'une d'elles, la Baronne Brincard, en était la présidente-fondatrice, une autre, Mlle Marcoud, alors directrice du personnel féminin du siège central, en était la secrétaire-trésorière. Arrêtons-nous sur la carrière de cette dernière qui est intéressante à plus d'un titre. Fille d'employé du Crédit lyonnais, sortie de l'école, elle est tout d'abord admise à l'essai, le 17 mars 1884, au service des Coupons. Elle y resta vingt ans, durant lesquels elle gravit tous les échelons : devenue auxiliaire, puis employée principale, chef de table, chef de section, elle fut nommée directrice du personnel féminin dudit service. En cette qualité, elle faisait passer chaque année les examens d'admission à quelques sept cents candidates. En 1907 enfin, elle fut désignée pour occuper la fonction de directrice du personnel féminin du siège central. C'est alors que la fondatrice de la société des amis des employés du Crédit lyonnais lui demanda de l'assister comme secrétaire-trésorière : « en parfaite communion d'idées avec celle qui faisait appel à vous, animée des mêmes tendances sociales

---

[269] Cité in discours déjà cité de Marie-Thérèse Brincard, le 13 février 1909, dossier non coté.

[270] *Idem.*

[271] Cité in *Brochure du Cinquantenaire du Crédit Lyonnais*, p. 77.

[…], vous avez étudié et mis en œuvre les conceptions multiples qui devaient amener cette organisation à venir efficacement en aide aux employés, en activité ou à la retraite et aux membres de leurs familles, par l'offre d'un appui matériel et moral dans les cas particuliers nécessitant des mesures qui sortent du cadre administratif : colonies de vacances, aide aux familles, maison de vacances à la Baule, prévoyance maternelle et d'hygiène des enfants et plusieurs autres créations ».[272] Dès 1905, des départs en colonie de vacances vers la Normandie, la Bretagne et le Poitou furent organisés par la Baronne Brincard au profit des enfants des employés du siège central. Des séjours en cure marine, au Croisic, étaient prévus pour les employés malades et les retraités. Enfin, les employées anémiques, convalescentes ou qui désiraient tout simplement passer leur congé dans un endroit salubre, pouvaient, en s'y prenant assez tôt, bénéficier d'une villa située à La Baule, au bord de la mer, auprès d'une forêt de sapins. Le prix de la pension était fixé à 2,50 F par jour. Les mères, sœurs ou filles d'employées pouvaient les accompagner.[273] Ces œuvres sociales existaient avant 1909. La création de la société des amis des employés du Crédit lyonnais permit de les réunir dans un cadre institutionnel déterminé, devenu nécessaire. Leur développement exigeait en effet une gestion d'autant plus rationnelle que toutes les œuvres sociales patronales représentaient un coût du travail supplémentaire, distinct du coût salarial : le coût social.

1. Le coût du paternalisme au Crédit lyonnais avant 1914 ou l'instauration par le patronat d'un coût social du travail

Le paternalisme était certes coûteux. François Weil, à l'issue de sa communication à Louvain sur les paternalismes aux États-Unis, de 1800 à 1930, a eu raison d'insister sur le fait que lorsque le paternalisme ne correspond plus aux exigences du marché, il disparaît.[274] C'est ce qu'avait déjà noté Sylvie Schweitzer, à propos du recul des œuvres sociales Citroën à la fin de la guerre, qui coûtaient plus qu'elles ne rapportaient.[275] Pour l'heure, il s'agit de mesurer le coût des œuvres sociales organisées par le patronat du Crédit lyonnais en faveur de son personnel avant 1914.

---

[272] Paroles prononcées par Monsieur le Baron Brincard, Président du conseil d'administration du Crédit lyonnais, à l'occasion du déjeuner qui fut offert à Mademoiselle Marcoud, le 25 mars 1944, à l'issue de ses soixante ans de carrière, BR HCL 39.

[273] Cité in *Brochure du Cinquantenaire du Crédit lyonnais*, p. 78.

[274] François Weil, « Les paternalismes aux États-Unis, 1800-1930 », congrès de Louvain, *op. cit.*, p. 210.

[275] Sylvie Schweitzer, *Des engrenages à la chaîne. Les usines Citroën*, 1915-1935, PUL, Lyon, 1982.

Selon Claude Beaud, « le prix du paternalisme » a varié fortement selon les entreprises. « C'est 5 à 10 % du salaire au Creusot. Pour 1908 et 1913 à la veille de 1914 et pour les aciéries de Longwy, Jean-Marie Moine l'estime à environ 13 % de la masse salariale et 46 à 68 % des dividendes.[276] Mais à la fabrique horlogère Le Coultre, en Suisse romande, dans l'entre-deux-guerres, c'est seulement 4 % des profits (F. Jéquier à Louvain).[277] Jean-Pierre Daviet évalue le coût des institutions patronales à Saint-Gobain,[278] en 1927 (sans compter l'actionnariat du personnel créé en 1925), à 10 % de la masse salariale, en progression depuis 1873 de 4,4 % et de 6,7 % depuis 1900 ».[279] Qu'en était-il au Crédit lyonnais avant la Première Guerre mondiale ? Entre 1894 et 1913, le coût des institutions patronales a fortement augmenté : de 61 104 F, il s'est élevé à 1 939 690 F à la veille de la guerre, traduisant une augmentation réelle de 3 074 % en l'espace de 20 ans.[280] Toutefois, en termes de masse salariale, leur part se situe en deçà de celle des exemples qui viennent d'être cités : en effet, malgré cette forte croissance, après n'avoir représenté qu'à peine 0,4 % de la masse salariale en 1894, en 1913, les institutions paternalistes du Crédit lyonnais ne représentaient pas plus de 4,5 % de sa masse salariale.[281] Cette évolution n'est pas sans rappeler celle qu'a connue le poste des actions sociales de l'État sur la même période : le poste des actions sociales, jusqu'alors tout à fait négligeable quand on le compare à l'ensemble des dépenses de l'administration centrale, gonflerait selon le calcul de Maurice Lévy-Leboyer de 0,6 % à 4,2 % entre 1890 et 1912 ».[282] Ceci pour écrire que, malgré l'augmentation, certes élevée du « prix des œuvres sociales » du Crédit lyonnais entre 1894 et 1913, son importance doit toutefois être relativisée si on la compare d'une part, à celle du prix de certains systèmes sociaux analogues mis en place dans d'autres établissements industriels et d'autre part, à l'évolution du coût de l'action sociale publique sur la même période. Enfin, cette augmentation du coût des œuvres sociales traduit une évolution désormais irréversible dans la structure du

---

[276] Jean-Marie Moine, *Les Barons du Fer. Les maîtres de forges en Lorraine du milieu du XIXe siècle aux années 1930*, Serpenoise-PUN, Nancy, 1989.

[277] François Jequier, « Fondements éthiques et réalisations pratiques de patrons paternalistes en Suisse romane (XIXe-XXe siècles) », congrès de Louvain, *op. cit.*, p. 210.

[278] Jean-Pierre Daviet, *Un destin international. La compagnie de Saint-Gobain de 1830 à 1939*, thèse d'État d'histoire, Éditions des Archives contemporaines, 1988.

[279] Cité in André Gueslin, *art. cit.*, p. 210.

[280] Voir le tableau retraçant l'évolution du coût social annuel moyen d'un employé, annexe 1.

[281] Voir le tableau retraçant l'évolution du coût salarial annuel moyen d'un employé, annexe 2.

[282] Yves Cohen et Rémi Baudouï, *Les chantiers de la paix sociale, (1900-1940)*, p. 41.

coût du travail : un coût social du travail était ainsi institué par le patronat ; il devait perdurer par-delà le paternalisme.

En 1913, au moment de fêter son Cinquantenaire, l'administration du Crédit lyonnais pouvait être satisfaite : non seulement elle avait su adapter le recrutement aux exigences de croissance de l'établissement mais en plus elle avait réussi à pallier les limites du mode de gestion du personnel, essentiellement administratif et fondé sur la double-mobilité, qui avait jusqu'alors été adopté. Ces limites étaient apparues au moment où se développait autour de l'établissement un environnement concurrentiel : le contrôle des flux de main-d'œuvre s'était alors fait plus pressant. La mise en place d'une gestion paternaliste a, semble-t-il, constitué une solution satisfaisante pour l'ensemble de la « maison », de la « famille » Crédit lyonnais. Non seulement le patronat pouvait se satisfaire d'avoir maintenu, en grande partie, l'espace de travail à l'extérieur de la sphère d'intervention de l'État mais aussi d'avoir tenu en échec l'offensive syndicale. De leurs côtés, les salariés de l'établissement, en boudant dans leur grande majorité, le syndicat des employés de banque et de bourse, et en participant massivement aux diverses œuvres sociales, témoignaient de leur adhésion à ce mode de gestion paternaliste que les signes encore diffus d'un malaise émergeant ne suffisent pas à remettre en cause. Mais la guerre de 1914 et l'inflation des années 1920 devaient bouleverser les conditions de l'exploitation bancaire et les conditions de la gestion du personnel dont l'évolution eut lieu sous la pression des faits.

CHAPITRE III

Des difficultés d'adaptation
aux nouvelles donnes
1914-1926

Le déclenchement de la guerre de 1914 met fin à ce qui allait devenir dans l'esprit des contemporains comme celui des dirigeants et du personnel du Crédit lyonnais, la « Belle Époque ». Pour eux, l'avant-guerre signifie « l'âge d'Or » parce que synonyme de paix, de calme financier et monétaire et de calme économique et social sur lequel l'établissement a fondé, depuis 1885, sa formidable croissance. L'adaptation de la gestion du personnel aux désordres militaires, monétaires, sociaux et professionnels qui marquent la période située entre 1914 et 1926 se révèle difficile. Elle se traduit par une féminisation massive du recrutement et par une forte instabilité du personnel. En réponse à la détérioration du climat social, des réformes de structures sont entreprises par l'administration en 1920. Mais la multiplication des grèves partielles et des mouvements revendicatifs, le développement du *turn-over* et de l'absentéisme, puis l'importante participation de l'établissement à la première grève générale corporative des employés de banque, en juillet-septembre 1925, témoignent de leur insuffisance pour maintenir l'intégration du personnel : en ce sens, la grève sanctionne une gestion du personnel inadaptée, parce que conservatrice et motivée par la seule défense du « principe d'autorité ».

Il reste à essayer de comprendre pourquoi le consensus à peine fissuré en 1913 présente de vraies lézardes au début des années 1920. En d'autres termes, il faut montrer comment l'établissement est passé, sur le plan humain, d'un *quasi-consensus* à un dualisme affirmé.

I. La difficile gestion du personnel
dans la guerre et ses conséquences (1914-1918)

A. Une féminisation massive du recrutement

Les années de guerre sont caractérisées par une féminisation importante du personnel.

Cette féminisation du recrutement est mise en évidence par l'analyse de l'échantillon composé du personnel qui a été principalement recruté entre 1915 et 1925 : entre ces deux dates, la part du personnel féminin est passée de 3 % à 45 %. La féminisation du recrutement est devenue véritablement massive à la fin de cette période. Ce mouvement s'inscrit dans un contexte plus général de féminisation massive des emplois de bureau : « essentiellement qualitative au XIXe siècle et synonyme de la conquête de nouveaux métiers et de nouveaux espaces, la féminisation des emplois de bureau devient un phénomène quantitatif pendant et après la Grande Guerre ».[1] Si les femmes françaises n'ont pas découvert le monde de la banque et de l'assurance, ni celui des administrations publiques ou privées du fait du conflit et de la pénurie de main-d'œuvre masculine qui en a résulté, la période de la Grande Guerre et de l'immédiat après-guerre ne constitue pas moins une période d'augmentation considérable du nombre des employées féminines. Dans le tertiaire privé, les femmes qui constituaient 26 % des effectifs avant-guerre, représentent 44 % des employés en 1921.[2] Dans la « banque, les assurances et les agences diverses », les effectifs féminins ont été multipliés par 10 entre 1906 et 1921, passant de 5 400 à 54 000.[3] Au Crédit lyonnais, sur les 67 femmes composant l'échantillon, vingt d'entre elles furent recrutées pendant la guerre et quarante-trois autres, dans l'immédiat après-guerre ; quatre seulement ont été recrutées avant son déclenchement, le 3 août 1914. La question se pose de savoir dans quelle mesure la Grande Guerre a favorisé le processus d'accession massive des femmes aux emplois dans la Banque et dans quelle mesure le retour à la paix et par conséquent le retour au travail des hommes ne s'est pas pour autant traduit par la « démobilisation » des dames employées mais au contraire par leur maintien dans les établissements de crédit, et plus particulièrement au Crédit lyonnais.

1. Les conséquences de la mobilisation générale.

La mobilisation concerne les « forces vives » des établissements industriels et commerciaux, c'est-à-dire les hommes valides dont l'âge se situe entre 20 et 40 ans. Le Crédit lyonnais est ainsi privé de 8 000 membres de son personnel. Nombreux parmi eux sont des employés qualifiés, appartenant aux états-majors des services : « nos chefs, nos sous-chefs et nos premiers employés sont, pour la plupart, en raison de leur âge, encore soumis aux obligations des lois militaires, et nous avons tout lieu de craindre que cette crise ne s'accentue encore, soit par les

---

[1] Delphine Gardey, *op. cit.*, p. 173.
[2] Sylvie Zerner, *Travail domestique et force de travail, op. cit.*, p. 453-454.
[3] *Idem*, p. 172.

départs des employés appartenant aux dernières classes de la réserve territoriale, soit par les départs des employés qui sont ou vont être reconnus bons par les conseils de révision ou de réforme devant lesquels ils doivent se présenter ».[4] Un « personnel de substitution » doit donc être recruté « pour parer à cette pénurie tout à fait exceptionnelle d'employés formés ».[5] La direction des agences régionales encourage dans un premier temps ses directeurs « à chercher au dehors s'ils ne pourraient pas s'attacher temporairement des employés de commerce ou d'administration inoccupés par suite de l'état de guerre, qui seraient susceptibles de rendre des services immédiats et de se familiariser en très peu de temps à nos travaux ».[6] Macé, qui continue pendant la guerre à diriger le groupe des agences régionales, précise aux directeurs les conditions du recrutement de ces nouveaux employés et la nature des travaux qui doivent leur être confiés : « nos directeurs devront se renseigner d'une façon très précise sur la valeur et la moralité de ces employés, engagés à titre tout à fait temporaire, c'est-à-dire pendant la durée de la guerre. En outre, il est bien convenu qu'on ne devra confier à ces employés que des travaux matériels, afin d'éviter qu'ils aient la possibilité de se procurer, pendant leur passage chez nous, des renseignements que nous ne voudrions pas voir être divulgués ».[7] La référence au « secret bancaire » est ici explicite et l'on comprend mieux la stratégie de la maison qui consiste à former des cadres issus du rang plutôt que de recruter des cadres externes.

Dans un second temps, la direction du groupe encourage les directeurs « à recruter des jeunes gens dont ils peuvent avoir besoin pour l'exécution de la besogne matérielle secondaire ».[8] En dernier lieu seulement, la direction évoque la possibilité « de recruter sur certains points, du personnel féminin, pour la durée de la guerre tout au moins (« cette question étant délicate, ceux de nos directeurs qui verraient l'opportunité de prendre quelques femmes comme employées, voudront bien nous en parler au préalable ») ».[9] La façon dont le recrutement des femmes est ici évoqué témoigne d'une part, que ces dernières étaient absentes de l'espace des agences avant la guerre et d'autre part, que leur recrutement était censé n'être que temporaire : il s'est révélé définitif. Dans quelle mesure les femmes ont-elles, pendant la Grande Guerre, investi massi-

---

[4] Cité in instruction de la direction des agences régionales datée du 5 décembre 1914, AH CL, 068 AH 038.
[5] *Idem.*
[6] *Idem.*
[7] *Idem.*
[8] *Idem.*
[9] *Idem.*

vement et définitivement des espaces de travail, qui, dans la banque, leur avaient jusqu'alors été fermés ?

2. Des espaces de travail féminins désormais étendus mais circonscrits à la nature administrative des travaux effectués.

Il est difficile de mesurer précisément l'ampleur du recrutement féminin pendant la guerre. Nous savons néanmoins qu'au Crédit lyonnais, l'ensemble du recrutement de personnes civiles encore valides, dispensées de l'obligation militaire, s'est traduit par une augmentation de 27 % des effectifs comptabilisés : de 16 790 en 1914, ces derniers s'élèvent à 21 277 en 1918. Comme l'a souligné Maurice Mogenet, « l'expérience fait naturellement défaut aux nouveaux éléments alors que des tâches nouvelles issues des réglementations administratives et des dispositions fiscales récentes ont alourdi le travail des services ».[10] Si le manque d'expérience peut, à juste titre, être évoqué pour le personnel féminin des réseaux d'agences, qu'en est-il pour le personnel féminin du siège central dont une grande partie a déjà été recrutée avant la Grande Guerre ? Certaines employées parisiennes ont également souffert d'un manque d'expérience dans la mesure où elles sont mutées dans des services dont elles ignorent tout. Cantonnées avant 1914 dans les services des Titres, des Recouvrements et des Coupons du siège central, la mobilisation des effectifs masculins leur donne l'occasion d'investir des espaces de travail jusqu'alors inconnus d'elles. Si les services des Coupons, des Titres et des Recouvrements continuent à recruter principalement du personnel féminin, (30 des 67 femmes composant l'échantillon sont encore embauchées dans l'un de ces trois services), d'autres services en revanche, considérés comme des services exclusivement masculins avant la guerre, se féminisent : c'est le cas notamment du service de la Comptabilité où, au regard de l'échantillon considéré, l'entrée des femmes y est la plus spectaculaire. Dix-neuf d'entre elles sont embauchées dans ce service, soit presqu'autant que celles qui sont recrutées au service des Coupons. C'est non seulement le service de la Comptabilité qu'elles pénètrent mais aussi, de façon moins massive il est vrai, les services des Contrôles et Inspections, de la Correspondance, du Portefeuille, des Risques, des Monnaies, de la Trésorerie, des Études financières, des Fonds publics, des Comptes courants et enfin les services de la Bourse et de l'Économat. L'espace de travail féminin, au siège central, s'est donc élargi en s'étendant aux services jusqu'alors réservés aux seuls employés masculins. La féminisation massive du recrutement s'est ainsi manifestée, au Crédit lyonnais, à travers l'accès des femmes à

---

[10] Maurice Mogenet, *op. cit.*, p. 112.

un plus grand nombre de services au siège central et par leur accès à cet espace de travail particulier que constituent les agences.[11] Sur les 67 femmes comprises dans l'échantillon, nous en avons en effet recensé onze qui ont travaillé dans les agences départementales : trois d'entre elles ont travaillé à l'agence du Havre, deux autres, à l'agence de Tours, deux autres, à l'agence de Versailles, une, à l'agence de Bordeaux, une autre, à celle d'Angers, une autre encore, à l'agence de Nancy et une autre, enfin, à l'agence d'Arras. Devant cette extension de l'espace de travail féminin au Crédit lyonnais, pouvons-nous conclure, comme Sylvie Zerner, que « l'élévation du niveau d'instruction des femmes, les places laissées vacantes par les hommes partis au front, l'obligation dans laquelle elles se voient de travailler, tout cela a permis effectivement une formidable percée des femmes dans les administrations, les bureaux, derrière les guichets, dans les magasins » ?[12] Pour ce qui est de la percée des femmes derrière les guichets du Crédit lyonnais, la réponse doit être nuancée : en effet, aucune des femmes recensées dans l'échantillon n'a été déclarée comme « guichetière ». Plus encore, aucune d'elles ne semble avoir occupé un emploi susceptible d'entrer en contact avec la clientèle ou bien susceptible de comporter des déplacements : les hommes partis au front, le métier de démarcheur ne s'est pas pour autant décliné au féminin durant la guerre. Si les possibilités de travail féminin se sont donc incontestablement élargies au siège central et dans les agences du Crédit lyonnais durant cette période, cet élargissement comporte toutefois des limites inhérentes à la nature des emplois occupés. Il s'agit avant tout d'emplois administratifs, non « d'emplois productifs ». Ces derniers continuent d'être occupés pendant la guerre par des employés masculins qualifiés : les demandes répétées de la direction de l'établissement auprès du ministère de la Guerre pour obtenir des « mises régulières en sursis d'appel » de quelques collaborateurs pourtant mobilisés mais considérés comme indispensables au fonctionnement de certains services, en témoignent. Ainsi, dès le 9 janvier 1915, la direction générale de l'établissement informe la direction des agences régionales, dans une communication téléphonique, « que le ministère de la Guerre serait disposé à lui rendre, sur sa demande, les employés des classes 1887 & 1888 appartenant au service armé et ceux des classes 1887 à 1892 inclus appartenant aux services auxiliaires ».[13] Les direc-

---

[11] Le fait que dans sa thèse consacrée à l'histoire du réseau des agences régionales avant 1914, Jacques Dagneau n'évoque jamais la présence d'employées tend bien à montrer que les femmes n'étaient effectivement pas embauchées avant la guerre dans les agences régionales.

[12] Sylvie Zerner, *op. cit.*, p. 407.

[13] Cité in instruction de la direction des agences régionales datée du 9 février 1915, AH CL, 068 AH 039.

teurs d'agence sont priés de réduire le plus possible leurs demandes « afin que la requête ait plus de chance d'aboutir ». Durant l'été 1915, à l'instar des administrations de la Société générale et du Comptoir national d'escompte,[14] la direction générale de l'établissement, peut obtenir des autorités militaires « la mise régulière en sursis d'appel de quelques collaborateurs mobilisés dont la présence est absolument nécessaire au fonctionnement de certains sièges et aux besoins de notre clientèle commerciale, industrielle et de particuliers ».[15] En faisant part de cette information aux directeurs d'agence, la direction des agences régionales précise que « les demandes ont dû malheureusement être très limitées comme nombre et ne viser que des collaborateurs appartenant soit à la réserve de l'armée territoriale (service armé et auxiliaire) soit à l'armée territoriale (service auxiliaire seulement). Encore fallait-il, dans ces derniers temps, qu'ils ne soient pas gradés ».[16] Mais, en plus de ces sursis officiels, la direction générale du Crédit lyonnais obtient, à chaque fois qu'un emprunt d'État est lancé, des « rentrées momentanées » de son personnel ; la direction des agences régionales précise à ses directeurs d'agence « qu'il ne s'agit pas de solliciter des sursis d'appels » dans la mesure où « les employés réclamés resteraient soldats » ; il s'agit seulement, de la part des autorités militaires, de leur accorder « la permission de venir travailler dans les agences pendant la durée de la souscription publique ». Une décision du ministre de la Guerre datée du 21 décembre 1915 permet au Crédit lyonnais, comme à l'ensemble des établissements de crédit, de recourir ainsi aux services d'une partie de leur personnel masculin qualifié, pourtant mobilisé : « après entente avec le ministre des Finances, le ministre de la Guerre a décidé de laisser dans leur situation actuelle jusqu'au 8 janvier inclus, les militaires qui ont été mis, pour les opérations de l'emprunt, à la disposition du ministère des Finances, des trésoreries générales ou des recettes des Finances, des banques et des établissements de crédit et des agents de change. Ces mesures concernent aussi bien les militaires en sursis que ceux en permission ou prêtés à ces administrations ».[17] Au mois de février de l'année 1916, alors que les opérations concernant le lancement du premier emprunt sont achevées, l'administration du Crédit lyonnais réitère, auprès de l'inspecteur régional des sursis de la région du nord, des demandes de sursis d'appel pour 211 de ses agents : « pour toute la

---

[14] Cité in instruction de la direction des agences régionales datée du 26 juillet 1915, AH CL, 068 AH 039.

[15] Cité in instruction de la direction des agences régionales datée du 27 octobre 1915, AH CL, 068 AH 040.

[16] *Idem.*

[17] Cité in instruction de la direction des agences régionales du 23 décembre 1915, AH CL, 068 AH 040.

France, nous demandons 211 sursis sur un personnel mobilisé de plus de 8 000 agents ».[18] Eugène Lefèvre, futur directeur général du Crédit lyonnais, justifie ces demandes de personnel en raison de certaines de leurs qualifications professionnelles qu'il est impossible, à court terme, d'obtenir du « personnel de fortune » recruté : « si nous demandons pour eux des sursis, comme pour leurs collègues, c'est que tous font partie d'un cadre dont la formation technique exige des années ; qu'ils ne peuvent, par conséquent, être remplacés par un personnel de fortune, rapidement recruté ».[19] Les demandes de sursis d'appel seront réitérées tout au long de la guerre, au moment des lancements de chaque emprunt : en septembre 1916, en septembre 1917 et en septembre 1918. En raison de la raréfaction des emplois commerciaux durant cette période, les banques élargissent en effet leur champ d'activité en participant au financement des besoins du Trésor qui sont alors immenses : l'accroissement des dépenses de la guerre et la diminution du rendement de l'impôt ont en effet déséquilibré le budget. L'État décide d'emprunter en émettant des bons du Trésor, des bons de la Défense nationale et en lançant des emprunts à long terme, souscrits par les particuliers et par les institutions financières : ainsi, « un quart des dettes fut couvert par des bons de la Défense nationale à court terme, un peu moins de 40 % par l'émission des rentes 5 % 1915-1916, 4 % 1917 et 1918. Les banques ont contribué activement au placement dans leur clientèle tant des rentes – pour lesquelles le Crédit lyonnais recueillit un total de souscriptions voisin de 8 milliards – que des bons de la Défense nationale ».[20] Or, les émissions de bons et les lancements d'emprunts exigent des compétences professionnelles dont l'acquisition demande du temps : on travaille alors dans l'urgence. C'est pourquoi le personnel féminin, dépourvu des compétences exigées pour assurer la continuité des services productifs, n'est recruté que pour assurer celle des services administratifs. L'accès des femmes aux emplois administratifs, considéré par le directeur des agences régionales en 1915 comme étant la solution « extrême » à la pénurie de personnel dont souffre le réseau, est clairement encouragé à partir de septembre 1916 : « … J'insiste notamment sur l'emploi du personnel féminin qui nous a donné de très bons résultats, même dans des postes relativement difficiles et j'engage nos directeurs à étendre l'utilisation de ce personnel, de façon à rendre disponibles le plus grand nombre possible de collaborateurs ».[21] Les recrues féminines

---

[18] Cité in lettre adressée par Eugène Lefèvre à M. l'inspecteur régional des sursis de la région du Nord datée de février 1916, AH CL, 068 AH 041.

[19] *Idem.*

[20] Maurice Mogenet, *op. cit.*, p. 113.

[21] Cité in instruction de la direction des agences régionales, datée du 7 septembre 1916, AH CL, 068 AH 042.

doivent en effet permettre de libérer les rares employés masculins encore en fonctions des tâches administratives, pour qu'ils puissent être placés autant que possible derrière les guichets et dans les services de démarche : « pour rechercher les affaires nouvelles et améliorer ainsi les inventaires, il est indispensable de réorganiser dans la mesure du possible les services de démarche et de placer derrière les guichets des employés aptes à servir la clientèle. Il faut donc que vous cherchiez dans votre personnel masculin les employés qui seraient susceptibles de travailler à la production, (car ce ne sont pas seulement les employés de 1er rang qui font défaut en ce moment mais, sur certains points, nous rendrions service à nos agences en leur procurant des sujets de second et même de troisième plan, pourvu qu'ils soient sérieux et travailleurs) pour les utiliser au guichet ou au dehors, en les remplaçant dans les travaux intérieurs soit par des jeunes gens, soit par des hommes mûrs dégagés de toute obligation militaire, soit par des dames ».[22] Si les services administratifs se féminisent donc réellement au Crédit lyonnais pendant la Grande Guerre, les services productifs, en revanche, demeurent la « chasse gardée » du personnel masculin. Pour illustrer la mobilisation des femmes dans les emplois de bureau au Crédit lyonnais pendant cette période, nous souhaitons raconter l'histoire de quelques-unes d'entre elles dont nous avons consulté les fiches individuelles. Il s'agit d'une analyse qualitative qui n'a de valeur qu'indicative.

3. Portrait de quelques femmes recrutées pendant la guerre

Ces femmes présentent un point commun : elles sont toutes célibataires. Marie B., recrutée le 21 octobre 1915, ne dispose d'aucune expérience professionnelle avant son admission à l'agence d'Angers, au service de la comptabilité : elle est alors âgée de 23 ans.[23] Titulaire du certificat d'études primaires, elle est admise dans l'établissement sur la recommandation de Mademoiselle D., employée au service des titres. En formation au service de la comptabilité durant 3 ans, où elle perçoit 3 francs par jour, elle n'obtient sa titularisation qu'en janvier 1920. Après s'être mariée en 1919, elle devient veuve en 1923 : elle démissionne le 10 septembre 1925 pour entrer en religion chez les sœurs du Saint-Esprit à Metz ; ses appointements annuels sont de 3 750 F et ses gratifications de fin d'année, de 260 F. Marthe B. entre à l'agence de Bordeaux le 6 décembre 1915 : elle est alors âgée de 20 ans. Comme Marie, Marthe ne dispose d'aucune expérience professionnelle avant son admission dans l'établissement ; en revanche, son niveau d'instruction générale est supérieur : elle a suivi les cours de l'instruction secondaire

---

[22] *Idem.*

[23] AH CL, Dossiers du personnel : DAPA 3333/2.

et a obtenu le brevet élémentaire. Recommandée par Mademoiselle Van der D., directrice de la pension Jeanne d'Arc où elle fit ses études, Marthe entre comme auxiliaire au service du Portefeuille. Elle y reste un peu plus d'un an avant d'être mutée au service des Risques où elle est titularisée ; percevant 2,50 F par jour comme auxiliaire, sa rémunération est mensualisée quand elle est promue titulaire : c'est ainsi qu'à partir du 1er avril 1917, ses appointements annuels sont fixés à 1 050 F. Un peu plus de deux ans plus tard, le 1er septembre 1919, cette employée est mutée au service de contrôle et du secrétariat du personnel : elle y demeure jusqu'à sa démission qu'elle donne le 2 mai 1925 pour se marier. Elle perçoit alors 4 900 F par an et une gratification de fin d'année de 360 F.[24] Léontine B. se distingue des deux premières dans la mesure où elle a déjà exercé un emploi de bureau avant son admission au siège central : du mois de juin au mois de septembre 1909, elle a occupé un poste de dactylographe dans l'entreprise de Chocolaterie « Gaston Menier ». Recommandée par mademoiselle de R., dame patronesse, diplômée du seul certificat d'études primaires, cette demoiselle entre au siège central le 25 avril 1916, à 26 ans, comme auxiliaire temporaire au service des titres où elle devient auxiliaire fixe après plus d'un an ; comme telle, elle demeure jusqu'au 15 mai 1919, date à laquelle elle obtient sa titularisation. Elle demeure au service des titres jusqu'à sa démission qu'elle donne, elle aussi, pour se marier. Percevant 3 F par jour au moment de son admission dans l'établissement, cette rémunération journalière est légèrement augmentée quand Léontine est promue auxiliaire fixe (4 francs) ; promue titulaire, elle perçoit un traitement annuel de 1 850 F. Lors de sa démission, le 30 avril 1921, le montant de ses appointements annuels s'élève à 3 350 F et celui de ses gratifications de fin d'année, à 250 F.[25] Pour finir, notre choix s'est porté sur Marthe B. : plus jeune que les précédentes, elle entre à 18 ans, le 4 juin 1917, au service de la comptabilité des agences dans Paris, sur la recommandation de M. M., employé aux Études Financières. Dépourvue d'expérience professionnelle, elle dispose d'un niveau d'instruction primaire, sanctionné par le certificat d'études, et de quelques connaissances en matière de comptabilité. Admise comme auxiliaire temporaire, elle conserve ce statut jusqu'à sa démission qu'elle donne le 2 mars 1920, invoquant le motif suivant : « ayant passé ma visite médicale à plusieurs reprises et n'ayant pu obtenir ma titularisation, je me suis occupée à trouver un autre emploi ». De 3,25 F par jour, sa rémunération journalière était passée à 8 F.[26]

---

[24] *Idem.*

[25] AH CL, Dossiers du personnel du siège central : Personnel 500/2.

[26] *Idem.*

À la lumière de trajectoires individuelles, il apparaît que les femmes continuent à être recrutées au Crédit lyonnais comme auxiliaires temporaires. L'extension de l'espace de travail féminin pendant cette période ne s'est donc pas accompagnée d'un changement de statut du personnel féminin, à l'entrée dans l'établissement tout au moins. Il faut toutefois préciser que, pendant la guerre, l'auxiliariat se généralise à l'ensemble du personnel recruté,[27] sans distinction de sexe : ceci participe d'un mouvement général de précarisation de la condition du personnel durant cette période qui finit par déboucher sur une vague d'agitation sociale.

4. Précarisation de la condition du personnel

Sous l'effet des conditions d'exploitation rendues difficiles par la conjoncture, certains avantages dont le personnel du Crédit lyonnais bénéficiait avant la guerre vont être supprimés. Non seulement le personnel qui est recruté pendant la guerre doit se contenter, en tant qu'auxiliaire, d'une rémunération journalière, mais l'ensemble du personnel, qu'il soit auxiliaire ou titulaire, doit aussi renoncer aux bénéfices de la semaine anglaise, des congés annuels et des augmentations de fin d'année. De fait, la difficulté des conditions de travail et des conditions de vie s'accentue : la durée hebdomadaire et annuelle du travail s'allonge considérablement tandis que la rémunération diminue alors même que le coût de la vie commence à augmenter. Le développement de l'auxiliariat durant la guerre est mis en évidence par la baisse relativement importante de la masse salariale alors même que les effectifs comptabilisés augmentent considérablement : si ces derniers augmentent de 27 % entre 1914 et 1918, s'élevant de 16 790 à 21 302, la masse salariale diminue de 8 % en valeur nominale entre 1914 et 1917, descendant de 37 169 302 F à 34 210 578 F. Ceci témoigne de la baisse significative de la rémunération annuelle moyenne du personnel pendant toute la durée de la guerre : évaluée à 2 214 F en 1914, elle n'est plus que de 1 333 F en 1915, de 920 F en 1916, de 755 F en 1917 et de 682 F en 1918.[28] Cette diminution continue des gains salariaux ne contribue pas à un bon climat social qui se dégrade par ailleurs sous l'effet de conditions de travail difficiles liées à la remise en cause de certains acquis comme l'usage de la semaine anglaise, la pratique des congés annuels et le versement des gratifications de fin d'année. Dès le début de la guerre, la direction suspend en effet l'usage de la semaine anglaise et la pratique des congés annuels. Les congés annuels représentaient en 1914 un avantage acquis pour l'ensemble du personnel du Crédit lyon-

---

[27] C'est parce qu'il était destiné à être licencié après la guerre que le personnel recruté pendant la guerre l'était à titre d'auxiliaire.

[28] Ce sont des francs constants, valeur 1913. Voir l'évolution de la rémunération annuelle moyenne du personnel entre 1895 et 1939, Annexe 3.

nais : « des congés sont accordés chaque année au personnel : tous les employés, hommes et femmes, ayant un an de présence consécutive, reçoivent l'intégralité de leur traitement pendant la durée de leurs congés ».[29] Avant d'être étendus à toutes et tous, les congés annuels avaient d'abord été réservés « aux employés ayant par leurs fonctions une responsabilité, c'est-à-dire les chefs des services Caisse, Comptabilité, Portefeuille et Titres y compris le Conservateur ainsi que le personnel de direction et les gérants ».[30] Le congé était d'ailleurs obligatoire pour ce personnel car il constituait pour le Crédit lyonnais une mesure de contrôle pendant l'intérim.[31] D'une durée uniforme de 15 jours au début, sauf peut-être pour les directeurs et sous-directeurs,[32] ces congés devaient alors concorder avec une fin de mois.[33] « Constatant en 1908 la variété des situations quant à la durée et l'époque de ces congés, Lyon décide après enquête que les congés se prennent de juin à septembre, que la durée en est uniforme dans chaque grade de la hiérarchie, que les journées d'absence prises par les employés à leur convenance sont déduites du congé estival et que les périodes militaires tiennent lieu de congé ».[34] Les durées fixées sont elles aussi hiérarchisées : « un mois pour les directeurs et sous-directeurs ; trois semaines pour les fondés de pouvoirs, contrôleurs généraux et gérants ; quinze jours pour les chefs de service, caissiers des sous-agences, caissiers des titres flottants et coupons, conservateurs des titres ; dix jours pour les sous-chefs de service et les démarcheurs ; et, pour les « employés, garçons, grooms (qui en font la demande et qui méritent cette faveur), une semaine ».[35] Ces dernières restrictions ne sont levées qu'en 1910 alors que le personnel sans grade se voyait reconnaître le « droit, sans plus de restrictions que le personnel des autres catégories, à une semaine complète de congés après une année de service. Simultanément, on décide de réduire de moitié le congé des employés absents plus d'un mois pour cause de maladie et de le supprimer si l'absence dépasse 3 mois. Un congé supplémentaire de 10 jours est cependant accordé à l'occasion du mariage ».[36] En 1913, à l'heure où le temps de travail des employés n'était

---

[29]   Cité in *Brochure du Cinquantenaire*, p. 74.

[30]   Instruction aux agences régionales, n° 1452, 23 mai 1891, AH CL, 068 AH 008.

[31]   Instruction aux agences régionales, n° 1629, 24 juin 1892, AH CL, 068 AH 009.

[32]   Instruction aux agences régionales, n° 6449, 3 avril 1907, AH CL, 068 AH 029.

[33]   Instruction aux agences régionales, n° 6790, 13 avril 1908, AH CL, 068 AH 031.

[34]   Instruction aux agences régionales, n° 6808, 1er mai 1908, AH CL, 068 AH 031.

[35]   Instruction aux agences régionales, n° 7604, 26 avril 1910, AH CL, 068 AH 033.

[36]   Jacques Dagneau, *op. cit.*, p. 474. Sur l'histoire des congés, dans une perspective comparative, voir Stéphane Sirot, « Les congés payés en France avant le Front populaire, l'exemple des ouvriers parisiens de 1919 à 1935 », *Vingtième Siècle*, avril-juin 1996, p. 89-100.

pas encore réglementé, la durée journalière, hebdomadaire et annuelle de travail était au Crédit lyonnais la suivante : « la journée de 8 heures 30 ou 9 heures avec congé le dimanche et les samedis après-midi d'été, soit entre 47 et 54 heures hebdomadaires, avec une demi-douzaine de journées chômées à l'occasion de fêtes légales et une semaine de congé après une année de services. L'employé fournissait ainsi environ 2 500 heures de travail par an en échange d'une rémunération moyenne de 2 500 F ».[37] Mais tous ces avantages, acquis avant la guerre, sont supprimés pendant le conflit. Dès le 29 juillet 1914, les départs en congé sont suspendus : « je vous prie de suspendre jusqu'à nouvel ordre tout départ en congé et de faire rentrer tous les absents, quel que soit l'emploi qu'ils occupent ».[38] Le 23 octobre 1914, on suspend l'usage de la semaine anglaise pour la prochaine saison d'hiver : « notre conseil d'administration est tout à fait opposé à cette mesure : dans la presque totalité de nos agences, malgré la diminution des affaires, le personnel qui reste est insuffisant pour la tenue à jour des écritures et du travail en général. [...] Nous avons donc besoin que le personnel restant nous donne tout son concours et nous trouvons qu'il y a encore moins de raison cette année, à cause des circonstances graves actuelles, que les années ordinaires de prolonger la fermeture des bureaux les après-midi des samedis et veilles de fêtes légales pendant la saison d'hiver ».[39] L'usage de la semaine anglaise demeure suspendu pendant l'été 1915 : « nous aurions été heureux de faire bénéficier notre personnel de cette mesure générale mais les conditions actuelles de fonctionnement de nos services ne nous permettent d'envisager la dite fermeture que pour la clientèle. Partout l'exécution du travail est assez laborieuse en raison d'une part, de la pénurie de personnel et d'autre part, de l'inexpérience des éléments nouveaux. La fermeture, pour le public, une fois par semaine à midi, permettra donc à tout votre personnel de travailler sans être dérangé et de liquider les travaux qui pourraient avoir subi quelque retard ».[40] L'été suivant, l'usage de la semaine anglaise est partiellement rétabli dans les agences : les bureaux ne sont plus seulement fermés pour le public mais aussi pour le personnel, à partir du 1er juin dans les agences d'Algérie et de Tunisie et à partir du 15 juin, dans les agences de la métropole. La direction émet néanmoins des conditions : « pour cela, il faut que les travaux de tous les services soient bien à jour et qu'il

---

[37] Jacques Dagneau, *op. cit.*, p. 475.

[38] Instruction du directeur des agences régionales, Lyon, le 29 juillet 1914, AH CL 068 AH 037.

[39] Instruction du directeur des agences régionales, Lyon, le 23 octobre 1914, AH CL, 068 AH 038.

[40] Instruction du directeur des agences régionales, Lyon, le 1er juillet 1915, AH CL, 068 AH 039.

n'existe de retard dans aucun d'eux, que les bilans et autres documents périodiques destinés à la Comptabilité générale à Paris, et à nous-mêmes, soient établis et expédiés aux dates réglementaires, que tous les bilans intérieurs soient exacts et qu'il n'existe pas de différences dans les relevés de portefeuille ».[41] De fait, le personnel de toutes les agences n'a pu en bénéficier : le 4 juin 1917, Macé remarque que si « un certain nombre d'agences ont pu prendre leurs dispositions pour faire bénéficier leur personnel de cette demi-journée de liberté, d'autres, tout en fermant leurs guichets au public, ont jugé nécessaire de retenir leurs employés à cause des retards existants soit dans l'ensemble des services, soit dans certaines sections ».[42] Mais alors qu'en 1915, la direction suspendit elle-même l'usage de la semaine anglaise, à partir de 1916, consciente de la fatigue du personnel, elle incite les directeurs d'agences à la rétablir : « J'appelle bien votre attention sur le fait que le but poursuivi par nous en accordant pour l'été à notre personnel l'après-midi des samedis et veilles de fêtes légales est de lui permettre de prendre du repos pendant cette demi-journée. Nous désirons donc que l'on demande le moins possible aux employés, même en les rétribuant, de renoncer à ce repos ».[43] En juillet 1916, cela fait en effet deux ans que le personnel n'a pas pris de congé annuel. En 1915, seul, le personnel féminin, sans distinction de grade, à l'exclusion toutefois des auxiliaires temporaires, a bénéficié d'un congé : ce dernier fut réduit à 7 jours ouvrables.[44] En 1916, réduits, les congés d'été sont donc néanmoins partiellement réta-blis en faveur du personnel : « destiné au personnel de tout rang, il repré-sente la moitié de ce que l'administration lui aurait accordé en temps normal ».[45] Ainsi, pendant près de 3 ans, de l'été 1914 à l'été 1916 inclus, le personnel du Crédit lyonnais connut une augmentation certaine de la durée hebdomadaire et annuelle de travail, étant privé non seule-ment de la demi-journée de congé du samedi après-midi mais aussi, pour la plupart, les dames exceptées, du congé annuel. Enfin, la durée journa-lière de travail n'est pas réduite : elle s'allonge même lors des opérations de lancement des emprunts nationaux. À l'automne 1916, à l'occasion du lancement du nouvel emprunt français, la direction précise aux directeurs d'agences « qu'il y aurait naturellement pour cette vaste

---

[41] Instruction du directeur des agences régionales, Lyon, le 7 avril 1916, AH CL, 068 AH 041.

[42] Instruction du directeur des agences régionales, Lyon, le 4 juin 1917, AH CL, 068 AH 043.

[43] *Idem.*

[44] Instruction du directeur des agences régionales, Lyon, le 20 mai 1915, AH CL, 068 AH 039.

[45] Instruction du directeur des agences régionales, Lyon, le 10 mai 1916, AH CL, 068 AH 041.

opération, un effort exceptionnel à fournir, qui consiste en tout premier lieu dans les heures de travail ».[46] L'allongement de la durée journalière de travail pendant la guerre est également attesté par l'augmentation réelle du coût global des heures supplémentaires entre 1916 et 1918 : représentant une valeur réelle de 48 318 F en 1916, le coût des heures supplémentaires s'élève à 96 431 F en 1917 et à 118 091 F en 1918.[47] Cette augmentation n'est pas due à une hausse du tarif de l'heure supplémentaire mais à une augmentation du nombre d'heures supplémentaires demandées au personnel. Les heures supplémentaires effectuées sont effectivement payées, pendant toute la durée du conflit, selon le tarif qui avait été fixé par l'administration le 9 avril 1910.[48] L'usage du paiement des heures supplémentaires était en effet établi au Crédit lyonnais avant la guerre : il s'agit d'une libéralité patronale, non d'une mesure obéissant à une réglementation légale. Quelles sont donc les heures que l'administration considère comme supplémentaires ? « Nous ne comptons pas comme heures supplémentaires celles du samedi après-midi dans les quelques agences qui ont encore la semaine anglaise jusqu'à la fin du mois d'octobre mais seulement celles qui sont faites le matin et le soir, en dehors des heures habituelles de bureau, et toutes les heures des dimanches ».[49] La semaine anglaise et les congés annuels ne constituent pas les seuls avantages du personnel qui ont été érodés pendant la guerre : en effet, les augmentations de fin d'année et les gratifications spéciales en usage dans l'établissement bien avant la guerre, sont suspendues dès 1914. En revanche, les « gratifications ordinaires et les étrennes » continuent à être versées au personnel mais il est décidé « qu'elles ne seraient que de la moitié de celles qui ont été distribuées en 1913 ».[50] Ces mesures restrictives ont perduré en 1915 : toutefois, on autorise les augmentations de fin d'année « pour le jeune personnel dont le traitement ne dépasse pas 1 000 à 1 200 F » par an et ce, « pour encourager le zèle dont certains petits employés font preuve et pour retenir les bons sujets ».[51] Pour le personnel dont l'appointement atteint ou dépasse 1 200 F, les augmentations continuent à être différées. Il est

46 Instruction du directeur des agences régionales, Lyon, le 27 septembre 1916, AH CL, 068 AH 042.
47 Il s'agit ici de valeur réelle : elle est donc exprimée en francs constants, valeur 1913.
48 Voir l'instruction déjà citée du directeur des agences régionales, Lyon, le 4 juin 1917, AH CL, 068 AH 043.
49 Instruction du directeur des agences régionales, déjà citée, Lyon, le 27 septembre 1916, AH CL, 068 AH 042.
50 Instruction du directeur des agences régionales, Lyon, le 19 novembre 1914, AH CL, 068 AH 038.
51 Instruction du directeur des agences régionales, Lyon, le 10 novembre 1915, AH CL, 068 AH 040.

prévu qu'il en serait ainsi « jusqu'à la fin des hostilités ».[52] Elles sont en fait rétablies en 1916 mais seulement dans la mesure où elles s'avèrent « indispensables ».[53] Sous l'effet de la réduction des rémunérations et de l'allongement du temps de travail liés à la remise en cause de certains acquis, le climat social commence à se dégrader au sein de l'établissement. La participation relativement importante du personnel du Crédit lyonnais à la grève des employés de banque, en mai 1917, en témoigne.[54]

B. La participation du personnel à la grève de mai 1917 : prélude à une agitation sociale endémique

Cette grève de mai 1917 s'inscrit dans le contexte plus général des mouvements revendicatifs de l'année 1917. En janvier, les ouvrières parisiennes de la couture sont descendues dans la rue et le mécontentement général reprend au printemps du fait de la flambée des prix.[55] Une grève « généralisée »[56] éclate à Paris le 11 mai 1917 : elle se prolonge jusqu'au 3 juillet. Elle s'étend à 73 corporations et touche 98 373 ouvriers et ouvrières.[57] Les banques participent à ce mouvement de protestation. Dans les établissements de crédit, la grève dure toute la semaine qui s'étend du 25 mai au 1er juin ; elle touche 4 600 salariés parmi lesquels 2 000 employés et employées du Crédit lyonnais. Dans cet établissement, la grève se déclenche le 26 mai : s'étant réunis au siège central, entre 11 heures et 11 heures 45, les employés nomment un comité de grève pour élaborer leurs revendications qui consistent essentiellement en une augmentation de salaire.[58] Deux jours plus tard, le 28 mai, alors que le nombre des grévistes est de 110 à la Banque Lehi-

---

[52] *Idem.*

[53] Instruction du directeur des agences régionales, Lyon, le 7 juin 1916, AH CL, 068 AH 041.

[54] Le taux de participation du personnel du Crédit lyonnais à la grève des banques de mai 1917 est en effet de 43 %. Voir les rapports des Renseignements généraux sur les grèves de 1917, APPP, Ba 1406.

[55] Jean-Jacques Becker, *Les Français dans la Grande Guerre*, Robert Laffont, Paris, 1980, p. 193.

[56] Michelle Perrot a distingué dans sa thèse consacrée à l'histoire des grèves, la notion de « grève généralisée » de la notion de « grève générale ». Une grève est générale quand il s'agit « de grèves décidées, de propos délibéré, réformistes en leurs objectifs et étroitement circonscrites » ; une grève est généralisée quand « la contagion l'emporte sur la décision », Michelle Perrot, *Jeunesse de la Grève, France, 1871-1890*, Le Seuil, Paris, 1984, p. 102.

[57] Rapports des Renseignements généraux sur les grèves dans le département de la Seine, 1876-1919, APPP, Ba 1 406.

[58] Le télégramme du 8e district au directeur de la Police municipale, le 26 mai 1917, APPP, Ba 1 406.

deux et que 700 employés du Crédit industriel et commercial se sont joints au mouvement, les employés du Crédit lyonnais reprennent le travail. Cet épilogue est caractéristique des mouvements de l'époque où chaque établissement reprend le travail dès qu'il a pu obtenir satisfaction. Il ne s'agit donc pas d'une « grève générale corporative » mais d'une « grève généralisée » où différents établissements sont touchés isolément par la grève. La physionomie du mouvement est d'ailleurs révélatrice de l'état d'esprit qui domine parmi le personnel des établissements de crédit : la contagion l'emporte en effet sur toute décision du « corps professionnel », témoignant de la prédominance de l'esprit « maison » sur l'esprit de « corps » dans cette profession. Pourtant, cette profession n'est pas dépourvue d'organisme de décision : dix ans auparavant, le syndicat des employés de banque et de bourse s'était constitué. Mais les militants, qui n'étaient déjà pas nombreux avant la guerre, sont partis au front « et leurs remplaçantes n'ont pas encore pris place dans les syndicats ».[59] Les femmes ont néanmoins participé à la grève : cette participation est attestée par une note des renseignements généraux : « on note que les employées de la Société générale ont été rejointes par les employés, hommes et femmes, du Crédit lyonnais et du Comptoir national d'escompte ».[60] Après la grève du printemps 1917, l'activité syndicale reprend progressivement avec une plus grande participation des femmes, semble-t-il : au début de l'été 1917 en effet, les réunions des syndicats deviennent plus régulières et se peuplent de femmes. La réunion organisée le 24 juin par les syndicats des employés de banque et de bourse rassemble ainsi près de 700 personnes dont une majorité écrasante de femmes (650). Les orateurs s'adressent aux « dames » et les encouragent à se syndiquer.[61] « Particulièrement nombreuses à être venues remplacer les employés de banque masculins, les femmes sont les premières victimes des bas salaires et de la cherté de la vie dans ces secteurs. C'est le cas notamment à la Société générale où travaillent à Paris, 2 300 femmes pour 2 700 employés ».[62] Nous ne disposons pas de chiffres précis qui permettent de mesurer le taux de féminisation du personnel du Crédit lyonnais pendant la guerre mais l'exemple de la Société générale, où plus de 85 % du personnel parisien est féminin en 1917, nous donne une idée de l'ampleur du phénomène. Si, jusqu'à la grève du mois de mai 1917, la mobilisation massive du personnel masculin des établissements de crédit a provoqué une mise en sourdine de

---

[59] Delphine Gardey, *op. cit.*, p. 139.

[60] Le rapport des Renseignements généraux du 26 mai 1917, APPP, Ba 1 406.

[61] Presse et Notes, 1917, Réunion de la Chambre syndicale des employés de banque et de bourse, 24 juin 1917, AN, F7 13 719.

[62] Presse et Notes, 1917, Note du 22 septembre 1917 sur le mouvement d'agitation du personnel des maisons de banque, AN, F7 13 719.

l'activité syndicale des employés de banque, déjà peu développée dans ce secteur d'activité avant la guerre, les bas salaires du personnel en fonction, la réduction de son pouvoir d'achat sous l'effet de la hausse des prix qui commence à se faire sentir dès 1916,[63] la suppression puis l'érosion de certains avantages comme la semaine anglaise, les congés annuels et les augmentations de fin d'année, provoquent une détérioration du climat social qui, après la grève de 1917, se cristallise autour du syndicat. En neuf mois, de mai 1917 à février 1918, au fur et à mesure que les sources d'agitation se multiplient dans les banques, le syndicat des employés de banque et de bourse accroît en effet ses effectifs, obtenant peu à peu les moyens de sa politique : au 1er février 1918, il compte 5 000 adhérents.[64] Ainsi, dès l'automne 1917, l'agitation reprend dans les banques. Elle se cristallise autour de la remise en cause de la semaine anglaise acquise en mai pour la période d'été : « À la Société générale, au Crédit lyonnais, au Comptoir d'escompte, au Crédit industriel et commercial, à la Banque de Paris et des Pays-Bas, à la Banque du Nord, etc., la question de la semaine anglaise est en ce moment agitée par le personnel ».[65] À la suite des accords qui ont été conclus à l'issue de la grève du mois de mai 1917, les employés de banque et de bourse ont en effet bénéficié de la semaine anglaise pendant la période d'été où la bourse des valeurs ferme le samedi. « Or, cet établissement devant rester ouvert ce jour-là à partir du mois d'octobre, les maisons de banque ont en conséquence l'intention de ne plus appliquer la semaine anglaise ».[66] L'annonce de cette mesure provoque un vif mécontentement parmi les employés de banque et de bourse. Il est conduit par Léopold Faure, le secrétaire général de la chambre syndicale des employés de banque et de bourse : « très intelligent, très actif, dénué de scrupules et actuellement, très besogneux, Faure ne saurait sans doute être considéré par les maisons de banque comme un adversaire négligeable ».[67] Ce dirigeant syndical choisit de recourir à la médiation du ministère du Travail : la grève est ainsi évitée. Le personnel féminin

---

[63] « L'inflation du XXᵉ siècle trouve son origine, comme premier moteur, dans l'économie de guerre de 1914-1918 ; et ses formes les plus visibles, insolites pour les contemporains, furent alors « l'inflation fiduciaire » (la « planche à billets ») et la hausse exceptionnelle des prix », Jean Bouvier, *Un siècle de banque française : les contraintes de l'État et les incertitudes des marchés*, Hachette, Paris, 1973, 284 pages, p. 251.

[64] Presse et Notes, 1918, Réunion organisée par le conseil d'administration de la Chambre syndicale des employés de banque et de bourse, le 15 février 1918, AN, F7 13 719.

[65] Rapport des Renseignements généraux du 25 septembre 1917, APPP, Ba 1 407.

[66] Le chef du service des Renseignements généraux à Monsieur le Préfet de Police, Paris, le 22 septembre 1917, APPP, Ba 1 407.

[67] Cité in rapport des Renseignements généraux du 25 septembre 1917, déjà cité.

semble avoir activement participé à ce mouvement de revendication comme en témoigne ce tract appelant « au droit absolu à la semaine anglaise de toutes les femmes sans exception » : « En effet, qu'elle travaille dans les ateliers de couture, dans les bureaux ou dans toutes les autres maisons, elles ont toutes les mêmes besoins (on ne peut pas dire besoin de repos, puisqu'en raison de son « sexe faible », sans doute ?) la femme n'a pas le droit au repos comme l'homme quand elle rentre de son travail ! Mais faut-il encore qu'elle ne tombe pas littéralement en loques. Elle a besoin au moins, du temps matériel pour se raccommoder, entretenir son linge et ses vêtements, ceux de ses enfants et de son mari quelquefois aussi. Elle a également besoin de faire son ménage à fond, impossible à faire en semaine. Elle a besoin de faire des courses que personne ne peut faire pour elle [...] Quelques maisons accordent la semaine anglaise. Pourquoi toutes les maisons ne l'accorderaient-elles pas... au moins... à la femme à qui elle est indispensable ! »[68]

En mars de l'année suivante, le personnel des banques recommence à s'agiter : si « les salaires de famine » ont déclenché la grève précédente, les « quelques miettes de pain » alors obtenues, rapidement érodées par l'inflation, ne lui suffisent plus. Une « prime de vie chère » a en effet été accordée à l'ensemble du personnel des établissements de crédit à l'issue du conflit de mai 1917. Au Crédit lyonnais, son coût global s'élève, pour l'année 1917, à 3 255 708 F.[69] Aussi, une rumeur selon laquelle cette prime allait être portée de 2 à 3 F, vite démentie, mit-elle le feu aux poudres, d'abord à la Société générale puis au Crédit lyonnais. Menée dans le premier établissement par Pauline M., ce mouvement de revendication fut également féminin au Crédit lyonnais et plus précisément au service des Coupons : « C'est ainsi que tout récemment, au cours d'un exercice d'alerte au Crédit lyonnais, les nombreuses employées des coupons descendues dans les sous-sols, ont profité du désarroi pour réclamer les 3 francs sur l'air des lampions ».[70] Mais la grève fut une nouvelle fois écartée : les employées de la Société générale et du Crédit lyonnais obtinrent les 3 francs tandis qu'au Comptoir national d'escompte et au Crédit industriel et commercial, le personnel resta calme. La participation du personnel féminin aux différents mouvements revendicatifs qui ont secoué les établissements de crédit entre le printemps 1917 et l'automne 1918 a donc été incontestable. Mais qu'en a-t-il été de la participation des femmes à l'activité syndicale ?

Incapable de la mesurer quantitativement, nous pouvons néanmoins citer, pour l'illustrer, l'exemple de Pauline M. Cette demoiselle, titulaire

---

[68] Presse et Notes, 1917, tract sans date, AN, F7 13 719.
[69] Il s'agit de francs courants.
[70] Presse et Notes, note du 16 mars 1918, AN, F7 13 719.

du brevet supérieur et d'un diplôme de fin d'études secondaires, était polyglotte et pratiquait la sténo-dactylographie. D'abord répétitrice dans un collège, elle entra en 1910 comme auxiliaire à la Société générale avant d'être titularisée à l'annexe de la banque, avenue Kléber. En mai 1917, à l'issue de la grève, elle adhère au syndicat des employés de banque et de bourse où jusqu'alors, le personnel féminin semblait avoir été absent comme en témoigne l'intitulé même du syndicat. En raison de la mobilisation des cadres masculins du syndicat, elle y acquit très vite une place importante : « Mlle Mondange se révéla manifestement supérieure et ne tarda pas à être admise au sein du conseil syndical où elle représente l'élément féminin de la banque qui, depuis la guerre, a acquis la prépondérance sur l'élément masculin ».[71] La présence de l'élément féminin dans l'action syndicale est ainsi attestée.

Ainsi, après avoir pénétré des espaces de travail diversifiés au Crédit lyonnais, les femmes ont également investi les organismes de défense professionnelle bancaire. En 1918, à l'approche de la fin de la guerre, elles sont donc parfaitement intégrées au marché du travail de ce secteur d'activité : désormais expérimentées dans les emplois administratifs de sténographe, de dactylographe ou de comptable tout en continuant à être moins rémunérées que leurs homologues masculins, elles ne font pas l'objet de plan de licenciement lors du retour au travail de ces derniers après la signature de l'armistice, le 11 novembre 1918 ; mieux, elles ont continué à être embauchées. La Grande Guerre a donc incontestablement modifié la structure du personnel du Crédit lyonnais en débouchant non seulement sur une féminisation massive mais aussi définitive du recrutement. Pas plus que par un retour des femmes à leurs foyers ou à leurs emplois d'antan, la fin de la guerre ne s'est traduite par un retour au calme social. Dès lors, l'agitation est devenue endémique au Crédit lyonnais jusqu'à la participation massive du personnel à la première grève générale corporative des employés de banque en juillet-septembre 1925. Elle traduit un profond malaise du personnel dont nous allons décrire les manifestations et tenter d'en analyser les raisons.

II. Un climat social détérioré (1919-1925)

Commencée pendant la guerre, la détérioration du climat social se poursuit entre 1919 et 1925. De même que les grèves partielles se multiplient, de même le *turn-over* et l'absentéisme se développent considérablement. Alors que les grèves ont été analysées à la lumière des archives du Crédit lyonnais et des archives de la Préfecture de Police de Paris, l'évolution du *turn-over* a été étudiée à partir de l'échantillon composé du personnel sorti entre 1920 et 1925. Précisons que le critère

---

[71] Presse et notes, 1918, Note sur Pauline M., 19 avril 1918, AN, F7 13 719.

de l'année de sortie qui a présidé à la constitution de l'échantillon s'est imposé pour apprécier l'augmentation des flux de sortie durant cette période. Ce choix a été motivé par la lecture préalable d'articles contemporains qui font référence aux vagues de démissions qui déferlent alors sur les établissements de crédit.[72] L'indocilité et l'instabilité du personnel traduisent un malaise social dont les causes sont multiples : certaines sont explicites, exposées dans les cahiers de revendications et dans les lettres de démission, d'autres sont plus profondes, résultant d'une double crise d'identité, à la fois sociale et professionnelle, du personnel.

A. Un personnel moins docile et moins stable qu'avant la guerre

1. La multiplication des grèves partielles et des mouvements revendicatifs

La mesure précise (chiffrée) de la participation du personnel aux grèves n'est pas facile : si la participation du personnel parisien a pu être mesurée quantitativement grâce aux rapports de police, il n'en a pas été de même pour la participation du personnel de province. Pour apprécier cette dernière, nous nous sommes fondés sur la correspondance passée en 1919 entre le Baron Brincard,[73] alors directeur général et Paul Platet,[74] administrateur-délégué à Lyon et sur la correspondance passée, à partir de 1920, entre Alfred Poindron, le directeur du personnel[75] et Jean Madinier,[76] le deuxième administrateur-délégué à Lyon. La participation du personnel du Crédit lyonnais aux grèves qui éclatent dans la banque en 1919 s'inscrit dans un contexte particulier. Depuis la démobilisation, une vague de fond soulève l'ensemble des salariés. Ils ont perdu des centaines de milliers des leurs ; tous exigent une vie meilleure ; les uns se réclament des droits qu'ils estiment avoir acquis, d'autres se dressent contre le régime qui engendre la misère et la guerre. À Paris, « le 1er mai 1919, c'est la grève générale : les usines et les services publics, arrêtés, les banques et les grands magasins fermés. Des centaines de milliers de

---

[72] « La crise du personnel » in le *Journal Syndical des Employés de Banque et de Bourse*, juillet et septembre 1920.

[73] À la démobilisation, Georges Brincard occupe la fonction de directeur général qu'il conserve jusqu'en 1922. À cette date, il reçoit la Présidence qu'il exerce jusqu'à la privatisation du Crédit lyonnais en 1945.

[74] Après avoir dirigé le siège social pendant dix ans, entre 1908 et 1918, Paul Platet exerce à partir du 11 juillet 1918 la fonction d'administrateur-délégué.

[75] Entré comme contrôleur général au Crédit lyonnais le 1er janvier 1920, Alfred Poindron fut nommé directeur du personnel le 4 août 1920.

[76] Jean Madinier exerçait la fonction d'administrateur délégué depuis le 9 mai 1908.

travailleurs manifestent dans les rues, il y a des cas de fraternisation avec la troupe ; des chocs violents ont lieu avec la police, deux travailleurs dont Auger, employé à la Banque de l'Union parisienne, sont tués par les policiers. On compte des centaines de blessés dont Paul Vaillant-Couturier et Alexandre Blanc ».[77] Les banques ne sont donc pas en reste : dans ce secteur d'activité, on compte au 5 mai « 15 000 grévistes qui réclament le respect du droit syndical, l'institution de conseils de discipline, l'augmentation des salaires et l'amélioration du régime des retraites ».[78] À cette date, sur les 5 400 employés composant les effectifs du siège central du Crédit lyonnais, la direction évalue le nombre des grévistes à 1 200 : « tous les garçons-payeurs et de recette sont en grève. Des rassemblements se sont formés ce matin entre 8 heures 30 et 9 heures 30 aux deux portes d'entrée, boulevard des Italiens et rue du 4 Septembre ».[79] Le lendemain, les effectifs des grévistes ont déjà doublé. Mais pour l'heure, le Crédit lyonnais n'est pas l'établissement le plus fortement touché par la grève. À la succursale de la Société générale en effet, dite succursale du Trocadéro, située avenue Kléber, 76 % de l'ensemble du personnel est déclaré en grève : « le travail est totalement arrêté ».[80] Au siège du Comptoir national d'escompte qui occupait alors 2 000 employés, le nombre des grévistes est de 912. En revanche, au Crédit industriel et commercial, à la Banque nationale de crédit et à la Banque de l'Union parisienne, le nombre des grévistes est relativement faible : 217 pour le premier, 2 pour la seconde et 17 pour la troisième. Cette grève des établissements de crédit parisiens dure un peu plus de dix jours, au cours desquels le nombre des grévistes augmente : de 5 276, il passe à 9 935.[81] C'est au Crédit lyonnais que l'augmentation a été la plus importante : le nombre des grévistes du siège central a en effet presque triplé entre le début et la fin du mouvement, passant de 1 200 à 3 100.[82] Ainsi, le 14 mai 1919, un peu plus de 57 % du siège du

---

[77] Pierre Delon, *Les employés : de la plume d'oie à l'ordinateur, un siècle de luttes*, Paris, 1969, 223 pages, p. 79.

[78] *Idem*, p. 85. Le chiffre de 15 000 grévistes semble être celui des organisateurs. Il est à relativiser : en effet, à la date du 5 mai 1919, le rapport des Renseignements généraux évaluait à 5 276, pour Paris, le nombre des employés de banque en grève sur un effectif total de 25 000 employés.

[79] Cité in rapport adressé par le chef du service des Renseignements généraux au Préfet de Police, daté du 5 mai 1919, APPP, Ba 1 389.

[80] *Idem*, le rapport déclare 2 508 grévistes sur les 3 293 employés qu'occupait l'agence.

[81] Chiffre cité in rapport adressé par le chef du service des Renseignements généraux au Préfet de Police, le 16 mai 1919, APPP, Ba 1 389.

[82] *Idem*. Au 16 mai 1919, les effectifs des grévistes se répartissent de la façon suivante :
– Société générale (Trocadéro)   2 400
– *Idem* (Siège)   206
– Crédit lyonnais…   3 100

Crédit lyonnais est en grève. C'est dire le mécontentement du personnel parisien. Le climat social était-il meilleur en province, dans les réseaux d'agences ? Si la participation du personnel provincial aux grèves locales ne peut pas être mesurée de façon aussi précise que celle du personnel parisien compte tenu de l'état de nos connaissances,[83] l'analyse de la correspondance entre le Baron Brincard et Paul Platet permet en revanche de répondre par la négative à cette question. Entre le mois de mai et le mois de décembre 1919 en effet, en plus du siège central, six agences provinciales se sont effectivement mises en grève : il s'agit des agences de Dijon, Marseille, St Étienne, Clermont-Ferrand, Toulouse et Nice.[84] Contrairement à la grève parisienne qui s'était déclenchée à la suite d'une grève généralisée, touchant plusieurs professions, ces grèves locales ont été des grèves partielles, étroitement circonscrites : une profession dans une localité.[85] En plus d'être disséminées dans l'espace, ces grèves locales sont dispersées dans le temps. Les premières ont été de courte durée : à Dijon et à Marseille, elles n'ont duré qu'un jour, la première ayant lieu le 10 juin, la seconde, le 20 juin, la troisième, à Saint-Étienne, a duré deux jours, les 8 et 9 juillet, la quatrième, à Clermont-Ferrand, déclenchée le 26 août, a duré près de quinze jours, s'achevant le 9 septembre, la cinquième, à Toulouse, a duré cinq semaines,[86] du 29 septembre au 31 octobre et la dernière enfin, à Nice, a été la plus longue : commencée le 30 octobre, elle s'est achevée le 19 janvier de l'année suivante. Pour illustrer l'importance de la participation du personnel des agences du Crédit lyonnais à ces grèves locales, citons quelques exemples : « le personnel de notre agence de Clermont est en grève depuis lundi, à l'exception de huit employés ou chefs de service grâce auxquels nous avons pu assurer jusqu'à présent les retraits de titres et espèces. Le personnel de la sous-agence d'Issoire

---

– Comptoir d'escompte…	1 375
– Crédit industriel et commercial…	594
– Banque de l'Union parisienne…	50
– Banque nationale de Crédit…	10
– Crédit du Nord…	600
– Établissements secondaires et agences diverses…	1 600

[83] La mesure quantitative de la participation du personnel des agences provinciales passait par le dépouillement des archives départementales que je n'ai malheureusement pas pu effectuer.

[84] Voir la correspondance entre la direction générale et la direction des agences régionales, année 1919, AH CL, 098 AH 249.

[85] Les notions de grève partielle, de grève généralisée et de grève générale ont été définies par Michelle Perrot, « Méthodes de grève » in *Jeunesse de la Grève, op. cit.*, p. 102-109.

[86] La grève des banques de Toulouse de 1919 est attestée dans *Le « Mai » des Banques*, ouvrage réalisé par des militants CFDT, Syros, Lyon, 1974, 99 pages.

est également en grève à l'exception du gérant et d'un garçon ».[87] Si à Clermont-Ferrand les gradés semblent avoir constitué la majorité des non-grévistes, à Toulouse en revanche, il semblerait que les chefs de service se soient également mis en grève : « Au Comptoir national d'escompte, les chefs de service sont restés en fonctions mais, au Crédit lyonnais et à la Société générale, il n'en serait pas de même ».[88] La participation du personnel du Crédit lyonnais aux grèves locales qui se sont déclenchées dans les établissements de crédit dans la seconde moitié de l'année 1919 est ainsi incontestable.

La configuration de ces grèves de 1919, partielles, circonscrites à une localité, témoigne de l'absence de conscience corporative des employés de banque au lendemain de la guerre : « l'esprit maison » né des politiques paternalistes mises en place dans les grands établissements de crédit avant-guerre continue encore à être vivace dans cette profession. La question se pose de savoir dans quelle mesure l'évolution de la méthode de grève pratiquée par les employés de banque entre 1919 et 1925, (en juillet 1925, la grève générale corporative se substitue aux grèves partielles), traduit les progrès de la conscience collective de ce groupe de salariés au détriment de la conscience « maison ».

Le mouvement d'agitation dans les banques n'a pas pris fin avec l'année 1919. Il s'est en effet poursuivi de façon *quasi* ininterrompue jusqu'en juillet 1925. À Paris, deux vagues d'agitation ont été recensées entre 1920 et le mois de juillet 1925, aucune d'entre elles n'ayant débouché sur une grève effective du personnel du siège central du Crédit lyonnais. La première date de février 1920, la seconde, d'avril 1923. Après le déplacement de deux militants syndicaux décidé le 11 février 1920 par la direction de la Société générale, le personnel de cet établissement se mit en grève : « leurs camarades répondent par la grève ; immédiatement 4 500 employés sur 7 000 arrêtent le travail. Un cahier de revendications est déposé et l'agitation s'étend à toute la corporation. Le 14, un *meeting* rassemble près de 10 000 employés, il règne une atmosphère de bataille, mais en définitive, il est voté un ordre du jour affirmant la volonté des corporants de défendre leurs revendications, de défendre leurs camarades déplacés, mais remettant la grève à plus tard, pour ne pas être accusés de « sabotage » de l'emprunt ».[89] Aucune information ne permet de mesurer de façon précise la participation du personnel du Crédit lyonnais à cette vague d'agitation. La situation est

---

[87] Cité in lettre relative au personnel de l'agence de Clermont-Ferrand adressée par Paul Platet à la direction générale, Lyon, le 28 août 1919, AH CL, 098 AH 249.

[88] Cité in rapport de la direction des agences départementales relatif à la grève du personnel des banques de Toulouse, Paris, le 29 septembre 1919, AH CL, 098 AH 249.

[89] Pierre Delon, *op. cit.*, p. 86.

différente en avril 1923 : « les seuls employés du Crédit lyonnais se sont réunis le samedi 14 à la bourse du travail au nombre de 1 500 à 2 000. Ils disent 3 000 ».[90] À cette date, la nature du mouvement semble avoir changé de configuration dans la mesure où ce dernier cesse d'être circonscrit à Paris en gagnant à sa cause l'ensemble du personnel de l'établissement. Une solidarité nouvelle s'exprime en effet non seulement entre le personnel parisien et le personnel lyonnais : « Le personnel du Crédit lyonnais de Lyon se déclare solidaire du personnel du Crédit lyonnais de Paris »[91] mais aussi entre le personnel des sièges et le personnel des agences : « Les agences de Marseille et de Nantes, celle-ci, à l'unanimité, auraient déjà envoyé l'assurance de leur solidarité pour le mouvement qui se prépare ».[92] Le témoignage d'un gradé du Crédit lyonnais, alors chef des titres de l'agence de Lille, révèle la façon dont s'effectue progressivement dans l'esprit du personnel le passage de l'ancienne solidarité « maison » à la nouvelle solidarité professionnelle, syndicale : interrogé par le directeur de l'agence qui lui demande « ce qu'il ferait dans le cas où la décision du syndicat serait prise de rentrer une heure en retard à un jour fixé », ce dernier répond que « lui comme les autres syndiqués seraient obligés d'obéir, par solidarité pour les camarades de Paris », mais il ajoute : « Croyez bien, M. le directeur, que nous vous sommes tous très reconnaissants de votre attitude bienveillante à notre égard et que nous serions contrariés de vous être désagréables, mais qu'il y a une question d'intérêt général qui est au-dessus de tout et qui nous oblige à faire abnégation de nos sentiments personnels ».[93] Toutefois, c'est toujours dans le cadre de la « maison » que s'exprime cette nouvelle solidarité et si l'agitation s'étend au personnel du Comptoir national d'escompte, c'est davantage par contagion que par décision : « L'agitation gagne le CNEP. Depuis lundi, les camarades se refusent de toute heure supplémentaire (indispensable étant donné la pénurie de personnel). Comme le CNEP et les autres boîtes paient trop mal (ils ne trouvent plus à embaucher) ; à 6 heures juste, le boulot est resté en rade ».[94] Cette vague d'agitation d'avril 1923 n'a toutefois pas débouché sur une grève effective du personnel du siège central. Alors

---

[90] Lettre de la direction générale adressée à Paul Platet le 20 avril 1923, AH CL, 098 AH 249.

[91] Dépêche envoyée par la direction du siège social à la direction du siège central, le 21 avril 1923, AH CL, 098 AH 249.

[92] Lettre de Bertrand, directeur de l'agence de Lille à Macé, directeur des agences départementales, Lille, le 25 avril 1923, AH CL, 098 AH 249.

[93] *Idem.* Le directeur de l'agence de Lille évaluait à 85 le nombre des syndiqués dans son agence, AH CL, 098 AH 249.

[94] Cité in *Appel* envoyé par le syndicat du siège central à toutes les agences, joint à la lettre précédemment citée, AH CL, 098 AH 249.

que les deux mouvements revendicatifs recensés à Paris en février 1920 et en avril 1923 n'ont pas débouché sur des cessations de travail du personnel du Crédit lyonnais, des grèves ont en revanche effectivement éclaté en province. Ainsi, à Roubaix, les employés de l'agence se sont mis en grève le 2 février 1920 : le 4 mars, « le travail est repris sans paiement des journées de grève et sans sanctions pour fait de grève ».[95] Au mois de novembre 1921, le personnel de Marseille manifeste son mécontentement contre la suppression de l'indemnité de chauffage.[96] Au mois de décembre de l'année suivante, des manifestations contre la modicité des augmentations de fin d'année éclatent dans plusieurs succursales du Crédit lyonnais : à Chambéry, à Avignon, à Marseille, à Tarbes, à Nantes…[97] En janvier 1923, le personnel de l'agence de Chambéry effectue une « grève des bras croisés » pendant une heure « pour protester contre le fait que le directeur ait refusé de recevoir son personnel parce que celui-ci était syndiqué ».[98] Le motif de cette grève des « bras croisés » traduit les progrès de la conscience syndicale du personnel des agences provinciales. L'année suivante, l'évolution se confirme : à Marseille, le motif de la grève déclenchée le 31 mai est indépendant de la question des salaires : « les syndicats ont entrepris une campagne visant à l'organisation dans chaque établissement de la fameuse commission paritaire depuis longtemps réclamée et que nous avons toujours refusée d'admettre ».[99] Ce n'est donc pas tant le thème abordé qui constitue la nouveauté mais le fait qu'il soit désormais devenu un thème fédérateur au même titre que les augmentations de salaires. Ces dernières ont cependant continué à constituer l'objet des principales revendications exprimées par le personnel des agences jusqu'au déclenchement de la grève générale corporative en juillet 1925. Ces mouvements de revendications salariales se sont en effet multipliés

---

[95] Cité in lettre de la direction générale adressée à la direction des agences départementales, le 4 mars 1920, AH CL, 098 AH 249.

[96] Cité in lettre adressée par le Syndicat des employés de banques et de bourse de Marseille au directeur du Crédit lyonnais, Marseille, le 21 Novembre 1921, AH CL, 098 AH 249.

[97] Cité in lettre adressée au directeur de la Société générale par le directeur de l'agence de Chambéry de cet établissement, relative aux manifestations constatées au Crédit lyonnais, Chambéry, le 26 décembre 1922, AH CL, 098 AH 249.

[98] Lettre adressée le 26 janvier 1923 par le Baron Brincard, désormais Président, à M. Madinier, relative à la visite de Marcel Leger, le Député de la Savoie, ancien ouvrier et membre de syndicats catholiques, venu transmettre les désirs du personnel de l'agence de Chambéry qui consistaient en « une amélioration des traitements de début et en l'obtention de l'indemnité de vie chère des villes de 1re catégorie », AH CL, 098 AH 249.

[99] Cité in lettre de Madinier au Baron Brincard, Lyon, le 31 mai 1924, AH CL, 098 AH 249.

au début de l'hiver 1924 dans les agences d'Avignon,[100] Caen,[101] Dijon,[102] Tarbes[103] et Carcassonne[104] : ils n'ont débouché sur aucune grève effective mais n'en constituent pas moins des témoignages de la précarité de la paix sociale qui existe alors au Crédit lyonnais. La multiplication des grèves partielles et des mouvements revendicatifs ne constitue pas le seul témoignage du mauvais climat social qui règne au Crédit lyonnais : ce dernier se manifeste également à travers le développement du *turn-over* et de l'absentéisme.

2. Turn-over *et absentéisme*

La croissance du *turn-over* s'est traduite par une augmentation du coefficient d'instabilité[105] : 70 % de l'échantillon composé des personnes majoritairement recrutées entre 1915 et 1925 travaille désormais moins de cinq ans, durée moyenne de formation d'un employé de banque ; ils sont désormais 40 % à ne pas rester une seule année au travail contrairement à la génération précédente pour laquelle cette part ne s'élevait qu'à 25 %. Cette réduction de la durée des carrières pose le problème de l'inadaptation du système de formation traditionnel : la mobilité inter-services sur lequel il reposait impliquait en effet une durée moyenne de passage dans le service de 2 à 3 ans. Cette croissance du *turn-over* s'explique en particulier par une multiplication des démissions alors que dans l'échantillon composé du personnel sorti entre 1910 et 1915, la part du personnel démissionnaire s'élevait à 54 %, dans l'échantillon composé du personnel sorti entre 1920 et 1925, cette part s'élève désormais à 76 %. La presse syndicale de l'époque souligne à plusieurs reprises ce phénomène : ainsi, dès 1920, paraissent dans le *Journal Syndical des Employés de Banque et de Bourse* deux articles qui évoquent les vagues de démissions dans les établissements de crédit : « le nombre des employés démissionnaires au Comptoir d'escompte, au Crédit lyonnais et à la Société générale est formidable et l'on se demande le but poursuivi

---

[100] Cité in lettre adressée par les employés de l'agence du Crédit lyonnais à Avignon au Président du conseil d'administration dudit établissement à Lyon, Avignon, le 6 décembre 1924, AH CL, 098 AH 249.

[101] Voir la lettre adressée par Poindron à Madinier, le 9 décembre 1924, AH CL, 098 AH 249.

[102] Voir la copie de la lettre adressée par le Syndicat des employés de banque de Dijon et de la Région au directeur des agences régionales, Dijon, le 9 décembre 1924, AH CL, 098 AH 249.

[103] Voir la lettre adressée par Madinier à Poindron, Lyon, le 12 décembre 1924, AH CL, 098 AH 249.

[104] Voir la lettre adressée par Poindron à Madinier, Paris, le 13 décembre 1924, AH CL, 098 AH 249.

[105] Notion utilisée par Alain Dewerpe, *Le Monde du Travail en France, 1800-1950*, p. 113.

par ces maisons en ne mettant pas un terme à cet état de chose ».[106] Au
mois de juillet 1922, le syndicat indépendant des employés de banque de
la Savoie insiste, dans une lettre adressée au Président du conseil
d'administration du Crédit lyonnais, sur les nombreuses démissions qui
ont alors lieu parmi le personnel de l'agence de Chambéry : « Depuis
avril 1922 en effet, l'agence du Crédit lyonnais de Chambéry a enregistré des démissions nombreuses, démissions éclatantes si l'on considère
qu'elles privent cette agence de son chef des titres, de ses deux démarcheurs titres et de divers employés déjà pourvus d'un bagage professionnel respectable ».[107] Ceci prouve que les démissions touchent non
seulement le jeune personnel inexpérimenté qui ne reste pas plus d'un
an au Crédit lyonnais et dont on comprend que l'attachement à l'établissement ne doit pas être grand, mais aussi le personnel qualifié, que
l'administration, par le biais de sa politique paternaliste, cherche pourtant à fidéliser. L'instabilité du personnel s'est non seulement traduite
par la croissance du *turn-over* mais aussi par le développement de
l'absentéisme comme en témoignent certaines mesures prises par le chef
du personnel du siège central pour lutter de façon systématique contre la
multiplication des absences et des retards : « Notre attention ayant été
attirée par le grand nombre d'absences et de retards nuisibles à la bonne
exécution du travail, les dispositions suivantes seront appliquées à partir
du 21 février 1921 ».[108] Ces mesures consistent en un rétablissement
obligatoire de la feuille de présence dans tous les services et dans le
suivi d'un « état des absences et des retards » dont il devait désormais
être tenu compte lors de l'examen des propositions d'augmentations de
fin d'année. L'adoption de ces mesures constitue une preuve incontestable, malgré l'absence de chiffres, du développement de l'absentéisme au
siège central au début des années 1920. Ainsi, l'instabilité du personnel,
autre forme de pratique contestataire, constitue un témoignage supplémentaire de son « mécontentement »,[109] dont nous nous proposons
maintenant d'en analyser les sources.

---

[106] Cité in « La crise du personnel », in *Le Journal Syndical des Employés de Banque et de Bourse*, juillet 1920 et septembre 1920.

[107] Cité in lettre adressée par le Syndicat indépendant des employés de banque de la Savoie au Président du Crédit lyonnais (Paris), Chambéry, le 23 juillet 1922, AH CL, 098 AH 249.

[108] Cité in note n° 154 du service du personnel du siège central, datée du 16 février 1921, AH CL, 098 AH 242.

[109] Le syndicat indépendant des employés de banque de la Savoie interprétait les démissions comme telles : « J'ai l'honneur d'attirer votre attention sur des faits qui, par leur répétition, sont une preuve d'un mécontentement, souventes fois et hélas, en vain, signalé », in lettre déjà citée du 23 juillet 1922, AH CL, 098 AH 249.

B. Les raisons du mauvais climat social

Nous procéderons à l'inventaire de ces raisons en distinguant d'une part, les raisons explicites, analysées à la lumière des cahiers de revendications et des motifs de démission, et d'autre part, les raisons plus profondes, en étudiant la double crise d'identité, sociale et profession-nelle, vécue, semble-t-il, par le personnel de l'établissement entre 1919 et 1925.

1. Les motifs explicites de mécontentement : « cherté de la vie » et « insuffisance des salaires »

Les arguments « cherté de la vie » et « insuffisance des salaires » sont sans conteste au centre du mécontentement exprimé par le person-nel dans les cahiers de revendications présentés à la direction entre 1919 et 1925 et dans les motifs de démission. En effet, de mai 1919 à juil-let 1925, parmi les revendications présentées, les augmentations de salaire ont le plus souvent occupé le premier rang. Ainsi, à Paris, lors de la grève de mai 1919, les grévistes réclament la fixation d'un minimum de traitement pour les employés au-dessous de 23 ans et une augmenta-tion de traitement pour les employés au-dessus de 23 ans. Le personnel parisien du Crédit lyonnais obtint des augmentations de traitement de 10 à 20 %. Dès lors, certaines agences provinciales cherchèrent à obtenir les barèmes de traitements appliqués à Paris et dans la région parisienne. L'agence de Dijon, par le biais du syndicat des employés de banque de Dijon et de la région, réclame ainsi un barème de salaire minimum.[110] À Toulouse, les grévistes réclament « la fixation des indemnités de cherté de vie, l'application d'un traitement minimum de 2 400 F à 23 ans d'âge pour les employés masculins (chiffres de Paris), l'application au person-nel masculin âgé de 18 ans, d'un traitement minimum de 1 800 F et l'application au personnel auxiliaire féminin d'un traitement minimum de 1 800 F sans limitation d'âge ».[111] À Nice, les employés de banque protestent énergiquement « contre les appointements de famine qui continuent à leur être servis, appointements qui ne leur permettent plus étant donné la cherté de la vie toujours croissante, de vivre ou de faire vivre leur famille ».[112] À Lyon, le personnel du Crédit lyonnais réclame

---

[110] Cité in cahier de revendications adressé par le syndicat des employés de banque de Dijon et du département à M. Lehideux, Président de l'Union syndicale des banquiers de Paris et de la province, Dijon, le 10 juin 1919, AH CL, 098 AH 249.

[111] Cité in rapport rédigé par la direction des agences départementales relatif à la grève du personnel des banques de Toulouse, Paris, le 29 septembre 1919, AH CL, 098 AH 249.

[112] Cité in ordre du jour de l'assemblée générale du syndicat des employés de banque de Nice, le 25 octobre 1919, AH CL, 098 AH 249.

« la fusion avec l'appointement de toutes les indemnités qui ressemblent à des aumônes ».[113] Il s'agit des indemnités de « cherté de vie », de « chauffage » et des indemnités de « temps de guerre » : au 31 décembre 1919, le versement de ces indemnités représente, pour la direction, un coût global de 20 469 294 F.[114] Les indemnités de vie chère et de chauffage ont été instituées en 1917 : la première, à l'issue des grèves de mai-juin et la seconde, durant l'hiver, pour tenter d'apaiser les tensions sociales dues aux conditions de vie difficiles ; l'indemnité du temps de guerre fut versée en 1919 par l'administration pour indemniser les démobilisés du temps passé sous les drapeaux. Adoptées à titre provisoire, ne constituant aucunement un droit, ces trois indemnités pouvaient à tout moment être supprimées. L'incorporation de ces primes dans le traitement, revendiquée par le personnel lyonnais, vise incontestablement à prévenir leur suppression. À Marseille, en novembre 1921, le personnel proteste précisément contre la suppression de l'indemnité dite de chauffage : « Depuis 1917, les établissements financiers accordaient annuellement, à leur personnel, une indemnité dite de chauffage variant entre 100 et 150 F. Pour des raisons inconnues de nous, la dite indemnité vient cette année d'être supprimée subitement. [...] Nos maigres appointements ne suffisent plus, les vivres augmentent et ne diminuent pas ; le coût des vêtements suit l'ascension du prix des vivres et celui des loyers et logements monte si rapidement, que les prix demandés effrayent le personnel bancaire. Et vous diminuez ou plutôt supprimez une indemnité qui était presque une aumône. L'équilibre des budgets de chacun de vos employés est vacillant. Aussi, nous protestons énergiquement contre cette suppression que nous disons injustifiée, attendu que la vie ne baisse pas ».[115] Quelle était donc la structure du budget d'une famille d'employés du Crédit lyonnais ?

En mai 1923, pour illustrer la cherté de la vie et l'insuffisance de leurs salaires, les employés de banque lyonnais envoient au directeur de l'établissement le détail des dépenses mensuelles effectuées par une famille de 4 personnes comprenant les parents et deux enfants âgés de 4 ans et 2 ans. Les dépenses s'établissent comme suit :

---

[113] Cité in extrait des cinq résolutions votées par les employés du Crédit lyonnais réunis en assemblée générale le 25 octobre 1919, adressé par le secrétaire général du syndicat des employés de banque et de bourse de la ville de Lyon au directeur du Crédit lyonnais à Lyon, Lyon, le 28 octobre 1919, AH CL, 098 AH 249.

[114] Il s'agit de francs courants. Ce sont les chiffres cités dans le poste « Dépenses de Personnel » inscrit dans le « Livre Rouge », encore appelé « Comptes de Profits et Pertes au 31 décembre 1919 », AH CL, 31 AH 354.

[115] Cité in lettre adressée par le secrétaire général du syndicat des employés de banque et de bourse de Marseille au directeur du Crédit lyonnais, Marseille, le 22 novembre 1921, AH CL, 098 AH 249.

Denrée	*Poids*	*Prix*
Pain	40 kg	48 F
Viande	12 kg	96 F
Vin	35 l	42 F
Beurre	2 kg	21 F
Graisse	1 livre	4 F
Œufs	4 douzaines	17 F
Lait	45 l	36 F
Fromage	1 kg 1/2	15 F
Pommes de terre	30 kg	12 F
Légumes frais		45 F
Haricots	1 kg	3,50 F
Riz	1 kg	2,75 F
Sucre	2 kg	8 F
Huile	1 l	6,50 F
Savon	1 l	2 F
Chocolat, cacao & Phosphatine		10 F
Charbon	125 kg	22,50 F
Gaz	40 m^3	26,05 F
Blanchissage		30 F
Café	1 kg 1/2	18,60 F
Loyer		60 F
Impôts		10 F
Pharmacie		10 F
Coiffure, journaux, tabac		15 F
Petits frais journaliers		
Assurances, réparations		30 F
Vêtements (détail ci-joint)		165 F
Usure du linge de ménage		10 F
Total par mois		764 F
Total par an		9 177 F

« À condition de n'être jamais malade et sans pouvoir faire un sou d'économie ni s'offrir une seule distraction ».[116]

Or, c'était précisément la propension à l'épargne et les postes « santé » et « distraction », sans compter le poste « habillement », qui, jusqu'alors, distinguaient le budget d'une famille d'employés de celui d'une famille d'ouvriers, où l'alimentation constituait de loin le poste le plus

---

[116] Cité in lettre adressée au directeur de l'établissement par le personnel lyonnais réuni en assemblée (plus de 400 employés du Crédit lyonnais s'étaient réunis à la bourse du travail le 17 mai 1923), Lyon, le 22 mai 1923, AH CL, 098 AH 249.

important.[117] C'est cette réduction des dépenses consacrées aux besoins dits secondaires (santé et distractions) qui constitue le signe même de la prolétarisation des conditions de vie de l'employé de banque, participant de la crise d'identité sociale qui sera l'objet d'une étude ultérieure ; les dépenses d'habillement constituent toujours en revanche un poste important dans le budget de l'employé, mais désormais, ces dépenses ne sont plus perçues comme un signe distinctif de « richesse, ni même d'aisance, mais comme une stricte obligation professionnelle ».[118] Il est d'ailleurs révélateur que la liste détaillée des dépenses d'habillement ait été jointe par le personnel lyonnais à la liste des dépenses générales. Ainsi, pour s'habiller en 1923, l'employé de banque lyonnais dépense 828 francs par an, soit, près de 10 % de ses revenus annuels. Les dépenses se répartissent comme suit :

- pour l'homme :

Chaussures	2 paires	à 65 F	130 F
Chaussettes	6 paires	à 3 F	18 F
Caleçons	3 paires	à 8 F	24 F
Flanelles	3	à 13 F	39 F
Chemise	4	à 18 F	72 F
Cols	6	à 2,50 F	15 F
Chapeaux	2	à 25 F	50 F
Cravates	3	à 5 F	15 F
Complet	1	à 250 F	250 F
Pantalon	1	à 75 F	75 F
Pardessus	1/2	à 250 F	125 F
Parapluie	1/2	à 30 F	15 F
Total			828 F

- pour la femme : 828 F

La femme restant à la maison peut faire elle-même presque tout l'habillement des enfants, néanmoins, on peut compter sans exagérer, en achat de tissus, chaussures, etc. :

- par enfant : 150 F

- Total annuel par famille : 1 956 F

Les dépenses d'habillement représentent donc encore, au début des années 1920, une part importante du budget de l'employé de banque. Mais l'importance de ce poste ne doit pas masquer la prolétarisation de

---

[117] Voir la « loi » d'Engel sur les budgets ouvriers au XIXe siècle : elle établit une hiérarchie des postes en fonction de leur importance relative dans le budget ouvrier : l'alimentation d'abord, puis l'habillement et le logement enfin. Voir aussi sur ce thème, Maurice Halbwachs, *La classe ouvrière et les niveaux de vie*, cité in Alain Dewerpe, *op. cit.*, p. 116.

[118] Pierre Delon, *op. cit.* p. 46.

ses conditions de vie. Cette dernière se trouve confirmée dans la lettre de démission que Charles Tribondeau, employé à la direction des agences dans Paris, adresse le 26 juillet 1923 au chef du personnel du siège central :

Monsieur,

Je suis employé au Crédit lyonnais depuis le 16 novembre 1920. En 1922, je me suis marié. Ma femme travaille irrégulièrement au Crédit commercial. On l'emploie suivant les besoins du service : dix, quinze ou vingt jours par mois et elle est payée à la journée. Quoique nos dépenses soient limitées au strict nécessaire, nous arrivons difficilement, nous vivons au jour le jour. J'ai l'honneur de connaître aux Halles un mandataire qui m'offre chez lui un emploi bien rétribué. J'ai accepté cet emploi !

Ce n'est pas sans regret que je quitte la banque. Je crois avoir été chez vous un bon employé : j'ai toujours travaillé avec conscience. Mes chefs peuvent en témoigner ! Mais mes charges deviennent trop lourdes et les appointements sont insuffisants.

Je vous prie, Monsieur le Chef du Personnel, d'accepter ma démission d'employé du Crédit lyonnais à partir du 31 courant. Je dois prendre possession de mon nouveau poste le mardi 31. Veuillez agréer, Monsieur, l'assurance de ma très haute considération.[119]

Dans quelle mesure les besoins d'un ménage du Crédit lyonnais ne sont-ils donc plus couverts par les traitements qu'il perçoit ? Alors qu'en mai 1923, le montant annuel des dépenses est évalué par les employés de banque lyonnais à 9 177 F, la rémunération annuelle moyenne que le personnel du Crédit lyonnais perçoit depuis le 31 décembre 1922 s'élève à 7 952 F. Des augmentations de salaires de 300 à 600 F ont certes été accordées par l'administration de l'établissement au début du mois de juin 1923 : à la Société générale, elles furent de 300 à 700 F et au Comptoir national d'escompte, de 200 à 500 F.[120] Au 31 décembre 1923, le personnel perçoit donc une rémunération annuelle moyenne de 9 263 F. Malgré cette augmentation, l'agitation perdure parce que le pouvoir d'achat du personnel continue de diminuer, l'augmentation de traitement accordée se révélant inférieure à l'augmentation effective du coût de la vie. L'inflation galopante de la première moitié des années 1920 a en effet instauré le paradoxe suivant : alors que la direction du Crédit lyonnais semble subir une forte croissance du coût de sa main-d'œuvre (en valeur nominale, ce coût passe de 2 627 F annuels par em-

---

[119] AH CL, Dossiers du personnel du siège central : Personnel 547.

[120] Cité en lettre adressée par Madinier au Baron Brincard, Lyon, le 22 juin 1923, AH CL, 098 AH 249.

ployé en 1913 à 11 171 F en 1925), son personnel n'en perçoit rien si ce n'est une détérioration de sa rémunération réelle, c'est-à-dire de son pouvoir d'achat, par rapport à 1913. Dans quelle mesure le pouvoir d'achat du personnel du Crédit lyonnais a-t-il donc été érodé sous l'effet de l'inflation ?

L'érosion du pouvoir d'achat du personnel de l'établissement est incontestable entre 1913 et 1926 : de 2 627 F en 1913, le salaire réel moyen d'un employé est en effet descendu en 1926 à 2 198 F. Il faut attendre l'année 1929, pour qu'en valeur réelle, les revenus du travail retrouvent, au Crédit lyonnais, leur niveau de 1913. Dans ce contexte, l'on comprend mieux la nature des revendications exprimées à cette époque par le personnel : il s'agit en effet d'obtenir des augmentations de salaires compensant la hausse des prix par le biais notamment d'une indemnité mobile de vie chère qui, comme nous le verrons, ne sera pas accordée. La détérioration du pouvoir d'achat du personnel justifie donc les nombreuses revendications salariales qui sont, pour l'essentiel, à l'origine des grèves partielles et des mouvements revendicatifs qui éclatent dans l'établissement entre le printemps 1919 et le printemps 1925. Suffit-elle en revanche à expliquer l'ampleur des démissions ?

Répétons-le : sur les 150 personnes majoritairement recrutées entre 1915 et 1925, 114 d'entre elles ont démissionné entre 1920 et 1925. Dans vingt-six des trente et une lettres de démission jointes aux dossiers, les employés déclarent qu'en raison de leurs appointements insuffisants, ils préfèrent quitter le Crédit lyonnais pour entreprendre une autre carrière (ils sont deux), pour s'établir à leur compte (ils sont cinq), pour entrer dans une administration publique ou privée (ils sont quatre), pour entrer dans une maison de commerce (ils sont six) ou enfin, pour entrer dans l'industrie (ils sont quatre). Afin d'aller au-delà de l'anonymat des statistiques, citons les exemples suivants : Gabriel B., après avoir passé deux ans à l'agence d'Auxerre, donne sa démission, le 20 janvier 1923, pour entrer comme comptable dans un commerce « Le Petit Paul Vins », « avec des appointements sensiblement supérieurs à ceux que nous pouvons lui offrir ».[121] Quant à Henri B., un an à peine après son admission à l'agence de Rouen, il donne sa démission le 30 avril 1923 « pour entrer à la société des fers et métaux à 325 francs par mois ».[122] Enfin, citons le cas de Pierre T. qui, après avoir effectué une carrière de deux ans au siège central, démissionne le 11 février 1920 après avoir trouvé « un emploi plus rémunérateur à la Société des banques de Rouen ».[123] Arrêtons-nous un instant sur cet exemple : contrai-

---

[121] AH CL, Dossiers du personnel : DAPA 3333/2.

[122] *Idem.*

[123] AH CL, Dossiers du personnel du siège central : Personnel 492.

rement à l'échantillon précédent où il était majoritaire, le nombre de démissions liées à un changement de banque est désormais marginal : de 10, il est en effet descendu à 4. Cette diminution des départs volontaires pour une autre banque témoigne-t-elle de la désaffection du personnel pour les carrières bancaires ?

La réponse à cette question doit être nuancée en fonction de la nature de la banque d'accueil. En effet, la rémunération dans les banques dépend souvent de facteurs extérieurs au personnel : « le dynamisme et le goût du risque chez les dirigeants ont une influence primordiale sur les salaires des employés. Une maison âgée et conservatrice payera moins bien ses employés qu'une banque jeune et prenant des risques qui s'avèrent rentables ».[124] L'attrait des banques nouvelles auprès des meilleurs employés s'inscrit donc dans ce sens, même si parallèlement, les trois grands établissements de crédit que sont la Société générale, le Comptoir national d'escompte et le Crédit lyonnais cherchent à s'entendre pour éviter par des offres de surenchère à s'enlever mutuellement du personnel. L'insuffisance des salaires versés au personnel du Crédit lyonnais suffit-elle donc à expliquer la croissance des démissions liées à un changement d'employeur ? Elle n'a pas constitué en fait le seul motif de démission même s'il est le plus souvent évoqué : l'absence de motivation a en effet également été avancée. Par ailleurs, l'inflation qui touche l'ensemble des établissements industriels et commerciaux, ne suffit pas, à elle seule, à expliquer l'insuffisance des salaires : les difficultés d'exploitation que le Crédit lyonnais connaît entre 1920 et 1925 ont, sans conteste, contribué à la fixation à la baisse des salaires, rendant du même coup les carrières des autres établissements, administratifs, commerciaux et industriels, et de certaines banques nouvelles, plus attractives. Le Crédit lyonnais a en effet durement ressenti les effets de la guerre de 1914 et des désordres qui l'ont suivie. La désorganisation des relations internationales et l'appauvrissement des classes moyennes ont tout spécialement affecté les domaines où ses positions étaient les plus fortes. Son réseau d'agences étrangères a été amputé de riches éléments par les spoliations dont il fut victime en Russie et par l'effondrement économique de l'ancien Empire ottoman. Les opérations de financement du commerce international qui constituaient une part considérable de son activité commerciale, furent paralysées, l'instabilité du franc permettant aux maisons anglaises et américaines d'évincer presque complètement les banques françaises. Enfin, le Crédit lyonnais plus que les autres banques était atteint dans ses ressources car elles venaient dans une proportion plus grande de la clientèle privée ; celle-ci com-

---

[124] Henri Mercillon, *La rémunération des employés*, Centre d'Études Économiques : Études et Mémoires, Armand Colin, Paris, 1956, p. 101.

prend beaucoup de rentiers, de propriétaires fonciers dont les revenus ne suivent pas le mouvement de hausse des prix. « Aussi constate-t-on, pendant la période d'inflation qui a caractérisé les premières années d'après-guerre, un recul relatif du Crédit lyonnais qui se voit même temporairement distancé par le principal de ses concurrents ».[125] Ainsi, si la rentabilité du Crédit lyonnais restait satisfaisante par rapport aux fonds propres, elle était loin de retrouver son niveau d'avant-guerre par rapport au total du bilan. Dans ce contexte marqué par un recul relatif des affaires, le nouveau président du Crédit lyonnais entreprend, à partir de 1922, une politique d'investissement immobilier dont la réalisation rend exsangue la marge bénéficiaire : « Or le Baron Brincard, donnant désormais libre cours à sa passion pour la pierre, fit acheter à cette époque de nombreux immeubles de Paris et d'ailleurs, dans lesquels les agences étaient installées jusqu'ici en location. Ces achats étaient amortis l'année même de leur réalisation, de telle sorte qu'ils contribuaient à l'exiguïté de la marge bénéficiaire. Le personnel en fit les frais, en ce sens que son indemnité de vie chère était calculée au plus juste. Les meilleurs employés avaient tendance à donner leur démission, attirés par les nouvelles banques ou par les services financiers des grandes entreprises. Ceux qui restaient éprouvaient une certaine acrimonie ».[126] Mis à part l'argument « insuffisance des traitements » qui, au regard des motifs explicités dans les lettres, a motivé la très grande majorité des démissions du personnel sorti entre 1920 et 1925, le « manque de motivation » fut également évoqué : à trois reprises, le personnel déclare démissionner parce qu'il n'a pas obtenu sa titularisation et à une reprise, parce qu'il juge son avancement trop lent. La situation de certains auxiliaires, hommes et femmes, recrutés pendant la guerre et non licenciés lors du retour des démobilisés, n'a pas été immédiatement régularisée, constituant une source d'insatisfaction : nous pouvons citer à ce propos l'exemple de Pierre B. qui, après avoir été recruté le 7 mars 1917 comme auxiliaire temporaire au siège central, donne sa démission le 25 août 1921 pour ne pas avoir été titularisé à l'issue des cinq stages effectués au service des recouvrements tout d'abord, à la direction haute-banque ensuite, puis à la direction des agences dans Paris, à l'économat et à la comptabilité générale enfin.[127] Or, l'accès aux divers avantages sociaux dispensés par la politique paternaliste de l'établissement passe par l'obtention de la titularisation. Marthe B. démissionne pour la même raison : recrutée le 4 juin 1917 comme auxiliaire temporaire à la comptabilité des agences, elle conserve ce statut et demeure dans ce service jusqu'au 2 mars 1920, date à laquelle elle quitte l'éta-

---

[125] Maurice Mogenet, *op. cit.*, p. 146.

[126] Jean Rivoire, *op. cit.*, p. 114.

[127] AH CL, Dossiers du personnel du siège central : Personnel 412.

blissement : « car ayant passé ma visite médicale à plusieurs reprises et n'ayant pu obtenir ma titularisation, je me suis occupée à trouver un autre emploi ».[128] Le motif de démission invoqué par Lucie T. est légèrement différent : recrutée le 15 avril 1918 comme auxiliaire temporaire au service de la conservation du siège central, cette employée devint auxiliaire-fixe à la comptabilité des dépôts le 20 janvier 1920 : un an plus tard, elle donne sa démission, estimant « que son avancement se fait trop lentement ».[129] Jusqu'en 1922, les conditions d'obtention de la titularisation ne sont pas réglementées, alimentant les frustrations et le mécontentement des auxiliaires, femmes et hommes, dont le nombre a augmenté considérablement depuis le début de la guerre. Malgré la réglementation du passage du statut d'auxiliaire à celui de titulaire qui intervient en 1922,[130] cette source de mécontentement du personnel n'est pas tarie et il est probable que bien des employés titulaires partagent les mêmes difficultés que les auxiliaires. Il existerait donc des causes plus profondes au malaise ambiant du personnel qui transcendent les différences de statut. Nous allons voir que le personnel a souffert d'une profonde crise d'identité, à la fois sociale et professionnelle.

2. Les causes profondes du malaise du personnel : une double crise d'identité, sociale et professionnelle

Les recrutements de masse effectués pendant la guerre pour remplacer le personnel mobilisé ont incontestablement accru la démocratisation du recrutement[131] : les femmes et les hommes d'origines sociales de plus en plus modestes ont accédé aux emplois de bureau et de banque et l'on ne compte plus aucun représentant de la bourgeoisie traditionnelle parmi le personnel majoritairement recruté entre 1915 et 1925. En revanche, le groupe des employés, représentant des classes moyennes salariées, continue à fournir le gros des troupes du Crédit lyonnais. Dès lors, dans quelle mesure l'accentuation de la démocratisation des carrières dans la banque d'une part et la remise en cause, voire plutôt, l'alignement des avantages des employés sur la base d'une législation commune à l'ensemble des salariés d'autre part ont-elles contribué à accentuer une crise d'identité

---

[128] *Idem.*

[129] AH CL, Dossiers du personnel du siège central : Personnel 492.

[130] « Tous les débutants, quel que soit leur âge, sont en principe soumis à un stage d'essai de six mois au moins, un an au plus. À la fin du sixième mois, les chefs de service notent les stagiaires. Si les notes sont favorables, l'employé peut être titularisé (personnel masculin) ou nommé auxiliaire fixe (personnel féminin) […]. La titularisation du personnel féminin est accordée après un an maximum de nomination à titre fixe », cité in *État des lieux de la gestion et de l'administration du personnel*, janvier 1922, p. 5 & 13, AH CL, 098 AH 248, voir *infra*.

[131] De 16 790 en 1914, les effectifs sont passés à 21 302 en 1918.

sociale qui ne faisait qu'émerger parmi le personnel du Crédit lyonnais à la veille de la guerre ?

Au Crédit lyonnais, sous l'effet des nécessités du recrutement, les carrières se sont ouvertes aux enfants, filles et garçons, des classes laborieuses, non seulement industrielles mais aussi agricoles. Le recrutement d'un nombre relativement important de jeunes filles des classes populaires (parmi les 46 femmes dont le père n'était pas employé, 12 d'entre elles déclaraient avoir un père ouvrier ou contremaître et 5 autres, un père agriculteur) s'inscrit dans un mouvement plus général de démocratisation des emplois de bureau. Réservé avant-guerre aux meilleurs éléments de l'instruction primaire et aux jeunes filles des classes moyennes, le métier d'employé de bureau, de dactylographe en particulier, s'était en effet ouvert depuis la guerre à des jeunes filles d'un niveau d'instruction élémentaire et parfois à des travailleuses qui quittaient leur métier.[132] En était-il de même des emplois de banque ?

La popularisation des origines sociales des recrues masculines du Crédit lyonnais s'est davantage traduite par l'augmentation des admissions de fils de cultivateurs et d'agriculteurs que par celle de fils d'ouvriers ou de contremaîtres : le nombre des premiers est en effet passé de 5 à 9, représentant désormais la plus grande part des fils non issus de père employé, le nombre des seconds a nettement diminué, passant de 13 à 3. Il faut ici évoquer les conséquences de l'exode rural sur les bassins d'emplois des autres secteurs de l'économie et plus particulièrement sur celui du secteur tertiaire, voire sur celui de la branche « banque et assurance ». Entre 1919 et 1926, la part de la population agricole a en effet nettement diminué, descendant de 7 800 000 à 7 200 000 personnes. Entre ces deux dates, la population agricole féminine a diminué plus vite que la population agricole masculine : évaluée en 1919 à 3 040 000 personnes, elle est descendue en 1926 à 2 570 000 alors que la population agricole masculine ne descendait dans le même temps que de 4 760 000 à 4 650 000 personnes.[133] Ce qui a ainsi été perdu par l'agriculture a été gagné par l'économie non agricole. Cette migration professionnelle, conforme au mouvement séculaire,

---

[132] « C'est alors qu'on a vu accourir de toutes parts des couturières en rupture de banquette, des lingères, des repasseuses, des blanchisseuses, des modistes et même des jeunes et agréables personnes exerçant une profession moins avouable, que par respect du lecteur, nous nous abstiendrons de désigner plus clairement », cité in article paru dans *Le Midi*, le 3 août 1922, repris par la revue professionnelle *Mon Bureau*, octobre 1922. C'est dire combien le milieu professionnel sténo-dactylographique était conscient de cette popularisation des métiers de bureau au début des années 1920.

[133] Chiffres cités in Alfred Sauvy et Anita Hirsch, *Histoire économique de la France entre les deux guerres*, Chapitre III, vol. II, Economica, Paris, 1984, p. 52.

s'est effectuée soit par migration proprement dite d'un cultivateur qui abandonne la culture, soit par le remplacement des générations. L'émigration agricole s'est effectuée selon le mécanisme libéral : aucun cultivateur n'a en effet été prié par voie d'autorité d'abandonner la terre mais nombreux ont été amenés à le faire, soit que les conditions de vie aient été trop dures, soit qu'ils ne trouvassent pas suffisamment de travail. Il est difficile de mesurer l'impact de cette migration agricole sur le bassin d'emploi de la branche « banque et assurance », l'analyse de l'évolution structurelle de la population active faisant l'objet d'une certaine désaffection auprès des historiens et des économistes.[134] La présence dans notre échantillon de 14 personnes issues du monde rural, 5 femmes et 9 hommes, atteste de l'émigration agricole tant de l'élément féminin que de l'élément masculin vers la branche « banque et assurance ». Mais la question se pose de savoir dans quelle mesure l'admission des « émigrés agricoles » au Crédit lyonnais a contribué à la démocratisation des emplois de banque. La réponse à cette question passe par l'analyse de la nature des emplois occupés par ces « émigrés agricoles » : sur les 9 hommes issus du monde rural, 7 d'entre eux ont été recrutés par les agences de province comme garçons de recette, nettoyeurs, gardiens de jour ou veilleur de nuit. Les deux autres, en revanche, ont été recrutés comme employés de banque *stricto sensu*. Il s'agit d'André B. et d'Henri B. : le premier, né à Rouen, de père journalier, après n'avoir suivi que les cours de l'instruction primaire sans avoir obtenu le certificat d'études et après avoir travaillé trois ans comme employé chez des outillateurs de Rouen, est entré le 1er mai 1922, à 16 ans, comme employé à la comptabilité de l'agence de Rouen.[135] Quant au second, Henri B., il est né à Varvincourt, de parents cultivateurs : titulaire du certificat d'études primaires, ce dernier entre au Crédit lyonnais le 16 novembre 1922 comme employé au service de la comptabilité de l'agence de Bar Le Duc. Mais sa rémunération annuelle de 2 500 F n'étant pas suffisante « pour prendre pension en ville », il donne sa démission le 9 décembre 1922 « pour retourner dans sa famille où il s'occupera d'agriculture ».[136] Comme l'a constaté Alfred Sauvy, « l'exode agricole exige une différence de niveau de vie entre agriculteurs et autres professions, l'expression « niveau de vie » devant s'entendre au sens large, en y comprenant les appréciations des intéressés sur le mode de vie (commodités de la ville, etc.) C'est cette diffé-

---

[134] Il existe cependant quelques études parmi lesquelles : Mme Cahen : « Évolution de la population active en France depuis cent ans », *Études et conjoncture*, mai-juin 1953 ; Jean Fourastié : « Les migrations professionnelles », *Institut National d'Études Démographiques*, n° 31, 1957.

[135] AH CL, Dossiers du personnel : DAPA 3333/2.

[136] *Idem.*

rence qui est motrice ».[137] Or, la faiblesse de la rémunération accordée à l'époque aux employés par le Crédit lyonnais était telle qu'elle ne comportait pas cette différence de niveau de vie recherchée par les « émigrés agricoles ». La part du recrutement des enfants d'agriculteurs dans le processus de démocratisation des carrières au Crédit lyonnais doit donc être relativisée dans la mesure où, d'une part, les emplois qui leur sont majoritairement confiés sont ceux de « garçon de recettes », de « nettoyeur », de « gardien » ou de « veilleur », c'est-à-dire des emplois dont la nature du travail est proche de celle de l'ouvrier, et d'autre part, parce que la carrière bancaire, n'est pas à même d'offrir la différence de niveau de vie motrice. Dès lors, la question se pose de savoir dans quelle mesure, plus que par l'accès des emplois du Crédit lyonnais à un éventail social plus large, la démocratisation des carrières dans cet établissement s'est traduite par la prolétarisation de la condition de ses employés. Comme par le passé, et peut-être plus encore que par le passé, le gros de ses troupes est fourni entre 1915 et 1925 par le groupe des classes moyennes. Alors que dans la génération précédente, 33,5 % du personnel déclarait avoir un père employé, dans la génération présentement étudiée, cette part s'élève désormais à 38,5 %. Sur les 150 personnes composant l'échantillon, 58 d'entre elles déclarent en effet avoir un père employé : dans 28 cas, le père a été employé d'administration publique ou privée, dans 25 autres cas, il a été employé de commerce, dans 3 cas seulement, il a été employé de banque ou d'assurance et dans deux cas enfin, il a été employé d'usine. Alors que l'apparition d'un secteur tertiaire employant un personnel en grand nombre, dans un environnement bureaucratisé, avait marqué un changement qualitatif douloureux dans la vie professionnelle et sociale des « pères »,[138] et ce, malgré l'instauration d'avantages sociaux en leur faveur destinés à réconcilier les employés du secteur tertiaire et le monde de la classe moyenne dans lequel il leur fallait vivre,[139] la remise en cause d'une partie de ces avantages au lendemain de la Grande Guerre, ou plutôt, l'alignement des avantages des employés sur la base d'une législation commune à l'ensemble des salariés, provoque un nouveau changement qualitatif douloureux dans la vie des « fils » de cette classe moyenne, brouillant la distribution des attributs qui définissaient jusqu'alors la condition de l'employé par opposition à celle de l'ouvrier.

Au lendemain de la Grande Guerre, on assiste en effet à un développement de la protection légale, désormais commune à l'ensemble des

---

[137] Alfred Sauvy et Anita Hirsch, *op. cit.*, p. 53.

[138] Ils furent contraints de renoncer à leur idéal de « petit patron indépendant ».

[139] Voir sur ce sujet l'ouvrage de Michael B. Miller, *Au Bon Marché, 1869-1920, Le Consommateur apprivoisé*, Armand Colin, Paris, 1987, p. 92-93.

salariés : au même titre que les ouvriers, les employés peuvent ainsi bénéficier de la loi du 23 avril 1919 sur la journée de 8 heures, de la loi du 27 juillet 1921 sur la saisie-arrêt et la cession des traitements et salaires et enfin de la loi du 20 février 1924 qui apporte un complément à l'ancienne loi relative au repos hebdomadaire, généralisant progressivement l'application de la semaine anglaise à l'ensemble du monde du travail. Ce n'est d'ailleurs pas un hasard si, après avoir longtemps revendiqué, « avec des adaptations plus ou moins nuancées, l'extension pure et simple des lois protectrices dont bénéficiaient les ouvriers et l'ensemble des travailleurs »,[140] les revendications des syndicats d'employés se sont orientées, à partir du début des années 1920, vers l'obtention, pour les catégories professionnelles qu'ils représentaient, « d'un statut légal distinct ».[141] Cette revendication témoigne de la crise d'identité sociale vécue à cette époque par le groupe des employés. Cette crise a d'autant plus été ressentie par le groupe des employés de banque que ces derniers constituaient, avant-guerre, l'élite de ce groupe social. Or, dans quelle mesure les employés du Crédit lyonnais ont-ils subi cette crise d'identité liée à la prolétarisation de leur condition ?

Cette dernière s'est tout d'abord traduite en termes de rémunération. Non seulement, comme nous l'avons vu plus haut, les salaires réels des employés de l'établissement ont diminué mais aussi le mode de rémunération d'une partie non négligeable du personnel est identique au mode de rémunération ouvrier : « l'auxiliariat », qui se caractérise par le versement d'un salaire journalier par opposition à un salaire mensuel, traditionnellement versé aux employés, s'est en effet développé entre 1915 et 1925. Sur les 150 personnes qui ont été majoritairement recrutées durant cette période, rappelons que 98 d'entre elles, (soit 65 % de l'échantillon), ont en effet été recrutées comme auxiliaires, auxiliaires-temporaires ou auxiliaires-fixes. Cette prolétarisation de la condition d'employé du Crédit lyonnais s'est également traduite en termes de conditions de travail sous l'effet du développement de la protection légale commune aux ouvriers et aux employés. Ainsi, à partir du 27 juillet 1923, date de l'entrée en vigueur du décret d'application de la loi du 23 avril 1919, la durée journalière du travail est effectivement réduite à 8 heures « dans les banques et tous les établissements de finance, de crédit et de change ». La prolétarisation de la condition d'employé du Crédit lyonnais s'est enfin traduite, dans une certaine

---

[140] Cité in rapport de Gaston Tessier, conseiller prud'homme de la Seine et membre du conseil supérieur du travail, *Le Statut Légal des Employés*, Librairie Félix Alcan, Paris, 1924, p. 9. Sur Gaston Tessier, voir Jean Maitron, *Le Dictionnaire Biographique du Mouvement Ouvrier Français*, Les Éditions ouvrières, vol. (1914-1939), p. 93-98.
[141] Gaston Tessier, *op. cit.*, p. 9.

mesure, en termes de protection sociale en raison de l'émergence d'un système légal, commun aux salariés du commerce et de l'industrie.

Une commission parlementaire est en effet nommée dès 1920 pour étudier un projet d'assurances sociales. Plusieurs éléments se conjuguent pour mettre cette question à l'ordre du jour. Le choc de la guerre d'abord. Plus de 3 millions de soldats ont été blessés et les veuves de guerre se comptent par centaines de milliers. La société se reconnaît une dette à leur égard et le sens de la solidarité collective s'en trouve raffermi. Le fait de l'interdépendance sociale était alors mieux ressenti. De nombreux textes reconnaissent les droits des anciens combattants et de leurs familles et les problèmes sociaux tendent du même coup à se dissocier des anciennes problématiques d'assistance. L'État, surtout, apparaît en pareil cas comme *l'assureur naturel*.[142] Les faits rapprochent ainsi insensiblement les Français des théories élaborées en Allemagne à la fin du XIXe siècle par l'économiste Wagner pour justifier les lois sociales introduites par Bismarck. Ils confirment en tout cas la légitimité de l'intervention de l'État comme force d'impulsion et de réglementation dans ce domaine. Les positions des principales forces sociales ont évolué vis-à-vis du problème de l'assurance obligatoire. Le syndicalisme révolutionnaire, ardent défenseur dans les années 1900 du dogme de l'autonomie ouvrière, a cédé la place à la CGT de Léon Jouhaux, plus réformiste, que l'intervention de l'État et les compromis institutionnels n'effraient pas. Les patrons, dans leur ensemble, sont plus ouverts au principe des assurances sociales. Les vieux motifs paternalistes de certains se fondent avec la nécessité de plus en plus ressentie de fixer une classe ouvrière encore très instable et d'écarter le spectre de la révolution sociale. S'ils restent idéologiquement hostiles à l'obligation et s'ils dénoncent le risque d'étatisation, ils n'en sont pas moins prêts à bouger. Le retour à la France de l'Alsace et de la Lorraine pose enfin le problème de l'harmonisation des politiques sociales, ces régions ayant bénéficié des lois bismarckiennes des années 1880. De nombreux députés parlent alors « de la nécessité d'assimiler la législation française à la législation de ses frères retrouvés ».[143] En 1920, Millerand, le président du conseil, venait juste de quitter ses fonctions de commissaire en Alsace-Lorraine, et le ministre du Travail, Jourdain, était député du Bas-Rhin. À l'inverse, il est vrai, les adversaires des assurances sociales vilipenderont un système « allemand » en répétant que « l'Allemagne a perdu la guerre pour avoir endommagé son système nerveux avec les assurances sociales » ! Le projet, malgré cette conjoncture favorable, mettra pourtant près de dix ans à aboutir. Présenté à la Chambre des

---

[142] Pierre Rosanvallon, *op. cit.*, p. 179.

[143] *Idem*, p. 180.

députés en 1921, il est adopté par celle-ci en 1924, mais la lenteur de la discussion sénatoriale retardera jusqu'au 5 avril 1928 son vote définitif. Cette lenteur traduit bien les réticences qui subsistent face au principe de l'obligation. Les arguments traditionnels sur la déresponsabilisation et la supériorité moralisatrice du système de la prévoyance volontaire sont encore largement repris dans les cercles conservateurs. La loi consacrant l'affiliation obligatoire de tous les salariés de l'industrie et du commerce à un régime général d'assurances sociales ne sera donc votée qu'en avril 1928. Elle fut complétée le 30 avril 1930 par un deuxième texte. La question se posera de savoir si la loi a laissé son autonomie au régime spécial du Crédit lyonnais comme elle l'a laissée au régime spécial des mineurs ou bien si elle a contraint le Crédit lyonnais à aligner son propre système de protection sur le système général. Pour l'heure, il s'agit de montrer comment l'action entreprise par le législateur dans les domaines du travail et de la protection sociale au lendemain de la Grande Guerre a pu contribuer à aligner les conditions de travail et le système d'assurance sociale des employés du Crédit lyonnais sur celles des autres salariés. Ainsi, plus peut-être qu'en raison de l'accès des carrières à un éventail social plus large, la crise d'identité sociale vécue par les employés du Crédit lyonnais au lendemain de la Grande Guerre a résulté de la prolétarisation de leur condition : de leurs conditions de vie d'abord, compte tenu de la détérioration de leur pouvoir d'achat, de leur mode de rémunération ensuite, compte tenu de l'extension de « l'auxiliariat », de leurs conditions de travail, compte tenu de l'alignement de celles-ci sur la protection légale en la matière, de leur système de protection sociale enfin, compte tenu de l'évolution de la loi vers la mise en place d'un système général d'assurances sociales obligatoires. Néanmoins, le personnel de l'établissement conserve encore un des avantages importants inhérents à sa condition : le bénéfice des congés annuels payés.[144] Au début des années 1920, au siège central, ces derniers sont réglés par MM. les chefs de service « au mieux des intérêts du travail et en tenant compte des *desiderata* de l'employé suivant un ordre de préférence basé sur l'ancienneté des services et aussi sur les notes ».[145] En fait, la durée des congés annuels varie entre 12 jours et un mois selon la place occupée dans la hiérarchie : ainsi, les chefs de service et les chefs d'agence bénéficient d'un mois de congé, les sous-chefs de service, les sous-chefs d'agence, les chefs de bureau, les inspecteurs et les brigadiers, de 18 jours ouvrables, les chefs de section, les signatures autorisées et les sous-brigadiers, de 15 jours ouvrables et enfin, tous les autres employés ayant au moins un an de service permanent bénéficient de 12 jours ou-

---

[144] La loi instituant les congés payés obligatoires ne date que du 20 juin 1936.

[145] Cité in note du service du personnel du siège central datée du 26 mai 1921, AH CL, 098 AH 242.

vrables.[146] Jusqu'à l'entrée en vigueur de la loi du 20 juin 1936, la répartition de la durée des congés du personnel n'a subi qu'une seule modification : à partir du 1er janvier 1925, des suppléments de congé sont accordés en fonction de l'ancienneté ».[147] Mais compte tenu de la multiplication des signes de prolétarisation de leur condition, le maintien du bénéfice des congés payés ne suffit pas à enrayer la crise d'identité sociale des employés du Crédit lyonnais. Ils éprouvent un sentiment de déclassement. Parallèlement à cette perte des repères sociaux traditionnels, les employés de banque en général et ceux du Crédit lyonnais en particulier ont subi à cette époque une perte de leurs repères professionnels résultant de la transformation des métiers bancaires qui est intervenue à la suite d'un surcroît d'activité dû à l'inflation. De 1913 à 1926, la valeur des activités bancaires, la masse des chiffres ont en effet pris un essor considérable sous l'effet de l'inflation. « Là où hier on comptait par milliers, on compte maintenant par millions, par milliards ou comme en Allemagne par centaines de milliards ».[148] Au Crédit lyonnais, la valeur nominale du produit net bancaire passe de 141 827 991 F en 1913 à 592 873 796 F en 1926. Toutefois, comme l'a souligné Jean Bouvier à plusieurs reprises,[149] l'idée de formidable croissance des activités bancaires dans les années 1920 doit être nuancée : étudiant les bilans des six grandes banques de dépôts françaises, il constate certes que l'inflation a poussé ressources et emplois en avant. Le total cumulé de leurs bilans passe ainsi de l'indice 100 en 1913 à 127 en 1918 et à 640 en 1930. Mais l'évolution des activités bancaires mesurée en francs constants donne une vision très différente : jusqu'en 1928 environ, les banques françaises ne font que rattraper leur niveau d'activité de 1913 que la guerre avait diminué de 50 %. Ainsi, en 1926, le montant des recettes du Crédit lyonnais, en francs constants, n'atteint même pas le niveau de 1913 puisqu'il ne représente que 94 859 807 F. Si l'activité des banques fut donc bien croissante, cette croissance ne fut, en grande partie, qu'une simple remontée au niveau d'activité de 1913 et ne saurait constituer un phénomène inédit nécessitant des « méthodes de travail plus modernes ». Et pourtant, le travail du personnel bancaire semble avoir évolué en cette période d'inflation où les contemporains perçoivent réellement une forte croissance des activités bancaires. Mais les activités qu'ils déclarent croissantes se définiraient davantage en termes

---

[146] *Idem.*

[147] Cité in note du service du personnel du siège central n° 245, datée du 27 janvier 1925, AH CL, 105 AH 004.

[148] Achille Dauphin-Meunier, *La Banque, 1919-1935*, NRF, Problèmes et Documents, Gallimard, 1936, p. 72.

[149] Voir Jean Bouvier, « Système bancaire et inflation au XXe siècle », in *Recherches et Travaux*, Bulletin de l'IHES de Paris I, n° 6, 7 et 8.

matériels, correspondraient plutôt au volume des opérations et du travail bancaires. En effet, si les résultats réels des banques ne furent pas l'objet d'une croissance exceptionnelle, le travail bancaire, lui, fut considérablement accru par l'inflation : celle-ci multiplia les travaux d'écriture ; jointe à la croissance économique retrouvée dans les années 1920, elle favorisa le développement des opérations de bourse tandis que l'instabilité monétaire accrut dans de larges proportions les opérations de change.[150] Ainsi, comme le constatait Achille Dauphin-Meunier,[151] « au personnel, on confie une tâche plus complexe qu'autrefois ; les anciens changeurs, employés au service des monnaies et matières, habitués aux opérations banales du change manuel, du monnayage, doivent se transformer en cambiste. Il leur faut continuer à échanger des billets en livres contre des billets en francs et entreprendre en même temps des arbitrages, des reports et des affaires de terme dont ils ne trouvent et ne peuvent trouver l'explication et le mode d'opérer ni dans les traités des théoriciens ni dans les manuels des praticiens. De même au service du portefeuille : les décompteurs qui se bornaient à calculer les taux sur des effets de 45 à 90 jours et qui n'avaient jamais manipulé que des broches de moyenne importance, ont brusquement à traiter par millions des effets publics (bons du Trésor, etc.) ou des tirages dont avant-guerre on n'avait pas l'idée, comme les effets dits de vente à crédit. Le service des titres subit à son tour une véritable révolution. Le service financier de nombreux emprunts étrangers longtemps suspendu, il faut, à sa reprise, échanger les coupons arriérés et les titres eux-mêmes contre des scripts ou de nouveaux certificats. L'employé des titres ne doit plus se contenter de connaître la liste des tirages et l'échéance des coupons ; il importe qu'il possède des connaissances sérieuses en droit commercial et en droit international, qu'il sache les modalités d'échange ou de paiement prévues par les accords internationaux et la réglementation internationale des mouvements de capitaux. En outre, les banques ne se limitent plus au service des titres publics ou privés domiciliés chez elles ; pour accroître leurs bénéfices et se mettre davantage à la portée de leurs clients, elles assurent maintenant la régularisation, le recouponnement et le remboursement des valeurs non domiciliées ».[152] Cette transformation des métiers bancaires provoqua une perte des repères professionnels

---

[150] Voir l'apparition et la croissance du poste « Banques et Correspondants » dans les bilans bancaires, dès le début des années 1920. Sur ce thème, voir Jean Bouvier, « Système bancaire et inflation au XXᵉ siècle », *art. cit.*

[151] Achille Dauphin-Meunier était alors attaché à la direction de la Banque de Paris et des Pays-Bas. Il deviendra « président du syndicat des cadres supérieurs de la banque et de la bourse-CGT », in Claire Andrieu, *La Banque sous l'Occupation : paradoxes de l'histoire d'une profession*, Presses de la Fondation Nationale des Sciences Politiques, Paris, 1990, p. 50.

[152] Achille Dauphin-Meunier, *op. cit.*, p. 72.

d'autant plus aiguë que le personnel, comme nous serons amenés à le voir, n'y était pas préparé.

La détérioration du climat social qui s'est manifestée au Crédit lyonnais entre le printemps 1919 et le printemps 1925 à travers d'une part, la multiplication des grèves partielles et des mouvements revendicatifs et d'autre part, le développement du *turn-over* et de l'absentéisme, a donc résulté de la conjonction de plusieurs phénomènes : la crise de vie chère d'abord, l'insuffisance des salaires ensuite et la perte des repères sociaux et professionnels du personnel enfin. Dès lors, comment la direction du Crédit lyonnais a été amenée à gérer ces crises ? Nous allons voir que, malgré des réformes de structures, la gestion des crises s'est révélée plutôt conservatrice, motivée par la seule défense du « principe d'autorité », et peut-être pour cette raison, inadaptée aux nouvelles donnes monétaires, sociales et professionnelles.

III. Une gestion du personnel mal adaptée aux nouveaux défis

Face aux nouvelles donnes que constituent l'inflation monétaire, l'agitation sociale et la transformation des métiers bancaires, la direction du Crédit lyonnais pratique une gestion du personnel identique à celle qu'elle pratiquait avant-guerre. Pour juguler les effets de l'inflation sur le pouvoir d'achat du personnel, l'administration octroie des indemnités de vie chère comme en 1910 lorsqu'elle dut faire face à la crise de vie chère de 1907-1913, pour juguler la crise sociale, elle intensifie sa politique paternaliste, et face à la transformation des métiers, elle observe la même « pratique » et recrute les mêmes hommes. Des réformes de structures ont néanmoins lieu : d'une part, une direction du personnel est créée, consacrant officiellement la naissance de la fonction Personnel dans l'entreprise Crédit lyonnais, et d'autre part, le système de prévoyance de l'établissement est réformé, débouchant sur la création de la caisse de retraites du personnel du Crédit lyonnais. Mais ces réformes s'avèrent insuffisantes pour maintenir l'intégration du personnel.

A. Des réformes de structures insuffisantes pour maintenir l'intégration du personnel

1. La création de la direction du personnel ou la naissance officielle de la fonction Personnel dans l'entreprise Crédit lyonnais

Conséquence de la gestion plus complexe de la main-d'œuvre, la fonction Personnel a gagné son autonomie au lendemain de la Première Guerre mondiale. Comme l'a souligné Marc Meuleau, pour la période antérieure à 1914, « l'individualisation de la fonction Personnel exprime généralement l'inquiétude des dirigeants qui pensent nécessaire de mettre en place une structure de surveillance pour faire face au regroupement d'effectifs de plus en plus considérables dans un même établissement et socialement moins dociles ».[153] Or, avant 1914, le champ des sociétés susceptibles d'individualiser la tâche des relations avec le personnel était très étroit. La fonction était alors souvent exercée par le patron lui-même ou par un membre de son entourage, le secrétaire général tout particulièrement, qui recevait fréquemment la gestion du personnel au milieu de responsabilités à dominante comptable et financière. « Les statuts des entreprises définissaient les pouvoirs du conseil d'administration en matière de personnel »[154] : ainsi, les statuts du Crédit lyonnais décrétaient en 1863 que « le Conseil nomme et révoque les agents et employés ; il fixe leurs attributions, leurs traitements, salaires et gratifications, et, s'il y a lieu, le chiffre de leur cautionnement ; il en autorise la restitution. [...] Il fait un rapport à l'assemblée générale des actionnaires sur les comptes et la situation des affaires sociales ».[155] La fonction Personnel n'existe donc pas encore en l'état. En 1916, Henri Fayol, l'homme qui a le plus réfléchi au management des entreprises, ne décrit, sous le nom de « fonction sécurité », qu'un embryon de fonction personnel, et en termes plutôt négatifs : éviter les grèves et les obstacles d'ordre social.[156] Il avait cependant déclaré en 1900, au congrès des mines, que « la charge du personnel suffirait seule à donner (au service administratif) la suprématie dans la plupart des cas ». Pour Marc Meuleau, avant 1914, « en dehors des banques, l'absence de service du personnel ou sa limitation à un organisme de surveillance était alors la situation la plus courante ».[157]

Avant la Grande Guerre en effet, les banques étaient nombreuses à disposer d'un service du personnel. Peut-être parce que « leur prospérité repose beaucoup plus sur la qualité de leurs cadres que sur des procédés techniques, des investissements réels ou une part du marché. L'art

---

[153] Marc Meuleau, « Les HEC et l'évolution du Management en France (1881-1980) », thèse d'État sous la direction de Maurice Lévy-Leboyer, Université de Nanterre-Paris X, 1330 pages, p. 749.

[154] Jean Fombonne, « Pour un historique de la Fonction Personnel » in Dimitri Weiss & co, *La Fonction Ressources Humaines*, Les Éditions d'Organisation, Paris, 1992, p. 84.

[155] Cité in article 34 des statuts du Crédit lyonnais, 1863, AH CL, 096 AH 001.

[156] Henri Fayol (1841-1921), dans son ouvrage *Administration générale et industrielle* publié en 1916, discernait six grandes fonctions dans l'entreprise : administrative (prévoir, organiser, coordonner, commander, contrôler), technique, commerciale, financière, comptable, de sécurité sans mentionner la fonction personnel.

[157] Marc Meuleau, *op. cit.*, p. 750.

d'apprécier les risques, les relations font prime dans un monde où les affaires et le crédit reposent sur la confiance ».[158] La Société générale disposait depuis 1909 d'un service du personnel rattaché au secrétariat général. À la Banque des Pays-Bas, établissement financier aux effectifs encore modestes en 1912, une personne s'occupait exclusivement des questions du personnel. À la Banque de l'Indochine, où les agents commissionnés étaient laissés à eux-mêmes avec des pouvoirs très étendus à plus de dix mille kilomètres du siège, affectations, rémunérations et gratifications étaient soumises au conseil d'administration et un service suivait chaque dossier individuellement. Au Crédit foncier, « un chef de la division du personnel et du contrôle, Melodion, fut nommé en septembre 1879 par le gouverneur, à une époque où les effectifs étaient de 716 personnes. Il présente au conseil d'administration les rapports sur les demandes d'admission à la retraite. Mais son supérieur hiérarchique reste le secrétaire général ».[159] Au Crédit lyonnais, la première mention faite de l'existence d'un chef du personnel date de 1879[160] : à cette date, les effectifs de l'établissement étaient déjà de 2 220 personnes, dépassant ainsi, selon Jean Fombonne, le niveau d'effectif justifiant un titulaire spécialisé en la matière.[161]

Jusqu'en 1920, année de la création de la direction du personnel, la fonction Personnel s'était exercée de façon décentralisée dans le cadre des sièges et des directions de groupe. En fait, seul le siège central disposait d'un service du personnel. À la veille de la Grande Guerre, ce dernier était dirigé par un militaire, le Lieutenant-Colonel Walewski. La mission de ce service était multiple. Il s'occupait du recrutement de sorte qu'il pût mettre à tout moment à la disposition de chaque service les agents dont celui-ci avait besoin, en nombre et avec les compétences voulues. C'était aux chefs de service de stimuler l'activité de leurs agents, d'organiser pour une meilleure productivité. Le service du personnel avait aussi la charge de tenir à jour la documentation administrative de chaque agent, notamment dans ses aspects sociaux, médicaux et techniques (suivi des dossiers individuels du personnel) ; il n'avait pas directement la responsabilité de la paye qui revenait aux chefs de

---

[158] *Idem.*

[159] Florence Delacour-Le Petit, « Permanences et Mutations dans la gestion des hommes au Crédit foncier de France : 1936-1956 », mémoire de maîtrise réalisé sous la direction de Jacques Marseille, Université Paris I-Sorbonne, 1991-1992, p. 10.

[160] Cité in brochure intitulée : « Instructions pour les agences dans Paris : dispositions générales », 1879, BR HCL, 73.

[161] « L'histoire de la fonction (Personnel) ne se confond pas avec l'histoire des entreprises : 80 % des entreprises ont zéro, une ou deux personnes. L'histoire de la fonction RH est principalement celle des entreprises de plus de 200 personnes, soit 0,27 % de la totalité des entreprises », Jean Fombonne, *art. cit.*, p. 55.

services. Le chef du personnel se faisait néanmoins l'exécuteur des dispositions prises par l'administration en la matière : « Il a été constaté que le paiement des appointements des employés s'effectue dans les services sans uniformité dans la façon de procéder. L'administration a pensé qu'il y avait intérêt à adopter pour l'ensemble des services un mode de procéder identique. Mrs les chefs de service sont priés en conséquence, à partir du 1ᵉʳ juin prochain, de vouloir bien se servir des feuilles de caisse n° 4232 et 4 233 portant le relevé du personnel du service présent à la date à laquelle se fait le paiement. Chaque employé au moment du paiement devra apposer sa signature en regard de son nom. Quant à l'employé absent, mention de son absence sera portée par le préposé aux paiements, dans la colonne réservée à l'émargement et l'employé devra signer au moment du paiement effectif ».[162] Enfin, le chef du personnel avait la responsabilité de procéder au déplacement du personnel et disposait d'une part de responsabilité dans son renvoi : « Tout chef de service qui estime ne plus pouvoir utiliser le concours d'un employé, le met à la disposition du chef du personnel avec une indication (déplacement ou renvoi).

DÉPLACEMENT : Le chef du personnel procède au déplacement demandé de sa propre autorité.

RENVOI : Toute demande de renvoi doit être motivée par un rapport écrit et détaillé adressé au chef du personnel. Celui-ci convoque et entend l'intéressé. Si le renvoi est jugé nécessaire, il ne doit être notifié à l'intéressé qu'après examen des faits incriminés par le directeur du Crédit lyonnais et par le chef du personnel. En cas de divergence d'avis de ces messieurs, la solution est prise par un des administrateurs-délégués à la direction générale. M. le chef du personnel est seul chargé de régler les modalités du départ de l'employé congédié, d'accord avec MM. les directeurs ».[163] En plus des missions qui viennent d'être citées, le chef du personnel avait la charge de la discipline et la charge d'informer le personnel des différentes œuvres sociales dont il pouvait disposer. De fait, les missions du service du personnel du siège central étaient déjà étendues avant 1914. Quels sont donc les facteurs qui ont conduit en 1920 la direction du Crédit lyonnais à créer une direction du personnel centralisée, consacrant par là même la naissance officielle de la fonction Personnel dans l'entreprise ? Sont-ce le gonflement du nombre des salariés, la diversification des qualifications et des régimes de salaires, un nouveau processus de fabrication – l'Organisation scien-

---

[162] Cité in circulaire du service du personnel du siège central datée du 25 mai 1911, AH CL, 105 AH 003.

[163] Cité in note intitulée : « Mise à la disposition du Chef du Personnel : Renvoi », datée du 2 septembre 1909, AH CL, 105 AH 003.

tifique du travail – qui ont conduit à la véritable émergence de la fonction Personnel au Crédit lyonnais ?

Les raisons qui ont conduit à la création de la direction du personnel dans cet établissement de crédit sont en fait différentes de celles qui ont conduit par exemple Renault (en 1915), Pathé (en 1922) et Chausson (en 1923) à créer un responsable du personnel. Certes, les effectifs ont augmenté depuis 1914 : de 16 214, ils sont en effet passés à 19 406 en 1920 mais compte tenu de l'ampleur des effectifs dès 1914, cette augmentation ne justifie pas une nouvelle structure. Par ailleurs, en 1920, les principes de l'OST n'ont pas encore pénétré le secteur bancaire : la diversification des qualifications et des régimes de salaires qui lui fut consécutive n'a donc pas encore eu lieu. Les facteurs qui ont conduit à la création de la direction du personnel sont donc davantage à rechercher dans l'agitation sociale, devenue endémique depuis le printemps 1917, et dans l'intervention accrue du législateur dans le domaine du travail. La création de la direction du personnel, le 4 août 1920, a en effet coïncidé avec une période de forte agitation sociale qui a été décrite plus haut : le personnel de l'établissement qui avait jusqu'alors été docile a participé de façon massive aux grèves des printemps 1917 et 1919. Par ailleurs, au lendemain de la guerre, les interventions du législateur se sont multipliées dans le domaine du travail, rendant plus complexe la gestion du personnel.

Si le législateur était déjà intervenu dans ce domaine avant la guerre, à partir de 1919, son intervention s'est en effet accélérée et intensifiée : la Grande Guerre a fait prendre conscience à l'État de sa responsabilité sociale. Ainsi, en 1919, sont votées trois lois modifiant l'organisation du travail dans les établissements industriels et commerciaux : la loi du 23 avril 1919 accordant à l'ensemble de la population salariée la journée de 8 heures, la loi du 25 juillet 1919, encore appelée loi Astier, qui oblige les patrons à développer l'enseignement professionnel de leur jeune personnel et la loi du 21 mars 1919 donnant la possibilité aux partenaires sociaux de négocier des conventions collectives. La portée de cette dernière loi ne fut toutefois pas immédiate, dans les banques tout au moins : la première convention collective dans cette branche date en effet du 3 juillet 1936. Le droit du travail commençait donc à devenir une composante obligée de la gestion du personnel.

Le contexte de la création de la direction du personnel révèle ainsi l'émergence des missions constitutives de la fonction Personnel moderne : non seulement administrative mais aussi politique et juridique.

La mission administrative résidait dans la gestion des affaires courantes (centralisation des états trimestriels du personnel par exemple), la mission politique consistait à « gérer » les revendications du personnel, et la mission juridique enfin, visait à assurer, dans l'ensemble de l'établissement, l'application des nouvelles lois en matière de travail et de protection sociale. Pour mener à bien ces missions, cette direction du personnel dispose-t-elle alors de pouvoirs particuliers ? Quelle importance lui reconnaît-on ? Pour illustrer l'importance reconnue à la direction du personnel par le conseil d'administration, intéressons-nous à la place que cette dernière occupe à l'époque dans l'organigramme du Crédit lyonnais. Cette dernière est définie dans une circulaire de la direction générale qui énumère toutes les fonctions, qui, compte tenu de leur importance, relèvent directement du directeur général : « nous vous prions de bien vouloir prendre note des décisions suivantes prises par notre conseil d'administration : M. le directeur du personnel, M. le contrôleur général du siège central, M. le directeur et M. le sous-directeur des services de la bourse relèvent directement du directeur général ».[164] Quant aux pouvoirs dont dispose le directeur du personnel, quels sont-ils ?

Nous ne sommes pas en mesure de procéder à une analyse précise des pouvoirs alors dévolus au directeur du personnel. En revanche, à travers diverses actions réalisées par la direction du personnel, nous avons pu observer qu'au Crédit lyonnais, à cette époque, la fonction de directeur du personnel fait davantage penser à celle « d'un grand serviteur » de la « fonction présidentielle » qu'à celle « d'un dirigeant politique », c'est-à-dire d'un dirigeant dont les décisions peuvent influer sur la stratégie « présidentielle ». Dès lors, le pouvoir conféré à cette fonction Personnel résulte de la relation de confiance qui existe entre le directeur général, appelé à devenir président, et le directeur du personnel. Le choix de l'homme appelé à la direction du personnel n'est d'ailleurs pas fortuit : le Baron Brincard, alors administrateur-délégué (faisant office de directeur général), a en effet choisi un camarade de promotion,[165] doté d'une culture adaptée à la structure de commandement très hiérarchisée de l'organisation. Louis, Alfred Poindron, né le 4 juin 1867, est en effet un polytechnicien qui a embrassé la carrière militaire. Promu Général de brigade, il est rayé des cadres le 10 décembre 1919 pour entrer le 1er janvier 1920 au Crédit lyonnais comme attaché au contrôleur général sur la recommandation de M. Enders.[166] Le 4 août 1920, il est nommé par le Baron Brincard à la tête de la toute nouvelle direction du person-

---

[164] Cité in circulaire de la Direction générale, n° 3355, Paris, le 1er avril 1922, AH CL, 7 AH 3.

[165] Alfred Poindron et le Baron Brincard étaient deux polytechniciens issus de la promotion de 1887.

[166] Renseignements recueillis dans les « papiers » de Jean Rivoire dont les sources ne sont pas précisées, in Dossier Jean Rivoire, AH CL.

nel qu'il ne devra quitter qu'en 1945.[167] La nomination d'un militaire à ce poste n'était pas originale : elle traduit la vision relativement conservatrice des dirigeants du Crédit lyonnais qui considèrent la fonction Personnel davantage comme une fonction de surveillance destinée à assurer le maintien de l'ordre social et juridique que comme une fonction mise au service de la production. À la même époque en effet, les profils des responsables du personnel commencent à évoluer dans le secteur de l'industrie, et plus particulièrement dans la branche automobile. À ce sujet, Yves Cohen a pu réunir quelques informations significatives : les officiers à la retraite qui convenaient particulièrement quand la sécurité primait (le Colonel Lanty chez Citroën, le colonel Duvernoy chez Renault) se sont vus dans les années 1920 concurrencés par des hommes au profil différent comme Ernest Mattern, ingénieur de formation et directeur d'usine. Chez Citroën, « la fonction Personnel qui était née avec l'usine de Javel en 1915 fut successivement occupée par des hommes de confiance : Hugues Citroën, frère du fondateur de la firme, suivi de Charles Manheimer, polytechnicien et camarade de promotion d'André Citroën, puis jusqu'en 1925, par le colonel Lanty, du cabinet de Thomas. Mais c'est l'arrivée en 1922 d'un organisateur de renom, Mattern, qui va favoriser dans cette firme le développement de la rationalisation de la gestion du personnel ».[168] Ancien directeur technique de Peugeot à la fin de la guerre de 1914,[169] il accompagne alors la modernisation des usines, en mettant en place une gestion du personnel déjà raffinée (répartition du travail, classification des postes, politique de formation basée sur l'adhésion, bulletin des usines, conférences, etc.). En 1925, alors que l'ensemble des établissements Citroën compte 18 000 ouvriers, il crée et dirige le « service de la main-d'œuvre » et lui confère, progressivement, les principaux traits de la modernité que l'on retrouvera ultérieurement dans les grandes entreprises : centralisation, uniformisation et harmonisation. « La centralisation du recrutement permet le contrôle global de la régularisation de la main-d'œuvre. L'harmonisation des systèmes de paie supprime les disparités entre les ateliers, atténue les risques de conflits et permet la comparaison des coûts de productivité. Enfin, l'uniformisation des procédures, comme « la notation du personnel », permet de rationaliser les décisions (sanctions, promotions, augmentations de salaires, etc.). C'est donc l'amorce d'un vérita-

---

[167] La nomination est citée dans la circulaire n° 3217 de la Direction générale, datant du 4 août 1920, AH CL, 7 AH 3.

[168] Jean-Pierre Bouchez, « 1880-1975 : Émergence de la Fonction Personnel », in *Personnel*, n° 343, juillet 1993, p. 17.

[169] Voir Yves Cohen, « Ernest Mattern chez Peugeot (1906-1918), ou comment être taylorien ? », in B. Doray, *Le Taylorisme, une folie rationnelle ?*, Dunod, Paris, 1981, p. 121.

ble système de gestion intégré du personnel ouvrier qui se met en place et qui vise ainsi à réglementer et à réguler l'ensemble des flux de main-d'œuvre ».[170] Comme l'a indiqué Marc Meuleau, « le service du personnel de l'entre-deux-guerres est une conséquence de la taylorisation et concourt à une plus grande efficacité de la production. Il permet de décharger les responsables de la fabrication d'occupations annexes devenant de plus en plus lourdes. Parallèlement, dans les grands établissements, le nombre des ouvriers réunis offre l'occasion de traiter en série, de façon rationnelle, les problèmes administratifs nés de leur masse et des obligations légales ».[171]

Or, de même que les grandes grèves ont éclaté dans les établissements de crédit bien après celles qui ont éclaté au début du siècle dans l'automobile, de même les principes de l'OST ont investi les établissements de crédit bien après avoir investi les firmes automobiles, c'est-à-dire après 1925 : une relation peut dès lors être établie entre le développement plus tardif de l'agitation sociale et des principes de l'OST au Crédit lyonnais et la façon dont les dirigeants de cet établissement conçoivent alors la fonction Personnel, c'est-à-dire une conception relativement conservatrice fondée sur la surveillance, comme l'atteste la nomination d'un militaire à la tête de la direction du personnel. Entre 1920 et 1926, la gestion du personnel conduite par Alfred Poindron ne peut pas d'ailleurs être considérée comme novatrice au sens où celle d'Ernest Mattern a pu l'être[172] : elle ne s'est pas traduite par une centralisation du recrutement ; toutefois, elle s'est traduite par une volonté d'harmonisation et d'uniformisation de certaines pratiques, qui à terme, favoriseront l'implantation des principes de l'OST pour une gestion plus rationnelle du travail. La création de la direction du personnel centralisée à Paris ne s'est donc pas accompagnée d'une centralisation du recrutement et des dossiers individuels du personnel.[173] De même qu'au siège central, le recrutement continue à être l'affaire du service du personnel, de même dans les directions de groupes, il continue à être l'affaire des directeurs d'agences. De la même façon, « tout ce qui constitue le

---

[170] Jean-Pierre Bouchez, *art. cit.*, p. 17. Pour une approche d'un aspect de l'œuvre de Mattern, voir Yves Cohen, « L'espace de l'organisateur, E. Mattern, 1906-1939 », in *Le Mouvement Social*, octobre-décembre 1988, n° 125, p. 79.

[171] Marc Meuleau, *op. cit.*, p. 753.

[172] La nature des écrits d'Alfred Poindron en témoigne : le seul écrit publié par ce dernier constitue l'avant-propos d'un ouvrage consacré à la carrière militaire du Général Jacques Renie, *Du Général Jacques Renie, La 69ᵉ D.I.*, 31 juillet-2 novembre 1914, Paris, 1938, 108 pages.

[173] Toutefois, la situation du personnel de chaque groupe devait désormais être fournie à la direction du personnel « à la date du 1ᵉʳ jour de chaque trimestre », cité in instruction de l'inspection générale des agences régionales, Lyon, le 11 avril 1922, AH CL, 068 AH 076.

dossier d'un employé doit être entre les mains de l'agence ou du siège où l'employé se trouve en dernier lieu. Par conséquent, lorsqu'un de vos collaborateurs est transféré dans une autre agence du CL, vous devez envoyer à la dite agence le dossier complet que vous possédez, c'est-à-dire avec tous les documents qu'il referme. Vous devez y joindre toute la correspondance échangée soit avec nous, soit avec d'autres personnes et qui concerne l'intéressé. Mais, pour conserver trace du passage de cet employé dans vos bureaux, vous devez prendre une copie textuelle de la feuille signalétique. Cette copie doit être classée dans les archives de la direction du groupe ».[174] La façon décentralisée dont le recrutement et la gestion des dossiers individuels du personnel s'effectuent ne permet donc pas un contrôle global de régularisation de la main-d'œuvre. En revanche, des signes d'évolution vers une harmonisation des pratiques et une uniformisation des procédures sont alors perceptibles.

À partir de 1922, la direction du personnel cherche à harmoniser les systèmes de paie[175] en étendant aux groupes d'agences le système en vigueur au siège central : « Il nous semble que toutes les agences pour-raient procéder comme il est fait au siège central ».[176] Non seulement les systèmes de paie se sont harmonisés mais nous allons voir que d'autres procédures se sont également uniformisées sous l'effet d'une réglemen-tation entreprise par la direction du personnel. Les témoignages de cette évolution résident dans « l'État des lieux de la gestion et de l'adminis-tration du personnel » que le directeur du personnel réalise en jan-vier 1922. Cet état des lieux comprend en effet dix chapitres qui régle-mentent, « dans des dispositions générales applicables à Paris et en province »,[177] le recrutement et les appointements de début (chapitre I), l'avancement, les gratifications, les indemnités de fonctions, les bonifi-cations, la différence de recette, les frais de déplacement, le paiement des appointements (chapitre II), la durée du travail, les feuilles de présence, les heures supplémentaires, les congés, absences et service militaire, les accidents du travail (chapitre III), la tenue des dossiers, la discipline, les interdictions diverses (chapitre IV), l'indemnité de cherté

---

[174] *Idem*, p. 20-21.
[175] L'établissement d'une « pièce justificative devant être remise à l'employé à l'occasion du paiement de son salaire » (l'équivalent de la « fiche de paie » encore appelée « bulletin de salaire ») a été rendu obligatoire par la loi du 4 mars 1931.
[176] Cité in note de la direction du personnel datée du 27 avril 1922, AH CL, 098 AH 247.
[177] Cité in « Observation générale » s'appliquant à tous les chapitres, préambule à l'*État des lieux de la gestion et de l'administration du personnel*, p. 1. Pour ce qui était des dispositions spéciales au siège central (DS. SC) notamment en matière de gestion sociale, « les directions de groupe étaient juges de la mesure où il convenait de les étendre à leurs sièges », AH CL, 098 AH 248.

de vie, l'indemnité de chauffage, les allocations pour naissances et pour charges de famille, les médailles d'honneur, la médaille du Crédit lyonnais, les gratifications aux employés après 30 ans et après 50 ans de services, les dispositions prises au décès d'un employé (chapitre V), les retraites CRPCL, les allocations annuelles et renouvelables, les allocations aux retraités ayant au moins de 30 ans de services et 60 ans d'âge (chapitre VI), les avantages réservés au personnel en service ou retraité (chapitre VII), l'habillement (chapitre VIII), le service médical, la fondation de lits dans divers établissements hospitaliers, la société des amis des employés du Crédit lyonnais, la mutuelle féminine (chapitre IX), le réfectoire, les cours pour les employés à l'intérieur du Crédit lyonnais ou dans diverses écoles, le groupe sportif, la société de préparation militaire, le groupe musical, les bourses dans les écoles commerciales en faveur des fils d'employés (chapitre X). Cette réglementation des pratiques en matière de gestion et d'administration du personnel correspond à une volonté de coordonner et d'harmoniser certaines d'entre elles comme l'atteste cette lettre de Madinier, alors directeur du groupe lyonnais (siège social + groupe des agences régionales) : « Je vous retourne ci-joint le travail concernant le personnel que vous m'avez envoyé avec votre lettre du 26 janvier. Ce travail a été soigneusement lu par les directions du siège social et des agences régionales et des instructions ont été données dans nos sièges pour mettre en harmonie avec ce qui se fait à Paris certains points de détail, mais il subsiste quelques différences entre les règles en vigueur à Paris et dans notre groupe ».[178] Ces différences portent sur les appointements de début, sur les mutations entre garçons et employés, sur la durée des congés et sur la durée journalière de travail : « Pour les appointements de début, nos directeurs ont une certaine latitude ; ils sont généralement un peu inférieurs dans notre groupe et variables suivant les antécédents et les connaissances du sujet. En principe, au siège social et dans les agences régionales, les garçons ne passent pas employés et le tarif des garçons de recettes auxiliaires est sensiblement inférieur à celui de Paris. La durée des congés dans tout notre groupe est limitée à un mois, y compris les jours supplémentaires pour ancienneté ou autres causes. Au siège social, la journée de travail est un peu plus longue qu'à Paris, la rentrée ayant lieu à 8 heures et la sortie à 6 heures 1/2 mais le temps donné pour le déjeuner est de 2 heures au lieu de 1 heure 3/4. Dans les agences régionales, les règles à ce sujet ne sont pas uniformes et varient suivant les usages locaux ».[179]

---

[178] Cité in lettre adressée par Madinier, alors directeur du groupe lyonnais, à Alfred Poindron, 2 juin 1922, AH CL, 098 AH 249.

[179] *Idem*. Cette lettre est antérieure au décret du 27 juillet 1923 qui rend effective l'application de la loi de huit heures dans les banques.

Au siège central et dans les agences dans Paris, « les heures de travail pour les employés des bureaux sont de 8 heures 30 le matin à 18 heures, avec interruption de 1 heure 45 pour le déjeuner. Départ à 11 heures 45. Rentrée 13 heures 30. Le personnel en contact avec le public s'absente à partir de midi et rentre à 13 heures 45. Dans les services n'interrompant pas leurs travaux, le chef de service établit un roulement, en deux ou trois séries. Le travail cesse au plus tôt cinq minutes avant l'heure fixée pour le départ ».[180] Certaines des différences mises en évidence par Madinier correspondent à des conditions d'exploitation propres aux agences régionales. De fait, elles furent maintenues : « Suivant les instructions de notre Président, je vous adresse un exemplaire du travail coordonnant les diverses dispositions concernant le personnel. Il ne diffère du projet que je vous avais communiqué que par de légères modifications à la rédaction des paragraphes concernant les points visés dans votre lettre du 2 juin, à l'exception de celui des congés qui subsiste dans son état primitif, étant entendu que dans votre groupe, cette durée est limitée à 1 mois, y compris les jours supplémentaires pour ancienneté ou autre cause ».[181] La durée du travail dans les agences fut dès lors réglementée de la façon suivante : « La durée du travail effectif est fixée en principe à 8 heures par jour avec application de la semaine anglaise, c'est-à-dire fermeture des bureaux l'après-midi du samedi et des veilles de fêtes légales (sauf les jours d'échéance de fin de mois). Les directions de groupe fixent, d'accord avec les directeurs et tenant compte des usages locaux, les heures d'arrivée et de départ du personnel dans les sièges, et rendent, s'il y a lieu, obligatoire la feuille de présence. La semaine anglaise peut ne pas nécessairement être appliquée le samedi après-midi pour tenir compte des convenances locales (marchés, etc.). Dans ce cas, nos directeurs doivent se mettre d'accord avec les directeurs des autres banques locales pour remplacer l'après-midi du samedi par une autre demi-journée ou un roulement ».[182] De même, les directeurs d'agence conservent leur latitude en matière de fixation des appointements de début : « Les appointements de début sont décomptés par journée de travail. Ils varient suivant l'âge à l'entrée, les aptitudes, les diplômes des candidats et les emplois qu'ils ont précédemment occupés. Ils varient également suivant l'importance de la localité. Ils sont fixés par les directeurs d'agences d'après les indications de la direction du groupe et en tenant compte des appointements dans les établissements similaires ».[183] Certes, les conditions d'exploitation différentes

---

[180] Chapitre III de l'*État des lieux...*, AH CL, 098 AH 248.

[181] Cité in lettre adressée par Alfred Poindron à Madinier, Paris, le 18 septembre 1922, AH CL, 098 AH 249.

[182] Cité in *État des lieux...*, Chapitre III, AH CL, 098 AH 248.

[183] *Idem.*

entre Paris et la province d'une part, entre le siège et les agences d'autre part, justifient le maintien des différences en matière de conditions de travail et de rémunération notamment. En revanche, d'autres pratiques ont pu être uniformisées indépendamment de ces conditions d'exploitation différentes. C'est le cas du système de « notation du personnel » : « Les directeurs d'agence, les chefs de services du siège central établissent pour chaque employé au moment de leur proposition de fin d'année une feuille de notes individuelles, destinée à faire connaître à l'administration l'appréciation portée sur l'employé (instruction, intelligence, initiative, travail, degré de formation, éducation, caractère, aptitudes à occuper les emplois supérieurs, etc.). Il est indispensable dans l'appréciation finale, donnée par le directeur ou le chef de service lui-même, de mettre en évidence le jugement porté sur l'employé (employé qui doit être maintenu dans sa sphère modeste, employé médiocre dont il vaudrait mieux se défaire, employé sur lequel on peut fonder des espérances d'avenir.) Ces notes (A : Avenir, TB : Très Bon, B/TB : presque Très Bon, B : Bien, AB/B : presque Bien, AB : Assez Bien et I : Insuffisant) sont envoyées au directeur de groupe (agences), au chef du service du personnel (siège central) en même temps que les états de propositions d'augmentation et de gratification. […] Ces propositions sont formulées en tenant compte de l'âge, de l'ancienneté, des services et de la note donnée. Il est indispensable que le personnel n'ait pas l'impression d'un avancement automatique nuisible à l'émulation, contraire à toute justice, mais qu'il sente au contraire que les augmentations d'appointements et les gratifications sont la sanction légitime de l'intelligence, du caractère, du zèle, de l'assiduité et des services rendus ».[184] Certes, cette pratique de la « notation du personnel » était déjà en vigueur au Crédit lyonnais avant la guerre (une circulaire du service du personnel datée du 25 octobre 1909 l'atteste pour le siège central, une instruction de la direction des agences régionales datée du 13 octobre 1911 le confirme pour ce réseau d'agences[185]), mais son mode d'application n'obéissait à aucune réglementation commune.

De la même façon que le système de notation du personnel consacre la nature des rapports individualisés entre le Crédit lyonnais et le personnel, l'identité de celui-ci ne s'obtenant qu'au travers des seules appréciations de l'établissement sur ses qualités personnelles et ses

---

[184] Cité in *État des lieux...*, Chapitre II, AH CL, 098 AH 248.

[185] Il est possible de dater précisément l'entrée en vigueur de cette pratique dans le réseau des agences régionales : « nous référant à notre circulaire n° 6963 du 13 novembre 1908, nous vous rappelons que vous avez à nous fournir, comme les années précédentes, une feuille de notes individuelles sur vos collaborateurs », cité in instruction de la direction des agences régionales, Lyon, le 13 octobre 1911, AH CL, 068 AH 034.

compétences, de même nous allons voir que le système d'avancement de carrière consacre le principe d'autorité, cher à l'établissement, en ne créant presque pas de niveaux de qualification statutaires, si ce n'est pour les grades inférieurs, au profit de niveaux rejoints seulement, cas par cas, par chaque salarié au gré de la décision de l'administration.

Le système d'avancement de carrière s'effectue en effet comme suit : « L'avancement se fait soit par augmentation d'appointements dans le même emploi, soit par nomination à des fonctions plus importantes ou à un grade supérieur. L'augmentation d'appointements dans le même emploi est fondée en partie sur l'ancienneté (avancement automatique), en partie sur le mérite. Le personnel noté AB ne peut bénéficier que de l'avancement automatique ; le personnel noté Insuffisant ou Médiocre, qui est maintenu exceptionnellement en service, ne doit bénéficier d'aucun avancement : il doit en principe être licencié. La part d'augmentation due à l'ancienneté est déterminée pour les employés ayant moins de 23 ans de façon à amener progressivement leurs appointements au chiffre fixé pour les employés titularisés ayant cet âge. Les appointements minima sont ainsi majorés de X %. La majoration est fixée à Paris par la direction du personnel. Variable, suivant les agences, cette majoration est, en province, proposée par les directeurs d'après les taux des salaires dans la localité et arrêtée par les directions de groupes. Celles-ci doivent la faire connaître à la direction du personnel.

Pour le personnel ayant plus de 23 ans révolus, les augmentations d'appointements dues à l'ancienneté sont réglementées. Ainsi, après un an de présence, l'employé bénéficie d'une majoration de traitement qui consiste en une augmentation annuelle de 200 F pendant deux ans, réduite à 100 F pendant 13 ans puis d'une augmentation bisannuelle de 100 F pendant 14 ans, soit une augmentation de 2 400 F sur 29 ans.

Les dames employées ne bénéficient d'une augmentation qu'après 5 ans de présence. Cette majoration de traitement consiste alors en une augmentation d'abord annuelle de 75 F pendant 12 ans puis d'une augmentation bisannuelle de 75 F pendant 18 ans, soit une augmentation de 1 575 F sur 30 ans. La majoration des classeuses est inférieure : elle consiste en une augmentation annuelle de 50 F pendant 18 ans. Comme les employés, les garçons de bureau bénéficient d'une première augmentation après seulement un an de présence. La majoration consiste en une augmentation annuelle de 100 F pendant 5 ans puis d'une augmentation bisannuelle de 100 F pendant 25 ans, soit une augmentation de 1 700 F sur 30 ans. Les pompiers, à égalité d'ancienneté, disposent des appointements des garçons de bureau majorés de 200 F. Les garçons de bureau qui deviennent garçons payeurs ou receveurs, garçons de recette, griffeurs, garçons d'archives et magasiniers de l'économat bénéficient d'une majoration de 200 F dès leur nomination. Ensuite, les majorations consistent en une augmentation annuelle de 100 F pendant 7 ans puis en une augmentation bisannuelle de 100 F pendant 14 ans. Le personnel payé à la journée (gardiens des sièges ou agences, veilleurs de nuit, surveillants et surveillantes de lavabos, femmes de service et infirmières), recruté au-delà de 40 ans d'âge, n'est pas titularisé après un stage d'essai comme auxiliaires temporaires, il reste toujours dans la catégorie des auxiliaires fixes. Il peut bénéficier d'une augmentation de 0,25 F après 5 ans de services, de 0,50 F après 10 ans de services. Les salaires des ouvriers du service technique (électriciens, téléphonistes, serruriers, plombiers, nettoyeurs) et de l'économat (imprimeurs, relieurs, menuisiers) du siège central suivent les variations des salaires correspondants aux catégories d'ouvriers de la corporation à laquelle ils appartiennent. Seuls, le chef électricien, le sous-chef électricien, les 5 ouvriers électriciens, le chef ouvrier téléphoniste, le chef d'atelier de l'imprimerie et le chef d'atelier de la menuiserie sont titulaires et reçoivent comme tels des appointements annuels qui peuvent être augmentés selon la proposition des chefs de service. La part d'augmentation due au mérite est fixée d'après des bases établies par la direction du personnel pour les employés jusqu'au grade inclus de chef de dossiers, de séries, de table ou fonctions équivalentes. Les deux parties de l'augmentation (ancienneté et mérite) sont fondues en un seul chiffre qui constitue l'augmentation de l'employé. La nomination à un grade supérieur ou à des fonctions plus importantes s'effectue « uniquement au choix ». Elles entraînent en principe soit immédiatement, soit en fin d'année, une augmentation d'appointements ».[186]

Si le système d'avancement du personnel n'est donc pas *a priori* autoritaire, puisqu'il repose sur des bases préalablement définies, il consacre néanmoins le principe d'autorité dans la mesure où ces bases sont fixées par la direction du personnel et elle seule, à l'exclusion de l'intervention de l'État, d'une corporation ou d'instances collectives. Chacun, maître chez soi, telle est encore la devise appliquée. Le principe d'autorité apparaît dans sa plénitude à travers le système de promotion appliqué lors des nominations à un grade supérieur à celui de chef de dossier, de série ou de section dans la mesure où ces dernières ne reposent sur aucun autre critère que le « choix » émis par un supérieur avisé.

---

[186] Cité in *État des lieux...*, Chapitre II, AH CL, 098 AH 248. La direction du personnel avait élaboré un tableau indiquant pour le siège central et les agences dans Paris les majorations d'appointements correspondantes aux divers grades ou emplois, les appointements de l'employé non gradé, ayant même âge et même ancienneté de service, étant pris comme base. Ces majorations englobaient, pour certains grades ou emplois, la part d'augmentation due à la note. Elles permettaient d'établir les limites entre lesquelles les appointements d'un employé gradé pouvaient varier et par suite de fixer les augmentations successives qui pouvaient être accordées à cet employé.

Que conclure donc sur la situation de la fonction Personnel dans cet établissement de crédit entre 1919 et 1926 ?

Cette dernière présente le paradoxe d'avoir à la fois été moderne et conservatrice : moderne d'abord, de par la structure centralisée dont elle est dotée en 1920 et de par l'harmonisation de certaines pratiques comme le système de paiement des appointements et l'uniformisation de certaines procédures comme le système de notation du personnel ou encore le système d'avancement de carrière, qui, à terme, favoriseront l'implantation des principes de l'OST ; conservatrice ensuite, de par le choix du directeur du personnel d'une part, qui révèle le primat accordé par la direction générale à la « fonction de surveillance » au détriment d'autres fonctions permettant de mettre directement la fonction Personnel au service de la production, et de par la consécration du « principe d'autorité » d'autre part, qui apparaît à travers la réglementation des systèmes de notation et d'avancement de carrière, au détriment d'une professionnalisation du métier reposant sur des niveaux de qualification statutaires. Parallèlement à la création de la direction du personnel, une autre réforme de structure est entreprise en 1920 : elle porte sur la réorganisation du système de prévoyance du Crédit lyonnais.

2. De la disparition de la caisse de prévoyance à la création de la caisse de retraites du personnel du Crédit lyonnais : d'un paternalisme d'inspiration libérale à un paternalisme d'inspiration plus dirigiste

Marc Meuleau a souligné dans sa thèse qu'à la grande différence du temps de ses débuts, le paternalisme de l'entre-deux-guerres cherche à renforcer son emprise sur les ouvriers jusqu'à instaurer un contrôle total : « Bien que l'évolution ait pris des formes variables selon les secteurs, le besoin de contrôle étant moins impérieux dans les industries nouvelles grâce à leurs hauts salaires et leur localisation dans les grands centres urbains, ou encore selon la personnalité du patron comme le prouve l'opposition entre un André Citroën très directif et un Louis Renault, beaucoup plus libéral, la tendance générale est à un resserrement de l'encadrement du monde ouvrier ».[187] Dès lors, nous nous proposons de voir dans quelle mesure au Crédit lyonnais aussi, l'évolution du système de prévoyance a relevé de cette tendance générale, contribuant à un resserrement de l'encadrement du monde « employé ».

La caisse de prévoyance mise en place en 1898 par l'administration du Crédit lyonnais traduisait en effet un paternalisme d'inspiration libérale dans la mesure où elle reposait sur les principes de l'adhésion

---

[187] Marc Meuleau, *op. cit.*, p. 744.

volontaire et de la libre fixation des cotisations par les employés. Ce système prit fin le 1ᵉʳ janvier 1920 : « il n'est plus prélevé aucune cotisation sur les traitements des employés, ni versé par le Crédit lyonnais aucune subvention correspondante, en exécution du règlement du 12 juillet 1898 concernant l'organisation de prévoyance fonctionnant en faveur du personnel du Crédit lyonnais antérieurement au 1ᵉʳ janvier 1920 et qui, à cette date, a cessé d'exister ».[188] Une caisse de retraites est alors créée pour la remplacer : elle est baptisée caisse de retraites du personnel du Crédit lyonnais (CRPCL). Contrairement à la caisse de prévoyance, cette caisse de retraites repose sur les principes de l'adhésion et de la retenue obligatoires. En effet, si l'adhésion aux statuts de la CRPCL et au règlement annexe à ces statuts est facultative pour les employés titularisés avant le 1ᵉʳ janvier 1920, elle est en revanche « obligatoire pour le personnel non titularisé à la date du 1ᵉʳ janvier 1920 et pour le personnel ultérieurement admis au Crédit lyonnais ».[189] Elle prend date « à partir de l'expiration de la première année de service permanent, pour ceux qui n'ont pas encore une année de service permanent, immédiatement pour ceux qui ont déjà une année de service permanent ou davantage ».[190] Seuls, donc, les auxiliaires-temporaires échappent pour un temps à l'obligation : « les employés faisant partie au 1ᵉʳ janvier 1920 du personnel non permanent n'ont pas à adhérer immédiatement à la caisse. Ils ne seront tenus d'y adhérer qu'au moment où ils seront appelés à faire partie du personnel permanent. Ils auront alors à signer, avant d'être admis en cette qualité, une formule d'adhésion. Les employés en question ne peuvent être admis dans le service permanent qu'après avoir signé cette formule. « Jusque-là, ils ne font pas partie de la CRPCL et ne se constituent aucun droit à une allocation future ».[191] En revanche, le personnel non permanent recruté après le 1ᵉʳ janvier 1920 ne peut être admis qu'à la condition également, de signer, avant son entrée en fonctions, une formule d'adhésion qui toutefois ne prend effet qu'à l'issue de la première année de service permanent. Le principe de l'obligation se traduit non seulement par le système de l'adhésion obligatoire mais aussi par le système de la retenue obligatoire sur salaire qui avait jusqu'alors servi de base au fonctionnement de nombreuses institutions de prévoyance fondées par les patrons de la grande industrie avant 1914.[192] Les adhérents à la nouvelle caisse de retraites du Crédit

---

[188] Cité in note du chef du personnel, Dubief, n° 104, Paris, le 19 janvier 1920, AH CL, 098 AH 242.

[189] *Idem.*

[190] *Idem.*

[191] Cité in note n° 104 du chef du personnel, citée *supra*, AH CL, 098 AH 242.

[192] « Déjà en 1850 fonctionnent des institutions de prévoyance fondées par les patrons et qui fonctionnent dans un grand nombre de cas, grâce à des cotisations versées par les

lyonnais sont en effet désormais tenus de verser « jusqu'à l'âge de 60 ans une cotisation de 5 % de leur traitement (non compris les gratifications) dans la limite d'un traitement annuel de 20 000 F, et en outre, le premier douzième de leurs augmentations de traitement annuel ».[193] Le Crédit lyonnais, quant à lui, verse une contribution égale à l'ensemble des cotisations des adhérents et en outre, 2 % des traitements pour l'attribution de pensions aux veuves. Les cotisations sont versées à la CRPCL qui les reverse à la caisse nationale des retraites pour la vieillesse, à capital réservé ou à capital aliéné, au choix de l'adhérent. La contribution du Crédit lyonnais est quant à elle versée à la CRPCL qui la capitalise directement.[194] Les statuts fixent la liquidation de la retraite à l'âge de 60 ans. Toutefois, l'adhérent réunissant au moins 30 ans de services à l'âge de 55 ans, peut demander dès cet âge la liquidation de sa retraite.[195] L'adhérent qui devient incapable d'exercer ses fonctions en raison de son état de santé peut obtenir la liquidation anticipée de sa retraite s'il justifie d'au moins 10 années de services. Le calcul de la retraite s'effectue en déterminant d'abord un « traitement de base » égal à la moitié de la somme du traitement annuel moyen des 10 dernières années de la carrière et du traitement maximum de la carrière (dans la limite de 20 000 F). La retraite est égale à 1/60e du traitement de base, par année de services au Crédit lyonnais, sans pouvoir dépasser, ni la moitié du traitement maximum de la carrière, ni la somme de 10 000 F par an. Un minimum de retraite est prévu. La retraite ainsi calculée est composée d'une part, des rentes constituées par les cotisations versées à la caisse nationale des retraites pour la vieillesse et servies par elle, et d'autre part, d'une allocation directement servie par la CRPCL. Cette allocation est égale à la différence entre le montant de la retraite et le montant des rentes de la CNRV. Quelles sont donc les raisons qui ont motivé l'émergence de ce nouveau système de prévoyance fondé sur l'obligation ?

Nous disposons très peu d'éléments d'information relatifs aux motifs de cette évolution si ce n'est la coïncidence entre l'instauration de ce

---

ouvriers, ou plus exactement grâce à des retenues effectuées sur les salaires. Les institutions patronales auront bien plus d'importance à la fin du siècle. Or dans ces institutions, la contribution des ouvriers n'est généralement pas facultative », Henri Hatzfeld, *op. cit.*, p. 81.

[193] Cité in document intitulé : « Historique des anciens régimes de retraites du Crédit lyonnais », 1898-1945, janvier 1959, 7 pages, p. 2, document non coté.

[194] La CRPCL plaçait la contribution en valeurs mobilières dont elle percevait les revenus.

[195] Quand les conditions d'âge et de durée de services requises pour l'attribution d'une retraite sont remplies, on calcule cette retraite, on en fait le décompte. Quand le décompte est vérifié et approuvé, on dit que la retraite est « liquidée ».

nouveau système de prévoyance et les vagues de démissions qui déferlent sur le Crédit lyonnais à cette époque : d'ailleurs, le changement décrété par l'administration consistant à ne plus accorder au personnel quittant l'établissement l'épargne constituée des subventions du Crédit lyonnais nous autorise à émettre l'hypothèse de l'existence d'une relation entre ces deux phénomènes. En effet, alors qu'il était stipulé dans le règlement de l'ancienne organisation de prévoyance que « quelles que soient l'époque et la cause de départ du personnel, toutes les subventions versées antérieurement à son crédit lui demeureraient irrévocablement acquises »,[196] le conseil d'administration décide en 1920 qu'en cas de départ du personnel « les cotisations versées par la maison à la CRPCL y resteraient, l'employé ne touchant le montant de sa pension que s'il réalise les conditions fixées par les statuts ».[197] De fait, une question se pose : dans quelle mesure l'instauration de ce système de retraite a-t-il obéi à la volonté d'enrayer les démissions en s'attachant le personnel de façon plus autoritaire ? Aucun élément ne permet de l'affirmer précisément mais la question demeure posée d'autant que d'autres mesures sont prises dans ce sens afin d'endiguer le flux des démissions. Ainsi, pour ceux des employés démissionnaires qui auraient voulu être réintégrés ultérieurement, il fut décidé que « les années antérieures à leur démission ne seraient pas prises en compte dans le calcul des années de service donnant droit à une pension de retraite ».[198]

Ainsi, après les participations relativement massives du personnel aux grèves des printemps 1917 et 1919 et face à son instabilité croissante, des réformes ont été entreprises en 1920 : d'une part, le Baron Brincard prit l'initiative de créer une direction du personnel, directement rattachée à la direction générale et compétente pour tous les problèmes d'administration et d'organisation ; d'autre part, une caisse des retraites du personnel du Crédit lyonnais, destinée à remplacer l'ancien système de prévoyance, fut mise en place. Désormais, tous les collaborateurs ont droit à une pension de retraite à partir de soixante ans, ce qui n'empêchera pas certains d'entre eux de prolonger leur activité au-delà de cet âge, par consentement mutuel. Mais malgré ces réformes, l'intégration du personnel a continué de se désagréger. Les raisons de cette désagrégation sont à rechercher dans la gestion plutôt conservatrice des crises,

---

[196] Cité in circulaire n° 9 du service du personnel du siège central datée du 15 juin 1906, AH CL, 105 AH 003.

[197] Cité in rapport annuel du conseil d'administration daté du 28 avril 1920, AH CL, usuels.

[198] Cité in instruction de la direction des agences régionales datée du 7 août 1920, AH CL, 068 AH 076. La direction encourageait en revanche le développement des congés sans solde : « ces congés sans solde permettront à l'employé désirant quitter temporairement le Crédit lyonnais de ne pas perdre ses droits à la retraite ».

inadaptée aux nouvelles donnes que constituent l'inflation, l'évolution des mentalités du personnel et la transformation des métiers bancaires.

B. Une gestion conservatrice des crises

1. Un système de rémunération non indexé sur l'inflation

Face à l'inflation des années 1920, l'administration du Crédit lyonnais adopte le système de rémunération qu'elle instaura en 1910 lorsqu'elle eut à résoudre le problème posé par la diminution du pouvoir d'achat du personnel qui fut consécutive à la hausse des prix de 1907-1913. Mais alors que ce système d'indemnité de vie chère a rencontré l'adhésion des employés entre 1910 et 1913, il est remis en cause entre 1920 et 1925. Les raisons de cette remise en cause sont à rechercher dans son inadaptation au phénomène alors inconnu des contemporains que constitue l'inflation.

Face à la hausse des prix qui s'est élevée en France à 3 % entre 1907 et 1913,[199] l'administration du Crédit lyonnais adapta en effet le système de rémunération de son personnel en lui versant une allocation dite de vie chère. Instituée en octobre 1910, cette allocation est qualifiée d'exceptionnelle : « le conseil d'administration, dans sa séance du 26 courant, a décidé, vu l'augmentation actuelle du prix des denrées de première nécessité, d'accorder une allocation exceptionnelle aux employés de toutes catégories, ayant un traitement n'excédant pas 3 000 F ».[200] Cette allocation, payable moitié le 5 novembre 1910, moitié fin mars 1911, était alors fixée à 100 F pour les dames, titulaires et auxiliaires fixes, à 100 F pour les hommes célibataires et à 150 F pour les hommes mariés. Elle fut renouvelée en 1911 et en 1912.[201] Supprimée en octobre 1912, l'administration la remplaça, à compter du 1er janvier 1913, par une augmentation de traitement qui s'ajoutait aux augmentations traditionnelles de fin d'année : « Il a paru au conseil d'administration qu'il convenait de consolider dans les propositions de fin d'année, par des propositions d'augmentations de traitement venant s'ajouter à celles que vous avez établies, une notable partie de l'indem-

---

[199] « De 1907 à 1913, la hausse de 3 % du coût de la vie observée correspond à des hausses équivalentes des biens importés en France », Jean-Marcel Jeanneney, « Monnaie et Mécanismes Monétaires », in Maurice Lévy-Leboyer et Jean-Claude Casanova, *Entre l'État et le marché, l'économie française des années 1880 à nos jours*, Gallimard, Paris, 1991, 694 pages, p. 303.

[200] Voir la note de la direction générale datée du 27 octobre 1910, signée par Edmond Fabre-Luce alors administrateur-délégué, AH CL, 7 AH 2, cité in circulaire du service du personnel du siège central datée du 28 octobre 1910, AH CL, 105 AH 003.

[201] Voir la note de la direction générale citée in circulaire du service du personnel du siège central datée du 3 octobre 1911, AH CL, 105 AH 003.

nité exceptionnelle pour renchérissement des denrées de première nécessité qui a été distribuée depuis novembre 1910 et qui n'a pas été renouvelée en octobre dernier ».[202] Le calme social qui règne au Crédit lyonnais à la veille de la Grande Guerre[203] conduit à penser que le système de rémunération ainsi élaboré fut adapté à la hausse des prix de 1907-1913. Face à la nouvelle crise de vie chère qui commence à se manifester en France dès 1915, la direction du Crédit lyonnais adopte le même remède : à l'issue de la participation du personnel à la grève de mai-juin 1917, une prime de vie chère est instituée. Adoptée à titre provisoire, cette prime n'est pas supprimée à l'issue de la guerre : bien au contraire, elle est maintenue jusqu'en 1928, année où la stabilisation monétaire est acquise *de jure* avec l'entrée en vigueur du franc Poincaré. Dans quelle mesure ce système de prime de vie chère qui s'était révélé adapté à la hausse des prix de 1907-1913 s'est-il révélé inadapté à l'inflation des années 1920 ?

De 1919 à 1926, les hausses de prix observées en France sont d'une ampleur toute différente de celles qui furent observées entre 1907 et 1913 : l'indice du coût de la vie de base 100 en 1913 s'y élève, en moyennes annuelles, de 289 en 1919 à 368 en 1920 et 535 en 1926.[204] Or, les primes de vie chère et de chauffage versées par l'administration du Crédit lyonnais ne sont pas indexées sur le coût de la vie si bien que leurs réévaluations sont rapidement érodées par les hausses de prix successives.[205] Il faut préciser que leurs versements, encore moins leurs réévaluations, ne sont systématiques : longtemps qualifiées d'« exceptionnelles », ces primes sont considérées par l'administration comme de simples mesures de bienfaisance, résultant de la seule décision du conseil d'administration, au regard du coût de la vie certes mais aussi au regard des bénéfices réalisés. Ce n'est pas un hasard en effet si la direction s'oppose avec fermeté au principe de l'indexation revendiqué par le personnel : celui-ci est d'une part contraire au « principe d'autorité » et constitue d'autre part une cause d'augmentation de la masse salariale. Contraire au « principe d'autorité », l'indexation l'est en effet dans la

---

[202] Cité in circulaire confidentielle n° 73 datée du 9 décembre 1912, AH CL, 7 AH 2.

[203] Le fait que le personnel du Crédit lyonnais n'ait pas participé au mouvement revendicatif des employés de banque et de bourse du printemps 1910 est significatif.

[204] Jean-Marcel Jeanneney, *art. cit.*, p. 311.

[205] La prime de vie chère a été réévaluée deux fois entre 1920 et 1925 : une première fois, en 1920 (cf. la note n° 112 du service du personnel du siège central datée du 18 février 1920, AH CL, 098 AH 242), une seconde fois en 1924 (voir la note n° 231 du service du personnel du siège central datée du 8 mars 1924, AH CL, 098 AH 242). Quant à la prime de chauffage, fixée en 1919 à 150 F pour les employés âgés de 23 ans et plus et à 100 F pour les employés âgés de moins de 23 ans, elle fut supprimée en 1921 et en 1922 avant d'être rétablie en 1923 sur une base supérieure (200 F et 150 F).

mesure où, en vertu de ce système, la fixation d'une partie du salaire échappe à la direction. Or, l'immixtion d'une instance étrangère dans la gestion de l'établissement, même impersonnelle, est, à cette époque, hors de propos. Facteur de croissance incontrôlée de la masse salariale, l'indexation l'est aussi aux yeux de la direction : depuis la guerre, la masse salariale n'a-t-elle pas augmenté de 348 % alors même que les effectifs n'ont cru que de 17 % ?[206] Cette croissance n'est pas sans inquiéter le conseil d'administration qui déclare en 1920 : « Les frais généraux n'ont pas cessé d'augmenter depuis quelques années. Sans doute le prix de la vie explique le mouvement ascensionnel des traitements mais il n'en est pas moins certain que leur élévation périodique ne pourrait pas continuer sans entraîner de sérieuses difficultés ».[207] Pour apprécier l'inadaptation du système de rémunération fondé sur l'indemnité fixe de vie chère, il est intéressant de voir dans quelle mesure les réévaluations de 1920 et de 1924 ont été érodées par l'inflation. Si la réévaluation de 1920 est parvenue à assurer une légère reprise de l'augmentation du salaire réel annuel moyen en 1921 et en 1922,[208] dès 1923, la prime de vie chère se révèle en deçà du taux d'inflation : le salaire réel descend de 2 339 F en 1922 à 2 198 F en 1923. La deuxième réévaluation décidée le 1er mars 1924 a été érodée plus vite encore par les fortes hausses de prix de 1924-1925. Fixée à 3 F/jour pour les coursiers de moins de 16 ans, à 5 F/jour pour les auxiliaires temporaires ou fixes des deux sexes ayant entre 16 et 18 ans, à 6,25 F/jour pour les auxiliaires temporaires ou fixes des deux sexes âgés de 18 à 23 ans et à 7,50 F pour les auxiliaires temporaires ou fixes des deux sexes de plus de 23 ans, à 150 F/mois pour les titulaires âgés de plus de 16 ans et moins de 18 ans, à 187,50 F/mois pour le personnel âgé de plus de 18 ans et moins de 23 ans et à 225 F/mois pour le personnel âgé de plus de 23 ans,[209] la prime de vie chère ne suffit pas à enrayer la chute du salaire réel annuel moyen qui continue de baisser au cours de l'année 1924 : au 31 décembre, il n'est plus que de 1 986 F. Ce système de rémunération complémentaire fondé sur l'octroi de primes, prime de chauffage et prime de vie chère, ne parvient donc pas à empêcher la détérioration du pouvoir d'achat du personnel, l'ajustement des appointements que les

---

[206] De 43 073 220 F en 1913, la masse salariale s'élève à 193 319 204 F en 1925. Dans le même temps, les effectifs passent de 17 017 à 19 923.

[207] Cité in rapport annuel du conseil d'administration du 28 avril 1920, AH CL, usuels. Et en effet, entre 1920 et 1925, les primes de vie chère représentent près du quart de la masse salariale.

[208] En valeur réelle, le coût salarial annuel moyen (salaire direct) s'élève de 1 487 F en 1920 à 2 186 F en 1921 puis à 2 339 F en 1922.

[209] Cité in note n° 231 du service du personnel du siège central datée du 8 mars 1924, AH CL, 098 AH 242.

primes sont censées réaliser se révélant insuffisant pour compenser les hausses de prix. Dès lors, l'on comprend pourquoi ce système fut remis en cause par le personnel. De même que l'administration du Crédit lyonnais n'a pas innové le système de rémunération des employés face au défi lancé par l'inflation des années 1920, préférant conserver le système d'indemnité fixe de vie chère au détriment d'un système fondé sur une indemnité mobile, indexée sur le coût de la vie, de même, face à l'évolution des mentalités du personnel entre 1919 et 1925, elle conserve largement son mode de gestion des relations sociales.

2. *L'intensification du mode de régulation paternaliste*

Entre 1919 et 1925, l'administration intensifie en effet son mode de gestion paternaliste en développant les éléments constitutifs de son système social et en continuant à vouloir observer des relations personnalisées avec le personnel : d'une part, les allocations mises en place avant la guerre sont maintenues, d'autres sont créées, les activités sportives et culturelles continuent à être encouragées ; d'autre part, la direction refuse de dialoguer avec les syndicats qu'elle s'abstient de reconnaître comme partenaires sociaux, les seuls syndiqués qu'elle accepte d'écouter devant, avant tout, faire partie de la « maison ». Mais l'instabilité chronique du personnel qui se manifeste à travers le développement du *turn-over* et de l'absentéisme illustre l'échec de cette politique. La multiplication des grèves partielles et des mouvements revendicatifs traduit par ailleurs la remise en cause par le personnel de ce système social. Les raisons de cette remise en cause sont à rechercher d'une part, dans le fait que les avantages matériels dont ce système est porteur ne sont plus à même de garantir les valeurs qui ont jusqu'alors cimenté la culture de l'employé de banque et d'autre part, dans l'incapacité de l'administration du Crédit lyonnais à tenir compte des mutations des mentalités du personnel, c'est-à-dire à prendre en compte le développement de « l'esprit de corps professionnel » au détriment de « l'esprit maison ».

Le développement des œuvres sociales et son corollaire,
l'augmentation du coût des charges sociales

Comme par le passé, et plus peut-être encore, parce qu'il faut reconstituer la « pépinière » qui a été décimée par la guerre, l'établissement se préoccupe de produire sa propre main-d'œuvre. La politique nataliste entreprise depuis 1905 s'étoffe donc entre 1919 et 1925 : non seulement l'administration étend le champ des bénéficiaires des allocations familiales et procède à un relèvement du montant des allocations mais elle prend aussi de nouvelles mesures pour encourager la natalité. À partir du 1er janvier 1920, le conseil d'administration décide en effet « d'élever de 6 000 à 10 000 F inclus la limite des traitements des employés appelés à bénéficier des allocations pour charges de famille ».[210] Ainsi, les employés mariés ou veufs dont le traitement ne dépasse pas 10 000 F et qui ont à leur charge un ou plusieurs enfants âgés de moins de 16 ans, reçoivent après un an de présence au Crédit lyonnais une allocation fixée comme suit :

- pour le 1er enfant âgé de moins de 16 ans :   20 F par mois
- pour le 2e enfant... :   35 F par mois
- pour le 3e enfant... :   50 F par mois
- pour le 4e enfant & chacun des suivants :   70 F par mois.[211]

Cette extension du champ des bénéficiaires et l'élévation du montant des allocations ont considérablement accru leur coût : ce dernier s'élève de 855 662 F en 1919 à 1 434 360 F en 1920.[212] Avant le printemps 1925, date des débuts de l'agitation qui allait déboucher sur la grève générale de juillet, l'administration procède à un nouvel élargissement du champ des bénéficiaires, en élevant, à partir du 1er avril 1923, la limite des traitements des employés appelés à en bénéficier de 10 000 F à 12 000 F inclus[213] et à partir du 1er juin 1923, leur montant.[214] Cette extension du champ des bénéficiaires doit être relativisée dans la mesure où elle correspond partiellement à l'augmentation des traitements nominaux consécutive à l'inflation : entre 1920 et 1923, le traitement nominal annuel moyen du personnel s'élève de 7 243 F à 9 263 F. En plus des allocations pour charges de famille, de nouvelles mesures sont prises par l'administration pour encourager la natalité. Une allocation de naissance est ainsi instituée en 1919. Versée aux employés qui ont au minimum un an de présence et dont les appointements ne dépassent pas 8 000 F, elle est établie sur les bases suivantes à dater du 14 avril 1920 :

- pour le 1er enfant...   200 F
- pour le 2e...   300 F
- pour le 3e...   400 F
- pour le 4e et suivant...   500 F.[215]

---

[210] Cité in note du service du personnel du siège central n° 97 datée du 8 décembre 1919, AH CL, 098 AH 242.

[211] Cité in note de la direction générale datée du 1er décembre 1919, AH CL, 7 AH 2.

[212] Cité in détail des dépenses de personnel, in « Livre Rouge » encore appelé « Comptes de Profits et Pertes au 31 Décembre », 1920, AH CL, 31 AH 355.

[213] Cité in note du service du personnel du siège central n° 205 datée du 16 mars 1923, AH CL, 098 AH 242.

[214] Pour le 1er enfant âgé de moins de 16 ans : 30 F, pour le second, 45 F, pour le troisième, 60 F, pour le quatrième et chacun des suivants, 90 F.

[215] Cité in *État des lieux...*, Chapitre V, AH CL, 098 AH 248.

Pour le Crédit lyonnais, le coût de cette nouvelle allocation s'élève à 139 047 F.[216] Enfin, une action du Crédit lyonnais est remise, à partir de novembre 1922, en faveur des « mères médaillées de la famille française »[217] : « Notre conseil d'administration a décidé de remettre aux mères de famille, femmes d'employés au Crédit lyonnais en service actif ou employées elles-mêmes au Crédit lyonnais en service actif, une action du Crédit lyonnais, par enfant, pour le cinquième et chacun des suivants déjà nés, les conditions ci-après étant remplies :

Le chef de famille, ou la mère de famille si elle est employée au CL, doit être adhérent à la CRPCL. Les appointements ne doivent pas dépasser 10 000 F par an. Si le chef de famille et la mère de famille sont employés tous les deux au C.L., les appointements de l'un ou de l'autre, pris isolément, ne doivent pas dépasser ce chiffre. La mère de famille doit avoir obtenu, dans tous les cas, la médaille de la famille française. [...] Ces actions seront remises dans la forme nominative, de préférence au nom des mères ».[218] La production de la main-d'œuvre passe aussi par l'éducation des enfants : le Crédit lyonnais continue de favoriser le développement de la formation des fils de ses employés en leur attribuant des bourses d'études : « Nos bourses sont attribuées, à la suite d'un concours passé dans les écoles, aux fils des employés du Crédit lyonnais ».[219] En 1922, l'établissement entretient 6 bourses dans deux des écoles commerciales de la chambre de commerce de Paris : l'École commerciale, avenue Trudaine et l'École commerciale, rue Armand Moisant. Dans la première, le prix des cours préparatoires est de 450 F, celui des cours normaux, de 585 F ; dans l'autre, le prix des cours préparatoires est de 405 F, celui des cours normaux, de 540 F. Attribuées à l'origine aux fils des employés de l'établissement, ces bourses peuvent néanmoins être attribuées par l'école à d'autres jeunes gens si les candidats viennent à manquer ou bien si les résultats du concours des fils des employés du Crédit lyonnais se révèlent insuffisants. Assurer par ce biais le recrutement d'un personnel qualifié constitue bien l'objectif de ces bourses d'études : « Les employés du Crédit lyonnais ayant des enfants susceptibles de participer au concours sont alors priés de se faire inscrire au service du personnel qui s'assure, avant l'inscription, que les parents ont l'intention de faire postuler le futur boursier, après ses

---

[216] Cité in détail des dépenses de personnel, in « Livre Rouge », 1920, AH CL, 31 AH 355.

[217] Afin d'encourager la natalité, l'État avait adopté le 20 mai 1920 un décret consacrant « La Médaille de la Famille Française » : cette dernière était accordée aux mères de familles nombreuses.

[218] Cité in note n° 197 du service du personnel du siège central, datée du 23 novembre 1922, AH CL, 098 AH 242.

[219] Cité in *État des lieux...*, Chapitre X, AH CL, 098 AH 248.

études, à un poste au Crédit lyonnais, les bourses étant réservées à cet effet, à ceux de ces jeunes gens dont les parents manifestent l'espoir de les voir accueillir parmi le personnel de notre établissement ».[220] Le mode de désignation des boursiers illustre bien la façon dont le Crédit lyonnais cherche à fidéliser son personnel : « La désignation des boursiers est faite parmi les candidats jugés aptes à suivre les cours en tenant compte :

- d'abord du classement ;
- puis de l'ancienneté du père (ou de la mère) au Crédit lyonnais.

Par exemple : de deux candidats, celui classé après l'autre peut être désigné si son père (ou sa mère) compte un plus grand nombre d'années de services au Crédit lyonnais que le père (ou la mère) de son concurrent ».[221] Chercher à renforcer la fidélité du personnel à l'heure où les démissions se multiplient constitue assurément l'un des objectifs de la gestion sociale menée par le Crédit lyonnais : l'instauration, en mai 1919, d'une prime dite « à l'ancienneté » en témoigne. Désormais, tout employé, dont le traitement ne dépasse pas 8 000 F, qui atteint 20, 30, puis 35 et 40 ans de présence, bénéficie d'une prime d'un montant de 100 F.[222] Produire une main-d'œuvre est une chose, la rendre saine de corps et d'esprit, une autre. Tel est le but de la politique des sports et des loisirs que l'administration continue de développer au siège central au début des années 1920 : ainsi, en plus de la salle de lutte et de la salle d'escrime dont le personnel parisien pouvait disposer avant 1914, il est mis à sa disposition, en juin 1922, un stade sportif situé à Drancy, « sur la route de la porte d'Aubervilliers au Bourget ».[223] Ce stade comprend « un terrain d'honneur pour le football et le rugby, un terrain d'entraînement pour le football-association, un terrain de basket-ball, une piste de 400 mètres pour courses à pied, des terrains pour concours athlétiques et quatre cours de tennis ».[224] Ces cours de tennis sont inaugurés le 1er juillet 1922 : les membres du groupe sportif peuvent en disposer moyennant une cotisation annuelle de 25 F, le personnel n'appartenant pas au groupe sportif peut également en disposer mais moyennant une cotisation plus élevée de 30 F.[225] Si ce stade est mis gracieusement à la

---

[220] *Idem.*

[221] *Idem.*

[222] Cité in note du service du personnel du siège central datée du 8 décembre 1919, AH CL, 098 AH 242.

[223] Note du service du personnel du siège central datée du 19 juin 1922, AH CL, 098 AH 242.

[224] *Idem.*

[225] Cité in note n° 185 du service du personnel du siège central datée du 19 juin 1922, AH CL, 098 AH 242.

disposition du groupe sportif du Crédit lyonnais, son entretien est en effet à la charge partagée de l'administration et du personnel, les cotisations devant être versées « pour participation aux frais d'entretien ». L'administration encourage par ailleurs les activités du groupe sportif en les subventionnant : alors qu'en 1919 et en 1920, cette subvention est respectivement de 2 400 F et de 7 000 F, en 1921, elle atteint 15 000 F.[226] Le groupe musical dont la création remonte à 1909 avait cessé de fonctionner en juillet 1914 : il n'est pas encore réorganisé en 1922. On a souvent voulu voir dans ce type d'associations culturelles (tel le groupe musical du CL) et sportives (tel le groupe sportif du CL) le seul désir de créer une « culture-maison » mais comme l'a souligné André Gueslin pour le système social Michelin, « si cet aspect n'est pas négligeable, il y a bien d'autres raisons dont celle notamment d'éviter au personnel de tomber dans le vice... ».[227] Il s'agit en effet de prévenir le « vice » par ailleurs combattu par la menace de sanctions graves pouvant aller jusqu'au renvoi. Ainsi, le chef du personnel du siège central prie les chefs de service de « rappeler au personnel qu'il doit s'abstenir sous peine de congédiement de jouer aux courses, à la bourse et en général, à tous jeux de hasard qui engloutit souvent les modestes ressources du budget familial et conduit même aux actes d'improbité ».[228] C'est précisément pour prévenir ces derniers, préjudiciables pour l'exploitation, que les directeurs sont encouragés à exercer leur surveillance sur le personnel non seulement dans le cadre de sa sphère professionnelle mais aussi dans le cadre de sa sphère privée : « La direction doit surveiller le personnel placé sous ses ordres, et rechercher par tous les moyens à sa disposition si le genre de vie et les dépenses des employés correspondent bien à la situation qu'ils occupent et à leurs ressources personnelles et s'il n'y a rien dans leurs relations qui soit de nature à nous porter ombrage. Cette surveillance ne doit pas cesser et elle doit être vigilante surtout pour les employés qui, par leurs fonctions, ont la possibilité de commettre des détournements ou de s'en rendre complices. La direction doit suivre de près les comptes de nos collaborateurs et leurs opérations et se tenir au courant de ce qui peut survenir de fâcheux dans leur vie privée, elle doit chercher à avoir quelques indications sur les ressources

---

[226] Cité in *État des lieux...*, Chapitre X, AH CL, 098 AH 248.

[227] André Gueslin, « Le système social Michelin (1889-1940) », in André Gueslin et Pierre Guillaume, *De la Charité Médiévale à la Sécurité Sociale*, Les Éditions ouvrières, Paris, 1992, 337 pages, p. 230. Pour plus d'informations sur le système social Michelin, voir André Gueslin, *Michelin, les hommes du pneu*, Éditions de l'Atelier, Paris, 1993.

[228] Cité in note du service du personnel du siège central datée du 18 mars 1921, AH CL, 098 AH 242.

personnelles de chacun d'eux ».[229] Il s'agit bien là d'un renforcement du contrôle sur la main-d'œuvre. Le bilan du développement des œuvres sociales du Crédit lyonnais entre 1919 et 1925 ne serait pas complet si l'on omettait de souligner la création, en 1918, d'une société centrale d'alimentation dont le but consiste à améliorer le pouvoir d'achat des salariés sans peser sur le compte d'exploitation de l'établissement. Cette initiative n'a toutefois pas duré : cette société disparaît en effet en 1922.[230] Nous ne disposons d'aucun élément d'information susceptible d'éclairer les causes de cette disparition. Toutes les initiatives que prend l'administration du Crédit lyonnais en matière de développement des œuvres sociales, (extension du champ des bénéficiaires des allocations familiales, relèvement de leur montant, création de l'allocation pour naissance, octroi d'une action du Crédit lyonnais pour les mères médaillées de la famille française, création d'une prime à l'ancienneté, développement des activités sportives et création d'une société centrale d'alimentation, auxquelles il faut ajouter la création, en 1920, de la nouvelle caisse de retraites du personnel du Crédit lyonnais), se traduisent par un surcroît du coût des charges sociales : évalué en 1913 à 4,5 % de la masse salariale, le coût du système social « Crédit lyonnais » s'élève à près de 10 % en 1925 après s'être élevé à près de 15 % en 1919. Si la forte poussée de 1919 peut être considérée comme conjoncturelle, s'expliquant par le passif social de la guerre, l'augmentation du coût des charges sociales sur la durée 1913-1925 est en revanche structurelle : elle traduit, en valeur, l'intensification de la politique paternaliste. En 1919 en effet, au sortir de la guerre, le Crédit lyonnais dut indemniser les veuves et les orphelins des employés, tués ou disparus : des allocations leur furent versées. Par ailleurs, pour provoquer le retour des démobilisés dans l'établissement, des « primes de démobilisation » furent instituées : « Nous avons décidé d'accorder aux employés démobilisés après l'armistice, à la double condition qu'ils reprennent leurs fonctions dans votre établissement et que leur traitement annuel fût, au moment de la mobilisation, inférieur à 6 000 F, une prime de 300 F qui leur facilitera la reprise de leur vie normale, après une longue interruption ».[231] Enfin, compte tenu du retour des démobilisés, une partie du personnel précaire qui avait été recruté pendant la guerre fut licenciée : le coût des indemnités de licenciement s'éleva en 1919 à 229 739 F. Mais une fois le passif de la guerre assaini, le coût

---

[229] Cité in recueil d'instructions générales de la direction des agences régionales daté du 18 décembre 1924, p. 74, AH CL, 068 AH 078.

[230] Au 31 décembre 1922, le poste « société centrale d'alimentation » n'est plus inscrit dans la comptabilité des dépenses de personnel, in « Livre Rouge », 1922, AH CL, 31 AH 357.

[231] Cité in rapport annuel du conseil d'administration du 28 avril 1919, AH CL, usuels.

des charges sociales ne retrouve pas pour autant son niveau de 1913 puisqu'il représente en 1925 plus du double de ce qu'il représentait alors : n'est-ce pas la preuve chiffrée de l'intensification de la politique paternaliste ? C'est que la volonté d'étendre le contrôle à une fraction beaucoup plus large du personnel passe par une augmentation obligée du coût des charges sociales : la nouvelle caisse des retraites du personnel du Crédit lyonnais constitue, à ce titre, un exemple évocateur. Tant que le système de prévoyance du Crédit lyonnais reposait sur le principe des adhésions volontaires, son coût était fonction du nombre des adhérents : pour 5 907 adhérents en 1919, le coût de ce système de prévoyance s'élevait à 678 740 F. En rendant l'adhésion obligatoire, l'administration du Crédit lyonnais multiplie par sept le coût du système de retraites : en 1920, il s'élève en effet à 4 841 590 F.[232]

Le Crédit lyonnais a donc intensifié sa politique paternaliste entre 1919 et 1925 en développant son système d'œuvres sociales dont le coût s'est incontestablement accru. Malgré cela, l'indocilité et l'instabilité du personnel se sont considérablement développées durant cette période, témoignant de l'échec de cette politique. L'une des raisons de cet échec est à rechercher dans le fait que les avantages matériels dont ce système social est porteur ne suffisent plus à garantir les valeurs qui ont jusqu'alors cimenté la culture « bourgeoise » de l'employé de banque : la réduction des dépenses de prestige (habillement, logement et distractions) qui distinguaient avant-guerre le budget de l'employé de celui de l'ouvrier a pu en témoigner. Et en effet, au regard de l'évolution de la rémunération annuelle moyenne, nous pouvons constater que l'augmentation réelle du « sursalaire social » entre 1919 et 1925 (ce dernier s'est élevé en francs constants de 182 à 202 F[233]) n'a pas suffi à maintenir le pouvoir d'achat du personnel du Crédit lyonnais qui, nous l'avons vu, s'est malgré tout érodé sous l'effet de l'inflation. Non seulement le système social « Crédit lyonnais » s'est donc étoffé entre 1919 et 1925, mais la politique paternaliste s'est aussi intensifiée à travers notamment la volonté de la direction de maintenir des relations de type personnalisées avec le personnel.

Le maintien de relations individualisées entre l'administration
et le personnel : une résistance de la direction à toute forme
de négociation collective

Cette individualisation des rapports professionnels s'inscrit dans un système de libéralisme social et économique *quasi* intégral. Jusqu'aux années 1920, chaque banque règle ses problèmes elle-même : chacun

---

[232] Chiffres cités in « Livre Rouge » encore appelé « Comptes de Profits et Pertes au 31 décembre », 1920, AH CL, 31 AH 355.

[233] Il s'agit de francs 1913.

maître chez soi, telle est la devise du libéralisme concurrentiel. C'est pourquoi l'immixtion de l'État, d'une corporation, d'instances collectives semble hors de propos. Ce système des relations individualisées entre la direction et le personnel du Crédit lyonnais a jusqu'alors fonctionné sans heurts parce qu'il était adapté aux mentalités des employés de banque, caractérisées par une psychologie très individualiste et peu sensible aux luttes collectives, propres aux petits patrons indépendants qu'ils aspiraient alors à devenir. Le patron représentait donc une autorité sociale que les employés n'avaient pas l'habitude de considérer comme leur ennemi : ceci explique l'échec de l'initiative syndicale au Crédit lyonnais avant 1914. La situation est différente en 1919 : la plupart ont renoncé à leur idéal d'indépendance en se résignant à être des salariés. Parallèlement, les participations aux grèves spontanées des printemps 1917 et 1919, motivées par des préoccupations somme toute individualistes puisque fondées essentiellement sur des revendications salariales, ont provoqué un travail de « conscientisation »[234] parmi les employés de banque en général et ceux du Crédit lyonnais en particulier. Ce travail de « conscientisation » s'est poursuivi tout au long de la période située entre le printemps 1919 et le printemps 1925, à travers les épiphénomènes que constituent les grèves locales et les mouvements revendicatifs. Face à ce processus, les établissements de crédit ont opposé une attitude commune qui consiste à refuser le principe des négociations collectives entre « une délégation unique des employés » et « une délégation unique des patrons ». Au particularisme des banques et des établissements de crédit d'avant 1914, s'oppose en effet, après-guerre, le souci d'une certaine coordination en matière de relations sociales. Comme l'a souligné Catherine Omnès, « la coordination peut en effet constituer une arme offensive face à l'organisation syndicale ».[235] Mais, contrairement à la coordination positive qui s'est nouée entre les métallurgistes parisiens au sein du GIM, la coordination qui s'est nouée au lendemain de la guerre entre les banquiers de Paris et de la province au sein de

---

[234] Pour reprendre l'expression utilisée par André Gueslin pour qualifier le passage de la conscience individuelle à une conscience collective des ouvriers de Michelin, André Gueslin, « Le système social Michelin (1889-1940) », *art. cit.*, p. 234.

[235] « Conforme aux principes de gestion rationnelle, la coordination est aussi une arme offensive face à la forte organisation syndicale ouvrière existant dans la métallurgie parisienne. Elle permet de cimenter la cohésion patronale au sein du GIM (Groupe des industries métallurgiques, mécaniques et connexes de la région parisienne) et, par son efficacité, d'opposer « aux billevesées des révolutionnaires qui bâtissent des « cités futures » des réalités concrètes, tangibles », Catherine Omnès, « La politique sociale de la métallurgie parisienne entre les deux guerres », in André Gueslin et Pierre Guillaume, *De la Charité Médiévale à la Sécurité Sociale*, p. 238.

l'USBPP[236] s'est révélée négative dans le sens où elle vise à élever en principe inviolable, le mode de relations personnalisées traditionnellement en usage entre les directions et leurs personnels respectifs. Au ministre du Travail qui convoque les banquiers pour résoudre le conflit social du printemps 1919, les directions des établissements concernés motivent ce principe de la façon suivante : « Les banques ont fait remarquer que tout en exerçant la même profession, elles avaient, en réalité, pour but d'effectuer des opérations très différentes ; qu'en outre, elles n'avaient ni les mêmes méthodes, ni la même organisation et que cette variété était une des conditions essentielles du crédit ; que parmi celles qui sont le plus comparables, les unes centralisaient leurs opérations tandis que les autres les décentralisaient ; qu'en conséquence, non seulement certaines avaient un personnel beaucoup plus nombreux que celui des autres, mais encore un personnel de technicité très différente ; que pour ces raisons, il ne convenait pas de faire régler les questions en litige par une délégation unique des employés discutant avec une délégation unique des patrons ; que des mesures d'ensemble ne pouvaient être prises par chaque direction que d'accord avec l'ensemble de son personnel. […] De cette étude, il résulte que la manière utile et pratique de solutionner le litige en question consiste en des entrevues, pour chaque banque, entre des représentants de tout son personnel, d'une part, et, d'autre part, de sa direction ».[237] Ce principe constitue l'axe majeur de la politique concertée que mènent les grands établissements de crédit à l'égard des syndicats des employés de banque. Au Crédit lyonnais, l'attitude de la direction envers les syndiqués reflète l'application stricte de ce principe : elle ne devait pas dévier avant juin 1936.[238] Des instructions sont données dans ce sens aux directeurs des agences confrontés aux mouvements revendicatifs de leurs personnels : c'est ainsi qu'au

---

[236] Union syndicale des banquiers de Paris et de la province : « Fondé en décembre 1871 sous le nom « d'Union des banquiers de Paris et de la province » pour étudier les problèmes posés par la guerre de 1870, notre Union a mené pendant de longues années une vie sans histoire. En 1895, l'Union prit le nom qu'elle porte aujourd'hui : Union syndicale des banquiers de Paris et de la province. Vinrent la grève des Postes puis les inondations de 1910 et le moratorium qui en résulta, en même temps que l'étude des questions fiscales prenait une importance de plus en plus grande. Beaucoup de maisons qui n'avaient pas senti jusqu'alors le besoin de se grouper adhérèrent à notre Union. La dernière guerre nous amena de nouvelles et considérables recrues grâce auxquelles il fut permis à notre Union de dire qu'elle représentait tous les banquiers et tous les établissements de crédit de France », cité in rapport annuel de l'USBPP, le 6 avril 1922, p. 16-17, AH AFB.

[237] Cité in note verbale non signée datée du 10 mai 1919 retraçant les résultats de l'entrevue qui eut lieu entre les banquiers et le ministre du travail, AH CL, 098 AH 249.

[238] La loi rendant obligatoire l'usage des conventions collectives de travail fut l'une des mesures constitutives de l'accord Matignon : elle fut votée le 24 juin 1936.

printemps 1924, à l'heure où les employés de banque de la place de Marseille s'agitent, Madinier, alors vice-président du Crédit lyonnais à Lyon, incite Ponsard, directeur de l'agence de Marseille, « à s'abstenir de toute conversation avec les délégués du syndicat ».[239] Madinier reçoit du directeur du personnel la confirmation de l'attitude à suivre : « Notre Président me charge de répondre à votre lettre du 31 mai relative aux incidents de Marseille. Nous venons de nous mettre de nouveau d'accord avec la Société générale, le Comptoir national d'escompte, la Banque nationale de crédit et la Banque privée, pour confirmer chacun de notre côté, aux directeurs des agences de Marseille, nos instructions permanentes de se refuser à toute conversation en commun avec les représentants de syndicats même en présence du Préfet. Nos directeurs répondront bien entendu aux convocations qui leur seraient adressées par le Préfet mais ils se borneront à confirmer au Préfet que chacun d'eux ne peut entrer en conversation qu'avec les seuls membres de leur personnel, syndiqués ou non ».[240] Ainsi, à la sollicitation du Préfet des Bouches-du-Rhône, Ponsard reçoit l'instruction suivante : « Lorsque vous reverrez M. le Préfet, veuillez lui dire que pour tout notre établissement, les questions relatives au personnel en général se traitent à Paris et que si nos employés de l'agence de Marseille ont quelques revendications à formuler, vous êtes toujours disposé à les recevoir pour examiner leurs *desiderata* mais que vous ne pouvez à leur sujet, entrer en conversation qu'avec eux seuls. Veuillez donc décliner toute invitation à une conversation en commun avec les représentants des syndicats même en présence de M. le Préfet ».[241] Ce mouvement revendicatif des employés de banque de Marseille témoigne par ailleurs de l'évolution de la « conscience collective » de ce groupe de salariés, au sens où le mécontentement exprimé n'est plus simplement motivé par une augmentation de salaire : « J'ai été avisé qu'un mouvement syndicaliste provoqué par le mécontentement du personnel de la Société marseillaise, semblait se préparer à Marseille. Cette menace parait se réaliser et prendre un caractère particulier, indépendant de la question des salaires. Ainsi que vous le verrez par les pièces que je vous communique – lettre de M. Ponsard, article du *Radical* –, les syndicats ont entrepris une campagne visant à l'organisation dans chaque établissement de la fameuse commission paritaire depuis longtemps réclamée et que nous avons

---

[239] Cité in lettre adressée par Madinier au Baron Brincard, alors Président de l'établissement, Lyon, le 31 mai 1924, AH CL, 098 AH 249.

[240] Cité in lettre adressée par Alfred Poindron, alors directeur du personnel, à Madinier, Paris, le 2 juin 1924, AH CL, 098 AH 249.

[241] Cité in lettre adressée par Madinier à Ponsard, Lyon, le 4 juin 1924, AH CL, 098 AH 249.

toujours refusée d'admettre ».[242] La commission paritaire qui constitue une des formes de la participation du personnel à la gestion de l'entreprise témoigne de l'évolution des mentalités des employés de banque dans le sens d'une remise en cause progressive du mode de régulation paternaliste. Les premiers signes de cette évolution pour l'obtention d'un mode de régulation plus participatif remontent à 1920 lorsque le personnel des banques réclama en vain l'extension de la participation aux bénéfices à l'ensemble du personnel : « la participation aux bénéfices à accorder à tout le personnel n'est pas à l'étude ».[243] Ce dernier système qui avait été institué par certains patrons comme Ferrix à Nice, Philippart à Bordeaux ou encore R. Lemaire à Épernay était alors préconisé par les syndicats jaunes.[244] En 1920, le parlement a d'ailleurs lancé une enquête sur ce système de participation mais la notion même de participation aux bénéfices est alors très contestée par les milieux patronaux qui lui préfèrent les primes à la production, et surtout, à l'amélioration du rendement dont l'usage se répand de plus en plus dans l'industrie.[245] Si le fonctionnement du système fondé sur la participation aux bénéfices parle de lui-même, en quoi consiste en revanche le fonctionnement d'une « commission paritaire » ?

Cette dernière suppose l'élection de délégués du personnel et un système de négociation collective. Albert Thomas, en tant que ministre de l'Armement durant la Grande Guerre, institua des délégués du personnel pour veiller aux conditions de travail dans les 350 usines d'armement : ces derniers disparaissent après la guerre mais l'idée demeure. À l'issue de la grève du personnel des banques de mai 1919, des délégués du personnel élus ne sont institués qu'à la Société générale[246] : de ce mode

---

[242] *Idem.*

[243] Cité in note de la direction générale relative aux revendications exprimées par le personnel de Montpellier, Paris, le 26 mai 1920, AH CL, 098 AH 249.

[244] Jean Fombonne, *art. cit.*, p. 89.

[245] Rappelons que la loi sur la participation « obligatoire » du personnel aux bénéfices ne date que de 1967 : « Cette forme de participation financière a vu le jour en France avec l'ordonnance du 7 janvier 1959 sur l'intéressement, régime facultatif laissant aux entreprises une marge d'initiative large sur la formule à appliquer à l'ensemble des salariés. En 1967, l'ordonnance du 17 août a créé un régime obligatoire de participation aux fruits de l'expansion de l'entreprise, dans les entreprises de plus de 100 salariés », in Pierre Balloy, « La participation financière », in Dimitri Weiss & co, *op. cit.*, p. 703.

[246] « La Société générale crée un conseil de travail et un conseil de discipline : des délégués (neuf dans chaque conseil) sont élus à partir d'octobre 1919 pour figurer au sein de cette structure à vocation purement consultative – et absolument pas paritaire puisque les élus siègent par catégorie et en minorité par rapport aux représentants du conseil d'administration et de la direction », Hubert Bonin, « La maturation de la professionnalisation bancaire en France (des années 1910 aux années 1950) », in Pierre

de participation, il n'est en effet pas question au Crédit lyonnais. De la même façon, il n'est pas non plus question de négociation collective tant à l'intérieur de l'établissement qu'à l'intérieur de la branche. Le système des conventions collectives n'était appliqué avant 1914 que dans un petit nombre d'industries à forte organisation syndicale et d'esprit corporatif homogène et traditionnel : l'industrie minière et les industries du livre principalement.[247] La loi du 22 décembre 1892 relative aux procédures de conciliation et d'arbitrage avait permis leur développement sous la forme de procès-verbaux de conciliation ou de sentences arbitrales acceptées après grèves. Après avoir encouragé, pendant la guerre, les conventions collectives dans les établissements travaillant pour la Défense nationale, l'État leur donna le 25 mars 1919 un statut légal. Mais ce statut procédait de préoccupations essentiellement libérales : « la loi de 1919 est entièrement inspirée de l'idée du contrat collectif facultatif, y participe, y adhère qui veut, en sort qui veut. Les conventions devant résulter d'accords libres entre les groupements intéressés, l'intervention de l'État est aussi réduite que possible ».[248] Malgré ces mesures législatives favorables, nulle convention collective, nul contrat collectif de travail n'a été conclu dans la branche bancaire avant la loi qui les rendra obligatoires le 24 juin 1936. Cette résistance de l'administration du Crédit lyonnais contre toute forme de participation du personnel à la gestion de l'entreprise, participation aux bénéfices et commission paritaire, et contre tout principe de négociation collective, tant à l'intérieur de l'établissement qu'à l'intérieur de la branche, n'est pas sans rappeler la résistance de cette même administration contre le système de rémunération fondé sur l'indemnité mobile de vie chère au sens où ce qui semble motiver l'une et l'autre, c'est la défense du sacro-saint « principe d'autorité ». Essentiellement motivée par la défense systématique de ce « principe d'autorité », l'administration du Crédit lyonnais n'a donc innové ni le système de rémunération de son personnel ni son mode de régulation social face aux défis que représentent l'inflation des années 1920 et l'évolution des mentalités des employés de banque. Dans quelle mesure la gestion de la transformation des métiers bancaires n'a pas non plus été novatrice.

Guillaume, *La professionnalisation des classes moyennes*, Éditions de la MSH d'Aquitaine, Bordeaux, 1997, p. 141-142.

[247] Jean Vernay, *Les Conventions Collectives obligatoires en France et la loi du 24 juin 1936*, Imprimerie Boissy et Colomb, Grenoble, 1937, 249 pages, p. 48.

[248] *Idem*, p. 56.

3. Une transformation des métiers bancaires sans changement de pratique ni renouvellement des hommes

Face à la transformation des métiers qui s'est produite dans la banque entre 1919 et 1925, ni la pratique, par le biais du développement de la mécanisation, ni les hommes, par le biais d'un recrutement d'hommes nouveaux ou par le biais du développement de l'enseignement professionnel post-scolaire, n'ont en effet évolué au Crédit lyonnais. Certes, cette absence d'évolution ne semble pas avoir été propre au Crédit lyonnais : elle s'inscrit dans un mouvement plus général qui toucherait plus ou moins l'ensemble de la branche, si l'on se réfère aux témoignages de plusieurs contemporains dont Achille Dauphin-Meunier et les milieux d'affaires lyonnais : « La technique des opérations ne se modifie pas aussi vite que l'appareil bancaire […] : les correspondanciers continuent à calligraphier ; les comptables reproduisent les chiffres des brouillards individuels sur leur main courante puis les transcrivent les uns après les autres sur les livres ; toute écriture, toute lettre est recopiée plusieurs fois, au brouillon, au propre, à l'intérieur du service, de services à services, de divisions à divisions. On calcule de tête ou sur papier, lentement parce que chaque calcul d'un employé doit être refait, pointé par un autre. Les premières machines à écrire ne seront introduites qu'en 1924, les premières machines calculatrices mécaniques, vers 1925 ».[249] Et puis, « ce sont d'une manière générale les mêmes hommes et les mêmes services qui doivent assumer dans les banques ces opérations différentes et parfois contraires. La marque de ce régime, nous le trouvons dans les services de la correspondance générale où l'on voit les mêmes employés rédiger des lettres traitant d'opérations de bourse, d'arbitrages, de change, de conditions de compte ou de crédits documentaires. La division du travail, la répartition des attributions sont choses totalement inconnues. L'empirisme, le débrouillage font loi. C'est l'époque où l'employé de banque est censé posséder une compétence universelle sur les choses de sa profession, c'est-à-dire en fait où les sources d'erreurs matérielles provoquées par le surcroît de travail, la complexité et le volume des opérations, l'ignorance ou l'inattention sont les plus fréquentes et les plus difficiles à relever ».[250] Quant aux milieux d'affaires lyonnais, interrogés par le Préfet du Rhône à l'occasion de la grève des employés de banque de juillet-août 1925, ils mettent ainsi en cause la gestion du personnel pratiquée par les banquiers : « On estime que les banques ont, pour la plupart, un personnel dont elles ne cherchent pas à développer l'enseignement professionnel. On considère

---

[249] Achille Dauphin-Meunier, *La Banque, 1919-1935*, NRF, Problèmes et Documents, Gallimard ; Paris 1936, p. 72.

[250] *Idem*, p. 72-73.

qu'elles recrutent un personnel extrêmement jeune, 16 ans, parfois même 15 ans ; que ces employés sont ensuite cantonnés dans un même service où ils accomplissent la même besogne, pendant des années, n'apprenant rien et ne pouvant être d'aucune utilité en dehors du compartiment dans lequel ils sont spécialisés. On considère d'autre part que dans les grands établissements financiers – Banque de France, Crédit foncier et Banque d'Algérie – où les employés sont recrutés sur concours, *où ils savent quelque chose*, leur nombre est infiniment moindre que dans les établissements atteints par la grève. On ajoute que dans ces derniers établissements, et on m'a cité à ce sujet le Crédit lyonnais, le nombre des machines à calculer est très réduit, il y en aurait sept au Crédit lyonnais et encore les employées n'ont-elles le droit de s'en servir que dans les fins de mois. Il en résulte qu'à ce moment, elles n'en connaissent plus le maniement et que les services que ces machines pourraient rendre, deviennent nuls ».[251] Ce dernier jugement est d'autant plus surprenant que le Crédit lyonnais avait déjà commencé un peu avant la guerre à réorganiser ses services notamment en les équipant de machines. Le conseil d'administration n'affirmait-il pas dès 1911 que « l'organisation, comme l'outillage, doivent [...] sans cesse être développés et perfectionnés ».[252] Le service des recouvrements du siège central n'avait-il pas été réformé en 1912 ?[253] Ce jugement des milieux d'affaires lyonnais peut en fait se justifier par le retard des banques françaises en matière de rationalisation. Ce retard est perceptible si l'on considère les branches industrielles de l'économie. L'avance de celles-ci n'avait pas échappé aux contemporains : « les entreprises bancaires [...] semblent devoir continuer trop indolemment l'application de certains principes, excellents il y a 30 ou 40 ans, mais peu en rapport avec le *scientific management*, le taylorisme et les solutions nouvelles apportées dans tous les domaines industriels et sociaux ».[254] Au milieu des années 1920, si les idées de rationalisation taylorienne ou du travail à la chaîne cher à Ford n'ont pas encore transformé l'ensemble du secteur industriel, elles se sont néanmoins traduites en faits dans quelques îlots, certes réduits et dispersés mais déjà significatifs par l'importance des entreprises concernées. Or, les banques françaises faisaient à peine leurs premiers pas en la matière. Au Crédit lyonnais, le silence des sources nous autorise à penser qu'au lendemain de la guerre, les dirigeants ont

---

[251] Cité in rapport adressé par le Préfet du Rhône au ministre de l'Intérieur relatif à la grève des employés de banque, Lyon, le 6 août 1925, AN, F7 13 878.

[252] Cité in rapport annuel du conseil d'administration, le 22 mars 1911, AH CL, usuels.

[253] Cité in « Visite au Crédit lyonnais », dans le cadre du IVᵉ Congrès d'Organisation Bancaire, compte rendu, in *Banque*, novembre 1932.

[254] M. Seguin, « L'organisation rationnelle des entreprises et des banques », in *Banque*, octobre 1929.

renoncé pour un temps à la réorganisation des services et à l'outillage. Cette question n'est en effet reprise qu'au début de l'année 1924, à l'heure où les opérations de réorganisation rationnelle du travail se multiplient dans l'industrie : « Notre administration a émis l'avis que l'utilisation des machines devait être développée dans nos divers services ; elle désire que nos directeurs étudient très attentivement cette question et lui donne l'extension voulue, car nous devons suivre le progrès et faire exécuter par des machines tous les travaux de bureau qui sont susceptibles de l'être ; il faut substituer le travail mécanique au travail manuel toutes les fois que la chose est possible ».[255] Afin d'encourager les directeurs à équiper leurs agences, l'administration fait savoir qu'elle prend à sa charge une partie des dépenses occasionnées par les achats des nouvelles machines[256] : « Dans le but de réduire la charge qui résulterait pour nos agences de l'achat de cet outillage nouveau, notre administration a décidé qu'à titre exceptionnel, la dépense devant en provenir serait supportée moitié par le compte « dépenses d'intérêt général », moitié par les agences intéressées, mais avec répartition de la dépense sur cinq années. Cette décision est applicable non seulement à la commande globale que nous pourrons passer d'ici à la fin du mois courant mais à tous les achats de machines qui seront effectués sur demande de nos agences d'ici le 31 décembre 1925 ».[257] Malgré ces mesures incitatives, le réseau des agences régionales demeure sous-équipé en juillet 1925 si l'on se réfère au jugement des milieux d'affaires lyonnais. Quelles peuvent donc être les raisons de ce retard ?

---

[255] Cité in instruction de l'inspection générale des agences régionales n° 387 datée du 18 janvier 1924, AH CL, 068 AH 077.

[256] Il ne s'agit pas encore des « machines à statistiquer », encore appelées machines comptables mais seulement des machines de la première génération, c'est-à-dire :
- « des machines à écrire : marque Underwood ; prix : 1 600 F
- des machines à relever les sommes et à les additionner : marque Burrough, Duplex 9 colonnes ; prix : 10 000 F
- des machines à texte et à additionner : marque Underwood modèle Bookeeping ; prix : 10 300 F
- des machines à calculer les intérêts par les nombres : marque Unitas ; prix : 6 600 F. Une de ces machines est en usage à l'agence de Marseille ; elle permet de faire, à l'heure, 300 chiffrages additionnés. À la main, on arrive, pendant le même temps, à faire dans les chiffrages faciles, 150 à 200 chiffrages non additionnés. L'emploi de cette machine est à étudier dans les agences où l'on voit la possibilité de substituer les chiffrages par les nombres aux chiffrages par les parties aliquotes qui est la méthode généralement suivie par la plupart de nos agences.
- des machines Roneo à faire les adresses ; prix : 1 850 F », cité in instruction du 18 janvier 1924, AH CL, 068 AH 077.

[257] *Idem.*

Selon Luc Marmonier,[258] si les efforts d'organisation bancaire ont rencontré des oppositions, il semble que le patronat français ne soit pas seul en cause, comme on a souvent tôt fait de dire : la résistance aux innovations provenait non seulement des « décideurs » mais aussi de certaines catégories d'employés. Les uns et les autres n'avaient pas les mêmes motivations : les chefs de services redoutaient avant tout de se trouver dépossédés de leur autorité par les nouvelles méthodes de travail et de voir valoriser d'autres qualifications qu'ils ne maîtrisaient pas. Les employés pouvaient aussi s'opposer au *scientific management* par crainte de voir leur travail remplacé par celui de la machine, et leur emploi supprimé. Cette crainte sera à la base de la résolution prise par la CGT, réunie en congrès en août 1927, au sujet de la rationalisation du travail : « la confédération estime que celle-ci ne doit pas voir ses avantages « restreints à quelques-uns » mais doit au contraire permettre de diminuer le nombre d'heures de travail et d'augmenter les salaires ; la confédération exige aussi que des mesures soient prises contre le chômage que peut engendrer la rationalisation ».[259] Mais si la résistance du personnel peut justifier la persistance du retard de l'équipement du Crédit lyonnais entre janvier 1924 et juillet 1925, elle ne suffit pas en revanche à expliquer l'absence d'initiative des décideurs dans ce domaine entre 1918 et 1924. Quels motifs pouvaient donc bien nourrir les réserves des dirigeants, c'est-à-dire ceux qui avaient le pouvoir de décider et de choisir entre la rationalisation et les anciennes méthodes de travail ? Selon Luc Marmonier, les résistances des dirigeants « vinrent essentiellement du fait que la rationalisation était un investissement, en études et en instruments mécanographiques, en machines. La rentabilité immédiate de cet investissement put leur paraître (d'autant plus) douteuse »,[260] que leurs frais généraux augmentaient fortement. La responsabilité du retard de l'équipement technique du Crédit lyonnais est donc partagée au sens où, à la résistance des dirigeants a succédé la résistance du personnel. Si les méthodes de travail ont peu évolué au Crédit lyonnais entre 1913 et 1926, qu'en fut-il des hommes ?

Au Crédit lyonnais, ce sont essentiellement les mêmes hommes qui ont à exercer les nouveaux métiers : non seulement la transformation des métiers bancaires ne s'accompagne pas d'un changement de profil des candidats recrutés mais elle ne s'accompagne pas non plus d'un changement du système de formation, malgré les quelques mesures prises dans ce domaine au siège central, sous l'effet notamment de l'applica-

---

[258] Luc Marmonier, « L'espace bancaire et la rationalisation en France dans l'entre-deux-guerres », mémoire de DEA de sciences sociales sous la direction d'Alain Plessis, EHESS-ENS, septembre 1986, 87 pages, p. 12.
[259] G. Le Montreer, *La Rationalisation des banques en Allemagne*, Droz, Paris, 1928.
[260] Luc Marmonier, mémoire cité, p. 13.

tion de la loi du 25 juillet 1919 relative à la promotion de l'enseignement professionnel post-scolaire. Les candidats recrutés principalement
entre 1915 et 1925 présentent en effet *grosso modo* le même profil que
ceux recrutés entre 1885 et 1915 : très jeunes, ils sont essentiellement
dotés d'une formation générale, acquise pour la majorité d'entre eux
dans les écoles d'instruction primaire et primaire supérieure. Ils demeurent peu nombreux à être pourvus d'une formation professionnelle et
moins nombreux encore que par le passé à disposer d'une expérience
professionnelle bancaire. Il semblerait donc que la transformation des
métiers bancaires ne se soit pas accompagnée d'un renouvellement des
critères de recrutement. Le recrutement « d'un personnel extrêmement
jeune » souligné par les milieux d'affaires lyonnais s'inscrit dans la
tradition du Crédit lyonnais : cette dernière repose sur le principe de la
« pépinière », dont l'objectif consiste à produire des cadres « maison »,
issus du rang. Comme les grands corps traditionnels, le Crédit lyonnais
possède en effet la propriété d'engendrer ses élites, heureux contingents
de promus dont le destin, offert en modèle, soude l'identité d'entreprise.
La guerre n'a donc fait qu'accentuer le recrutement d'un « personnel
extrêmement jeune » : si les jeunes gens ont d'abord été massivement
recrutés entre 1914 et 1918 pour remplacer les mobilisés, ils continuent
à l'être après le conflit pour remplacer les disparus et reconstituer la
« pépinière » décimée par la guerre. En effet, sur les 8 000 membres du
personnel qui ont été mobilisés, 1 592 sont morts au champ d'honneur.
Parmi ces victimes sont représentés tous les échelons de la hiérarchie :
« les grooms, les coursiers, les garçons de course, les garçons payeurs,
les garçons de bureau, les garçons de recettes, les garçons de caisse, les
manipulateurs, les employés qualifiés, les démarcheurs, les chefs de
section, les aides-caissiers, les caissiers, les conservateurs, les sous-
chefs de service, les chefs de service, les « signatures autorisées », les
gérants de sous-agence, les fondés de pouvoirs, les sous-directeurs, les
directeurs d'agence, les inspecteurs, les secrétaires de direction, le chef
du personnel du siège central, les pompiers, un lithographe et les ouvriers ».[261] Alors qu'elle représentait 81 % de la génération précédente,
la part du personnel recruté à un âge situé entre 13 et 30 ans s'élève
désormais à 85 % : dans l'échantillon considéré, 16 personnes ont en
effet été recrutées avant d'atteindre l'âge de 15 ans ; l'âge d'entrée de 67
autres se situe entre 15 et 20 ans, pour 33 autres, il se situe entre 20 et 25
ans et pour 12 autres enfin, il se situe entre 25 et 30 ans. Seules, 22
personnes ont été recrutées après 30 ans. Au Crédit lyonnais, l'âge
constitue désormais un critère de recrutement explicite, faisant l'objet

---

[261] Voir la liste des membres du personnel du Crédit lyonnais morts pour la patrie ou
disparus, in rapport annuel du conseil d'administration, le 28 avril 1919, AH CL,
usuels.

d'un règlement : « pour les employés mineurs, l'âge d'entrée est fixé à partir de 16 ans révolus ; une exception est faite pour le personnel âgé de 15 ans 1/2, s'il s'agit de candidats particulièrement intéressants, titulaires de diplômes des écoles commerciales ou du brevet d'enseignement primaire supérieur. Pour les candidats majeurs, la limite d'âge est fixée à 29 ans : exceptionnellement, les candidats titulaires d'un passé appréciable de banque peuvent être admis après 29 ans ».[262] Que conclure dans ces conditions, des 16 personnes entrées au Crédit lyonnais avant 15 ans et des 22 autres qui y ont été admises après avoir atteint 30 ans ?

Pour les 16 premières, il s'agit de coursiers dont l'âge d'entrée est fixé à 14 ans, pouvant être abaissé exceptionnellement à 13 ans 1/2 si les candidats sont de forte constitution. Quant aux 22 autres, l'analyse des dossiers individuels montre qu'il s'agit majoritairement de garçons de recette auxiliaires, de surveillants ou encore de gardiens de nuit. Pour ces catégories de personnel, les conditions d'âge à l'entrée sont effectivement différentes : pour les garçons de recette auxiliaires, la limite d'âge est ainsi fixée à 62 ans, pour les surveillants et les gardiens de nuit, elle se situe entre 40 et 60 ans. Pour ce qui est du personnel féminin, candidat à un emploi de bureau, les limites d'âge à l'entrée sont sensiblement les mêmes que celles du personnel masculin, candidat à un emploi de banque, à savoir 16 au moins et 29 ans au plus. En revanche, les candidates à un emploi de classeuse peuvent être recrutées après 30 ans. Ne différant pas par l'âge, le personnel recruté au Crédit lyonnais entre 1915 et 1925 ne diffère pas non plus de celui recruté entre 1885 et 1915 par le type de formation suivie : la très grande majorité du personnel ne dispose en effet que d'un niveau d'instruction générale plus ou moins élevé : les titulaires d'un diplôme de l'enseignement professionnel, élémentaire ou supérieur, demeurent encore marginaux. Sur les 90 personnes diplômées de l'enseignement primaire, primaire supérieur et élémentaire, 5 d'entre elles seulement ont suivi un enseignement professionnel : l'on compte deux diplômés du certificat d'études commerciales, une diplômée de l'école de commerce de Mazamet, un diplômé de l'École des arts & métiers et enfin un diplômé de l'École de commerce d'Alger. Parmi les quelques diplômés de l'enseignement supérieur, seuls deux candidats sont diplômés d'une école supérieure de commerce. Comment pouvons-nous expliquer cette faible représentation des diplômés des écoles professionnelles, et plus précisément, des diplômés des écoles commerciales, à une époque où ces écoles demeurent les seules à donner des notions plus ou moins étendues mais très utiles à celles et ceux qui se destinent aux affaires de banque ? Il n'existe toujours pas en effet « d'école de banque analogue aux écoles

---

[262] Cité in *État des lieux…*, Chapitre I, AH CL, 098 AH 248.

industrielles si variées qui préparent, soit des ouvriers, soit des contre-maîtres, soit des ingénieurs : j'entends par là une école dont les élèves, avant d'aborder la pratique, ont suivi dans la journée les cours et, s'il y a lieu, accompli des travaux manuels, satisfait aux exercices et aux inter-rogations ainsi qu'aux épreuves de sortie ».[263] Les dirigeants du Crédit lyonnais privilégient pourtant les titulaires d'un enseignement profes-sionnel : n'encouragent-ils pas leurs directeurs d'agences « à nouer des contacts avec les chefs d'institution, les directeurs d'écoles profession-nelles et de commerce afin qu'ils leur destinent leurs meilleurs su-jets ».[264] La question se pose de savoir pourquoi ces mesures ne se sont pas traduites dans les faits. Quelle est alors la situation de l'enseigne-ment commercial au lendemain de la guerre ?

Si, comme l'a montré Anita Hirsch, « l'enseignement technique est demeuré entre les deux guerres le parent pauvre d'un enseignement déjà mal pourvu »,[265] des progrès ont néanmoins été réalisés dans le dévelop-pement de l'enseignement commercial. Ce dernier a en effet été encou-ragé par les pouvoirs publics au lendemain de la guerre avec l'entrée en vigueur, le 12 juillet 1921, d'un décret qui consiste à faciliter la création d'écoles pratiques de commerce et d'industrie. Ces dernières, créées en vertu de la loi de finance du 26 janvier 1892, peuvent désormais être fondées non seulement par un département ou une commune mais aussi par plusieurs départements ou plusieurs communes. À peine une cin-quantaine en 1903, « leur nombre s'élève à 95 en 1930, comprenant 70 écoles pratiques de garçons et 25 écoles pratiques de filles pour l'en-seignement du commerce ».[266] En 1925, 1910 élèves sortent diplômés des écoles d'arts et métiers, 28 336 élèves sortent diplômés des écoles pratiques de commerce et d'industrie et des collèges techniques et 2 354 étudiants sortent diplômés des écoles supérieures de commerce.[267] Le petit nombre de diplômés d'écoles de commerce, élémentaires ou supé-rieures, au Crédit lyonnais à cette époque ne peut donc pas se justifier par la faiblesse de l'enseignement commercial : alors que ce dernier se développe, les diplômés de cet enseignement demeurent marginaux. La raison de cette marginalité doit davantage être recherchée dans la désaf-

---

[263] L. Dufourcq-Lagelouse, « La formation de l'employé de banque », in *Banque, Organe Technique du Banquier et de son Personnel*, 1927, p. 484.

[264] Cité in recueil des instructions de la direction des agences régionales daté du 18 décembre 1924, AH CL, 068 AH 078.

[265] Anita Hirsch, « L'Enseignement et la Recherche Scientifique », chapitre XV, in vol. II d'Alfred Sauvy avec le concours d'Anita Hirsch, *L'Histoire économique de la France entre les deux guerres*, p. 352.

[266] Horace Planais, « L'Enseignement technique des employés », in *L'Écho des Em-ployés*, octobre 1930, p. 37.

[267] Chiffres cités in Anita Hirsch, *op. cit.*, p. 352.

fection de ces jeunes gens pour la carrière bancaire. Peu nombreux à avoir suivi une formation professionnelle, le personnel recruté principalement entre 1915 et 1925 demeure également peu nombreux à avoir vécu une expérience professionnelle préalable dans la banque. La tendance qui s'est amorcée entre 1885 et 1915 se confirme : étant encore 22 dans l'échantillon précédent, le nombre de candidats disposant d'un passé appréciable de banque se réduit désormais à 9, représentant à peine plus de 10 % des candidats recrutés. Le recrutement de candidats déjà éprouvés aux affaires de banque devient donc l'exception comme l'attestent ces propos contenus dans une instruction de la direction des agences régionales : « le recrutement d'employés qualifiés est devenu très délicat parce que nous désirons entretenir de bonnes relations avec les autres sociétés de crédit et les banques particulières et que nous considérons qu'il est de l'intérêt de tous d'agir correctement et de ne pas chercher, par des offres de surenchère, à nous enlever mutuellement du personnel ».[268] L'analyse des banques d'origine des 9 candidats dotés d'un passé de banque témoigne de l'entente officieuse conclue sur le personnel entre les établissements de crédit : seulement deux d'entre eux en effet sont issus d'un établissement concurrent, le Comptoir national d'escompte ; les six autres sont issus d'établissements n'adhérant pas à l'Union syndicale des banquiers de Paris et de la province, soit parce qu'ils disposent d'un statut d'établissement public ou semi-public, c'est le cas du Crédit foncier et de la Caisse des dépôts et de consignation, soit parce qu'il s'agit de banques étrangères, c'est le cas de la Nordisch Bankinstitut et de la banque Boulton Brothers & Cie, de Londres. L'expérience professionnelle dans la banque constitue désormais un critère de recrutement explicite pour le seul personnel étranger : « l'admission de candidats étrangers est subordonnée aux conditions suivantes : une connaissance suffisante du français, un passé de banque appréciable leur permettant de rendre des services immédiats et un engagement moral de rester deux ans, au moins, au Crédit lyonnais ».[269] Faute de pouvoir recruter des candidats français déjà expérimentés en banque, le Crédit lyonnais continue comme par le passé à recruter des employés disposant d'une expérience professionnelle dans le commerce ou l'administration, en moindre proportion toutefois que par le passé : alors qu'ils représentaient 30 % des candidats recrutés entre 1885 et 1915, les employés d'assurance, de commerce, d'usine et d'administration publique ou privée, ne représentent qu'un peu plus de 20 % de la génération principalement recrutée entre 1915 et 1925. L'expérience professionnelle « dans la banque, le commerce ou l'administration »

---

[268] Cité in recueil des instructions générales de la direction des agences régionales, daté du 18 décembre 1924, 110 pages, p. 72, AH CL, 068 AH 078.
[269] Cité in *État des lieux...*, Chapitre I, p. 8, AH CL, 098 AH 248.

constitue pourtant un critère de sélection au même titre que la possession du « brevet élémentaire, du brevet de l'enseignement primaire supérieur, du certificat d'études commerciales et du baccalauréat »[270] : elle dispense d'examen d'entrée les candidats qui en sont pourvus. Ce qui n'est pas le cas pour les détenteurs d'un passé professionnel d'ouvrier. Le nombre de ces derniers a fortement augmenté par rapport à l'échantillon précédent : de 4, il est en effet passé à 13. Cette augmentation ne signifie toutefois pas une prolétarisation, (non sociale mais professionnelle), du recrutement des employés du Crédit lyonnais dans la mesure où la très grande majorité d'entre eux sont candidats à un poste de nettoyeur, de surveillant ou d'homme de peine dans le service technique ou le service de l'économat du siège central. Quatre d'entre eux seulement sont recrutés comme employés de banque *stricto sensu* : le passage de l'examen d'entrée s'impose alors à ces derniers. L'examen d'entrée du Crédit lyonnais n'a pas le même sens que les concours d'entrée de la Banque de France ou du Crédit foncier[271] dans la mesure où, au Crédit lyonnais, cette procédure de sélection ne s'applique pas à tous les candidats et candidates mais seulement à ceux et celles dont le niveau d'instruction ou le niveau d'expérience professionnelle ne constituent pas des garanties suffisantes d'aptitudes à un emploi de banque ou de bureau. En d'autres termes, alors que les concours d'entrée de la Banque de France et du Crédit foncier permettent une sélection du personnel « par le haut », une sélection d'un personnel qualifié, « qui, (pour reprendre l'expression des milieux d'affaires lyonnais), sait quelque chose », l'examen d'entrée du Crédit lyonnais, institué au début du siècle pour adapter la sélection à la démocratisation du recrutement, nivelle en fait celui-ci par le bas. En limitant, à partir de 1922, le passage de cet examen aux seuls postulants et postulantes pourvus du certificat d'études primaires, la direction du siège central cherche pourtant à élever le niveau d'instruction de son personnel.[272] Dans les ré-

---

[270] *Idem*, p. 7.

[271] Les concours d'entrée ont été institués au Crédit foncier à partir de 1878 : ils constituaient l'unique méthode de sélection, voir le procès-verbal du conseil d'administration du Crédit foncier de France, le 18 juillet 1883, in Florence Delacour-Le Petit, mémoire cité, p. 18.

[272] Avant la guerre, l'examen d'entrée était destiné aux jeunes gens sortant des écoles primaires, titulaires ou non du certificat d'études. Sous l'effet de la démocratisation de l'enseignement, la seule maîtrise de la lecture, de l'écriture et du calcul acquise au cours de l'instruction primaire, n'est plus le propre des employés : selon Alain Dewerpe, pour lequel le niveau d'instruction est un bon critère d'appartenance sociale, « le certificat d'études constitue à cette époque la coupure entre le monde ouvrier et le monde bourgeois, qu'Edmond Goblot analyse dans son livre, *La Barrière et le niveau*, 1925 », cité in Alain Dewerpe, *Le Monde du Travail en France, 1800-1950*, p. 114.

seaux d'agences où l'on constate ce même souci d'élever, à l'entrée, le niveau d'instruction du personnel, ce dernier semble toutefois être inférieur à celui exigé au siège central : « nous devons chercher à élever le niveau intellectuel de notre personnel ; pour cela, il faut exiger de tous les candidats, employés ou coursiers, le certificat d'études au moins. Cependant, pour les fils d'employés, vous pouvez les admettre sans réclamer ce diplôme mais ils doivent obligatoirement subir avec succès un examen d'entrée ».[273] Ainsi, au lieu d'améliorer le degré de qualification du personnel recruté, l'examen d'entrée ne constitue en fait qu'un moyen de s'assurer de la maîtrise des connaissances élémentaires. La nature des épreuves en témoigne : l'examen porte en effet « sur l'écriture et l'orthographe (dictée), l'arithmétique (les 4 règles), les calculs d'intérêts simples et sur des connaissances élémentaires de géographie ».[274] Soulignons que dans ce mode de sélection qui est désormais réglementé, s'effectuant principalement sur diplôme et sur examen, correspondant par là même à une bureaucratisation des méthodes de recrutement,[275] le critère de la recommandation n'est plus aussi déterminant que par le passé, si ce n'est, semble-t-il, dans le recrutement du personnel des agences. Il est en effet révélateur que le règlement d'admission élaboré en 1922 par la direction du personnel ne consacre pas un paragraphe aux recommandations. En revanche, dans le réseau des agences régionales, toute admission continue à être subordonnée à la présentation d'une recommandation : « Pour être étudiée, toute candidature doit être appuyée de la recommandation d'une personne honorablement connue qui lui serve en quelque sorte de parrain et que nous puissions considérer comme le répondant moral de notre futur employé. Il faut écarter par prudence toute candidature que personne de connu ne

---

[273] Cité in recueil des instructions générales de la direction des agences régionales, le 20 janvier 1925, p. 65, AH CL, 068 AH 077.

[274] Cité in règlement relatif à l'admission du personnel masculin, in *État des lieux...*, Chapitre I, p. 6, AH CL, 098 AH 248. Le personnel féminin est soumis aux mêmes épreuves mise à part celle portant sur les calculs d'intérêts simples : elle est remplacée par une rédaction qui permet d'apprécier en outre la moralité de la jeune fille.

[275] La réglementation des critères de sélection (âge, expérience, diplôme, examen, etc.) que traduit la mise par écrit de pratiques pourtant anciennes correspond en effet à une réelle bureaucratisation du recrutement comme en témoigne cette définition de Jürgen Kocka : « les structures et les processus bureaucratiques se caractérisent par un degré élevé de formalisation qui se traduit par des règles impersonnelles, la plupart du temps écrites ; par une tendance à traiter des affaires comme des cas généraux ; [...] Elles se caractérisent aussi par un recrutement qui se fait sur la base de qualifications et d'examens faisant l'objet de règlements généraux », Jürgen Kocka, *Les employés en Allemagne, 1850-1980, Histoire d'un groupe social*, Éditions EHESS, Paris, 1989, p. 63.

peut recommander ».[276] L'analyse de l'échantillon composé du personnel principalement recruté entre 1915 et 1925 témoigne par ailleurs de la diminution des recommandations présentées. Entre autre, le nombre de recrues dépourvues de recommandation a considérablement augmenté par rapport à la génération précédente : de 23 %, la part du personnel admis au Crédit lyonnais sans aucune recommandation s'élève désormais à 50,5 %. S'agit-il d'un phénomène conjoncturel, s'expliquant par les recrutements « d'urgence » effectués pendant la guerre, ou bien d'un phénomène structurel ? Certes, la guerre a sans aucun doute constitué un facteur favorable au développement du recrutement de personnes non recommandées : mais le fait que dans l'échantillon suivant, c'est-à-dire dans celui composé du personnel principalement recruté entre 1920 et 1935, la part du personnel non recommandé se soit stabilisée autour de 50 % (48 % précisément), nous autorise à penser qu'il s'agit d'un phénomène structurel. Il est intéressant de remarquer qu'à la même époque, dans la plupart des grands établissements de crédit américains, le recrutement continue de s'effectuer principalement sur la base de recommandations : « que ce soit dans les " banques de Réserve Fédérale ", chez " J.P. Morgan & Co ", chez " Brown Brothers & Co ", à la " National City Bank ", à l' " Equitable Trust Co of New-York ", à la " Corn Exchange Bank ", etc. le personnel est admis sans concours, tout candidat devant avoir trois références de membres de sa famille et trois autres références étrangères à la famille. Ces dernières comprennent généralement l'officiant de l'église fréquentée par le candidat, son médecin et un ami honorablement connu, de *standing* assez marqué. On est ainsi fixé sur la moralité, la santé et le niveau social du postulant ».[277] Au Crédit lyonnais, la seule recommandation désormais exigée, quand elle l'est, continue ou à servir de mode de placement ou à témoigner de la moralité du candidat : l'administration s'assurant d'une part, de la santé du personnel postulant, par le biais d'un examen médical réalisé par « le médecin du Crédit lyonnais »,[278] et d'autre part, de son « honorabilité », par le biais d'une enquête minutieuse menée sur son entou-

---

[276] Cité in recueil d'instructions générales de la direction des agences régionales, le 20 janvier 1925, p. 65, AH CL, 068 AH 077.

[277] Ch. Prévot, Docteur en droit et inspecteur général de la Banque de France, « La rationalisation des Banques américaines », in *Banque*, 1928, p. 774.

[278] « L'admission est toujours subordonnée à l'avis du médecin du Crédit lyonnais : médecin attaché au siège ou médecin notable de la localité appointé par le Crédit lyonnais et offrant toute garantie. Celui-ci vérifie que le candidat n'est atteint d'aucune maladie contagieuse, qu'il ne souffre d'aucune affection ni d'aucune infirmité pouvant s'aggraver par le travail de bureau ou l'exposant soit à de fréquentes absences, soit à une carrière dont la durée ne serait pas normale », in *État des lieux...*, Chapitre I, AH CL, 098 AH 248.

rage.[279] En effet, la recommandation constitue encore, après la Première Guerre mondiale, un mode de placement fréquemment utilisé par les postulants à un emploi au Crédit lyonnais au sens où l'un des moyens d'entrer dans l'établissement est d'y connaître quelqu'un. Ainsi, sur la soixante-dizaine de recommandations présentées, près de la moitié provienne effectivement de personnes travaillant au Crédit lyonnais. Toutefois, sous l'effet de la démocratisation accrue du recrutement, la part des représentants des rangs supérieurs de la hiérarchie (cadres et administrateurs) a diminué au profit des représentants des rangs subalternes (employés et gradés) : le nombre des premiers diminuant de 18 à 7, celui des seconds, s'élevant de 8 à 21. Enfin, lorsque la recommandation n'est pas utilisée comme mode de placement, elle sert de témoignage de la moralité du candidat. La nature des garants de cette moralité a toutefois évolué par rapport à la génération précédente ; la représentation des curés et des abbés a diminué au profit de celle des directeurs et des directrices d'école primaire, primaire supérieure et secondaire : de 5, le nombre de ces derniers s'est en effet élevé à 11, témoignant de l'évolution vers une société laïque de plus en plus scolarisée.

Ainsi, face à la transformation des métiers bancaires, le profil des candidats principalement recrutés entre 1915 et 1925 est demeuré sensiblement le même que celui des candidats recrutés entre 1885 et 1915, l'administration n'ayant pas procédé à un renouvellement des critères de recrutement, désormais institutionnalisés dans le cadre d'un règlement d'admission. La transformation des métiers de bureau s'est en revanche accompagnée d'une légère évolution des critères de recrutement comme peut en témoigner l'évolution du profil de certaines candidates recrutées entre 1915 et 1925. Alors que les candidates ne sont pas plus nombreuses que les candidats à avoir suivi une formation professionnelle (aucune d'entre elles n'est titulaire d'un certificat de travaux comptables ou de banque et une seule a suivi les cours d'une école pratique de commerce), quelques-unes disposent néanmoins « d'aptitudes spéciales » en plus de leur instruction générale. En effet, parmi les femmes titulaires d'un des diplômes de l'instruction primaire et primaire supérieure (près de 40 sont au moins titulaires du certificat d'études primaires, 18 autres sont titulaires d'un des diplômes de l'instruction primaire supérieure, brevet élémentaire ou certificat d'études complémentaires), 15 d'entre elles déclarent disposer « d'aptitudes spéciales » en matière de dactylographie, de sténo-dactylographie et de comptabilité ou bien déclarent connaître une langue étrangère. Trois candidates disposent d'aptitudes

---

[279] « Les déclarations sont vérifiées par une enquête sérieuse (intégralité du passé, renseignements de moralité). Les résultats de l'enquête sont transcrits sur le questionnaire, celui-ci est inséré dans le dossier », *idem*.

dans trois de ces domaines : c'est le cas de Cécile T.[280] et de Lucie T.,[281] qui, titulaires du certificat d'études primaires, déclarent connaître la sténographie, la dactylographie et la comptabilité. Quant à Adrienne B.,[282] autre titulaire du certificat d'études, elle déclare connaître la comptabilité, la dactylographie et l'anglais. Dans la mesure où parmi toutes les candidates disposant d'aptitudes spéciales, seule, Henriette B.,[283] a suivi les cours d'une école pratique de commerce, où sont enseignés le français, l'écriture, la correspondance commerciale, la sténographie, la dactylographie et le droit usuel, la question se pose de savoir dans quelles conditions les autres femmes ont acquis ces « aptitudes spéciales » qui traduisent par ailleurs l'évolution des métiers de bureau à cette époque. La grande majorité de ces candidates ont en fait acquis leurs compétences sur le tas, dans le cadre d'une expérience professionnelle antérieure. Onze d'entre elles au moins ont en effet déjà exercé le métier de dactylographe, de sténo-dactylographe, d'aide-comptable ou encore de comptable avant d'être recrutées au Crédit lyonnais. Les quatre autres ont acquis leurs qualifications dans le cadre d'un établissement professionnel, comme l'institut sténographique, ou dans le cadre de cours privés dispensés par des marques de machines à écrire, comme ceux dispensés par les écoles « Remington-adler »[284] et « Prévost-Delaunay »[285] ou encore par l'école « Underwood ». Ces cours qu'organisent les marques de machines à écrire et certains établissements privés comme « Pigier « pour ne citer que le plus célèbre, proposent de former à la dactylographie, en l'espace de trois mois, des jeunes filles sortant de l'école ou de jeunes travailleuses. Ces écoles connaissent alors un véritable succès dans les années 1920 : elles forment à la hâte des armées de dactylographes. Ce renouvellement des critères de recrutement du personnel de bureau, qui s'est, rappelons-le, féminisé massivement pendant et après la Grande Guerre, s'est accompagné de la mise en place de procédures d'admission complémentaires : des examens sanctionnant les connaissances en langues étrangères et en sténo-dactylographie sont organisés au Crédit lyonnais à partir de 1922.[286] Le

---

[280] AH CL, Dossiers du personnel du siège central : Personnel 492.

[281] *Idem.*

[282] AH CL, Dossiers du personnel du siège central : Personnel 500/2.

[283] AH CL, Dossiers du personnel : DAPA 3333/2.

[284] Cité in dossier d'Alice T., AH CL, Dossiers du personnel du siège central : Personnel 492.

[285] Cité in dossier de Julia B., AH CL, Dossiers du personnel du siège central : Personnel 412.

[286] « Les candidates qui possèdent une langue étrangère passent un examen portant sur la connaissance de la langue étrangère. Les sténo-dactylographes passent un examen spécial, outre celui – s'il y a lieu – prévu au 1er paragraphe », in *État des lieux...*, Chapitre I, AH CL, 098 AH 248.

jugement relatif à l'absence d'évolution du profil du personnel recruté entre 1915 et 1925 doit donc être nuancé dans la mesure où il ne peut s'appliquer qu'au personnel masculin, candidat à un emploi de banque, les critères de recrutement du personnel féminin, candidat à un emploi de bureau ayant commencé à évoluer même s'ils ne s'appliquent encore qu'à une minorité.

Jusqu'alors, nous avons vu que ni la pratique, par le biais de la mécanisation, ni les hommes, par le biais d'un renouvellement des critères de recrutement, n'ont évolué au Crédit lyonnais face à la transformation des métiers bancaires. Nous allons maintenant tenter de montrer dans quelle mesure le jugement des milieux d'affaires lyonnais consistant à qualifier les établissements de crédit d'organisations déqualifiantes au sens où « leurs employés sont cantonnés dans un même service, n'apprenant rien et ne pouvant être d'aucune utilité en dehors du compartiment dans lequel ils sont spécialisés »[287] et au sens où ces établissements « ne cherchent pas à développer l'enseignement professionnel »,[288] a pu s'appliquer au Crédit lyonnais dont le système de formation traditionnel repose précisément sur la mobilité inter-services et où, avant la guerre, des cours d'adulte étaient déjà organisés au siège central. Avant la Première Guerre mondiale, la part de la technique dans le métier de banquier était modeste. La connaissance des instruments bancaires pouvait s'apprendre par la pratique du guichet. Le tour de banque[289] servait d'initiation. Dans les années 1920, avec des opérations plus complexes et en nombre croissant, face à des réglementations nouvelles, le personnel se spécialise. Les établissements recrutent massivement, le niveau initial des employés baisse, beaucoup d'employés s'éloignent des guichets et il leur devient quasiment impossible d'acquérir une connaissance globale du métier de banquier. La formation empirique ne suffit plus. Il faut organiser des cours professionnels ».[290] Afin de compenser cette insuffisance du système de formation empirique, l'administration du Crédit lyonnais prend toute une série de mesures pour, d'une part,

---

[287] Cité in rapport du Préfet du Rhône au ministre de l'Intérieur, 6 août 1925, AN, F7 13 878.

[288] *Idem.*

[289] Le tour de banque consistait dans le passage par les différents services d'une agence (ou de plusieurs agences), des différentes tâches d'une section d'un service du Siège, et/ou des différentes sections d'un service, et/ou des différents services. « Certes les compétences professionnelles sont nécessaires car nul n'imaginerait un banquier ne sachant pas lire un bilan ! Mais la formation s'acquiert alors sur le tas, par un "tour de bête"... », Hubert Bonin, « La maturation de la professionnalisation bancaire en France », in Pierre Guillaume, *op. cit.*, p. 133.

[290] Alain van Bockstaël, « Le CFPB toujours recommencé... une brève histoire du CFPB : 1932-1992 », in supplément au n° 533 de la *Revue Banque*, décembre 1992, p. 8.

assurer le recrutement de ses cadres, et pour, d'autre part, pallier la déqualification du personnel, consécutive à sa spécialisation. Mais nous allons voir que ces mesures relèvent plus de la continuité que de l'innovation. La crise de personnel qualifié dont souffrent dans la première moitié des années 1920 les établissements de crédit et le Crédit lyonnais en particulier témoignent des limites effectives de la formation empirique : « Ainsi que cela se présente certainement dans tous les groupes du Crédit lyonnais, nous devenons, en effet, dans les agences départementales, très pauvres de bons sujets, ce qui rend difficile, non seulement la création de nouveaux sièges, mais encore la bonne marche et le développement de nos sièges existants ».[291] Les pertes de personnel qualifié dues à la guerre et la croissance relativement rapide des effectifs à cette époque (de 18 628 en 1919, ils s'élèvent à 20 374 en 1924 et à 19 923 en 1925) n'ont certes pas contribué à faciliter l'encadrement du vaste personnel et l'attribution des responsabilités de direction. Le vivier des cadres s'épuise en effet par trop au sein des filières de promotion traditionnelles. Or, pour retrouver la place qui était la sienne en 1913, place qu'il a perdue en 1920 au profit de la Société générale, le Crédit lyonnais se propose à partir de janvier 1923, d'abord « d'organiser partout des services de démarches chargés de solliciter méthodiquement et régulièrement la clientèle éventuelle », ensuite, « d'augmenter dans une mesure raisonnable, le nombre des sièges permanents ou intermittents de façon à mettre les guichets à portée du public appelé à utiliser leurs services ».[292] Mais « l'exécution de ce double programme n'est possible que si nous donnons tous nos soins à la formation et à la constitution du personnel qui doit être chargé de ces démarches ou de l'exploitation des nouveaux sièges ».[293] En quoi consistent donc les initiatives prises pour assurer la formation et la constitution de ce personnel d'élite ? Contrairement à la Société générale qui, également confrontée à une pénurie de personnel qualifié, choisit la voie de l'innovation, préférant se doter d'un véritable « corps » informel, en une sorte de « proto-professionnalisation »,[294] le Crédit lyonnais choisit la voie de la conti-

---

[291] Cité in lettre adressée par Macé, alors directeur des agences départementales à Madinier, vice-président de l'établissement à Lyon, Paris, le 8 mars 1923, AH CL, 098 AH 247.

[292] Cité in lettre adressée par Macé aux directeurs d'agence, Paris, le 12 janvier 1923, AH CL, 098 AH 247.

[293] *Idem.*

[294] À la Société générale est créé en mars 1922 « l'examen d'aptitudes au grade de chef des bureaux : l'obtention de ce diplôme interne s'effectue pendant deux à trois ans grâce au travail personnel et hors-service du salarié, à l'envoi de fascicules de formation, à la rédaction par deux des dirigeants d'un manuel de référence (le « Terrel & Lejeune »), mais aussi grâce à des conférences organisées dans certaines agences dans le cadre de « cours de perfectionnement » lancés en novembre 1920 et structurés

nuité : « Vous voudrez bien rechercher, à tous les degrés de la hiérarchie, dans vos divers services – aussi bien dans les services intérieurs que dans les autres – les sujets intelligents susceptibles de recevoir une préparation intensive et de se former rapidement. Les employés ainsi sélectionnés devront être prévenus que nous nous intéressons à leur avenir et que, s'ils prennent l'engagement de se déplacer lorsque nous le jugerons nécessaire, vous les ferez passer par les divers postes leur permettant d'acquérir les connaissances qui leur manquent. En somme, l'ensemble de ce personnel de premier plan constituera une sorte de pépinière dans laquelle nous espérons qu'il sera possible de trouver, en partie, nos cadres futurs ».[295] La double-mobilité, géographique et fonctionnelle, constitue donc toujours *a priori* le principal mode de formation des gradés et des cadres. Toutefois, l'administration envisage désormais d'ajouter à ce recrutement classique, une incitation à un recrutement « hors cadres » de diplômés : « Nous nous réservons d'ailleurs, si vous ne pouviez pas trouver de sujets en assez grand nombre, de vous en adresser au besoin que nous recruterions parmi les élèves des grandes écoles commerciales ».[296] Ce recours à un recrutement « hors cadres », pourtant contraire à la tradition de la « maison », traduit bien la prise de conscience par l'administration des limites de son système de formation. Non seulement la formation empirique ne suffit plus à assurer le recrutement des gradés et des cadres mais elle ne suffit pas non plus à produire des employés qualifiés au sens où il devient désormais impossible pour le personnel d'acquérir une connaissance globale du métier de banquier par cette seule formation. En effet, l'heure est à la spécialisation du personnel. Après avoir effectué le tour de banque traditionnel qui est désormais réglementé au siège central, le personnel est définitivement affecté à un service : « Les mineurs débutent en principe au service du recouvrement. Les majeurs, au service du recouvrement et au service du portefeuille banque. Après un stage de 3 ou 4 mois dans l'un de ces services, ceux qui se sont montrés aptes à recevoir une préparation plus complète sont admis à continuer leur stage comme élèves dans un service de bourse (3 mois) puis dans un service comptable (3 mois) avant d'être affectés définitivement soit à un service du siège central, soit au goupe des agences dans Paris. Les autres sont affectés définitivement dans un service comme auxiliaires. Ceux qui se sont particulièrement signalés par leur intelligence et leurs aptitudes aux travaux de

---

en véritables séquences de formation ponctuées d'examens de fin d'année en juillet 1929 », Hubert Bonin, « La maturation de la professionnalisation bancaire en France (des années 1910 aux années 1950) », in Pierre Guillaume, *op. cit.*, p. 137.

[295] Cité in lettre adressée par Macé aux directeurs d'agence, datée du 12 janvier 1923, AH CL, 098 AH 247.

[296] *Idem.*

banque sont suivis par le service du personnel en vue du recrutement ultérieur des cadres ».[297] Cette réelle tendance à la spécialisation du personnel au début des années 1920 contribue à expliquer la diminution importante de sa mobilité fonctionnelle par rapport à la génération précédente : de 30 %, la part du personnel qui n'est passé que par un service au cours de sa carrière, s'élève désormais à 50,6 %. Il serait faux de dire que l'administration du Crédit lyonnais n'a pas cherché à développer l'enseignement professionnel de son personnel pour compenser les effets de la spécialisation. Des nuances doivent toutefois être apportées : si des initiatives ont été prises dans ce sens au siège central, nous allons voir qu'il n'en a pas été de même dans les réseaux d'agences. À partir de 1921, deux séries de mesures ont en effet été prises au siège central pour développer l'enseignement professionnel du personnel : d'une part, le service du personnel encourage les employés des deux sexes à suivre des cours dans des écoles professionnelles, externes à l'établissement : « l'école de législation professionnelle »[298] pour les jeunes garçons qui désirent obtenir une capacité en droit, et « l'école municipale de commerce pour les jeunes filles »[299] ; d'autre part, des séries de conférences sont organisées à l'intérieur de l'établissement. Les cours dispensés par l'école de législation professionnelle sont répartis sur deux ans. Les cours de première année comprennent l'étude des matières suivantes : le droit commercial, l'économie politique, le droit public, le droit fiscal, le crédit public, les nouveaux impôts, le droit civil et la procédure civile. Les cours de deuxième année sont plus spécialisés : ils comprennent l'étude du contentieux des transferts et des oppositions, du contentieux commercial des banques, du droit fiscal approfondi, des opérations financières, l'étude de la comptabilité et des bilans et pour finir, l'étude de la comptabilité financière.[300] Ces cours qui ont lieu « hors temps ouvrable » sont payants : dans le but d'inciter le personnel masculin à les suivre, l'administration du Crédit lyonnais passe un accord avec la direction de l'établissement qui consiste à « permettre à un certain nombre d'employés de suivre gratuitement un des cours ».[301] Les employés qui en manifestent le désir peuvent être

---

[297] Cité in *État des lieux...*, Chapitre I, p. 7, AH CL, 098 AH 248.

[298] Voir la note n° 169 du service du personnel du siège central, datée du 6 octobre 1921, AH CL, 098 AH 250.

[299] Voir la note n° 173 du service du personnel du siège central relative à l'École municipale de commerce pour les jeunes filles, datée du 7 novembre 1921, AH CL, 098 AH 250.

[300] Voir le programme de l'École de législation professionnelle et de pratique coloniale, année 1925-1926.

[301] Cité in note n° 169 du service du personnel du siège central, déjà cité, AH CL, 098 AH 250.

autorisés à suivre plusieurs cours moyennant le versement : de 40 F pour le deuxième cours, de 30 F pour le troisième cours, de 20 F pour le quatrième cours, de 10 F pour le cinquième cours, soit de 100 F pour tous les cours.[302] Lorsqu'on sait qu'un employé parisien, titularisé à 23 ans après un an de présence, perçoit au 1er janvier 1922 une rémunération annuelle de 3 600 F,[303] l'on mesure mieux l'effort pécuniaire qu'il lui reste à fournir pour améliorer sa formation. À une époque où le pouvoir d'achat des employés du Crédit lyonnais se dégrade, la question se pose de savoir si le mode de financement de ces cours est propice à leur fréquentation. Contrairement aux cours dispensés par l'école de législation professionnelle, les cours dispensés par l'école municipale de commerce pour les jeunes filles sont gratuits. Dans le cadre de la loi Astier, la ville de Paris créa, à partir du mois de novembre 1921, des cours de perfectionnement à l'usage des employées de commerce et de banque. Ils sont destinés « à permettre aux jeunes filles employées dans le commerce et les banques de compléter leurs études techniques et de se tenir au courant des méthodes nouvelles de travail ainsi que des lois et règlements se rapportant à leur profession ».[304] Ayant lieu à l'école de commerce, située 12 rue d'Abbeville, le samedi après-midi, de 14 heures à 17 heures, ces cours comprennent des notions pratiques sur les questions économiques et fiscales, des notions de comptabilité et de législation commerciale, des notions de correspondance commerciale, des notions d'anglais et d'espagnol et des notions de sténographie. Nous sommes dans l'impossibilité de mesurer la participation du personnel du Crédit lyonnais à ces différentes écoles professionnelles. Parallèlement à ces cours que le personnel peut suivre à l'extérieur de l'établissement, des cours et des conférences sont organisés dans l'enceinte du siège central non seulement pour les coursiers comme la loi Astier l'exige mais aussi pour les employés.[305] Les cours destinés aux coursiers ont

---

[302] *Idem.*

[303] Cité in *État des lieux...*, Chapitre II, p. 1, AH CL, 098 AH 248.

[304] Cité in note n° 173 du service du personnel du siège central, déjà cité, AH CL, 098 AH 250.

[305] La loi Astier, votée le 25 avril 1919, visait à préparer les adolescents, sans préjudice d'un complément d'enseignement général, à l'étude technique et pratique des sciences, des arts ou métiers, en vue de l'industrie ou du commerce. Elle prévoyait la création de cours professionnels, gratuits et obligatoires, pour les jeunes de 14 à 18 ans, déjà employés dans une entreprise. Ces cours devaient avoir lieu pendant la journée légale de travail, à raison de 4 heures par semaine et d'un minimum de 100 heures par an. Chefs d'établissements et familles étaient responsables de leur fréquentation par les apprentis qui, au terme de trois ans d'études, étaient admis à concourir au certificat d'aptitude professionnel. L'organisation des cours était confiée à une commission locale mais les chefs d'entreprise pouvaient, s'ils le désiraient, en assurer le fonctionnement à l'intérieur de l'établissement. La fréquentation d'un cours payant,

pour but « de compléter l'instruction élémentaire des jeunes gens au-dessous de 16 ans et de leur donner quelques notions très sommaires sur les travaux de banque ».[306] D'une durée d'1 heure 1/2 par semaine, divisés en trois séances, ces cours ont lieu pendant les heures de travail, « au moment où l'absence des coursiers gêne le moins le service ». Ils permettent « de sélectionner les jeunes gens, de mieux connaître ceux qui peuvent devenir employés et d'éliminer les autres ».[307] Au cours de l'année 1921-1922, 121 coursiers ont suivi les cours dispensés par le siège central : 55 d'entre eux furent nommés employés à la suite d'un examen trimestriel. Dès l'automne 1919 en effet, un examen portant sur « l'orthographe, les quatre opérations de calcul et les règles d'intérêt » fut organisé à destination des coursiers du siège central « âgés de 16 ans révolus, ayant au moins 6 mois de présence et qui, donnant toute satis-faction, seraient susceptibles d'être nommés employés ».[308] Ainsi était assurée, par voie interne, de façon rationnelle, une partie du recrutement des employés. Mais cette pratique qui consiste à faire passer un examen d'aptitudes pour passer dans l'échelon supérieur ne s'est pas étendue aux autres catégories de personnel, contrairement à ce qui s'est produit à la Société générale avec la création, en mars 1922, de « l'examen d'aptitudes au grade de chef des bureaux » destiné à sélectionner les em-ployés principaux : rappelons qu'au Crédit lyonnais, ces derniers étaient sélectionnés en fonction de leur mérite et de leur ancienneté. En dehors des cours obligatoires destinés aux coursiers, des conférences facultati-ves sont organisées à l'initiative de l'administration pour les employés du siège central. Si l'objectif affiché est nouveau, la pratique est plus ancienne : en effet, dès 1913, des cours d'adultes étaient faits au siège central du Crédit lyonnais par différents chefs et sous-chefs de service. « Ils témoignaient des efforts des plus jeunes afin d'améliorer leurs connaissances et de la solidarité des plus anciens dans la transmission des savoirs et savoir-faire ».[309] Mais contrairement aux anciens cours, l'objectif affiché des conférences organisées à partir de 1921 ne consiste pas seulement dans la diffusion des valeurs du Crédit lyonnais et dans la cohésion des équipes, au travers des échanges qu'elles stimulent, mais aussi dans la lutte contre la déqualification des employés consécutive à

---

remplissant les conditions prévues par la loi, était considérée comme équivalente à celle des cours obligatoires.

[306] Cité in document isolé du siège central intitulé « Cours et conférences », année 1921, AH CL, 098 AH 250.

[307] *Idem.*

[308] Cité in circulaire du service du personnel du siège central datée du 1er octobre 1919, AH CL, 098 AH 250.

[309] Joseph Musseau, « Soixante ans de formation », in le supplément au n° 533 de la *Revue Banque*, décembre 1992, p. 108.

leur spécialisation : « Notre but est tout simplement de faire de vous de bons employés, ayant une notion générale de tous les principaux services d'une grande banque et d'augmenter, dans la mesure du possible, votre savoir, que dans les soucis du travail matériel journalier, vos camarades expérimentés, ou vos chefs, ne peuvent faire. Ceux d'entre vous qui ont déjà quelques années de présence dans notre établissement, savent, par l'expérience de chaque jour, combien parfois ils se trouvent embarrassés par les choses, qu'une fois vues et connues, ils trouvent ensuite bien faciles et bien simples et, combien souvent, cantonnés dans un service, ils ignorent tout du service voisin. Pour ces raisons, la direction a désiré que dans une suite de conférences, spécialement choisies, nous exposions à nos jeunes collaborateurs le fonctionnement de nos différents rouages, leur raison d'être et leurs points de contacts afin d'obtenir d'eux, dans un délai plus court, un meilleur rendement ».[310] L'organisation de ces conférences remonte à l'année 1921-1922 : six séries de conférences sont alors organisées dont cinq pour les employés du siège central appartenant aux services du portefeuille, des fonds publics, de la bourse, des coupons et des titres et la sixième pour les employés des agences dans Paris.[311] Elles sont faites, aux employés du siège central, par les chefs ou sous-chefs des services (ou chefs de section, pour le service du mouvement des titres), aux employés des agences dans Paris, par deux directeurs d'agences. La participation du personnel à ces conférences n'a pu être mesurée que pour une année : ainsi, pour l'année 1921-1922, le nombre des auditeurs inscrits est relativement faible puisqu'il ne s'élève qu'à 264.[312] Parmi eux, 85 furent récompensés : le coût des récompenses pécuniaires versées aux auditeurs s'élève à 7 850 F, soit 92 F en moyenne par lauréat. Quant aux conférenciers, ils perçoivent également une récompense dont le coût global s'élève, pour la direction, à 7 000 F : le montant de cette récompense variant, selon le grade du conférencier, entre 200 et 1 000 F.[313] Peut-être en raison de la médiocrité de ces incitations finan-

---

[310] Cité in discours d'introduction aux conférences faites aux employés des agences dans Paris par M. Jonniaux, année 1922-1923, AH CL, 098 AH 250.

[311] Cité in bilan des conférences organisées au cours de l'année 1921-1922, document isolé, non daté, AH CL, 098 AH 250.

[312] Cité in tableau déjà mentionné des cours et conférences au siège central, 1921-1922, AH CL, 098 AH 250. En 1921, les effectifs du siège central s'élèvent à 6 873. Par ailleurs, une note du service central des agences dans Paris datée du 3 février 1921 confirme le fait que ces conférences n'étaient destinées qu'à un petit nombre d'employés : « Le nombre des auditeurs étant limité, ne désigner que des démarcheurs, employés coupons, jeunes employés titres, comptables et portefeuillistes. (Gradés, employés titres expérimentés et employés mineurs exclus.) »

[313] *Idem.*

cières,[314] le succès des conférences fut relatif : « le manque d'assiduité d'un certain nombre des auditeurs inscrits, le moindre empressement trouvé chez les chefs, sous-chefs de service ou chefs de section à accepter le rôle de conférencier, nous a montré aussi que, malgré les modifications apportées dans le programme des conférences d'une année à l'autre, l'organisation de conférences, tous les ans, dans les services du siège central, amènerait une certaine lassitude. Nous nous sommes donc limités, cette année, aux conférences intéressant les employés des agences dans Paris ».[315] Les conférences pour les employés des services du siège central sont donc suspendues pour l'année 1922-1923. Alorsque la direction a prévu de les reprendre l'année suivante, aucune circulaire du service du personnel ne confirme cette reprise.[316] Si diverses initiatives ont donc bien été prises au siège central pour développer l'enseignement professionnel du personnel (financement de cours dans des écoles professionnelles externes à l'établissement, organisation dans l'enceinte du siège central de cours obligatoires pour les coursiers et de conférences facultatives pour les employés), il n'en a pas été de même dans les réseaux d'agences où l'administration du Crédit lyonnais a procédé à une application plutôt restrictive de la loi Astier en invoquant l'article 44 alinéa 3 et en n'incitant pas les agences à créer des cours. C'est ce dont témoigne une instruction de l'inspection générale des agences régionales : « au Maire d'une localité qui se préoccupe de l'organisation de cours professionnels, l'agence ne peut se dispenser de donner le nombre ainsi que les noms, prénoms et adresses des jeunes gens et des jeunes filles qui sont tenus de suivre les cours mais quant aux heures de cours, elle doit en principe faire connaître les heures de travail pour chaque jour de la semaine en faisant ressortir la durée totale du travail par jour et par semaine et faire remarquer qu'en raison de la durée journalière et hebdomadaire du travail, l'absence des jeunes gens et des jeunes filles à un moment quelconque de la durée du travail est de

---

[314] Rappelons qu'en 1921 :
 – la rémunération annuelle moyenne d'un employé était de : 7 627 F
 – « la rémunération annuelle d'un Chef de moyen et petit service du siège central était de 10 000 à 15 000 F.
 – la rémunération annuelle d'un chef de grand service du siège central était de 15 000 à 24 000 F.
 – la rémunération annuelle d'un directeur d'agence dans Paris était de 10 000 à 15 000 F », cité in *État des lieux*..., Chapitre II, p. 6, AH CL, 098 AH 248.

[315] Cité in bilan des conférences réalisées au cours de l'année 1921-1922, AH CL, 098 AH 250.

[316] Les conférences qui avaient été organisées au cours de l'année 1921-1922 avaient fait l'objet de deux circulaires destinées à prévenir le personnel du siège central : la première date du 3 février 1921, la seconde, du 3 mars 1921, AH CL, 098 AH 242.

nature à gêner le fonctionnement des services ».[317] L'organisation de cours dans les agences n'est pas non plus encouragée : « Il ne nous paraît pas possible d'organiser dans nos agences des cours de ce genre. Cependant, si une agence voit la possibilité d'en créer chez elle, elle devra nous en référer ; ceci, bien entendu, dans le cas où elle serait obligée, malgré toutes explications données, de faire suivre des cours à son personnel débutant ».[318] Ainsi, le jugement des milieux d'affaires lyonnais, relatif à l'absence d'initiative prise par les établissements de crédit pour développer l'enseignement professionnel de leur personnel, ne trouve sa justification, au Crédit lyonnais, que dans les réseaux d'agences. Alors que l'exercice de la profession bancaire commence à exiger une connaissance de plus en plus précise, tant des opérations elles-mêmes, de leur mécanisme et des conditions dans lesquelles il convient de les traiter, que des principes juridiques et des lois fiscales qui les régissent, la nature des recrutements effectués et le système de formation en vigueur au Crédit lyonnais n'ont pas évolué dans le sens d'une « proto-professionnalisation » du métier malgré les initiatives qui ont été prises au siège central pour développer l'enseignement professionnel du personnel : la formation de ce dernier demeure pour l'essentiel une formation empirique inadaptée à la complexification du métier. Ce n'est pas un hasard si l'école spéciale de préparation aux banques est créée en 1926.

Après avoir analysé la façon dont la gestion du personnel s'est révélée conservatrice, inadaptée aux nouvelles donnes que constituent l'inflation monétaire, la mutation des mentalités des employés et la transformation des métiers bancaires, il convient d'en étudier les sanctions.

IV. Les sanctions : participation massive du personnel à la grève de l'été 1925 et diminution de la rentabilité de l'établissement

A. La grève de l'été 1925

La participation du personnel à la grève peut non seulement être appréhendée de façon quantitative mais aussi de façon qualitative, à

---

[317] Cité in instruction de l'inspection générale des agences régionales datée du 7 août 1920, AH CL, 068 AH 076. L'article 44 alinéa 3 de la loi Astier spécifiait en effet « que l'obligation ne pouvait s'appliquer aux établissements, ateliers, magasins ou bureaux dans lesquels la durée normale du personnel n'excédait pas 8 heures par jour ou 48 heures par semaine ». Ce n'est qu'en 1929 que le champ de l'obligation s'étendra à ces derniers, Horace Planais, « L'Enseignement Technique des Employés », in *L'Écho des Employés*, octobre 1930, p. 37.

[318] *Idem.*

travers notamment la représentation du personnel du Crédit lyonnais dans les organisations qui conduisent le mouvement. Mais avant d'aborder cette question de la participation du personnel à la grève, arrêtons-nous un moment sur les conditions du déclenchement du mouvement, sur ses caractéristiques qui le distinguent des grèves précédentes et sur le type de revendications qui y furent exprimées.

1. Une grève annoncée

La grève n'a pas été subite : depuis le début de l'année 1925, la dégradation du climat social s'est accentuée dans les établissements de crédit sous l'effet d'une nouvelle hausse des prix. « On sait que l'indice des prix de détail arrêté en France pour l'ensemble des villes de plus de 100 000 habitants, en partant de la base 100 en 1914, atteignait, à la fin du mois d'août dernier,[319] le chiffre de 451, contre 435 en mai, 442 en février, 428 en novembre et 401 en août 1924. Les indices par région s'établissaient comme suit, fin août 1925 : Nord, 461 ; Est, 448 ; Sud-Est, 456 ; Midi, 447 ; Ouest, 431 ; Alsace et Lorraine, 474. D'après les calculs de la commission régionale chargée d'évaluer, à Paris, le coût de la vie, sur cette même base de 100 en 1914, l'indice général et l'indice des dépenses d'alimentation, selon les besoins d'une famille ouvrière de 4 personnes, s'élevaient respectivement, pour le 3e trimestre 1925, à 401 et 419, au lieu de 367 et 373 pour le 3e trimestre de 1924 ; de 331 et 333 pour le troisième trimestre de 1923 ».[320] Devant cette accélération de l'inflation, « les employés de banque réclamaient depuis le mois de février un réajustement de leurs salaires sur la base du coût de la vie mais leurs délégations, qu'elles émanent du petit personnel ou qu'elles représentent les organisations légalement constituées, ont toujours essuyé de la part des dirigeants des grands établissements de crédit un refus systématique ».[321] Consultés au début de l'année sur l'état d'esprit de leur personnel et l'éventualité d'un mouvement, les directeurs de banque manifestaient un optimisme non dissimulé en raison, disaient-ils, du petit nombre de syndiqués et de la diversité des tendances des militants. Cependant, devant l'intransigeance des directeurs, groupés en « Union syndicale des banquiers » que préside M. Lehideux, petit patron d'une maison de banque parisienne portant son nom, et devant l'augmentation sans cesse croissante du coût de la vie, les employés manifestèrent sous différentes formes leur mécontentement et en vinrent à se grouper au sein de diverses organisations syndicales. Vers la fin de

---

[319] Il s'agit du mois d'août 1925.

[320] Gaston Tessier, « La grève des employés de banque », in *Les lettres de janvier 1926*, Paris, 1926, p. 21, BR HBA 29. Gaston Tessier était alors le Secrétaire général de la confédération française des travailleurs chrétiens.

[321] Cité in rapport de police daté du 31 juillet 1925, AN, F7 13 878.

février 1925, Vol, secrétaire de la Fédération confédérée de la finance, Blanchard, secrétaire de la chambre syndicale confédérée et Portalier, secrétaire de la Fédération nationale des syndicats indépendants des employés de banque, réalisèrent le cartel interfédéral des employés de Paris et de la province. Les revendications ci-après furent établies en commun :

1) un salaire fixe minimum de 6 000 F

2) une indemnité mobile de vie chère basée sur l'indice régional

3) une indemnité de résidence égale à celle des fonctionnaires

4) une progression équitable des traitements

5) une gratification de fin d'année égale à un mois de traitement complet

6) une révision et une amélioration du statut des retraites

Lehideux, en sa qualité de président du syndicat des banquiers, fut avisé des revendications et saisi d'une demande d'entrevue. Il fit répondre par un tiers « qu'il ne pouvait recevoir les délégués du cartel, chaque établissement ou banque, bien qu'affilié au syndicat, demeurant indépendant en ce qui concerne son organisation intérieure ».[322] Cette fin de non-recevoir ne découragea pas les militants qui s'adressèrent ensuite, sans plus de succès d'ailleurs, aux dirigeants de chaque établissement. Au début du mois de mai, l'agitation s'accentue et les dirigeants des organisations syndicales confédérées et unitaires réalisent l'unité de front[323] : le 13 mai, d'autres délégations se rendent auprès des directions pour renouveler leur demande d'augmentation de salaire. Ces nouvelles démarches n'ayant pas donné plus de résultats, il fut décidé au congrès national du cartel, le 24 mai à Paris, d'en appeler au ministre du travail : il s'agit alors de M. Durafour.[324] Mais le résultat de l'intervention du ministre auprès de Roger Lehideux fut négatif. Dès lors, la rupture est imminente : elle est d'abord consommée à Marseille, où elle est annoncée le 16 juillet par un référendum,[325] avant de l'être à Paris où elle est

---

[322] *Idem.*

[323] La Chambre syndicale des employés de banque et de bourse (affiliée à la CGT) qui s'était créée en 1907, devint, au début des années 1920, la Fédération nationale des syndicats d'employés de la finance (toujours affiliée à la CGT), tandis que se constitue un Syndicat unitaire des employés de Banque et de Bourse (CGTU). Enfin, une Fédération française des syndicats d'employés catholiques (CFTC) se monte également en 1919.

[324] Rappelons que depuis les élections législatives du 11 mai 1924, le Bloc National a cédé la place au Cartel des gauches.

[325] « *Le Journal du Peuple* du 16 juillet 1925 publie un article faisant connaître que le résultat du référendum des employés de banque de Marseille est en faveur de la grève générale dans une proportion de 90 % et que d'ores et déjà, la grève peut être consi-

précédée, au Crédit lyonnais, d'une entrevue, le 28 juillet, entre la direction et le personnel.[326]

Dans la mesure où la grève a à la fois été annoncée, depuis février 1925, par plusieurs mouvements revendicatifs, et, à la veille de son déclenchement, par un référendum, comme à Marseille ou, par une entrevue entre la direction et le personnel, comme au Crédit lyonnais à Paris, nous sommes en droit de nous interroger sur les motifs de la surprise exprimée par les dirigeants de cet établissement : « Tout se passe sans incident jusqu'à l'été 1925. Et voilà qu'à la fin de juillet, en l'absence du président Brincard parti en vacances et d'Eugène Lefèvre, retenu chez lui par une maladie pulmonaire, on apprend le déclenchement d'une grève massive, à Paris et dans plusieurs agences de province. Parmi les directeurs et les chefs de service présents au boulevard des Italiens, c'est la consternation : comment les syndicats, si discrets jusqu'ici, ont-ils pu en arriver à cette extrémité ? »[327] Il semblerait en fait que ce ne soit pas tant par le déclenchement de la grève que la direction du Crédit lyonnais ait été surprise que par son ampleur[328] qui constitue, à n'en pas douter, l'une des caractéristiques du mouvement.

2. Ses caractéristiques : une longue durée et une nouvelle méthode, la « grève générale »

Ce mouvement revendicatif des employés de banque se distingue en effet des mouvements précédents par sa durée qui est longue : entre 8 semaines et 55 jours.[329] À Paris, après avoir commencé le 30 juillet, elle

---

dérée comme imminente », in lettre adressée par Poindron à Madinier, Paris, le 16 juillet 1925, AH CL, 098 AH 249.

[326] « La Direction a répondu que le Crédit lyonnais subissait une crise financière et qu'elle ne pouvait absolument rien faire actuellement pour son personnel. Cependant elle examinera avec bienveillance les propositions de fin d'année et si des avantages pécuniers sont accordés, ils ne seront payés qu'en février 1926 », in rapport de police daté du 29 juillet 1925 relatant la réunion organisée par le Syndicat unitaire des employés de Banque et de Bourse pour le personnel du Crédit lyonnais, AN, F7 13 878.

[327] Jean Rivoire, *Le Crédit lyonnais : Histoire d'une Banque*, p. 115-116.

[328] « Les militants du Crédit lyonnais escomptent que l'ordre de suspendre le travail serait suivi par la majorité du personnel, mais à la Direction, on pense au contraire que les défections ne dépasseront pas 20 % » in note de la police générale datée du 29 juillet 1925, AN, F7 13 878. (À Paris, elles atteindront près de 50 % et dans certaines agences de province, plus de 50 %).

[329] Le calcul de la durée a été effectué à partir des rapports de police qui suivent l'événement du début à sa fin. Il est confirmé par les rares sources imprimées qui évoquent la grève des employés de banque de 1925 : Gaston Tessier, *art. cit.*, in *Les lettres de janvier 1926*, p. 20 et une brochure réalisée par des militants CFDT, *Le Mai des Banques*, Syros, Lyon, 1974, 99 pages, p. 77. Il est enfin confirmé par Pierre Delon : « Bientôt la grève est *quasi* générale dans tout le pays : il y a 30 000 grévistes

s'achève le 12 septembre ; commencée 9 jours plus tôt à Marseille, elle s'achève 3 jours plus tard, le 15 septembre. Cette longue durée pose inévitablement le problème de la vie matérielle des grévistes car : comment vivre sans travailler ? « Cette question simple, où s'exprime toute une destinée sociale, est au cœur de la grève. L'étude des budgets nous a montré combien le monde ouvrier côtoie la pénurie. L'absence de réserve explique la brièveté de bien des conflits. La résistance prolongée, c'est la faim ressurgie. Comment « tenir » ? »[330] Cette question se pose lors de la grève de l'été 1925 où la durée du conflit est perçue par les directions des établissements de crédit comme jouant en leur faveur : « De leurs côtés, les directeurs des établissements paraissent décidés, en dépit de la gêne apportée dans les services par le mouvement, à ne pas modifier leur point de vue. Ils escomptent que les grévistes seront démunis de ressources lorsque sera franchie la fin du mois et qu'ils se verront ainsi contraints à reprendre le travail. Le comité national de grève qui se rend très bien compte de cet état d'esprit a adressé à toutes les fédérations un appel à la solidarité. Il semble que cet appel ait été entendu car de nombreuses souscriptions viennent d'être adressées à la caisse de secours des grévistes par des organisations ouvrières, tant catholiques ou unitaires que confédérées ».[331] On peut donc tenir grâce aux secours dont une partie provient de la solidarité professionnelle et interprofessionnelle *via* le canal des organisations syndicales. Nous allons voir qu'une autre partie des fonds recueillis se constitue des secours privés. L'appel à la générosité individuelle se fait surtout au moyen de listes de souscriptions, généralement imprimées et précédées de préambules exaltant la solidarité et dont certains constituent de véritables manifestes comme en témoigne cette affiche, placardée le 14 août 1925 sur les murs de Marseille :

Les Employés de Banque à la Population

Oligarchie Tyrannique ou Justice ou Liberté

Nous posons ce problème à tous les gens de cœur, à tous les hommes raisonnables.

Après 25 jours d'une grève digne et sympathique à tous, il semble que toutes les bonnes volontés sont impuissantes à briser les forces d'argent en révolte contre toutes les autorités et tous les droits.

Et pourtant, l'Ordre Public, le bien commun, la prospérité économique du pays ne doivent-ils pas prévaloir sur tous les égoïsmes et les intérêts particuliers ?

---

et, pour certains, la lutte durera 46 jours », Pierre Delon, *Les employés : de la plume d'oie à l'ordinateur*, p. 96.

[330] Michelle Perrot, *Jeunesse de la grève, France, 1871-1890*, p. 130.

[331] Cité in rapport de police générale daté du 24 août 1925, AN, F7 13 878.

Faut-il que le droit ou la justice cèdent le pas aux appétits monstrueux des financiers qui jusqu'alors n'ont cessé d'ignorer dans leurs affaires tous principes d'ordre moral et social conforme à l'évolution qui caractérise notre civilisation moderne ?

La dignité humaine, les nécessités de l'existence se refusent à supporter plus longtemps une pareille insulte.

Tandis que chaque jour, nos soucis et nos responsabilités augmentent, nos financiers s'en vont rechercher dans les stations thermales, les distractions et les joies qui doivent étouffer leurs remords.

Devant cet état de choses, nous sommes certains que, si demain se produisaient des événements graves, par avance, on aurait déjà jugé de quel côté se trouvent les responsabilités.

Notre volonté d'obtenir le droit de vivre par le travail ne se laissera pas entamer.

Que tous ceux qui partagent, en cette circonstance, notre manière de voir, nous aident à atteindre ce but en adressant au Comité de Grève les ressources nécessaires pour aider nos camarades, pères de famille, à supporter les sacrifices énormes qu'ils ont su, depuis le début, s'imposer.

Le Comité de Grève.[332]

À la solidarité professionnelle, interprofessionnelle et privée s'ajoutent les secours venus de l'étranger. En cette période d'activité de l'Internationale syndicale,[333] le soutien pécuniaire des pays de l'étranger a été relativement important comme en témoigne ce rapport adressé par le ministre des affaires étrangères au ministre de l'intérieur : « Il me revient de divers côtés que le mouvement de grève qui s'est déclenché en juillet, dans les banques françaises, a retrouvé à l'étranger, et notamment en Allemagne et en Russie soviétique, des appuis d'ordre financier sur lesquels je crois devoir attirer votre attention. C'est ainsi que, d'après des renseignements confidentiels dont vient de me faire part notre haut commissaire dans les provinces rhénanes, la Fédération des employés de banque d'Allemagne a ouvert une souscription en faveur

---

[332] Cité in rapport adressé par le Préfet des Bouches-du-Rhône au ministre de l'Intérieur, daté du 14 août 1925, AN, F7 13 878.

[333] Un « Secrétariat syndical international » autonome avait été créé en 1901 : « il se réunit annuellement puis tous les deux ans en une Conférence internationale des centres nationaux syndicaux. Dès 1904, il réunit 12 syndicats nationaux et 2 333 000 membres, chiffres qui passent respectivement à 19 syndicats et 7 400 000 membres en 1913. Lors de la VIIIᵉ conférence internationale tenue à Zurich en 1913, il est décidé la création d'une organisation internationale, la Fédération syndicale internationale mais en raison de la guerre, il faut attendre le Congrès d'Amsterdam (26 juillet-2 août 1919) pour en voir la réalisation. Sur l'histoire de la FSI, voir Georges Lefranc, *Les expériences syndicales internationales des origines à nos jours*, Aubier/Montaigne, Paris, 1951, 284 pages.

des grévistes français et a adressé à ses membres une circulaire confidentielle pour les inviter à participer à cette collecte. Celle-ci aurait déjà rapporté dans la région de Düsseldorf les sommes suivantes :

- Reichsbank : 3 000 marks (45 employés ont souscrit actuellement)
- Deutsche Bank : 2 125 marks (la totalité des employés ont participé à la souscription).
- Dresdner Bank : 860 marks (seulement 30 % du personnel a participé à la souscription).
- Essener Bank Verein : 1 050 marks (y compris Essen, Gelsenkirchen, Duisbourg et Düsseldorf 40 % environ des employés ont participé à la souscription).
- Darmstädter Bank Verein : 405 marks.
- Banques diverses : environ 1 000 marks ont été recueillis dans les diverses banques secondaires de Düsseldorf et de la région.

Le groupement régional de Düsseldorf aurait adressé le 20 août, au bureau de centralisation à Berlin 5 000 marks provenant de souscriptions. [...] Il a été créé à Berlin, un comité dirigé par le secrétaire Beumer et chargé de recueillir les secours et d'assurer les relations avec le comité central de grève de Paris. En Russie, le comité central des employés de commerce soviétique a décidé d'assigner sur un fonds de grève une somme de 5 000 roubles en faveur des employés de banque français actuellement en grève. Cette organisation est un syndicat groupant environ un million de membres appartenant aux banques, au commerce et aux services publics, sans qu'on puisse distinguer entre eux en raison de la nationalisation du commerce et des établissements de crédit ».[334] Les employés de banque français ont reçu des secours non seulement d'Allemagne et de Russie mais aussi d'Autriche et d'Italie. Ainsi, la confédération des employés d'assurances d'Autriche a adressé à la Confédération française des employés de banque et de bourse le télégramme suivant : « Vous envoyons à titre aide de grève 5 000 F et espérons et désirons que vous sortez victorieux de votre lutte contre le capital des banques ».[335] Enfin, un rapport du commissaire spécial de Menton confirme le secours apporté par les employés de banque italiens : « J'ai l'honneur de vous faire connaître que la Confédération générale des employés de banque d'Italie qui a son siège à Milan vient d'ouvrir une souscription de solidarité en faveur des employés français

---

[334] Cité in rapport adressé par le ministre des Affaires étrangères au ministre de l'Intérieur (Sûreté générale), daté du 8 septembre 1925, AN, F7 13 878.

[335] Télégramme daté du 2 septembre 1925, AN, F7 13 878.

en grève ».[336] Enfin, en plus des secours venus de l'étranger, les employés de banque ont bénéficié de souscriptions ouvertes par la presse. Ainsi, « le *Nouvelliste de Lyon* dans la chronique locale de son numéro du dimanche 23 août, publie un appel à souscription dans lequel se trouve cette mention qu'un juste salaire est dû aux employés de banque comme aux autres travailleurs ».[337] Au reste, l'opinion, dans son ensemble, s'est montrée favorable aux revendications des employés de banque. « Toute la presse, et non seulement celle de gauche, leur a été sympathique : l'*Écho de Paris* leur consacrait, en première page, des articles signés de M. Philippe Barrès ; M. Taittinger les encourageait dans la *Liberté* par une longue « lettre ouverte », et *L'Action Française* publiait des réflexions comme celles-ci, de M. Jean Gazave : « Le mouvement est pour l'instant purement corporatif. Il doit le rester. Les employés n'ont aucun intérêt à prêter l'oreille aux agitateurs révolutionnaires et les hauts dignitaires de la banque qui laisseraient leur personnel s'exaspérer jusqu'à la révolte encourraient une écrasante responsabilité. Les demandes des employés ne s'expliquent que trop. Depuis six ans, ils courent après un salaire équitable. Chaque fois qu'à grand-peine une amélioration est arrachée, la monnaie se déprécie, la vie augmente et tout est à recommencer. On se prive de tout chaque jour davantage, les femmes travaillent, les enfants, pour gagner un salaire d'appoint, n'achèvent plus leurs études, et les familles se déclassent toujours un peu plus ».[338]

Évolution des salaires nominaux et réels des employés du Crédit lyonnais

Année	Salaire direct annuel moyen (francs courants)	Salaire direct annuel moyen (francs constants)
1895	2 444	2 444
1900	2 347	2 347
1905	2 186	2 186
1910	2 240	2 240
1915	1 827	1 333
1920	6 469	1 487
1925	9 703	2 037

Source : Comptes de Profits et Pertes au 31 décembre, AH CL, 31 AH 332 – 363.

---

[336] Cité in rapport adressé par le Commissaire spécial de Menton à la Sûreté générale daté du 4 septembre 1925, AN, F7 13 878.

[337] Cité in brochure rédigée par un certain Aîmé Burdin, un actionnaire lyonnais du Crédit lyonnais et adressée à l'administrateur-délégué, Lyon, le 24 août 1925, AH CL, 098 AH 249.

[338] Gaston Tessier, *op. cit.*, p. 22-23.

L'estimation des fonds ainsi récoltés ne fait pas l'unanimité des sources : si la somme de 500 000 F n'est pas *a priori* contestable, pour les uns, cette somme ne couvre que les souscriptions recueillies pour Paris,[339] pour les autres, elle couvre les sommes recueillies pour toute la France.[340] L'attribution de ces secours a été l'objet de controverses parmi les employés si l'on en croit l'enquête menée sur la grève par la direction du Crédit lyonnais : « Disons, pour être complet, que les bruits les plus divers circulent dans les milieux d'employés au sujet des sommes recueillies par souscriptions. On ne sait au juste ce qu'elles sont devenues. Aucun comité de répartition dont les membres eussent été connus, n'a fonctionné. La plus grande partie de cet argent a été dépensée en tracts, en affiches, et en frais de voyages payés aux orateurs que Paris envoyait en province ».[341] Or, l'argent est nécessaire au succès d'une grève car sans lui, la misère s'appesantit. Toute grève qui dure la fait inévitablement ressurgir : à l'allégresse des premiers jours – car la grève est d'abord fête libératrice – succède une gêne qui peut aller jusqu'à la quête anxieuse du pain, et par voie de conséquence, au retour au travail. C'est d'ailleurs la faim qui aurait provoqué le retour au travail des employés de banque comme en témoigne cette affiche placardée sur les murs de la région parisienne :

À l'Opinion Publique

La population parisienne tout entière, si sympathique au mouvement déclenché par les employés de banque de Paris, pendant près de 7 semaines, n'ignore pas que ceux-ci n'ont été vaincus que par la faim.

La rage au cœur, la majorité des « miséreux en faux cols » ont dû réintégrer leurs bureaux mais l'esprit de revanche et de haine de plusieurs banquiers devait produire son effet.

Plus de 400 camarades parisiens sont licenciés.

Pour pallier à cette situation de misère, nous faisons appel :

À la Solidarité Ouvrière

que nous avons mise déjà à contribution pendant la grève mais qui est prête, nous en sommes certains, à parfaire les collectes qu'elle ne nous a pas ménagées pendant la lutte.

Aux Commerçants, Aux Industriels, Aux petits Banquiers,

qui nous ont témoigné leur sympathie durant tout le conflit et dont nous demandons l'aide pour le placement de nos camarades sans travail.

---

[339] « Pour Paris, plus de 500 000 F furent distribués aux foyers en difficulté », voir « La Chronologie des Grèves dans la Banque », in *Le « Mai » des Banques*, p. 78.

[340] « On dit d'ailleurs que les sommes recueillies pour toute la France n'ont pas donné un total supérieur à 500 000 F », in note confidentielle du Crédit lyonnais, n° 149, datée du 18 septembre 1925, BR HBA 28.

[341] *Idem.*

Adressez les souscriptions et les offres d'emplois au Siège de la Chambre Syndicale des Employés de Banque et de Bourse, Bourse du Travail, 3, rue du Château d'Eau, Paris.

Par avance, merci à tous !

La Chambre Syndicale des Employés de Banque et de Bourse.[342]

Après avoir analysé la durée de la grève et abordé la question qui lui est intrinsèque, celle des secours, nous allons tenter d'analyser la méthode de grève qui fut adoptée par les employés de banque. « Les salariés d'aujourd'hui disposent d'un arsenal relativement varié de méthodes de grève, progressivement mises au point, qui visent à l'efficacité maximum aux moindres frais : grève d'avertissement, tournantes, perlées, sur le tas, débrayages, thromboses, etc. Ils limitent soigneusement dans le temps l'arrêt de travail et n'usent de la grève générale qu'avec une extrême prudence. Moyen de pression plus que mode d'expression, la grève fait l'objet d'un calcul d'état-major où interfèrent des considérations économiques, politiques, sociales, etc. ».[343] Pour l'époque qui nous intéresse, le choix de la méthode est limité à deux options : grève partielle (et successive) ou générale (et simultanée). Nous allons voir qu'après avoir été partielle pendant une longue semaine, la méthode de grève a évolué, débouchant pour la première fois dans cette profession sur une grève générale. En effet, pendant une longue semaine située entre le 21 et le 30 juillet 1925, la grève est circonscrite ou à une région, la région marseillaise, ou, c'est le cas à Paris, à un établissement, la Banque nationale de crédit : « Une grève partielle d'employés de la Banque nationale de crédit s'est déclenchée spontanément, vers 16 heures, dans deux succursales de cet établissement situées l'une, 16 rue Notre Dame-des-Victoires et l'autre, 17, rue Scribe. On compte actuellement 600 grévistes sur 2 900 employés des deux sexes occupés dans les 24 agences de Paris et de la banlieue ».[344] Il faut attendre la paie de juillet pour que le mouvement s'étende comme une traînée de poudre à tous les autres établissements : le personnel parisien du Crédit lyonnais commence à se mettre en grève le 30 juillet ; le 3 août, la grève touche non seulement la Banque nationale de crédit et le Crédit lyonnais mais aussi le Comptoir national d'escompte, le Crédit du Nord, la Banque privée, la Banque nationale française, le Crédit commercial de France et le Crédit industriel et commercial.

---

[342] Cité in rapport de police daté du 23 septembre 1925, AN, F7 13 878.

[343] Michelle Perrot, *op. cit.*, p. 98.

[344] Cité in rapport de police daté du 24 juillet 1925, AN, F7 13 878.

Évolution de la participation du personnel
des établissements de crédit parisiens à la grève de l'été 1925

Date	Établissements de crédit	Effectifs employés	Effectifs grévistes	Taux de grévistes %
03/08/1925	Crédit lyonnais	7 000	3 600	51
	BNC	4 130	767	19
	CNEP	6 000	3 000	50
04/08/1925	Crédit lyonnais	7 000	3 400	49
	BNC	4 130	769	19
	CNEP	6 000	3000	50
05/08/1925	Crédit lyonnais	7 000	3 400	49
	BNC	4 130	770	19
	CNEP	6 000	3 600	60
06/08/1925	Crédit lyonnais	7 000	3 400	49
	BNC	4 130	770	19
	CNEP	6 000	3 600	60
07/08/1925	Crédit lyonnais	7 000	3400	49
	BNC	4 130	762	18
	CNEP	6 000	3 600	60
10/08/1925	Crédit lyonnais	7 000	3 400	49
	BNC	4 130	854	21
	CNEP	6 000	2820	47
12/08/1925	Crédit lyonnais	7 000	3 400	49
	BNC	4 130	850	21
	CNEP	6 000	2 810	47
01/09/1925	Crédit lyonnais	7 000	3 350	48
	BNC	4 130	834	20
	CNEP	6 000	2796	47
02/09/1925	Crédit lyonnais	7 000	2850	41
	BNC	4 130	814	20
	CNEP	6 000	2 792	46
03/09/1925	Crédit lyonnais	7 000	2 400	34
	BNC	4 130	803	19
	CNEP	6 000	2 628	44
04/09/1925	Crédit lyonnais	7 000	2 390	34
	BNC	4 130	803	19
	CNEP	6 000	2 620	44
05/09/1925	Crédit lyonnais	7 000	2 280	33
	BNC	4 130	798	19
	CNEP	6 000	2 610	44

Source : Rapports des Renseignements généraux

Le 6 août, le personnel de la Compagnie algérienne et de la Banque populaire se joint au mouvement. Enfin, le 7 août, une partie infime du personnel de la Société générale (avenue Kléber) se met en grève mais cette fois, l'établissement ne s'embrase pas au contact des grévistes.[345]

---

[345] À la Société générale, les grévistes ne représentent en effet que 8 % des effectifs.

Presque tous les établissements de crédit sont donc touchés par le mouvement ; seuls, la Société générale, le Crédit foncier et la Banque de France ne se sont pas massivement mis en grève : à la Société générale, parce que le personnel vient de bénéficier d'une augmentation de traitement,[346] et au Crédit foncier et à la Banque de France, parce que l'intégration statutaire du personnel est déjà réalisée.[347] Ainsi, contrairement aux mouvements précédents qui étaient circonscrits à quelques établissements et à une localité, cette grève des employés de banque s'étend donc à presque tous les établissements de crédit et nous allons voir qu'elle s'étend également à tout le territoire national. En effet, partie de Marseille, la grève gagne Paris avant de gagner Nantes,[348] Lyon,[349] Rennes, Lille, Bordeaux,[350] Besançon, Toulon, Valence, Saint-Étienne,[351] Nice, Dijon, Toulouse, Narbonne, Perpignan, Grenoble,[352] etc. Certes, la « contagion » l'emporte dans un premier temps sur la « décision » mais nous nous proposons de voir dans quelle mesure nous sommes passés d'une grève que Michelle Perrot qualifierait de « généralisée » à une

---

[346] « Au mois d'avril 1925, la Société générale a relevé ses appointements pour arriver au total de 610 francs pour les hommes âgés de 23 ans, après un an de titularisation et de 485 francs, pour les dames âgées de 22 ans. Pour enrayer un mouvement de grève chez elle, la Société générale a promis à son personnel de lui donner l'équivalent de ce que feraient les grands établissements de crédit en grève », in lettre adressée par Alfred Poindron à Paul Platet, administrateur-délégué à Lyon, Paris, le 7 septembre 1925, AH CL, 098 AH 249.

[347] Depuis le 11 novembre 1911, le personnel de la Banque de France bénéficie d'un statut qui est consacré dans « le Règlement concernant le recrutement, l'avancement et la discipline du personnel titulaire des Bureaux », Banque de France, 11 novembre 1911. Neuf mois plus tard, le 25 juillet 1912, sous la pression des pouvoirs publics, le Crédit foncier dote son personnel d'un statut, le « Règlement concernant le recrutement, l'avancement et la discipline » : Le ministre des Finances considère que le Crédit foncier étant une institution jouissant d'un privilège de l'État et étant ainsi comparable à la Banque de France et à la Banque de l'Algérie, « l'on comprendrait mal qu'il ne fût pas pris des mesures analogues à l'égard des agents de cet établissement », in lettre adressée par le ministre des Finances au Gouverneur, le 6 janvier 1912, in Florence Delacour-Le Petit, mémoire cité, p. 11.

[348] « Notre agence de Nantes est en grève depuis ce matin », in lettre adressée par Poindron à Madinier, Paris, le 31 juillet 1925, AH CL, 098 AH 249.

[349] Voir la lettre adressée par Madinier à Poindron, Lyon, le 1er août 1925, AH CL, 098 AH 249.

[350] Voir la lettre adressée par Poindron à Madinier, Paris, le 1er août 1925, AH CL, 098 AH 249.

[351] « On nous a annoncé aujourd'hui la grève dans deux nouvelles agences, à Besançon et à Toulon, ce qui, avec Marseille, Valence et Saint-Étienne, porte à 5 le nombre des agences régionales en grève », in lettre adressée par Madinier à Poindron, Lyon, le 4 août 1925, AH CL, 098 AH 249.

[352] Cité in lettre adressée par Madinier à Poindron, Lyon, le 5 août 1925, AH CL, 098 AH 249.

« grève générale ».[353] Ce passage est en effet perceptible à travers l'évolution de la structure des comités de grève qui témoigne de l'organisation progressive du mouvement revendicatif par-delà les « maisons » de crédit. À Paris, dès le début de la grève, un comité de grève a d'abord été institué pour le personnel de chaque maison, révélant l'influence encore prégnante du paternalisme, le linge sale se lavant de préférence en famille. Ces comités de grève comprenaient 8 délégués : deux de chaque « tendance » syndicale (unitaire, confédérée et chrétienne) et deux autres, représentant les non-syndiqués. Mais on imagine ensuite un comité central pour la région parisienne, obtenu certes par la simple fusion des comités de maison : cela fit une assemblée de 80 personnes. La clarté et la rapidité des débats ne furent pas facilitées par ce nombre. Enfin, un comité national de grève fut créé : il comprenait deux représentants de chaque fédération nationale engagée dans le conflit, un représentant du comité central de grève et un représentant des comités de grève de province.[354] Cette substitution d'un comité national de grève aux comités d'établissements sonne le glas de « l'esprit maison » au profit de « l'esprit de corps » professionnel des employés de banque. La nature de certaines revendications émises confirme cette évolution.

3. Des revendications sur la base d'une reconnaissance de l'identité professionnelle indépendante de l'identité « maison »

S'il existe une certaine continuité avec les revendications exprimées lors des grèves précédentes, il existe cependant une rupture dans le sens où certaines des revendications évoluent vers une reconnaissance affirmée de l'identité professionnelle, indépendante de l'identité « maison ». En effet, durant la grève de l'été 1925, les grévistes réclament non plus seulement une augmentation de salaire mais aussi des revendications professionnelles. Certes, le cri de ralliement au mouvement porte d'abord sur une augmentation de salaire : « Une centaine de grévistes de la Banque nationale de crédit ont manifesté de midi à midi dix devant le Crédit lyonnais, boulevard des Italiens, à la sortie des employés de cet établissement en criant : « Nos cent francs » ».[355] Devant l'accélération de l'inflation en juillet-août 1925, les employés de banque réclament en effet un relèvement de leur traitement de 100 francs par mois qu'ils considèrent « comme un minimum et qu'ils estiment être loin de corres-

---

[353] Rappelons que selon Michelle Perrot, lorsque « la contagion l'emporte sur la décision, il s'agit plus de grève généralisée que de grève générale », in Michelle Perrot, *op. cit.*, p. 102.

[354] Voir « la Chronologie des grèves dans la banque », in *Le « Mai » des Banques*, p. 78.

[355] Cité in note de police datée du 29 juillet 1925, AN, F7 13 878.

pondre exactement à l'augmentation du coût de la vie, surtout avec les augmentations nouvelles (transports en commun, gaz, eau, électricité, contributions) qui viennent de s'y ajouter ».[356] Ils souhaitent que ce relèvement « s'applique d'une façon uniforme à toutes les catégories de personnel de l'un et l'autre sexe et qu'il soit donné sous la forme de relèvement du salaire fixe et non d'un supplément d'indemnité de vie chère ».[357] Ils réclament par ailleurs que « l'indemnité de vie chère dont ils jouissent varie d'après une échelle mobile en tenant compte de la cherté de la vie ».[358] Somme toute, ces revendications ne sont pas nouvelles : elles sont motivées par « la misère en faux col », titre d'une affiche éditée par la fédération nationale des syndicats d'employés dans le but d'encourager le recrutement des syndicats :

LA MISÈRE EN FAUX COL

Les employés demandent que leurs appointements soient réajustés et mis en rapport avec le coût de la vie.

Avec la montée incessante des prix, leurs appointements déjà insuffisants pour leur assurer des conditions normales d'existence, n'ont subi aucune majoration.

Maintenant, malgré les apparences du costume qui est, encore pour eux, un grave souci de dépenses, la situation des employés de toutes catégories, hommes ou femmes, est voisine de la misère.

Il faut réajuster les appointements : c'est

UNE DEMANDE LÉGITIME

Sous l'inspiration rétrograde de leur syndicat, les patrons refusent de l'accepter.

RÉSISTANCE INJUSTIFIÉE

Employés des deux sexes,

Pour obtenir satisfaction, il vous faut compter sur l'action de votre organisation.

VENEZ AU SYNDICAT ![359]

Mais contrairement aux mouvements précédents, les augmentations de salaire ne constituent plus la pierre angulaire des revendications : dès le 30 juillet en effet, « les syndicats auraient déclaré qu'il n'est plus seulement question maintenant d'une augmentation de 100 F par mois mais de l'application intégrale du cahier de revendications et que si la Banque nationale de crédit et le Crédit lyonnais accordaient quelque

---

[356] Cité in rapport de police daté du 5 août 1925, AN, F7 13 878.

[357] *Idem.*

[358] *Idem.*

[359] Cité in rapport de police daté du 6 septembre 1925, AN, F7 13 878.

chose à leur personnel, la grève n'en continuerait pas moins jusqu'à ce que les employés de Paris et de province aient obtenu satisfaction ».[360] De même, le 18 août, « les grévistes paraissent unanimes à refuser des accords particuliers qui briseraient le mouvement et le comité national de grève s'en tient à sa prétention de terminer le conflit par un contrat collectif ».[361] En quoi consistait donc le cahier de revendications ? Outre des augmentations de salaire, le cahier de revendications présenté le 31 juillet à Toulouse comprend effectivement des revendications profes-sionnelles :

1) la reconnaissance du droit syndical.

2) la signature d'un contrat collectif de travail sur les bases du cahier de revendications déposé depuis plusieurs mois entre les mains des diri-geants de la finance.

3) la constitution d'un conseil de travail composé par moitié des représen-tants de la direction et des représentants du personnel, conseil de travail qui aura pour mission d'étudier et de remettre au point les questions in-téressant à quelque titre le personnel.[362]

Au début du mois d'août, le comité central de grève élabore un nou-veau cahier de revendications sur la base de :

1) la reconnaissance du droit syndical

2) la création d'un conseil de discipline dans chaque établissement

3) un traitement minimum de début de 5 400 F pour les employés ayant moins de 21 ans et de 8 400 F pour ceux qui ont dépassé cet âge

4) un avancement annuel de 300 F jusqu'à concurrence de 12 000 F

5) une indemnité mobile de vie chère

6) une retraite calculée au 2/3 du traitement moyen des trois dernières an-nées et acquise à 25 ans de service sans distinction d'âge et à 55 ans d'âge

7) des versements pour la retraite fixés à 5 %

8) une retraite proportionnelle

9) le maintien des indemnités de vie chère en faveur des retraités

10) des allocations familiales de 45 F pour le premier enfant – de 60 F pour le deuxième – de 90 F pour le troisième – et de 105 F pour les autres.[363]

---

[360] Cité in lettre adressée par Poindron à Madinier, Paris, le 30 juillet 1925, AH CL, 098 AH 249.

[361] Cité in rapport de police daté du 18 août 1925, AN, F7 13 878.

[362] Cité in rapport de la réunion organisée par le Syndicat des employés de banque, du commerce et d'industrie affilié à la Fédération française des syndicats d'employés catholiques, Toulouse, le 31 juillet 1925, AH CL, 098 AH 249.

[363] Cité in rapport de police daté du 4 août 1925, AN, F7 13 878.

Ainsi, comme c'était déjà le cas dans nombre de professions ouvrières (dockers, cheminots, mineurs, énergie, etc.), la lutte syndicale des employés de banque est désormais à triple détente : satisfaction de revendications matérielles bien sûr mais aussi institutionnalisation de systèmes de négociation collective et reconnaissance de statuts. La rupture est donc consommée entre les partisans de ces revendications professionnelles et les directions des établissements de crédit, pour lesquelles l'institutionnalisation de structures de négociation collective ou de règles statutaires de sélection, de promotion et d'avancement des salariés, est contraire à l'idéologie paternaliste et au principe d'autorité. La rupture a dû être profonde au Crédit lyonnais si l'on se réfère à la participation massive du personnel de cet établissement à la grève.

4. La participation massive du personnel du Crédit lyonnais

Cette participation du personnel du Crédit lyonnais à la grève peut non seulement s'appréhender au regard des chiffres mais aussi au regard de la présence des membres du Crédit lyonnais dans les organisations qui conduisent le mouvement. La mesure précise (chiffrée) de la participation à la grève a été relativement facile pour Paris dans la mesure où les renseignements généraux ont pris le soin d'élaborer un calendrier, retraçant l'évolution du nombre des grévistes entre le 3 août et le 12 septembre 1925 en n'omettant pas de mentionner les effectifs totaux des établissements de crédit sur la place parisienne. Cette mesure chiffrée de la participation à la grève s'est en revanche révélée plus difficile pour le personnel de province dans la mesure où nous ne disposons que d'un calendrier incomplet, recensant pour le compte de la direction de l'établissement, le nombre des grévistes des seules agences et sous-agences départementales. Du début à la fin du mois d'août, le personnel parisien du Crédit lyonnais participe massivement à la grève : évalué le 3 août à 3 600, le nombre des grévistes demeure autour de 3 400 jusqu'au 1er septembre, représentant environ 50 % de l'effectif du siège central. Plus même, durant toute la grève, le personnel du Crédit lyonnais représente, à lui seul, environ 40 % de l'ensemble des grévistes parisiens, oscillant entre 44 %, le 3 août, et 34 %, le 9 septembre. Après le Comptoir national d'escompte, le Crédit lyonnais est en effet, à Paris tout au moins, l'établissement le plus touché par la grève. En province, et plus particulièrement dans les agences départementales, le taux de participation n'est pas moindre puisque les grévistes représentent 56 % de l'ensemble du personnel de ce groupe.[364]

---

[364] Voir un tableau intitulé : « Situation de la grève dans les agences et sous-agences départementales au 7 août 1925 », AH CL, 098 AH 249. Dans ce groupe, le nombre des grévistes est en effet évalué par la direction à 982 alors que l'effectif est en temps normal de 1 745.

Appréhendée de façon quantitative, la participation à la grève s'appréhende également de façon qualitative, au regard de la représentation du personnel dans les organisations qui la conduisent. Ainsi, le personnel du Crédit lyonnais est représenté au comité central de grève par un dénommé Grin, membre du syndicat confédéré, et par un dénommé Lépine, membre du syndicat unitaire. Au comité national de grève, Lépine continue de représenter le personnel du Crédit lyonnais mais Grin est remplacé par un certain Champsiaud.[365] Après avoir mesuré la participation du personnel du Crédit lyonnais à la grève, il nous reste maintenant à l'interpréter.

Ce n'est pas en effet un hasard si au Crédit lyonnais, la participation à la grève a été massive alors qu'à la Société générale, dont le personnel est pourtant militant par tradition, la participation a été plus que réduite, n'atteignant pas même 10 %. Il faut souligner qu'en plus des augmentations de salaire dont le personnel de cet établissement a bénéficié en avril 1925, des réformes relativement hardies ont été entreprises dans le domaine des relations professionnelles : la Société générale a créé un conseil de travail et un conseil de discipline pour que son personnel de la région parisienne puisse discuter des revendications salariales. Des délégués (neuf dans chaque conseil) furent ainsi élus à partir de 1919 pour figurer au sein de cette structure à vocation purement consultative – et absolument pas paritaire puisque les élus siégeaient par catégorie et en minorité par rapport aux représentants du conseil d'administration et de la direction. Ainsi, de la même façon que la faible participation à la grève du personnel de la Société générale peut être considérée comme la rançon d'une politique salariale relativement avantageuse et d'une politique plutôt réformatrice en matière de relations professionnelles et de formation comme en témoignent la création des conseils de travail et de discipline et la création de l'examen d'aptitudes au grade de chef des bureaux, la participation massive du personnel du Crédit lyonnais à la grève peut être considérée comme la sanction d'une politique salariale inadaptée à l'ampleur de l'inflation et d'une gestion des relations sociales et professionnelles plutôt conservatrice, inadaptée à l'évolution des mentalités du personnel et à la transformation des métiers. Il convient à présent de s'interroger sur l'issue de la grève.

---

[365] La composition détaillée du comité central et du comité national de grève est citée dans le rapport de police daté du 14 août 1925, AN, F7 13 878. *Le Dictionnaire biographique du mouvement ouvrier français*, réalisé sous la direction de Jean Maitron, apporte très peu d'informations sur Grin, Lépine et Champsiaud : tout au plus souligne-t-il, pour ce dernier, sa révocation.

5. Les résultats de la grève : de l'échec syndical à la décision patronale de rationaliser

« L'efficacité d'une grève dépend, en partie, de son unanimité, et de son unanimité persistante. Celle-ci provient des conditions matérielles autant que psychologiques ».[366] Tenir, nous l'avons vu, est sans doute une question d'argent, mais pas uniquement. « Pourquoi y a-t-il dans toute grève des clivages et des faiblesses, des gens qui ne se sentent ou ne se veulent pas concernés ? Pourquoi ne fait-on pas grève ? La question des non-grévistes, hantise des militants, pose celle des limites de la solidarité, des fissures de la conscience collective. L'étude des absences, des passivités, des résistances est le complément indispensable de tout mouvement social ou politique ».[367] Qui sont les non-grévistes et ceux qui abandonnent la lutte ?

Au rang des non-grévistes ou des grévistes douteux dont la réticence est toujours susceptible de défection, figurent toutes les catégories économiquement faibles ou menacées, dépourvues d'avance, pour lesquelles la cessation du travail est une gêne qui va jusqu'à la faim. Au sujet de la grève qui nous occupe ici, après un mois d'arrêt de travail, l'unanimité n'est plus la même : « À midi, le vote de la grève était enlevé mais non sans protestations car 50 % des grévistes voudraient rentrer. [...] Une grande gêne qui va jusqu'à la misère atteint 20 % des chômeurs de la banque. Les 50 % des grévistes qui voudraient rentrer sont ceux qui sont dans la gêne et qui ne savent pas travailler. Les 50 % qui veulent la grève à outrance constituent le personnel qui sait travailler et qui sait que les directeurs les reprendront quand même ».[368] La menace des révocations pour fait de grève plane en effet au-dessus des grévistes comme une épée de Damoclès[369] : elle constitue un des moyens d'intimidation usités par le patronat pour contraindre le personnel à la reprise du travail (à la cessation de celui-ci, la direction du Crédit lyonnais a en effet riposté dans certains cas par un préavis de renvoi. « Passée telle date, les absents seront considérés comme démissionnaires. Le délai

---

[366] Michelle Perrot, *op. cit.*, p. 111.

[367] *Idem.*

[368] Cité in rapport de police daté du 1er septembre 1925, AN, F7 13 878.

[369] « Ce n'est que dans les années 1957-1960 que la jurisprudence française admet enfin que la grève ne rompt pas le contrat de travail », Michelle Perrot, *op. cit.*, p. 41. Or, selon la jurisprudence en vigueur en 1925, « la grève rend impossible par un fait volontaire l'exécution du contrat de louage de travail et résilie dès lors ce contrat ; que par suite, le patron n'est pas obligé de reprendre l'employé et que son refus de le reprendre ne saurait être considéré comme un congédiement sans préavis pouvant servir de base à une action en indemnité », cité in lettre adressée par Poindron à Madinier, Paris, le 17 août 1925, AH CL, 098 AH 249.

imparti est réduit à 24 heures) ».[370] Mais parfois, la révocation cesse d'être une menace en devenant effective : elle constitue pour le patronat un moyen de procéder à peu de frais à une réorganisation de son personnel : « En cas de rentrées, en masse ou par petits groupes, vous ne devez réadmettre qu'un certain lot d'employés auxquels vous tenez particulièrement et que vous pouvez considérer comme ayant été seulement entraînés. Quant aux autres, vous les préviendrez que, procédant à l'étude de la réorganisation de vos services, vous ne savez pas quelle décision vous serez amené à prendre à leur égard, que vous les invitez donc à rester chez eux jusqu'à ce que vous leur ayez fait connaître cette décision. Quelques jours après, dans le lot restant, vous reprendrez quelques sujets et, procédant ainsi par réadmissions partielles, vous finirez par laisser de côté les indésirables ».[371] Une centaine[372] de révocations fut ainsi prononcée au Crédit lyonnais comme « des sanctions prises contre tous ceux qui s'étaient signalés d'eux-mêmes comme indésirables dans des fonctions où la dignité, la discrétion et l'éducation sont indispensables ».[373] On peut donc supposer que les six employés du Crédit lyonnais qui furent arrêtés par les forces de l'ordre, lors des manifestations des 3 et 4 septembre,[374] ont été révoqués : le premier, Gabriel S., fut arrêté pour « bris de clôture »,[375] le second, Henri P., pour avoir proféré « des

---

[370] *Idem.* Le Président du Crédit lyonnais affichait toutefois son scepticisme à l'égard de ces mises en demeure : « Notre Président maintient toujours sa manière de voir au sujet de l'inutilité de ces lettres quand elles sont envoyées à tout le Personnel en grève, mais il pense qu'elles peuvent ne pas rester sans résultat quand elles sont adressées à un petit nombre d'individus, lorsque, pour employer son expression, la poire est mûre et qu'il ne suffit plus que d'une chiquenaude pour la faire tomber. Il ne fait pas d'objection à ce que M. Ponsard envoie, si tel est votre avis, des lettres de mise en demeure non seulement à une partie du personnel féminin mais aussi à quelques-uns des employés ayant un petit grade ou des fonctions spéciales », cité in lettre adressée par Poindron à Madinier, Paris, le 6 août 1925, AH CL, 098 AH 249.

[371] Cité in lettre adressée par la Direction des agences départementales aux directeurs d'agences, Paris, le 18 août 1925, AH CL, 098 AH 249.

[372] « À la Banque nationale de crédit, une centaine d'employés ne sont pas réembauchés. Au Crédit du Nord, le personnel qui n'avait pas repris le travail le premier septembre a été licencié, de nouveaux employés ayant été embauchés pendant le conflit. Au Comptoir national d'escompte, tous les employés étrangers ont été remerciés. Au Crédit commercial de France, 130 employés qui ont fait grève sont considérés comme ne faisant plus partie du personnel « qui est au complet ». Au Crédit industriel et commercial, il y a 18 révocations », cité in note confidentielle n° 149 datée du 18 septembre 1925, BR HBA 28.

[373] *Idem.*

[374] Lors de ces manifestations, « des banques ont eu des glaces de devantures brisées par des boules de plomb et des façades maculées par des bouteilles d'encre lancées par les grévistes », cité in rapport de police daté du 5 septembre, AN, F7 13 878.

[375] Cité in rapport de police daté du 3 septembre 1925, AN, F7 13 878.

menaces contre l'inspecteur principal du 2ᵉ arrondissement »,[376] les quatre autres, Roger B., Henri J., Louis B., et un dénommé Gazonnaud, le furent « pour refus de circuler ».[377] Par ailleurs, « d'une façon générale, les employés des cadres (chefs de services) qui ont fait cause commune avec les grévistes ne furent pas réembauchés ».[378] Enfin, de nombreux militants syndiqués du Crédit lyonnais, unitaires ou confédérés, furent aussi révoqués : ce fut notamment le cas de « Grin, Genoux, Lépine et Henri ».[379] Les femmes ne furent pas plus épargnées par les révocations : citons l'exemple de Madeleine T. qui fut révoquée pour fait de grève après dix années de service.[380] Le patronat dispose d'autres moyens d'intimidation pour réduire l'unanimité des grévistes. Comme l'a souligné Michelle Perrot, « les entreprises à forte structure institutionnelle disposent d'un grand nombre de moyens de pression matérielle : économats, logements, écoles, etc., autant d'appâts devenus des rets ».[381] Au Crédit lyonnais, « Lemoine dont le fils, gravement malade, est hospitalisé dans une maison de santé du Crédit lyonnais, a été mis en demeure de reprendre le travail sous peine de renvoi de son fils. Il prie ses camarades de l'excuser et de lui conserver toute leur sympathie ».[382] À travers les exemples d'intimidation qui viennent d'être cités, il apparaît que la direction du Crédit lyonnais s'est distinguée comme un môle de résistance aux grévistes, défendant le principe d'autorité par un refus systématique de négocier. Cette attitude semble propre aux grands établissements de crédit : « Il y aurait une tendance à transiger avec le personnel dans les établissements d'importance secondaire (Banque nationale de crédit, Crédit du Nord, Compagnie algérienne et Banque populaire) tandis que dans les grands établissements (Crédit lyonnais et Comptoir d'escompte), on se montre absolument irréductible ».[383] Dès lors, la grève tourne à l'avantage du patronat : le 3 septembre, le comité national de grève décide « d'abandonner les revendications maintenues jusqu'ici et de ne poursuivre d'une façon énergique que l'obtention des

---

[376] *Idem.*

[377] Cité in rapport de police daté du 4 septembre 1925, AN, F7 13 878.

[378] Cité in note confidentielle n° 149 datée du 18 septembre 1925, BR HBA 28.

[379] Cité in rapport de police daté du 13 septembre 1925, AN, F7 13 878.

[380] AH CL, Dossiers du personnel du siège central : Personnel 644/2. Cette employée adresse à l'administration du Crédit lyonnais une demande de secours « qui l'aidera à vivre en attendant de trouver un emploi ». Elle reçut une allocation gracieuse de 1 000 F.

[381] Michelle Perrot, *op. cit.*, p. 281.

[382] Cité par Grin, le délégué confédéré du Crédit lyonnais, relaté in rapport de police daté du 22 août 1925, AN, F7 13 878.

[383] Cité in rapport de police daté du 18 août 1925, AN, F7 13 878.

100 F d'augmentation ».[384] Cette dernière revendication ne sera pas même satisfaite : les grévistes n'obtenant qu'une indemnité de chauffage d'un montant annuel variable selon l'âge (150 F pour les moins de 23 ans, 200 F pour les autres). Le principe d'autorité est ainsi sauvegardé : l'indemnité obtenue n'étant versée qu'à titre exceptionnel comme toutes celles qui ont jusqu'alors été accordées au personnel. Au Crédit lyonnais, les conditions de paiement de cette indemnité ont incontestablement joué en faveur de la reprise du travail dans la mesure où son paiement est subordonné à la rentrée des grévistes : « l'indemnité de chauffage sera payée aux employés des deux sexes (titulaires ou auxiliaires permanents) *présents le 12 courant*, sans condition de temps de présence pourvu qu'ils satisfassent aux conditions d'âge ».[385] Contrairement aux revendications des grévistes, les journées de grève ne furent pas payées : en revanche, une allocation de mise à jour du travail fut octroyée par l'administration sous certaines conditions : « Notre conseil a décidé d'accorder une allocation pour mise à jour du travail dans tous les sièges et agences, au personnel actuellement présent, entré au Crédit lyonnais avant le 1er juillet. Son montant sera celui de l'indemnité de chauffage. Elle sera payée à Paris, le 14 octobre courant, dans les sièges et agences de Province, le 17 octobre courant au plus tard. Elle ne sera définitivement acquise qu'aux employés qui auront continué leurs services jusqu'au 14 novembre prochain inclus. Ceux qui cesseraient leurs fonctions au Crédit lyonnais avant cette date seront donc, à leur départ, redevables de cette allocation ».[386] Ainsi, aucune des revendications salariales ne fut satisfaite : de l'augmentation directe mensuelle et de l'indexation de l'indemnité de vie chère sur le coût de la vie, il n'était pas question. Il était encore moins question de satisfaire les revendications professionnelles : ainsi, lors d'une entrevue qui eut lieu entre le ministre du travail et les directions de banque parmi lesquelles le Crédit lyonnais, « les banques se déclarent prêtes, comme par le passé, à recevoir dans chaque banque, au même titre que toute autre délégation de leurs employés, des membres des chambres syndicales à la condition que ces délégations soient composées exclusivement d'employés faisant partie du personnel de la banque, pour examiner avec eux les questions qui les intéressent ».[387] De la création d'un conseil de travail et de

---

[384] Cité in rapport de police daté du 3 septembre 1925, AN, F7 13 878.

[385] Cité in note n° 252 du service du personnel du siège central, Paris, le 9 septembre 1925, AH CL, 098 AH 249.

[386] Cité in circulaire de la Direction du personnel adressée à l'administration du siège social, Paris, le 12 octobre 1925, AH CL, 098 AH 249.

[387] Cité in protocole d'accord réalisé à l'issue de la réunion tenue au ministère du Travail entre les directions de Banque et le ministre du Travail, le 31 août 1925, AH CL, 098 AH 249.

discipline, de la reconnaissance du syndicat comme partenaire officiel apte à négocier les conditions de travail, il n'est toujours pas question. Le résultat immédiat de la grève de 1925 s'est donc traduit par un échec pour le personnel des banques dans la mesure où, comme le souligne Pierre Delon, « ils n'ont obtenu que des avantages secondaires et des promesses ».[388] Cet échec n'est pas étranger, semble-t-il, à la léthargie dans laquelle sombrent, après l'été 1925, les organisations syndicales des employés de banque. Mais « jauger la grève à ses seuls résultats immédiats, c'est trop peu ».[389] Au-delà de la scène où elle se déploie, elle exerce en effet une action globale sur les salariés et sur la société tout entière. Elle n'agit pas seulement sur le point précis de son engagement et à l'instant même où elle a cours. Ses effets se trouvent en effet démultipliés non seulement dans l'environnement proche ou lointain de l'entreprise mais aussi dans le temps. D'une part, la grève sécrète son double : la crainte de la grève, puissant instrument de dissuasion qui infléchit l'attitude du patronat. Comme l'a montré Michelle Perrot, « en période d'expansion, pour désarmer une offensive qui s'amorce et dont il redoute les conséquences, le patronat peut hausser « spontanément » les rémunérations ».[390] Mais comme nous serons amenés à le voir, en d'autres temps, en prévision d'une résistance dont il a éprouvé les risques, le patronat hésite à réduire les salaires et cherche d'autres moyens, comme la rationalisation, pour accroître sa productivité. « La grève, comme la guerre ou la crise, est un facteur d'innovation et de croissance, à la fois par le pouvoir d'achat qu'elle crée, et par la recherche qu'elle impose. En réduisant les aises du profit, elle transforme le capitalisme lui-même ».[391]

D'autre part, la grève ne se borne pas au cercle des entreprises concernées : par les canaux de l'administration et du parlement, elle atteint l'État tout entier, en le poussant à s'amender, et, par-là, elle atteint le cercle des relations entre les partenaires sociaux. Ainsi, une loi relativement importante en la matière est directement issue de la poussée revendicative des employés de banque comme en témoigne cette décision prise le 12 août 1925 en conseil des ministres : « la décision a été prise hier en conseil des ministres d'autoriser le ministre du travail à déposer sur le bureau de la Chambre des députés dès sa rentrée, un projet de loi rendant obligatoires les tentatives de conciliation et l'arbitrage avant et pendant les conflits entre employeurs et employés et prévoyant la participation à ces entrevues des représentants des organi-

---

[388] Pierre Delon, *op. cit.*, p. 95.
[389] Michelle Perrot, *op. cit.*, p. 310.
[390] *Idem*, p. 311.
[391] *Idem*.

sations syndicales ».[392] L'État intervient en effet dans le conflit qui oppose les employés de banque à leurs directions et ce, de deux manières : gardien de l'ordre, il réprime ; médiateur, il tente d'arbitrer le conflit. La première fonction, traditionnelle, consiste à protéger « la liberté du travail ». La seconde, plus neuve, consiste en un développement de l'interventionnisme qui porte à terme un long déclin du libéralisme classique. L'État assure le maintien de l'ordre en exerçant d'abord une surveillance policière qui s'attache plutôt à la description de la vie groupusculaire, aux faits et gestes des individus, à la détection des meneurs qui font l'objet des nombreux rapports de police sur lesquels nous nous sommes appuyés pour analyser l'événement. Sur le terrain, les forces de l'ordre protègent la liberté du travail sur réquisition préfectorale ou municipale. Les banquiers ont une tendance spontanée à considérer l'administration comme leur servante, à exiger protection et répression, selon « cet état d'esprit assez fréquent », dénoncé à la fin du XIXe siècle par Léon Bourgeois, « qui fait confondre aux compagnies puissantes leurs intérêts particuliers avec l'intérêt public et leur fait demander aux autorités d'être en tout état de cause les défenseurs de la Compagnie contre le (personnel) ». Mais comme les autres patrons, les banquiers ont plus souvent l'occasion de remercier les autorités de leurs bons offices ; le Crédit lyonnais ne fait pas exception : « la grève pouvant être considérée comme terminée, nous serions d'avis de faire un don à la caisse de secours des gardiens de la paix en raison du service supplémentaire que l'événement leur a occasionné et nous pensons que ce geste serait agréable à M. Corenwinder, secrétaire-général pour la police, qui a eu en la circonstance, une attitude dont nous n'avons eu qu'à nous louer. Nous estimons avec M. Madinier que ce don devrait être de 5 000 F et nous vous serons obligés de nous faire savoir si notre Président est d'accord avec nous à ce sujet ».[393] En revanche, la médiation de l'État dans le règlement du conflit est loin de faire l'unanimité des banquiers, le patronat continuant à résister vigoureusement à l'intervention de l'administration dont il sent tout le danger. Ainsi, les directeurs de banque ont d'une part très mal accueilli le projet de loi rendant obligatoires les tentatives de conciliation et l'arbitrage, y voyant « la reconnaissance officielle des organisations ouvrières et l'obligation pour eux de prendre contact avec les secrétaires syndicaux »,[394] et d'autre part, ils ont catégoriquement refusé la proposition d'arbitrage faite le

---

[392] Cité in rapport de police daté du 13 août 1925, AN, F7 13 878.

[393] Cité in lettre adressée par Paul Platet, administrateur-délégué à Lyon, à Alfred Poindron, Lyon, le 11 septembre 1925, AH CL, 098 AH 249.

[394] Cité in rapport de police daté du 13 septembre 1925, AN, F7 13 878.

9 septembre par le gouvernement[395] parce que « pas un ministre n'aurait pu rendre un arbitrage dans lequel il aurait été dit que les banques ne devaient pas rendre public le montant de l'augmentation à accorder, que les banques ne devaient pas accorder cette augmentation, et que le fait d'avoir fait grève constitue une faute professionnelle donnant lieu à renvoi ».[396]

Débouchant sur une victoire immédiate de la direction et sur une remise en cause de l'action syndicale par une partie des employés, déçus des maigres avantages obtenus par rapport au sacrifice réalisé, la grève de l'été 1925 ne se traduit pas pour autant par un retour en arrière. Nous verrons qu'elle a constitué au Crédit lyonnais un facteur d'innovation et de croissance par la recherche qu'elle a imposée pour accroître la productivité de l'établissement, indépendamment des salaires et des charges sociales dont le poids, qui ne cesse de s'alourdir dans les frais généraux depuis 1919, ne peut désormais plus être comprimé sans risque social.

B. La perte de rentabilité du Crédit lyonnais

À l'heure où les services ne sont pas ou peu mécanisés, la banque constitue une activité toute de main-d'œuvre, c'est-à-dire une activité dont les dépenses de personnel constituent l'essentiel des dépenses de fonctionnement, encore appelées « frais généraux ».[397] Mais si jusqu'alors, la rentabilité du Crédit lyonnais a reposé sur un coût du travail relativement faible par rapport au profit réalisé (à la veille de la Grande Guerre, le personnel rapportait en effet à l'établissement plus de 3 fois ce qu'il lui coûtait),[398] l'augmentation des dépenses de personnel dans les frais généraux entre 1920 et 1925 bouleverse cette donnée d'autant que les recettes augmentent, dans le même temps, beaucoup moins vite. Mais comme nous allons le montrer, ce n'est pas tant l'augmentation du coût du travail que l'incapacité du Crédit lyonnais à ajuster les recettes à l'augmentation des dépenses qui constitue à cette époque la cause fondamentale de la diminution de sa rentabilité.

---

[395] « Le Comité national de grève, avisé hier soir par M. Durafour, ministre du Travail, que les directeurs de Banque refusaient la proposition d'arbitrage faite par le gouvernement, a décidé la reprise du travail et désigné des délégués, par Maisons, qui ont reçu la mission de régler, dans la matinée, avec leurs directeurs, les conditions de rentrée », cité in rapport de police daté du 11 septembre 1925, AN, F7 13 878.

[396] Cité in note confidentielle n° 149 de la Direction du Crédit lyonnais, déjà citée, BR HBA 28.

[397] Outre les dépenses de personnel, les frais généraux comprennent les dépenses occasionnées par « les loyers et contributions », par « l'économat » et par les « divers ».

[398] En 1913 en effet, alors que le produit net bancaire s'élève à 141 827 991 F, les dépenses de personnel ne sont que de 44 696 032 F, voir le « Livre Rouge », 1913, AH CL, 31 AH 349.

Nous avons déjà eu l'occasion de souligner les difficultés d'exploitation qu'a connues le Crédit lyonnais au lendemain de la Première Guerre mondiale. Ces difficultés furent telles qu'entre 1920 et 1921, le produit net bancaire[399] a chuté pour se stabiliser en 1922 et reprendre une croissance modérée jusqu'en 1925.[400] Cette chute des recettes entre 1920 et 1922 s'explique par l'arrêt des opérations de financement du commerce international, par l'appauvrissement de la clientèle privée de l'établissement, composée essentiellement de rentiers et de propriétaires fonciers dont les revenus ne suivent pas le mouvement de hausse de prix, et « par le ralentissement général des demandes de crédit qui s'explique, dans une certaine mesure, par la crise de 1920-1921, mais dure plus longtemps qu'elle. Les entreprises ont, en effet, accumulé pendant la guerre de grosses disponibilités, généralement investies en Bons de la Défense nationale qu'elles présenteront au remboursement avant de recourir aux banques ».[401] Pour remédier à la pénurie d'emplois commerciaux, le Crédit lyonnais consacre à la souscription de Bons du Trésor une proportion de ses ressources qui, dans l'immédiat après-guerre, avoisine la moitié. La réduction progressive de ce portefeuille de bons dans les années suivantes lui permettra de satisfaire sans difficultés les demandes de crédit qui s'amplifieront surtout à partir de 1925. Si, « de 1920 à 1923, les commissions de placement ont constitué le quart environ des recettes », « la substitution progressive des emplois commerciaux aux Bons du Trésor, dans les années suivantes, n'a pas amélioré sensiblement les résultats, en raison du fléchissement des recettes titres ».[402] De fait, la croissance du produit net bancaire se révèle modérée entre 1920 et 1925, s'élevant à 15 % seulement.[403] Cette croissance relativement faible des recettes contraste avec la forte croissance des frais généraux qui augmentent dans le même temps de 57 %.[404] C'est précisément parce qu'entre 1920 et 1925, le produit net bancaire a cru beaucoup moins vite que les frais généraux que le coefficient d'exploitation a considérablement augmenté (de 52 en 1920, il s'élève en effet à

---

[399] Le produit net bancaire représente la marge brute d'un établissement de crédit avant tous frais généraux, amortissements, provisions et impôts. Il désigne en fait l'ensemble de ses recettes.

[400] Voir l'évolution du produit net bancaire du Crédit lyonnais de 1895 à 1939, annexe 5.

[401] Maurice Mogenet, *op. cit.*, p. 147.

[402] *Idem*, p. 149.

[403] Le produit net bancaire passe en effet de 368 575 303 F en 1920 à 426 312 045 F en 1925, cf. les « Livres Rouges », 1920 et 1925, AH CL, 31 AH 355 et 31 AH 360.

[404] Les frais généraux sont en effet passés de 191 435 782 F en 1920 à 301 231 721 F en 1925, in « Livres Rouges », 1920 et 1925, AH CL, 31 AH 355 et 31 AH 360.

71 en 1925),[405] témoignant ainsi de la diminution de la rentabilité de l'établissement. Dès lors, il faut s'interroger d'une part sur les raisons de la croissance des frais généraux et d'autre part sur les raisons qui empêchent le Crédit lyonnais d'ajuster ses recettes avec l'augmentation de ses dépenses.

L'augmentation des frais généraux entre 1920 et 1925 n'a pas laissé insensible le conseil d'administration du Crédit lyonnais qui, à partir de 1922, manifeste une réelle inquiétude : « Nos frais généraux sont toujours très élevés, surtout si on les rapproche des bénéfices provenant des opérations normales de banque. Cette situation retient l'attention de votre conseil ».[406] En 1923, le conseil réitère son inquiétude : « En résumé, les affaires de banque proprement dites, ont été plus prospères en 1922 qu'en 1921, surtout pour votre siège social et votre siège central, mais elles sont encore très loin d'apporter à votre inventaire la contribution qu'elles lui donnaient avant la guerre. Cependant, les frais généraux, restés stationnaires pendant la période aiguë de la crise, manifestent de nouveau, depuis quelques mois, une tendance vers l'augmentation et demeurent toujours très élevés en comparaison des résultats provenant des opérations courantes. Ces faits ne sont pas sans retenir l'attention de votre conseil ».[407] L'année suivante et l'année d'après, cette source d'inquiétude n'est toujours pas tarie : « Vos frais généraux ont continué d'augmenter pendant le cours de l'exercice de 1923. Il y a là un fait qui n'est pas sans nous causer des appréhensions »[408] ou encore : « Les frais généraux ont continué de s'accroître dans une forte proportion. C'est un fait que nous avons dû vous signaler chaque année depuis la fin de la guerre. Sans doute, il en est de même dans toutes les entreprises industrielles et commerciales. Mais personne n'ignore que celles qui, comme les banques, perçoivent une partie importante de leurs rémunérations sous forme de commissions, rencontrent les plus sérieuses difficultés, quand elles essaient d'ajuster leurs recettes avec l'augmentation de leurs dépenses ».[409] Et c'est en effet cette erreur d'appréciation dans la fixation des commissions qui empêche le Crédit lyonnais comme les autres banques d'ailleurs d'ajuster les recettes avec l'augmentation des frais généraux. Alors que ces derniers augmentent sous l'effet d'une croissance accélérée des dépenses de personnel, consécutive à l'inflation et à l'intensification de la politique

---

[405] Le coefficient d'exploitation désigne un ratio de gestion qui mesure la rentabilité d'un établissement de crédit à l'aide du rapport suivant : Frais généraux/Produit Net Bancaire x 100.

[406] Cité in rapport annuel du conseil d'administration, le 24 avril 1922, AH CL, usuels.

[407] Cité in rapport annuel du conseil d'administration, le 27 avril 1923, AH CL, usuels.

[408] Cité in rapport annuel du conseil d'administration, le 28 avril 1924, AH CL, usuels.

[409] Cité in rapport annuel du conseil d'administration, le 28 avril 1925, AH CL, usuels.

paternaliste, le Crédit lyonnais ne procède pas à un ajustement de ses commissions sur le coût de la vie. La forte croissance des frais généraux entre 1920 et 1925 est en effet due pour une grande partie à l'augmentation des dépenses de personnel : ces dernières ont, à partir de 1920, crû beaucoup plus vite que l'ensemble des frais généraux si bien que leur part, après être demeurée, entre 1894 et 1913, en dessous de 70 %, s'élève de façon *quasi* continue jusqu'en 1925, au-dessus de 75 %. Ainsi, entre 1919 et 1921, la part des frais de personnel dans les frais généraux passe de 67 % à 78 % pour se stabiliser autour de 75 % jusqu'en 1925 où, pour la première fois depuis cinq ans, elle descend au-dessous des 75 %, représentant encore toutefois 74 %. Cette forte augmentation de la part des dépenses de personnel dans les frais généraux s'explique non seulement par la croissance de la masse salariale mais aussi, comme nous l'avons déjà souligné, par la croissance des charges sociales.[410] Or, tandis que le coût du travail, sur la faiblesse duquel la productivité du Crédit lyonnais a jusqu'alors reposé, augmente, sous l'effet conjugué de l'inflation et de l'intensification de la politique paternaliste, l'établissement est pour l'heure incapable de compenser cette augmentation des dépenses de personnel, voire des frais généraux, en réajustant ses recettes parce que, comme l'a souligné Achille Dauphin-Meunier, il est alors impossible « dans ces années d'inflation de calculer le prix de revient de chacune des opérations, d'ajuster les commissions au coût réel ».[411] Il serait intéressant de s'interroger sur les raisons de cette impossibilité. Certes, comme l'indique en 1924 le rapport annuel du Crédit commercial de France, « seule, de toutes les industries, la banque n'a pas relevé son tarif en proportion du coût de la vie ». Cet ajustement pourtant indispensable, le Crédit lyonnais n'essayait pas de l'entreprendre, estimant sans doute avec le Crédit commercial de France que « l'augmentation des bénéfices résulte presque uniquement de l'accroissement du volume des affaires ».[412] Or, l'accroissement du volume des affaires, provoqué en majeure partie par l'inflation, a bercé les banquiers d'illusions : les bénéfices bruts progressaient, non point les bénéfices nets. Selon Achille Dauphin-Meunier, ce serait le retard des banques en matière de rationalisation qui serait responsable de cette erreur dans l'appréciation des commissions dans la mesure où cette dernière provenait en fait de « l'impossibilité d'évaluer

---

[410] Entre 1920 et 1925, la masse salariale augmente de 48 % en valeur nominale, s'élevant de 129 883 587 F à 193 319 204 F. Dans le même temps, les charges sociales ont augmenté de 82 %, s'élevant de 105 136 93 F à 192 065 19 F, voir les « Livres Rouges », 1920 et 1925, AH CL, 31 AH 355 et 31 AH 360.

[411] Achille Dauphin-Meunier, *op. cit.*, p. 75.

[412] Cité in rapport annuel du conseil d'administration du Crédit commercial de France de l'année 1924.

le coût de chacune des opérations, d'effectuer, de succursales à succursales, les comparaisons nécessaires pour améliorer les rendements, de modifier l'outillage et les méthodes de travail. Elle provenait de ce que l'on n'avait encore sélectionné ni le personnel, ni les opérations, ni la clientèle ».[413] Ainsi, ce n'est pas tant l'augmentation des dépenses de personnel que l'incapacité du Crédit lyonnais à ajuster le coût de ses opérations sur le coût de la vie qui constitue la cause de la diminution de la rentabilité du Crédit lyonnais durant cette période.

En raison de l'impossibilité de défendre le profit par la seule compression des salaires compte tenu de la menace syndicale qui a cessé d'être hypothétique et en raison précisément du poids de plus en plus important des dépenses de personnel dans les frais généraux, le Crédit lyonnais prend conscience après la grève de l'été 1925 de la nécessité de trouver d'autres sources de profit que la faiblesse du coût du travail,[414] par la recherche de moyens permettant d'augmenter les recettes à un rythme sinon supérieur, au moins équivalent à celui des dépenses. Ceci explique que dès 1926, l'administration du Crédit lyonnais entreprend un vaste programme de rationalisation de l'organisation par le biais notamment d'un large recours à la mécanisation des opérations et des services. Mais ces initiatives novatrices dans le domaine de l'organisation du travail contrastent avec la gestion sociale qui demeure conservatrice. La direction reste en effet sur ses positions quant aux relations de travail à établir entre elle et son personnel : c'est la continuité dans la politique sociale paternaliste et dans le refus de reconnaître les syndicats comme des partenaires sociaux à part entière. L'évolution des relations sociales et professionnelles s'effectuera donc malgré elle.

---

[413] Achille Dauphin-Meunier, *op. cit.*, p. 75.

[414] Alors qu'en 1913, le personnel rapportait au Crédit lyonnais 3 fois plus qu'il ne lui coûtait, en 1925, il ne lui rapporte plus qu'à peine plus de 2 fois ce qu'il lui coûte. (En effet, cette année-là, alors que le produit net bancaire est évalué à 426 312 045 F courants, les dépenses de personnel sont évaluées à 222 556 104 F, voir le « Livre Rouge », 1925, AH CL, 31 AH 360).

CHAPITRE IV

Rationalisation du travail et participation du personnel à la gestion de l'entreprise 1926-1939

Après la grève de l'été 1925, les dirigeants du Crédit lyonnais prennent donc conscience de la nécessité de moderniser leur appareil de production. C'est le retour à la stabilité monétaire à partir de 1926 qui permet le passage de la décision à l'action. Nous assistons alors à une reprise des investissements techniques.

En premier lieu, il faut voir comment la rationalisation est mise en œuvre au Crédit lyonnais et observer la façon dont les objectifs qui lui sont assignés sont atteints. En effet, quels sont les instruments finalement adoptés par les décideurs ? Ne sont-ce que les instruments matériels ou bien les machines ne constituent-elles que la partie visible de l'iceberg ? En d'autres termes, la diffusion des machines qu'il convient de décrire est-elle réalisée de façon anarchique ou bien est-elle confiée à une nouvelle structure ? Par ailleurs, les instruments rationalisant l'élément humain, à savoir les nouvelles méthodes de recrutement, de formation, de gestion des carrières, d'encadrement et de contrôle, sont-ils laissés de côté et, si c'est le cas pour certains d'entre eux, pourquoi ? Enfin, dans quelle mesure l'espace lui-même devient-il aussi au Crédit lyonnais un instrument de rationalisation ? Alors seulement, il convient de s'interroger sur la rentabilité des investissements. Dans quelle mesure et à partir de quand les frais généraux et les effectifs ont-ils diminué et la rentabilité du travail a-t-elle augmenté ?

En second lieu, il faut rechercher les raisons qui permettent d'expliquer la paix sociale qui existe au Crédit lyonnais durant la crise économique des années 1930. Dans quelle mesure l'abaissement des charges, qui comme partout ailleurs à cette époque est devenu la préoccupation dominante, est-il effectué sans licenciements collectifs ni réduction de salaire et sans diminution des dépenses sociales ? Dès lors, il convient de s'interroger sur les causes de résistance à la baisse non seulement du coût salarial mais aussi du coût social de la main-d'œuvre. Il s'agit de voir comment la marge de manœuvre du chef d'entreprise a, dès cette époque, été réduite dans l'exercice de ses pouvoirs d'organisation et de direction.

En dernier lieu, il faut s'intéresser au nouveau mode de relations sociales issu du Front populaire. Dans quelle mesure ce dernier a-t-il débouché au Crédit lyonnais sur la participation du personnel à la gestion de l'entreprise même s'il ne s'agit encore que d'une participation à la gestion sociale ? Il s'agit tout d'abord d'analyser la mise en œuvre de ce nouveau système social dans le cadre de l'application de la première convention collective des banques et de voir ensuite comment les conflits d'intérêts sont devenus une nouvelle pratique de gestion. Enfin, en raison de la multiplication des relations de dépendance que les dirigeants du Crédit lyonnais doivent désormais entretenir avec leurs nouveaux partenaires, partenaires-adversaires (pouvoirs publics et syndicats d'employés de banque) et partenaire-associé (syndicat patronal), il restera à s'interroger sur le degré d'autonomie dont ils disposent vis-à-vis de leur personnel. En d'autres termes, il faut montrer comment le Crédit lyonnais est passé, dans le domaine des relations sociales, d'un mode de gestion autoritaire, excluant l'immixtion dans l'établissement de toute instance qui lui est étrangère, à un mode de gestion plus démocratique même si celui-ci ne fait qu'émerger.

I. La rationalisation du travail : de sa mise en œuvre aux résultats

A. *Une rationalisation mise en œuvre après la stabilisation monétaire*

La grève de l'été 1925 n'a pas été étrangère au lancement du programme de rationalisation du travail. Mais c'est le retour à la stabilité monétaire à partir de l'été 1926 qui a favorisé sa mise en œuvre. Une demi-douzaine de ministres des finances s'étaient succédé depuis le début de 1925. De multiples projets – dont certains inquiétants pour l'épargne (emprunt forcé, suppression du titre au porteur) – avaient été évoqués sans aboutir à aucun résultat concret. On avait finalement fait appel à un comité d'experts dont le rapport, publié le 6 juillet 1926, présenta un programme cohérent tendant à la stabilisation de la monnaie. Mais le gouvernement, qui avait demandé les pleins pouvoirs pour appliquer ce plan, fut renversé. L'impression de confusion et d'impuissance que produisit ce nouvel échec dans le public français et l'opinion internationale provoqua des retraits dans les Caisses d'épargne, des remboursements de Bons et une panique sur le marché des changes où le dollar poussa une pointe à 49 F. Le cours de la rente 3 % perpétuelle tomba au-dessous de la moitié du pair. Dès sa constitution, le 23 juillet, le gouvernement Poincaré fit renaître la confiance. Il réussit en quelques semaines un redressement spectaculaire. Après avoir obtenu des banques un concours qui lui permit de franchir l'échéance de fin juillet, il fit voter immédiatement des mesures fiscales correspondant en année pleine, à un accroissement des recettes de l'ordre de 30 %, ce qui réalisait un « super-équilibre » du budget, laissant une marge substantielle pour l'amortissement de la dette publique. Celui-ci était confié à une caisse autonome chargée, en outre, de la gestion des Bons de la Défense nationale, la séparation des comptabilités empêchant désormais le Trésor de couvrir ses besoins par des émissions de dette flottante. Le 21 décembre, après un mouvement de spéculation, le Président du Conseil prit à contrecœur la décision d'arrêter la hausse du franc. Le lendemain, le représentant de la Banque de France fit connaître en bourse qu'il était acheteur ou vendeur, sans limitation de quantités, à des cours fixes voisins de 25 F pour le dollar. La stabilisation de fait de la monnaie était acquise.[1] La stabilisation légale est intervenue deux ans plus tard, en juin 1928. Dès lors, les affaires reprennent dans les banques où la concurrence est plus importante qu'avant la guerre. Même si les trois anciennes banques de dépôts ont continué d'étendre leurs réseaux, (ne sont-elles pas créditées en 1929 de 3 500 agences contre 1 416 en 1913, de 1,5 à 2 MF de comptes et de 35 à 40 % des dépôts),[2] leur position s'est nettement affaiblie en dépit du développement du crédit, sous l'effet de la spécialisation du système et du dédoublement des institutions au profit d'organismes mieux adaptés aux besoins du marché. En effet, la part des trois grands établissements de crédit que sont la Société générale, le Comptoir national d'escompte de Paris et le Crédit lyonnais, a diminué sous l'effet de la concurrence. D'une part, le nombre des grandes banques à rayonnement national est passé de 3 à 6. Un établissement ancien et de grande réputation mais beaucoup moins important que les trois « grands » parce que son activité ne s'exerçait directement qu'à Paris, a considérablement développé son réseau de banques régionales affiliées qui, passant de 3 à 12, couvrent désormais l'ensemble du territoire métropolitain. Deux autres sont nés d'une série de fusions successives dont une politique dynamique a amplifié les résultats. D'autre part, il s'est constitué depuis la guerre un secteur public ou semi-public du crédit, bénéficiant d'avantages financiers ou fiscaux ; dans le domaine du court terme – celui des banques de dépôts –

---

[1] Maurice Mogenet, *Un siècle d'économie française*, p. 124. Deux dirigeants du Crédit lyonnais ont apporté une contribution personnelle à l'œuvre d'assainissement financier : Robert Masson, comme membre du comité des experts, puis du comité financier de la caisse autonome d'amortissement, et Léon Verdier, mis à la disposition de la Banque de France pour assister celle-ci dans la mise au point de ses interventions sur le marché des changes.

[2] Maurice Lévy-Leboyer, « Les banques de 1920 à nos jours », *Les notes bleues de Bercy*, du 1er au 15 avril 1996, p. 5. Cet article reprend la préface aux actes du Colloque sur les Banques en Europe de l'Ouest tenu en octobre 1993 à Bercy.

il comprend trois grandes organisations dotées d'un réseau étendu de guichets :

- les banques populaires, créées par la loi de 1917, en vue d'assister les petites entreprises et les artisans ; elles ont ouvert plus de 600 bureaux ;

- les caisses de crédit agricole, pratiquement sans activité en 1914, qui ont reçu une vive impulsion de la Caisse nationale de crédit agricole fondée en 1920 ; elles sont au nombre de près de 6 000 ;

- le service des chèques postaux qui fonctionne depuis 1918 et s'appuie sur quelque 17 000 bureaux des PTT ; en 1932, il a déjà 800 000 déposants.[3]

Le retour à la stabilité monétaire permet aux banques de profiter de la « Prospérité » dans un contexte désormais plus concurrentiel. Pour étendre leur champ d'activité, accroître leur possibilité de profit, manifester leur puissance, les banques essaiment des agences, des bureaux, des succursales. Le Crédit lyonnais n'est pas en reste. Après son recul pendant la période d'inflation, l'établissement réussit en effet à remonter le courant à partir de 1926, grâce à deux séries de mesures qui lui font retrouver en 1929 le premier rang. D'une part, il s'efforce, par une prospection active, d'élargir sa clientèle industrielle et modifie en conséquence sa politique de crédit. Alors qu'avant-guerre, il donnait la préférence au financement des stocks de matières premières et du commerce de gros, il développe désormais ses concours directs à l'industrie qui, sans sortir encore du domaine du court terme, prennent des formes plus souples.[4] D'autre part, il étend son réseau d'agences pour recueillir de nouvelles ressources et trouver de nouvelles occasions d'employer ses fonds. Un grand changement s'est en effet produit depuis la guerre dans le mode de placement des emprunts. Autrefois, les émissions des grandes collectivités françaises ou étrangères trouvaient un accueil empressé auprès des épargnants qui faisaient de longues queues aux guichets pour obtenir des titres. Avec l'inflation, l'épargne a boudé les valeurs dites à revenu fixe dont les coupons sont désormais payés dans une monnaie fondante. Il est donc devenu nécessaire, surtout à la campagne, d'aller chercher l'argent « dans les lessiveuses » en sollicitant le client à domicile. On voit donc s'organiser des équipes de démarche-titres qui, grâce à l'automobile, vont recueillir jusque dans les moindres villages tous les fonds disponibles. Le Crédit lyonnais étend donc son réseau d'agences pour augmenter sa puissance de placement. Outre des

---

[3]   Maurice Mogenet, *op. cit.*, p. 141.

[4]   Le Crédit lyonnais a créé, avec l'un de ses confrères, en 1919, un organisme spécialisé dans le crédit à moyen terme : l'Union pour le crédit à l'industrie nationale – UCINA – qui se procure des capitaux par l'émission de bons à échéance.

bureaux permanents au nombre de près de 300, il a été ainsi créé entre 1926 et 1932 près de 800 sièges intermittents, ouverts pour la plupart dans des localités qui sont desservies seulement par la route. Environ la moitié de ces guichets intermittents sont d'ailleurs de simples pied-à-terre ne comportant pas d'installations propres à la banque, où la clientèle peut prendre contact à jours fixes avec un démarcheur envoyé en tournée. Le millième siège du Crédit lyonnais est créé le 1er août 1928, à Hauterives, dans la Drôme. Il ne s'agit en fait que d'un simple pied-à-terre desservi périodiquement par la sous-agence de Saint-Vallier. « Quatre ans plus tard, le nombre des sièges atteint presque 1 500 (650 permanents et 850 périodiques) »[5], et le Crédit lyonnais est présent dans la plupart des localités de quelque importance. Cette extension du réseau d'agences s'accompagne d'une progression constante des affaires. Plusieurs indices le confirment : non seulement le volume des comptes ouverts au Crédit lyonnais continue de croître entre 1925 et 1932, mais aussi et surtout, et c'est la nouveauté par rapport à la période précédente, la valeur réelle de ces comptes augmente considérablement, s'élevant de 6 637 574 000 F en 1926 à 12 759 424 000 F en 1932. Par ailleurs, le produit net bancaire retrouve un rythme de croissance des plus satisfaisants. Les recettes augmentent de 44 % entre 1926 et 1929.[6] Les années 1928-1929 ont en effet été particulièrement favorables car le volume des crédits s'est accru considérablement tandis que l'animation du marché financier procurait des commissions de placement substantielles. Le Crédit lyonnais a donc pleinement profité de l'ère de « Prospérité » inaugurée par la stabilisation monétaire de 1926. Peut-être n'en aurait-il pas aussi bien profité s'il n'avait entrepris, à partir de 1926, un vaste programme de modernisation de son « appareil de production ». La mise en œuvre de la rationalisation du travail participe de cette modernisation au même titre que l'équipement du réseau en automobiles. Ce qu'il importe de montrer ici, c'est que cette modernisation de l'organisation structurelle et matérielle du Crédit lyonnais qu'il convient de décrire et d'analyser, a contrasté avec le relatif conservatisme des méthodes de recrutement et de gestion des carrières qui n'ont pas ou peu été affectées par le mouvement de rationalisation. Avant d'aborder l'analyse des instruments qui ont contribué à la mise en œuvre de la rationalisation au Crédit lyonnais, intéressons-nous un moment à l'équipement du réseau en automobiles qui, s'il ne s'inscrit pas directement dans le programme de rationalisation, n'en a pas moins modifié les méthodes de travail des démarcheurs. Les voitures, dont on commence à doter les démarcheurs à partir de 1928, ont en effet contri-

---

[5] Jean Rivoire, *Le Crédit Lyonnais : Histoire d'une Banque*, p. 121.

[6] Le nombre de comptes ouverts au Crédit lyonnais passe de 877 338 en 1925 à 1 020 627 en 1932, AH CL, 31 AH 55 et 31 AH 56.

bué à l'extension du réseau qui n'est plus lié désormais à la configuration des voies ferrées. Dans le but d'accélérer l'équipement des agences en automobiles, l'administration décide dans un premier temps de prendre à sa charge la moitié des dépenses des agences consacrées aux achats de voitures.[7] Cette mesure prend fin le 4 février 1930.[8] Au 31 décembre 1932, l'ensemble du réseau comprend 517 voitures en circulation[9] : le réseau des agences départementales est, avec 331 voitures, celui qui est le plus équipé ; viennent ensuite le réseau des agences régionales avec 241 véhicules, le réseau des agences étrangères avec trois automobiles et enfin le réseau des agences dans Paris qui n'est doté que d'une seule voiture. La diversité des fournisseurs caractérise ce parc automobile qui comprend une majorité de « Citroën » mais aussi des « Renault », des « Peugeot », des « Mathis » et des « Delage ».[10] Équiper le réseau en automobiles est une chose, une autre chose est de former le personnel à ce nouvel outil de travail. Des règles strictes d'utilisation sont élaborées par la Direction ; elles sont rappelées à l'occasion d'un accident survenu en juillet 1932 dans l'une des sous-agences régionales :

1) les automobiles ne doivent être utilisées que pour les besoins de service et jamais les dimanches et jours fériés sous peine de sanction ;

2) les sorties doivent être autorisées par la direction de l'agence ou par les gérants dans les sous-agences ;

3) les automobiles doivent être conduites seulement par les employés munis du permis de conduire ;

4) sous aucun prétexte, nos automobiles ne doivent servir d'instrument d'étude pour les employés désirant obtenir leur permis de conduire ;

---

[7] « Vous devez passer à Frais généraux 1927, non pas le cinquième du débit reçu du siège central, mais le cinquième de la moitié du coût de l'automobile et le cinquième de la moitié des frais de transport que vous avez payés vous-mêmes », cité in l'instruction de la Direction des agences régionales datée du 2 février 1928, AH CL, 068 AH 079.

[8] Voir l'instruction de la direction des agences régionales datée du 4 février 1930, AH CL, 068 AH 079 : « Nous vous prions de noter que l'Administration, qui a pris à sa charge, jusqu'à présent, la moitié des dépenses d'achat de voitures automobiles ne le fera plus désormais qu'en ce qui concerne les suppléments de dotation dont nos agences pourraient avoir besoin ; les dépenses correspondant au remplacement des voitures usagées seront à la charge exclusive des agences ».

[9] Cité in document tiré de l'inventaire au 31 décembre 1932, daté du 28 février 1933 et signé d'Édouard Escarra, devenu directeur général à la mort d'Eugène Lefèvre survenue en septembre 1926, AH CL, 31 AH 581.

[10] Le prix de la voiture Citroën était pourtant plus élevé que la voiture Renault : à la date du 2 février 1928, la première coûtait 23 690 F tandis que la seconde ne coûtait que 19 725 F. Nous ne disposons pas d'informations concernant le prix des autres marques.

5) pour obtenir leur brevet de conduire, nos employés doivent s'adresser à des garages-école, qui ont des spécialistes-instructeurs et qui ont contracté des assurances spéciales pour les accidents provoqués par les élèves-conducteurs.[11]

Ces dernières règles témoignent du fait que la formation du personnel à ce nouvel outil de travail n'est pas alors prise en charge par la Direction. L'équipement des agences et des sous-agences en automobiles a incontestablement modernisé le réseau dans le sens d'une exploitation extensive. Le réseau s'est ainsi considérablement étendu et la vitesse de circulation des agents a augmenté. Mais la modernisation de l'appareil de production a pris d'autres formes. À partir de 1926, un programme de rationalisation du travail a en effet été mis en place au Crédit lyonnais. Il s'est traduit par une mécanisation intensive des opérations de banque sous la direction d'un Bureau de mécanographie, qui est créé à cet effet au siège central.

1. Un large recours aux instruments structurels et matériels

Une création originale : le Bureau de mécanographie

La création du Bureau de mécanographie traduit tout d'abord la prise de conscience par les dirigeants du Crédit lyonnais de toute une série de problèmes qui imposent la recherche de nouvelles méthodes de travail pour obtenir de meilleurs gains de productivité. Ces problèmes ont déjà été évoqués : il s'agit de la croissance du volume des opérations bancaires, de l'ascension continue, depuis 1918, des frais généraux et des problèmes de personnel enfin. Ensuite, la date de la création de ce nouveau Bureau, le 22 novembre 1926, n'est pas fortuite : elle intervient à l'heure où, brutalement, est lancée une vaste campagne en faveur de la rationalisation bancaire. Des hommes, des moyens de diffusion se situent à l'origine de ce mouvement. Quels furent-ils ? Plutôt que de « rationalisation », on parlait dans les milieux bancaires « d'organisation ». Appelons « organisateurs » ceux qui se firent les hérauts et, souvent en même temps, les artisans en leurs établissements, de la rationalisation bancaire. Les auteurs d'ouvrages spécialisés sur cette question ne sont pas légion[12] : l'échantillon observé par Luc Marmonier lors de ses recherches sur la rationalisation de l'espace bancaire en

---

[11] Cité in instruction de la direction des agences régionales datée du 16 juillet 1932, AH CL, 068 AH 080.

[12] Citons : Nouroullah Orhan Adil, « L'Organisation scientifique du travail dans les banques », thèse de Droit, Les Presses Modernes, 1931 ; Roger Alheinc, *L'Organisation Bancaire*, Dunod, Paris, 1928 ; Pierre Cauboue, *La Conduite des Banques*, Paris, 1931 ; Georges Huet, « La rationalisation et les banques françaises », thèse de Droit, Metz, 1934 ; Georges Le Montreer, *La Rationalisation des banques en Allemagne*, Dalloz, Paris, 1928.

France dans l'entre-deux-guerres comprend[13], en outre, ceux qui, beaucoup plus nombreux, ont écrit dans la revue *Banque* sur l'organisation bancaire, ou ont donné à ce sujet des conférences ou communications lors de congrès. On ne compte pas parmi les spécialistes de la rationalisation bancaire de très nombreux « universitaires », ou membres d'une institution d'enseignement supérieur ou spécialisé. Le plus assidu défenseur et promoteur des idées de rationalisation à la revue *Banque* fut cependant L.M. Lair qui était le directeur des Études à l'École supérieure de préparation aux banques. Des professeurs d'HEC ont également publié des articles sur la rationalisation bancaire dans la même revue.[14] Enfin, des psychologues d'origine universitaire figurent aussi parmi les « organisateurs », comme spécialistes de la rationalisation du recrutement et de la direction du personnel.[15] Mais les hommes qui promeuvent la rationalisation bancaire sont le plus souvent banquiers eux-mêmes, appartenant à des établissements qui ont mis en œuvre à des degrés divers des mesures ou un programme de réorganisation du travail. Ainsi, R. Alheinc[16], CH. Prevot[17], CH. Pineau[18], M. Deplanck[19] et P. Cauboue[20] sont, les uns et les autres, et des banquiers et des promoteurs de l'idée de rationalisation. Et la liste de ceux qui ont contribué, par leurs décisions de banquiers, comme par leurs écrits ou discours, à associer le monde bancaire à la rationalisation, peut encore être étendue. À l'intérieur des établissements bancaires, apparaissent aussi des banquiers qui sont spécialisés dans l'organisation. Ce fut, dans les établissements les plus avancés et où les politiques les plus systématiques étaient adoptées en matière de rationalisation, la naissance d'une nouvelle

---

[13] Luc Marmonier, « L'espace bancaire et la rationalisation en France dans l'entre-deux-guerres », mémoire de DEA de Sciences Sociales sous la direction d'Alain Plessis, EHESS-ENS, septembre 1986, 87 pages.

[14] Henry Geay était ainsi professeur à HEC : il écrivit dans la revue *Banque* toute une série d'articles, sous le titre : « Étude des machines et du matériel nécessaires à une organisation rationnelle des services bancaires », in *Banque*, mars, avril, mai, juin, août, novembre, 1932.

[15] J-M. Lahy et H.L. Rumpf avaient tous deux une formation de psychologue : ils ont publié dans la revue *Banque* : J.-M. Lahy, « La sélection du personnel par la psychotechnique et, en particulier, la sélection des opératrices de machines comptables », in *Banque*, novembre 1932, p. 798-806 ; H-L. Rumpf, « La sélection professionnelle de l'employé de banque », in *Banque*, septembre 1929, p. 590-593, novembre 1929, p. 665-669. Ce dernier publia également un ouvrage : *Précis d'Égomètrie*, Paris, 1936.

[16] R. Alheinc était le directeur de la Banque française pour le commerce extérieur.

[17] Ch. Prévost, docteur en Droit, inspecteur à la Banque de France, Président du comité d'organisation bancaire.

[18] Ch. Pineau, contrôleur général de la Banque Renauld.

[19] M. Deplanck était le sous-directeur de la Banque de Bruxelles.

[20] P. Cauboue était le directeur de la Société de banque pour le commerce et l'industrie.

fonction et d'un nouveau « service d'intérêt général ». Le métier de banquier s'enrichit donc d'une nouvelle fonction de direction, ou plutôt d'auxiliaire de la Direction, dont il convient d'analyser l'origine, la signification et la portée. L'idée d'une professionnalisation de la conception, de la préparation et de l'organisation du travail est issue de la logique même du taylorisme. La rationalisation suppose en effet un vaste travail d'analyse et d'études statistiques ou expérimentales, l'établissement d'un plan d'organisation, et le contrôle des résultats obtenus. Des hommes doivent être affectés spécialement à ces tâches. Ces services spécialisés se constituent progressivement en France dans la deuxième moitié des années 1920 selon le modèle américain déjà éprouvé des *Efficiency Departments* ou des *Planing Divisions*. Un tel service est constitué d'une équipe légère comme l'explique Roger Alheinc : « une équipe volante d'employés d'élite assurant la mise en œuvre des méthodes nouvelles » ; autour « d'un jeune ayant le sens du général et le culte du détail et du fini » serait ainsi réunie une équipe, l'assistant dans l'établissement de statistiques, dans leur interprétation et dans la recherche de solutions nouvelles. Il s'agit ainsi de remettre la rationalisation dans les mains de spécialistes et d'hommes compétents afin d'éviter certaines erreurs dans l'organisation, dues le plus souvent à l'ignorance des banquiers. « Il faut en finir au plus tôt, – s'écrie Roger Alheinc – avec la lamentable tradition actuelle, où les représentants des diverses maisons vendant des machines ne rencontrent, dans les grandes banques, que des chefs d'économat ignorant tout de l'organisation des services de la banque, et, parfaitement incapables d'étudier la valeur des machines proposées ».[21] C'est dans ce contexte qu'est créé, au mois de novembre 1926, au siège central du Crédit lyonnais, le Bureau de mécanographie, un service spécialisé chargé d'étudier la valeur des machines proposées par les constructeurs avant de généraliser leur usage à l'ensemble des bureaux de l'établissement. Nous proposons de décrire les attributions du chef de ce bureau et d'analyser l'étendue de la tâche accomplie par ce nouveau service. En novembre 1926, au moment où est créé le Bureau de mécanographie, cela fait au moins deux ans que les dirigeants du Crédit lyonnais incitent les directeurs d'agence et les chefs de service à équiper leurs bureaux de machines. Malgré des résistances qui ont ralenti ce processus, la direction des agences régionales se déclare, le 25 mars 1926, relativement satisfaite : « la plupart des agences sont maintenant entrées résolument dans l'emploi des machines ».[22] Toutefois, certaines agences n'ont pas complètement renoncé à faire exécuter à la main des travaux qui peuvent être effectués plus écono-

---

[21] Voir Roger Alheinc, *Organisation bancaire*, Dunod, Paris, 1928, 95 p.

[22] Cité in instruction adressée par la direction des agences régionales aux directeurs d'agences datée du 25 mars 1926, AH CL, 068 AH 078.

miquement à la machine. C'est pourquoi la direction du réseau adresse à toutes les agences et sous-agences la liste précise des travaux qui peuvent être exécutés à la machine. Ces travaux comprennent « les entrées et les sorties d'effets, les bordereaux de remises entre sièges, la confection des bordereaux pour la clientèle, les bordereaux de route pour les encaisseurs, l'inventaire du portefeuille, la confection des bordereaux d'escompte pour la banque, les entrées et sorties d'impayés, les bordereaux d'effets remis à l'acceptation, les copies des extraits de comptes, le calcul des intérêts par les nombres, la confection des dossiers relations, des feuilles intercalaires, la confection des récépissés définitifs, la confection des actes, la copie du courrier à la machine, les feuilles mouvements titres en dépôts et titres flottants, la confection de la balance carrée, la confection des journaux de caisse, le relevé des effets non payés à présentation (les 15 et fins de mois), le bilan Risques, la carcasse des bilans Avances et Nantissement ».[23] Dès lors, la question se pose de savoir pourquoi la direction générale du Crédit lyonnais décide de créer, en novembre 1926, au siège central, un Bureau de mécanographie.

Les éléments de réponse à cette question sont à rechercher dans la description des attributions du chef de ce nouveau Bureau. Ces dernières sont exposées dans une circulaire adressée par le service du personnel du siège central aux chefs des différents services centraux : « Le chef de ce Bureau se tiendra en relation constante avec les chefs de service pour la surveillance du fonctionnement des machines et du rendement du personnel mécanographe ; toutes les erreurs paraissant incomber à la machine devront lui être signalées. Le chef du Bureau de la mécanographie sera avisé de toute réparation nécessaire aux machines et nous précisons que ce Bureau est seul chargé du soin de faire procéder aux réparations de ce matériel. Toute correspondance provenant de l'extérieur, toute offre et toute visite concernant l'usage des machines doivent être dirigées sur le Bureau de la mécanographie ».[24] La création de ce service traduit donc un profond changement dans la conscience des décideurs du Crédit lyonnais. Ces derniers sont désormais acquis à l'idée de rationalisation. Pourtant, en novembre 1926, au moment où est créé le Bureau de mécanographie, les moyens de diffusion de l'idée de rationalisation sont encore relativement rares. Si la campagne a été lancée, elle ne bat pas encore son plein. Les organisateurs n'ont pas encore écrit ou publié leurs ouvrages et la revue *Banque* qui accueillera nombre d'articles dans ses colonnes vient tout juste d'être fondée.[25]

---

[23] *Idem.*

[24] Cité in circulaire du service du personnel du siège central datée du 22 novembre 1926, AH CL, 105 AH 004.

[25] Le premier numéro de *Banque* date de mai 1926.

Cette dernière se fit un centre actif de diffusion des nouvelles méthodes de travail et de gestion. En juin 1929, elle inaugurera même une rubrique spécialement à cet effet : « Le coin du technicien ». Et une autre, de semblable vocation, apparaîtra en 1934 : « Chronique de l'organisation bancaire ». Cette revue, et son directeur, L.-M. Lair, ont contribué à la mise en place de congrès annuels sur la rationalisation bancaire. Ce furent, à partir de 1928, les « Semaines de la banque et de la bourse » qui, en 1933, prennent le nom plus explicite de « Congrès d'organisation bancaire ». Ces congrès réunissent des orateurs, des banquiers, des spécialistes de l'organisation bancaire et les représentants de la plupart des établissements français et de certaines banques étrangères établies en France. Les conférences portent sur des sujets techniques, décrivent des expériences se rapportant toujours à la rationalisation ; l'utilité de celle-ci et ses objectifs sont analysés et présentés au public banquier. Le congrès comprend également une série de « visites » de banques parisiennes, provinciales ou étrangères. Les congressistes parcourront ainsi, après un cycle de conférences, deux ou trois capitales européennes, pour en visiter les établissements les plus prestigieux, et les plus avancés en matière de rationalisation bancaire. Telle année, ce sera Bruxelles, Amsterdam et Berlin ; telle autre, Londres et Dresde. Et à partir de 1932, les « visites » s'étendront aux principaux constructeurs de machines utilisées dans les banques. C'est précisément parce que les moyens de diffusion de l'idée de rationalisation n'étaient pas encore complètement étendus en novembre 1926 que nous pouvons dire que la création du Bureau de mécanographie, le 22 novembre, fait du Crédit lyonnais un établissement pilote en la matière.

La diffusion des machines

Au moment où est créé le Bureau de mécanographie, les bureaux du Crédit lyonnais ne sont donc pas totalement dépourvus de machines : mais celles qui sont en usage sont pour la plupart celles qui appartiennent à la première génération de machines de bureaux, à savoir les machines à écrire bien sûr, mais aussi les machines à calculer et les machines à adresser le courrier. Une instruction de l'inspection générale des agences régionales chargée le 18 janvier 1924 de promouvoir certaines machines auprès des directeurs d'agence permet de décrire la gamme des machines en service au Crédit lyonnais en 1926 : « des machines à écrire de marque *Underwood n° 5*, des machines à relever les sommes et à les additionner de marque *Burroughs, Duplex 9 colonnes*, des machines à texte et à additionner de marque *Underwood*, modèle *Bookkeeping 2/14*, des machines à multiplier de marque *Unitas* et des machines à faire les adresses de marque *Ronéo* ».[26] En 1932, si l'on se réfère à une note du Bureau de mécanographie datée du 1ᵉʳ janvier 1933, 4 726 machines fonctionnent au Crédit lyonnais.[27] Parmi ces dernières, on dénombre 2 176 machines à écrire, 892 machines comptables, 714 machines à additionner, 508 machines à calculer, 44 duplicateurs, 161 machines à copier, 106 machines à numéroter, et 125 machines diverses. Que faut-il entendre par « diverses » ?

Une note complémentaire datée du 1ᵉʳ février 1933 apporte des précisions sur ce qualificatif. Il s'agit en fait « de perforeuses, de poinçonneuses, de machines Adrex à adresser, de machines à enveloppes, de plieuses, de Massicots, de Ronéo à adresser, de machines Havas, de machines à relier, de machines Todd-Protectograph et d'appareils à timbrer ». Ainsi, non seulement le nombre de machines a considérablement augmenté en l'espace de 6 ans mais aussi l'éventail des machines en usage dans les bureaux s'est diversifié. En 1927, les services comptables centraux se sont en effet dotés de machines positionneuses dont l'emploi s'étend, par la suite, aux agences les plus importantes. En 1930, apparaissent les premiers imprimés à feuillets multiples, avec interposition de carbones, permettant d'établir simultanément, au guichet où une opération prend naissance, les pièces destinées aux divers services qui auront à lui donner suite, ainsi que l'avis au client. C'est le point de départ d'une grande réforme comptable dont la réalisation demandera plusieurs années. Un mouvement de centralisation, à l'échelon régional, des opérations sur titres et coupons des agences – qui permet leur traitement en grande série avec un meilleur rendement – est aussi amorcé en 1930.[28] Il faudra toutefois attendre sept ans avant que les machines de bureau dites de la deuxième génération ne soient adoptées au Crédit lyonnais. C'est en effet le 10 septembre 1937 qu'apparaît dans l'établissement la première machine à cartes perforées[29] utilisée au sein du grand service parisien de la Comptabilité-Titres : « chaque valeur mobilière d'un client était représentée par une carte perforée indiquant le numéro de compte du client, un numéro de code précisant la valeur concernée, la

---

[26] Cité in instruction de l'inspection générale des agences régionales datée du 18 janvier 1924, AH CL, 068 AH 077.

[27] « Sous réserves des achats ayant pu être effectués directement par les agences », in la note du Bureau de mécanographie datée du 1ᵉʳ janvier 1933. Voir le document comprenant le détail des machines en service dans les différents sièges au 1ᵉʳ janvier 1933 et l'évolution du budget consacré à la mécanographie, annexe 6.

[28] Maurice Mogenet, *op. cit.*, p. 151.

[29] La machine à carte perforée est une machine qui opère des tris, fait des calculs et imprime des relevés destinés aux clients.

quantité possédée ».[30] Ce n'est en effet pas un hasard si les machines « à statistiquer et de comptabilité » sont absentes du relevé des machines en usage en date du 1er janvier 1933. Ces machines statistiques prendront tout leur sens dans l'œuvre de Marius Dujardin.[31] D'après Marc Meuleau en effet, l'œuvre de ce dernier constitue le plus bel exemple d'organisation du travail de bureau. « Étant l'un des plus brillants majors qu'ait eus l'École des Hautes Études Commerciales, Marius Dujardin fait toute sa carrière au Crédit lyonnais dont il devient directeur dans les années 1930 sous le commandement de Robert Masson (HEC 1895), son directeur général. Pendant la Grande Dépression, il est chargé du service de dépôts de Titres dont il qualifie l'activité « d'industrie » à cause de l'énorme volume des opérations traitées. Il donne une telle impulsion à la rationalisation, déjà entamée avant sa venue, que les autres banques lui confieront, après la Seconde Guerre mondiale, la réalisation d'un service commun de conservation des Titres qui jette les bases de la future SICOVAM. L'ampleur du problème à traiter donne une idée des gains considérables qu'une bonne organisation permet de réaliser. Le Crédit lyonnais compte 69 conservations. Le déménagement du contenu de la plus importante d'entre elles, celle du siège central, le 11 septembre 1939, mobilisera un train de 32 wagons pour transporter 550 tonnes de titres. L'obligation que fait le code civil de restituer l'objet déposé est satisfaite par le classement dans 1 800 000 pochettes de 18 000 sortes de valeurs. Une double comptabilité est tenue, par nature de valeurs et par client. Marius Dujardin remplace les feuillets tenus à la machine à écrire dont le feuillet de débit qui recevait le détail de toutes les entrées et le feuillet de crédit, celui de toutes les sorties, par des machines à statistiques dont les résultats sont, selon ses propres termes, « véritablement stupéfiants ». Grâce à un jeu de 3 500 000 cartes mécanographiques, la comptabilité est extrêmement simplifiée. La manutention, les procédures d'enregistrement sont également revues. Bien qu'aucun chiffre des économies réalisées n'ait été publié, l'intérêt des grandes institutions financières concurrentes garantit qu'elles ont dû être élevées ».[32] Arrêtons-nous un moment sur le fonctionnement de ces

---

[30] Jacques Vanrenterghem, inspection générale du Crédit lyonnais, « Les premiers ordinateurs au Crédit lyonnais », 1990, BR HCL 49.

[31] Marius Dujardin sortit major d'HEC en 1900 : « entré en octobre au Crédit lyonnais, il entre à la section de statistiques en mars 1905 dont il devient le chef à partir du 15 janvier 1912 ; il quitte cette fonction en juillet 1920 pour devenir sous-chef du service des Études Financières. Il achèvera sa carrière au Crédit lyonnais comme directeur des services généraux du siège central », in papiers du secteur des Études de Fonds et Finances des États, Liste et origines des chargés d'études, 1876-1936, cote : « Historique-DEEF ».

[32] Marc Meuleau, *Les HEC et l'évolution du management en France (1881-années 1980)*, p. 712-713.

« machines à statistiquer » dont le système comprend plusieurs éléments :

– des cartes perforées de format standardisé

– une machine pour perforer ces cartes appelée « perforeuse » ; à ce stade, l'opératrice traduit en perforations tous les renseignements concernant chaque opération bancaire : sa nature (versement, virement, opération de bourse, etc.), le sens du mouvement (compte à débiter ou à créditer), sa grandeur (somme versée ou touchée), etc.

– un appareil pour trier les cartes appelé « trieuse » qui classe les cartes selon les besoins de l'opération

– une machine pour les compter appelée « tabulatrice », sorte de machine à calculer, le plus souvent dotée d'un système imprimant qui retranscrit en chiffres et en lettres les renseignements inscrits en perforations sur les cartes, après avoir effectué toutes les opérations et totaux nécessaires aux fins poursuivies. C'est notamment dans cette décision d'introduire au Crédit lyonnais les machines statistiques que l'influence des ouvrages des « organisateurs » et des articles publiés dans *Banque* se fera sentir.[33] Mais pour l'heure, il s'agit d'apprécier l'ampleur du travail réalisé par le Bureau de mécanographie avant même que Marius Dujardin n'entreprenne la réorganisation du service de dépôts de Titres. Plusieurs indices permettent en effet de juger de l'ampleur des efforts accomplis par le Bureau de mécanographie en matière de mécanisation des opérations : le compte rendu de la « visite » du siège central du Crédit lyonnais effectuée en octobre 1931 par les congressistes dans le cadre du IVe Congrès d'organisation bancaire, la rubrique d'Henry Geay ensuite, parue en 1932 dans *Banque*, relative à l'étude de la nature des machines et du matériel nécessaires à une organisation rationnelle des services de banque et enfin l'évolution du budget consacré par l'établissement à la mécanographie.

Le compte rendu de la visite effectuée en 1931 au siège central du Crédit lyonnais par les participants au IVe Congrès annuel d'organisation bancaire témoigne en effet de l'étendue du travail accompli depuis 1926 par Louis Hévin, chef du Bureau de mécanographie : « Successivement, les congressistes visitèrent le service des comptes-courants et des comptes de dépôts des agences dans Paris. Tous les services de comptabilité du siège central étant entièrement tenus à la machine, les membres du congrès purent constater que dans une seule salle, celle des comptes de dépôts, 120 machines comptables étaient en fonctionnement.

---

[33] Le système des machines statistiques a été présenté dans l'article de M. L.-M. Lair, directeur des études de l'École spéciale de préparation aux Banques et directeur-rédacteur en chef de *Banque*, « Le Développement de la Mécanographie en Banque : les machines à statistiquer et de comptabilité », in *Banque*, 1929, p. 155-161.

Dans un autre petit local spécialement aménagé, les congressistes purent voir un massicot et une plieuse à grand rendement, utilisés pour l'envoi des relevés de compte. Les congressistes ont été vivement intéressés par ce qu'ils ont vu et certains ne manquaient pas de déclarer qu'il fallait considérer comme un tour de force la réalisation mécanographique ainsi faite par l'un des plus grands établissements de crédit français ».[34] Par ailleurs, si l'on se réfère à la rubrique d'Henry Geay relative à la nature des machines et du matériel nécessaires à une organisation rationnelle des services de banque, on s'aperçoit que l'organisation des services du Crédit lyonnais est déjà parvenue en 1932 à un certain degré de rationalisation par le biais de la mécanisation massive des opérations. En effet, pour ce professeur d'HEC, en 1932, les services d'une banque ne peuvent pas être organisés de façon rationnelle s'ils ne comprennent pas au moins des machines à calculer non-imprimantes, des machines à calculer imprimantes, des machines à statistiques, des machines à adresser et pour finir, des duplicateurs. D'après les sources citées plus haut, mises à part les machines statistiques qui, rappelons-le, n'ont été introduites au siège central qu'en 1937, toutes ces machines fonctionnent au Crédit lyonnais en 1932. Certaines connaissent à cette époque des améliorations techniques et les modèles proposés par les constructeurs se diversifient. Ainsi, parmi les machines à calculer non-imprimantes, on compte « l'*Archimèdes*, la *Brunsviga*, le *calculator Burroughs*, le *Comptometer*, la *Dactyle* (française), la *Facit*, la *Hamann*, la *Hermès*, la *Lipsia*, la *Madas*, la *Marchant*, la *Mercédès*, la *Métal*, la *Millionnaire*, la *Monroe*, l'*Original-Odhner*, la *Sanders*, la *Thalès*, la *Triumphator*, l'*Unic*, etc. ».[35] Parmi les machines à calculer imprimantes, on distingue désormais les machines à additionner qui impriment automatiquement les résultats (machines à listes) et les machines comptables (machines à écrire avec totalisateurs). Les premières sont très pratiques comme « Positionneuses » et sont très utiles dans les services des comptes-courants, des ordres de bourse, du portefeuille, etc. Quant aux secondes, elles impriment les libellés *in extenso* mais les résultats des additions faites sur les totalisateurs sont transcrits par des touches *ad hoc*. On compte de nombreux modèles proposés par les constructeurs : *Eliott-Fisher*, *Ideal-Naumann*-comptable, *Mercédès*-comptable, *Remington-Wahl*, *Sanders*-comptable, *Smith 1ᵉʳ*-comptable, *Torpedo*-comptable, *Underwood-bookkeeping*.[36] Contrairement aux « appareils chiffreurs » que sont les machines qui additionnent, calculent et comptabilisent les

---

[34] Cité in article intitulé « Visite au Crédit lyonnais », *Banque*, 1931, p. 799.

[35] Henry Geay, « Étude des machines et du matériel nécessaires à une organisation rationnelle des services de banque », in *Banque*, 1932, p. 198.

[36] Voir l'illustration de la machine comptable *Underwood-Bookkeeping*, modèle choisi par le Crédit lyonnais, *idem*.

résultats, les machines à adresser concernent davantage l'écriture. Elles occupent une place importante et toute spéciale dans l'outillage du Bureau moderne. La liste des « machines diverses » en service au Crédit lyonnais en février 1933 comprend deux types de machines à adresser, la machine *Adrex* et la machine *Ronéo*, qui correspondent en fait à deux systèmes différents : la première repose sur un système de cliché métal, la seconde, sur un système de cliché Stencil. Le cliché constitue en effet l'âme de la machine à adresser. C'est la nature du cliché, en *métal* ou en *baudruche encadré de carton* qui détermine la constitution de la machine, les procédés d'encrage, ceux de sélection, les moyens de classement, etc. Pour illustrer l'application de ces machines dans la banque, reportons-nous à la conférence donnée en novembre 1931 par M. Deplanck, sous-directeur de la Banque de Bruxelles[37]. Le conférencier montre comment interviennent efficacement les machines à adresser au moment de l'ouverture des comptes et pour la surveillance de leurs mouvements. Il s'agit d'abord d'informer les services de cette ouverture de compte ; ensuite de préparer les documents nécessaires aux écritures à porter sur le nouveau compte. Ce double but est atteint par l'établissement du cliché concernant le nouveau client puis par la transmission aux services de l'une ou l'autre des pièces qui le concernent, à savoir :

– le carton destiné à la tenue du compte de position ;

– la feuille d'extrait de compte (comptes-courants) ;

– le carton pour le compte port de lettres ;

– le carton de conditions du compte ;

– les fiches d'identification pour la documentation de chaque service.

Ainsi, grâce aux machines à adresser, tous les services, en quinze minutes au maximum, sont mis en possession des indications nécessaires. Enfin, la Banque ne saurait se passer de moyens rapides pour la reproduction quotidienne, à un grand nombre d'exemplaires, des documents qui rendent compte de son activité. L'étendue de sa clientèle, la multiplicité des services à lui rendre, le caractère d'urgence des informations à lui fournir – sans compter la nécessité d'une présentation claire et uniforme – exigent l'emploi de procédés mécaniques économiques, exonérant l'entreprise des frais élevés que représentent d'innombrables copistes et de vastes locaux. Ce service, de la plus grande importance, lui est rendu par le Duplicateur. Rappelons qu'au 1er janvier 1933, 44 duplicateurs sont en service au Crédit lyonnais : 20 le sont au siège central, 2 dans les agences dans Paris, aucun au siège social, 5 dans les agences régionales et 17 dans les agences départementales. Nous ne disposons en revanche d'aucune information relative au choix de la

---

[37] Le contenu de la conférence est publié dans *Banque*, novembre 1931, p. 785.

marque adoptée par le Bureau de Mécanographie. Apparu au tout début du siècle, le duplicateur a évolué dans l'entre-deux-guerres. Le système rotatif (« rotary ») apparaît, en concurrence avec le système « à plat » ; des dispositifs automatiques d'encrage, d'alimentation en feuilles, d'arrêt en cas de passage défectueux et d'éjection des feuilles sont développés. Enfin, le développement de procédés électriques donne lieu à de nouveaux modèles, qui, cependant, ne font pas disparaître les duplicateurs mécaniques. L'efficacité, la qualité de l'impression et des stencils sont également améliorées tandis que les constructeurs s'efforcent de réduire l'encombrement des machines.[38] Toutes ces machines présentées par Henry Geay comme nécessaires à une organisation rationnelle des services de banque fonctionnent au Crédit lyonnais en 1932. Enfin, le coût de la mécanisation des opérations bancaires et surtout, l'évolution de la place prise dans les dépenses d'intérêt général par le budget consacré à la mécanographie, témoigne non seulement de l'ampleur de la tâche accomplie par le Bureau de mécanographie mais aussi de l'intérêt que la direction porte à ce processus. L'augmentation du budget consacré à la mécanographie est en effet *quasi* continue, au moins jusqu'à la crise : de 53 879 F en 1926, ce dernier passe en effet à 741 014 F en 1933. Dans le même temps, sa part dans les dépenses d'intérêt général n'a cessé de croître, passant d'à peine plus de 0,1 % en 1926 à près de 3 %. La création du Bureau de mécanographie au Crédit lyonnais constitue donc le signe le plus remarqué de la rationalisation dans cet établissement. Non seulement le machinisme s'est, comme dans la plupart des banques, considérablement développé, mais aussi et surtout, cette mécanisation a été précédée dans cet établissement d'un travail de conception et d'étude, c'est-à-dire d'un travail d'évaluation des besoins mécanographiques. Or, nombreuses étaient les banques qui se transformèrent en de véritables « cimetières de machines à l'usage desquelles on avait fini par renoncer ».[39] En effet, la « victoire de la machine au bureau » eut parfois ses effets pervers. On assistait à des phénomènes de sur–équipement, disproportionnés par rapport aux besoins réels des établissements, ou de mauvais équipements, résultant de mauvaises décisions dans les choix des machines, des modèles ou d'une détermination erronée des services à mécaniser. Le Crédit lyonnais évita ces effets pervers en chargeant précisément le nouveau Bureau de procéder à un travail d'évaluation des besoins mécanographiques avant d'entreprendre la mécanisation effective des services. Car si, dans

---

[38] Sur l'évolution des machines de bureau, voir le tome III de la thèse de Delphine Gardey consacré à « Hygiénisation, mécanisation et rationalisation des bureaux (1890-1930) » in *Un monde en mutation : les employés de bureau en France 1890-1930, Féminisation, mécanisation, rationalisation*, p. 747-838.

[39] Voir G. Huet, *op cit.*

la pratique, les machines constituaient l'instrument le plus visible de la rationalisation, se réduisant parfois presque à celles-ci[40], c'était la réorganisation des services bancaires qui constituait, aux yeux des théoriciens, l'instrument-pilier de la rationalisation[41]. Toutefois, aussi déterminants qu'ils ont pu être aux yeux de ces derniers, il semblerait que « la mise en œuvre des instruments « structurels » de la rationalisation ait été dans les faits relativement limitée » dans les banques.[42] C'est aussi dans ce sens que la création du Bureau de mécanographie au Crédit lyonnais peut être qualifiée d'originale. Il convient de souligner que ce recours massif aux instruments matériels et structurels de la rationalisation *via* la diffusion des machines, contrôlée et dirigée par le Bureau de mécanographie, contraste avec la relative faiblesse de l'utilisation, au Crédit lyonnais, des instruments de rationalisation portant sur le recrutement et l'organisation du personnel.

2. Une moindre utilisation des instruments rationalisant l'élément humain

Contrairement aux théoriciens de l'organisation bancaire qui plaçaient un égal accent tant sur les problèmes de personnel que sur les nécessités de la mécanisation, les dirigeants du Crédit lyonnais ont, semble-t-il, boudé les instruments disponibles pour rationaliser l'élément humain. En quoi consistaient ces derniers ? Ils répondaient en fait aux problèmes qui se posaient à la fois lors du recrutement et en cours de carrière.

Avec la rationalisation, la conception du recrutement et de la sélection professionnelle évolua selon des principes assez clairs. Il s'agissait de substituer, là aussi, le rationnel à l'empirisme, c'est-à-dire de mettre chacun à sa place selon ses capacités objectivement évaluées. *The right man in the right place*, c'était la grande idée de la rationalisation du recrutement, sans cesse répétée dans sa version originale.[43] De nombreux auteurs déploraient en effet « l'empirisme » des méthodes de sélection

---

[40] « La rationalisation n'est dans ses grandes lignes pas autre chose qu'une simplification du travail par l'emploi de machines spécialement étudiées, entraînant la suppression des additions, des multiplications et des divisions fastidieuses, et donnant la copie répétée deux, trois, quatre et quelquefois même plus, d'une seule écriture comptable », G. Birckel, « La comptabilité moderne d'une grande banque rationalisée », in *Banque*, novembre 1929.

[41] Cette dernière se traduisit par la centralisation de certains services comme ce fut le cas, à l'échelon régional, des opérations sur titres et coupons des agences du Crédit lyonnais, par la fusion de certains autres comme ceux de la comptabilité et de la position par exemple et enfin par l'apparition de services entièrement nouveaux comme le Bureau de mécanographie.

[42] Luc Marmonier, mémoire cité, p. 38.

[43] Cité par exemple in Roger Alheinc, *Organisation Bancaire*, p. 9.

professionnelle qui étaient alors en usage dans les banques. Selon eux, le recrutement était effectué selon les sentiments informels des responsables du personnel. Le recruteur fondait ses décisions sur « une psychologie plus ou moins avertie, une intuition plus ou moins sûre, une sympathie plus ou moins justifiée ».[44] Et lorsqu'il s'agissait de pourvoir des postes plus élevés dans la hiérarchie des employés, le recrutement se faisait essentiellement par voie interne, selon des principes tout aussi empiriques : « Les employés des postes supérieurs se recrutent presque exclusivement parmi les collaborateurs occupés dans des services de moindre importance, d'après les indications fournies par les chefs de service, et suivant les notes rassemblées par le chef du personnel ».[45] Enfin, un certain « Spectator » précise, dans un article paru dans *Banque* en 1935, que, pour les postes les plus importants eux-mêmes, la sélection professionnelle demeurait également en grande partie arbitraire. Ces derniers étaient en effet pourvus « par des candidats sortant des Grandes Écoles et qui jouissaient en outre d'un patronage important et efficace ».[46] La rationalisation comprenait la volonté de changer ces méthodes empiriques et incertaines. Des disciplines nouvelles dans l'entreprise y furent, sinon introduites, du moins suggérées : la « Psychotechnique » ou « l'Égomètrie » par exemple. J.-M. Lahy présentait ainsi dans *Banque*, en 1932, la méthode de la psychotechnique.[47] Avant d'analyser cette nouvelle méthode de sélection du personnel, présentons son inventeur qui est un personnage intéressant à plus d'un titre. J.-M. Lahy s'est fait connaître par son opposition au modèle taylorien. En effet, dans son ouvrage « Le système taylor et la physiologie du travail professionnel »[48], il critique ouvertement les fondements du taylorisme et de l'OST. « Il ne s'agit pas d'une critique idéologique ou morale, comme Hyacinthe Dubreuil ou d'autres pourront le faire par la suite mais d'une critique de la méthode qui met en cause les implications organisationnelles de l'OST. Il reproche à celle-ci de n'être pas suffisamment scientifique ».[49] Lahy, qui était professeur à l'École Pratique des Hautes

---

[44] H.L. Rumpf, « La sélection professionnelle de l'employé de banque », in *Banque*, novembre 1932.

[45] *Idem.*

[46] Spectator, « La situation sociale de l'employé de banque en France », in *Banque*, février 1935.

[47] J.-M. Lahy, « La sélection du personnel par la psychotechnique et, en particulier, la sélection des opératrices de machines comptables », in *Banque*, novembre 1932.

[48] J.-M. Lahy, *Le Système Taylor et la Physiologie du Travail Professionnel*, Gauthier Villars, Paris, 1916.

[49] Cité in article collectif « De quelques textes fondateurs dans l'enseignement de la gestion des Ressources Humaines en France », in *Les Sources d'Information et leur Transmission en Gestion et Management*, publié à la suite des deuxièmes rencontres

Études, a eu l'occasion de mettre en œuvre ses enseignements puisqu'il a été chargé en 1921 par la STCRP (ancêtre de la RATP) de la sélection psychophysiologique des conducteurs de tramways et d'autobus. La critique du taylorisme faite par Lahy est multiple. Elle concerne aussi bien la sélection des salariés que le chronométrage et les modes de rémunération, la fatigue ouvrière que les moyens de les combattre. Sa méthode de sélection du personnel fondée sur la psychotechnique se décompose en deux phases : la première est consacrée à l'étude de la « profession » et à la « recherche des aptitudes qui sont nécessaires pour remplir cette profession », la seconde, à la sélection proprement dite, fondée sur l'évaluation des capacités des candidats et leur classement. Le tout repose sur un arsenal de tests. Certains tests généraux ont pour but de donner « un aperçu sommaire de la valeur psychomotrice du sujet ». Ici intervient la machine, le « dynamographe » qui est « un appareil aussi compliqué qu'ingénieux, décelant, à l'aide de l'électricité, des caractéristiques telles que le degré d'attention, le volume de la mémoire, les qualités d'observation... ».[50] D'autres sont adaptés au poste à pourvoir. Pour une employée dactylographe, par exemple, on tentait de mesurer sa capacité de frappe, définie par son rendement quantitatif, et la qualité de son travail, appréciée notamment en fonction du nombre de fautes d'orthographe commises. Par opposition à la psychotechnique, l'égométrie se prétendait une méthode moins quantitative, moins systématique qui « sache atténuer la rigueur d'indication de la méthode scientifique par la finesse d'investigation de la psychologie ».[51] Elle met synthétiquement en jeu quatre disciplines : la graphologie, qui, semble-t-il, fait alors ses premiers pas dans l'entreprise, la physiognomonie, « qui se base sur les traits du visage et la forme de la tête », la chirologie, qui étudie les lignes de la main et l'astrologie enfin. La mise en œuvre conjointe de ces savoirs doit permettre à l'observation de se fonder sur des critères qui se veulent scientifiques. Ainsi, l'égométrie, selon son principal spécialiste et hérault, H.-L. Rumpf[52], aboutissait à des conclusions de cet ordre : « La dominante de Jupiter dans le ciel de naissance confère des aptitudes pour l'administration des

---

qui ont eu lieu les 26 et 27 novembre 1993, les Presses de l'Université des sciences sociales de Toulouse, collection Histoire, Gestion, Organisations, n° 2, p. 227.

[50] J.-M. Lahy, *art. cit.*, in *Banque*, novembre 1932, p. 798-806.

[51] H.-L. Rumpf, « La Sélection professionnelle de l'employé de banque », in *Banque*, 1929, p. 814.

[52] Voir la rubrique d'H.-L. Rumpf, « La Sélection professionnelle de l'employé de banque », in *Banque*, 1929, p. 590-594, 663-669, 813-821 ; « La Sélection et l'Appréciation professionnelles » in *Banque*, 1930, p. 106. Ainsi que le *Précis d'Égométrie* qu'il édita à Paris en 1936.

entreprises »[53] ; ou encore à des indications de nature à faciliter le repérage des bons comptables : « Les comptables se reconnaissent aux sourcils droits très fournis, à l'arcade sourcilière saillante, indiquant le sens des proportions, de la mise en place, de l'harmonie... Mme Osmont, la physiognomiste bien connue, assure que les comptables appartiennent, pour la plupart, au type martien... Toutefois, les vrais comptables sont ceux joignant à l'influence de Mars celle de Mercure... »[54]. Ces nouvelles méthodes de recrutement, à savoir la psychotechnique et l'égométrie, ont-elles été utilisées au Crédit lyonnais ?

L'analyse des dossiers du personnel recruté dans cet établissement entre 1926 et 1935 ne permet pas de répondre par l'affirmative à cette question. Certes, la promotion de ces techniques de recrutement est relativement tardive dans les banques mais il s'avère aussi que l'une d'entre elles, l'égométrie, pouvait paraître aux dirigeants du Crédit lyonnais de nature douteuse ; H.-L. Rumpf l'admettait lui-même, cette méthode « frôlant par bien des côtés le charlatanisme ». Mais, d'avance, il prenait soin de repousser cette accusation, en recourant à des arguments qu'il voulait d'autorité, tels les travaux de grands professeurs de la Sorbonne et le « précédent américain » : « De larges intelligences se sont appliquées à déceler par l'observation scientifique répétée la valeur d'une multitude de signes révélés dans le visage, la main, l'écriture et même dans le ciel au moment de la naissance. Elles sont ainsi parvenues à dégager l'astrologie et la physiognomonie, la chirologie et la graphologie de leur gangue d'empirisme en les élevant au rang de véritables sciences d'observation. On peut être surpris qu'il y ait corrélation entre nos aptitudes, notre caractère, notre mentalité d'une part, et l'écriture, les lignes de la main et les traits du visage ainsi que l'état du ciel au moment de la naissance, d'autre part. Mais ainsi que l'écrivait Charles Henry, le regretté directeur du laboratoire de physiologie des sensations à la Sorbonne, il serait absurde de nier ou de négliger ces concordances parce qu'elles sont encore actuellement inexplicables ».[55] Quant à la psychotechnique, si elle semble avoir connu un plus large développement dans les entreprises, voire dans certaines banques[56], il ne semble pas en revanche qu'elle ait été davantage utilisée au Crédit lyonnais que

---

[53] H.-L. Rumpf, « La Sélection professionnelle de l'employé de banque », in *Banque*, 1929, p. 817.

[54] *Idem*, p. 816.

[55] *Idem*, p. 591-592.

[56] Lors du Congrès d'organisation bancaire d'octobre 1932, les congressistes furent en effet invités à visiter le « laboratoire de psychotechnique » de la Compagnie des Chemins de Fer du Nord, dirigé par J.-M. Lahy. À l'issue de cette visite, il fut convenu qu'un grand établissement de crédit de la place aurait recours, à titre d'expérience, aux bons soins du laboratoire.

l'égomètrie. L'absence de tests psychotechniques à l'entrée en témoigne. Il semble donc que les méthodes « rationnelles » de recrutement ne furent pas introduites au Crédit lyonnais à cette époque. Des spécialistes de l'organisation bancaire comme G. Huet étaient d'ailleurs eux-mêmes sceptiques sur leur efficacité. Déplorant certes que « le seul empirisme » gouverne le recrutement dans les banques, cet auteur affichait cependant des doutes sur les tests et autres pratiques nouvelles de sélection professionnelle, aux résultats desquels il ne devrait, selon lui, être fait recours « qu'à titre d'indications complémentaires ».[57] Si les nouveaux instruments de recrutement et de sélection professionnelle sont donc plutôt restés des objets de théorie ou d'expériences, « l'insuffisance technique du personnel bancaire » en revanche a préoccupé plus sérieusement les banquiers : elle donna lieu à des initiatives plus concrètes. Par ailleurs, sous l'impulsion des pouvoirs publics, les dirigeants du Crédit lyonnais ont encouragé leur personnel à fréquenter les écoles de formation professionnelle.

« Le problème de l'enseignement bancaire, de la formation professionnelle de l'employé de banque, est un des problèmes qui, depuis 1925 surtout, préoccupe au plus haut point tous ceux qui ont le souci véritable des intérêts supérieurs de la banque. Partout, on commence à se convaincre de la nécessité d'un personnel et de cadres ayant, indépendamment d'une certaine culture générale, des connaissances professionnelles théoriques solides, susceptibles par conséquent de s'adapter à des situations particulières, de résoudre des problèmes nouveaux auxquels l'empirisme traditionnel ne saurait fournir de réponse satisfaisante ».[58] Le Crédit lyonnais n'avait pas été le seul en 1925 à souffrir de l'insuffisance technique de son personnel. Mis à part les agents des banques publiques ou semi-publiques, recrutés par voie de concours et qui avaient, de ce fait, subi les épreuves d'un programme sévère, les banques locales, régionales, les établissements de crédit à succursales multiples, souffraient tous de ce mal. « De cette insuffisance technique résulte une *inflation* d'employés (hommes et dames) qui surcharge tous les rouages de la délicate machine qu'est une banque, qui rend complexe le travail le plus simple, qui engendre une énorme perte de temps, qui gonfle enfin les frais généraux au point d'absorber la majeure partie des bénéfices de la Maison : c'est de l'excès de ce mal qu'est née – avec la volonté de le guérir – l'École spéciale de préparation aux banques ».[59]

---

[57] Voir G. Huet, *op cit.*

[58] Achille Dauphin-Meunier, « L'Enseignement bancaire », in *Problèmes Contemporains de Banque et de Bourse, rapports et discussions du VIe Congrès International de Science et de Technique Bancaire*, *Banque*, Paris, 1937, p. 199.

[59] L.-M. Lair, « Le Banquier et son Personnel », in *Banque*, mai 1926.

La création de cette école constitue une étape importante dans l'histoire de la professionnalisation du métier d'employé de banque. Elle participe en effet de cette série d'initiatives qui ont été prises en 1926 pour résoudre la crise d'identité professionnelle des employés de banque mise à jour lors de la longue grève de l'été 1925. La création de ce premier établissement de formation professionnelle bancaire coïncide en effet avec le lancement de la revue mensuelle *Banque* dont le fondateur L.-M. Lair se révèle être aussi le directeur de l'École spéciale de préparation aux banques. Ce n'est donc pas étonnant de voir la revue « se faire l'ardent propagandiste des initiatives visant à élargir la formation professionnelle des employés, gradés et cadres : plusieurs articles cherchent ainsi à motiver les banques françaises ».[60] À cette époque en effet, les effectifs des principaux services des sièges parisiens des grands établissements de crédit atteignent des centaines, voire des milliers d'unités. Les effectifs du siège central du Crédit lyonnais s'élèvent ainsi en 1926 à 6 486 personnes. C'est dire combien la besogne y est divisée et il n'en saurait être autrement. Depuis de longues années et surtout depuis l'utilisation de plus en plus répandue des machines de bureau, le travail matériel y est « industrialisé ». Avec d'autres dénominations qu'à l'usine, on y trouve toute la hiérarchie des agents de la production, depuis l'apprenti jusqu'au directeur d'atelier. Le simple employé y accomplit une série de gestes, toujours les mêmes, pour l'exécution d'une modeste partie du travail. Que peut-il apprendre dans ces conditions ?

Les établissements de crédit ont, rappelons-le, d'abord réagi de façon différente à ce problème. Parmi eux, il en est qui, comme le Crédit lyonnais, ont institué des cours et des conférences pour une meilleure formation de leur personnel ; d'autres, comme la Société générale, ont organisé des concours en vue de l'accession à certains grades ou emplois. Mais comme un professionnel de la banque, L. Dufourcq-Lagelouse, a pu le souligner en 1927, dans un article consacré à la formation de l'employé de banque, « étant donné l'insuffisance d'instruction générale d'un grand nombre d'employés, c'est la minorité des auditeurs qui, seule, assimile la substance de ces cours ».[61] C'est préci-

---

[60] Hubert Bonin, « La maturation de la professionnalisation bancaire en France », in Pierre Guillaume (dir.), *La professionnalisation des classes moyennes*, Éditions de la MSH d'Aquitaine, 1997, Bordeaux, p. 139. Il convient de préciser que, contrairement à ce qu'affirme H. Bonin dans cet article, la revue *Banque* n'a pas été lancée en janvier 1928 mais en mai 1926 et qu'en aucun cas, le numéro paru en 1926 n'a été un numéro d'essai puisque la revue a continué de paraître après mai 1926, tout au long de l'année 1927. Les numéros de ces années sont consultables à la Bibliothèque Cujas, R.M. 45.

[61] L. Dufourcq-Lagelouse, « La formation de l'employé de banque », in *Banque*, 1927, p. 483.

sément la prise en compte de cette donnée sociale, l'insuffisance de culture générale de la majorité des employés de banque de l'époque, qui a débouché sur la création de ce système d'enseignement technique bancaire original, parce que postscolaire. En effet, l'École spéciale de préparation aux banques n'est en aucun cas une école de banque analogue aux écoles industrielles et commerciales qui permettent aux élèves, avant d'aborder la pratique, de suivre dans la journée les cours pour se préparer aux exercices, interrogations ainsi qu'aux épreuves de sortie. Bien sûr, la solution idéale à l'insuffisance technique du personnel bancaire serait que tous les jeunes gens ou jeunes filles qui se destinent à la banque suivent, préalablement à leur entrée dans une « maison » et pendant une ou plusieurs années, les cours préparatoires où les rudiments des techniques financières et comptables, juridiques et économiques, les principes de l'organisation des banques et des sociétés de crédit, l'objet et le mécanisme des différentes opérations bancaires leur seraient enseignés. Mais « malheureusement », comme le constate Ch. de Nevers dans un article consacré à la nécessité de l'enseignement technique postscolaire en banque, « la plupart de ceux et de celles qui débutent dans la banque, étant sans fortune, sont dans la stricte obligation de gagner immédiatement leur pain quotidien, et de ce chef, ne peuvent se permettre de passer, une ou plusieurs années, sur les bancs d'une école préparatoire ».[62] C'est pourquoi la solution adoptée pour remédier à l'insuffisance technique du personnel bancaire a-t-elle été l'organisation de cours postscolaires, de cours du soir, où les auditeurs reçoivent un enseignement théorique, venant heureusement compléter l'instruction pratique qui leur est donnée au cours de la journée. Ainsi, sous l'égide de l'École spéciale de préparation aux banques, une école spécifique à la profession bancaire a été mise en place en 1926, avec un centre parisien et plusieurs centres provinciaux (ils seront 61 en 1929) où les employés viennent suivre cours et conférences. L'enseignement dispensé par l'école est à deux degrés :

– les cours du premier degré, dits « cours préparatoires de banque et de bourse » sont destinés aux débutants auxquels des professeurs s'efforcent d'inculquer les principes du métier. Ils sont sanctionnés par un « certificat » délivré par l'école. Les élèves qui en sont titulaires sont en outre présentés aux épreuves du certificat d'aptitude professionnelle (CAP) délivré par le ministère de l'Éducation nationale.

– les cours du second degré dits « cours supérieurs de banque et de bourse » sont plus ardus et s'adressent à des auditeurs qui ont déjà quelque expérience de la technique bancaire. Des maîtres y traitent des

---

[62] Ch. de Nevers, « De la Nécessité de l'Enseignement Technique Postscolaire en Banque », in *Banque*, 1935, p. 249.

problèmes de droit commercial et de contentieux bancaire, d'économie politique, de comptabilité et d'arithmétique financières. Ces études du second degré sont sanctionnées par la délivrance du diplôme de l'École et leurs titulaires sont présentés, à partir de l'année 1934-1935, aux épreuves du brevet professionnel de commis de banque[63], qui comme le certificat d'aptitude professionnelle, est délivré par le ministère de l'Éducation nationale. Arrêtons-nous un moment sur l'évolution du financement des cours dispensés par l'ESPB qui, sous l'effet des conditions d'application de certaines mesures prises par les pouvoirs publics comme la taxe d'apprentissage, a débouché sur l'émergence d'une politique de formation, cette fois mise en œuvre au niveau de la profession par les banquiers eux-mêmes et à laquelle les responsables du Crédit lyonnais ont pris une large part. L'initiative de Louis Lair aurait en effet pu rester sans suite comme bien d'autres initiatives dans ce domaine avant lui[64], si la fréquentation des cours n'avait pas été, indirectement, incitée par les pouvoirs publics. Après l'entrée en vigueur de la loi Astier qui avait été votée le 25 juillet 1919, les cours professionnels n'ont pas connu immédiatement le développement attendu. Il fallait donc faire davantage. L'institution, le 13 juillet 1925, de la taxe d'apprentissage, impôt de 0,20 % sur le total des sommes versées en salaire par les employeurs, devait en assurer le financement. Une exonération était prévue en faveur des employeurs organisant eux-mêmes l'apprentissage au sein de l'entreprise ou subventionnant des écoles d'apprentissage privées.

C'est à partir de l'automne 1928 que l'on perçoit un changement dans la politique de formation du personnel jusqu'alors poursuivie par le Crédit lyonnais. L'exemple de la direction des agences régionales est à cet égard révélateur. Après avoir appliqué la loi de 1919 de façon plutôt restrictive, elle autorise, à partir du 27 octobre 1928, les directeurs d'agence à faire suivre par leurs employés les cours de l'École spéciale de préparation aux banques : « Nous avons autorisé plusieurs de nos agences à faire suivre les cours de cette école à certains de leurs employés dont la liste a été soumise à notre approbation ».[65] Plus même, afin de surmonter les résistances liées au financement des cours, la

---

[63] Le Brevet professionnel de commis de banque est en effet institué par un arrêté ministériel daté du 13 novembre 1934.

[64] Les initiatives précédentes prises par l'Association polytechnique et le Comité d'encouragement des études commerciales en France créé sous l'impulsion d'Henri Bamberger, administrateur de la Banque de Paris et des Pays-Bas, pour développer entre autres les cours postscolaires de technique bancaire, s'étaient en effet traduites par des échecs.

[65] Cité in instruction de la direction des agences régionales datée du 27 octobre 1928, AH CL, 068 AH 079.

direction déclare « que ces agences seront déchargées complètement des droits d'inscription à ces cours ». Ce changement de politique est motivé par la formation des cadres : « cette méthode de financement des cours sera suivie non seulement pour l'École spéciale de préparation aux banques mais aussi pour tous les autres cours professionnels que vous estimeriez pouvoir être suivis avec profit par des employés de votre groupe en vue de la formation des cadres ».[66] Quels sont d'ailleurs ces « autres cours professionnels » que le Crédit lyonnais se propose de subventionner ?

Trois circulaires du service du personnel du siège central datées d'octobre 1928 permettent de répondre à cette question. La première qui s'inscrit dans la continuité par rapport à la nature des cours subventionnés depuis 1919, incite les employés à suivre les cours de l'École de législation professionnelle[67], les deux autres, qui témoignent d'une évolution dans la nature des cours subventionnés, incitent le personnel à suivre des cours de langue : ceux de l'Institut britannique[68] et ceux de l'école Berlitz.[69] L'apprentissage des langues étrangères est d'ailleurs vivement encouragé par Marius Dujardin, alors sous-directeur du siège central, lors de l'allocution qu'il prononce en juin 1932 à l'occasion de la séance solennelle de clôture des cours de l'ESPB : « Ne manquez pas, toutes les fois que cela vous sera possible, de vous documenter sur les méthodes utilisées chez les Banques dans les pays étrangers ; à ce sujet, permettez-moi d'ouvrir une parenthèse pour vous recommander, si vous ne l'avez déjà fait, d'ajouter aux connaissances que vous avez déjà acquises dans cette École, des notions aussi complètes que possible d'une ou plusieurs langues étrangères, anglais et allemand notamment. À quelques pas d'ici, la Société pour la propagation des langues étrangères, fondée par Rauber il y a quarante ans, vous offre des cours du soir, nombreux et *quasi* gratuits, grâce auxquels vous pourrez acquérir rapidement un bagage suffisant pour pouvoir comprendre sans erreur le libellé des titres, coupons, traites, chèques et autres documents en langues étrangères qu'un employé de banque est appelé à manipuler, et,

---

[66] *Idem.* La méthode de financement des cours consistait à écrire les dépenses qui y étaient consacrées dans un compte transitoire au chapitre « Débiteurs et créditeurs divers ». À la fin de chaque trimestre, les agences devaient envoyer un relevé des sommes qu'elles auraient payées de ce chef, au cours du trimestre. Elles seraient alors créditées du montant de ces frais, dans leur compte, au siège social.

[67] Cité in circulaire du service du personnel du siège central datée du 5 octobre 1928, AH CL, 105 AH 004.

[68] Cité in note du service du personnel du siège central datée de la semaine précédent le 13 octobre 1928, AH CL, 105 AH 004.

[69] Cité in circulaire du service du personnel du siège central datée du 28 novembre 1928, AH CL, 105 AH 004.

grâce auxquels vous arriverez aussi, en faisant un effort de plus, à lire couramment les correspondances commerciales, les journaux et revues des pays étrangers, ce qui vous donnera une valeur supplémentaire d'autant plus appréciable que l'importance croissante des relations financières internationales rend ces connaissances de plus en plus nécessaires à tous ceux qui s'occupent du commerce de Banque même s'ils ne sont pas spécialisés dans les départements de relations avec l'étranger ».[70]

Ce n'est pas un hasard si ce changement dans la politique de formation de l'établissement est intervenu en novembre 1928 : il coïncide avec l'entrée en vigueur du décret du 18 avril 1928 qui modifie l'article 14 du décret du 9 janvier 1926 relatif à l'application de la taxe d'apprentissage dans les banques. Dès lors, les assujettis à cette taxe doivent, lorsque la demande leur en est faite par le comité départemental d'enseignement technique ou par l'une des sections de ce comité, fournir la preuve des charges qu'ils ont déclarées supporter et produire toutes justifications nécessaires. En fait, comme le souligne l'Union syndicale des banquiers de Paris et de la province, « le Comité use presque systématiquement de son droit de demander des justifications ».[71] Les assujettis doivent donc se mettre en mesure de communiquer au comité départemental, soit les avertissements ou les extraits de rôle en ce qui concerne les centimes additionnels pour chambre de commerce, soit les quittances, datées et signées, des subventions versées aux œuvres, cours ou écoles d'enseignement professionnel. La première inscription du poste Formation, qui apparaît dans l'inventaire des dépenses d'intérêt général sous le titre « Employés en pépinière et Écoles d'apprentissage », remonte d'ailleurs à l'exercice 1927-1928. Or, les dépenses relatives à l'apprentissage réalisées à l'intérieur des établissements assujettis à la taxe (salaires des apprentis, salaires des techniciens, frais de cours organisés à l'intérieur des entreprises pour leurs employés) ne peuvent le plus souvent être justifiées par la production de pièces comptables. Mais dans ce cas, le comité départemental use du droit de faire des enquêtes sur place par un inspecteur de l'enseignement technique qui contrôle tout à la fois, la réalité des dépenses et leur efficacité au point de vue de l'apprentissage. Enfin, la question s'est posée de savoir si un assujetti pouvait obtenir une exonération en raison des subventions qu'il verse en faveur de la formation technique dans une profession autre que la sienne. Ainsi, une exonération peut-elle être accordée à une banque (dans les limites du barème) en raison d'une

---

[70] Cité in « Discours de Marius Dujardin », séance solennelle de clôture des cours pour l'année scolaire 1931-1932, in *Banque*, juin 1932, p. 526.

[71] Cité in rapport de l'assemblée générale annuelle de l'USBPP daté du 25 février 1929, AH AFB.

subvention versée par elle à une école de mécanique, d'électricité, etc. ? La loi modifiée par le décret du 18 avril 1928 distingue deux cas de figures :

    – le premier concerne les subventions versées à des établissements d'enseignement technique supérieur : Polytechnique, Centrale, École supérieure d'Électricité, etc. Ces dernières sont admises en exonération, en considération du fait que les banques doivent faire appel pour leurs cadres supérieurs à des compétences de tous ordres.

    – En ce qui concerne les subventions à des œuvres d'apprentissage proprement dites (formation du personnel moyen et subalterne), si le comité départemental les avait jusqu'alors admises en exonération avec une certaine libéralité, la tendance affichée par le décret est de ne les admettre dorénavant qu'à la condition que ces subventions soient très faibles par rapport aux sommes consacrées par l'assujetti à l'apprentissage dans sa propre profession. En 1932, soit quatre ans après l'entrée en application du décret du 18 avril 1928, le comité de l'Union syndicale des banquiers de Paris et de la province se préoccupe des exonérations obtenues par les banques sur leur taxe d'apprentissage et plus particulièrement, du pourcentage des versements effectués à l'École spéciale de préparation aux banques admis en déduction de la taxe : « ce pourcentage a été réduit d'année en année et désormais les sommes versées à l'École ne donneraient plus lieu à exonération ».[72] Quelles sont les raisons de cette réduction ?

Les motifs invoqués par la direction de l'enseignement technique sont de deux ordres : d'une part, l'École constitue une entreprise commerciale et d'autre part, tous les jeunes employés désireux d'en suivre les cours n'y sont pas admis de crainte que les dépenses faites par l'employeur ne dépassent la déduction à laquelle il peut avoir droit. Or, selon l'USBPP, ces objections tomberaient d'elles-mêmes si l'École était gérée par un groupement syndical et si la contribution des employeurs à ces dépenses de formation n'était pas rigoureusement et obligatoirement proportionnelle au nombre d'employés qu'ils y envoient. Dès lors, l'USBPP décide de faciliter la constitution du Syndicat professionnel pour le développement de l'enseignement technique en banque, qui naît le 9 novembre 1932. En effet, contrairement à l'École spéciale de préparation aux banques qui était l'œuvre d'une personnalité privée, Louis Lair, la création du Syndicat professionnel pour le développement de l'enseignement technique en banque est celle de l'Union syndicale des banquiers de Paris et de la province. Le syndicat patronal a déterminé une série de principes sur lesquels repose le fonctionnement dudit

---

[72]   Cité in instruction de la direction des agences régionales datée du 3 janvier 1933, AH CL, 068 AH 080.

syndicat. Tout d'abord, « l'enseignement doit être ouvert à tous, et pas seulement à une élite. Des cours par correspondance complèteront d'ailleurs les cours oraux. Ensuite, les cours doivent être gratuits pour les employés. Enfin, une conception humaniste conduit à privilégier des formations longues par opposition à la préparation du personnel à des travaux spécialisés ».[73] C'est cette série de principes qui a fondé la politique de formation professionnelle des banques françaises. Les directions générales des banques et le délégué général de l'USBPP, Jean Barbier, en s'impliquant personnellement dans la formulation de cette politique, lui ont donné l'impulsion et la force nécessaires qui, peut-être, avaient manqué jusqu'alors à l'ESPB. Pour mettre en œuvre un véritable service de formation commun à toute la profession, l'USB va faire un choix stratégique important. Plutôt que de créer un service de formation à l'intérieur de l'USB, elle va décider de créer un organisme autonome, ouvert à tous les établissements, même non adhérents de l'USB. Elle reconnaît ainsi que la formation est un métier particulier et elle lui donne la liberté nécessaire à son épanouissement. Le statut de syndicat professionnel est préféré à celui d'association et c'est ainsi qu'est créé, le 9 décembre 1932, le Syndicat professionnel pour le développement de l'enseignement technique de banque dont le titre résume l'ambition et le champ d'activité. Le premier conseil d'administration se réunit le 12 décembre 1932 sous la présidence du Général Poindron, toujours directeur du personnel du Crédit lyonnais. Le vice-président est Froideval du CNEP, le secrétaire, Hass de la Banque de l'Union parisienne et le trésorier Lantin de la banque de Baecque-Beau et Lantin.[74] Louis Lair est nommé directeur des études et le SPDETB prend la gérance des cours de l'École spéciale de préparation aux banques. Au cours des premières années, deux problèmes financiers menacent la vie même du syndicat. D'une part, la direction générale de l'enseignement technique refuse d'accorder au syndicat la subvention qu'il demande sous prétexte que le syndicat n'est pas le successeur mais seulement le gérant de l'ESPB. D'autre part, alors que cette même direction a, dans un premier temps, déclaré que le syndicat serait susceptible de donner lieu à exonération, aucune exonération fiscale n'est finalement accordée pour les sommes versées à l'ESPB au titre de la taxe d'apprentissage. Le conseil d'administration du syndicat décide pourtant de poursuivre et appelle les

---

[73] Alain van Bockstaël, « Le CFPB toujours recommencé... une brève histoire du CFPB : 1932-1992 », in le supplément au numéro 533 de la revue *Banque*, décembre 1992, p. 9.

[74] Voir les listes des membres du conseil d'administration et des adhérents au Syndicat professionnel pour le développement de l'enseignement technique en banque, in rapport de l'assemblée générale annuelle de l'USBPP daté du 13 mars 1933, p. 199-202, AH AFB.

cotisations par avance pour faire face aux problèmes financiers. En 1933-1934, 1 026 élèves sont formés dans ce cadre dont 25 ont moins de 13 ans et 712 plus de 18 ans. Cette année-là, 34 élèves reçoivent leur CAP. Le syndicat est toujours déficitaire et le conseil d'administration décide de ne plus passer un contrat de gérance avec Louis Lair mais de lui adresser annuellement une lettre de service. Le premier excédent de gestion apparaît en 1934-1935. À cette époque, les autorités infléchissent leur position sur la taxe d'apprentissage et le syndicat propose alors d'ouvrir un plus grand nombre de centres de province. De 17 centres de cours oraux en 1935, on passe ainsi à 46 l'année suivante. Le syndicat quitte les locaux de l'ESPB, 16, rue de la Sorbonne pour s'installer au 49, boulevard Saint-Michel. Et le 9 juillet 1936, le conseil d'administration décide de racheter « l'actif » de Louis Lair, évalué à 85 % du chiffre d'affaires de l'année. Répondant ainsi aux vœux de la direction générale de l'enseignement technique, le syndicat est devenu propriétaire de ses matériels d'enseignement et contrôle entièrement son développement.

L'utilisation par le Crédit lyonnais de ces nouveaux instruments de formation professionnelle que constituent l'École spéciale de préparation aux banques puis le Syndicat professionnel pour le développement de l'enseignement technique en banque s'apprécie au regard de l'évolution de la participation du personnel aux cours. Cette dernière est difficile à mesurer[75]. Plusieurs indices permettent toutefois de conclure à une participation non négligeable des employés de l'établissement. C'est en tout cas ce que laisse entendre l'introduction de l'allocution prononcée en juin 1932 par le sous-directeur du siège central du Crédit lyonnais lors de la séance solennelle de clôture des cours de l'École spéciale de préparation aux banques : « Je me félicite à tous égards que les résultats des examens de l'ESPB aient conduit votre Direction à offrir au Crédit lyonnais la présidence de la réunion de ce soir ».[76] Par ailleurs, le choix du Général Poindron comme président du Syndicat professionnel pour le développement de l'enseignement technique en banque n'est certainement pas fortuit. Enfin, que conclure de l'évolution du budget consacré à la formation professionnelle du personnel ? Traduit-elle une politique ambitieuse de l'établissement dans ce domaine ? Certes, ce budget connaît une forte croissance à partir de 1927 : de 95 000 F, il s'élève en effet à 554 000 F en 1931 avant de subir une diminution durant les années de crise. Mais cette croissance ne résulte-t-elle pas plutôt de la

---

[75] Pour cela, il aurait fallu consulter les archives du centre de formation professionnelle bancaire dont le Syndicat professionnel pour le développement technique en banque est l'ancêtre.

[76] Voir le compte rendu de la séance solennelle de clôture des cours pour l'année scolaire 1931-1932, in *Banque*, 1932, p. 525.

seule application de la loi du 13 juillet 1925 relative à la taxe d'apprentissage ?

La réponse à cette question passe par l'observation de l'évolution du ratio : Budget Formation/Masse salariale. En effet, selon la loi, le Crédit lyonnais aurait dû consacrer 0,20 % de la masse salariale à la formation professionnelle de son personnel. Or, si l'on observe la façon dont ce ratio a évolué, on s'aperçoit que le budget « Formation », au plus fort de sa croissance, c'est-à-dire en 1931, ne représente pas plus de 0,16 % de la masse salariale du Crédit lyonnais. L'effort effectué par l'administration de l'établissement pour développer la formation professionnelle de son personnel doit donc être relativisé. Il n'en reste pas moins que la participation des employés aux cours professionnels dispensés dans le cadre de l'ESPB puis dans le cadre du SPDETB a incontestablement amélioré leurs compétences techniques dans le sens d'une plus grande professionnalisation du métier. Référons-nous au témoignage de Maurice Schlogel[77] qui a affirmé avoir suivi au début des années 1930 « les cours de l'École de préparation à la banque que dirigeait Louis Lair et les cours de l'École de législation professionnelle » dont il sortit premier. Il souligne par ailleurs les différences qui existaient entre les systèmes de formation en vigueur à la Société générale et au Crédit lyonnais : « La Société générale a alors un enseignement intérieur avec son propre corps d'enseignants (l'inspection) ; le Crédit lyonnais avait aussi créé des cours mais c'étaient des conférences et la politique suivie était plutôt incitative : la Direction préférait envoyer les cadres en ville ».[78]

Ainsi, à partir de la mise en application dans les banques de la loi qui a institué la taxe d'apprentissage, le champ de la fonction Personnel s'est donc élargi avec la naissance officielle d'une nouvelle sous-fonction : la sous-fonction Formation qui est désormais structurée autour d'un budget autonome. Contrairement aux nouvelles méthodes de recrutement et de sélection professionnelle qui sont restées aux yeux des dirigeants du Crédit lyonnais des objets de théorie, les nouveaux instruments de formation professionnelle que constituent l'ESPB puis le SPDETB ont ainsi donné lieu à des initiatives plus concrètes en matière

---

[77] Le témoignage de Maurice Schlogel est intéressant à plus d'un titre : ce dernier a en effet franchi tous les échelons du *cursus honorum* de la carrière avant d'accéder à la fin des années 1960 aux plus hautes fonctions de direction : il sera en effet le Directeur général du Crédit lyonnais entre 1967 et 1969 puis Administrateur directeur général entre 1969 et 1972. Son témoignage sur la façon dont le métier de banquier a évolué entre les années 1930 et les années 1960 a fait l'objet d'une série d'entretiens en 1993 auxquels ont participé M. Desjardins, M. Nougaret, M. Plessis et M. Tissier. Ils ont été enregistrés et sont accessibles aux Archives historiques du Crédit lyonnais. L'entretien du 9 avril 1993 est enregistré dans la cassette n° 8.

[78] Cassette n° 8, AH CL.

de formation du personnel, sous l'impulsion, il est vrai, des pouvoirs publics. Au-delà des problèmes que posaient la sélection professionnelle et l'insuffisance technique du personnel, les « rationalisateurs » déploraient également trop d'empirisme dans la gestion des carrières bancaires. Sous l'influence des critiques formulées par les « organisateurs », les dirigeants du Crédit lyonnais ont-ils pris des initiatives pour rationaliser le cours des carrières ?

Inspirés encore par le principe *the right man in the right place*, les « rationalisateurs » entendaient aussi fonder sur de nouveaux principes rationnels l'avancement des employés et des cadres. Les instruments créés pour assurer la mise en œuvre de ce principe sont alors semblables à ceux mis au point pour rationaliser le recrutement. Le recours périodique à des tests d'aptitudes est en effet préconisé pour permettre une évaluation permanente des salariés. La rationalisation de la gestion des carrières suppose donc une mesure la plus précise possible des performances des employés et des aptitudes qu'ils ont manifestées à différents postes. Cette meilleure connaissance des capacités du personnel, les « rationalisateurs » pensent l'obtenir en renforçant les procédures de contrôle s'exerçant sur le travail de chacun. Le renforcement des instruments de contrôle est par ailleurs un élément essentiel de la nouvelle organisation bancaire. La mise en œuvre des instruments de rationalisation suppose en effet ce que Roger Alheinc, dans *L'Organisation Bancaire*[79], appelle « un contrôle plus serré de l'activité humaine ». Calculer les rendements et les prix de revient, deux des principaux objectifs assignés à la rationalisation, constitue un effort de vigilance statistique qui suppose tout d'abord que le travail des employés soit contrôlé et évalué. Comme il en a été des contremaîtres dans les usines, le rôle des chefs de service s'en trouve donc renforcé car ce sont eux qui, le plus souvent, sont chargés de recueillir les informations concernant les employés subalternes. Au Crédit lyonnais, il revenait en effet aux chefs de service de noter le personnel et de déterminer les augmentations de traitements qu'ils soumettaient à l'accord du chef du personnel dont la décision finale tenait compte des orientations définies par l'administration en fonction des résultats de l'exercice. Afin de rendre plus efficace le contrôle du travail dans les bureaux, des recherches furent entreprises pour le mécaniser ; c'est ce dont rend compte, en 1934, la « Chronique de l'organisation bancaire » de la revue *Banque* : « Depuis quelques années, différents procédés ont été expérimentés pour la mesure du rendement dactylographique ».[80] On avait tenté de compter les mots ou les lignes : en vain, car les mesures en étaient difficiles. Le système

---

[79]   Roger Alheinc, *L'Organisation Bancaire*, Dunod, Paris, 1928, 95 pages.
[80]   Cité in « La Chronique de l'Organisation Bancaire », in *Banque*, décembre 1934.

américain d'évaluation de la superficie écrite ne donna pas non plus satisfaction. Ce fut finalement le comptage des frappes qui fut retenu : « Des compteurs de frappes furent mis au point ; ils s'adaptaient sur les machines et comptaient une unité toutes les cents frappes ».[81]

Cette procédure était associée à un système de rémunération qui récompensait les bonnes performances par l'attribution de primes et qui pouvait aussi servir à sanctionner les dactylographes dont le rendement se révélait inférieur aux normes. Des primes de rendement ont ainsi été instituées au Crédit lyonnais en faveur des mécanographes et des sténodactylographes qualifiées. Elles seront supprimées par la convention collective du 3 juillet 1936 au profit « d'indemnités proportionnelles à la durée du travail effectif ». Par mécanographes qualifiées, il faut entendre « celles qui jusqu'ici étaient bénéficiaires de prime de rendement, faisant sur les machines comptables *Burrough* et *Underwood-Bookeeping* un travail continu ».[82] Le contrôle est ainsi conçu comme un instrument de rationalisation permettant de mesurer à tout instant les compétences et le travail de chacun et d'adopter des systèmes de rémunération fondés sur la prime. Les « rationalisateurs » plaçaient d'ailleurs une grande confiance dans ces salaires à prime. Ils devaient stimuler le travail de chacun, en rehausser le rendement et permettre ainsi de diminuer les prix de revient et par voie de conséquence, les frais généraux : « L'usage des primes de rendement accordées aux machinistes sera vite marqué par une augmentation de travail et une baisse des prix de revient mensuels ».[83] Ainsi, parmi les méthodes rationnelles de gestion du personnel, les procédures de contrôle et de rémunération proportionnelle aux efforts sont sans aucun doute celles qui ont été le plus mises en œuvre au Crédit lyonnais. Leur rentabilité paraissait plus immédiate et plus sûre aux dirigeants de l'établissement que celle des nouvelles techniques de recrutement. Ces dernières s'imposèrent d'autant moins facilement que le Crédit lyonnais est soucieux, à partir de 1931, de limiter son recrutement au strict nécessaire, voire de le stopper. Les systèmes de salaires à prime ont, au contraire, l'avantageuse réputation de stimuler l'ardeur des employés et de permettre ainsi de limiter les effectifs. Très peu d'informations permettent d'évaluer la réaction du personnel devant l'introduction des systèmes de salaires à prime. Toutefois, l'obtention de leur suppression lors des négociations de la convention collective en juin – juillet 1936 témoigne du fait qu'ils ont dû être peu appréciés par le personnel. La liste des différents instruments utili-

---

[81] Ch. Prévost, « Le prix de revient des opérations de banque », in *Banque*, novembre 1930.

[82] Cité in note n° 386 du service du personnel du siège central datée du 28 juillet 1936, AH CL, 098 AH 242.

[83] G. Huet, *op. cit.*

sés par les dirigeants du Crédit lyonnais pour mettre en œuvre la rationalisation dans l'établissement ne serait pas complète si l'on omettait de présenter la façon dont l'espace lui-même fut mis au service de cette mise en œuvre.

3. L'espace comme instrument de rationalisation

En effet, l'espace ne fut pas seulement l'objet passif des transformations dues à l'introduction des nouveaux instruments de travail et de gestion. De la même façon que Luc Marmonier l'a montré dans son étude relative à la rationalisation de l'espace bancaire en France dans l'entre-deux-guerres, nous allons voir comment, au Crédit lyonnais, l'espace fut, dans une certaine mesure, repensé pour être mis directement au service de la production. Certes, comme peuvent l'illustrer certaines archives photographiques de la Direction des Études Économiques et Financières[84], la rationalisation marqua physiquement de son empreinte les espaces de travail. Ceux-ci sont désormais peuplés de machines nouvelles, qui transforment, aux yeux des contemporains, l'aspect intérieur des banques : « Depuis quelques années, nous assistons à une véritable métamorphose des organisations bancaires [...] Toute la gamme des machines a pris la place des pupitres, registres, porte-plumes et encriers [...] Les banques ont maintenant l'aspect des grandes usines où le « tac-tac » des machines a remplacé le silence et la sérénité ».[85] On note le ton de regret de ce tableau : l'espace bancaire semble perdre de son imposante dignité avec la rationalisation. Et ce n'est pas tout : cet auteur ne dit rien de l'encombrement manifeste de certaines pièces, de certains bureaux, jadis conçus pour des hommes et des meubles auxquels viennent s'ajouter des machines parfois volumineuses. L'aspect quasiment usinier du travail devient particulièrement frappant dans les grands établissements, qui eurent plus massivement recours que les autres à la mécanisation et qui pouvaient ainsi regrouper leurs machines dans des locaux spéciaux. Car, si de loin, il semble que rien ne change vraiment en matière d'espace, de plus près, en s'enfonçant au-delà des portes monumentales et des guichets, dans les

---

[84] Deux photographies tirées de l'ouvrage de Maurice Mogenet représentent des services mécanisés du siège central :
– la première, une salle de machines tabulatrices, p. 151.
– la seconde, la salle du Fichier central des titres, p. 152.
Voir aussi deux photographies de la conservation des titres du siège central, avant et après la rationalisation :
– avant 1914, AH CL, CP. NB 1. 0029.
– dans les années 1920, AH CL, CP. NB 1. 0030.
Ces quatre photographies sont consultables aux AH CL.

[85] Ch. Pineau, « Est-il rationnel de mécanographier les services des banquiers et des établissements d'importance moyenne ? », in *Banque*, novembre 1929.

services et les bureaux, les transformations sont très sensibles. La plupart des photographies observées par Luc Marmonier dans le cadre de son étude l'attestent : « c'est dans des locaux anciens, demeurés inchangés, que l'on mit en œuvre la rationalisation ».[86] Les années de rationalisation ne furent pas en effet des années de constructions importantes dans le monde bancaire. Au Crédit lyonnais, un coup de frein est mis aux investissements effectués par le Baron Brincard dans l'immobilier de rapport[87]. Toutefois, Édouard Escarra, tout jeune directeur général[88], encourage à partir de 1926 l'installation de nouveaux sièges. À Lyon, des travaux sont entrepris en 1929 pour prolonger l'immeuble du siège social jusqu'à la rue de l'Hôtel de Ville. À Paris, un immeuble pris en location au 6 rue Montesquieu abrite désormais le réfectoire des hommes et les salons de Messieurs les administrateurs. La place libérée au 6 rue Ménars sert à agrandir le réfectoire des dames. Mais ces constructions ne paraissent pas avoir directement été motivées par des exigences propres à la rationalisation. Cette dernière en revanche affecta considérablement ce que Luc Marmonier appelle les « micro-espaces » par opposition à l'espace d'ensemble d'un établissement, d'un siège, d'une succursale. Ce sont les salles, les bureaux, et, plus locaux encore, les places assignées à chacun des employés.

Tout d'abord, une conception linéarisée de l'espace se développe en liaison avec la rationalisation du travail lui-même. Celle-ci impose une division des tâches, certes moins rigide dans les banques que dans l'industrie, et une « loi d'avancement linéaire du travail », ainsi formulée par M. Ponthiere dans son ouvrage « Le Bureau Moteur » : « Le travail qui avance dans l'espace en ligne continue, sans va-et-vient ni retour en arrière est plus économique ».[89] C'est l'introduction des machines qui transforme le plus manifestement ces espaces. D'abord, l'encombrement des bureaux réduit considérablement l'espace alloué à chacun des employés. Dans certains services mécanisés, il dépend en outre directement de la place de la machine dans le circuit des opérations comptables. Le rôle des procédures de contrôle est également manifesté par la place centrale que tient un plus vaste bureau, simple-

---

[86] Luc Marmonier, mémoire cité, p. 45.

[87] Rappelons que, pendant la période d'inflation, le Baron Brincard, Président depuis le début de l'année 1922, avait donné libre cours à sa passion pour la pierre : de nombreux immeubles de Paris et d'ailleurs dans lesquels les agences étaient jusqu'alors installées en location, furent achetés.

[88] À l'issue de la grève de 1925, Édouard Escarra alors âgé de 46 ans, accéda à la fonction de directeur général.

[89] Voir M. Ponthiere, *Le Bureau Moteur*, Paris, 1935.

ment occupé par un téléphone[90] et une machine à écrire : celui du chef de service. Ensuite, apparaît un nouveau type d'espace exclusivement consacré au machinisme. Au siège central du Crédit lyonnais, en 1931, une salle ne réunit pas moins de 120 machines. La disposition des machines est, dans ce cas, faite pour favoriser le contrôle des employés. Une allée centrale est ainsi aménagée pour la distribution du travail et la surveillance du bureau.[91] Enfin, concernant ces « micro-espaces », la rationalisation marque sans doute, sinon l'apparition, du moins la banalisation de la notion de « poste de travail » dans les banques. La machine en effet, réduit non seulement l'espace de circulation des employés mais retient aussi ceux-ci auprès d'elle. Le temps est loin où les services comprenaient des employés assis devant des bureaux, d'autres debout et d'autres encore, se déplaçant vers des armoires de rangement ; tandis que les premiers écrivaient, les autres classaient et ces tâches n'étaient peut-être pas divisées.[92] Désormais, personne ne bouge, toutes les employées frappent ; le travail leur est distribué depuis l'allée centrale, d'où il est aussi ramassé ; ce sont d'autres employées qui classent les documents, ailleurs, dans une autre pièce. Le poste de travail devient une réalité d'autant plus contraignante que l'efficacité est érigée en dogme, contrôlée et récompensée. Mais comme il a été évoqué plus haut, l'espace ne fut pas seulement l'objet de transformations dues à l'introduction de nouveaux instruments de travail et de gestion. Il commence au Crédit lyonnais à faire l'objet d'une réflexion et à être progressivement réaménagé de façon à être directement mis au service de la production. En plus de la transformation de l'espace des services intérieurs consécutive à l'introduction des machines, on a en effet aussi assisté à une transformation de l'espace des cabinets des directeurs et des gérants et de l'espace destiné au public. En effet, la rationalisation s'est aussi traduite par la volonté d'uniformiser et d'harmoniser les installations et le mobilier des sièges et des agences : « Désirant uniformiser, autant que possible, le mobilier de nos sièges, notamment celui des cabinets de nos directeurs et gérants, ainsi que nos salons d'attente, nous avons adopté un certain nombre de modèles pour : les bureaux, les bibliothèques et les fauteuils ; les cartonniers, les pendules, les garnitures de cheminée et de foyer ; les encriers, les lampes, les lustres et les

---

[90] Les ordonnancements de 1928 autorisent une dépense de 850 000 F pour l'installation de la téléphonie automatique au siège central : « les liaisons téléphoniques intérieures entre les services du siège central ont été facilitées par l'installation d'un central automatique en 1929 », M. Mogenet, *op. cit.*, p. 152.

[91] Voir la photographie du Fichier central des Titres déjà citée, AH CL.

[92] Voir la photographie du service du portefeuille du siège central avant 1914, in *Brochure du Cinquantenaire*, 1913.

porte-étiquettes pour les guichets ».[93] Dès lors, la commande de tous ces objets cesse de faire partie des attributions des directeurs d'agence et des gérants de sous-agence. Elle est centralisée au niveau de la direction de groupe : « Nous vous prions donc de noter que nous nous réservons exclusivement, dorénavant, la commande de ces objets qui vous seront livrés par nos soins ou par des fournisseurs que nous aurons choisis ».[94] Ceci pose le problème plus général de l'incidence de la rationalisation sur l'espace social. Ce dernier a en effet été modifié non seulement au niveau des emplois les plus subalternes mais aussi au niveau des cadres. Certes, les machines modifièrent l'échelon inférieur de l'espace social. Ainsi apparurent, dans les établissements bancaires les plus avancés dans la mécanisation, des concentrations d'employés d'un type particulier, « les machinistes ». C'est ce que constatait un contemporain, G. Huet : « les services de certaines grandes banques ne sont plus actuellement composés que de machinistes, ou plus exactement de « mécanographes », sous la direction d'un chef de service uniquement destiné à contrôler l'exécution de ces travaux matériels, à en assurer la jonction et la coordination avec les autres services ».[95] Ces machinistes étaient le plus souvent des femmes. Leur travail était pénible et monotone, leurs responsabilités étaient limitées et la connaissance des opérations de banque n'était pas nécessaire. Seule une compétence technique, essentiellement dactylographique, était indispensable. La « prolétarisation » des conditions de travail du personnel de bureau s'est donc accentuée sous l'effet de la mécanisation des services. Mais, et c'est ce qui constitue la nouveauté, cette évolution ne s'est pas limitée aux emplois les plus subalternes. La rationalisation s'accompagne en effet d'un renforcement de l'encadrement hiérarchique du travail de chacun qui peut toucher jusqu'aux directeurs d'agence.[96] Cette évolution ne laisse pas insensibles les contemporains qui, comme cet auteur anonyme, s'interrogent sur l'avenir du travail bancaire : « Chaque agent, ainsi qu'un ouvrier dans un atelier, recevra périodiquement des fiches d'instructions lui faisant connaître le travail à effectuer ; ces fiches d'instructions seront suffisamment précises pour éviter à l'agent toute initiative, qui doit demeurer l'attribution du Bureau du Travail, tout en lui laissant cependant la latitude nécessaire pour tirer partie des circonstances imprévues que peut ignorer le Bureau de préparation. [...] Le rôle des

---

93 Cité in instruction de la direction des agences régionales datée du 30 janvier 1929, AH CL, 068 AH 079.

94 *Idem.*

95 Voir G. Huet, *op cit.*

96 Cité in instruction de la direction des agences régionales datée du 30 janvier 1929 relative à l'uniformisation des installations et du mobilier des agences, AH CL, 068 AH 079.

agents sera donc un simple travail d'exécution. [...] Le directeur d'agence sera ainsi assimilé à un ouvrier, copiant simplement, selon le système de Taylor, en les réalisant, les fiches d'exécution. La fonction de directeur, qui actuellement, pour être remplie avec satisfaction, exige un ensemble de qualités difficiles à trouver réunies chez un même individu, sera rendue plus facile. Une agence pourra être dirigée par un préposé qui aura simplement des facultés communes ou administratives élémentaires ».[97] Ainsi, la rationalisation peut être perçue par certains professionnels comme une déqualification non plus seulement du travail de bureau mais aussi du travail bancaire. Nous ne disposons malheureusement pas d'informations suffisantes pour savoir si cette perception était partagée par les membres du personnel du Crédit lyonnais. Après avoir vu comment les installations et le mobilier des agences ont été repensés dans le sens d'une uniformisation, faisant du décor une composante de l'identité de l'entreprise, il convient d'analyser la façon dont l'espace a été réaménagé au Crédit lyonnais pour être mis directement au service de la production et répondre ainsi à deux des principaux objectifs de la rationalisation : la baisse des frais généraux et l'accroissement du rendement du travail bancaire. Une note du directeur des services techniques du siège central explicite clairement les motifs du réaménagement de l'éclairage des halls du public et des bureaux des employés : « Cette question a une grande importance à un double point de vue : économie des frais d'éclairage et meilleur rendement dans le travail par suite des commodités données au personnel ».[98] Le choix de l'éclairage illustre par ailleurs l'application à l'espace des principes « rationalisateurs » : un plus grand confort dans l'exécution de la tâche, un meilleur contrôle du travail et une exploitation plus facile : « En principe, il y a lieu de réaliser, autant que possible, non seulement pour les halls du Public mais aussi pour les bureaux d'employés, un éclairage d'ensemble. Un pareil système n'est pas nécessairement plus économique que le système d'éclairage individuel employé autrefois, mais, s'il est bien compris, malgré l'opposition manifestée parfois par le personnel intéressé, il est plus confortable, il permet une meilleure surveillance et facilite l'exploitation. Nous pensons d'ailleurs qu'il est payant de bien éclairer les bureaux et qu'une augmentation d'éclairage peut être facilement compensée par une augmentation de rendement dans le travail ».[99] La direction des services techniques du siège central,

---

[97] Auteur anonyme, « Les bases d'une organisation rationnelle d'un service d'agences », in *Banque*, novembre 1929.

[98] Cité in copie d'une note de la direction des services techniques du siège central adressée aux directeurs d'agence par la direction des agences régionales dans une instruction datée du 5 février 1930, AH CL, 068 AH 079.

[99] *Idem.*

s'inspirant des expériences probantes effectuées dans certaines usines[100], est en effet convaincue de l'incidence de l'éclairage sur la production : « Bien qu'il soit assez difficile de chiffrer la répercussion d'une amélioration apportée à l'éclairage sur la production, on est arrivé à faire ressortir des résultats concluants pour des usines ; nous sommes convaincus qu'il en est de même pour des bureaux, dans des sections de comptabilité par exemple ou de manipulation de coupons ; un bon éclairage non seulement diminue la fatigue, mais se traduit certainement par une perception plus rapide des chiffres à lire ou à reporter ».[101] Parmi les trois systèmes d'éclairage d'ensemble qui existaient alors, le directeur des services techniques du siège central a finalement choisi « l'éclairage semi-direct » qui était l'intermédiaire entre l'éclairage indirect et l'éclairage direct. Il permettait, par des diffuseurs, de diriger la plus grande partie de la lumière sur les tables tout en renvoyant une certaine quantité vers les plafonds qui la diffusaient à leur tour. Si l'utilisation des gros diffuseurs pouvait se défendre pour les halls publics « où l'on est tenu, pour l'installation des appareils, à des sujétions d'ordre esthétique et où l'on est souvent amené à placer de gros foyers lumineux liés en quelque sorte à la décoration intérieure des halls »[102], ils n'étaient pas adaptés en revanche aux bureaux des employés : « l'inconvénient de l'emploi des gros diffuseurs en nombre limité est qu'ils donnent plus souvent lieu à des ombres gênantes sur les tables, ou, lorsqu'on se sert de papier légèrement glacé, à des phénomènes d'éblouissement très fatigants.[103] Enfin, avec un petit nombre de foyers

---

[100] À défaut de citer un exemple d'expérience française dans ce domaine, citons l'exemple des expériences Hawthorne, du nom des ateliers de la Western Electric où elles se sont déroulées entre 1924 et 1933, pendant 8 ans et 3 mois, sous la direction d'Elton Mayo. Entre novembre 1924 et avril 1927, les expériences ont porté sur l'éclairage. Le compte rendu de ces expériences n'est paru qu'en 1939, donc relativement tard : intitulé *Management and the worker*, il a été rédigé par Dickson qui dirigeait le département Recherche sur les relations avec le personnel à Hawthorne et par Roethlisberger, professeur de relations humaines à la *Harvard Graduate School of Business Administration* et élève de Mayo. Mais Mayo avait lui-même publié en 1933 « *The humans problems of an industrialized civilization* ». Enfin, deux séries de données statistiques ont été publiées par Whitehead en 1938 sous le titre *The industrial worker*. Ces trois ouvrages représentent l'ensemble de ce qui a été écrit par les participants directs à l'expérience. Sur ce sujet, voir Bernard-Pierre Lecuyer, « L'énigme des expériences Hawthorne », in *Expérimenter le Social dans l'Entreprise ?*, Les journées de l'ANVIE, le mercredi 20 janvier 1993, 45 pages, p. 15-21.

[101] Cité en note du directeur des services techniques du siège central rapportée dans l'instruction déjà citée de la direction des agences régionales datée du 5 février 1930, AH CL, 068 AH 079.

[102] *Idem.*

[103] La Direction des services techniques préconisait d'ailleurs la réduction, si possible, de l'emploi des papiers plus ou moins glacés comme aussi des papiers de couleur

lumineux, on a forcément une moins bonne répartition de lumière ». Le directeur des services techniques du siège central prend donc la décision en 1927 d'augmenter le nombre des appareils en réduisant l'intensité de chacun et de les installer à la demande des positions des employés : « c'est une nécessité pour les mécanographes et les dactylographes ». Et le directeur d'affirmer : « Au siège central, nous n'avons pu donner satisfaction au personnel qu'en nous pliant à ces considérations et en adoptant uniformément la lampe de 75 Watts (100 bougies du commerce) pour les diffuseurs. Il eût été impossible de faire une installation systématique, on s'est simplement attaché à maintenir les diffuseurs au même niveau dans chaque étage, de façon à réaliser un plan uniforme d'éclairage ».[104] Et de conclure : « Ce système est très souple et donne satisfaction ». Enfin, la réalisation d'économie d'éclairage qui constitue, rappelons-le, l'un des principaux objectifs du nouveau système, passe par l'adoption d'un allumage séparé pour chaque diffuseur : « On évite ainsi des dépenses inutiles de lumière, le besoin d'allumer les diffuseurs ne se faisant pas sentir partout au même moment (par exemple à la tombée de la nuit) et certains n'ayant besoin d'être allumés que pour des recherches momentanées ».[105] Sous l'effet de la rationalisation, les conditions de travail du personnel ont donc considérablement évolué au Crédit lyonnais dans un triple souci de surveillance, de rendement et de confort. L'espace ne fut donc pas seulement l'objet passif de transformations dues à l'introduction de machines. Son réaménagement participe directement du processus de rationalisation dans la mesure où il correspond à ses objectifs principaux : réduire les frais généraux et augmenter le rendement du travail bancaire. Dans cette perspective, l'espace lui-même devient un instrument de la rationalisation. Une question se pose désormais : les objectifs assignés à la rationalisation ont-ils été atteints au Crédit lyonnais ?

B. Une réalisation non immédiate des objectifs : la rentabilité différée des investissements

Rappelons brièvement quels sont les objectifs assignés à la rationalisation bancaire. Contrairement aux objectifs assignés à la rationalisation industrielle qui s'appuient sur une doctrine fondée sur des principes généraux exposés par F.W. Taylor et H. Fayol, les objectifs assignés à la rationalisation bancaire sont peu nombreux, concrets, proches des

---

trop foncée (rouge, vert) en affirmant que pour l'hygiène de la vue, le meilleur papier est le papier blanc *mat*.

[104] Cité in instruction de la direction des agences régionales déjà citée, datée du 5 février 1930, AH CL, 068 AH 079.

[105] *Idem.*

intérêts immédiats des banques. Ils sont en fait en relation immédiate avec les motifs qui la rendent nécessaire. Les frais généraux augmentant considérablement, priorité est donnée à leur réduction. Le but de la rationalisation n'était-il pas, comme l'affirmait en 1935 un professionnel, « de réduire les frais généraux par une organisation *quasi* scientifique des rouages d'exécution qui doivent fonctionner avec le rendement optimum si ce n'est avec la dépense minimum ».[106] Réduire les frais généraux, abaisser les prix de revient des opérations bancaires, élever le rendement du travail dans les banques. Ainsi étaient affichés les buts de la rationalisation. Mais au-delà de ces objectifs et pour les atteindre, certains ne cachaient pas que la rationalisation avait un but plus concret et moins positif dans sa formulation : « économiser du personnel ». C'est ce qu'exprimait en 1930 le directeur de la Dresdner Bank : rationaliser, c'est assurer « le perfectionnement de l'organisation pour réduire les effectifs ».[107] C'est bien ce qu'avait exprimé en 1926, en d'autres termes, le conseil d'administration du Crédit lyonnais lors de l'assemblée générale ordinaire du 27 avril 1926 : « [...] Nous avons cherché à atténuer cet accroissement des dépenses de personnel. L'étude de la mise en œuvre de toutes les mesures permettant d'intensifier le travail et de le simplifier sans nuire à sa bonne exécution et aux contrôles indispensables est poursuivie sans arrêt. Il convient de vous signaler particulièrement, dans cet ordre d'idées, la généralisation progressive des machines » ?[108]

Dès lors, il importe d'analyser les évolutions des frais généraux, des effectifs et du rendement du travail pour apprécier la façon dont ont été réalisés au Crédit lyonnais les objectifs assignés à la rationalisation bancaire. On constate que ni la baisse des frais généraux, ni la diminution des effectifs et ni l'augmentation du rendement du travail n'ont coïncidé avec la période de mise en œuvre de la rationalisation. Alors que cette dernière a été entreprise à partir de 1926, les frais généraux et les effectifs ont continué de croître jusqu'en 1931 tandis que le rendement du travail ne s'est pas amélioré. Les frais généraux ont en effet augmenté de près de 41 % en l'espace de 5 ans, s'élevant de 397 516 268 F en 1926 à 560 425 683 F en 1931.[109] Les effectifs ont,

---

[106] R. Cerder de la Noue, « La rationalisation et les Banques », in *Banque*, mars 1935.

[107] E. Rambow, « Pourquoi et comment la Dresdner Bank a rationalisé ses services ? », in *Banque*, novembre 1930.

[108] Cité in rapport annuel du conseil d'administration, le 27 avril 1927, AH CL, usuels.

[109] Le chiffre de 1926 est cité dans le « Livre Rouge » encore appelés « Comptes de Profits et Pertes au 31 décembre », AH CL, 31 AH 361 ; le chiffre de 1931 est cité dans les « Comparaisons Trimestrielles des Chapitres de l'Inventaire au 31 décembre », AH CL, 31 AH 581. Voir aussi l'évolution de la part des frais de personnel dans les frais généraux, annexe 9.

dans le même temps, augmenté de près de 23 %, s'élevant de 19 811 en 1926 à 24 349 en 1931. Le rendement du travail, quant à lui, n'a pas augmenté entre 1926 et 1930. Il a même plutôt baissé : le nombre de comptes traités par employés a en effet diminué entre ces deux dates, passant de 46 à 43. La croissance non seulement continue mais forte des frais généraux peut s'expliquer par le coup d'accélérateur donné par Édouard Escarra à l'installation de nouveaux sièges et surtout à l'équipement du réseau : rappelons qu'à l'heure où les charges fiscales s'aggravent[110], outre 300 bureaux permanents, 800 sièges intermittents ont été créés entre 1926 et 1932. Par ailleurs, l'équipement du réseau en voitures automobiles, l'équipement des bureaux en machines mécanographiques, le financement de l'apprentissage ainsi que les nouvelles installations ergonomiques (éclairages, etc.) représentent un investissement onéreux, mais difficile de mesurer de façon précise même si les présentations des budgets consacrés à la mécanographie et à l'apprentissage ont permis de donner une idée du coût des nouveaux instruments de travail et de gestion. Enfin, la croissance des frais généraux s'explique aussi par l'augmentation des frais de personnel consécutive à la croissance des effectifs : évaluée à près de 23 % entre 1926 et 1931, cette dernière s'est en effet traduite par une augmentation de 47 % des dépenses de personnel.[111] Cette croissance accélérée des effectifs du Crédit lyonnais entre 1926 et 1931 s'inscrit dans le contexte particulier de la « Prospérité ». Mais comme l'a souligné plus tard Achille Dauphin-Meunier, cette « Prospérité » a provoqué dans les banques, à tous les degrés de la hiérarchie, une exaltation que rien, selon lui, ne pût modérer : « Les chefs de service, formés à l'école d'avant-guerre, conservaient une certaine conscience professionnelle. Leur intérêt particulier ne leur masquait pas l'intérêt de la maison à laquelle ils appartenaient. Pris cependant par la mégalomanie générale, ils avaient la hantise du grand nombre : augmenter le chiffre des clients, le nombre des lettres écrites ou reçues, le volume des titres régularisés, sans se soucier des risques. [...] Moins honnêtes, les autres se bornaient à réclamer du personnel, toujours du personnel, à gonfler démesurément les effectifs de leur service pour faire croire à leur importance. Cette politique était du reste encouragée par les directions elles-mêmes. On avait d'abord recruté du personnel pour satisfaire à l'extension normale des services bancaires ; puis on s'était aperçu que le public cotait les

---

[110] Cette aggravation des charges fiscales est évoquée à deux reprises dans les rapports annuels du conseil d'administration, le 19 avril 1928 et le 14 mai 1930, AH CL, usuels.

[111] Les dépenses de personnel sont en effet passées de 272 231 112 F en 1926 (AH CL, 31 AH 361) à 400 485 747 F en 1931 (AH CL, 31 AH 581). Voir l'évolution des frais de personnel de 1895 à 1939, in annexe 9.

banques autant d'après le nombre des employés que d'après la valeur boursière des actions. Recruter du personnel, mettre ce personnel bien en vue derrière des guichets luxueux, c'était faire de la publicité et mieux que par affiche. Ce n'était guère plus onéreux, étant donné la modicité des traitements ».[112] Des services dont la rentabilité était nulle comme celui des Coupons, celui des Titres non-domiciliés ou encore celui de la Correspondance devenaient pléthoriques. Ainsi, la mise en œuvre de la rationalisation ne s'est pas traduite par une réalisation immédiate des objectifs qui lui étaient assignés. Les frais généraux et les effectifs continuaient en effet d'augmenter tandis que le rendement du travail et la rentabilité de l'établissement n'étaient pas améliorés. En effet, non seulement le nombre de comptes traités par employés chaque année a donc diminué, mais aussi le coefficient d'exploitation a continué d'augmenter. Malgré une baisse entre 1925 et 1926, (de 71, il est redescendu à 67), le coefficient d'exploitation n'a, pendant la « Prospérité », en aucun cas retrouvé son niveau antérieur, c'est-à-dire celui d'immédiat après-guerre, celui de la guerre, *a fortiori* celui d'avant-guerre. Après s'être stabilisé jusqu'en 1930 à un niveau strictement supérieur à 65 mais inférieur à 70, il augmente considérablement en 1931. Cette année-là, les frais généraux représentent jusqu'à 79 % du produit net bancaire.[113] Cette faible rentabilité de l'investissement entre 1926 et 1931 ne semble pas avoir été propre au Crédit lyonnais : comme devait le souligner G. Huet dans sa thèse, « il ne semble pas que les réorganisations internes, quel que soit le degré auquel elles ont été poussées dans quelques cas particuliers, aient fait ressortir une réduction appréciable des charges ».[114] Et pourtant, les objectifs assignés à la rationalisation bancaire ont bien été atteints au Crédit lyonnais, mais de façon différée. Il faut en effet attendre la crise économique des années 1930 pour apprécier la réalisation effective de ces objectifs. On assiste alors à une réduction continue des effectifs entre 1931 et 1938, à une diminution des frais généraux entre 1931 et 1935 et enfin, à une augmentation du rendement du travail entre 1931 et 1937. Les premiers baissent de 15 %, passant de 24 349 à 20 612[115], les seconds, de 14 %, passant de 560 425 683 F à 480 220 640 F[116]. Quant au nombre de comptes traités chaque année par employé, il augmentera, s'élevant de 44 en 1931 à 48 en 1937 pour atteindre 61 en 1939[117], sous l'effet de circonstances

---

[112] Achille Dauphin-Meunier, *La Banque : 1919-1935*, p. 154.

[113] Voir l'évolution du coefficient d'exploitation (Frais généraux/Produit net bancaire), annexe 8.

[114] Voir G. Huet, *op cit.*

[115] Voir l'évolution des effectifs in annexe 1.

[116] Voir l'évolution des frais généraux, in annexe 8.

[117] Voir l'évolution de la productivité du personnel en volume, annexe 7.

exceptionnelles il est vrai. Ainsi, les investissements effectués en période de « Prospérité » se sont révélés rentables en temps de crise. Il reste à voir dans quelle mesure la réduction continue des effectifs, la compression des dépenses entre 1931 et 1935 et l'augmentation du rendement du travail n'ont pas été obtenues au Crédit lyonnais, contrairement à ce qui s'est produit dans nombreuses entreprises, au prix de « souffrances, d'humiliations, de rancœurs et d'amertumes silencieusement amassées qui finiront par exploser dès que les conditions générales (politiques : le succès du Front populaire ; économiques : début du renversement de la conjoncture ; et sociales : unité syndicale retrouvée) auront montré aux salariés qu'un changement était possible »[118] ? C'est en effet l'absence même d'explosion sociale au Crédit lyonnais en mai-juin 1936 qui nous autorise à poser l'hypothèse de l'existence d'une paix sociale durant la crise.

II. De la paix sociale en temps de crise économique

Si la crise économique s'étendit à la France à partir de 1931, le Crédit lyonnais ne ressentit durement ses effets qu'à partir de 1934-1935. La baisse des recettes atteignit alors 20 % par rapport à son montant record de 1929. En effet, en 1930-1931, soit plus d'un an après le *krach* de Wall Street[119], la France demeure un lieu de refuge et la réputation internationale du Crédit lyonnais attire chez lui des soldes étrangers importants. Mais l'établissement est pleinement conscient du caractère accidentel de l'afflux des capitaux étrangers : il se tient prêt à les rembourser à tout moment. Assez vite, les difficultés financières et économiques et les troubles politiques provoquent un mouvement de reflux des capitaux flottants qui affecte toutes les banques. À la fin de 1935, le Crédit lyonnais a perdu près de 30 % des fonds dont il disposait quatre ans plus tôt. Entre 1931 et 1935, les recettes sont ainsi descendues de 708 002 212 F à 584 624 725 F.[120] Dans ce contexte, la réduction des charges est devenue la préoccupation dominante. Mais cette recherche systématique d'économies n'a pas pour autant débouché au Crédit lyonnais sur un affrontement violent entre la direction et le personnel. Pourquoi ?

Les éléments de réponse à cette question sont de deux ordres. D'une part, cet abaissement des charges ne s'est traduit ni par des licencie-

---

[118] Aimée Moutet, « Sous le Gouvernement de Front populaire : Problèmes humains de la rationalisation et action ouvrière », in Yves Cohen et Rémi Baudouï, *Les Chantiers de la Paix Sociale*, p. 291.

[119] Le *krach* de Wall Street remonte au 25 octobre 1929 : le 7 novembre, André Tardieu, alors Président du Conseil, propose une « politique de prospérité ».

[120] Voir l'évolution du produit net bancaire, annexe 5.

ments collectifs ni par une réduction des gains salariaux des employés ; d'autre part, alors que la compression généralisée des dépenses conduit les entreprises à économiser sur la politique sociale qui perd sa raison d'être dans un contexte de réduction des emplois, au Crédit lyonnais, le sur–salaire social de l'employé a continué d'augmenter durant les années de crise. Devant cette double résistance à la baisse du coût salarial et du coût social du personnel, contraire aux principes fondamentaux du libéralisme classique, il conviendra de poser le problème de la réduction progressive de la marge de manœuvre du chef d'établissement dans l'exercice de ses pouvoirs d'organisation et de direction.

A. Un abaissement des coûts sans licenciements massifs ni réduction de salaires

Certes, pour abaisser les charges, la direction de l'établissement décide des compressions d'effectifs. De 25 800 en 1931, le nombre des employés est ramené à 21 200 en 1935 ; « dans les services de Bourse, la diminution atteint presque 40 % ».[121] En fait, il serait faux de dire que le Crédit lyonnais n'a procédé à aucun licenciement pendant les années de crise : si l'on se réfère aux départs recensés dans l'intervalle « 1930-1935 », la part des licenciements individuels a même augmenté. En effet, par rapport à l'intervalle « 1920-1925 », elle est passée d'un peu plus de 14 % à près de 20 %. Parmi les 20 personnes licenciées comprises dans le dernier flux de sortie, quatre d'entre elles l'ont été pour raison de santé, quatre autres, pour ne pas avoir donné satisfaction, cinq autres, pour faute dont deux pour absence, une autre encore, pour avoir fait l'objet d'une plainte d'un déposant et la dernière enfin, pour avoir eu des divergences avec l'administration. Cette description des motifs de licenciement témoigne d'un durcissement des conditions de travail durant les années de crise qui vise à éliminer le personnel dont le rendement est faible (employés malades et qui ne donnent pas satisfaction) et à augmenter le rendement du personnel en fonction par le biais d'un respect absolu de la discipline. Ainsi, au Crédit lyonnais comme ailleurs, les menaces de sanction dont la mise à exécution s'était peut-être révélée fictive en période de prospérité, deviennent réelles durant la crise comme en témoigne l'extension de la plus grave d'entre elles : le licenciement. Toutefois, contrairement au personnel d'un grand nombre d'entreprises industrielles, les employés du Crédit lyonnais n'ont pas fait l'objet de licenciements collectifs. C'est ce dont témoigne l'absence du poste « indemnités de licenciement » dans la comptabilité des frais de personnel des années 1931-1935. Sur ce point, nous nous opposons à la façon dont Hubert Bonin interprète les réductions des effectifs bancai-

---

[121] M. Mogenet, *op. cit.*, p. 150.

res entre 1931 et 1935 : « La facilité avec laquelle se produisent les vagues de réductions d'effectifs en 1931-1935 (entre 4 et 33 % selon les services à la Société générale, mais on retrouve ces pourcentages dans toutes les banques[122] ne surprendra pas les historiens des rapports sociaux de l'entre-deux-guerres : l'illusion de l'appartenance de ces employés de banque aux « classes moyennes » se dissipe alors certainement ».[123] Or, non seulement au Crédit lyonnais les réductions des effectifs se sont produites sans licenciements collectifs contrairement à ce qui a pu se produire dans nombre d'entreprises industrielles mais aussi le pouvoir d'achat des employés a augmenté comme celui des fonctionnaires, contrairement à celui des ouvriers.[124] Si jusqu'alors, sous l'effet de la démocratisation de la condition d'employé de banque et sous l'effet de la prolétarisation relative des conditions de travail dans les bureaux (*Le Bureau Moteur*), l'appartenance des employés de banque aux classes moyennes a pu être contestée, justifiant « l'illusion » dont parle Hubert Bonin, la façon dont les employés du Crédit lyonnais traversent la crise économique se charge de démontrer le contraire, confirmant, plus qu'à n'importe quelle autre époque depuis la guerre, leur appartenance aux « classes moyennes ».

La compression des effectifs est en fait obtenue non seulement par un arrêt presque total de l'embauche mais aussi par des mesures prises afin d'encourager les départs volontaires (démissions et retraites). Ainsi au siège central, des mesures sont prises dès le printemps 1931 pour freiner l'embauche : « Le rapprochement de l'effectif *réel* avec l'effectif *normal* fait ressortir, pour certains services, un excédent de personnel existant depuis de nombreux mois. […] Il est nécessaire qu'après une révision minutieuse, les chefs de service indiquent exactement au chef du personnel le nombre d'unités dont ils ont *absolument* besoin pour la bonne marche de leur service en tenant compte d'une majoration de 7 % pour les dames et 5 % pour les hommes afin de parer aux absences

---

[122] Plus encore même quand la BNCI succède à la BNC en 1932 puisque seuls 5 200 agents sont repris sur 10 000. Sur l'histoire de la BNC, voir Hubert Bonin, « Un ancêtre combatif de la BNP : la Banque nationale de crédit, (1913-1932) », thèse de 3ᵉ cycle préparé sous la direction de Maurice Lévy-Leboyer, Université de Nanterre-Paris X, 1978, 191 pages. Sur l'histoire de la BNCI, voir les recherches de Nicole Coussement-Ichou, « Les employés de banque du CNEP et la BNCI. Parcours de travail et temps de vie, 1848-1870 », thèse de doctorat sous la direction d'Alain Plessis, Université de Paris X-Nanterre, 2001, 2 vol., 657 p.

[123] Hubert Bonin, « La maturation de la professionnalisation bancaire en France » in Pierre Guillaume (dir.), *La professionnalisation des classes moyennes*, Éditions de la MSH d'Aquitaine, Bordeaux, 1997, p. 135.

[124] Voir les études d'Alfred Sauvy et de Pierre Depoid, *Salaires et pouvoirs d'achat des ouvriers et des fonctionnaires entre les deux guerres*, Publications du travail humain, Série A, dir. H. Laugier, n° 12, PUF, 64 pages.

(maladie, maternité et congés). Ce n'est qu'au-delà de ces pourcentages d'absences sur *l'effectif normal* que des unités seront, à l'avenir, accordées en remplacement. Dans le même ordre d'idées, les employés mis hors cadre ne seront remplacés que si l'effectif réel se trouve, de ce fait, au-dessous de l'effectif *normal* ».[125] Cet arrêt presque total de l'embauche n'intervient pas seulement au siège central. Le Crédit lyonnais procède en effet à la fermeture de quelque 130 sièges de province, les moins productifs. À la fin de l'année 1938, le réseau métropolitain ne comprend plus que 1 309 agences contre 1 450 à la fin de l'année 1933. Non seulement les départs en retraite ne sont pas remplacés mais nous allons voir qu'ils sont aussi encouragés. C'est ce dont témoigne l'instauration, à partir de 1931, d'une « allocation de départ pour les retraités » dont le but, semble-t-il, consiste à provoquer ce qu'on appellerait aujourd'hui « des départs en retraite anticipée ». Il faut préciser que nous disposons de très peu d'informations relatives à cette allocation. Seules en effet, les sources comptables révèlent son existence. C'est parce que cette allocation n'apparaît, dans la comptabilité des frais de personnel, qu'en 1931, 1932, 1933, 1934 et 1935 qu'elle peut être qualifiée de mesure de crise. Il est difficile d'apprécier l'extension de cette allocation si ce n'est à travers son coût : de 507 500 F en 1931, ce dernier s'est élevé à 702 974 F en 1934 puis seulement 629 466 F en 1935.[126] Pas plus que par des licenciements collectifs, le Crédit lyonnais n'a procédé à la réduction de ses charges par des réductions de salaires. Tout au plus, les salaires des employés ont été bloqués entre 1932 et 1935, les augmentations d'appointements ayant été suspendues pour le personnel âgé de plus de 22 ans.[127] La rémunération du personnel n'a donc, globalement, pas diminué durant la crise. Bien plus, elle a augmenté entre 1930 et 1935. Très peu sensible en valeur nominale[128], cette augmentation se révèle forte en valeur réelle, atteignant 41 %.[129] Cette évolution de la rémunération du personnel se situe en nette rupture avec celle constatée

---

[125] Cité in note n° 326 du service du personnel du siège central datée du 26 mars 1931, AH CL, 098 AH 242.

[126] Voir le détail des frais de personnel des années 1929-1939, in les « Comparaisons Trimestrielles des Chapitres de l'Inventaire au 31 Décembre », AH CL, 31 AH 581 et 31 AH 582.

[127] Voir les instructions de la direction du personnel relatives à la fixation des augmentations de traitements et des gratifications de fin d'année, datées du 10 novembre 1932, du 9 novembre 1933, du 30 octobre 1934 et du 8 novembre 1935, AH CL, 098 AH 250.

[128] En francs courants, l'augmentation de la rémunération annuelle moyenne du personnel s'élève à 1,6 %, passant de 16 656 F en 1930 à 16 927 F en 1935, voir l'évolution de la rémunération annuelle moyenne du personnel, annexe 3.

[129] En francs constants (francs 1913), la rémunération annuelle moyenne du personnel est passée de 2 998 F en 1930 à 4 231 F en 1935, annexe 3.

dans la première moitié des années 1920. Il faut dire qu'elle s'inscrit dans un contexte économique fort différent : au contexte inflationniste des années 1917-1926 se substitue le contexte déflationniste des années 1930-1935. À une hausse générale des prix succède une baisse générale des prix.

Depuis 1929 déjà, les prix de détail avaient commencé à baisser en France : « cette baisse devait se prolonger jusqu'en 1935, atteignant 29 % ».[130] Toutefois, le prix (coût) du travail a échappé à cette baisse généralisée des prix du fait de la rigidité à la baisse des salaires qui s'explique par la position institutionnelle progressivement acquise par les syndicats. Ainsi, alors qu'entre 1919 et 1926, les prix avaient augmenté beaucoup plus vite que les traitements, provoquant une détérioration importante du pouvoir d'achat des employés, entre 1930 et 1935, les prix ont baissé plus vite que les gains salariaux. Ceci contribue à expliquer pourquoi, dans la déroute, le pouvoir d'achat des employés du Crédit lyonnais a pu augmenter, non de manière systématique, mais à la faveur des mouvements discordants des prix et des revenus. Par rapport à l'intervalle « 1920-1925 », la baisse considérable du nombre de démissions pour insuffisance de traitement constatée dans l'intervalle « 1930-1935 », même si elle s'inscrit dans le contexte particulier de réduction des emplois, est révélatrice : de 35, le nombre de démission pour cause de traitement insuffisant, est en effet réduit à 3. Ce n'est donc pas un hasard si l'agitation sociale se révélera, en 1936, relativement faible au Crédit lyonnais par rapport à l'explosion qui éclatera dans certaines usines. Les salariés ont en effet ressenti la crise économique de manière très différente, voire opposée, selon leur situation d'emploi : les travailleurs manuels, souvent payés à la tâche ou selon des durées variables, ont souffert de la crise bien davantage que les employés mensualisés.[131] Faut-il en conclure que le personnel du Crédit lyonnais n'a pas souffert de la crise économique des années 1930 ?

La réponse à cette question doit être nuancée dans la mesure où cette crise a en fait atteint le personnel de l'établissement mais de manière différenciée. Alors que les extrémités de la hiérarchie, à savoir les auxiliaires et les cadres, ont fortement subi la crise, les membres composant le noyau central, à savoir les employés et les gradés, semblent être sortis indemnes. De par leur statut précaire, il est clair que les auxiliaires ont été les premières victimes de la crise. Sans être licenciés, ils ont en effet perdu leur emploi. Mais malgré leur statut de privilégié *a priori*, les cadres n'ont pas moins été victimes de la crise que les auxiliaires. En effet, l'évolution de la structure de la masse salariale change. On assiste

---

[130] Bernard Gazier, *La crise de 1929*, QSJ, 1989, p. 16.
[131] Voir Alfred Sauvy et Pierre Depoid, *op. cit.*

à une évolution contrastée du poids dans la masse salariale des « participations du personnel intéressé » et de celui des « gratifications de fin d'année ».[132] Avec la crise, l'écart encore important qui existait dans les années 1920 entre la part des participations et celle des gratifications s'est considérablement réduit. Alors qu'en 1920, les participations du personnel intéressé représentaient près de 11 % de la masse salariale, les gratifications de fin d'année ne représentaient qu'à peine 5 %. En 1930, les premières ne représentaient déjà plus que 9,4 %, les secondes, 7,1 %. En 1935 enfin, les participations du personnel intéressé ne représentent plus que 8,7 % de la masse salariale et les gratifications, 7,7 %.[133] Une question se pose : la réduction de l'écart dans la masse salariale entre le poids des participations et celui des gratifications doit-elle être considérée comme un changement conjoncturel, une simple parenthèse qui ne devait durer que le temps de la crise économique ou bien comme un changement plus structurel qui correspondrait à une réduction plus générale de l'écart entre les revenus du personnel hautement qualifié et ceux du personnel moyennement et peu qualifié[134] ?

Il est difficile de répondre à cette question de façon tranchée. Certes, la crise économique des années 1930, en provoquant une diminution des recettes, a incontestablement réduit la rémunération des cadres dont une partie reposait sur une participation aux bénéfices. En effet, en raison de la baisse des recettes, les participations versées aux cadres n'ont pas été réévaluées. En 1935, elles sont maintenues aux taux fixés en 1932 :

« En principe, les participations des directeurs d'agence (Paris et Province) seront maintenues aux taux actuels de 7 % à Paris, 6 à 8 % en province et celles des sous-directeurs, dans les limites de 0,75 à 3 % (Paris et province). Les participations des fondés de pouvoirs se maintiendront dans les limites de :

- agences de province   0,10 à 1 %
- agences dans Paris   0,50 à 1 %

---

[132] Voir *supra*, IIe partie. Les traitements du personnel comprenaient en effet deux parties : une partie fixe, mensuelle (pour les employés, les gradés et les cadres) et une partie variable, annuelle, versée selon les mérites de chacun : appelée « gratification de fin d'année » pour les employés et les gradés, elle était appelée « participation du personnel intéressé » pour les cadres. Le pourcentage de la participation aux bénéfices des agences et des sièges variait en fonction de la situation hiérarchique du cadre dans l'agence, voire dans le réseau.

[133] Voir l'évolution de la structure de la masse salariale, annexe 4.

[134] Sur cette question de la distribution des salaires, voir Christian Morrisson, « L'inégalité des revenus », in Maurice Lévy-Leboyer et Jean-Claude Casanova (dir.), *Entre l'État et le marché : l'économie française des années 1880 à nos jours*, p. 131-155.

- Celles des gérants de province de 2 à 5 %
- Celles des gérants de bureaux à Paris 0,50 à 2 %. »[135]

Dans ces conditions, les rémunérations des cadres n'ont pu qu'être fortement touchées par la crise alors même que les gratifications de fin d'année des employés et des gradés augmentaient en valeur réelle. En effet, le « blocage » des gratifications entre 1932 et 1935, confirmé chaque année par l'énoncé du principe selon lequel ces gratifications ne devaient pas être supérieures à celles accordées l'année précédente[136], s'est en effet traduit, compte tenu de la déflation, par une augmentation de fait de leur valeur. Si l'origine de la redistribution plus égalitaire des « fruits » de la banque est donc bien conjoncturelle puisque consécutive à la crise économique, il n'en reste pas moins que la parenthèse ne s'est pas refermée avec le retour aux affaires. La reprise des années 1938-1939 ne s'est pas traduite par un renversement de la tendance mais plutôt par son durcissement. Alors que le total du bilan recommence à croître partir de 1938[137], la part des participations dans la masse salariale continue en effet de diminuer (elle n'est plus que de 7,55 % en 1938, de 7,23 % en 1939) tandis que celle des gratifications augmente, dépassant désormais les 8 %. Les raisons de cette nouvelle redistribution des fruits de la banque, non plus conjoncturelle mais désormais structurelle, seront analysées ultérieurement au regard du mouvement social de 1936 qui a accéléré le mouvement séculaire de réduction de l'écart entre les revenus du personnel hautement qualifié et ceux du personnel moyennement et peu qualifié.

Ainsi, la crise économique des années 1930 a frappé le personnel du Crédit lyonnais de manière différenciée. Alors que les extrêmes, auxiliaires et cadres, ont fortement subi la crise (les premiers en perdant leur emploi, les seconds en subissant une diminution importante de leur rémunération réelle), les membres du noyau central, à savoir les employés, voire les gradés, sont, semble-t-il, sortis indemnes. Non seulement ils ont conservé leur emploi et leur rémunération n'a pas diminué, ce qui leur a permis de bénéficier d'une augmentation de leur pouvoir d'achat compte tenu de la déflation, mais en plus ils ont obtenu une plus grande part dans le partage des « fruits » de la banque. Devenu la préoccupation dominante durant la crise économique des années 1930, l'abaissement des frais généraux ne s'est donc pas pour autant traduit au

---

[135] Cité in instruction de la direction du personnel datée du 8 novembre 1935, AH CL, 098 AH 250.

[136] Voir les instructions de la direction du personnel déjà citées des 10 novembre 1932, 9 novembre 1933, 30 octobre 1934 et 8 novembre 1935 relatives à la fixation des augmentations et des gratifications de fin d'année, AH CL, 098 AH 250.

[137] De 12 000 millions de F en 1936, montant le plus faible depuis 1928, le total du bilan est en effet passé en 1938 à 14 500 millions de F, en 1939, à 17 500 millions de F.

Crédit lyonnais par des licenciements collectifs ni par des réductions de traitements. Les compressions « inévitables » des effectifs ont été obtenues par la suppression des emplois d'auxiliaires, par un arrêt presque total de l'embauche et par des incitations aux départs naturels. Quant aux traitements, ils n'ont pu être diminués. La position institutionnelle acquise par les syndicats depuis le début des années 1920, même si ces derniers sont des plus discrets pendant la crise, a en effet débouché sur une résistance à la baisse des revenus salariaux. Qu'en a-t-il été des revenus sociaux ?

La réduction de la marge de manœuvre patronale en matière salariale s'est-elle accompagnée d'une réduction de la marge de manœuvre patronale en matière sociale ? Nous allons voir que l'augmentation du sur-salaire social de l'employé du Crédit lyonnais à une époque où les politiques sociales patronales perdent pourtant leur raison d'être, compte tenu de la réduction des emplois sur le marché du travail pendant la crise, nous autorise à avancer cette hypothèse.

B. *Un abaissement des coûts sans réduction des dépenses sociales*

Rappelons que les politiques sociales patronales s'étaient d'abord développées au début du siècle pour faire face à l'insuffisance de la main-d'œuvre disponible, puis, au début des années 1920, pour réduire l'instabilité du personnel. Au début des années 1930, les réductions des effectifs au Crédit lyonnais et la contraction des offres d'emplois sur le marché du travail ôtaient donc aux œuvres sociales leur raison d'être, au moment où la compression des frais généraux pouvait inciter l'établissement à économiser sur sa politique sociale. Et pourtant, on assiste à partir de 1929 à une importante poussée du coût social du travail : de 995 F en 1929, le coût social annuel moyen du personnel passe en effet à 1 904 F en 1935.[138] S'agit-il d'une politique volontaire, correspondant à la recherche par le patronat de moyens susceptibles de faire accepter au personnel une politique de rationalisation de plus en plus dure ou bien s'agit-il, au contraire, d'une politique qui échappe à la volonté patronale et lui est imposée de l'extérieur ?

En fait, une seule initiative a été prise à cette époque au Crédit lyonnais pour associer le personnel de façon plus étroite à la vie de l'entreprise. Aucune boîte à idées[139] n'a été créée mais un journal d'entreprise

---

[138] Voir l'évolution du coût social annuel moyen d'un employé, annexe 1.

[139] Ce système de la boîte à idées ou des suggestions est apparu à la fin des années 1920 : « il visait à associer le personnel à la politique d'organisation des entreprises. Cette méthode n'a connu que peu de succès et la crise a freiné sa diffusion : trois entreprises seulement l'ont adopté entre 1930 et 1935 (la charcuterie Géo, les chemins

est né : *Le Trait d'Union*. D'après Catherine Malaval, « au regard de pays comme les États-Unis, la Grande-Bretagne, l'Allemagne ou les Pays-Bas, la France ne figurait pas, dans l'entre-deux-guerres, au rang des pays les plus dynamiques en ce domaine : la presse d'entreprise se limitait à trois secteurs, en l'occurrence l'industrie automobile, les compagnies d'assurance et caisses d'allocations familiales et les liaisons et télécommunications. Dans les autres secteurs, quelques entreprises avaient lancé des bulletins comme *Chez Nous*, organe des fonderies Arthur Martin à Revin, *le Trait d'Union* des établissements Pascal Valluit à Vienne ou *l'Écho de Bataville*, organe des usines Bata à Hellecourt. Contrairement à ce qui pouvait se passer à la même époque en Grande-Bretagne, aucun mouvement de grande ampleur ne s'était encore dessiné : le nombre de journaux d'entreprise progressait avec lenteur, le plus souvent par contagion au sein d'un même secteur et finalement la Seconde Guerre mondiale tua dans l'œuf un mouvement encore embryonnaire. Les publications qui avaient survécu aux réductions budgétaires imposées par la crise économique disparurent : le secret d'État l'imposait, le personnel était mobilisé, le papier venait à manquer… ».[140] *Le Trait d'Union*, « organe des diverses sociétés du Crédit lyonnais », était de ceux-là.[141] Retracer l'histoire de ce périodique constitue une entreprise difficile. En effet, les répertoires, les catalogues et les bibliographies qui recensent de façon *quasi* exhaustive l'ensemble des périodiques français de leurs origines à nos jours, ont quelque peu laissé de côté les journaux d'entreprise. Ceux-ci, n'étant pas explicitement soumis au dépôt légal par les lois sur la presse – anté-rieures à la création des premiers d'entre eux –, leur envoi à la Bibliothèque natio-

---

de fer de l'État et du Nord) au lieu de six, de 1927 à 1930. De plus, la méthode a été abandonnée dans l'industrie automobile chez Peugeot dès 1928, chez Renault, après 1932 », cité in Aimée Moutet, « Sous le gouvernement de Front populaire : problèmes humains de la rationalisation et action ouvrière », in Yves Cohen et Rémi Baudouï, *Les Chantiers de la paix sociale*, p. 289.

[140] Catherine Malaval, *Renault à la Une : la presse d'entreprise Renault depuis 1945*, Clio-Média, Paris, p. 13. Par ailleurs, ce chercheur prépare, sous la direction de Patrick Fridenson, une thèse consacrée à l'histoire de la presse d'entreprise.

[141] « Sous la direction de M. Thill, il a été publié de 1929 à 1940, sous ce titre, un bulletin bimestriel de 16 à 20 pages contenant les communications des organisations mutualistes, des groupes sportif et musical et de l'Association des anciens combattants, ainsi que des nouvelles sur les événements de famille concernant le personnel du siège social, du siège central et des agences ; le tirage était de 10 000 exemplaires. La reprise de cette publication est envisagée dès que les circonstances le permettront, par les soins du Secrétariat du comité social du siège central, pour servir d'organe de liaison des comités sociaux et des œuvres sociales du CL », in « L'Action sociale au Crédit lyonnais », par le Comité social du siège central du Crédit lyonnais, Paris, novembre 1942, AH CL, document qui doit être coté d'ici peu. Aucun exemplaire du *Trait d'Union* n'est consultable aux Archives historiques.

nale est malheureusement resté des plus fantaisistes, au moins jusqu'aux années 1950. Par chance et grâce aux recherches rigoureuses de Catherine Malaval qui m'a transmis l'information, deux exemplaires du *Trait d'Union* ont pu être consultés à Versailles, dans l'annexe de la Bibliothèque nationale.[142]

Le premier numéro paraît en juin 1930 : non centré sur le métier, le périodique se présente comme « un organe d'informations qui s'interdit toute polémique doctrinaire ou personnelle » mais qui rend compte des activités des diverses sociétés du Crédit lyonnais. Certaines d'entre elles d'ailleurs disposaient déjà de bulletins : *l'Écho du Lyonnais*, organe du groupe sportif du personnel lyonnais, *le CL Sports*, organe du groupe sportif du personnel parisien et enfin, le *Bulletin de la Mutuelle Féminine*, qui, comme son nom l'indique, constituait l'organe de la Mutuelle féminine, société de secours mutuels qui avait été fondée en 1905 par le personnel féminin du siège central. À quels motifs la création du *Trait d'Union* a-t-elle donc obéi ? Constituait-il aux yeux de la direction un moyen efficace de motiver le personnel et de le fédérer autour d'une même activité, de constituer en quelque sorte son unité, participant d'une même culture au service de l'entreprise ? Plus que de fédérer le personnel autour d'une même activité, le *Trait d'Union* vise, semble-t-il, à fédérer le personnel autour d'une politique sociale, celle du Crédit lyonnais. Des nouvelles techniques bancaires et de l'actualité économique, financière et monétaire, il n'est pas question dans le journal. Ce dernier se structure autour du fonctionnement des diverses sociétés du Crédit lyonnais dont il se présente d'ailleurs comme l'organe officiel. Sept sociétés sont ainsi adhérentes : la société de prévoyance des employés du Crédit lyonnais, la Mutuelle féminine, la société de secours mutuels des employés du Crédit lyonnais, l'Union nationale des anciens combattants, la société militaire du Crédit lyonnais, le groupe musical et enfin le groupe sportif. Si certaines d'entre elles sont anciennes, d'autres, comme la société de prévoyance et la société de secours mutuels, sont de création récente. Pourquoi ces deux nouvelles sociétés ont-elles été fondées au Crédit lyonnais ?

La société de secours mutuels a été constituée le 19 février 1929, un peu avant la société de prévoyance. Les raisons officielles de sa création sont exposées dans un « Rapport Moral » rédigé à l'occasion du premier anniversaire de cette société. « Avant tout, n'était-il pas paradoxal, à une époque où la mutualité est tout à l'honneur, que notre administration qui compte plus de 20 000 employés, n'ait pas encore une société de secours mutuels masculine ? Nous avons pensé qu'une organisation dont les membres seraient exclusivement recrutés au sein du personnel du Crédit

---

[142] BN, Jo. 74 548.

lyonnais en serait d'autant plus intime, plus ordonnée, plus forte. Une telle association ne pourrait que devenir puissante tant par le nombre de ses adhérents que par ses moyens d'action ».[143] En second lieu, « il importait de préparer l'application de la loi des assurances sociales.[144] L'opinion, à peu près généralement répandue, était « qu'une caisse primaire issue d'une organisation mutualiste sérieuse, forte et cohérente, aurait des chances décuplées de succès. Il était du plus haut intérêt pour les « collègues » d'être groupés dans un organisme ne comprenant que des assujettis du Crédit lyonnais, courant à peu près les mêmes risques, et où ils pourraient toucher les prestations auxquelles ils auraient droit, avec le minimum de dérangements et de formalités ».[145] La création de la société de secours mutuels illustre en fait la politique choisie par les patrons du Crédit lyonnais pour adapter le système social patronal au système social légal issu de la loi sur les assurances sociales, sans pour autant renoncer tout à fait à l'exercice de leur droit de contrôle sur le personnel. C'est cette dernière préoccupation, à savoir préserver la tutelle sur les salariés par le biais des institutions de secours et de prévoyance patronales, qui avait motivé, jusqu'en 1928, la campagne d'opposition menée par le patronat de l'industrie et du commerce contre la loi sur les assurances sociales.[146] En effet, les patrons entendent défendre leur rôle de tutelle sociale et morale sur le personnel. Comme l'a souligné Dominique Simon dans sa thèse, « s'ils répugnent à l'obligation, c'est avant tout pour rester libres d'organiser la protection de leurs salariés et de les maintenir sous leur dépendance. [...] L'émancipation (du personnel) qui risque de résulter de la loi met en péril leur autoritarisme et porte atteinte à la responsabilité sociale qu'ils préten-

---

[143] Cité in *Le Trait d'Union*, juin 1930, p. 6.

[144] « La loi de 1928, complétée le 30 avril 1930 par un deuxième texte, prévoit l'affiliation obligatoire de tous les salariés de l'industrie et du commerce à un régime général d'assurances sociales. Le financement consiste en une cotisation de 8 % du salaire, partagée entre le patron et le personnel. La contribution financière de l'État est très faible, sauf dans l'agriculture où elle doit compenser des cotisations réduites à 2 %. La loi prévoit la couverture du risque maladie (création d'une indemnité journalière de 50 % du salaire de base et remboursement tarifé, avec ticket modérateur, des soins médicaux et des frais d'hospitalisation) ; l'allocation-maternité (avec indemnité journalière également) ; la couverture du risque invalidité ; la garantie d'une pension de retraite avec fixation d'un minimum vieillesse », Pierre Rosanvallon, *L'État Providence*, p. 181.

[145] *Idem.*

[146] L'absence de représentation paritaire au sein des conseils d'administration des caisses et le mode de fonctionnement imposé aux caisses primaires ont en effet été ressentis comme une atteinte aux institutions issues de l'initiative patronale.

dent être les seuls capables d'assumer ».[147] D'après Henri Hatzfeld, les objections d'ordre économique et financier émises par le grand patronat à l'encontre de la loi ne constituent qu'un prétexte. Il prouve que la charge supportée n'a pas vraiment été lourde pour les grandes entreprises. La loi prévoyait en effet la déduction des charges facultatives déjà assumées : « Il lui est apparu (à la commission) que le versement des 10 % sur le salaire qu'entraîne le fonctionnement des assurances sociales ne constitue pas en réalité une charge nouvelle. Nous avons déjà eu l'occasion de rappeler tout l'effort réalisé par la générosité patronale dans la grande industrie ainsi que dans un certain nombre de branches de l'activité économique. Quelques années plus tard, le docteur Chauveau[148] reprendra la même idée et tentera de chiffrer la véritable augmentation que la contribution de 10 % fera subir au prix de revient. Il tiendra compte, pour ce faire, de la part des salaires dans les prix de revient de chaque branche industrielle et d'autre part des charges sociales bénévoles déjà assumées et qu'il convenait de déduire ».[149] Aussi, à partir du 1er octobre 1930, l'administration du Crédit lyonnais a déduit, avant paiement, le montant des indemnités journalières dont devaient bénéficier les assujettis aux assurances sociales, du montant des allocations pour maladie ou maternité payées par le Crédit lyonnais.[150] Dans ce sens, le coût de la loi sur les assurances sociales n'a pas, *a priori*, constitué une lourde charge pour l'établissement. Au 31 décembre 1931, cette dernière s'élevait à 7 454 645 F, soit un peu plus de 2 % seulement des dépenses de personnel qui s'élevaient à cette date à 345 965 492 F.[151] Comme l'a montré Henri Hatzfeld pour d'autres grandes entreprises, le résultat de la différence entre le chiffre des contributions volontaires et la charge finalement imposée par la loi permet d'affirmer que le Crédit lyonnais n'a pas été grandement atteint. Il semblerait donc que le vrai motif de la résistance à la loi ne soit pas celui de la charge financière que devaient représenter les cotisations. Les assurances sociales ont posé au grand patronat un problème de pouvoir beaucoup plus qu'un pro-

---

[147] Dominique Simon, « Des origines des Assurances Sociales au début des années 1930 », thèse de 3e cycle sous la direction de Jean Bouvier, Université de Paris I-Panthéon-Sorbonne, tome II, p. 341.

[148] Le docteur Chauveau est l'auteur de la loi du 5 avril 1928.

[149] Henri Hatzfeld, *Du paupérisme à la Sécurité Sociale*, p. 157. Voir l'article du Docteur Chauveau, « La cotisation de 10 % et les prix de revient », in la *Revue politique et parlementaire*, juillet 1926.

[150] Cité in instruction de l'inspection générale des agences régionales datée du 20 janvier 1931, AH CL, 068 AH 080.

[151] La loi sur les assurances sociales étant entrée en application le 1er juillet 1930, leur coût retranscrit dans l'inventaire au 31 décembre 1930 ne vaut que pour les six derniers mois de l'année. C'est pourquoi il est préférable, pour apprécier le poids de cette « nouvelle » charge, de se référer à l'inventaire du 31 décembre 1931.

blème d'intérêt. Le paternalisme était aussi, sur le plan idéologique, un rempart contre l'intervention de l'État. Ce qui explique qu'en matière sociale, le patronat juge que l'intervention de l'État est de trop. Il préfère régler seul avec ses salariés les problèmes qu'ils ont en commun. Plutôt qu'une monstrueuse institution étatique destinée à mettre en œuvre les assurances sociales, il convient donc de conserver et de promouvoir les institutions patronales. Car selon le grand patronat, les institutions libres ont des vertus que la gestion de l'État ne saurait égaler. Sur ce point, la conception patronale de la protection sociale se rapproche de la conception mutualiste. Elle s'en rapproche sans pour autant se confondre tout à fait avec elle. Car l'idée patronale est bien fondée en définitive sur la responsabilité sociale du chef d'entreprise. La volonté de sauvegarder et de promouvoir les institutions patronales avait plusieurs justifications. D'une part, contrairement aux prestations qui devaient être distribuées par les caisses de l'État, les prestations patronales étaient éducatives ; sanction d'une bonne conduite, elles forçaient le travailleur à acquérir les vertus désirables : « l'épargne, la prévoyance, l'esprit de famille, bref les vertus traditionnelles de la nation dont le projet de loi, en définitive, fait trop aisément bon marché ».[152] Car, pour certains qui s'inspiraient d'une critique morale du droit, proche de celle de Frédéric Le Play et d'Auguste Comte, en devenant légales, automatiques, des droits acquis, les prestations sociales perdaient toute valeur éducative et même devenaient nocives. Mais maintenir la souplesse des prestations et par ce moyen, éduquer le travailleur en assurant la paix sociale et la stabilité de la main-d'œuvre, ne constituait pas la seule justification à la volonté de sauvegarder et de promouvoir les institutions patronales. En effet, les caisses devaient être amenées à créer et à contrôler diverses œuvres sanitaires et sociales : dispensaires, sanatoria, etc. Or, ce programme correspondait en tous points à celui que le grand patronat, auquel le Crédit lyonnais appartenait, s'était fixé lui-même. Par le biais des assurances sociales, un vaste secteur d'œuvres et d'activités variées était destiné à se développer. Il convenait que le patronat en obtienne le contrôle par le truchement de ses caisses. Enfin, il faut noter que pour l'assurance vieillesse qui devait être gérée selon le principe de la capitalisation, d'importantes sommes devaient être réunies. Réunies, et placées assurément selon une certaine réglementation et sous un certain contrôle de l'État comme toujours dans les cas comparables. Mais, « il était capital que le patronat ne se désintéressât pas du problème et qu'il assumât toutes ses responsabilités gestionnaires en ce domaine ».[153]

---

[152] Robert Pinot, « Les institutions sociales dans la grande industrie », in la *Revue politique et parlementaire*, mars 1924, p. 435, cité in Henri Hatzfeld, *op. cit.*, p. 162.

[153] Henri Hatzfeld, *op. cit.*, p. 163.

Ainsi, contrôler la main-d'œuvre, un vaste secteur médico-social en voie de développement et finalement des fonds considérables qu'il convenait de placer, de gérer, tel était le problème majeur que l'élaboration de la loi sur les assurances sociales posait au grand patronat. Toutes les solutions recherchées et les initiatives entreprises conduisaient d'ailleurs au même but : assurer la prééminence patronale dans la direction de la nouvelle institution. Et c'est ce qu'a permis, indirectement, le projet Chauveau adopté le 5 avril 1928. Toutes les caisses ou sections quelles qu'elles fussent devaient être organisées sur le modèle mutualiste défini par la loi du 1ᵉʳ avril 1898. À première vue, c'était là une importante concession faite à la mutualité dont les assurances sociales paraissaient devoir être l'obligatoire généralisation. Le principe mutualiste devenait en effet le principe de base des nouvelles assurances. En fait, il n'était en aucune façon difficile pour les institutions patronales de se couler dans le moule mutualiste. Il existait déjà d'ailleurs des mutuelles contrôlées par le patronat. Par le moyen des membres honoraires, il était en effet possible à une institution ou à une organisation patronale de garder le contrôle d'une société mutualiste. Grâce à la nomination de Marie-Thérèse Brincard au poste de présidente honoraire de la Mutuelle féminine, la société des amis des employés du Crédit lyonnais, organisation patronale par excellence, n'avait-elle pas déjà établi, avant la Première Guerre mondiale, son contrôle sur cette société mutualiste d'initiative salariée ? Quoique les dirigeants du Crédit lyonnais aient le plus souvent utilisé, pour leurs œuvres, d'autres systèmes que la voie mutualiste, la loi leur laissait la possibilité de se rallier aux principes mêmes de cette voie le moment venu. Deux solutions s'ouvraient ainsi au patronat : soit passer des contrats avec des sociétés ou des unions de sociétés mutualistes, soit créer de nouvelles mutuelles patronales. C'est cette dernière solution qui fut finalement adoptée au Crédit lyonnais comme en témoignent les créations de la société de secours mutuels et la société de prévoyance des employés du Crédit lyonnais. Ce n'est pas un hasard en effet si ces deux mutuelles ont été créées au moins un an avant l'entrée en application de la loi[154] ; il s'agit de faire jouer « la présomption d'affiliation » en inscrivant préventivement les salariés dans la mutuelle contrôlée par l'employeur mais citons plutôt : « Les industriels et les commerçants payant la moitié de l'assurance devraient participer pour moitié à sa gestion ; ce serait juste et d'un intérêt général car par leurs fonctions mêmes, ils ont la pratique de la gestion et de la bonne administration. Sans vous accorder ce droit, la loi vous permet pourtant d'arriver pratiquement à une réalisation de ce genre. Il suffit que votre personnel soit inscrit six mois avant l'application (de la loi) dans des

---

[154] La Société de secours mutuels a été fondée le 19 février 1929, la Société de prévoyance, le 14 juin 1929.

mutuelles [...] Tout assuré inscrit à une mutuelle six mois avant l'application de la loi est présumé faire choix de la caisse primaire à laquelle se relie cette mutuelle ».[155] Ainsi, tout assuré inscrit à la société de secours mutuels du Crédit lyonnais six mois avant l'application de la loi était présumé faire choix de la caisse primaire de répartition destinée à couvrir les risques maladie, maternité et décès. Le risque vieillesse, conformément au principe de la dissociation des risques cher au patronat[156], devait être assuré par une autre caisse : la caisse primaire de capitalisation fondée par la société de prévoyance des employés du Crédit lyonnais et sa caisse autonome de retraites. Mais ces deux caisses, la caisse primaire de répartition et la caisse primaire de capitalisation, ne pouvaient être créées que dans les trois derniers mois précédant la mise en application de la loi. La loi sur les assurances sociales accordait donc au patronat le droit d'avoir ses propres caisses. Pourtant, il est bien vrai que l'adhésion des assurés aux caisses restait entièrement libre et dépendait du choix de chacun d'eux. Mais outre les moyens dont l'employeur disposait pour inciter les salariés à adhérer à ses caisses, la loi précisait que les caisses autonomes ne pourraient être organisées que dans les trois derniers mois précédant la mise en application de la loi, prévue le 1er juillet 1930, tandis que les libres initiatives avaient toute latitude pour créer et développer institutions ou services. Dans la course aux adhésions, c'était la caisse autonome qu'on handicapait. Contrairement à certains patrons de la grande industrie, les dirigeants du Crédit lyonnais n'ont pas, semble-t-il, utilisé de moyens de pression pour attirer un maximum d'assurés dans « leurs » caisses et consolider ainsi leur autorité et leur influence sociale sur le personnel. En aucun cas par exemple, l'adhésion à la mutuelle de l'établissement ne constitue une condition d'embauche et l'employé réticent n'est pas menacé de perdre son emploi.[157] En revanche, ils ont utilisé divers moyens de séduction. Pour ce qui est de la société de secours mutuels, la Direction prit en effet à sa charge le droit d'entrée statutaire de 2 francs par membre : au 30 avril 1930, où le nombre exact de sociétaires s'élevait à 11 237, 23 090 F avaient ainsi déjà été versés à la société.[158] La direction de l'établissement n'a pas moins encouragé la création de la société de

---

[155] Cité in rapport présenté au nom de la Commission d'assurance et de prévoyance sociale par MM. Antonelli et Grinda, *Journal Officiel*, Documents parlementaires de la Chambre des députés, 1930, annexe n° 3187, p. 540-543, cité in H. Hatzfeld, *op. cit.*, p. 167.

[156] Voir sur ce principe de la dissociation des risques, H. Hatzfeld, *op. cit.*, p. 158-159.

[157] Voir G. Buisson, *Les assurances sociales en danger*, et le jugement d'E. Antonelli, Annuaire de la Chambre des députés, documents parlementaires, annexe n° 3187, p. 541, références citées in Dominique Simon, *op. cit.*, tome II, p. 361-363.

[158] Cité in *Le Trait d'Union*, juillet 1930, p. 6.

prévoyance malgré la dissolution de la caisse de retraite du personnel du Crédit lyonnais qu'elle supposait. Cette dernière a été prononcée à la majorité lors de la réunion de son comité d'administration dans sa séance du 28 juin 1929 : « Les résultats du vote sur la dissolution de la CRPCL sont les suivants :

- ont voté pour   86,8 % des adhérents
- ont voté contre   7,1 %
- n'ont pas voté   5,6 %
- bulletins nuls et abstentions   6,5 %

Le nombre des votants pour la dissolution dépassant la majorité des deux tiers exigée par les statuts, la dissolution de la CRPCL à la date du 30 juin 1929 est un fait acquis ».[159] Une fois la dissolution prononcée, l'administration du Crédit lyonnais ne ménage pas ses efforts pour permettre à la société de prévoyance d'obtenir un grand nombre d'adhésions : « Comme elle l'avait fait lors de la fondation de la société de secours mutuels, l'administration du Crédit lyonnais voulut bien nous assurer de son bienveillant concours et mit tout en œuvre pour le succès complet de nos projets. […] Au même titre que pour la mutuelle maladie, notre administration voulut bien prendre à sa charge les frais de gestion et mit à notre disposition un personnel aussi compétent que dévoué. C'est là un geste dont nous la remercions et dont nous tirerons un gros profit au moment de la liquidation de notre pension ».[160] Enfin, par décret, la société de prévoyance des employés du Crédit lyonnais obtint le 22 octobre 1929 l'autorisation de créer une caisse autonome de retraite. Cette dernière fut agréée pour recevoir :

« 1)   dans les conditions prévues par son règlement, le versement des contributions du Crédit lyonnais à la CRPCL antérieures au 1er juillet 1929,

2) les cotisations, 5 % et premiers douzièmes, fixées par les Règlements des caisses de liquidation des droits des anciens adhérents à la CRPCL. »[161]

Les résultats des divers moyens de séduction ainsi mis en œuvre n'ont pas tardé à produire leurs effets. En janvier 1930, le nombre des adhésions s'élevait déjà à 10 189. Onze mois plus tard, en novembre 1930, il s'élevait à 14 707.[162] Ce succès est confirmé par une note

---

[159]   Cité in note du service du personnel du siège central datée du 1er juillet 1929, AH CL, 098 AH 242.

[160]   Cité in *Le Trait d'Union*, novembre 1930, p. 2-3.

[161]   Cité in note n° 302 du service du personnel du siège central datée du 27 novembre 1929, AH CL, 098 AH 242.

[162]   Chiffres cités in *Le Trait d'Union*, novembre 1930, p. 3.

chargée de retracer, trente ans plus tard, l'historique des régimes de retraite du Crédit lyonnais : « La caisse autonome mutualiste ayant reçu le plus de cotisations est celle qui a été fondée par la société de prévoyance des employés du Crédit lyonnais ».[163] Ce n'est donc pas un hasard si les sociétés de secours mutuels et de prévoyance des employés du Crédit lyonnais ont été fondées en 1929. Elles correspondent à la stratégie finalement adoptée face aux assurances sociales pour permettre aux patrons de ne pas renoncer complètement à leur droit de contrôle social sur leur personnel. En effet, puisque le monopole de gestion ne leur a pas été accordé par la loi mais que le texte du 5 avril 1928 leur permettait d'organiser des institutions sur le modèle mutualiste, les dirigeants du Crédit lyonnais choisirent, comme bon nombre de grands patrons[164], de favoriser la création des cadres mutualistes des futures caisses d'assurances afin d'adapter leurs œuvres sociales, reconnues d'utilité publique, aux conditions de la nouvelle législation. Les syndicats patronaux ont d'ailleurs vivement conseillé à leurs adhérents de vérifier la situation légale de leurs œuvres sociales. C'est ce que fit l'Union syndicale des banquiers de Paris et de la province qui présente dans son rapport annuel du 2 mars 1931 « une liste chronologique des principaux textes réglementaires pris en application de la loi sur les assurances sociales ».[165] Par ailleurs, l'adhésion au *Trait d'Union* de ces deux nouvelles sociétés, la société de secours mutuelles et la société de prévoyance des employés du Crédit lyonnais confirme leur caractère paternaliste.

Plus que participant d'une politique à la recherche de moyens susceptibles de faire accepter au personnel une rationalisation de plus en plus dure, la création du périodique *Le Trait d'Union* apparaît donc davantage comme participant d'une réaction de défense patronale contre l'immixtion de l'État dans les affaires sociales de l'entreprise. Contre cette intervention « étrangère », il convient en effet de ressouder les liens de la « Grande Famille » que constitue le Crédit lyonnais. Une

---

[163] Cité in document intitulé : « Historique des anciens régimes de retraites du Crédit lyonnais », janvier 1959, p. 5.

[164] Voir l'analyse de M. Alain Baudant sur « la protection ouvrière à Pont-à-Mousson de 1918 à 1939 », in le 103ᵉ congrès national des sociétés savantes, Nancy, 1978, Colloque sur l'histoire de la Sécurité Sociale, CTHS, p. 29-42 : la société de Pont-à-Mousson a effectivement participé à l'activité mutualo-patronale qui permet d'entériner la loi à son profit en exploitant la formule mutualiste adoptée par la loi de 1928 et jusque là réprouvée. « À renfort de propagande, les dirigeants de Pont-à-Mousson s'efforcent de démontrer la supériorité de leurs œuvres préventives et surtout de la gestion patronale pour recueillir un maximum d'adhésions ouvrières au sein des caisses instaurées dès décembre 1928 », Dominique Simon, *op. cit.*, p. 365.

[165] Cité in rapport de l'assemblée générale annuelle de l'Union syndicale des banquiers de Paris et de la province, le 2 mars 1931, p. 59-65, AH AFB.

mesure est d'ailleurs prise le 7 mars 1931 pour faire du *Trait d'Union* le journal de toute la famille Crédit lyonnais : « Vous connaissez cette publication qui est l'organe de divers groupements d'employés du Crédit lyonnais. Elle publiait jusqu'à présent les renseignements relatifs à l'état civil du personnel du siège central. Comme cette publication intéresse tous les employés de notre établissement, il a été décidé que ces mêmes renseignements seraient donnés pour l'ensemble du Crédit lyonnais. Nous vous prions en conséquence, de nous adresser, chaque mois, en même temps que l'état « Mouvement du Personnel » une liste que nous ferons parvenir au journal *Trait d'Union*. Cette liste devra reprendre les changements survenus pour le personnel dans le mois précédent en ce qui concerne l'état civil : mariages, naissances, décès dans le personnel, décès dans la famille des employés ».[166] Cette réaction de défense patronale n'empêche pas l'État de s'immiscer davantage dans les affaires sociales de l'entreprise comme en témoigne le vote puis la mise en vigueur de la loi sur les allocations familiales. En effet, l'intervention de l'État en matière de protection sociale ne s'est pas arrêtée aux assurances sociales. Un texte du 11 mars 1932 complète ce dispositif en obligeant les employeurs à s'affilier à des caisses qui distribuent des allocations familiales à partir du premier enfant.[167] Le 23 février 1934 était publié au *Journal Officiel* le décret qui consacrait l'application du nouveau texte dans le secteur des banques et des assurances. Les patrons du Crédit lyonnais ont-ils pu dans ces conditions rester maîtres de leurs prestations familiales et continuer à en faire l'instrument de leur politique sociale ? Rappelons que dans cet établissement, les allocations familiales avaient été créées par le patronat sur une décision du conseil d'administration qui remontait au 24 juin 1905. Comme les autres institutions patronales de secours et de prévoyance, elles ont atteint, au bout d'un certain temps, les limites de leurs possibilités. Conçues tout à la fois pour porter secours aux misères du personnel et comme un instrument de la politique patronale, elles ont quelque peine, tout particulièrement en temps de crise, à concilier cette double finalité : des divergences apparaissent en effet entre les intérêts des salariés et les intérêts des patrons alors même que ce qui caractérise le paternalisme, « c'est que la convergence, l'accord que cette dernière suppose entre les véritables intérêts des travailleurs et les intérêts des détenteurs du capital ne soit jamais remis en question ».[168] Or, une lettre

---

[166] Cité in instruction de la direction des agences régionales datée du 7 mars 1931, AH CL, 068 AH 080.

[167] « Le principe a été violemment contesté par les économistes libéraux pour qui ces allocations détruisaient le rapport salaire-travail en établissant un lien salaire-besoins familiaux », Pierre Rosanvallon, *op. cit.*, p. 181.

[168] Henri Hatzfeld, *op. cit.*, p. 177.

relatant l'entrevue entre un responsable du Crédit lyonnais de Lyon et le Président d'une association locale, « La Plus Grande Famille », témoigne, pour ce qui est des versements des allocations familiales, de l'existence de divergences entre les intérêts des employés et les intérêts patronaux : « J'ai rendu à M. Isaac, le président de « La Plus Grande Famille », la lettre qu'il avait remise au Baron Brincard, adressée par un employé du Crédit lyonnais, membre de la Ligue des Familles nombreuses de Lyon à M. Vieulle, secrétaire de « La Plus Grande Famille », pour demander une intervention auprès du Crédit lyonnais en vue de faire prolonger jusqu'à l'âge de 18 ans les allocations familiales pour les familles de plus de 5 enfants. J'ai dit à M. Isaac que cette prolongation ne paraissait pas opportune pour les garçons, que le Crédit lyonnais était toujours disposé à prendre dès l'âge de 16 ans (ne trouvant même pas à en recruter autant qu'il le voudrait) mais que pour les filles, la situation n'était pas la même et que M. Platet en entretiendrait notre Président à son prochain voyage à Paris. M. Isaac m'a dit qu'il comprenait parfaitement qu'au point de vue du recrutement professionnel, nous n'avions pas intérêt à prolonger les allocations familiales au-delà de l'âge de 16 ans, ce que le Baron Brincard lui avait déjà dit de son côté, mais qu'il y avait lieu d'envisager d'une façon plus large la demande en question qui fait l'objet d'un mouvement non seulement dans le personnel des entreprises privées mais aussi chez les fonctionnaires. Il fait observer qu'un employé de banque qui a plusieurs fils peut légitimement désirer ne pas faire suivre à tous la carrière paternelle et envisager, par une prolongation d'études, pour un ou plusieurs d'entre eux, une situation supérieure à celle à laquelle il a pu arriver lui-même ».[169] Après avoir pris connaissance de cette proposition, le Baron Brincard fit savoir son avis « de ne rien changer au règlement existant, quitte à faire le nécessaire pour les cas intéressants ». Mais il ne semble pas que cette seule divergence entre les intérêts des salariés et les intérêts patronaux soit à l'origine de la loi du 11 mars 1932. Cette dernière s'inscrit dans un contexte de crise démographique et de crise économique. Elle invite d'abord tous les travailleurs français à accomplir ce devoir national qui consiste à donner des enfants au pays, les encourage à fonder un vrai foyer et à prendre soin de l'éducation de leurs enfants. Ensuite, dans les années 1930, commence à se poser le problème de la mère au foyer et les débats que suscite cette question font apparaître indissolublement mêlés des arguments économiques, moraux et sociaux. Tout d'abord, la période est celle où la crise économique incite à réduire la main-d'œuvre féminine. Encourager les femmes à rester à la maison, c'est réduire le

---

[169] Cité in compte rendu de la visite effectuée par E. Gourd, en remplacement de P. Platet à M. Isaac, Président de « La Plus Grande Famille », datée du 31 mai 1929, AH CL, 098 AH 249.

nombre de chômeurs. Ensuite, la morale sociale de l'Église le dit, la place de la femme est d'abord au foyer. L'encyclique *Quadragesimo Anno* (1931) qui fête les quarante ans de *Rerum Novarum*, le rappelle.[170] Enfin, « des enquêtes réalisées à la même époque en particulier par l'Union féminine civique et sociale tendent à prouver que les allocations familiales n'ont jusqu'alors, malgré les espoirs placés en elles, pas eu d'effets sensibles sur l'évolution de la natalité. D'autres recherches font apparaître que le pouvoir d'achat des familles ouvrières est plus marqué par le second salaire que par la charge d'un enfant de plus. En incitant par une allocation appropriée la mère à rester au foyer, ne répond-on pas à un problème imparfaitement analysé lorsqu'on envisageait seulement le nombre des enfants ? Et du même coup, ne parviendra-t-on pas à favoriser l'élévation de la natalité dans les familles ouvrières ? »[171] Or, ce n'est qu'à partir de 1938 que les pouvoirs publics prirent des mesures véritablement « dirigistes » dans ce sens[172]. Lorsque dans les deux années qui précèdent la Seconde Guerre mondiale, ils mettent sur pied une politique de la famille, politique nataliste dans toute la mesure où un pays démocratique inquiet de son avenir peut être nataliste sans imiter les régimes fascistes voisins, les caisses de compensation deviendront un élément de cette politique. C'est par voie d'autorité qu'il sera porté remède à la diversité difficilement justifiable des prestations allouées par les caisses que le comité central d'allocations familiales ne parvenait pas à discipliner. C'est également par voie d'autorité qu'ont été élevées des prestations souvent si modiques encore que l'intervention de l'État parviendra à ce résultat « qu'en deux ans les allocations familiales auront augmenté de deux à trois fois plus qu'elles ne l'avaient fait en vingt ans ».[173] Ainsi, bien avant que le gouvernement de la Libération n'intègre les caisses d'allocations familiales dans la Sécurité Sociale,

---

[170] « C'est à la maison avant tout ou dans les dépendances de la maison parmi les occupations domestiques qu'est le travail des mères de famille. C'est donc par un abus néfaste et qu'il faut à tout prix faire disparaître que les mères de famille, à cause de la modicité du salaire paternel, sont contraintes de chercher loin de la maison une occupation rémunératrice négligeant les devoirs tout particuliers qui leur incombent, avant tout l'éducation des enfants », Talmy, *Histoire du mouvement familial en France (1896-1939)*, tome II, p. 198.

[171] Henri Hatzfeld, *op. cit.*, p. 178. Sur le problème de la mère au foyer, outre Talmy, voir Dominique Ceccaldi, *Histoire des prestations familiales en France*, Édition de l'Union nationale des caisses d'allocations familiales, Paris, 1957, p. 57 et suivantes.

[172] La loi du 11 mars 1932 ne constituait en rien une mesure dirigiste qui marqua la fin des caisses de compensation patronales : elle les a au contraire consacrées. En effet, en faisant obligation à l'employeur d'adhérer à la caisse de son choix, elle renforça plus qu'elle ne réduisit le pouvoir de ces caisses. La liberté des prestations resta entière au-dessus d'un minimum si modeste que la loi de 1932 s'est manifestée par une réduction du taux des prestations dans quantité de caisses.

[173] Dominique Ceccaldi, *op. cit.*, p. 73.

leur faisant perdre leur caractère d'institution patronale, les caisses de compensation ont vu leur liberté se réduire non pas sous l'effet d'une pression des salariés mais sur l'injonction de l'État, conscient de certains impératifs vitaux pour la collectivité tout entière. Dans ce contexte, comment les dirigeants du Crédit lyonnais vont être amenés à perdre le contrôle de leur système d'allocations familiales et à adhérer à la caisse de compensation pour les allocations familiales du personnel des banques ?

Pour de nombreuses entreprises auxquelles il parut d'abord impossible de réaliser des allocations familiales sans se charger d'un poids qu'elles souhaitaient ne pas être les seules à porter, la solution avait consisté à établir une caisse commune inter-entreprise. Les cotisations des patrons étaient établies *au prorata* des salaires versés ou du nombre des heures ouvrées et naturellement, les prestations en fonction des charges de famille. C'est cette solution des caisses de compensation qui avait permis un développement relativement large des prestations familiales avant même le vote de la loi de 1932.[174] Les caisses ainsi créées n'étaient donc pas des caisses d'entreprise mais des caisses inter-entreprise, dirigées par les employeurs. Cette solution n'avait pas été adoptée par les dirigeants du Crédit lyonnais. Quitte à supporter seuls la charge, ces derniers avaient préféré continuer de conserver leur propre caisse que d'adhérer à une caisse de compensation. Or, la loi du 11 mars 1932 rend obligatoire l'affiliation des employeurs à une caisse de compensation d'allocations familiales. Les dirigeants du Crédit lyonnais cherchent dès lors à l'éviter par tous les moyens légaux pour maintenir ce qui constitue l'instrument le plus symbolique de leur politique sociale paternaliste. C'est pourquoi ils tentent d'obtenir auprès des pouvoirs publics l'agrément de leur propre service d'allocations familiales. En effet, l'article 74 de la loi prévoyait qu'une dérogation pouvait être faite au principe de la compensation à l'égard de l'employeur qui, ayant institué pour son personnel un service particulier d'allocations familiales, remplirait les conditions fixées par le règlement d'administration publique. Le 22 mai 1934, soit près de 3 mois après la parution au *Journal Officiel* du décret du 23 février 1934, au terme desquels les dispositions de la loi du 11 mars 1932 sur les allocations familiales

---

[174]

Années	Nombre de caisses	Entreprises adhérentes	Familles allocataires
1920	6	230	11 500
1922	75	5 200	153 000
1925	160	10 000	266 000
1928	218	20 000	300 000
1930	230	32 000	480 000

Tableau cité in Henri Hatzfeld, *op. cit.*, p. 179.

devaient entrer en vigueur dans les banques[175], le ministre du Travail n'avait toujours pas fait connaître sa décision au sujet de la demande d'agrément du service particulier d'allocations familiales du Crédit lyonnais. Il faut attendre près de 6 ans pour que cette demande, qui avait été formulée le 15 novembre 1933, soit finalement rejetée par le ministre du Travail : « Le ministre du Travail, par lettre du 5 avril 1939, nous informe du rejet de la demande d'agrément du service particulier d'allocations familiales institué par le Crédit lyonnais. En conséquence, notre établissement se trouve dans l'obligation de s'affilier à une caisse de compensation agréée ».[176] La date de ce rejet coïncide avec l'entrée en vigueur du décret-loi du 12 novembre 1938[177] qui vise à faire des caisses de compensation les instruments de la politique nataliste entreprise depuis peu par le gouvernement. Le Crédit lyonnais doit donc renoncer à partir du 1er avril 1939 au contrôle de l'un des instruments fondamentaux de sa politique sociale patronale. Désormais, « le taux minimum de l'allocation afférente à chaque enfant est déterminé annuellement par arrêté du ministre du Travail pour chaque département et pour l'ensemble des professions du département. Ces arrêtés qui ont été publiés aux *Journaux Officiels* des 22 et 25 mars, 1er et 2 avril 1939, fixent, à dater du 1er avril 1939, les taux des allocations journalières et mensuelles pour chaque enfant à charge. Sauf dans le département de la Seine et dans la première zone du département de Seine & Oise, le montant des allocations minima à verser pour 1, 2, 3 enfants à charge ou plus de 3 enfants à charge est inférieur au montant actuellement versé par le Crédit lyonnais. Par suite, dans tous les départements de la métropole, à l'exception des deux départements ci-dessus indiqués, les taux qui seront applicables aux employés du Crédit lyonnais sont établis d'après les taux actuels, à savoir :

Nombre d'enfant	Allocations journalières	Allocations mensuelles
1	3,20 F	80 F
2	8 F	200 F
3	15 F	375 F
4	24,60 F	615 F
Pour chaque enfant à charge en sus du 4e	9,60 F	240 F

Dans le département de la Seine et dans la première zone du département de Seine & Oise, les taux d'allocations, à partir du 1er avril 1939,

---

[175] La parution au *Journal Officiel* du décret du 23 février 1934 date du 25 février 1934.

[176] Cité in instruction adressée par la Direction générale à l'administration du siège social, Paris, le 13 avril 1939, AH CL, 098 AH 249.

[177] Ce décret-loi est entré en vigueur le 1er avril 1939.

sont les suivants. Ils sont applicables aux employés du Crédit lyonnais, sauf en ce qui concerne les bénéficiaires ayant un seul enfant à charge qui continueront à avoir droit à une allocation mensuelle de 80 F ou journalière, de 3,20 F.

Nombre d'enfant	Allocations journalières	Allocations mensuelles
1	3 F	75 F
2	9 F	225 F
3	18 F	450 F
Pour chaque enfant à charge en sus du 3ᵉ	9 F	225 F

À partir du 1ᵉʳ avril 1939, il ne sera tenu compte dans la détermination du montant des allocations que *du nombre des enfants à charge et non du rang de naissance des enfants*, sous la réserve toutefois de la disposition *temporaire* suivante : les employés qui ont bénéficié jusqu'à ce jour de la mesure gracieuse prise par notre administration d'établir le montant des allocations familiales en tenant compte du rang de naissance continueront à toucher le même montant chaque fois que ce montant sera supérieur à celui auquel ils auraient légalement droit d'après le nombre d'enfants à charge ».[178] Enfin, l'âge limite des enfants est modifié sous certaines conditions par le décret-loi : « Les allocations familiales seront versées jusqu'à l'âge de 17 ans :

1) si l'enfant poursuit ses études ;

2) s'il est placé en apprentissage ;

3) s'il est dans l'impossibilité constatée de se livrer à aucun travail salarié par suite d'infirmité ou de maladie.

Dans ces trois cas, le chef de famille devra fournir un certificat conforme. Pour les autres enfants, l'âge limite restera fixé à 16 ans ».[179]

Ainsi, après avoir réussi à maintenir, malgré le vote de la loi sur les assurances sociales, un certain contrôle patronal sur les allocations de maladie, maternité, invalidité et vieillesse, les dirigeants du Crédit lyonnais ont dû renoncer, après le vote de la loi du 11 avril 1932, et plus encore avec l'entrée en vigueur du décret-loi du 12 novembre 1938, à la maîtrise de leurs propres allocations familiales. L'adhésion à la Fédération des caisses de compensation d'allocations familiales pour le personnel des banques s'est ainsi imposée.[180] Pas plus que la loi sur les

---

[178] Cité in instruction déjà citée que la direction générale adresse à l'administration du siège social le 13 avril 1939, AH CL, 098 AH 249.

[179] *Idem.*

[180] Par arrêté du 25 mai 1934 qui fut publié au *Journal Officiel* du 26 mai 1934, les banques ont reçu l'agrément de leur caisse de compensation : « La Fédération des

assurances sociales ne s'était traduite, dans le court terme, par un coût social important pour le Crédit lyonnais, la loi sur les allocations familiales ne s'est traduite, dans l'immédiat, par un coût social supplémentaire pour l'établissement. Certes, le poste « allocations aux employés chargés de famille » a augmenté entre 1933 et 1935 mais cette augmentation est légère : de 8 835 881 F en 1933, le coût des prestations familiales est en effet passé à 9 793 382 F en 1935.[181] En aucun cas, elle ne suffit à justifier la forte croissance des charges sociales en 1935. En effet, après avoir légèrement diminué de façon continue, en valeur absolue, depuis le début de la crise économique[182], les dépenses sociales ont fortement augmenté cette année-là, passant de 36 932 215 F à 40 541 705 F. La raison de cette augmentation est à rechercher dans l'important déficit de la caisse de retraite du personnel du Crédit lyonnais qui a cessé, rappelons-le, de recevoir des adhérents depuis le 1er juillet 1929. Pour le combler, l'administration de l'établissement verse, en 1935, une somme (annuité et provision comprise) de 3 500 000 F. N'est-ce pas le prix à payer pour assurer la césure entre l'ancien et le nouveau système de prévoyance, qui, par ailleurs, pèse fortement, à partir de 1935, sur les charges sociales du Crédit lyonnais ?

En fait, aussi faibles qu'aient pu être dans un premier temps, pour le Crédit lyonnais, les coûts des assurances sociales et des allocations familiales, il s'avère qu'à terme, ces deux lois ont pesé sur les dépenses sociales de l'établissement, non seulement en valeur absolue à partir de 1935 mais aussi, comme nous allons le voir, en valeur relative dès 1932. Il convient en effet de préciser que le coût social du personnel[183] a régulièrement augmenté durant cette période[184], même au plus fort de la crise. Alors qu'entre 1932 et 1934, les charges sociales ne diminuaient que de 2 %, le coût social annuel moyen de l'employé du Crédit lyon-

---

[181] caisses de compensation d'allocations familiales pour le personnel des banques, assurances et agents de change, est agréée pour assurer le service des allocations prévues par la loi du 11 mars 1932 sur les allocations familiales », cité in rapport de l'assemblée générale annuelle de l'USBPP, le 25 février 1935, AH AFB.

[181] Voir l'inventaire des dépenses de personnel pour les années 1928-1939 in « Comparaisons trimestrielles des chapitres de l'inventaire », AH CL, 31 AH 581 et 31 AH 582.

[182] Le coût des charges sociales a en effet légèrement mais régulièrement diminué entre 1931 et 1934 : il descend à 37 689 790 F en 1932, à 37 463 484 F en 1933 et à 36 932 215 F en 1934.

[183] Le calcul du coût social annuel moyen du personnel a été effectué à partir du ratio : montant global des charges sociales/effectifs, annexe 1.

[184] Entre 1931 et 1935, le coût social annuel moyen d'un employé est passé de 1 571 F à 1 904 F.

nais augmentait de 5 % en valeur nominale.[185] Certes, la baisse plus rapide des effectifs contribue à expliquer ce phénomène. Pendant que les effectifs baissaient de 6 %, passant de 23 561 en 1932 à 21 951 en 1934, les dépenses sociales ne diminuaient que de 2 %. Dès lors se pose le problème de l'existence d'une résistance à la baisse du coût social de la main-d'œuvre de la même façon qu'a été mise en évidence l'existence d'une rigidité à la baisse de son coût salarial. Mais alors que cette dernière s'explique par la position institutionnelle progressivement acquise par les syndicats, la résistance à la baisse du coût social de la main-d'œuvre renvoie à l'immixtion de plus en plus précise de l'État dans les affaires sociales de l'entreprise. Les deux lois sur les assurances sociales et sur les allocations familiales ont ainsi constitué une rupture dans la gestion sociale de l'établissement parce qu'elles sont une première limitation, indirecte certes, mais importante, de la liberté du chef d'entreprise. En dehors de ces lois sociales, des mesures ont été prises par les pouvoirs publics au début des années 1930 en matière d'organisation du travail. Elles constituent une deuxième limitation, directe, de la liberté de l'employeur. Il s'agit de montrer comment, alors même que la diffusion des méthodes de rationalisation dans l'établissement suppose un contrôle plus étroit sur le personnel, le pouvoir jusqu'alors *quasi* exclusif du chef d'entreprise sur ses salariés semble devoir diminuer sous l'effet du développement de la législation du travail.

C. Une réduction de la marge de manœuvre du chef d'entreprise dans l'exercice de ses pouvoirs de direction et d'organisation

À partir de 1931, l'État intervient de plus en plus dans des domaines jusqu'alors considérés comme les prérogatives des pouvoirs de direction et d'organisation du chef d'entreprise. Si la plupart des interventions ont constitué des mesures « anti-crise », une en revanche ne peut pas lui être attribuée. Il s'agit de la loi du 4 mars 1931 qui a abouti à une modification au Crédit lyonnais du système de paiement du personnel. Cette loi institue en effet l'obligation pour tout employeur de remettre au salarié, lors de chaque paiement de salaire, un décompte portant la qualification professionnelle du bénéficiaire, le montant du salaire brut et s'il y a lieu, les déductions opérées. Ainsi naissait le bulletin de paie. En cela, la loi modifie la pratique en vigueur depuis 1922 au Crédit lyonnais qui, rappelons-le, ne comportait précisément aucun titre prouvant le paiement des appointements ou indemnités. Toutefois, ce n'est qu'en 1935 que la loi entre en application dans l'établissement : « Les inspecteurs du travail ayant reçu récemment de nouvelles instructions en vue de la

---

[185] Évalué à 1 600 F en 1932, le coût social annuel moyen de l'employé du Crédit lyonnais s'élève en effet à 1 682 F en 1934.

stricte application des dispositions du code du travail, nous vous prions de remettre dorénavant au personnel, au moment de la paye, en vertu des dispositions de la loi du 4 mars 1931, un ticket de paiement établi comme suit :

Crédit lyonnais

....

R.C. LYON B.732

M...

Mois de.. **193**...

Appointements fixes... :..............

ou... : **jours à**...

Heures supplémentaires.............................. :.........................

Rétrocessions.. :.......................

Total... :............

Retenues effectuées :

CRPCL.. :................

dont cotisations Assurances Sociales... : **Frs**....................

.... :........................

Reste.................................... :.............

Allocations pour Charges de Famille... :.......................

Salaire net payé... :.............[186]

Avec l'entrée de la France dans la Grande Dépression, l'intervention des pouvoirs publics dans la gestion de l'établissement s'accentue. À partir de 1931, la France est en effet frappée de plein fouet par la crise économique mondiale. En 1930 déjà, la crise financière internationale avait fait plusieurs victimes parmi les banques françaises.[187]

---

[186] Cité in instruction de la direction des agences régionales datée du 28 janvier 1936, AH CL, 068 AH 081.

[187] « Dès 1930, c'est le comptoir d'escompte de Mulhouse qui fusionne avec la BNC. La banque Adam est mise en liquidation judiciaire ; de même la banque Bénard, la Banque commerciale du Havre, la banque Denier à Brioude, la banque Despuyroux à Lyon, la banque Gilbert à Avranches, la banque Munroci et Cie, la banque Oustric, la banque Vasseur et le Crédit Rouennais. En 1931, la Banque du Grésivaudan à Grenoble entre également en liquidation judiciaire ; de même la banque Georges de Vichet à Montpellier, la banque Godard à Dives-sur-mer, la banque Mairot, Millard & Cie, la banque Maurice Prost de Lons-le-Saulnier, la banque Villiard de Beaune, la banque Badel et Cie, la banque Ch. Dorient et Cie à Bazas et la Banque Commerciale

Et voilà qu'à la fin de 1931, la Banque nationale de crédit dépose elle aussi son bilan : « Entre temps, la Banque nationale de crédit commence sérieusement à battre de l'aile par suite d'une grave faute commise par le comité de direction en créant un compartiment banque d'affaires à côté de celui de banque de dépôts ».[188] Le Crédit lyonnais qui hésita à se porter candidat à la reprise de ce fonds de commerce, opte finalement pour la prudence après l'annonce du suicide de l'ingénieur suédois Ivar Kreuger[189], le 12 mars 1932. Bien lui en prit car par la suite, l'établissement est aussi contraint de fermer une centaine de sièges : « la crise économique a fait décider quelque 130 fermetures ».[190] Dès le début de l'année 1933, « une des plus importantes banques régionales, la banque Renauld, ferme ses guichets. La banque Patissier de Lyon en fait autant et la Société centrale des banques de province suit le mouvement ».[191] Toutefois, tout comme le Crédit lyonnais, les autres grands établissements de crédit, à part la BNCI, ne semblent pas avoir procédé à des licenciements collectifs, « mais nul n'ignore que les employés quittant ces établissements ne sont pas remplacés. On a même appris récemment que la Société générale ne reprenait pas ses jeunes employés au retour du régiment ».[192] Le secteur bancaire n'a donc pas été épargné par le chômage. Pour tenter d'enrayer la progression de ce phénomène qui touche l'ensemble de l'activité économique du pays, des mesures malthusiennes[193], sont prises par les pouvoirs publics. C'est le

---

et Foncière ; […]. Bien entendu, la Banque d'Alsace-Lorraine commence déjà à fermer de nombreuses succursales, tant à Paris qu'en province », Blanchard, « Le Chômage dans les Banques », in *L'Écho des Employés*, août-sept.-oct. 1933, p. 99.

[188] *Idem.*

[189] « Ivar Kreuger auquel Léon Blum donna le surnom de « Napoléon des allumettes » se donna la mort dans son appartement parisien du 5, avenue Victor-Emmanuel III. Bientôt, l'enquête révèle que le vaste édifice financier dont il s'était prévalu n'était que château de cartes. Or, Robert Masson a largement engagé le Crédit lyonnais à l'égard du groupe Kreuger, sans tenir compte des réserves formulées par le service des Études financières ; les crédits en cours totalisent quelque 2 millions de dollars et 30 millions de francs. Des indiscrétions fusent, au point qu'une agence de presse suédoise croit pouvoir prédire « des modifications importantes dans la direction du Crédit lyonnais ». La direction reste unie dans l'épreuve, même si Édouard Escarra en profite pour prendre officieusement le pas sur Robert Masson. Mais le Crédit lyonnais s'abstient de participer, le 18 avril 1932, à la création de la Banque nationale pour le commerce et l'industrie, appelée à reprendre le fonds de commerce de la BNC », Jean Rivoire, *op. cit.*, p. 124.

[190] Maurice Mogenet, *op. cit.*, p. 146.

[191] Blanchard, *art. cit.* ci-dessus.

[192] *Idem.*

[193] « Les réflexes malthusiens, qui contredisent la doctrine libérale, sont conservatoires. Ils visent à rétablir un équilibre que la crise a détruit », in « L'État face à la crise : des mesures « malthusiennes », in Dominique Borne et Henri Dubief, *La crise des années 1930 (1929-1938)*, NHFC, Le Seuil, Paris, 1989, p. 31.

cas de la loi du 10 août 1932 : « autre tentative conservatrice, la loi votée en août 1932 « protégeant la main-d'œuvre nationale » ».[194] Cette loi se propose en effet de protéger la main-d'œuvre nationale en limitant l'emploi de la main-d'œuvre étrangère[195] : « Les chefs d'entreprises privées sont tenus de déclarer tout embauchage de travailleurs étrangers à l'office de placement ou s'il n'en existe pas dans la commune, à la mairie de leur commune. Tout employeur qui aura occupé une proportion de travailleurs étrangers supérieure à la limite fixée sera passible d'une amende de 5 à 15 francs par jour pour travailleur irrégulièrement occupé ».[196] Certes, ce n'est pas la première fois que le législateur intervient dans ce qui constitue l'une des responsabilités exclusives du patron : le recrutement. La loi du 26 avril 1924 avait en effet contraint toute exploitation commerciale « occupant plus de dix salariés de l'un et l'autre sexe, français ou étrangers, âgés de plus de 18 ans, à employer des anciens militaires des armées de terre et de mer, titulaires d'une pension, définitive ou temporaire, de la loi du 31 mars 1919, dans la proportion de 10 % de son personnel total, dont un tiers des pensionnés ne jouissant que d'une capacité professionnelle réduite ».[197] Après avoir obligé les patrons de l'industrie et du commerce à recruter des mutilés de guerre au début des années 1920, le législateur les contraint ainsi, au début des années 1930, de renoncer à la main-d'œuvre étrangère. Les décrets d'application de la loi du 10 août 1932 pris à la demande des organisations salariales, parfois même patronales dans les secteurs de la petite industrie, se sont ainsi échelonnés jusqu'en 1938. Dans son rapport annuel du 13 mars 1933, l'Union syndicale des banquiers de Paris et de la province rend compte de l'entrée en vigueur, à partir du 19 octobre 1932, du décret d'application de la loi dans le secteur bancaire.[198] Arrêtons-nous un moment sur l'évolution du contenu des rapports annuels des assemblées générales de l'USBPP parce qu'elle révèle les changements de politique du syndicat patronal à l'égard des interventions de l'État dans les affaires internes des établissements. L'étude des documents publiés par ce syndicat patronal fait en effet ressortir deux changements : le premier que l'on situe à partir de 1923 et le second,

---

[194] *Idem*, p. 32.

[195] Voir sur ce sujet, l'article de Pierre Guillaume, « Du bon usage des immigrés en temps de crise », in *Vingtième Siècle, Revue d'Histoire*, n° 7, septembre 1985.

[196] Cité in article 5 de la loi du 10 août 1932.

[197] Voir la loi du 26 avril 1924 et l'arrêté du ministre du Travail daté du 16 juillet 1925 relatifs à l'emploi obligatoire des mutilés de guerre.

[198] Cité in rapport de l'assemblée générale annuelle de l'USBPP, le 13 mars 1933, p. 79, AH AFB.

mis en évidence par Claire Andrieu[199], qui est intervenu immédiatement après l'arrivée au pouvoir du gouvernement du Front populaire. En effet, en 1919, le rapport annuel de l'USBPP n'avait mentionné ni la loi de huit heures ni celle sur les conventions collectives. De 1923 à 1932, le même document commença à reproduire les principaux textes pourvus d'une incidence sociale : le décret de 1923 sur la journée de huit heures, les lois de 1928 et de 1930 sur les assurances sociales et celle de 1932 sur les allocations familiales. Cette documentation n'était toutefois fournie qu'à titre indicatif, sans commentaire. En revanche, à partir de 1937, « dès la première assemblée générale qui suivit la constitution du gouvernement de Front populaire, une rubrique nouvelle fut ouverte dans le *Rapport annuel*, sous le nom de « Questions Sociales », où étaient commentés et intégralement publiés les lois, les décrets, les circulaires et les sentences arbitrales affectant les relations du travail ».[200] Il est intéressant de remarquer qu'à aucun moment, entre 1930 et 1935, les membres de l'USBPP ne sont intervenus pour protester et réagir collectivement contre les interventions de l'État dans des domaines pourtant considérés comme relevant directement des prérogatives de l'employeur, à savoir le recrutement du personnel et comme nous allons le voir à présent, l'aménagement du temps de travail. En effet, devant l'augmentation continue du nombre de chômeurs qui suscite la création, le 15 mai 1934, d'une commission nationale de grands travaux contre le chômage, le Parlement vote le 8 avril 1935 une loi qui suspend l'utilisation des heures supplémentaires dans les établissements industriels et commerciaux[201] : « pour les établissements dans lesquels l'utilisation du crédit d'heures supplémentaires est suspendue, l'inspecteur du travail compétent peut toutefois autoriser des heures supplémentaires lorsque le chef d'établissement justifie qu'il ne lui est pas possible de faire face à un surcroît de travail extraordinaire par d'autres moyens tel que l'embauche d'un personnel supplémentaire ».[202] L'administration du Crédit lyonnais procède ainsi à une réorganisation du travail dans les services et les agences. Certaines mesures prises au siège central et dans le réseau des agences régionales en témoignent : « Nous venons porter à la connaissance de M.M. les chefs de service que, par décret paru au

---

[199] Voir Claire Andrieu, *La Banque sous l'Occupation : Paradoxes de l'histoire d'une profession*, Presses de la Fondation Nationale des Sciences Politiques, Paris, 1990, 331 pages.

[200] Claire Andrieu, *op. cit.*, p. 113.

[201] Le silence des historiens sur cette loi du 8 avril 1935 peut s'expliquer par le fait que cette dernière a été évincée dans la mémoire collective par la loi plus radicale du 21 juin 1936 instituant la semaine des 40 heures.

[202] Cité in rapport de l'assemblée générale annuelle de l'USBPP, le 2 mars 1936, p. 39, AH AFB.

Journal Officiel du 28 juillet 1935, est suspendue pendant une période d'une année, à partir du lundi 5 août prochain, la possibilité accordée par la loi du 23 avril 1919 sur la journée de 8 heures de recourir à des heures supplémentaires pour faire face à des travaux exceptionnels. En conséquence, nous rappelons à M.M. les chefs de service qu'ils n'ont plus à leur disposition pour faire face à ces travaux supplémentaires que le recours laissé par l'horaire exceptionnel prévu pour leur service. Ils auront, comme par le passé, à demander chaque fois à M. le chef du personnel, l'autorisation de recourir à l'emploi de ces heures supplémentaires. Nous rappelons également que pour le samedi, il ne doit plus rester personne dans les bureaux après 13 heures. En cas de travaux exceptionnels (inventaires, arrêtés de comptes, etc.), les services qui seraient amenés à avoir besoin d'utiliser des heures supplémentaires, en sus de celles prévues plus haut, devront en faire la demande au service du personnel avec plusieurs jours d'antériorité afin qu'une demande spéciale soit adressée à l'inspection du travail sans l'autorisation préalable de laquelle l'emploi de ces heures supplémentaires ne pourrait être effectué ».[203] De la même façon, compte tenu des difficultés qui sont apparues entre plusieurs agences régionales et l'inspection du travail lorsqu'un jour d'application de la semaine anglaise tombait un jour d'échéance de fin de mois, la direction des agences régionales propose trois solutions pour tenter d'adapter l'organisation du travail à la nouvelle loi : « Afin d'éviter tout incident, trois solutions se présentent :

– compenser, au cours de la semaine dans laquelle tombe le jour d'échéance de fin de mois, le temps de présence qui serait demandé au personnel dans cette même semaine *en sus de 48 heures* en retardant, par exemple de 20 ou 30 minutes, les heures d'entrée des employés, ou bien encore, en avançant d'autant les heures de sortie ;

– n'ouvrir les bureaux, le samedi après-midi ou le lundi matin des jours d'échéance de fin de mois, que le temps dont chaque Siège dispose entre l'horaire normal : 45, 46 ou 47 heures et l'horaire exceptionnel, c'est-à-dire, 48 heures, de façon à n'astreindre en aucun cas le personnel à un temps de présence supérieur à ces 48 heures. Dans cette éventualité, nous précisons que vous pourriez à la rigueur, ne faire travailler que les employés strictement nécessaires pour recevoir la clientèle les jours d'échéance ;

– ne pas ouvrir du tout le samedi après-midi ou le lundi matin des jours d'échéances de fin de mois ».[204] Ni dans le rapport annuel du

---

[203] Cité in note n° 367 du service du personnel du siège central datée du 30 juillet 1935, AH CL, 098 AH 242.

[204] Cité in instruction de la direction des agences régionales datée du 6 novembre 1935, AH CL, 068 AH 081.

conseil d'administration du Crédit lyonnais, ni dans celui de l'Union syndicale des banquiers de Paris et de la province, on ne perçoit un signe de protestation contre cette nouvelle intervention de l'État dans l'organisation du travail. L'administration du Crédit lyonnais, comme celle des autres établissements de crédit sans doute, se contente donc d'appliquer « docilement » la loi, peut-être parce que ces mesures sont censées n'être que des mesures de crise, donc provisoires, et assurément parce que le pouvoir politique en place, dirigé par le radical Gaston Doumergue depuis les événements du 6 février 1934, ne suscite pas d'inquiétude particulière de la part des banquiers. D'autant que ces derniers sont confortés dans le bien fondé de la gestion de leur personnel en raison de la discrétion des activités syndicales des employés de banque durant les années de crise. En septembre 1934, la déclaration de Blanchard, le secrétaire de la section fédérale des employés de banque et de bourse, en témoigne : « [...] J'en conclus qu'en province comme à Paris la situation des organisations syndicales des employés de banque est des plus précaire puisqu'aucun militant n'a trouvé l'occasion de me signaler, au moins par correspondance, la moindre revendication, la moindre injustice, la moindre circulaire patronale pouvant léser les intérêts des camarades ».[205] Et pourtant, alors même que les employés de banque n'ont pas participé aux grèves de mai-juin 1936, on assiste à partir de l'automne à un durcissement des oppositions qui, affectant aussi bien le patronat que les syndicats d'employés, met fin à la paix sociale telle qu'on l'envisageait jusqu'alors. Comme partout ailleurs, un nouveau mode de régulation émerge au Crédit lyonnais sous le Front populaire. Il bouleverse, selon les termes de l'historien allemand Gilbert Ziebura, « le rapport de force fondamental vis-à-vis des patrons qui gouvernaient jusqu'alors avec un paternalisme autocratique à l'intérieur des entreprises »[206], en donnant aux employés les moyens légaux de « participer » à la gestion sociale de leur établissement. La perception de l'entreprise est dès lors modifiée. Pour les employés, le Crédit lyonnais cesse d'être seulement une « Grande Famille » dont tous les membres sont liés par un intérêt commun que seul le chef sait clairement identifier et promouvoir. Il commence à être perçu comme un lieu où coexistent des intérêts en partie convergents, en partie contradictoires, mais également légitimes, donc simultanément comme lieu de convivialité et de conflictualité. Les conflits d'intérêts dans l'entreprise étant naturels et

---

[205] Blanchard, « Les Employés de Banque devant la crise » in *L'Écho des Employés*, septembre 1934, p. 177.

[206] Gilbert Ziebura, « Volksfront » in *Sowjetsystem und demokratische Gesellschaft*, vol. 6, Fribourg-Bâle-Vienne, Herder, 1972, p. 775, cité in Ingo Kolboom, *La revanche des patrons : le patronat français face au Front populaire*, France, Flammarion, 1986, p. 32.

inévitables, le problème est de définir des procédures et des institutions permettant de les gérer et de les régler au moindre coût. Ces procédures sont celles de la négociation collective en vue du compromis qui sont rendues obligatoires par le gouvernement du Front populaire. Nous allons voir que dans le champ que nous labourons, 1936 a véritablement lancé une nouvelle donne.

III. L'émergence d'un nouveau mode de régulation sociale : la participation du personnel à la gestion de l'entreprise

Si durant les années de crise, les dirigeants du Crédit lyonnais ont subi les interventions des pouvoirs publics dans les domaines de l'organisation du travail et de la direction du personnel sans trop de résistance, c'est parce qu'elles ne débouchaient pas, de près ou de loin, sur un contrôle « employé », c'est-à-dire sur tout ce qui aurait eu seulement l'apparence d'une remise en cause de l'autorité patronale absolue à l'intérieur de l'entreprise. Ce n'est pas le cas des mesures prises par le gouvernement du Front populaire. Ces dernières, ne serait-ce que les lois sur les délégués du personnel, les contrats collectifs de travail et la conciliation et l'arbitrage obligatoires, instaurent un nouveau mode de relations sociales qui permet au personnel de participer à la gestion de l'entreprise. Non seulement les conditions de travail dans la profession sont désormais négociées collectivement entre les banquiers et les employés mais ces derniers, dans le cadre de chaque établissement, disposent aussi d'instances représentatives qui, court-circuitant le canal hiérarchique traditionnel, leur permettent de s'opposer légalement et ouvertement aux dirigeants. Le « conflit » participe dès lors du nouveau mode de gestion. Après sa signature le 3 juillet 1936, l'application de la première convention collective des banques donne ainsi lieu à plusieurs « conflits » dont l'objet n'est pas tant le fonctionnement des nouvelles instances représentatives du personnel que les mesures qui grèvent les frais généraux des établissements de crédit. La contre-offensive que les dirigeants du Crédit lyonnais mènent à partir de 1937, dans le cadre d'une Union syndicale des banquiers de Paris et de la province désormais plus organisée, porte en effet sur les hausses de salaires et l'application de la semaine de 40 heures en cinq jours. Ces débats qui débouchent sur une victoire des banquiers n'ont bientôt plus lieu d'être. Le 10 novembre 1939, peu après la déclaration de guerre, les conventions collectives et la libre négociation des salaires sont suspendues par décret-loi. Pour autant, le mode de régulation participatif qui vient d'émerger ne sera pas enterré.[207]

Quelles que soient les limites de la « participation » telle qu'elle a été mise en œuvre au Crédit lyonnais en vertu de l'application de la convention collective du 3 juillet 1936 (il ne s'agit pas d'une participation à la gestion financière mais seulement d'une participation à la gestion sociale), elle n'en a pas moins « révolutionné » l'exercice des relations sociales, voire professionnelles, jusqu'alors fondé sur le respect du seul principe d'autorité. Cette innovation sociale, en s'inscrivant dans le cadre de la profession, débouche sur une relative uniformisation des conditions de la gestion du personnel bancaire. Par ailleurs, en raison de la multiplication des partenaires, partenaires-adversaires que sont les pouvoirs publics et les syndicats d'employés de banque et partenaire-associé que représente le syndicat patronal, il convient de s'interroger sur le degré d'autonomie dont disposent désormais les dirigeants du Crédit lyonnais pour gérer le personnel. C'est en mesurant à la fois leur capacité à construire une identité propre et leur capacité d'action que nous tenterons de l'apprécier.[208]

A. Une participation mise en œuvre dans le cadre de l'application de la convention collective des banques

Avant d'être appliquée au Crédit lyonnais, la convention collective des banques a tout d'abord été signée. Les circonstances qui ont présidé à sa signature révèlent la différence d'état d'esprit qui régnait alors dans le monde de la banque et dans le monde de l'industrie. En effet, contrairement à ce qui s'est produit au printemps 1936 dans le monde de l'industrie, aucune grève n'a éclaté dans les banques. Une grande frayeur soude les employés, les banquiers et le gouvernement. Alors que

---

[207] Vidé de son sens originel, la participation survivra sous Vichy *via* les comités sociaux avant d'être rétablie dans son sens premier à la Libération, *via* l'ordonnance du 22 février 1945 qui institue les comités d'entreprise. L'employeur sera désormais tenu, dans des domaines qui seront progressivement élargis, de consulter le Comité avant de prendre ses décisions. Celui-ci coopèrera à l'amélioration des conditions de travail et de vie des salariés et recevra également la responsabilité de gérer, voire de contrôler la gestion des œuvres sociales de l'entreprise. Par ailleurs, sous l'effet de la nationalisation du 2 décembre 1945, les employés du Crédit lyonnais représentés par des membres désignés par les organisations syndicales, entrent au conseil d'administration où ils disposent d'un droit de regard sur la marche générale de l'entreprise et de celui d'être informé sur ce qui s'y passe.

[208] « Qu'est-ce que l'autonomie ? La capacité de posséder une identité propre (exister par soi-même) et la capacité d'action », voir Liu, in Renaud de Sainsaulieu (dir.), *L'entreprise, une affaire de société*, Presses de la Fondation nationale des sciences politiques, Paris, 1990, cité in Christian Thuderoz, *Sociologie des entreprises*, La Découverte, Paris, 1996, 121 pages, p. 103.

la peur sociale, suscitée par le résultat des élections d'avril-mai 1936 et par les grèves qui leur sont consécutives, secoue le commerce et l'industrie, dans le secteur bancaire, la grande peur ne touche pas le seul patronat et elle se répand sans grève. Elle constitue même un facteur de continuité du travail. Au moment où se conclut l'accord Matignon, dans la nuit du 7 au 8 juin 1936, « une entente de principe qu'on pourrait surnommer « l'accord Rivoli », est signé au ministère des finances entre la section fédérale CGT de banque et de bourse, l'USBPP et le ministre Vincent Auriol ».[209] Des journaux parus la veille, le soir de ce samedi 6 juin où le gouvernement Blum reçut l'investiture de la chambre, avaient annoncé l'extension des grèves au secteur bancaire. La plupart des établissements de crédit, écrit-on, n'ouvriraient pas leur porte le lundi suivant. Dans un article, Christian Pineau, secrétaire-adjoint de la section fédérale CGT, explique pourquoi les employés de banque, à l'image de ceux des services publics, ne se sont pas mis en grève jusque-là[210] : « Préposés par les circonstances à la conduite d'un mouvement dont l'ampleur même les étonne, ses « camarades » de la CGT et lui-même ont joué le rôle, « si ingrat dans la vie syndicale », de « modérateurs ». Ils ont « senti » que la grève n'est « pas souhaitable ». D'une part, les salariés comme les entreprises auraient souffert du « moratoire général » qu'il aurait fallu instituer, et, d'autre part, le gouvernement aurait risqué de « succomber aux troubles sociaux consécutifs à cette suspension de la vie économique nationale ». Un précédent n'avait-il pas « montré », en 1925, qu'une grève des employés de banque a toujours des conséquences politiques ? Le mouvement suscité sous le ministère Herriot avait eu pour « but réel » la « mise en échec d'un gouvernement républicain ». La conclusion de l'analyse ressort en caractères gras : *La grève, qui est un moyen d'action syndicale dans toutes les autres corporations, est un moyen d'action antisyndicale dans la Banque.* Il faut « savoir terminer une grève », dira Maurice Thorez le 11 juin 1936. Dans les banques, il faut savoir l'éviter. Le titre de l'article du secrétaire adjoint de la fédération de banque et de bourse résume cette conception du « rôle social » de l'employé par ces mots : L'employé de banque, fonctionnaire de la nation ».[211] Dès le 5 juin, dans un appel radiodiffusé à plusieurs reprises dans la journée, Léon Blum adjure les Français de s'engager dans la voie de l'avenir avec « cette

---

[209] Voir le communiqué du ministère des Finances du 8 juin 1936, in *Banque*, septembre 1936, p. 374.

[210] Christian Pineau, « L'employé de banque, fonctionnaire de la nation », in *Banque*, novembre 1936, p. 444-446.

[211] *Idem.*

force tranquille qui est la garantie des victoires nouvelles ».[212] Mais si l'on se réfère à l'analyse effectuée par Claire Andrieu, la peur des troubles qu'aurait pu entraîner l'interruption des services bancaires – une panique des déposants, une réaction violente des créanciers – a duré jusqu'au 3 juillet, date de la signature de la convention collective entre l'USBPP, la CGT et la CFTC[213]. Sept communiqués du ministère des Finances jalonnent la marche forcée vers la conclusion de l'accord. Chacun d'eux expose les résultats obtenus par la négociation et annonce la tenue de la réunion suivante, « dès mercredi », ou « demain », ou encore « dès le début de la semaine prochaine ». Ainsi, « animés par le souci de ne pas altérer la confiance du public et par l'égale préoccupation de satisfaire aux revendications d'équité », le ministre, les représentants des banquiers et ceux du personnel adressent « ensemble » un « pressant appel à la sagesse de tous pour que le travail continue dans le calme et dans l'ordre ».[214] Au soir du 3 juillet, le ministre remercie les négociateurs « et leurs mandants » pour les efforts qui ont permis de réaliser cette entente, éminemment favorable aux intérêts supérieurs du pays.

Si 1936 est l'occasion d'une prise de conscience sociale nouvelle chez les patrons, les employés acquièrent un sens pas totalement nouveau mais plus affirmé de leur situation. Comme le souligne Christian Pineau, « les employés de banque se mettent à exister en dehors des banquiers ». Les grèves de 1936, extérieures aux banques, les font sortir de leur « sordide isolement ». « À peine plus conscients d'eux-mêmes », ils ont eu à inventer leur « rôle social » dans la négociation de la convention collective de juin-juillet ».[215] Facultative depuis la loi du 21 mars 1919, la pratique des conventions collectives est devenue obligatoire avec la loi du 24 juin 1936. Dix jours plus tard, le 3 juillet, le syndicat des banquiers et les organisations d'employés signent la première convention collective de Travail. Apposent leurs signatures au bas du document, Roger Lehideux, patron d'une petite maison de banque parisienne et représentant de l'Union syndicale des banquiers de Paris et de la province, sise 18 rue La Fayette à Paris, MM. Lemaire, Boulanger, Marceau, Pineau (Paris), Nau (Angers), Rasson (Lille), Gabrielli (Marseille), représentants de la fédération nationale des syndicats d'employés (section fédérale de la banque et de la bourse) CGT, sise 3, rue du

---

[212] Voir le texte de l'allocution radio-diffusée de Léon Blum in Georges Lefranc, *Histoire du Front populaire*, Payot, Paris, 1974, p. 487.

[213] Claire Andrieu, *op. cit.*, p. 92.

[214] Voir les communiqués des 8, 9, 11, 13 et 17 juin 1936, in *Banque*, septembre 1936, p. 374-376.

[215] Voir Christian Pineau, « L'employé de banque, fonctionnaire de la nation », in *Banque*, novembre 1936, p. 444.

Château-d'Eau à Paris et M. Poimbœuf, Mlle Lafeuille, Mlle Aubert (Paris), Mlle Vion, M. Preterre (Lille), représentants de la fédération française (Section Banque) des syndicats chrétiens d'employés (CFTC), sise 5, rue Cadet.[216] Comme la loi le prévoit, la convention consacre la réglementation contractuelle des conditions de travail des salariés. Ces dernières cessent d'être fixées unilatéralement par l'employeur. La loi du 24 juin 1936 remplit ainsi le but assigné par Léon Blum dans son exposé des motifs : « Favoriser le développement de la convention collective et en faire la loi pour les rapports entre employeurs et employés dans les diverses branches de l'activité économique de notre pays ». Il s'agit à présent de montrer comment la signature de la première convention collective des banques a ouvert au Crédit lyonnais une ère nouvelle dans les relations sociales. En d'autres termes, il faut montrer comment la notion de partenariat s'est esquissé dans une tradition hiérarchique. Le texte initial de l'accord comprend 54 articles qui réglementent non seulement la durée de la validité de l'accord, les salaires et la durée du travail (limitation des heures de travail et fixation des congés payés et jours fériés) mais réorganise aussi et surtout dans un sens plus participatif les relations sociales et professionnelles entre les employés et les banquiers. De nouvelles structures de dialogue, collectives et individuelles, se mettent en place au Crédit lyonnais : la négociation collective avec les syndicalistes et la réclamation individuelle par le biais de l'institution des délégués du personnel.

1. Reconnaissance du « droit syndical » par les banquiers

L'article 3 de la convention collective reconnaît et définit le principe de la liberté syndicale : « Les parties signataires reconnaissent la liberté d'opinion, ainsi que la liberté d'adhérer et d'appartenir à tout syndicat professionnel constitué en vertu du Livre III du code du travail. Le fait d'appartenir ou de ne pas appartenir à un syndicat ne sera jamais pris en considération en ce qui concerne le recrutement, la conduite ou la répartition du travail, les mesures de discipline ou de congédiement. La direction d'une banque ne devra employer aucun moyen de pression direct ou indirect en faveur d'une organisation d'employés quelconque ». Sous la contrainte des pouvoirs publics, les banquiers reconnaissent ainsi les syndicats d'employés comme des partenaires à part entière dans les négociations collectives qu'ils sont désormais tenus d'ouvrir avec leur personnel.[217] Toutefois, les syndicats ne font pas

---

[216] Voir la *Convention Collective de Travail*, le 3 juillet 1936, Imprimerie Pichot, 11 rue Rougemont, Paris, 42 pages, AH CL, 16 AH 26. Dans l'état actuel de nos connaissances, nous sommes incapables de préciser lequel de ces signataires était membre du Crédit lyonnais.

[217] Rappelons que jusqu'alors les banques avaient toujours refusé de négocier avec des représentants de syndicats interprofessionnels ou professionnels, à qui ils déniaient

encore leur entrée dans l'entreprise.[218] D'ailleurs, afin de contrebalancer leur pouvoir dans les établissements, les employeurs cherchent à obtenir la création de délégués du personnel élus.[219]

2. L'institution des délégués du personnel

En demandant la création de délégués du personnel élus, le patronat pense en effet affaiblir le syndicalisme à l'intérieur de l'entreprise en lui instituant un concurrent. Pour les banquiers, il s'agit de maintenir la tradition en voulant dans un premier temps, comme le déclare Hubert Bonin, « absolument cantonner l'application de la convention collective à l'organisation des rapports individuels entre l'entreprise et ses salariés : " Ces délégués n'ont pas pour fonction d'examiner les questions d'ensemble qui peuvent intéresser la profession ou même plus simplement les employés de banque. [...] Les conditions de l'élection des délégués marquent bien leur caractère de représentants locaux d'un groupe défini d'employés ".[220] »[221] Cette interprétation patronale du rôle des « délégués employés » se justifie au regard de la façon dont leurs fonctions sont définies dans la convention collective : « Les délégués ont qualité pour présenter à la direction les réclamations individuelles qui n'auraient pas été directement satisfaites, relatives à l'application de la présente convention, du Code du Travail et autres lois et règlements concernant l'hygiène et la sécurité ».[222] Inexistants jusqu'alors au Crédit lyonnais, la création des délégués du personnel se présente comme une solution à l'insuffisance des relais traditionnels de l'autorité hiérarchique. Conformément à l'article 5 de la convention collective[223], des délégués du personnel sont donc institués dans l'établissement sous le terme de « délégués employés » parce que les employés sont précisément les seuls à être concernés par cette mesure. En témoigne cette note

---

toute légitimité : seuls des délégués issus de l'établissement même et acceptant un dialogue bilatéral dans le cadre de celui-ci étaient admis à la table des discussions, le mot négociation semblant encore bien hardi pour ne pas être tabou. Sur ce sujet, voir Hubert Bonin, « La maturation de la professionnalisation bancaire en France », in Pierre Guillaume, *La professionnalisation des classes moyennes*, p. 140, et le chapitre précédent.

[218] Les sections syndicales d'entreprise ne seront créées qu'en 1968.

[219] Voir l'article 5 de l'accord Matignon, 7 juin 1936.

[220] Lettre personnelle et confidentielle de la direction centrale de la Société générale aux directeurs d'agence datée du 23 octobre 1936.

[221] Hubert Bonin, « La maturation de la professionnalisation bancaire en France », in Pierre Guillaume, *op. cit.*, p. 143.

[222] Voir l'article 6. de la convention collective des Banques.

[223] « Il est institué dans chaque Banque occupant plus de 10 employés des délégués employés titulaires et suppléants. [...] Le délégué est le représentant de son groupe d'employés auprès de la Direction ».

de la direction des agences régionales : « Nous vous donnerons très prochainement des instructions au sujet de l'établissement de la liste des électeurs appelés à nommer les délégués du personnel auprès de la direction. Mais nous vous prions d'ores et déjà de bien vouloir faire connaître personnellement à chacun des gradés de votre groupe qu'ils ne font pas partie de la convention collective de travail, ceci afin de leur éviter une surprise en ne trouvant pas leur nom sur la liste ».[224] Au Crédit lyonnais, les premières élections ont lieu le 23 octobre 1936 entre 18 heures et 19 heures. Il s'avère que les délégués du personnel élus sont en fait tous présentés par des syndicats, et plus particulièrement par l'un d'entre eux : la CGT.[225] Le 20 octobre 1936, la Direction a en effet reconnu le droit aux syndiqués de se présenter aux élections des délégués du personnel sous réserve toutefois de certaines conditions : « [...] les bulletins fournis par les syndicats ne seront pas considérés comme nuls « à condition qu'ils ne portent que les noms des candidats, avec indication de leur âge, ancienneté et fonctions au Crédit lyonnais, qu'ils soient imprimés ou tapés à la machine et qu'ils ne comportent aucune désignation de syndicat ni aucune inscription manuscrite ».[226] Alors que leur création a été encouragée par le patronat pour contrebalancer la nouvelle influence des organisations syndicales à l'intérieur des entreprises, au Crédit lyonnais, au lendemain des élections du 23 octobre, les « délégués employés » se révèlent donc être un instrument du pouvoir syndical dans l'établissement. Cette instance représentative du personnel constitue l'un des instruments du nouveau mode de régulation sociale ; le conseil de discipline en est un autre.

3. *Un conseil de discipline paritaire*

La convention collective des banques a prévu dans son article 19 la création d'un conseil de discipline : « Il sera institué auprès de la direction générale de chaque banque un conseil de discipline chargé de formuler un avis sur les sanctions à donner aux fautes professionnelles susceptibles d'entraîner rétrogradation ou révocation ». Ce n'est pas tant

---

[224] Cité in note de la direction des agences régionales datée du 16 septembre 1936, AH CL, 068 AH 081.

[225] « En octobre 1936, la CGT est majoritaire dans les banques : à Paris par exemple, lors des élections des délégués du personnel, elle remporte 129 sièges de titulaires et 125 sièges de suppléants contre 18 sièges de titulaires et 13 sièges de suppléants pour la CFTC. Quant aux « Professionnels » et aux « Indépendants », ils sont très nettement minoritaires avec respectivement 3 titulaires et 9 suppléants pour les premiers et 1 titulaire et 4 suppléants pour les seconds », chiffres cités in « Élection des délégués du personnel dans les banques », in *L'Écho des Employés*, sept.-oct.-novembre 1936, p. 28.

[226] Cité in instruction de la direction des agences régionales datée du 20 octobre 1936, AH CL, 068 AH 081.

le conseil de discipline en soi qui constitue la nouveauté[227] que son caractère paritaire qui est consacré à l'article 21 : « Le conseil de discipline est composé de 6 membres : à savoir, trois membres faisant partie du personnel auquel ne s'applique pas la présente convention et désignés par la direction ; trois employés du même grade que l'employé traduit, élus pour un an. Le règlement de cette élection sera fixé par les représentants des parties en tenant compte des conditions particulières à chaque banque, de manière à ce que les élections puissent avoir lieu avant le 1er novembre 1936. La Présidence du conseil de discipline appartient à un membre désigné par la direction. Les membres du conseil de discipline émettent leur avis en commençant par les membres du grade le plus bas ». Le 2 octobre 1936, dans une instruction qui fixe au 26 octobre la date des élections des représentants du personnel au conseil de discipline, la direction des agences régionales du Crédit lyonnais adresse aux directeurs d'agence le règlement de cette élection. Les électeurs sont rangés au point de vue de la représentation au conseil de discipline en trois groupes :

1er groupe : services centraux du siège central

2e groupe : agence centrale, comptes spéciaux, agences dans Paris (Paris & Banlieue), comptabilité de ces agences.

3e groupe : siège social, agence de province et de l'Afrique du Nord.

Le personnel de chacun de ces groupes est divisé lui-même en catégories.

Celui des services centraux du siège central est divisé en cinq catégories :

1) employés hommes non gradés

2) employées dames non gradées

3) garçons de bureau et assimilés, garçons de recette, pompiers, surveillants

4) employés principaux, chefs de dossiers, chefs de table, chefs de groupe et assimilés, s/brigadiers

5) chefs et sous-chefs de section, contrôleurs, assimilés, brigadiers.

Chacun des deux autres groupes est divisé en trois catégories :

1) employés, hommes et dames, non gradés

---

[227] La revendication d'un conseil de discipline n'était pas nouvelle : en 1919, la Société générale avait institué un conseil de travail et un conseil de discipline : Des délégués (9 dans chaque conseil) furent ainsi élus pour figurer au sein de cette structure à vocation purement consultative – et absolument pas paritaire – puisque les élus siégeaient par catégorie et en minorité par rapport aux représentants du conseil d'administration et de la direction.

2) garçons de bureau, garçons de recette, assimilés

3) chefs de service compris dans la convention collective, s/chefs de service, conservateurs.

L'article 3 du règlement précise les conditions à remplir pour être électeur des représentants du personnel au conseil de discipline : « sont électeurs dans la catégorie à laquelle ils appartiennent tous les employés titulaires âgés de 21 ans au moins le 1er octobre de l'année considérée ». Les conditions pour être éligibles sont spécifiées à l'article 4 : « Sont éligibles dans chaque catégorie les électeurs de nationalité française âgés d'au moins 30 ans, titularisés depuis 5 ans, le 1er octobre de l'année considérée. Les employés tenant un commerce de détail de quelque nature que ce soit, soit par eux-mêmes, soit par leur conjoint, ne sont pas éligibles ». L'article 15 du règlement de l'élection des représentants du personnel au conseil de discipline du Crédit lyonnais confirme le caractère paritaire de cette institution : « Le conseil de discipline comprend trois sections, chacune étant compétente pour les affaires qui intéressent les employés d'un des groupes déterminés à l'article 2 (services centraux du siège central, agence centrale et agences dans Paris, etc. et siège social avec les agences de province et de l'Afrique du Nord). Chaque section est composée de SIX membres, à savoir : trois membres faisant partie du personnel auquel ne s'applique pas la convention collective et désignés par la Direction ; trois employés de la même catégorie que l'employé traduit, et élus par le personnel. La Présidence appartient à celui des membres désignés par la Direction générale. Le Président est le même pour les trois sections. Le second membre désigné par la Direction générale siège également dans les trois sections du conseil de discipline : il appartient au personnel des services centraux et a au moins le grade de sous-chef de service ou assimilé. Le troisième des membres désigné, pour chaque section, par la Direction générale appartient au personnel du même groupe que l'employé traduit ; il a le grade de directeur d'agence et, pour les services centraux, au moins le grade de chef de service. Enfin, les trois membres élus appartiennent tous les trois au personnel du même groupe et de la même catégorie que l'employé traduit ».

Nombre des nouveaux acquis sociaux qui viennent d'être décrits et analysés, reconnaissance du droit syndical, institution des « délégués employés » et création d'un conseil de discipline paritaire, traduisent la satisfaction d'anciennes revendications déjà exprimées par les employés de banque lors de la grève de juillet-septembre 1925. L'arrivée au pouvoir du Front populaire et l'agitation sociale qui en découle permet de les remettre à l'ordre du jour lors des négociations collectives qui ont eu lieu au lendemain du 7 juin. Ouvertes sous la contrainte, mais motivées par la volonté de ne pas subir de grève pour les uns, et pour les autres, de ne pas la déclencher, les négociations ont très rapidement débouché sur la conclusion d'un accord collectif de travail, le premier issu de la loi du 23 juin 1936. De cet accord émerge au Crédit lyonnais un nouveau mode de relations sociales. Relevant de la volonté des pouvoirs publics d'instaurer une plus grande participation du personnel à la gestion sociale des entreprises, des communications sont désormais établies entre la direction et le personnel non plus *via* le seul canal hiérarchique mais aussi *via* les organisations syndicales qui sont désormais officiellement reconnues par les banquiers comme partenaires dans les négociations collectives et *via* les « délégués employés » qui court-circuitent dans une certaine mesure l'encadrement. Enfin, il appartient au conseil de discipline de réprimer le manquement d'un salarié à ses obligations professionnelles : son caractère paritaire constitue pour le personnel la garantie d'une plus grande équité. Si l'application de la convention collective des banques redéfinit véritablement les relations sociales au Crédit lyonnais, qu'en est-il des relations professionnelles ?

La convention collective du 3 juillet 1936 est sélective au sens où elle ne s'applique « qu'aux employés travaillant de façon permanente, exception faite du personnel chargé de fonctions d'autorité ou d'inspection pour la région définie ci-après : France métropolitaine et, sauf dispositions locales, Afrique du nord ».[228] Les cadres et les gradés sont donc exclus du champ d'application de la convention : leurs salaires et leurs conditions de travail continuent d'être déterminés par la seule Direction. Les raisons de cette exclusion sont difficiles à expliquer : il semblerait qu'elles soient dues à un problème d'identification de classe. Dans son mémoire de maîtrise consacré à l'histoire du personnel du Crédit foncier de France, Florence Delacour l'explique par ce qu'elle appelle « l'aspect psychologique » : « Les cadres défendent leur statut et ne souhaitent pas être réunis dans le même texte que les employés. Ils considèrent cette différence de texte comme nécessaire pour bien marquer les différences hiérarchiques ».[229] Quant aux strates moyennes composées des gradés, peut-être ressentent-t-elles, comme l'a souligné Hubert Bonin, « un malaise devant la poussée des traitements des employés de base »[230]. Toutefois, contrairement à ce qui s'est produit à la Société générale, au Crédit lyonnais, aucun syndicat professionnel des gradés des agences de province ne semble avoir été créé « en protestation contre la convention collective des agents subalternes qui les laisse sans défense vis-à-vis des griefs de ces derniers et des sanctions de la

---

[228] Voir l'article 1er de la convention collective.

[229] Florence Delacour-Le Petit, « Permanences et Mutations dans la Gestion des Hommes au Crédit Foncier de France, 1936-1956 », mémoire de maîtrise sous la direction de Jacques Marseille, Paris I, 1991-1992, p. 44.

[230] Hubert Bonin, *art. cit.*, p. 143.

direction générale ». Par ailleurs, une étude réalisée le 11 janvier 1938 par la direction du personnel de l'établissement inclut certains gradés dans les catégories de personnel soumises à la convention : « L'effectif total (gradés, employés, garçons) soumis à la convention collective se décompose environ comme suit :

   – 14 % de gradés sur lesquels il y en a : 44 % de 40 ans et plus ; 24 % de + de 35 ans et - de 40 ans ; 22 % de + de 30 ans et - de 35 ans ; 9,5 % de + de 25 ans et - de 30 ans ; 0,5 % de + de 22 ans et - de 25 ans.

   – 76 % d'employés sur lesquels il y en a : 20 % de + de 40 ans et plus ; 12,5 % de + de 35 ans et - de 40 ans ; 17 % de + de 30 ans et - de 35 ans ; 24 % de + de 25 ans et - de 30 ans ; 13,5 % de + de 22 ans et - de 25 ans ; 13 % de moins de 22 ans.

   – 10 % de Garçons sur lesquels il y en a : 55 % de 40 ans et plus ; 20 % de + de 35 ans et - de 40 ans ; 15 % de + de 30 ans et - de 35 ans ; 9 % de + de 25 ans et - de 30 ans ; 1 % de + de 22 ans et - de 25 ans ».[231]

On peut bien sûr s'interroger sur les divergences d'interprétation des dispositions de la convention collective. Aucun texte ne définissant le statut de gradé, chaque établissement conservait en effet sa propre perception. Quoi qu'il en soit, si l'application de la convention collective au Crédit lyonnais s'est accompagnée d'un renforcement de la séparation statutaire employés-cadres, elle ne s'est pas accompagnée d'une réorganisation des grades en fonction d'un reclassement des postes selon l'appartenance à l'une ou l'autre des deux catégories séparées par la convention, comme ce fut le cas au Crédit foncier de France où depuis le 12 août 1936, compte tenu du statut particulier de l'établissement, une convention collective spéciale était appliquée. En effet, au Crédit lyonnais, la catégorie des cadres ne s'est pas ouverte aux surveillantes et aux surveillantes adjointes[232], l'application de la convention collective des banques ne permettant pas au personnel féminin de l'établissement, semble-t-il, d'accéder aux postes d'encadrement. Ceci ne signifie toutefois pas que les femmes soient les laissées pour compte de la convention. Elles obtiennent des droits sociaux et professionnels spécifiques dont certains constituent d'ailleurs une mise en cause des instruments, sinon des effets, de la rationalisation du travail. Tout d'abord, la convention collective du 3 juillet 1936 consacre deux articles aux droits particuliers des femmes en matière de congés. L'article 44 accorde « aux employées femmes, suivant un bulletin médical, et sous

---

[231] Cité in étude réalisée par la direction du personnel du Crédit lyonnais en date du 11 janvier 1938, AH CL, 16 AH 27.

[232] « La convention collective a élargi la catégorie des cadres en incluant les surveillantes et les surveillantes adjointes. Auparavant, aucun poste de l'encadrement n'était accessible aux femmes », Florence Delacour-Le Petit, mémoire cité, p. 45.

réserve des vérifications d'usage, des congés pour soigner un enfant gravement malade ». Les femmes qui jusqu'alors avaient été contraintes de démissionner pour soigner leurs enfants n'étaient pas rares au Crédit lyonnais : citons les exemple de Marguerite B. en 1922[233], Hélène T.[234] en 1923 et Irène B. en 1932[235]. La première, après s'être absentée pour soigner sa fillette malade, dut renoncer à son emploi : « En raison de la durée de votre absence, nous ne pouvons laisser votre poste vacant ». La seconde, après l'expiration d'un congé sans solde de 12 jours sollicité pour soigner sa fille, doit finalement démissionner pour continuer à garder cette dernière qui n'est pas guérie. Enfin, la troisième fut contrainte de démissionner après sa maternité car sa fille, malade, ne pouvait pas être gardée. Six ans plus tard, en 1938, cette dernière fera une demande de réintégration qui sera rejetée en raison du manque de poste vacant. C'est l'article 46 de la convention collective qui détermine de façon précise la durée du congé de maternité. Rappelons que depuis la loi Strauss, qui remonte au 17 juin 1913, un congé de quatre semaines avait été institué après l'accouchement, pour les femmes qui exerçaient une activité salariée et dont les ressources étaient insuffisantes. Ce congé se doublait d'une allocation journalière de 0,50 à 1,50 F. En 1917, ces dispositions furent étendues aux femmes non salariées ; à partir de 1919, toutes les femmes ont bénéficié d'une prime mensuelle d'allaitement : des contrôles à domicile étaient alors effectués par des visiteuses.[236] Au Crédit lyonnais et contrairement à d'autres grandes entreprises[237], des mesures plus favorables que les mesures légales avaient été prises par le service de prévoyance maternelle qualifié, en 1931, par la société de médecine publique « d'un des services d'hygiène les plus intéressants du Crédit lyonnais » : « Il dépend à la fois de la banque et de la société des amis des employés du Crédit lyonnais. La banque verse aux employées qui ont un an de présence dans l'établissement une prime le jour de leur accouchement : 300 F au 1er enfant, 400 F au 2e enfant, 500 F au 3e et à chacun des suivants. Le plein salaire est payé aux mères 15 jours avant l'accouchement[238] et 30 jours après. Si

---

[233] AH CL, Dossiers du personnel du siège central, Personnel 500/2.

[234] AH CL, Dossiers du personnel du siège central, Personnel 492.

[235] AH CL, Dossiers du personnel du siège central, Personnel 850/2.

[236] Voir Françoise Thébaud, *Quand nos grands-mères donnaient la vie, la maternité en France entre les deux guerres*, PUF, Lyon, 1986, p. 21-23.

[237] Chez Renault, « l'entreprise n'accorde pas plus que le délai légal aux jeunes mères pour reprendre leur emploi à l'issue de leur accouchement », Delphine Gardey, *op. cit.*, p. 626.

[238] « Le repos avant l'accouchement reste exceptionnel dans l'entre-deux-guerres dans les classes populaires, […] les ménagères et ouvrières continuent leurs travaux de femmes jusqu'au bout et l'évoquent avec une sorte de fierté rétrospective », Mathilde

l'employé ne nourrit pas elle-même, elle doit ensuite reprendre son service, à moins que sa santé ne le lui permette pas, auquel cas elle bénéficie d'un congé de maladie. Mais si l'employé allaite, elle a droit à un congé de 3 mois à solde entière et de 3 mois à demi-solde ; elle peut même prolonger ce congé pendant un an de plus, c'est-à-dire élever son enfant jusqu'à dix-huit mois ; son poste de travail lui est garanti pendant toute cette période. Deux infirmières visiteuses sont chargées de voir les mères après leur accouchement, et les suivent pendant la durée du congé d'allaitement ».[239] L'influence de ce type de congé de maternité sur l'allaitement maternel fut jugée certaine par les médecins de la société de médecine publique.[240] Les médecins attribuaient la diminution constatée en 1929 à l'obligation où étaient trop d'employées de demeurer à l'hôtel, ce qui les forçait presque toujours à se séparer de leur enfant et à l'envoyer en nourrice. Aussi, la société des amis des employés s'efforça-t-elle de faciliter aux jeunes femmes qui le réclamaient la recherche d'un logement. Elle a par ailleurs organisé à partir de décembre 1929 un service de consultations prénatales : « [...] inquiète du nombre relativement élevé des cas de mortinatalité qui s'étaient produits[241], elle a organisé en décembre 1929 un service de consultations prénatales confié au Docteur Laennec, les consultations d'abord bi-mensuelles, sont maintenant hebdomadaires et 556 consultations ont été ainsi données en 1930[242]. Les jeunes femmes enceintes sont examinées à partir du 2e ou du 3e mois de grossesse tous les mois, et revues après la naissance. Le Docteur Laennec est aidé d'une assistante de son service, mais dans la salle d'attente se tient une infirmière du Crédit lyonnais, infirmière spécialisée, qui interroge discrètement les futures mères, les conseille au sujet des maisons d'accouchement ou de repos, leur fait connaître l'aide

---

Debusset et Michelle Zancarini-Fournel, *Parcours de femmes, réalités et représentations, Saint-Étienne (1880-1950)*, PUF, Lyon, 1993, p. 177.

[239] « Les services d'hygiène sociale dans une grande banque », compte rendu d'une conférence tenue le 28 janvier 1931 à la Société de médecine publique, in *Mouvement Sanitaire*, organe officiel du syndicat des médecins hygiénistes français et de la Société de médecine publique, 8e année, n° 81, le 31 janvier 1931, p. 53.

[240] Ils s'appuyaient sur les chiffres suivants : « En 1927, il y a eu 99 naissances et 80 femmes ont allaité. En 1928, il y a eu 64 naissances et 56 femmes ont allaité. (Mais) en 1929, il y a eu 94 naissances et 70 femmes ont allaité », in *art. cit.* ci-dessus.

[241] Le nombre de décès des jeunes enfants (0 à 1 an) des employées a été :
−En 1927, de 5, dont 2 mort-nés sur 99 naissances
−En 1928, de 2, dont 1 mort-né sur 64 naissances
−En 1929, de 6, dont 3 mort-nés sur 94 naissances.

[242] Ces consultations prénatales ont d'abord eu lieu, le deuxième lundi de chaque mois, à 13 heures 30, puis à partir du 16 mai 1930, les 1er, 2e et 4e lundi de chaque mois et à partir de janvier 1931, elles ont eu lieu tous les lundis à 13 heures 30, voir les notes du service du personnel du siège central datées du 28 novembre 1929, du 16 mai 1930 et du 15 décembre 1930, AH CL, 098 AH 242.

qu'elles peuvent recevoir après leurs couches, etc. Pour les encourager à venir à la consultation, une prime de layette de 250 F est remise le 6ᵉ mois aux femmes qui la suivent régulièrement ».[243] Mais les primes offertes par la banque, les congés d'allaitement payés par elle ne l'étaient qu'aux employées travaillant depuis un an au moins dans l'établissement. La société des amis des employés s'occupait de celles qui y étaient depuis trop peu de temps pour avoir droit à ces avantages. Malgré ces mesures patronales plutôt audacieuses en matière de prévoyance maternelle, la maternité participe toujours, au début des années 1930, de l'ensemble des raisons familiales qui poussent les femmes à interrompre temporairement ou définitivement leur activité salariée. Ainsi, parmi les 17 démissions relevées pour *raison de santé* dans l'échantillon composé du personnel sorti entre 1930 et 1935, trois d'entre elles s'expliquent par des grossesses. C'est notamment le cas de Germaine T.[244] qui, le 25 avril 1935, après plus de dix ans de service, donne sa démission une fois son congé de maternité expiré, « n'ayant pas trouvé de solution pour assurer la garde de ses deux enfants ». En fait, tant la maternité elle-même que la garde des enfants constituent des facteurs d'interruption de carrière du personnel féminin. La convention collective des banques comprend des mesures qui tentent de les atténuer. Ainsi, l'article 46 prévoit tout d'abord une période de congé prénatal d'une durée supérieure à celle jusqu'alors fixée par l'établissement et ensuite élargit le champ des bénéficiaires du congé de maternité, jusqu'alors réservé aux seules employées titulaires qui allaitaient : « il sera accordé aux employées titulaires et auxiliaires en état de grossesse un congé de 45 jours avant l'accouchement avec salaire intégral. Après l'accouchement, il sera accordé 3 mois de congé avec salaire intégral et 3 mois de congé à demi – salaire en cas d'allaitement (facultatif pour l'employé). Les avantages qui précèdent s'entendent déduction faite des remboursements opérés au titre des Assurances Sociales ».[245] L'article 46 accordait enfin aux employées « la faculté de demander en outre 6 mois de congé sans solde pour allaitement » étant entendu qu'elles seraient « ensuite réintégrées dans leur emploi avec les mêmes avantages ». Quant au problème posé par la garde des enfants, la convention collective tente d'y répondre en prévoyant dans l'article 52 l'organisation de crèches d'entreprise : « Les Banques de Paris occupant un nombreux personnel organiseront, en

---

[243] « Les services d'hygiène sociale dans une grande banque », in *Le Mouvement Sanitaire*, p. 54.

[244] AH CL, Dossiers du personnel du siège central, Personnel 959/2.

[245] La loi du 5 avril 1928 relative aux assurances sociales avait, en théorie, accordé aux femmes un congé de 12 semaines assorti d'un demi-salaire de repos mais ce congé fut longtemps inégalement appliqué, Françoise Thébaud, *Quand nos grands-mères donnaient la vie, op. cit.*, p. 22.

accord avec les délégués, dans leur immeuble ou à proximité : un réfectoire ou restaurant, une crèche pour les enfants âgés de moins de 5 ans, un salon de repos et une infirmerie ». En 1936, le personnel parisien du Crédit lyonnais disposait, depuis longtemps déjà, de réfectoires, salons de repos et infirmerie : « la Banque n'a pas négligé l'hygiène des bien portants, et certaines de ses institutions tendent à leur conserver la santé, par exemple, les dispositions qui permettent aux employés de prendre, dans les deux réfectoires de la rue Ménars, un repas sain et copieux pour un prix modique. Chaque réfectoire comporte des salons de repos. Un jardin de toit était à la disposition du personnel féminin ; j'ignore si le nouveau bâtiment en construction en comportera un ; il faut le souhaiter ».[246] En 1930, le service médical comportait deux « postes de secours » : l'un était constitué de trois salles pourvues de tout le nécessaire, chaises, lits de repos, etc. : « Deux petits locaux adjacents, bien ventilés, contiennent, l'un, le linge sale, l'autre, du matériel : couvertures, cataplasmes chauffants, seaux, etc. Il y a aussi deux fauteuils roulants et des brancards pour le transport des malades ; l'ascenseur n'est pas très éloigné. Trois infirmières se tiennent en permanence au poste de secours pour y recevoir les personnes indisposées ou blessées. Elles administrent les médicaments, font les piqûres, posent les ventouses, simples ou scarifiées, s'occupent des pansements. Elles ont, à cet effet, à leur disposition un stérilisateur électrique. Une armoire contient les médicaments, les appareils et les produits nécessaires aux analyses d'urine. [...] Un second poste de secours fonctionne toute la journée de 8 heures 30 à 18 heures, avec une infirmière, à l'annexe du Crédit lyonnais, rue Ménars. Il sert pour les 1 400 employés qui prennent leur repas au réfectoire installé à cette adresse, et pour ceux qui y travaillent ».[247] En revanche, de crèche, de « pouponnière », il n'est question ni dans la description du service de prévoyance maternelle ni dans celle du service de l'hygiène de l'enfance qui avait également été présentée le 28 janvier 1931 à la société de médecine Publique. Faut-il conclure que l'initiative prise en 1909 par la Baronne Brincard de fonder à Chauvry par Montsoult (Seine & Oise) une pouponnière destinée aux enfants des « Dames Employées » avait avorté ? Les raisons de cet échec demeurent obscures. La convention collective, en obligeant les établissements parisiens à fonder une crèche pour assurer la garde des enfants de moins de 5 ans, relance en tout cas l'initiative. La présence de trois femmes[248]

---

[246] Cité in « Les services d'hygiène sociale... », *art. cit.*, p. 58.

[247] *Idem*, p. 51.

[248] Mlle Lafeuille, Mlle Aubert et Mlle Vion ont en effet représenté, aux côtés de M. Poimbœuf et de M. Preterre, la Fédération française (section Banque) des syndicats chrétiens d'employés lors des négociations qui ont débouché sur la signature, le 3 juillet 1936, de la convention collective des banques.

aux négociations collectives de juin-juillet 1936, qui n'est pas sans illustrer l'intégration parachevée du personnel féminin dans les organisations de défense professionnelle des employés de banque, n'a certainement pas été étrangère à l'adoption de ces droits sociaux féminins que constituent le congé de maternité et le droit à la garde des jeunes enfants. Les femmes ont par ailleurs obtenu des droits professionnels spécifiques pour ce qui est des travaux de sténo-dactylographie et de mécanographie dont certains constituent une réaction contre les effets néfastes de la rationalisation. Ainsi, les articles 49 et 50 prévoient que les sténo-dactylographes qualifiées recevront une indemnité proportionnelle à la durée de leur travail effectif calculée sur la base de 500 F par an ; que les mécanographes qualifiées qui exerçaient sur les machines comptables un travail continu recevraient aussi cette indemnité et obtiendraient la suppression des primes au rendement. Des mesures sont enfin prises pour protéger les plus fragiles d'entre elles contre la fatigue due au travail effectué sur les machines comptables : « Seront exemptes du travail sur machines comptables :

– les femmes âgées de moins de 20 ans ou de plus de 40 ans, à moins, pour ces dernières, qu'elles ne demandent, après avis conforme du service médical, la continuation du travail ;

– les femmes enceintes ;

– les femmes malades sur présentation d'un service médical ».

Elles obtiennent par ailleurs une pause de 15 minutes le matin et une pause de 15 minutes l'après-midi. Les femmes ne sont donc pas les laissées pour compte de la convention collective des banques. Qu'en est-il des auxiliaires ?

En ne s'appliquant « qu'aux employés travaillant de façon permanente »[249], la convention collective exclut les auxiliaires temporaires. En revanche, elle prévoit, après une période d'essai d'un an au plus, une procédure de « titularisation d'office » pour les auxiliaires fixes de toutes catégories âgés d'au moins 18 ans. La titularisation des jeunes auxiliaires n'était pas non plus exclue mais elle comportait des conditions : « les auxiliaires ayant au moins 16 ans et au moins un an de présence pourront être titularisés s'ils subissent avec succès un examen ».[250] Ainsi, si l'application de la convention collective du 3 juillet 1936 a servi de support à l'identité professionnelle des diverses catégories d'employés, qui se définissent désormais par rapport à un statut juridique contrairement aux cadres qui continuent de se définir par rapport à l'appartenance à la « maison », elle ne paraît pas en revanche avoir

---

[249] Article 1er de la convention collective des banques.

[250] Cité in article 27 de la convention collective des banques.

redéfini à l'intérieur du Crédit lyonnais les relations professionnelles dans le sens d'un reclassement des catégories de personnel en fonction de critères professionnels préalablement définis. L'analyse du mode de fixation des salaires vient le confirmer. Alors même que se renforce la séparation « statutaire » entre les cadres et les employés, on assiste à une réduction de l'écart entre les hauts salaires des uns et les bas salaires des autres. Les raisons de ce tassement des échelles de salaires sont à rechercher dans la politique salariale entreprise par les pouvoirs publics à partir de juin 1936 et dans l'application des salaires conventionnels dont la fixation résulte désormais de négociations collectives entre les banquiers et les syndicats d'employés. L'accord Matignon du 7 juin 1936 prévoit en effet une augmentation dégressive des rémunérations (de 15 % à 7 %) et des « réajustements des salaires anormalement bas ». Pour la première fois, un traitement minimum garanti est fixé par les pouvoirs publics. Il détermine la base sur laquelle s'établit la hiérarchie de la structure d'ensemble des salaires et par conséquent la masse salariale. Quadrillés par le bas par les pouvoirs publics, les salaires des employés de banque sont aussi déterminés par la convention collective. Le texte du 3 juillet 1936 fixe en effet « des salaires minima par catégorie (hommes, femmes), en fonction de l'âge, et augmentés du double mois ». Un salaire annuel minimum de début de carrière est ainsi déterminé comme suit pour les employés, hommes et femmes, titularisés, âgés de 22 ans, 25, 30 et 35 ans.

Âge	Hommes	Femmes
22 ans	12 000 F	10 000 F
25 ans	14 400 F	12 000 F
30 ans	16 800 F	14 000 F
35 ans	18 600 F	15 500 F[251]

Les salaires conventionnels sont donc déterminés en fonction du sexe et de l'âge de l'employé sans tenir compte de sa fonction, sinon de sa qualification et ce, contrairement à nombre de conventions collectives qui ont été signées par la suite dans d'autres secteurs de l'industrie et du commerce, voire même dans des établissements de crédit publics ou semi-publics.[252] Lors d'une conférence qu'il prononça le 20 juin 1966 au

---

[251] Voir l'annexe II et l'article 32 de la convention collective des banques.

[252] La convention collective du Crédit foncier de France par exemple déterminait, au 12 août 1936, six catégories de personnel qui comprenaient un certain nombre d'échelons :

Catégories   *Nombre d'échelons*
1) Gardiens de bureau, veilleurs, pompiers,
   agents ouvriers, huissiers   9

centre d'études supérieures de banque, Pierre de la Baume, alors délégué général honoraire de l'Association professionnelle des banques, a tenté d'expliquer cette singularité de la convention collective originelle. D'abord, il justifie ce système en le qualifiant de « formule qui peut paraître singulière mais qui répondait à la nécessité d'aller vite en besogne et de s'en tenir aux usages en vigueur ».[253] Selon lui en effet, la détermination des salaires en fonction des qualifications des employés de banque donnait lieu à des difficultés plus grandes que l'établissement du barème des salaires en fonction des qualifications des ouvriers. Les fonctions des employés étant jusqu'alors beaucoup moins bien définies et beaucoup moins précises que celles de ces derniers. Le processus de classification des emplois dans les banques s'est en effet révélé long et laborieux : « cette classification a donné lieu à des difficultés d'autant plus grandes qu'il n'était pas possible de classer des postes dont la qualification était différente d'une banque à l'autre, non seulement quant à la nature du travail mais aussi quant à la terminologie. C'est ainsi, par exemple, que, selon les établissements, le terme de « chef de service » peut désigner des emplois dissemblables et que chaque grand établissement se montre très attaché à conserver sa terminologie propre. Dans ce domaine, la différence est peut-être plus accentuée encore entre les grandes banques de dépôts et les banques locales ».[254] Ce n'est que très progressivement qu'a été établi, mis à part les emplois correspondant à des activités qui étaient les mêmes partout (garçons de bureau, garçons de recettes, manipulateurs et payeurs), un tableau qui, « pour les employés proprement dits comme pour le personnel d'encadrement, a défini non pas des postes mais des aptitudes, à savoir celles qui étaient requises aux différents niveaux de la hiérarchie ».[255] En signant la convention collective de travail, les partenaires sociaux ont accepté le mode de fixation des salaires en fonction de l'âge et du sexe de l'em-

---

2) Garçons de caisse, facteurs, chefs de poste de veilleurs pompiers, brigadiers	10
3) Dames employées	10
4) Employés comptables,	8
Commis-principaux	2
5) Commis-principaux-rédacteurs	3
6) Inspecteurs,	3
Vérificateurs-rédacteurs	8

Tableau cité in Florence Delacour-Le Petit, mémoire cité, p. 50.

[253] Pierre de la Baume, *Aperçus sur les questions sociales dans la profession bancaire*, le 20 juin 1966, Les Cours de droit, 158 rue Saint-Jacques, Paris Vᵉ, 24 pages, p. 8.

[254] *Idem*, p. 9.

[255] Il faut attendre 1945 et 1946 pour que soit réalisée une première nomenclature des emplois bancaires : ainsi fut établi en 1945 un premier tableau qui classe par catégories les emplois des employés de banque ; en 1946 devait être réalisé un second tableau qui ordonne également les emplois des gradés et des cadres par classes.

ployé. Pourtant, très vite, ce système a fait au Crédit lyonnais l'objet de critiques tant de la part de la Direction que de la part des syndicats d'employés. Ainsi, dans son rapport annuel du 5 avril 1938, le conseil d'administration déclare que l'application des nouveaux barèmes de salaires n'a pas peu contribué à la baisse du rendement du travail : « Les nouveaux barèmes de salaires (fondés sur l'âge) ont réduit les écarts de rémunération qui existaient entre les travailleurs suivant leur habileté professionnelle et ceci n'a pas été un des moindres éléments de baisse du rendement ».[256] Par ailleurs, l'une des organisations syndicales a cherché à définir un système de salaires en fonction de critères professionnels. C'est ce dont témoigne un exemplaire de la convention collective, annoté en vue de sa révision par un membre de la fédération nationale des syndicats d'employés (CGT)[257]. Dans la « marge » de l'article 31 sont définis les trois types de catégories professionnelles soumis à l'accord sur les salaires : « Au point de vue des salaires, le personnel se compose normalement des catégories suivantes : la première catégorie désigne les employés des deux sexes, affectés aux travaux de banque proprement dits ; la deuxième catégorie désigne les employés des deux sexes, affectés aux travaux ne constituant pas une application intellectuelle particulière (tenue de casier, classement, archives, économat, service d'ouverture et de fermeture des coffres-forts, service d'antichambre, garçon de bureau), services qui ne comportent pas d'une façon continuelle le maniement d'espèces ; la troisième catégorie désigne les employés des professions annexes visés à l'article 33[258] ».[259] Conformément aux mesures légales comprises dans l'accord Matignon du 7 juin et aux mesures conventionnelles comprises dans la convention collective du 3 juillet, la direction du Crédit lyonnais a procédé au relèvement des bas et moyens salaires de ses employés. Dès le 9 juillet 1936, des mesures sont prises dans ce sens au siège central : « En application de l'article 32 de la convention collective du travail, nous vous informons que les appointements des employés ayant

---

[256] Cité in rapport annuel du conseil d'administration, le 5 avril 1938, AH CL, usuels.

[257] AH CL, 16 AH 27.

[258] « Les employés des professions annexes recevront le salaire prévu au tarif syndical afférent à leur profession », cité in article 33 de la convention collective des banques.

[259] Cette définition « cégétiste » des catégories professionnelles soumises à l'accord sur les salaires n'est pas sans rappeler « la conviction ancienne de l'antagonisme entre le travail intellectuel et le travail manuel » qui a en fait longtemps « servi de base à de nombreuses définitions de l'ouvrier et de l'employé. [...] En ce sens, on peut dire que la conception marxiste hérite de cette distinction quand elle s'interroge sur la position sociale des « travailleurs non manuels » », Delphine Gardey, « Du veston au bas de soie : identité et évolution du groupe des employés de bureau (1890-1930) », in *Le Mouvement Social*, n° 175, avril-juin 1996, p. 58.

au 1er juillet 1936 : 25, 30 et 35 ans révolus, seront portés à partir de cette date du 1er juillet aux chiffres désignés ci-après :

Âge	Hommes	Femmes
25 ans révolus et moins de 30 ans	14 400 F	12 000 F
30 ans révolus et moins de 35 ans	16 800 F	14 000 F
35 ans révolus et au-delà	18 600 F	15 500 F

Les appointements des employés atteignant ces mêmes âges de 25, 30 et 35 ans dans le courant du mois de juillet, seront portés aux chiffres ci-dessus à dater du 1er août et à l'avenir, tous les mois seront alignés sur la base précitée, les employés ayant atteint les âges en question le mois précédent ».[260] Au 1er janvier 1937, la direction du personnel évalue l'augmentation des traitements moyens des employés et des garçons âgés de 22 ans et plus à « 14,98 % pour Paris (siège central et agences dans Paris), à 17,26 % pour la province (siège social, agences départementales et régionales), soit pour l'ensemble (Paris et province), une augmentation de 16,27 % ».[261] Le temps où la Direction fixait seule les salaires de ses employés semble révolu ; de même le temps où elle organisait, seule, l'avancement de son personnel. La convention collective des banques institue en effet la notion d'avancement automatique d'après l'âge contrairement au système qui était appliqué depuis 1922 au Crédit lyonnais dont une partie seulement, basée sur l'ancienneté, s'effectuait de façon automatique, l'autre partie s'effectuant au mérite. Or, le contrat collectif, en opérant un accroissement des traitements d'après une échelle de salaires *minima* basée sur l'âge de l'employé, assure à ce dernier, au seul titre de l'ancienneté, une augmentation minimum de 55 % entre 22 et 35 ans. Par ailleurs, la convention collective réduit au minimum l'augmentation au mérite comme en témoigne l'article 35 : « Les gratifications de fin d'année devront être, en principe, au minimum égales à un mois de traitement brut. [...] Le maximum de réduction qu'elles peuvent subir en raison des notes professionnelles est de 10 % ». La convention collective des banques marque ainsi un coup d'arrêt à la politique d'individualisation des salaires jusqu'alors en vigueur au Crédit lyonnais.

Non concernés par les mesures légales et les dispositions conventionnelles, les traitements des cadres sont-ils restés bloqués ou ont-ils, eux aussi, été augmentés ?

Le 21 juillet 1936, soit douze jours après avoir relevé les salaires des employés, le directeur du personnel procède au relèvement des traite-

---

[260] Cité in note n° 380 du service du personnel du siège central datée du 9 janvier 1936, AH CL, 098 AH 242.

[261] Cité in note de la direction du personnel datée du 2 juin 1937, AH CL, 16 AH 29.

ments des cadres de façon à maintenir, selon son expression, « un écart convenable » entre leurs appointements et ceux des employés sous leurs ordres.[262] Le principe n'était pas nouveau : à la Société générale, à l'issue de la grève de 1925, « pour compenser l'écrasement relatif des revenus hiérarchiques par les hausses salariales alors consenties, la Direction accorda aux directeurs et sous-directeurs d'agence et aux chefs des bureaux des hausses plus sensibles encore aux traitements, aux gratifications et à l'intéressement aux bénéfices ».[263] Ainsi était consacré dans les banques le principe d'autorité. Si le principe n'est donc pas nouveau, la pratique au Crédit lyonnais est un peu différente en 1936. Il s'agit de montrer comment la réaffirmation du principe d'autorité n'a pas empêché dans cet établissement le tassement des échelles de salaires. Les traitements des chefs des grands services du siège central, des directeurs, sous-directeurs, gérants de bureau et fondés de pouvoirs des agences dans Paris ont en effet été portés à partir du 1er octobre 1936 aux chiffres suivants :

- chefs des grands services : 30 000 à 36 000 F suivant l'importance du service
- directeurs : 27 000 à 35 000 F
- sous-directeurs : 24 000 à 32 000 F
- gérants de bureau : 19 000 à 28 000 F
- fondés de pouvoirs : 16 000 à 27 000 F.[264]

Pour apprécier leur taux de croissance, il faut se reporter à leur valeur avant le 1er octobre 1936. Malheureusement, de tous les documents consultés, aucun ne comprend l'information. En revanche, nous savions quels étaient les salaires des cadres en juillet 1930. Sachant que le blocage de l'ensemble des salaires décidé en 1931 a perduré jusqu'en 1935, il suffit de supposer que les salaires perçus par les cadres en 1935 étaient *grosso modo* équivalents à ceux qu'ils percevaient en juin 1930, c'est-à-dire, pour Paris :

- chefs de service : 30 000 à 36 000 F suivant l'importance du service
- directeurs d'agence : 26 000 à 32 000 F

---

[262] Voir l'instruction adressée par la direction du personnel à l'administration du siège social datée du 21 août 1936. L'entrée en vigueur du relèvement des traitements des cadres était prévue pour le 1er octobre 1936, AH CL, 098 AH 250.

[263] Hubert Bonin, « La maturation de la professionnalisation bancaire en France », in Pierre Guillaume, *op. cit.*, p. 142.

[264] Tableau cité in lettre adressée le 21 août 1936 par la direction du personnel à l'administration du siège social. Y est joint le tableau comprenant les appointements des directeurs, sous-directeurs, gérants, fondés de pouvoirs, inspecteurs banque et inspecteurs titres & comptabilité des agences de province, AH CL, 098 AH 250.

– sous-directeurs : 24 000 à 28 000 F
– fondés de pouvoirs : 15 000 à 25 000 F.[265]

Au regard de ces chiffres émergent deux constats. Tout d'abord, le relèvement des salaires des cadres s'est effectué d'une façon relativement dégressive tout comme celui des bas et moyens salaires. Les salaires les plus élevés, ceux des chefs des services centraux n'ont, semble-t-il, pas été augmentés. Ensuite, le relèvement des salaires des autres cadres s'est dans l'ensemble révélé inférieur à celui des salaires des garçons et des employés : ceux des directeurs des agences dans Paris ont augmenté entre 3 % et 9 % ; ceux des sous-directeurs entre 0 et 14 % ; enfin, ceux des fondés de pouvoirs, entre 6 % et 8 %. Quoi qu'il en soit, l'augmentation du traitement moyen des cadres parisiens est loin d'avoir atteint celle des salaires des garçons et des employés qui, rappelons-le, atteignit près de 15 %[266]. Contrairement à ce qui avait pu se produire en 1925, et malgré la réaffirmation de la volonté de maintenir un « écart convenable » entre les salaires des cadres et ceux des employés sous leurs ordres, en octobre 1936 l'écart se réduit incontestablement entre les salaires élevés et les bas et moyens salaires. Ce nivellement des salaires du personnel du Crédit lyonnais s'est accompagné d'un nivellement des avantages comme en témoignent les nouvelles modalités d'attribution des congés payés. L'article 40 de la convention collective consacre l'application de la loi du 20 juin 1936 qui accorde à tous les salariés le droit au congé annuel minimum de quinze jours, dont douze jours ouvrables. La pratique des congés payés était ancienne au Crédit lyonnais. Variant à l'origine en fonction de la place de l'employé dans la hiérarchie, la durée du congé avait été rallongée à partir du 1er janvier 1925 en fonction de l'ancienneté. Le 3 juillet 1936, la convention collective fixe la durée des congés annuels du personnel conventionné en fonction de la seule ancienneté et confirme les différences qui existaient jusqu'alors entre Paris et la province. Ainsi, pour Paris, le personnel a droit à partir de 1937 :

– après 6 mois de service : à 6 jours ouvrables
– de 1 à 5 ans de service : à 12 jours ouvrables

---

[265] Tableau cité in lettre adressée le 27 juin 1930 par la direction du personnel à Paul Platet, alors vice-président du conseil d'administration, AH CL, 098 AH 250.

[266] Référons-nous à la note de la direction du personnel datée du 2 juin 1937 qui évalue au 1er janvier 1937 l'augmentation des traitements moyens des employés et garçons âgés de 22 ans et plus à :
– 14,98 % pour Paris
– 17,26 % pour la province
– 16,27 % pour l'ensemble du Crédit lyonnais, AH CL, 16 AH 29.

- de 5 à 15 ans de service : à 18 jours ouvrables
- après 15 ans de service : à 21 jours ouvrables

En province, il a également droit à 6 jours ouvrables après 6 mois de service et à 12 jours ouvrables jusqu'à 5 ans de service ; en revanche, entre 5 et 15 ans de service, il n'a droit qu'à 15 jours ouvrables, et après 15 ans, à 18 jours ouvrables.[267]

Malgré la généralisation des congés payés à l'ensemble des salariés, les employés de banque ont ainsi su maintenir la situation privilégiée qui était précédemment celle de nombre d'entre eux en obtenant pour le personnel ayant plus de 5 ans d'ancienneté un congé conventionnel supérieur au congé légal. Par ailleurs, la convention collective prévoit une majoration de congé d'un jour pour les anciens combattants titulaires de la carte du combattant, d'un jour supplémentaire pour les mutilés de guerre, d'un jour encore pour les employés mariés ayant un enfant bénéficiant des allocations familiales et de deux jours pour les employés mariés ayant deux enfants et plus, bénéficiant des allocations familiales ; ces jours supplémentaires pouvant s'additionner. Alors qu'au Crédit lyonnais, les congés étaient réglés depuis le début des années 1920 par les chefs de service « au mieux des intérêts du travail et en tenant compte des *desiderata* de l'employé suivant un ordre de préférence basé sur l'ancienneté des services et aussi sur les notes »[268], l'article 41 de la convention collective remet en cause cet ordre de préférence : « Le choix des périodes de vacances pourra ne plus être opéré à l'ancienneté. Un roulement sera prévu dans chaque banque en accord avec les délégués du personnel qui auront à tenir compte, autant que possible, des congés scolaires pour les employés ayant des enfants. Le mari et la femme travaillant dans la même banque pourront prendre leurs vacances ensemble, la période choisie étant celle du moins favorisé ». L'article 41 fixe aussi la période des congés tout en accordant aux employés la possibilité de prendre leurs vacances à toute autre période : « La période des congés, à partir de 1937, est fixée du 25 avril au 10 octobre. Toutefois, les employés auront la possibilité, s'ils le désirent et si les besoins du service le permettent, de prendre leur congé à toute autre période ». Enfin, l'article 42 confirme le caractère désormais obligatoire des congés : « Les congés ont un caractère obligatoire. Aucune banque ne sera admise à employer du personnel en congé quelle que soit l'indemnité payée. Dans le cas où un surcroît de travail nécessiterait le rappel d'un employé en congé, il lui sera accordé deux journées de congé

---

[267] Cité in article 40 de la convention collective, 3 juillet 1936, Imprimerie Pichot, Paris, 11 rue Rougemont, p. 18.

[268] Cité in note du service du personnel du siège central datée du 26 mai 1921, AH CL, 098 AH 242.

supplémentaires et ses frais de voyage lui seront éventuellement remboursés ».

Une question se pose : l'administration du Crédit lyonnais a-t-elle procédé dans ce domaine à une stricte application de la convention collective ou bien a-t-elle octroyé à ses employés des congés annuels d'une durée supérieure à la durée conventionnelle ? Comme pour les salaires, la convention collective ne fixe que des congés *minima*. L'employeur conserve en effet toute liberté d'action pour prendre des mesures plus favorables que celles inscrites dans la convention, *a fortiori* dans la loi.[269] Une note du service du personnel du siège central témoigne de la stricte application des congés conventionnels au Crédit lyonnais : « En modification à la note 245 du 27 janvier 1925 et conformément à l'article 40 de la convention collective du travail, la durée des congés annuels est fixée pour le personnel du siège central et des agences dans Paris comme suit :

- après 6 mois de services   6 jours ouvrables
- de 1 à 5 ans de services   12 jours ouvrables
- de 5 à 15 ans de services   18 jours ouvrables
- après 15 ans de services   21 jours ouvrables ».[270]

Plus encore que pour les salaires, le rallongement de la durée des congés a été dégressif. En effet, les cadres qui échappent au champ de la convention collective n'ont pas bénéficié du rallongement conventionnel. En ce sens, les mesures prises le 15 juillet 1936 par le service du personnel en faveur des cadres du siège central débouchent sur un nivellement des congés annuels : « Les dispositions suivantes seront, à l'avenir, appliquées aux cadres, étant entendu qu'il ne sera pas apporté de modifications aux durées de congés de ceux d'entre eux qui, en raison de leur ancienneté, bénéficiaient jusqu'à ce jour de dispositions plus avantageuses :

- chefs de service du siège central et directeurs d'agence dans Paris : 1 mois
- sous-chefs de service et sous-directeur d'agence : 25 jours
- chefs de bureau, inspecteurs, chef de section, signatures autorisées, brigadiers et sous-Brigadiers : 23 jours.

Les majorations prévues pour les anciens combattants, mutilés, cadres mariés ayant des enfants, pourront s'ajouter aux chiffres ci-dessus

---

[269] Conformément à l'application du principe de la hiérarchie des normes en droit du travail.

[270] Cité in note n° 381 du service du personnel du siège central datée du 9 juillet 1936, AH CL, 098 AH 242.

sous la réserve que la durée totale du congé, jours fériés compris, ne dépassera pas un mois ».[271] En fait, si les cadres conservent le bénéfice d'un congé plus avantageux, il n'en reste pas moins que l'écart se resserre entre la durée des congés annuels des employés, désormais fixée par la convention collective, et celle des cadres, qui continue d'être déterminée par l'administration du Crédit lyonnais. En effet, si les diverses majorations prévues à l'article 40 peuvent s'ajouter sans limite à la durée de base des congés des employés, les mêmes majorations prévues par l'administration de l'établissement pour les congés des cadres ne peuvent s'ajouter qu'à la condition que la durée totale ne dépasse pas un mois. De fait, la durée du congé annuel d'un employé parisien peut atteindre celle de son sous-chef de service ou de son sous-directeur d'agence, à savoir 25 jours, s'il dispose de quinze années de service et réunit les conditions suivantes : être ancien combattant, mutilé de guerre, marié et père de deux enfants au moins. Plus que sur cette question des congés, c'est sur les questions relatives aux augmentations de salaires et à l'application de la loi des quarante heures qu'ont éclaté, dans le secteur bancaire, les conflits entre les nouveaux partenaires sociaux. D'ailleurs, un cadre juridique étant désormais institué pour permettre aux divergences d'intérêts de s'exprimer ouvertement et légalement, le conflit devient comme une pratique de gestion courante. La procédure d'arbitrage définie à l'article 53 de la convention collective est complexe : « Les différents relatifs à l'application de la présente convention qui n'auraient pu être tranchés entre la Direction et les délégués employés à l'intérieur de la banque intéressée, devront être déférés à une commission paritaire composée de représentants des organisations signataires. Si celles-ci n'aboutissent pas à un accord, elles désigneront deux arbitres qui, en cas de désaccord, auront à s'entendre sur la désignation d'un tiers arbitre. Si les deux arbitres ne peuvent s'entendre sur la désignation du tiers arbitre, celui-ci sera, sur la demande de la partie la plus diligente, désigné par le ministre des Finances. La décision du ou des arbitres sera sans recours ». En ce sens, l'intervention de l'État dans la gestion des relations sociales des établissements de crédit devient prégnante : il s'agit désormais pour chacune des parties en conflit de convaincre l'arbitre de la légitimité de ses revendications.

B. Les conflits d'intérêts : une nouvelle pratique de gestion

À partir de 1937, les litiges qui ont éclaté entre la direction du Crédit lyonnais et les employés s'inscrivent pour la plupart au niveau de la

---

[271] Cité in note n° 382 du service du personnel du siège central datée du 15 juillet 1936, AH CL, 098 AH 242.

profession qui est désormais organisée dans des cadres conventionnels et réglementaires. Le personnel confie la défense de ses intérêts collectifs aux syndicats d'employés de banque, celle des intérêts de la direction étant assurée par le syndicat patronal. Il s'agit d'une rupture dans l'évolution des rapports sociaux au sein du patronat bancaire. Alors que le Crédit lyonnais s'était toujours opposé à l'immixtion du syndicat patronal dans ses affaires intérieures, l'Union syndicale des banquiers devient la clé de voûte d'un nouveau système de négociation collective, interbancaire et national : « de simple groupe de pression informel, elle devient une institution professionnelle qui consacre l'existence d'une véritable profession bancaire, à la place d'une situation où se juxtaposaient seulement des entités dispersées puisque toute entreprise conservait par devers elle son propre pouvoir de décision et son autorité propre vis-à-vis de son personnel ».[272] Débouchant sur l'immixtion des syndicats d'employés et sur l'immixtion du syndicat patronal dans la gestion des affaires du Crédit lyonnais, le contrat collectif fit tout d'abord l'objet de réserves de la part des membres du conseil d'administration de l'établissement : « [...] Devant les revendications qui se sont alors fait jour, nous n'avons pas manqué de faire observer que le personnel de votre établissement avait toujours été traité avec une compréhension attentive de ses besoins. Depuis longtemps, il jouissait de la « semaine anglaise », des congés payés, bien avant que l'institution en fut obligatoire, des allocations familiales largement calculées et auxquelles s'ajoutaient des avantages divers en faveur de la natalité, qui complétaient des salaires auxquels nous n'avions apporté aucune réduction quand les indices du prix de la vie avaient, au cours des dernières années, baissé dans d'importantes proportions. D'autre part, la stabilité de leur emploi était, en fait, assurée à nos collaborateurs et la seule considération des mérites avait toujours présidé à l'octroi des avancements. La nécessité des garanties pouvant résulter d'un contrat collectif n'apparaissait donc pas. Nous n'avons pas voulu cependant nous refuser à entrer dans une voie que les pouvoirs publics jugeaient favorables au maintien de la paix sociale et à la reprise de l'activité économique et, en ce qui concerne les modalités mêmes des réajustements, après avoir fait nos objections, nous avons accepté, comme nos confrères, des formules qui n'étaient pas toujours celles qui avaient nos préférences ».[273] Malgré les réserves ainsi formulées à l'égard de l'application de la convention collective, cette dernière n'a, semble-t-il, été dénoncée à aucun moment par la direction du Crédit lyonnais. Bien plus, par l'intermédiaire de

---

[272] Hubert Bonin, *art. cit.*, in Pierre Guillaume, *op. cit.*, p. 144.

[273] Cité in rapport annuel du conseil d'administration du Crédit lyonnais, le 29 avril 1937, AH CL, usuels.

Léon Verdier[274] qui assume en 1937 la vice-présidence de l'Union syndicale des banquiers, les dirigeants du Crédit lyonnais participent au renforcement de l'organisation patronale, conséquence de l'application de la convention collective, n'en déplaise à certains membres qui n'acceptent que sous la contrainte l'intervention de ce syndicat dans leurs affaires. D'ailleurs, à aucun moment l'Union syndicale des banquiers ne dénonce la convention collective : « conclue dans la précipitation et sous l'empire des circonstances, la convention collective constitue finalement une base contractuelle durable pour les relations du travail dans le secteur bancaire. [...] En 1936, le mélange de syndicalisme et de corporatisme que la procédure institue convient aux employés comme aux banquiers. L'échec de la grève du 30 novembre 1938 consacre même la convention aux yeux du patronat : l'Union syndicale des banquiers s'appuie sur le « fonctionnement » de l'accord pour « rendre hommage à l'esprit de sagesse et à la conscience professionnelle » dont, selon elle, les employés ont fait preuve en ne suivant pas les consignes de la CGT ».[275] Non dénoncée, la convention collective n'en a pas moins été révisée. Des conflits sur l'application de certaines de ses dispositions ont effectivement éclaté entre les banquiers et les employés : base de départ pour ces derniers, la convention collective représente, au contraire, un point d'arrivée aux yeux des banquiers. Plus que sur le fonctionnement des nouvelles instances représentatives du personnel, c'est sur les augmentations de salaires et sur l'application de la semaine de quarante heures qu'ont éclaté entre 1937 et 1939 les conflits entre les banquiers et les employés. Moins d'un an après la signature de la convention collective, les employés de banque réclament en effet de nouvelles augmentations de salaires. Elles s'inscrivent dans un contexte économique particulier marqué par le retour de l'inflation. Les mesures du Front populaire ont provoqué une hausse brutale et générale du coût de l'heure de travail : « aux augmentations de salaires découlant des accords Matignon et des conventions collectives (+20 %),

---

[274] Léon Verdier est un pur produit de la « Maison ». Entré au Crédit lyonnais le 3 décembre 1885 à l'âge de 13 ans 1/2, titulaire du seul certificat d'études primaires, il passe d'abord 9 ans comme employé au service du portefeuille du siège central dont il démissionne pour effectuer son service militaire. Réadmis dans l'établissement, il entre au service du portefeuille-banque du siège central dont il devient le sous-chef le 4 mars 1897 avant d'en devenir le chef, le 26 janvier 1900, point de départ d'une nouvelle carrière parmi les cadres dirigeants qui le conduit le 12 mars 1923 à être désigné comme représentant du Crédit lyonnais à l'USBPP. Titulaire d'un mandat triennal qui fut à chaque fois renouvelé, Léon Verdier a représenté sans interruption jusqu'en 1940 le Crédit lyonnais au sein du comité de direction de l'USBPP. Sur Léon, Charles Verdier, voir le dossier de personnel, in dossiers des personnels dirigeants, AH CL, 26 AH 5.

[275] Claire Andrieu, *op. cit.*, p. 93.

s'est ajoutée l'incidence des congés payés (2 semaines pour 50 semaines de travail, soit 4 %), la majoration des cotisations sociales pour les assurances sociales et les allocations familiales (+2 %) et enfin, la majoration du salaire horaire compensant la réduction de la durée du travail à 40 heures (+20 %), soit au total un accroissement de plus de moitié en quelques mois du coût horaire de la main-d'œuvre ».[276] Un tel retournement est loin d'être entièrement défavorable à l'économie dans la mesure où la hausse des prix contribue à la reconstitution – imprévue elle aussi – des marges de profit. Bien plus : partout où la demande le permet, les entreprises n'hésitent pas à anticiper sur la hausse des coûts de production. Ce type de réaction est compréhensible mais fâcheux. La hausse du pouvoir d'achat qui doit constituer le moteur de la reprise se trouve en grande partie annulée au fur et à mesure, avant d'avoir pu faire sentir son influence ; les syndicats réclament de nouvelles hausses de salaires compensatrices et l'on entre ainsi dans la « course des salaires et des prix ». L'indice général des prix passe ainsi de 407 au second semestre 1936 à 581 au premier semestre 1937. Au Crédit lyonnais, après être passée de 16 927 F en 1935 à 19 476 F en 1936, la rémunération annuelle moyenne d'un employé s'élève à 22 730 F en 1937. Or, si l'on considère l'évolution en valeur réelle, cette dernière augmentation du salaire nominal s'est en fait accompagnée d'une diminution du pouvoir d'achat du personnel. En effet, en francs constants, si la rémunération annuelle moyenne d'un employé a bien augmenté entre 1935 et 1936, passant de 4 231 F à 5 063 F, elle a diminué entre 1936 et 1937, passant de 5 063 F à 3 977 F. La détérioration du pouvoir d'achat du personnel du Crédit lyonnais que doit partager l'ensemble des employés de banque suscite en 1937 de nouvelles revendications salariales présentées par les organisations d'employés à l'Union syndicale des banquiers. Les raisons qui poussent le syndicat patronal à s'opposer sur ce point aux syndicats d'employés sont à rechercher dans la diminution de la rentabilité de l'exploitation bancaire due au coût des mesures sociales de l'été 1936. Au Crédit lyonnais, le coefficient d'exploitation dépasse pour la première fois en 1936 la barre des 85 %. Au 31 décembre, les frais généraux représentent 86 % du produit net bancaire.[277] Une étude probablement réalisée par la direction des Études économiques et financières peu après les événements évalue pour une année pleine l'augmentation de l'ensemble des dépenses de personnel consécutives aux mesures du

---

[276] Une pareille hausse des prix de revient ne pouvait manquer de se répercuter sur les prix de vente à la production, et à partir de là, de se propager peu à peu au prix de détail ; d'où, après cinq ans de baisse des prix, le retour d'une conjoncture inflationniste, voir Jean-Charles Asselain, *Histoire économique de la France du XVIIIe siècle à nos jours*, tome II, Le Seuil, Paris, 1984, 209 pages, p. 63.

[277] Voir l'évolution du coefficient d'exploitation, annexe 8.

Front populaire à 30 ou 35 %.[278] La perte de rentabilité de l'exploitation bancaire due à l'augmentation du coût du travail est ainsi analysée. L'étude détaille tout d'abord les conséquences de la réduction de la durée hebdomadaire et annuelle du travail sur la rémunération effective du travail fourni : « Toutes choses restant en l'état, la réduction à 40 heures de la semaine, actuellement de 42 heures 1/4, entraîne une augmentation de 5,3 % de la rémunération effective du travail fourni. L'extension des congés payés (sensible entre 5 et 10 ans de présence et pour les employés des sous-sols) ne représente, étant donné les usages adoptés, qu'un accroissement de 2 à 3 % de la rémunération des journées effectives de travail annuellement fournies. Dans une mesure moins générale, d'autres dispositions du contrat collectif tendent à réduire le temps ou le rendement du travail fourni : extension de congés exceptionnels (200 % d'augmentation du traitement payé dans certains cas pour le repos des femmes en couches), roulement rendu nécessaire par les limitations apportées à la durée du travail féminin dans les sous-sols, roulement (subordonné aux circonstances) des jeunes employés dans les divers services. (Ces roulements comporteront des périodes de mise en train peu productives) ».[279] Les nouvelles rigidités qui renforcent la résistance à la baisse du coût du travail sont ensuite présentées et analysées : « Le plus important des obstacles à la compression des dépenses de personnel paraît être la suppression des heures supplémentaires[280], principalement en cas de légère reprise de l'activité bancaire. Combinés avec l'échelle nouvelle des salaires basée sur l'âge, l'interdiction de renvoi pour cause d'embauchage moins coûteux[281] ainsi que le paiement de fortes indemnités de licenciement[282] constituent des entraves à la liberté de mouvement du patronat et peuvent accroître les difficultés de

---

[278] L'étude s'intitule : les « répercussions financières exercées par les mesures sociales de l'été 1936 sur l'exploitation bancaire », AH CL, 16 AH 29.

[279] Voir l'étude citée ci-dessus, p. 3, AH CL, 16 AH 29.

[280] Sur cette question de la suppression des heures supplémentaires, voir *infra* le conflit sur l'application de la loi des quarante heures.

[281] Voir l'article 29 de la convention collective du 3 juillet 1936 : « Le recrutement d'un personnel moins rémunéré ne pourra être la cause du licenciement d'autres employés ».

[282] Voir l'article 30 de la convention collective : « En dehors du délai-congé, l'indemnité de licenciement pour suppression d'emploi ou insuffisance professionnelle, ne devra pas être inférieure à :
– 1 mois de traitement par année de services jusqu'à 3 ans de services,
– et en plus, au-delà de 3 ans, un demi-mois de traitement par année de service
– avec maximum d'un an de traitement.
Toutefois, cette indemnité sera réduite de moitié, avec minimum d'un mois, pour les Banques qui supprimeront, de manière définitive, l'ensemble de leur exploitation avant le 31 mars 1937 ».

banques dans une situation plus ou moins précaire. Il est enfin à craindre que des mesures de contrôle d'ordre fiscal, bancaire ou monétaire n'augmentent les nécessités de travaux improductifs ».[283] Claire Andrieu a analysé les mesures de contrôle d'ordre fiscal, bancaire et monétaire effectivement prises par le ministère Blum et le premier gouvernement Chautemps qui lui succède.[284] Le ministère Blum commence par faciliter aux agents des contributions l'exercice du droit de communication en vertu duquel ils peuvent consulter toutes les pièces utiles aux vérifications. Ainsi, l'article 3 de la loi du 13 août 1936 légalise l'usage de la demande de copie pour les déclarations d'avoirs à l'étranger. Ce compromis est à peine conclu qu'une nouvelle bataille juridique s'engage entre les banques et le ministère des Finances au sujet du droit de communication. La loi monétaire du 1er octobre en vertu de laquelle le franc a été dévalué prévoit des « mesures de lutte contre la spéculation ». Une taxe extraordinaire de 50 % sur les bénéfices qui devaient résulter des comptes de liquidation des opérations à terme engagées entre le 21 et le 26 septembre 1936[285] pour les bourses françaises de valeurs est alors instituée. Après avoir décidé une extension mineure du droit de communication, le gouvernement Blum s'efforce de limiter l'évasion fiscale liée aux valeurs mobilières. Cette forme de fraude se développait à l'occasion du paiement des droits de succession et lors du versement de l'impôt sur le revenu des titres. La loi du 31 décembre 1936 portant réforme fiscale ajoute deux formalités à but dissuasif dans le dispositif destiné à contrôler la location et l'usage des coffres-forts. Elle oblige les banques à signaler au fisc toute location nouvelle de coffre-fort, sur un imprimé établi et fourni par l'administration. Le formulaire reprend les renseignements déjà recueillis par la banque sur son répertoire alphabétique des occupants qu'elle devait jusqu'alors communiquer à l'administration sur sa demande. Mais l'un des éléments nouveaux réside dans le caractère automatique de la déclaration des locations, indépendamment de toute enquête administrative. Les avis doivent être envoyés dans la quinzaine et il en est donné récépissé. L'autre formalité supplémentaire imposée par la loi du 31 décembre 1936 vise la déclaration signée du client qui veut procéder à l'ouverture du coffre. Les mesures de lutte contre la fraude et les évasions fiscales se poursuivent sous le premier gouvernement Chautemps.[286] Les premières d'entre elles cherchent à resserrer le contrôle des revenus mobiliers. Comme pour la surveillance

---

[283] Cité in étude de la DEEF, AH CL, 16 AH 29.

[284] Claire Andrieu, *op. cit.*, p. 78-90.

[285] La date du 26 septembre correspond à celle de l'annonce officielle de la dévaluation.

[286] Camille Chautemps était une personnalité importante du Parti radical. Rallié au Front populaire, il est Ministre d'État du cabinet Léon Blum de juin 1936 à juin 1937 et lui succède à la tête du gouvernement de juin 1937 à mars 1938.

des ouvertures de coffres, il s'agit d'enrayer les détournements opérés à partir des valeurs au porteur. L'institution du « relevé de coupons » fait partie des petites modifications décidées par le gouvernement qui suscitent de la part des banquiers l'accusation « d'inquisition fiscale » favorisant la thésaurisation. Les relevés, établis selon un modèle publié au *Journal Officiel*, doivent être envoyés chaque mois au directeur départemental des contributions directes qui en accuse réception. Les juristes libéraux critiquent la mesure au nom de la « paperasserie énorme » qui allait en résulter pour les banques. Le traitement de cette « paperasse » par les services administratifs laisse effectivement prévoir un surcoût supplémentaire du travail d'autant plus mal perçu par les banquiers que la structure de l'échelle des salaires établie dans la convention collective rend particulièrement onéreuse l'exploitation des services occupant un nombreux personnel à des travaux peu rémunérateurs et comportant de multiples manipulations (coupons, titre, etc.). La croissance des dépenses de personnel estimée à 30, voire 35 % pour l'ensemble de l'année 1937 et la prise de conscience des surcoûts supplémentaires de travail que laissaient prévoir certains projets de lois d'ordre fiscal, monétaire et bancaire, expliquent les raisons pour lesquelles l'Union syndicale des banquiers s'oppose aux augmentations de salaires revendiquées en avril 1937 par les deux organisations d'employés.[287] Motivée par la détérioration du pouvoir d'achat du personnel, la CGT, pour ne citer qu'elle, demande effectivement une hausse des traitements sur la base d'une majoration générale de 23 % applicable à tous les salaires jusqu'à 50 000 francs annuels.[288] Faute d'accord entre les partenaires sociaux, l'opposition entre le syndicat patronal et les syndicats d'employés débouche sur une sentence surarbitrale rendue le 27 juillet 1937 par Coterel, alors maître des requêtes au Conseil d'État. Ce dernier fixe les majorations de salaires pour Paris à :

- 50 F par mois pour les employés âgés de moins de 22 ans
- 90 F par mois pour les employés âgés de 22 ans à 30 ans
- 80 F par mois pour les employés âgés de 30 à 35 ans
- 15 % pour le personnel non permanent.

Cette nouvelle augmentation de salaire des employés de banque s'accompagne au Crédit lyonnais d'un relèvement des traitements des cadres à partir du 10 février 1938[289] conformément à l'application du principe d'autorité qui vise à maintenir les relations hiérarchiques de

---

[287] Voir le rapport de l'assemblée générale annuelle de l'USBPP, le 28 février 1938, p. 7, AH AFB.

[288] Florence Delacour-Le Petit, mémoire cité, p. 51.

[289] Les majorations des salaires *minima* imposées par la sentence surarbitrale du 27 juillet 1937 prenaient effet à partir du 1er février 1938.

type traditionnel entre les cadres et les employés placés sous leurs ordres : « Afin de maintenir les écarts d'appointements, le Crédit lyonnais a décidé d'augmenter les appointements du personnel non visé, directeurs compris, du montant des majorations fixées pour les salaires *minima* ».[290] Le fonctionnement du principe d'autorité tel qu'il est appliqué ici laisse songeur : l'augmentation des salaires des cadres n'apparaît en effet que proportionnelle à celle des employés, aucune majoration variable en fonction de la position hiérarchique n'étant *a priori* appliquée. Et pourtant, le principe d'autorité a plus que jamais fonctionné lorsque le 8 novembre 1937, au moment de la fixation des augmentations traditionnelles de fin d'année, la direction du Personnel suspend les augmentations des appointements du personnel non gradé (ou assimilable) en maintenant ces derniers aux chiffres fixés en août 1937, valeur 1er juillet 1937, et n'accorde des augmentations d'appointements qu'aux cadres et au personnel de direction « de façon à accentuer l'écart existant actuellement entre leurs appointements et ceux du personnel sous leurs ordres, écart dans l'appréciation duquel il y aura lieu de tenir compte du mérite individuel et de la rémunération totale (appointements et gratifications ou participations) ».[291] À cette occasion, il convient de souligner que, supprimée par la convention collective, l'individualisation des salaires continue de s'appliquer aux cadres.

La situation diffère toutefois en novembre 1938. Dans l'attente des décisions des arbitrages relatifs à un nouveau réajustement des salaires *minima* et à la création d'un nouvel échelon au-dessus de 35 ans, les augmentations traditionnelles de fin d'année tant des employés que des cadres sont suspendues par la direction du Personnel du Crédit lyonnais.[292] Ces revendications salariales de 1938 étaient motivées par la diminution continue du pouvoir d'achat du personnel. En effet, malgré les sentences favorables aux employés rendues successivement par les surarbitres Coterel, Ivan-Martin et Pinot, les majorations de traitements finalement accordées aux employés de banque se révèlent en 1938 inférieures à l'augmentation effective du coût de la vie : en francs constants, la rémunération annuelle moyenne du personnel du Crédit lyonnais continue de diminuer, passant de 3 977 F à 3 796 F.[293] Dans la résolution des conflits sur les salaires, un changement apparaît à la fin du deuxième gouvernement Chautemps. En mars 1938, la politique

---

[290] Cité in instruction de la direction des agences régionales datée du 10 février 1938, AH CL, 068 AH 083.

[291] Cité in instruction adressée par la direction du personnel à l'administration du siège social datée du 8 novembre 1937, AH CL, 098 AH 250.

[292] Voir l'instruction adressée par la direction du personnel à l'administration du siège social datée du 14 novembre 1938, AH CL, 098 AH 250.

[293] Voir l'évolution de la rémunération annuelle moyenne du personnel, annexe 3.

salariale des pouvoirs publics subit en effet une inflexion par rapport à celle qui avait été menée depuis juin 1936. Une cour supérieure d'arbitrage qu'on charge de freiner la hausse des rémunérations est instituée. Les salaires doivent désormais être fixés à la baisse : les décisions des surarbitres relatives aux salaires sont prises par rapport à un « minimum vital » qui est défini dans la loi du 4 mars 1938. Par ailleurs, l'exercice de la fonction du surarbitre qui, jusqu'alors en matière salariale, était d'augmenter les salaires proportionnellement à la variation constatée du coût de la vie, est désormais soumis à la condition « que ne soit rapportée la preuve que cet ajustement est incompatible avec les conditions économiques de la branche locale, régionale ou nationale d'activité économique pour laquelle a été formulée la demande d'ajustement ».[294] La stratégie adoptée par l'Union syndicale des banquiers consiste dès lors à démontrer au surarbitre que toute majoration de salaire est incompatible avec les conditions de l'exploitation bancaire. Ainsi, après l'annulation le 29 mars 1939 de la sentence rendue le 2 mars en faveur des employés par le surarbitre Pinot[295], l'Union syndicale des banquiers s'efforce, dans une note adressée en juin 1939 au nouveau surarbitre, de montrer dans quelle mesure « toute nouvelle majoration de salaire serait incompatible avec les conditions présentes de l'exploitation bancaire ».[296] Au-delà de la réaction offensive de l'organisation patronale dont témoigne l'initiative des banquiers, on peut ici apprécier le degré d'évolution juridique, politique et administratif des rapports entre les nouveaux partenaires sociaux qui ralentit incontestablement le processus de décision. Dans le cadre des établissements, les relations entre les directions et les délégués employés ne sont pas moins formalisées. Il conviendra par la suite d'apprécier les conséquences de cette « juridicalisation » du processus de dialogue sur l'évolution, au Crédit lyonnais, des cadres de la fonction Personnel. Pour l'heure, il s'agit d'apprécier la reconstitution et le durcissement des positions patronales à travers la nouvelle pratique de gestion que constituent les conflits. En dehors des litiges sur les revendications salariales, c'est sur l'application de la loi des quarante heures que s'est cristallisée dans le secteur bancaire la contre-offensive patronale. L'application de la loi des quarante heures a en effet suscité l'opposition unanime des banquiers. En son article 39, la convention

---

[294] Cité in loi du 4 mars 1938. Cette dernière stipule dans son article 10 que « la demande de révision est recevable si la variation accusée par l'indice officiel du coût de la vie est d'au moins 5 % par comparaison avec l'indice arrêté à la date la plus voisine de celle où ont été fixés les salaires en cause ».

[295] La Cour supérieure d'arbitrage avait en effet annulé la sentence du surarbitre Pinot parce qu'elle se révélait « non motivée par le minimum vital et muette sur les allocations familiales ».

[296] AH CL, 16 AH 30.

collective préparait l'introduction du nouveau « régime du travail » dans les banques mais, pas plus que la loi du 21 juin 1936, le texte n'annonçait la répartition de l'horaire sur cinq jours de la semaine. Or, c'est précisément sur ce point que se concentre la contre-offensive patronale jusqu'à ce que le décret-loi du 12 novembre 1938 vînt lui donner satisfaction. D'après Claire Andrieu[297], l'opposition de l'Union syndicale des banquiers au régime des cinq-huit s'est manifestée selon une progression qui traduit la reconstitution et le durcissement des positions patronales après le choc du printemps 1936. Les quatre courts articles de la loi du 21 juin renvoyaient à des décrets ultérieurs les modalités d'application du texte. Les organisations patronales et « ouvrières » intéressées devaient être consultées. Dans une lettre qu'il adresse le 27 janvier 1937 au ministre du Travail, le président de l'Union syndicale des banquiers fait connaître les critiques portées par son syndicat à l'encontre de l'avant-projet de décret. D'abord, le problème posé par la fermeture d'une journée complète s'ajoutant au repos hebdomadaire lui paraît « insoluble ». En effet, comment honorer les traites qui viendraient à échéance et comment effectuer les paiements légalement exigibles ce jour-là ? Car, plus peut-être dans les banques qu'ailleurs, le temps représente de l'argent. Une valeur juridique s'y attache le plus souvent. Les banques allaient-elles fermer les jours de marché lorsque ceux-ci tombaient le samedi ? Comment concilier le nouveau régime de travail avec le respect des coutumes auxquelles les populations de province étaient attachées ?

Ensuite, Roger Lehideux critique la réduction des heures supplémentaires, incompatible selon lui, avec la réduction générale de la durée du travail qui lui paraît devoir « avoir pour contrepartie une augmentation et non une diminution des heures de dérogation tant permanentes (article 5) que temporaires (article 6) ».[298] La lutte toutefois n'est pas immédiatement engagée. À cette date en effet, six mois après la promulgation de la loi, les premiers décrets d'application commencent seulement de

---

[297] Voir Claire Andrieu, « Les quarante heures : facteur de thésaurisation » et « Bataille gagnée contre les « cinq-huit » », in *La Banque sous l'Occupation...*, *op. cit.*, p. 94-101 et p. 101-110.

Sur le débat relatif à la loi des quarante heures, voir Jean Bouvier, « Un débat toujours ouvert : la politique économique du Front populaire », et Jean-Charles Asselain, « La loi des quarante heures de 1936 » in Jean Bouvier, (dir.), *La France en mouvement, 1934-1938*, Champ Vallon, Paris, 1986, p. 156-163 et 164-192 ; Élisabeth du Réau, « L'aménagement de la loi instituant la semaine des quarante heures » in René Rémond, Janine Bourdin, *Édouard Daladier, chef de gouvernement*, Presses de la Fondation nationale des Sciences Politiques, Paris, 1977, p. 129-149.

[298] Cité in lettre adressée par Roger Lehideux, président de l'USBPP, au ministre du Travail, datée du 27 janvier 1937, publiée dans le rapport de l'assemblée générale annuelle de l'USBPP, le 22 février 1937, p. 323-326, AH AFB.

paraître et la marge de liberté qu'ils laissent aux employeurs dans l'organisation de la semaine conduit précisément l'Union syndicale des banquiers à éviter la lutte. Alors que la « pause » annoncée le 13 février par Léon Blum semble légitimer certaines réclamations patronales, la publication du décret du 31 mars 1937 donne, au contraire, toute satisfaction aux syndicats d'employés.[299] À cette publication, l'Union syndicale des banquiers se raidit dans une attitude de rébellion : « Contrairement à la plupart des décrets similaires, le texte relatif aux banques ne leur laissait pas le choix de l'organisation de l'horaire hebdomadaire. Les cinq-huit étaient imposées, le jour de repos pouvant être fixé le samedi ou le lundi. Seules, les caisses d'épargne privées étaient autorisées à choisir une répartition sur six journées de six heures quarante minutes. Le secteur semi-public, la Banque de France en particulier, échappaient au domaine d'application de la loi ».[300] Dès lors, le procès des cinq-huit, et plus généralement des conditions d'application de la loi des quarante heures, est ouvert : il oppose l'USBPP à la CGT.

Les chefs d'accusation énoncés par le syndicat patronal sont de trois ordres : la concurrence déloyale, la mise en cause d'un vieil usage du secteur bancaire fondé sur la non-récupération des jours fériés[301] et le freinage de la production. Ce dernier chef-d'accusation s'apprécie de deux façons, en amont et en aval. Non seulement la réduction du temps d'ouverture des guichets risque de provoquer une « thésaurisation forcée » de la clientèle, et donc une diminution probable des dépôts des établissements de crédit mais la réduction du temps d'ouverture des services risque aussi de freiner l'exécution du travail. En effet, comme nous allons être amenés à le voir à travers le témoignage du directeur général du Crédit lyonnais, les conditions d'application de la loi des quarante heures dans les banques et notamment la réduction des heures supplémentaires qu'elle implique, ont davantage freiné la production qu'elles n'ont encouragé l'emploi, ce pour quoi même elle fut instituée.

---

[299] Le décret du 31 mars 1937 « déterminant les modalités d'application de la loi du 21 juin 1936 sur la semaine de quarante heures dans les banques et tous les établissements de finance, de crédit et de change ainsi que dans les entreprises d'assurances de toute nature et les sociétés d'épargne » a été publié au *Journal Officiel* le 3 avril 1937.

[300] Claire Andrieu, *op. cit.*, p. 95.

[301] Le terme de récupération désignait alors le droit pour l'employeur de faire travailler les heures perdues. Le mot a subi une inversion de sens depuis qu'il signifie le droit pour l'employé de compenser un temps supplémentaire de travail par des heures proportionnelles de liberté. Le décret du 31 mars autorisait la récupération des jours fériés sous réserve d'en obtenir l'autorisation préalable auprès de l'inspecteur du travail mais il ajoutait que cette disposition ne vaudrait qu'autant qu'elle ne porterait pas atteinte aux « usages » établis dans la profession. La récupération était ainsi exclue de fait.

La loi du 21 juin 1936 avait en effet été votée pour lutter contre le chômage : mais elle se fondait sur le calcul arithmétique simpliste (si dix employés de banque travaillent 40 heures au lieu de 42 heures 1/4, on pourra en embaucher un onzième) et ne tenait pas compte du niveau de qualification requis pour occuper l'emploi ainsi créé. Alors que dans son rapport au comité d'enquête sur la production[302] qui avait été chargé de déterminer les « modifications qui pourraient être appliquées à l'organisation du travail afin de lui donner plus de souplesse », Raymond Haas tentait d'alléger les chefs d'accusation portés par les banques, en rétablissant partiellement « l'égalité de traitement » entre secteur privé et secteur public et semi-public et en évitant de s'engager sur la question des cinq-huit qui opposait l'USB et la CGT. Il se prononçait en revanche sur l'embauche à attendre de la loi des quarante heures : « Ainsi que le désirait le législateur de 1936, l'augmentation du plafond d'heures supplémentaires demandées par les banques ne se justifierait que s'il était démontré au préalable que les établissements s'étaient efforcés de recruter de nouveaux employés » ; par ailleurs, il ne prévoyait l'assouplissement du régime des heures supplémentaires « qu'après entente avec les organisations signataires de la convention collective ». Le désaccord entre elles étant notoire et patent, la mesure n'avait que l'apparence d'une solution. En effet, au refus patronal s'était opposée une intransigeance symétrique de la CGT. Selon elle, les avantages du régime des cinq-huit pour les employés étaient « évidents » : « repos plus complet, possibilités plus grandes de loisirs et de culture physique, économies de transport ».[303] La qualité de la vie commandait qu'on instituât la semaine de cinq jours. S'ajoutait à cette volonté le souci de faciliter le contrôle des horaires par l'inspecteur du travail.[304] Nulle part, l'autre motivation principale de la loi des quarante heures, celle d'un partage d'un travail destiné à résorber le chômage, n'avait alors été évoquée par la CGT. Quant à « l'intérêt du public » mis en avant par les employeurs, la

---

[302] Le comité central d'enquête sur la production coordonnait les travaux de treize comités techniques qui se répartissaient l'ensemble de l'activité économique du pays. Quatre d'entre eux se partageaient de façon inégale le secteur tertiaire dont le 12ᵉ qui se consacrait au commerce, aux banques et aux assurances. Raymond Haas, alors qu'il n'était que le représentant du ministère du Travail, fut désigné, lors de la seconde séance de ce comité, le 17 septembre 1937, comme rapporteur, « sans que cette nomination un peu inattendue dans son principe n'ait soulevé d'objection. Elle traduisait l'importance que le gouvernement attachait « au régime de travail » même dans les banques.

[303] Christian Pineau, rubrique « La vie des employés de banque », in *Banque*, janvier 1937, p. 15-16. Voir une illustration relative à l'application des quarante heures en cinq jours : « Semaine de 40 Heures : cinq jours de Travail, Études et Plaisirs, Repos en famille », in « Les quarante heures en cinq jours : leur application rapide aux employés s'impose » in *L'Écho des Employés*, sept-oct-novembre 1936, p. 31.

[304] Claire Andrieu, *op. cit.*, p. 99.

fédération de banque et de bourse jugeait qu'il ne serait pas lésé. Passées les « quelques semaines » de « récriminations qui accompagnent d'ordinaire toute modification de ses habitudes », la clientèle saurait s'adapter. Le 19 janvier 1937, l'antagonisme des forces patronales et « employées » fit échouer la réunion de la commission mixte prévue par la loi pour concilier les parties sous la présidence du ministre du Travail. Quelques semaines plus tard, cela fut au tour de la 18e section professionnelle du Conseil national économique de se séparer sur un constat de désaccord. Les solutions préconisées en décembre 1937 par Raymond Haas ne faisaient pas avancer l'action. Elles reprenaient celles de la sentence de Pierre Grunebaum-Ballin du mois de mai précédent malgré l'assouplissement du régime des heures supplémentaires qu'elles prévoyaient qui, du reste, était loin de satisfaire les banquiers. Un entretien téléphonique du 21 avril 1938 au cours duquel le directeur général du Crédit lyonnais, Édouard Escarra, dénonce implicitement au directeur du Mouvement général des fonds, Jacques Rueff, la rigidité des modalités d'application des quarante heures, en témoigne : « Nous avons eu à faire face mardi et mercredi à un gonflement subit et très important du nombre d'ordres de bourse : il a atteint près de trois fois le nombre habituel. Il nous a donc été absolument nécessaire de demander au personnel des services de la bourse – ou au moins à une partie de ce personnel – des heures supplémentaires de travail, puisque, bien évidemment, nous ne pouvions à l'improviste renforcer ce personnel qui doit faire preuve – surtout dans des périodes de presse – de connaissances techniques spéciales, par des éléments d'autres services ou *a fortiori* du dehors ».[305] Cette nouvelle réglementation des heures supplémentaires était d'autant plus mal perçue qu'elle s'ajoutait aux effets de la loi du 8 avril 1935. Depuis lors, le nombre d'heures supplémentaires n'avait cessé de diminuer au Crédit lyonnais comme le montre la forte réduction de leur coût. Il a diminué de près de 70 % entre 1934 et 1938, passant de 2 619 161 francs à 873 418 francs.[306] La direction générale du Crédit lyonnais montre ainsi son opposition à l'application de la loi des quarante heures en dénonçant la réduction du plafond d'heures supplémentaires comme étant un facteur de rigidités qui ne peut même pas se justifier par la création d'emplois nouveaux. D'ailleurs, au Crédit lyonnais, comme dans les autres établissements de crédit semble-t-il[307], la réduction du temps de

---

[305] Cité in rapport daté du 21 avril 1938 d'Édouard Escarra relatif à un entretien téléphonique qu'il eut avec M. Rueff sur l'usage des heures supplémentaires, AH CL, dossier non encore coté.

[306] Voir l'évolution du coût des heures supplémentaires, annexe 10.

[307] « Or, les statistiques faisaient, au contraire, apparaître une diminution du nombre d'employés entre 1935 et 1937, sans qu'une réduction comparable de l'activité l'ait accompagnée. Alors que certaines banques avaient embauché des employés à la suite de la loi des quarante heures, le bilan global s'avérait sinon nul, du moins impuissant

travail ne s'est pas accompagnée d'une remontée des effectifs. Le nombre d'employés continue même de diminuer, à un rythme plus lent toutefois que les années précédentes : -0,3 % entre 1936 et 1937[308], -0,3 % également entre 1937 et 1938[309]. Malgré les mesures prises par les pouvoirs publics pour « protéger » la main-d'œuvre nationale[310], le chômage en effet ne recule pas dans le secteur bancaire. Comme dans les conflits sur les augmentations de salaires, dans le conflit sur l'application des quarante heures, l'évolution tourne progressivement à l'avantage du patronat sous les gouvernements Chautemps et plus encore, après l'arrivée aux affaires du gouvernement Daladier. En effet, l'évolution politique qui accompagne l'arrivée aux affaires du gouvernement Chautemps s'est traduite, surtout après le tournant de l'année, par des décisions favorables aux banquiers et dépourvues cette fois de toute mesure compensatoire à l'intention des syndicats si l'on excepte la présentation à la Chambre par Jules Moch[311], le 25 janvier 1938, d'un projet de « statut moderne du travail » que l'Union syndicale des banquiers considère comme des « plus inquiétants »[312]. Il comprend six projets de lois fondamentaux sur le placement, l'embauchage et le débauchage, les délégués du personnel, les conventions collectives, la conciliation et l'arbitrage et la grève. Seul l'avant-dernier projet sera finalement voté le 4 mars 1938. C'est en effet à cette occasion que la cour supérieure d'arbitrage devant laquelle devaient être déférés les recours pour excès de pouvoir ou violation de la loi contre les sentences arbitrales est instituée. Mais les grèves de décembre 1937 ont conduit le gouvernement Chautemps à durcir son attitude. Sa démission, suivie de la reformation du cabinet sans la participation des socialistes, confirme la

---

à enrayer l'hémorragie de personnel qui allait se poursuivre jusqu'au début des années 1950 », cf le tableau consacré à l'emploi dans le secteur bancaire à la suite de la loi des quarante heures, Claire Andrieu, *op. cit.*, p. 101.

[308] De 20 756, les effectifs du Crédit lyonnais descendent à 20 675.

[309] De 20 675, ils descendent à 20 612.

[310] Le 21 mai 1938, un nouveau décret limite à 5 %, sous réserve de demande de dérogation, la proportion maxima des travailleurs étrangers pouvant être employés dans les banques du département de la Seine. Le 20 janvier 1939, un nouveau décret renforce cette législation : désormais, les employeurs n'ont plus le droit de recruter des étrangers sans avoir, au préalable, obtenu l'autorisation de l'Office Départemental de Placement. Ce décret suspend du même coup les textes antérieurs pris en application de la loi du 10 août 1932.

[311] Ce n'est qu'après son succès à l'élection partielle à Sète que Jules Moch, un socialiste proche de Léon Blum, exerça des fonctions gouvernementales : il fut nommé sous-secrétaire d'État à la Présidence du Conseil le 26 mai 1937, voir Jean-Marie Mayer, *La vie politique sous la Troisième République, 1870-1940*, Le Seuil, Paris, 1984, p. 353.

[312] Cité in rapport de l'assemblée générale annuelle de l'USBPP, le 28 février 1938, AH AFB.

tendance. Déjà, le ministère de l'Économie et des Finances avait été confié à Georges Bonnet, un partisan des conceptions orthodoxes en matière financière. Il s'oppose alors à toute nouvelle mesure sociale. De nouveau sollicité comme arbitre, P. Grunebaum-Ballin décide le 28 février 1938 que les heures de récupération des jours fériés ne seraient pas des heures supplémentaires.[313] Dès lors, elles seraient rémunérées au tarif normal. Ainsi, l'arbitre ne retenait pas le raisonnement des employés qui s'appuyaient sur l'usage de la non-récupération pour considérer les quatre heures récupérées du samedi matin comme des heures supplémentaires. Si depuis le début de l'année, la situation se retournait lentement en faveur du patronat, c'est l'arrivée aux affaires du gouvernement Daladier qui achève de renverser la tendance. Devant le blocage de la plupart des négociations contractuelles et face à l'impossibilité d'obtenir l'aménagement de la loi des quarante heures par accord des organisations responsables, le cabinet décide de faire acte d'autorité. Trois jours après sa constitution, la loi du 13 avril 1938 sur le redressement financier lui donne les pleins pouvoirs pour « faire face aux dépenses nécessitées par la Défense nationale et redresser les finances de l'économie de la nation ». Le décret-loi du 24 mai suivant révise les décrets d'application de la loi des quarante heures. Les contraintes que l'article 3 faisaient peser sur la récupération des heures perdues pour cause d'interruption collective du travail sont levées d'un seul coup. Le décret annonçait également une libération des contingents d'heures supplémentaires autorisés pour surcroît extraordinaire de travail. Des arrêtés ministériels pourraient fixer ces quotas par branche d'industrie, soit sur tout le territoire, soit dans une région donnée. Seule subsistait la surveillance des licenciements et de l'embauche dans les établissements qui recouraient à la récupération ou aux heures supplémentaires. Mais les modalités pratiques de ce contrôle n'étaient pas spécifiées. La nouvelle tendance en faveur du patronat se manifeste encore le 26 juin suivant à travers la publication au *Journal Officiel* d'un avis du ministre du Travail. Paul Ramadier annonçait en effet la mise à l'étude de l'octroi d'un crédit de cent heures supplémentaires qui s'ajouteraient aux quotas déjà fixés par les décrets. Sensible à cette accumulation de signes favorables, l'Union syndicale des banquiers adresse le surlendemain, au ministre, son projet de mise en vigueur du décret du 24 mai.[314] Une note du service du personnel du siège central du Crédit lyonnais témoigne de sa mise en application dans l'établissement à partir du mois de juillet : « Le décret du 24 mai 1938 autorise la récupération des

---

[313] Sentence arbitrale du 28 février 1938 reproduite dans le rapport de l'assemblée générale annuelle de l'USBPP, le 28 février 1938, p. 123-124, AH AFB.

[314] Voir la lettre adressée par le président de l'USBPP au ministre du Travail datée du 28 juin 1938, publiée in *Banque*, septembre 1938, p. 435.

heures perdues par suite d'interruption collective de travail dans les 12 mois suivant l'interruption. L'Union syndicale des banquiers a arrêté, pour l'application en 1938-1939 du décret relatif à la récupération des jours fériés, les dispositions suivantes qui permettent de concilier au mieux les convenances de la clientèle avec les commodités du personnel. Toute récupération est supprimée du 1er avril en principe au 31 octobre, par contre, à partir du 1er novembre et jusqu'à une date voisine du 1er avril 1939, suivant le nombre de jours à récupérer, les sièges resteront, chaque semaine, ouverts le samedi matin (ou le lundi après-midi). Dans ces conditions, le personnel qui conservera par ailleurs le bénéfice de toutes les fermetures usuelles, disposera sans restriction, pendant la belle saison, de deux jours de repos consécutifs (samedi-dimanche ou dimanche-lundi). Ci-joint un tableau récapitulatif des jours de fermeture jusqu'à fin décembre 1938 ».[315]

Or précisément, le 12 novembre 1938, un décret-loi, sans modifier la durée hebdomadaire du travail, devait supprimer le régime de la fermeture des banques pendant deux jours consécutifs (samedi-dimanche ou dimanche-lundi). Les procédures et les institutions qui ont été créées pour gérer et régler les conflits d'intérêts, considérés comme naturels et inévitables dès lors qu'on reconnaît aux employés le droit et le devoir de s'exprimer à travers des canaux de dialogue institués à cet effet, ne semblent pas avoir bien fonctionné. Nombre de négociations contractuelles sont restées bloquées jusqu'aux interventions des représentants de l'État. On peut s'interroger sur le sens des « victoires » finalement remportées par les banquiers et se demander si elles ne résultent pas de la transformation du syndicat patronal en une organisation offensive et désormais plus structurée qui n'est d'ailleurs pas sans rappeler la restructuration des organisations patronales qu'Ingo Kolboom a observée à partir de 1937 dans le monde de l'industrie et du commerce.[316] Dans le champ d'études qui nous intéresse, il s'agit de savoir si le renforcement de l'Union syndicale des banquiers n'a pas réduit la direction du Crédit lyonnais à une simple agence d'exécution des décisions prises par le syndicat patronal. En d'autres termes, il convient de s'interroger sur le degré d'autonomie dont disposent désormais les dirigeants de l'établissement vis-à-vis du personnel.

---

[315] Voir le tableau récapitulant les « modifications à la liste des jours de fermeture des banques pendant l'année 1938 », in note du service du personnel du siège central datée de juillet 1938, AH CL, 105 AH 004.

[316] Ingo Kolboom, *La revanche des patrons : le patronat français face au Front populaire*, Flammarion, France, 1986, 384 pages.

C. La gestion du personnel au Crédit lyonnais : une gestion « autonome » ?

Dans son ouvrage consacré à la sociologie des entreprises, Christian Thuderoz s'attache à définir l'autonomie des organisations : « Qu'est-ce que l'autonomie ? La capacité de posséder une identité propre (exister par soi-même) et la capacité d'action ».[317] Pour apprécier le degré d'autonomie des dirigeants du Crédit lyonnais, il convient de montrer comment, par-delà les relations de dépendance qui se sont multipliées depuis l'été 1936 entre eux et leurs nouveaux partenaires, partenaires-adversaires (État et organisations d'employés de banque) et partenaire-associé (syndicat patronal), ils continuent à prendre d'une part des décisions qui confèrent au personnel une identité propre et à agir d'autre part, en cherchant notamment de nouvelles sources de profit destinées à compenser la baisse de rentabilité due à la nouvelle augmentation du coût du travail. En effet, les patrons du Crédit lyonnais conservent le pouvoir d'établir dans l'établissement les normes internes de son fonctionnement. *Via* l'élaboration des règles disciplinaires, ils cherchent ainsi à préserver l'identité « maison » du personnel contre tout processus d'acculturation syndicale. Ainsi, le 8 avril 1937, soit un mois après la publication du premier numéro de *L'Employé de Banque*[318] qui témoigne par ailleurs du renforcement de la conscience collective de ce groupe social, la direction interdit la circulation de la presse syndicale dans l'enceinte du Crédit lyonnais : « Nous vous prions de rappeler à tous vos collaborateurs que la distribution de tracts ou journaux quels qu'ils soient, en dehors des bulletins ci-dessous : *Bulletin de la Mutuelle Féminine*, Bulletin du Groupe Sportif *CL Sports* et Bulletin des Diverses Sociétés du CL : *Le Trait d'Union*, est formellement interdite à l'intérieur de l'établissement, que ce soit durant les heures de travail ou en dehors. Toute infraction à ces prescriptions pourrait exposer son auteur à une sanction grave ».[319] L'identité « Crédit lyonnais » se construit également à travers le fonctionnement des œuvres sociales tant patronales que mutualistes. La Société des amis des employés du Crédit lyonnais a survécu au décès de sa présidente-fondatrice, Marie-Thérèse Brincard. Dans l'éloge funèbre qu'il rédigea le 20 mars 1935 à l'attention de Mlle Marcoud, le Baron Brincard s'engagea à poursuivre l'œuvre

---

[317] Voir Liu, in Renaud de Sainsaulieu (dir.), *L'entreprise, une affaire de société*, Presses de la Fondation nationale des Sciences Politiques, Paris, 1990, cité in Christian Thuderoz, *Sociologie des entreprises*, La Découverte, Paris, 1997, 122 pages, p. 103.

[318] *L'Employé de Banque*, supplément au journal *L'Employé* : organe mensuel du Syndicat des employés du commerce et de l'industrie et de la Fédération française des syndicats chrétiens d'employés, mars 1937, n° 1, BN, Fol Jo 234.

[319] Cité in note adressée par le service du personnel du siège central aux chefs de service et aux directeurs d'agence datée du 8 avril 1937, AH CL, 105 AH 004.

de sa femme : « Ma femme, depuis plus de vingt-cinq ans, avait consacré une grande partie de son activité et le meilleur de ses forces à créer d'abord et à développer ensuite les diverses organisations intéressant le personnel. Mieux que personne, vous, sa première collaboratrice, vous savez avec quel cœur elle s'adonnait à cette tâche. Elle connaissait, pour les avoir étudiées, les difficultés avec lesquelles les employés de banque peuvent se trouver aux prises. Si une amélioration se révélait possible dans leurs conditions d'existence, elle travaillait à l'obtenir d'une volonté tendue vers le but à atteindre. À ses yeux, aucun effort n'était inutile, du moment qu'il s'agissait de soulager une peine, d'apporter du bonheur ou du bien-être ; son intelligence et ses sentiments généreux ne savaient pas capituler. À tous ceux qui l'ont connue et qui ont voulu rendre un si touchant hommage à sa mémoire[320], je vous prie de transmettre les remerciements que je leur adresse de tout cœur ; qu'ils soient persuadés qu'autant qu'il dépend de moi et de mes enfants, l'œuvre que ma femme avait entreprise ne disparaîtra pas avec elle ».[321] La Comtesse de Vogüé[322] accède dès lors à la présidence de la Société. Sous sa direction, cette association qui groupe des dames, épouses ou parentes de membres du conseil d'administration ou du haut personnel du Crédit lyonnais, continue de soulager les cas de détresse qui lui sont signalés parmi les employés ou les retraités, « tant par un précieux soutien moral (visites aux malades, visites aux accouchées, conseils aux jeunes mères, etc.) que par une aide pécuniaire pour laquelle l'administration du Crédit lyonnais alloue une très importante subvention ». Cette subvention contribue également à l'entretien des centres de vacances comme les maisons de la Baule et de Royan ainsi que le chalet Marie-Thérèse à Hauteluce (Haute-Savoie), fondé et aménagé par la SAECL grâce à un don de 2 millions de F reçu de l'administration à l'occasion du 75e anniversaire du Crédit lyonnais. Aux réalisations de l'administration (Groupe sportif et cycliste et Groupe musical) et de la Société des amis des employés du Crédit lyonnais s'ajoutent celles des groupements mutualistes constitués de 1910 à 1934 par le personnel de l'établissement avec l'appui des dirigeants : la Mutuelle féminine du Crédit lyonnais (1910), la Société de secours mutuels des employés du Crédit lyonnais créée en

---

[320] Voir les feuilles couvertes d'innombrables signatures de membres du personnel remises par mademoiselle Marcoud au Baron Brincard lors des obsèques de sa femme en Anjou.

[321] Voir la copie de la lettre adressée le 20 mars 1935 par le Baron Brincard à mademoiselle Marcoud, communiquée par le service du personnel du siège central aux chefs de service dans sa note n° 363 datée du 21 mars 1935 et destinée à être mise à la connaissance du personnel de tous grades, AH CL, 098 AH 242.

[322] « Née Geneviève Brincard, elle succède à sa mère, Marie-Thérèse Brincard, née Marie-Thérèse Germain, à la présidence de la Mutuelle féminine et de la Société des amis des employés du Crédit lyonnais », Jean Rivoire, *op. cit.*, p. 136.

1929 pour les seuls employés masculins, la Société de prévoyance des employés du Crédit lyonnais dont l'objet fut la création d'une caisse autonome des retraites en vue de permettre à ses membres de se constituer une pension viagère de vieillesse, venant s'ajouter aux retraites servies par l'établissement, la caisse primaire de répartition de la société de secours mutuels des employés du Crédit lyonnais dont l'objet était l'aide en cas de maladie ou de maternité, la caisse primaire de capitalisation de la société de prévoyance des employés du Crédit lyonnais qui permettait la constitution de rentes viagères de vieillesse et le versement d'indemnités en cas de décès et enfin, la caisse chirurgicale mutualiste des employés du Crédit lyonnais qui, depuis 1934, aidait ses membres en cas d'interventions chirurgicales. De par leur capacité à construire une identité propre, *via* l'élaboration des règles disciplinaires et *via* le fonctionnement des œuvres sociales patronales et mutualistes qu'ils contrôlent et favorisent, les dirigeants du Crédit lyonnais témoignent d'une autonomie en matière de gestion du personnel. Cette dernière s'apprécie aussi au regard de leur capacité d'action, voire de réaction à un environnement socio-politique qui a bouleversé les conditions d'exploitation de leur activité. De même que la grève de l'été 1925 avait modifié l'attitude des patrons du Crédit lyonnais par la recherche de nouveaux gains de productivité qu'elle imposait, de même les acquis sociaux du Front populaire, en réduisant *a priori* les aises du profit de l'établissement, ont poussé les dirigeants à transformer leur mode de production. Comme en 1926, par réaction peut-être au durcissement des rapports sociaux, ils ont privilégié l'investissement technique à l'investissement humain. C'est ce dont témoigne l'analyse comparée des budgets consacrés à la mécanographie, à la formation du personnel et à la direction du personnel. Ce n'est pas un hasard en effet si, après l'avoir stoppé en 1935 et en 1936, l'administration du Crédit lyonnais décide de relancer en 1937, le programme de mécanisation des opérations bancaires en dotant les services d'un nouveau type de machines, « les machines statistiques » : « c'est le 10 septembre 1937 qu'apparaît la première machine à cartes perforées, utilisée au sein du grand service parisien de la Comptabilité-Titres. Chaque valeur mobilière d'un client était représentée par une carte perforée indiquant le numéro de compte du client, un numéro de code précisant la valeur concernée, la quantité possédée ».[323] L'exercice de 1937 coïncide effectivement avec une reprise de la croissance du budget consacré à la mécanographie, non seulement en valeur absolue mais aussi en valeur relative. Après s'être stabilisé autour de 775 000 F en 1935 et en 1936, ce dernier s'élève à plus d'un million de F en 1937, atteignant 1 102 000 F ; sa part dans les dépenses d'intérêt

---

[323] Jacques Vanrenterghem, inspection générale du Crédit lyonnais, « Les premiers ordinateurs du Crédit lyonnais », BR HCL 49.

général s'élève de 2,94 % à 3,88 % alors qu'au même moment, les budgets consacrés à la formation du personnel et à la direction du personnel ne représentent que 0,87 % et 0,007 % des DIG[324]. En effet, face à la complexification des rapports sociaux dans l'établissement, le dialogue spontané entre la direction et le personnel cédant le pas sur un dialogue formalisé, réglementé et médiatisé *via* les délégués employés, les structures de la fonction Personnel ne se sont pas modifiées au Crédit lyonnais. Plusieurs indices témoignent au contraire d'une permanence des cadres de cette fonction. Le directeur du personnel Alfred Poindron et le chef du service du personnel du siège central, Étienne de Bellaigue de Bughas[325], tous deux de formation militaire et en fonction depuis le mois d'août 1920, sont maintenus. Par ailleurs, l'évolution du budget consacré au fonctionnement de la direction du personnel ne permet pas de supposer qu'au Crédit lyonnais, la fonction Personnel s'est dotée à partir de 1936 de nouvelles compétences, psychologiques ou juridiques. Les transformations des relations sociales ne se sont pas en effet accompagnées d'un gonflement du budget de la direction du personnel. La part relative de ce dernier dans les dépenses d'intérêt général a même baissé en 1937, passant de 0,011 % à 0,007 %.[326] Au regard de l'attribution des budgets, la formation du personnel ne semble pas avoir davantage été privilégiée par l'administration malgré l'augmentation constatée en 1939. De 1933 à 1938, sa part dans les dépenses d'intérêt général demeure en effet en dessous de 1 %[327] ; son augmentation soudaine en 1939, (de 271 000 F, son budget s'élève à 352 709 F), résulte, comme c'est devenu l'usage dans ce domaine, de l'application d'un nouveau décret-loi en matière d'orientation et de formation professionnelles[328]. Désormais, comme toutes les entreprises, le Crédit lyonnais est soumis à

---

[324] AH CL, 31 AH 569.

[325] Étienne de Bellaigue de Bughas était un ancien élève de l'École spéciale militaire de St Cyr mais contrairement à Alfred Poindron, il a appris le métier de banquier au Crédit lyonnais avant d'accéder à la fonction de chef du personnel du siège central. Entré le 10 octobre 1899 à la direction des agences étrangères, et plus précisément à l'agence de Madrid, il démissionne en décembre 1900 avant de réintégrer, deux ans plus tard, comme auxiliaire, et pour un an seulement, le service des Fonds Publics du siège central. Puis, jusqu'en avril 1919, il effectue sa carrière à la direction des agences étrangères dans les services de Correspondance et de Bourse des agences de Madrid et de Bruxelles. Nommé fondé de pouvoirs de l'agence de Madrid en avril 1910, il reçut une procuration individuelle. Après avoir été nommé sous-chef du service du personnel du siège central en avril 1919, il succède à monsieur Dubief qui avait lui-même remplacé le Colonel Walewski pendant la guerre, au poste de chef du service du personnel du siège central, voir le dossier d'Étienne de Bellaigue de Bughas, AH CL, Dossiers du personnel dirigeant, 26 AH 4.

[326] Voir l'évolution du budget de la direction du personnel, annexe 12.

[327] Voir l'évolution du budget consacré à la Formation, annexe 11.

[328] Le décret-loi est paru au *Journal Officiel* du 25 mai 1938.

l'obligation « à laquelle il ne pourra se soustraire à l'avenir sans acquitter une lourde taxe, de compter parmi son personnel un certain pourcentage d'apprentis proportionnel au nombre de ses employés qualifiés ».

De l'analyse comparée des budgets consacrés à la mécanographie, à la direction du personnel et à la formation professionnelle, il ressort que la capacité d'action des patrons du Crédit lyonnais s'est surtout traduite en termes d'investissements techniques. Ce choix n'est pas sans rappeler celui pris par l'administration en 1926 à l'issue de la grève du personnel de l'été 1925 : si l'on s'interroge sur le sens de cette double corrélation, en 1925-1926 et en 1936-1937, entre innovation sociale et innovation technique, on s'aperçoit que contrairement à ce que le titre de la partie qui s'achève a pu laisser croire, ce n'est pas l'innovation technique qui s'est révélée être le moteur de l'innovation sociale, mais bien l'inverse. Ainsi, malgré la multiplication des relations de dépendance que les dirigeants du Crédit lyonnais doivent désormais entretenir avec leurs partenaires, partenaires-adversaires (pouvoirs publics et syndicats d'employés de banque) et partenaire-associé (syndicat patronal), leur gestion du personnel demeure autonome parce qu'ils disposent non seulement de la capacité à construire une identité propre en élaborant les règles disciplinaires, en contrôlant les œuvres sociales paternalistes et en favorisant les activités mutualistes, mais aussi parce qu'ils disposent d'une réelle capacité d'action, en modulant notamment les facteurs de production de telle manière que la gestion du travail demeure un avantage concurrentiel. À la déclaration de guerre, les conventions collectives et la libre négociation des salaires sont suspendues par décret-loi du 10 novembre 1939 : on entre dans une période dirigiste qui va durer plus de dix ans. Il convient de se demander dans quelle mesure, en vertu des dispositions comprises dans les politiques économiques et sociales d'abord élaborées par le régime de Vichy puis par le régime issu de la Libération, les dirigeants du Crédit lyonnais ont dû renoncer, ne serait-ce que partiellement, à cette autonomie de gestion.

Conclusion générale

Étudiée à travers le prisme de plusieurs variables, la gestion du personnel au Crédit lyonnais entre 1863 et 1939 a permis de mettre en évidence deux grandes évolutions et d'identifier une corrélation entre deux types d'innovations.

La première grande évolution traduit l'adaptation des processus à des contraintes essentiellement internes liées au changement de dimension de l'entreprise. Entre 1863 et 1913, le Crédit lyonnais est passé du statut de petite entreprise régionale à celui d'entreprise de dimension nationale et mondiale, tant par le produit net bancaire que par les effectifs. Les critères de recrutement se sont adaptés à cette transformation : alors qu'entre 1863 et 1885, l'expérience professionnelle, la « tenue » et « l'éducation » plus que le niveau d'instruction, les recommandations et l'origine sociale priment, de nouveaux critères apparaissent entre 1886 et 1914 sous l'effet d'une démocratisation du recrutement, inévitable dès lors que ce dernier devient massif. Parallèlement à la démocratisation de l'enseignement, les critères de « tenue » et « d'éducation » sont remplacés par le niveau d'instruction. D'autres critères traditionnels en revanche, comme les recommandations et la connaissance du milieu social du candidat, subsistent mais sont utilisés à des fins différentes. Désormais, il ne s'agit plus tant de mettre la main sur les disponibilités financières et les réseaux sociaux de notables dont les fils par ailleurs embrassent de moins en moins la carrière bancaire que de s'assurer, devant la multiplication des détournements de fonds et face aux tentatives de corruption dont le personnel est victime, de « l'honorabilité » et du « degré de moralité » du futur employé.

Conséquence des recrutements de masse, la part des fils de la haute bourgeoisie traditionnelle diminue au profit des fils d'ouvriers et de contremaîtres. Cette démocratisation du recrutement n'est pas sans favoriser l'adoption par les employés de banque du mode d'expression ouvrier alors même que leur condition commence à se prolétariser à la Belle Époque. En effet, fils des classes moyennes salariées pour la majorité, les employés du Crédit lyonnais savent qu'ils ne pourront, pas plus que leurs pères, devenir indépendants et échapper à la position de salarié. Enfermés dans cette condition, les employés de banque commencent à en adopter la cause et à se rapprocher des ouvriers en créant notamment, au début du siècle, leur propre syndicat. Si la double mobilité (fonctionnelle et géographique) du personnel, qui a été identifiée entre 1863 et 1885 comme mode de gestion des carrières et comme système de formation, parvient à maturité entre 1886 et 1914, des dysfonctionnements commencent à apparaître. Même si elle permet encore de répartir de façon équitable les ressources humaines en fonction des besoins grâce à une politique systématique de péréquation entre les agences et de développer les compétences du jeune personnel appelé à devenir les gradés et les cadres de l'avenir, elle parvient de moins en moins à empêcher la multiplication des démissions du personnel qualifié. Nombre de départs sont alors fonction du nombre d'employés en état de prétendre à une promotion (et par conséquent du nombre de déceptions liées à toute promotion) autant que du nombre de postes créés comme aussi des possibilités extérieures que module la marche générale de l'économie. À la fois pour tenir en échec l'offensive syndicale, pour fidéliser le personnel qualifié et maintenir l'espace de travail à l'extérieur de la sphère d'intervention de l'État à une époque où les premières lois relatives à la protection sociale et à l'hygiène sont votées, une gestion sociale de type paternaliste est mise en œuvre au Crédit lyonnais au début du siècle. Elle semble satisfaire l'ensemble de la « maison ». D'une part, les inquiétudes identitaires des employés sont apaisées parce que les avantages matériels dont ce système social est porteur permettent de les maintenir dans le monde de la classe moyenne dans lequel il leur faut vivre. La participation massive du personnel aux diverses œuvres sociales patronales témoigne de son adhésion à ce nouveau mode de gestion qui fait échouer au Crédit lyonnais les initiatives syndicales avant la Première Guerre mondiale. D'autre part, en 1913, malgré les progrès de la législation sociale et de la législation sur l'hygiène et la sécurité, l'espace de travail reste encore en grande partie à l'extérieur de la sphère d'intervention de l'État. Les relations entre l'administration et le personnel demeurent ainsi individualisées, à l'exclusion de tout médiateur et de tout partenaire étranger à l'établissement. Les employés ne les remettent pas en cause parce qu'elles sont adaptées à leurs mentalités, alors caractérisées par une psychologie très individualiste, peu sensible aux luttes collectives.

La deuxième grande évolution qu'a permise de mettre en évidence l'étude des processus de gestion du personnel au Crédit lyonnais entre 1863 et 1939 est précisément la transformation des relations sociales entre la Direction et le personnel. Elle résulte de deux facteurs, social et politique. Le facteur social trouve son origine dans la crise d'identité que traversent les employés de banque au début des années 1920. Au Crédit lyonnais, l'analyse intergénérationnelle laisse entrevoir que c'est la prolétarisation des conditions de vie et de travail des employés à cette époque plus que la démocratisation accrue de leurs origines sociales qui en est cause. Non seulement la diminution de leur pouvoir d'achat pendant l'inflation ne leur permet plus de réaliser les dépenses qui les distinguaient jusqu'alors des ouvriers mais aussi le développement au lendemain de la Grande Guerre d'une législation du travail commune à l'ensemble des salariés aligne également leurs conditions de travail sur celles des ouvriers. La participation non négligeable des employés du Crédit lyonnais aux grèves spontanées qui éclatent dans les banques parisiennes aux printemps 1917 et 1919 traduit cette impression de déclassement. Même motivée par des préoccupations somme toute individualistes puisque fondées sur des revendications essentiellement salariales, leur participation aux mouvements revendicatifs a provoqué un travail de « conscientisation ». À travers les épiphénomènes que représentent les grèves locales, il s'est poursuivi jusqu'au déclenchement, en juillet 1925, de la première grève générale corporative des employés de banque dont l'échec suspend, pour onze ans, le processus d'éveil de la conscience sociale de ce groupe de salariés. Face au développement de la législation du travail et de la protection sociale légale depuis la fin de la Grande Guerre et face aux succès remportés par les syndicats auprès des employés, c'est la défense du « principe d'autorité » qui constitue dans l'entre-deux-guerres le moteur de la gestion du personnel conduite par l'administration du Crédit lyonnais. En confiant en 1920 la nouvelle direction du Personnel à un Général de brigade, l'administration montre clairement la fonction qu'elle entend voir assumer par cette nouvelle structure : plus qu'une fonction mise au service de la production, il s'agit d'une fonction traditionnelle de surveillance destinée à assurer le maintien de l'ordre social et juridique. Par ailleurs, le nouveau système de prévoyance créé en 1920 est conçu de façon à attacher le personnel plus étroitement encore à l'établissement en supprimant notamment aux employés démissionnaires les subventions versées antérieurement à leur crédit par l'administration. La défense du « principe d'autorité » motive également le choix du mode de rémunération adopté au début des années 1920 pour résoudre les conséquences de l'inflation sur l'évolution du pouvoir d'achat du personnel : à un système indexé sur l'inflation, l'administration préfère le système des primes de vie chère, non-automatiques, versées au gré des décisions de l'administration. C'est encore la défense du principe d'autorité et son corollaire, la résistance à toute immixtion de l'État et des syndicats dans la gestion du personnel, qui motive l'intensification de la politique paternaliste. Cette dernière se traduit par une opposition constante à toute forme de négociation collective et par des incitations financières pour encourager la formation, à partir de 1930, de sociétés de secours mutuels, destinées à adapter le système patronal d'assurances sociales à la loi sur les assurances sociales sans pour autant renoncer au contrôle sur le personnel. *Le Trait d'Union* est créé à cette occasion pour consolider les liens entre le personnel et les sociétés qui bénéficient de la bienveillance patronale, les sociétés de secours mutuels et les diverses associations sportives et culturelles. C'est le facteur politique qui permet d'accélérer le processus de transformation des relations sociales. Ne serait-ce qu'avec les lois sur les contrats collectifs de travail, les délégués du personnel, le conseil de discipline paritaire et la conciliation et l'arbitrage obligatoires, le gouvernement et la Chambre du Front populaire instaurent un nouveau mode de relations sociales qui permet aux salariés de participer à la gestion sociale de leur entreprise. Au Crédit lyonnais, cette participation du personnel à la gestion de l'entreprise est mise en œuvre dans le cadre de l'application de la première convention collective des banques. Cette dernière est signée le 3 juillet 1936 à l'issue de négociations collectives qui, dans ce secteur d'activité, se sont ouvertes sans grève entre les nouveaux partenaires sociaux que constituent le syndicat patronal et les syndicats d'employés de banque. Dès lors qu'on reconnaît aux employés le droit et le devoir de s'exprimer à travers des canaux de dialogue spécialement institués à cet effet, les conflits d'intérêts entre les partenaires sociaux deviennent comme une pratique de gestion courante. Ainsi, sous l'effet de contraintes liées à son environnement social et politique, d'autoritaire, le système des relations sociales au Crédit lyonnais est devenu plus démocratique, débouchant sur l'émergence d'une gestion contractuelle qui a conduit à la gestion contemporaine des hommes. Mais malgré la multiplication des relations de dépendance que les dirigeants du Crédit lyonnais doivent désormais entretenir avec leurs partenaires, partenaires-adversaires (État et syndicats d'employés de banque) et partenaire-associé (syndicat patronal), ils conservent une autonomie pour gérer leur personnel parce qu'ils disposent de la capacité à créer une identité propre et d'une capacité d'action qu'ils utilisent en modulant notamment les facteurs de production (capital technique et capital humain) de façon à continuer à faire de la gestion du personnel un avantage concurrentiel. C'est précisément l'analyse des évolutions des coûts du capital humain et du capital technique qui a permis d'identifier la corrélation qui existe entre innovation sociale et innovation technique. À deux reprises en effet, en 1925-1926 et en 1936-1937, l'innovation sociale a précédé l'innovation technique au Crédit lyonnais. La première fois en 1925, c'est la grève générale des employés de banque et son corollaire, la position institutionnelle acquise *de facto* par les syndicats qui, en devenant des facteurs réels de résistance à la baisse du coût salarial de la main-d'œuvre, sert de moteur à la mise en œuvre de la rationalisation du travail par la recherche de nouvelles sources de profit qu'elle impose. La deuxième fois, la très forte croissance des dépenses de personnel en 1936, consécutive aux augmentations de salaires et aux nouvelles dispositions sociales comprises dans l'accord Matignon et dans la convention collective de travail, n'est pas sans conséquence sur la reprise au Crédit lyonnais, à partir de 1937, des investissements mécanographiques et l'acquisition d'un nouveau type de machines, les machines statistiques. Ainsi, l'analyse de l'évolution des coûts du capital humain et du capital technique dans cet établissement corrige les visions simplificatrices de l'innovation technique comme facteur de dérégulation sociale. En débouchant sur une gestion contractuelle des relations sociales et sur une gestion plus « capitalistique » du travail, l'étude de l'évolution des processus de gestion du personnel au Crédit lyonnais entre 1863 et 1939 témoigne des contraintes, double processus d'identification, sociale et professionnelle des employés de banque et progrès technique, qui ont conduit à l'émergence du modèle contemporain de gestion des ressources humaines. Ainsi, avant même que n'apparaisse au Crédit lyonnais la fonction Ressources Humaines, nous pouvons affirmer que la gestion du personnel a bien existé dans cet établissement parce qu'il a fallu notamment s'assurer du respect des règles et répondre aux besoins des employés. Enfin, par-delà l'essor d'une législation commune à l'ensemble des salariés et malgré la prolétarisation de la condition d'employé de banque dans les années 1920, les employés du Crédit lyonnais ont conservé leur spécificité, en termes de « moralité » et d'honorabilité notamment, liée aux exigences de leur métier particulier.

Annexes

Annexe 1

Évolution du coût social annuel moyen d'un employé

Années	Montant des charges sociales en F courants (CS)	Effectifs (Eff)	Coût social annuel moyen d'un employé en F courants (CS/Eff)	Montant des charges sociales en F constants	Coût social annuel moyen d'un employé en F constants (CS/Eff)
1895	57 231	7 526	8	-	-
1900	338 097	10 017	34	-	-
1905	541 302	12 915	42	-	-
1910	1 246 298	15 537	80	-	-
1915	1 401 291	17 871	78	1 022 942	57
1920	10 513 693	20 079	524	2 418 149	120
1925	19 206 519	19 923	964	4 033 368	202
1930	34 205 204	24 351	1 405	6 156 936	253
1935	40 541 705	21 288	1 904	10 135 426	476
1939	57 308 000	22 224	2 579	8 366 968	376

Annexe 2

Évolution du coût salarial annuel moyen d'un employé

Années	Masse salariale en F courants (MS)	Effectifs (Eff)	Salaire direct annuel moyen d'un employé en F courants (MS/Eff)	Masse salariale en F constants (MS)	Salaire direct annuel moyen d'un employé en F constants (MS csts/Eff)
1895	18 397 200	7 526	2 444	-	-
1900	23 505 821	10 017	2 347	-	-
1905	28 230 853	12 915	2 186	-	-
1910	34 799 965	15 537	2 240	-	-
1915	32 654 249	17 871	1 827	23 837 601	1 333
1920	129 883 587	20 079	6 469	29 873 225	1 487
1925	193 319 204	19 923	9 703	40 597 032	2 037
1930	352 087 897	24 351	14 459	63 375 821	2 602
1935	305 903 694	21 288	14 370	76 475 923	3 592
1939	415 028 000	22 224	18 675	60 594 088	2 726

Source : Les comptes de « profits et pertes au 31 décembre », AH CL, 31 AH 332 – 363 (1894-1928) et les « comparaisons trimestrielles des chapitres de l'inventaire au 31 décembre », AH CL, 31 AH 581-582 (1927-1939).

Annexe 3

Évolution de la rémunération annuelle moyenne du personnel

Année	Frais de Personnel en F courants (FP)	Effectifs (Eff)	Rémunération moyenne du personnel en F courants (FP/Eff)	Frais de Personnel en F constants (FP)	Rémunération moyenne du personnel en F constants (FP/Eff)
1895	18 644 209	7 526	2 477	-	-
1900	23 671 563	10 017	2 363	-	-
1905	28 486 294	12 915	2 206	-	-
1910	35 633 624	15 537	2 293	-	-
1915	34 125 496	17 871	1 910	24 911 612	1 394
1920	145 439 901	20 079	7 243	33 451 177	1 665
1925	222 556 104	19 923	11 171	46 736 781	2 345
1930	405 601 284	24 351	16 656	73 008 231	2 998
1935	360 332 093	21 288	16 927	90 083 023	4 231
1939	485 889 000	22 224	21 863	70 939 794	3 191

Source : Les comptes de « profits et pertes au 31 décembre », AH CL, 31 AH 332 – 363 (1894-1928) et les « comparaisons trimestrielles des chapitres de l'inventaire au 31 décembre », AH CL, 31 AH 581-582 (1927-1939).

Annexe 4

Évolution de la structure de la masse salariale

Année	Appointements	Gratifications	Participations du personnel intéressé	Primes de vie chère
1895	14 717 975	1 243 490	2 435 735	-
1900	18 521 580	1 617 360	3 366 881	-
1905	23 233 974	2 023 587	2 973 292	-
1910	29 150 119	2 683 525	2 966 321	-
1915	29 022 552	1 370 535	2 261 162	-
1920	78 382 021	5 998 133	13 995 272	31 508 161
1925	123 934 935	9 703 056	15 690 377	43 990 836
1930	293 622 175	25 290 965	33 174 757	0
1935	255 430 077	23 646 717	26 826 900	0
1939	351 134 000	33 871 000	30 023 000	0

Source : Les comptes de « profits et pertes au 31 décembre », AH CL, 31 AH 332 – 363 (1894-1928) et les « comparaisons trimestrielles des chapitres de l'inventaire au 31 décembre », AH CL, 31 AH 581-582 (1927-1939).

Annexe 5

Évolution du produit net bancaire

Année	Montant des recettes en F courants	Montant des recettes en F constants
1895	53 661 711	-
1900	77 894 399	-
1905	87 199 730	-
1910	114 589 456	-
1915	93 990 979	68 613 414
1920	368 575 303	84 772 319
1925	426 312 045	89 525 529
1930	730 687 253	131 523 705
1935	584 624 725	146 156 181
1939	782 742 000	114 280 332

Source : Les comptes de « profits et pertes au 31 décembre », AH CL, 31 AH 332 – 363 (1894-1928) et les « comparaisons trimestrielles des chapitres de l'inventaire au 31 décembre », AH CL, 31 AH 581-582 (1927-1939).

Annexe 6

Évolution du budget consacré à la mécanographie

Année	Budget pour la mécanographie	Dépenses d'Intérêt général (DIG)	Part de la mécanographie dans les DIG en %
1926	53 879	40 187 297	0,13
1927	190 000	24 812 297	0,77
1928	293 000	20 588 406	1,42
1929	326 000	54 307 000	0,6
1930	non connu	non connu	non connu
1931	479 000	30 570 000	1,57
1932	561 772	28 119 969	2
1933	741 014	25 927 152	2,86
1934	660 000	25 638 000	2,57
1935	774 574	26 548 452	2,92
1936	776 495	26 428 792	2,94
1937	1 102 176	28 406 889	3,88
1938	93 700	34 706 000	0,27
1939	1 027 419	31 261 140	3,29

Source : Les dossiers d'inventaire général, AH CL, 31 AH 569-571

Annexe 7

Évolution de la productivité du personnel en volume

Année	Effectifs	Nombre de comptes	Productivité (Nbre de cptes/Eff)
1875	1 046	non connu	-
1880	3 156	46 601	15
1885	3 348	77 503	23
1890	5 253	125 924	24
1895	7 526	193 779	26
1900	10 017	264 345	26
1905	12 915	416 204	32
1910	15 537	554 266	36
1915	17 871	650 197	36
1920	20 079	783 630	39
1925	19 923	877 338	44
1930	24 351	1 011 143	42
1935	21 288	961 790	45
1939	22 224	937 391	42

Source : Les comptes de « profits et pertes au 31 décembre », AH CL, 31 AH 332 – 363 (1894-1928) et les « comparaisons trimestrielles des chapitres de l'inventaire au 31 décembre », AH CL, 31 AH 581-582 (1927-1939).

Annexe 8

Évolution du coefficient d'exploitation
(Frais généraux/Produit net bancaire)

Année	Frais généraux en F (FG)	Produit net bancaire (PNB)	Coefficient d'exploitation (FG/PNB en %)
1895	26 419 502	53 661 711	49
1900	34 746 788	77 894 399	45
1905	44 949 545	87 199 730	52
1910	55 388 839	114 589 456	48
1915	50 937 562	93 990 979	54
1920	191 435 782	368 575 303	52
1925	301 231 721	426 312 045	71
1930	495 548 919	730 687 253	68
1935	480 220 640	584 624 725	82
1939	670 827 000	782 742 000	86

Source : Les comptes de « profits et pertes au 31 décembre », AH CL, 31 AH 332 – 363 (1894-1928) et les « comparaisons trimestrielles des chapitres de l'inventaire au 31 décembre », AH CL, 31 AH 581-582 (1927-1939).

Annexe 9

Évolution de la part des frais de personnel dans les frais généraux

Année	Frais de Personnel (FP)	Frais généraux (FG)	Part des FP in les FG (en %)
1895	18 644 209	26 419 502	71
1900	23 671 563	34 746 788	68
1905	28 486 294	44 949 545	63
1910	35 633 624	55 388 839	64
1915	34 125 496	50 937 562	67
1920	145 439 901	191 435 782	76
1925	222 556 104	301 231 721	74
1930	405 601 284	495 548 919	82
1935	360 332 093	480 220 640	75
1938	504 836 686	611 227 404	83
1939	485 889 000	670 827 000	72

Source : Les comptes de « profits et pertes au 31 décembre », AH CL, 31 AH 332 – 363 (1894-1928) et les « comparaisons trimestrielles des chapitres de l'inventaire au 31 décembre », AH CL, 31 AH 581-582 (1927-1939).

Annexe 10

Évolution du coût des heures supplémentaires

Année	Coût des heures supplémentaires en F courants	Coût des heures supplémentaires en F constants
1895	non connu	non connu
1900	non connu	non connu
1905	non connu	non connu
1910	115 042	-
1915	119 067	86 918
1920	2 556 684	588 037
1925	2 680 766	562 960
1930	5 773 613	1 039 250
1935	2 180 402	545 100
1939	1 698 000	247 908

Source : Les comptes de « profits et pertes au 31 décembre », AH CL, 31 AH 332 – 363 (1894-1928) et les « comparaisons trimestrielles des chapitres de l'inventaire au 31 décembre », AH CL, 31 AH 581-582 (1927-1939).

Annexe 11

Évolution du budget consacré à la formation du personnel
« Employé en pépinière et école d'apprentissage »

Année	Budget Formation (BF)	Dépenses d'Intérêt général (DIG)	Part du BF in les DIG (en %)
1927	95 000	24 812 297	0,38
1928	273 000	20 588 406	1,33
1929	447 000	54 307 000	0,82
1930	non-conni	non connu	non-connu
1931	554 000	30 570 000	1,81
1932	423 567	28 119 969	1,51
1933	294 144	25 927 152	1,13
1934	233 000	25 638 000	0,91
1935	148 620	26 548 452	0,56
1936	215 278	26 428 792	0,81
1937	247 676	28 406 889	0,87
1938	271 000	34 706 000	0,78
1939	352 709	31 261 140	1,13

Source : Les dossiers d'inventaire général, AH CL, 31 AH 569 – 571.

Annexe 12

Évolution du budget de la direction du personnel

Année	Budget de la Direction du Personnel (BDP)	Dépenses d'Intérêt général (DIG)	Part du BDP in les DIG
1920	64 896	7 123 637	0,009
1921	48 778	8 214 834	0,006
1922	46 959	7 911 507	0,006
1923	54 958	9 203 022	0,006
1924	74 242	11 023 185	0,007
1925	96 463	18 143 728	0,005
1926	132 450	40 187 297	0,003
1927	169 962	24 812 297	0,007
1928	173 513	20 588 406	0,008
1929	205 000	54 307 000	0,004
1930	non-connu	non connu	non-connu
1931	non-connu	30 570 000	non-connu
1932	266 346	28 119 969	0,009
1933	283 735	25 927 152	0,011
1934	271 761	25 638 000	0,011
1939	201 023	31 261 140	0,006

Source : Les dossiers d'inventaire général, AH CL, 31 AH 569 – 571.

Sources et bibliographie

Sources

I. Sources d'archives

A. Archives Crédit lyonnais

1. Les sources administratives

Les rapports annuels des assemblées générales ordinaires et extraordinaires du conseil d'administration : USUELS

Les procès verbaux du conseil d'administration :

Dates externes	Cotes Archives
04-05-1882 au 12-04-1883	4 AH1
15-09-1886 au 11-06-1891	4 AH2
17-06-1891 au 22-02-1900	4 AH3
24-02-1900 au 24-02-1906	4 AH4
10-03-1906 au 10-10-1912	4 AH5
26-10-1912 au 23-12-1920	4 AH6
06-01-1921 au 26-07-1928	4 AH7
11-10-1928 au 15-10-1936	4 AH8
05-11-1936 au 07-06-1945	4 AH9

Le répertoire des circulaires de la Direction générale :

Dates externes	Cotes Archives
14-11-1882 au 27-12-1974	7 AH1

Les Circulaires de la Direction générale

Dates Externes	Cotes Archives
1882-1919	7 AH2
1920-1929	7 AH3
1930-1939	7 AH4
1939-1945	7 AH5

Les Instructions de l'Inspection générale des agences régionales et de la Direction des agences régionales :

Dates externes	Cotes Archives	Numérotation
mai 1873-janvier 1880	068 AH 001	
janvier 1880-juin 1881	068 AH 002	
juin 1881-juillet 1882	068 AH 003	1 à 152
juillet 1882-août 1883	068 AH 004	153 à 406
août 1883-janvier 1885	068 AH 005	407 à 663

Dates externes	Cotes Archives	Numérotation
janvier 1885-octobre 1887	068 AH 006	664 à 985
octobre 1887-janvier 1890	068 AH 007	986 à 1246
janvier 1890-août 1891	068 AH 008	1247 à 1475
août 1891-octobre 1892	068 AH 009	1476 à 1679
octobre 1892-octobre 1893	068 AH 010	1680 à 1863
octobre 1893-octobre 1894	068 AH 011	1864 à 1989
octobre 1894-octobre 1895	068 AH 012	1990 à 2106
juillet 1895-janvier 1896	068 AH 013	2107 à 2366
mars 1896-septembre 1896	068 AH 014	2367 à 2601
septembre 1896-mai 1897	068 AH 015	2602 à 2885
juin 1897-décembre 1897	068 AH 016	2886 à 3120
janvier 1898-octobre 1898	068 AH 017	3121 à 3377
octobre 1898-mai 1899	068 AH 018	3378 à 3626
juin 1899-décembre 1899	068 AH 019	3627 à 3877
janvier 1900-août 1900	068 AH 020	3878 à 4124
août 1900-mai 1900	068 AH 021	4125 à 4367
1-5-1901 au 1-3-1902	068 AH 022	4368 à 4655
1-3-1902 au 1-12-1902	068 AH 023	4656 à 4923
1-12-1902 au 31-8-1903	068 AH 024	4924 à 5188
1-9-1903 au 30-6-1904	068 AH 025	5189 à 5491
1-7-1904 au 30-4-1905	068 AH 026	5492 à 5750
2-5-1905 au 30-12-1905	068 AH 027	5751 à 6010
1-1-1906 au 31-8-1906	068 AH 028	6011 à 6280
14-8-1906 au 1-6-1907	068 AH 029	6281 à 6499
1-6-1907 au 1-12-1907	068 AH 030	6500 à 6690
2-1-1908 au 31-12-1908	068 AH 031	6691 à 7006
4-1-1909 au 31-12-1909	068 AH 032	7007 à 7444
3-1-1910 au 31-12-1910	068 AH 033	7445 à 7918
4-1-1911 au 30-12-1911	068 AH 034	7919 à 8371
2-1-1912 au 31-12-1912	068 AH 035	8372 à 8882
2-1-1913 au 31-12-1913	068 AH 036	8883 à 9347
2-1-1914 au 30-6-1914	068 AH 037	9348 à 9597
1-7-1914 au 31-12-1914	068 AH 038	9598 à 9875
2-1-1915 au 30-6-1915	068 AH 039	9876 à 10187
1-7-1915 au 31-12-1915	068 AH 040	10188 à 10526
3-1-1916 au 30-6-1916	068 AH 041	10527 à 10868
1-7-1916 au 30-12-1916	068 AH 042	10869 à 11165
2-1-1917 au 30-6-1917	068 AH 043	11166 à 11472
2-7-1917 au 28-12-1917	068 AH 044	11473 à 11789
2-1-1918 au 29-6-1918	068 AH 045	11790 à 12076
1-7-1918 au 31-12-1918	068 AH 046	12077 à 12393
1-1-1919 au 31-6-1923	068 AH 076	1 à 351 (1)
2-7-1923 au 31-12-1924	068 AH 077	352 à 475
6-1-1925 au 31-12-1926	068 AH 078	476 à 669
1-1-1927 au 28-6-1930	068 AH 079	670 à 948
2-7-1930 au 28-8-1935	068 AH 080	949 à 1208
11-9-1935 au 31-12-1936	068 AH 081	1209 à 1382
6-1-1937 au 22-10-1937	068 AH 082	1383 à 1498

Dates externes	Cotes Archives	Numérotation
4-11-1937 au 15-2-1940	068 AH 083	1499 à 1587
21-2-1940 au 4-3-1942	068 AH 084	1588 à 1775
3-3-1942 au 8-6-1943	068 AH 085	1776 à 1956
22-6-1943 au 17-3-1945	068 AH 086	1957 à 2150

Deux opuscules :
- le recueil des instructions générales des agences régionales relatives au personnel, 71 pages, le 20 janvier 1925 : 068 AH 077.
- le recueil des instructions générales des agences régionales, 110 pages, le 18 décembre 1924 : 068 AH 078.

Des brochures :

Titre de la brochure	Cotes Archives
« Déjeuner offert à M^{ellr} Marcoud, le 25 mars 1944 ».	BR HCL 39
« Les carrières dans la Banque » par Georges Petit-Dutaillis, sous-directeur du Personnel du Crédit lyonnais, 1950 ».	BR HCL 40
« Instructions pour les agences dans Paris, dispositions générales, Crédit lyonnais, 1879 ».	BR HCL 73
« La grève des employés de banque », note confidentielle, le 18 septembre 1925.	BR HBA 028
Gaston Tessier, « La grève des employés de banque », extrait des Lettres de Janvier 1926, p. 20-42	BR HBA 029
Le Mouvement Sanitaire, 31-01-1931, « Les services d'hygiène sociale dans une grande banque ».	BR HCL 97

Des circulaires :
- Les circulaires de la Direction générale (Jacques Letourneur) relatives à l'organisation et au contrôle du travail des garçons de bureau entre 1867 et 1881.

Fonds Letourneur : AH 6.
- Les circulaires du service du personnel du siège central : 1904-1911

Cote : 105 AH 003
- Les circulaires du service du personnel du siège central : 1924-1929

Cote : 105 AH 004
- Les circulaires du service du personnel du siège central : 1927-1938

Cote : 105 AH 004
- Des notes du service du personnel du siège central : 1919-1938
- Primes, Allocations et Indemnités allouées au Personnel du siège central entre 1919 et 1938
- Les circulaires relatives aux congés du personnel entre 1919 et 1945

Cote : 098 AH 242
- Dossier contenant les papiers relatifs à la Société des Amis des Employés du Crédit lyonnais

Cote : 098 AH 265

– Dossiers contenant les papiers relatifs aux grèves et aux mouvements revendicatifs du personnel :
  * La gestion des grèves locales entre 1919 et juillet 1925 (Correspondance entre Lyon et Paris)
  * Dossier sur l'importance de la Confédération Française des Travailleurs Chrétiens sur l'échiquier des syndicats d'employés de banque
  * La gestion de la grève générale des employés de banque de juillet-septembre 1925

Cote : 098 AH 249

– Dossier relatif à l'organisation et à la gestion du temps de travail entre 1909 et 1935 : problème de gestion des rythmes de travail dans des services particuliers, journée de huit heures, le problème des heures supplémentaires

Cote : 098 AH 249

– Dossier relatif au recrutement du personnel du siège central entre 1909-1945, à la procédure de la paie qui est réglementée par la loi du 4 mars 1931, à la gestion des traitements du personnel (réduction, augmentation).

Cote : 098 AH 247

– Dossier relatif à l'évolution de la gestion des allocations familiales instituées par l'établissement en 1905 puis soumises à la loi du 11 mars 1932 : la Direction demande, le 15 novembre 1933, auprès du ministre du travail, l'agrément du service d'allocations familiales propre au Crédit lyonnais. Cette demande est rejetée le 5 avril 1939. Le CL adhère à la Fédération des caisses de compensation d'allocations familiales pour le personnel des banques : 1905-1945.

Cote : 098 AH 249

– Dossier relatif à l'application de la loi sur les accidents du travail du 9 avril 1898 modifiée cinquante ans plus tard par celle du 1er juillet 1938

Cote : 098 AH 249

– Dossier relatif aux démissions et aux prises de personnel par la concurrence : 1908-1929

Cote : 098 AH 250

– Dossier relatif à la formation professionnelle : application de la loi du 25 juillet 1919 dite loi Astier
  Mise en place progressive d'un système de primes pour favoriser l'obtention par les employés du CL des diplômes d'État (CAP et BP de commis de banque) et des diplômes propres au Centre d'enseignement technique en banque.

Cote : 098 AH 250

– Dossier relatif à la gestion de la rémunération des cadres : sous-directeurs des agences et gérants des sous-agences. établissement de la participation sur les bénéfices considérée comme une rémunération plus motivante : 1919-1945 et 1926-1937

– Dossier relatif à la gestion des augmentations de traitements (de fin d'année et autres) et à la gestion des gratifications : 1917-1945

Cote : 098 AH 250

– Mémoire sur les dispositions générales applicables au personnel de Paris et de province, état des lieux de la gestion et de l'administration du personnel réalisé par le Général Alfred Poindron, directeur du personnel, 1922.

Cote : 098 AH 248

– Le rapport du 18 juin 1894 sur le personnel dirigeant et les services du siège central, rédigé par Jules Pauthonnier, directeur du siège central, adressé à Henri Germain et annoté par ce dernier.

Le rapport concerne, entre autres, le service des titres, le récent service des comptes spéciaux (clientèle aisée), la location des coffres-forts.

Cote : 105 AH 007

– Dossier contenant les souvenirs de M. Philippe Couture, gérant de la sous-agence de Cholet (1935-1942).

Cote : 0053 AH1

2. Les dossiers de personnel

2a. Gradés, employés et auxiliaires

Années de Sorties	Dossiers « BER »	Dossiers « TRA »	Cotes des Dossiers
1880-1885	BERGERET à BERTRAND	TRAINAR à TRIBOULET	
1901-1914	BELLAGAMBA à BERNEDE		DAPA 109/1
1901-1914	BERNHART à BEZON		DAPA 109/2
1901-1914		TRALLEZ à VEDRINES	DAPA 138/1
1913-1914	BERAL à BERSON		DAPA 2555/2
1914	BERNEY à BERTHO		Personnel 302
1914-1918		TRACLET à TRUMEAU	Personnel 399/1
1919-1921	BEROT à BEZARD		Personnel 412
1919-1921		TRACHET à TYPOOT	Personnel 492
1919-1926	BERANGER à BERNARD		DAPA 3333/2
1922-1923	BEGUIER à BERNARD		Personnel 500/1
1922-1923	BERNAY à BESSERAND		Personnel 500/2
1922-1923		TOURET à VASSEUR	Personnel 547
1924-1927	BERNAERTS à BERTAUX		Personnel 557
1924-1927		TOUSSAINT à TROMPEAU	Personnel 644/2
1928-1931	BERNIER à BERTRAND		Personnel 737/1

Années de Sorties	Dossiers « BER »	Dossiers « TRA »	Cotes des Dossiers
1928-1931	BERTONCINI à BESSON		Personnel 737/2
1928-1931		TOM à TRAMUSET	Personnel 828/1
1928-1931		TRAN à TREZEL	Personnel 828/2
1932-1933	BENOIT à BERTERAU		Personnel 850/2
1934-1937		TRIOLET à TUAL	Personnel 959/2
1934-1938	BEAUBIAT à BERNASSE		DAPA 5708
1936-1937	BERTOLI à BIGNON		Personnel 904

2b. États-majors (cadres) des différents groupes du Crédit lyonnais

Les différents groupes		Cotes Archives
Dates d'entrée	Dates de sortie	
Le Siège Social		
Entre	entre	
1870 et 1909	1882 et 1917	26 AH2
1863 et 1894	1901 et 1929	26 AH3
1864 et 1899	1877 et 1919	26 AH4
1867 et 1902	1880 et 1919	26 AH5
Les agences dans Paris		
Entre	entre	
1864 et 1902	1885 et 191	26 AH6
Les agences Départementales		
Entre	entre	
1874 et 1909	1883 et 1920	26 AH7
1874 et 1905	1881 et 1919	26 AH8
1880 et 1908	1884 et 1920	26 AH9
1868(2) et 1903	1882 et 1920	26 AH10
1879 et 1902	1884 et 1920	26 AH11
Les agences Régionales		
Entre	entre	
1866 et 1887	1891 et 1916	26 AH12
1873 et 1889	1883 et 1919	26 AH13
1867 et 1890	1883 et 1913	26 AH14
Les agences Étrangères (3)		
Entre	entre	
1873 et 1906	1889 et 1919	26 AH15
1875 et 1905	1888 et 1919	26 AH16
1867 et 1906	1878 et 1919	26 AH17
1868 et 1909	1888 et 1920	26 AH18

– Les dossiers comprenant les papiers (correspondance, notes, etc.) relatifs à l'application de la législation sociale de 1936 :

Dates externes	Cotes Archives
1928-1938	16 AH26
1936-1939	16 AH27
1930-1938	16 AH28
1931-1937	16 AH29
1937-1939	16 AH30

Le répertoire alphabétique des employés entrés au siège social (Lyon) entre 1863 et 1903.

Cote : 105 AH 011

« Formation Professionnelle : programme des conférences au siège central en 1921-1923, plan détaillé des conférences données par M. Dubief, textes des conférences de M. Jonniaux aux employés des agences dans Paris pour l'année 1922-1923, portant notamment sur le système bancaire, l'organisation du CL, les agences dans Paris, les effets de commerce, les démarcheurs, la comptabilité, la Bourse, les opérations sur titres, les relations avec la clientèle, l'étude des bilans, 1921-1923. »

Cote : 105 AH 016

3. Les sources comptables

Les Comptes des Profits et Pertes :

Dates externes	Cotes Archives
1863	31 AH 51
31-12-1878 au 31-12-1904	31 AH 52
31-12-1905 au 31-12-1910	31 AH 53
31-12-1911 au 31-12-1917	31 AH 54
31-12-1918 au 31-12-1925	31 AH 55
31-12-1926 au 31-12-1932	31 AH 56
31-12-1933 au 31-12-1940	31 AH 57

Les « Livres Rouges » appelés encore, « Profits et Pertes au 31 Décembre » :

Année	Cotes Archives
1896	31 AH 332
1897	31 AH 333
1898	31 AH 334
1899	31 AH 335
1900	31 AH 336
1901	31 AH 337
1902	31 AH 338
1903	31 AH 339
1904	31 AH 340
1905	31 AH 341
1906	31 AH 342
1907	31 AH 343
1908	31 AH 344

Année	Cotes Archives
1909	31 AH 345
1910	31 AH 346
1911	31 AH 347
1912	31 AH 348
1913	31 AH 349
1914	31 AH 350
1916	31 AH 351
1917	31 AH 352
1918	31 AH 353
1919	31 AH 354
1920	31 AH 355
1921	31 AH 356
1922	31 AH 357
1923	31 AH 358
1924	31 AH 359
1925	31 AH 360
1926	31 AH 361
1927	31 AH 362
1928	31 AH 363

Les comparaisons trimestrielles des chapitres de l'inventaire au 31 décembre : cette source comprend le détail des charges et des recettes pour les années comprises entre 1927 et 1947. L'analyse de l'évolution des frais de personnel a donc pu être poursuivie jusqu'en 1939.

Années	Cotes Archives
1927-1932	31 AH 581
1933-1939	31 AH 582
1940-1947	31 AH 583

Les dossiers d'inventaire général : ils comprennent le détail des dépenses d'intérêt général et notamment les budgets consacrés à la mécanographie, à la formation professionnelle et à la direction du Personnel.

Années	Cotes Archives
1927-1932	31 AH 569
1933-1936	31 AH 570
1937-1940	31 AH 571

4. Les sources orales

Les souvenirs oraux de Maurice Schlogel recueillis par M. Desjardins au cours de l'entretien du 9 avril 1993. La cassette n° 8 est consacrée à la formation professionnelle bancaire dans les années 1930.

B. Archives externes au Crédit lyonnais

1. Les archives de la préfecture de police de Paris

Les rapports des Renseignements généraux relatifs aux grèves des établissements de crédit de mai-juin 1917, mai-juillet 1919.
Les dossiers consultés sont les suivants :
– Ba 1389.
– Ba 1406.
– Ba 1407.

2. Les Archives nationales

La série F7 : Police générale.
– Dossier F7 13719 : Notes 1911-1912, 1917-1918.
– Dossier F7 13878 : cote 6 : Les rapports de police générale relatifs à la grève générale des employés de banque de la région parisienne (25 juillet-24 septembre 1925) : Notes, articles de presse contemporains des événements.
– Dossier F7 13878 : cote 7 : La grève de solidarité des employés de banque de tous les départements (mois de juillet 1925).
– Dossier F7 13879 : cote 8 : La grève de solidarité des employés de banque de tous les départements (mois d'août 1925).

3. Les archives de l'Association française de banque

Les rapports des assemblées générales annuelles de l'Union Syndicale des Banquiers de Paris et de la Province (1919-1945).

II. Sources imprimées

A. Ouvrages

1. Les banques : personnel et formation

Georges Simon, ministère du Commerce et de l'Industrie, Exposition Universelle et Internationale de Bruxelles, 1910, Banques et Institutions de Crédit, Groupe XIX, classe (116 bis), Rapport du jury, 1912.

Dr. Eugène Kaufmann, *La Banque en France*, Éditions M. Giard & E. Brière, Paris, 1914, 498 p.

Raphaël-Georges Lévy, *Initiations Financières*, Hachette, Paris, 1921, 239 p.

Louis Lair et G. Mutel, *Notions Sommaires sur les Banques*, Brionne, Eure, Amelot, 1921, 198 p. (Ouvrage destiné à ceux qui se préparent au concours de la Banque de France).

François Marsal, *Encyclopédie de Banque et de Bourse*, 5 volumes, Crété, 1928-1931, p. 389-433.

La Banque et ses services, Encyclopédie, 12 volumes, Banque éditeur, Paris, 1932, p. 265-333.

Pierre Cauboue, *La conduite des banques*, Banque éditeur, Paris, 1931, 251 p.

Pierre Cauboue, *Le rôle social des banques*, Banque éditeur, Paris, 1934, 291 p.

Achille Dauphin-Meunier, *La Banque à travers les âges*, Banque éditeur, Paris, 1936, 386 p.

Achille Dauphin-Meunier, *La Banque : 1919-1935*, Gallimard, Paris, 1936, 298 p.

VIᵉ Congrès International de Science et de Technique Bancaires, sous le Haut Patronage du ministère des Finances de France, *Problèmes Contemporains de Banque et de Bourse*, Paris, Banque éditeur, octobre 1937.

Henri Laufenburger, *Les Banques Françaises*, 1914-1939, Paris, Sirey, 1940.

Pierre Cauboue, *Banque et problèmes bancaires du temps présent*, cours professé à l'École Supérieure d'Organisation Professionnelle du Centre d'Information Interprofessionnelle, Paris, PUF, 1942, 321 p.

Louis Lair, *Analyse des bilans industriels et financiers*, cours professé à l'École Supérieure d'Organisation Professionnelle, Paris, PUF, 1942, 281 p.

François Divisia, « L'organisation professionnelle des banques », *La géographie des banques en France*, coll. « Droit Social », cahier n° 15, mai 1942, p. 32-44.

Robert Bigo, *Les banques françaises au cours du XIXᵉ siècle*, Paris, Sirey, 1947, 304 p.

2. Le Crédit lyonnais

Bourdeau (de), *Le Crédit lyonnais, son présent et son avenir*, Paris, 1875, in-4°, 7 p.

Eu. Tollmer, *Étude sur le Crédit Lyonnais, sa situation, sa valeur*, Lyon, 1883.

Henri Germain, discours prononcé lors de la séance publique annuelle de l'Académie des Sciences Morales et Politiques, Institut de France, le 1ᵉʳ décembre 1900, Firmin-Didot & Cie.

Notice sur le Crédit lyonnais. Exposition de Bruxelles (1910), Paris, 1910, in-8°, 25 p.

« Le cinquantenaire du Crédit lyonnais », *L'Information*, 06 juillet 1913.

« La vérité sur le Crédit lyonnais », *Le courrier parlementaire*, Paris, 1913.

Notice sur le Crédit lyonnais 1863-1913, ouvrage hors commerce paru à l'occasion du cinquantenaire du Crédit lyonnais, Paris, Draeger imp, 1914, 80 pages.

André Germain, *Henri Germain, le fondateur du Crédit lyonnais*, Paris, Émile Paul Frères, 1921, 32 p.

André Lorulot, *Les Pirates du Crédit lyonnais*, Conflans-Sainte-Honorine, 1925.

Fernand Jonniaux, directeur d'agence du Crédit lyonnais, *La Banque et la Bourse*, conférences théoriques et pratiques sur les opérations de banque et de bourse, 1929-1930, 303 p.

Louis Launay, *L'exploitation de l'épargne : le Crédit lyonnais*, Paris, 1933.

3. L'identité de l'employé

Employées et ouvrières, conditions d'admission et d'apprentissage, emplois, traitements, salaires, Vitte, Lyon, 1906.

A. Artaud, *La question de l'employé en France, étude sociale et professionnelle*, Librairie Georges Roustan, 1909, 260 p.

Émile Delivet, *Les employés et leurs corporations, étude sur leur fonction économique et sociale*, Paris, Librairie des sciences économiques et sociales, Marcel Rivière, 1909, 189 p.

La réglementation du travail des employés, Conseil Supérieur du Travail, ministère du Travail et de la Prévoyance Sociale, Session 1912, procès-verbaux de la discussion générale et du vote par article, Paris, Berger-Levrault, 1912, 291 p.

Gaston Tessier, *Le statut légal des employés*, Paris, F. Alcan, M. Rivière et Cie, 1924, 39 p.

Courteline, *Messieurs les ronds-de-cuir*, Paris, Flammarion, 1931, 261 p.

Albert Gazier, *L'employé : ses droits et ses devoirs*, Paris, PUF, 1941, 64 p.

4. Organisation et rationalisation du travail dans les banques

Henri Fayol, *Administration industrielle et générale*, Paris, 1917.

M. Galland, « De la nécessité de créer un nouveau département dans les grandes banques modernes : le service de l'organisation et du calcul », Banque, novembre-décembre 1927, p. 549-552.

Hans Homanetz, *Die Rationalisierung des Bankbetriebes*, Vienne, *ante* 1928.

Roger Alheinc, *Organisation bancaire*, préface d'Étienne Clémentel, Paris, Dunod, 1928, 103 p.

Adil Nouroullah Orhan, *L'organisation scientifique du travail dans les banques*, Paris, Les Presses Modernes, 1931, 152 p.

Georges Le Montreer, *La rationalisation des banques en Allemagne*, Paris, Dalloz.

René Carmille, *La mécanographie dans les administrations*, Paris, Sirey, 1936, 118 p.

5. Les lois sociales de 1936

Jean Vernay, « Les conventions collectives obligatoires en France et la loi du 24 juin 1936 », thèse de droit, Grenoble, Imprimerie Boissy et Colomb, 1937, 249 p.

Renée Petit, *Les conventions collectives de travail : commentaire théorique et pratique des lois du 25 mars 1919 et du 24 juin 1936*, préface d'A. Rouast, Paris, Dalloz, 1938, 207 p.

Henri Delmont, *La pratique des nouvelles lois sociales, congés payés, quarante heures, conventions collectives, conciliation et arbitrage : lois et décrets, jurisprudence*, Paris, Sirey, 1938, 186 p.

B. Périodiques

1. La presse professionnelle

Banque, Organe Technique du Banquier et de son Personnel
- publié mensuellement par l'École Spéciale de Préparation aux Banques, 16 rue de la Sorbonne, 1926-1945.

Cote : Cujas, R.M. 45.

2. La presse syndicale

Le Journal Syndical des Employés de Banque et de Bourse
- bulletin officiel des Syndicats Français de la Finance
- bi-mensuel : paraît les 1er et 15 de chaque mois
- première année : 1907
- mensuel à partir de 1918
- en 1918 : le prix de l'abonnement est de 2,50 F par an

L'Écho des Employés
- organe mensuel de la Fédération Nationale des Syndicats d'Employés, affiliée à la CGT
- n° 1 : juin 1919
- dernier numéro : novembre-décembre 1938.

Cote : BN Jo 15 589.

Plusieurs articles sont consacrés à la situation de l'employé de banque :
- « Dans la Banque : mauvaise foi patronale », in *L'Écho des Employés*, octobre 1919.
- Blanchard, secrétaire de la Section fédérale des Employés de Banque et de Bourse, « Le chômage dans les Banques », in *L'Écho des Employés*, août-septembre-octobre 1933, p. 90.
- « Les Employés de Banque devant la crise », in *L'Écho des Employés*, septembre 1934, pp. 177-178.
- « Chez les Employés de Banque, sommes-nous prêts ? », in *L'Écho des Employés*, août-septembre-octobre 1934, p. 194-195.
- « L'Esprit réactionnaire des Banques », « L'Avenir de l'Employé de Banque », in *L'Écho des Employés*, novembre-décembre 1933-janvier 1934, p. 108.
- « Dans la Banque : où nous en sommes ? », in *L'Écho des Employés*, septembre-octobre-novembre 1936, p. 23.
- « Dans la Banque : Et maintenant la bataille commence », in *L'Écho des Employés*, février-mars 1937, p. 71
- Christian Pineau, « Dans la Banque : les employés de banque en danger », in *L'Écho des Employés*, avril-mai 1937, p. 94.

– « Dans la Banque : la lutte est inégale : les employés n'en auront que plus de mérite à vaincre car ils vaincront ! », in *L'Écho des Employés*, juin-juillet-août 1937, p. 116-117.

– « Dans la Banque : les employés de banque et l'intérêt général », in *L'Écho des Employés*, nov-déc 1937, p. 163.

L'Employé de Banque

– supplément au journal *L'Employé*, organe mensuel du Syndicat des Employés du Commerce et de l'Industrie et de la Fédération Française des Syndicats Chrétiens d'Employés

– n° 1 : mars 1937

– dernier numéro : n° 13 : mai-juin 1939.

Cote : BN Fol. Jo. 234.

3. La presse d'entreprise

Le C.L. Sports

– bulletin mensuel du Groupe Sportif du Crédit lyonnais

– n° 1 : mars 1912

– le prix de l'abonnement : 2 francs par an

– le prix du numéro : 0,20 centimes

– la rédaction était assurée par J. Ledoux, Secrétaire général du GSCL.

Cote : AH CL, PER 49.

L'Écho du Lyonnais

– organe officiel du Groupe Sportif du Crédit lyonnais de Lyon, paraissant 8 fois par an, diffusé pour la première fois en 1935.

– il était « offert gracieusement à tout le personnel du Crédit lyonnais et à ses amis »

Cote : AH CL, PER 48.

Le Trait d'Union

– organe des diverses Sociétés du Crédit lyonnais : la Société de prévoyance des employés du Crédit lyonnais, la Mutuelle féminine, la Société de secours mutuels des employés du Crédit lyonnais, l'Union nationale des anciens combattants, la Société militaire du Crédit lyonnais, le Groupe musical du Crédit lyonnais et le Groupe sportif du Crédit lyonnais.

– bi-mestriel

– le n° 2 date de juillet 1930, le n° 4, de novembre 1930 : ce sont les deux seuls exemplaires disponibles à la Bibliothèque Nationale.

Cote : BN Jo 74 548.

Le Bulletin de la Mutuelle Féminine : aucun exemplaire de ce bulletin n'a pu être consulté.

Bibliographie

I. Généralités

Alain Plessis, *De la fête impériale au mur des fédérés*, 1852-1871, NHFC, vol. 9, Le Seuil, Paris, 1979, 254 p.

Jean-Marie Mayer, *Les débuts de la IIIe République*, 1871-1898, NHFC, vol. 10, Le Seuil, Paris, 1973, 256 p.

Madeleine Rébérioux, *La République radicale*, 1898-1914, NHFC, vol. 11, Le Seuil, Paris, 1975, 258 p.

Jean-Jacques Becker, Serge Berstein, *Victoires et frustrations*, 1914-1929, NHFC, vol. 12, Le Seuil, Paris, 1990, 449 p.

Jean-Jacques Becker, *Les Français dans la Grande Guerre*, Robert Laffont, Paris, 1980, 317 p.

Dominique Borne, Henri Dubief, *La crise des années 1930, 1929-1938*, NHFC, vol. 13, Le Seuil, Paris, 1989, 322 p.

Bernard Gazier, *La crise de 1929*, PUF, « QSJ », Paris, 1983, 127 p.

II. Histoire économique et sociale

Fernand Braudel et Ernest Labrousse, *Histoire économique et sociale de la France*, tome IV, PUF, Paris, 1978.

Alfred Sauvy avec le concours d'Anita Hirsch, *Histoire économique de la France entre les deux guerres*, 3 volumes, Economica, Paris, 1984, tome I, 422 p., tome II, 439 p., tome III, 476 p.

Jean-Charles Asselain, *Histoire économique de la France du XVIIIe siècle à nos jours*, 2 volumes, tome I, 222 p., tome II, 209 p., Le Seuil, Paris, 1984.

André Gueslin (dir.), *Nouvelle histoire économique de la France*, Patrick Verley, tome II, « L'industrialisation (1830-1914) », La Découverte, Paris, 1989, 128 p.

Maurice Lévy-Leboyer et Jean-Claude Casanova, *Entre l'État et le marché, L'économie française des années 1880 à nos jours*, Gallimard, NRF, Paris, 1991, 694 p.

François Caron, *Histoire économique de la France, XIXe-XXe siècles*, Armand Colin, Paris, 1995, 451 p.

Jean-Claude Toutain, « La population de la France de 1700 à 1959 », *Cahiers de l'ISEA*, n° 133, janvier 1963.

Yves Lequin (dir.), *Histoire des Français, XIXe-XXe siècles*, tome I, Armand Colin, Paris, 1983.

Jacques Dupaquier, *Histoire de la population française*, tome IV, PUF, Paris, 1988.

Alain Dewerpe, *Le Monde du Travail en France, 1800-1950*, Armand Colin, Paris, 1989, 187 p.

Christophe Charle, *Histoire sociale de la France au XIXe siècle*, Le Seuil, Paris, 1991, 389 p.

Jacques Dupaquier et Denis Kessler (dir.), *La Société française au XIXe siècle : tradition, transition, transformation*, Fayard, Paris, 1992, 529 p.

Édouard Dolléans, *Histoire du mouvement ouvrier*, Paris, 1967, tome II, 366 p.

Rolande Trempé, *Les Mineurs de Carmaux, 1848-1914*, Les Éditions ouvrières, Paris, 1971.

Rolande Trempé, « Pour une meilleure connaissance de la classe ouvrière : l'utilisation des archives d'entreprise : le fichier du personnel », *Le Mouvement Social*, janvier-mars 1974.

Patrick Fridenson, « France, États-Unis : genèse de l'usine nouvelle » in « Le soldat du travail », *Recherches*, n° 32-33, septembre 1978, p. 375-388.

Pierre Caspard, *La Fabrique Neuve de Cortaillod, 1752-1854, entreprise et profit pendant la révolution industrielle*, Éditions universitaires de Fribourg-Suisse, Publications de la Sorbonne, 1979, 227 p.

François Sellier, *Les salariés en France*, PUF, « QSJ », Paris, 1979, 127 p.

Françoise Cribier, « Itinéraires professionnels et usure au travail : une génération de salariés parisiens », in *Le Mouvement Social*, juillet-septembre, 1983, p. 11-44.

Gérard Noiriel, *Les ouvriers dans la société française, XIXe-XXe*, Le Seuil, Paris, 1986.

Yves Lequin et Sylvie Vandecasteele (dir.), *L'usine et le bureau, Itinéraires sociaux et professionnels dans l'entreprise, XIXe-XXe*, PUL, Lyon, 1990.

Catherine Omnès, « Les ouvrières parisiennes de l'entre deux guerres », thèse d'État, Paris X-Nanterre, 1993.

André Gueslin, *L'État, l'économie et la société française, XIXe-XXe siècles*, Hachette, Paris, 1992, 249 p.

Georges Lefranc, *Le mouvement syndical sous la IIIe République*, Payot, Paris, 1967, 120 p.

Michel Launay, « Aux origines du syndicalisme chrétien en France : le syndicat des employés de commerce et d'industrie, de 1887 à 1914 », *Le Mouvement Social*, n° 68, juillet-septembre 1969, p. 34-55.

René Mouriaux, *La CGT*, Le Seuil, Paris, 1982, 245 p.

Michelle Perrot, *Jeunesse de la grève, France : 1871-1890*, Le Seuil, Paris, 1984, 325 p.

Michel Launay, *La CFTC. : Origines et développement, 1919-1940*, Publications de la Sorbonne, Paris, 1986, 486 p.

Antoine Prost, *Histoire de l'Enseignement en France, 1800-1967*, Armand Colin, collection U, Paris, 1968, 524 p.

Antoine Prost, *L'école et la famille dans une société en mutation*, tome IV de l'*Histoire générale de l'enseignement et de l'éducation en France*, sous la direction de L.H. Parias, Nouvelle Librairie Française, Paris, 1981, 729 p.

Mona Ozouf, *L'École, l'Église et la République, 1871-1914*, Éditions Cana/Jean Offredo, Paris, 1982, 259 p.

R. Grew, P. J. Harrigan, J.B. Whitney, « La scolarisation en France, 1829-1906 », *Annales ESC*, janvier-février 1984, p. 116-157.

Bernard Charlot, Madeleine Figeat, *Histoire de la formation des ouvriers, 1789-1984*, Minerve, Paris, 1985, 601 p.

Ingo Kolboom, *La revanche des patrons : le patronat français face au Front populaire*, préface d'Henri Weber, traduit par Jeanne Etoré, Flammarion, Paris, 1987, 384 p.

III. Histoire bancaire

Worms et Cie. Un centenaire, 1848-1948, Livre-anniversaire, Paris, 1948.

Bertrand Gille, *La Banque et le Crédit en France, 1815-1847*, PUF, Paris, 1959.

Jean Bouvier, *Le krach de l'Union Générale*, PUF, Paris, 1960.

La Société générale (1864-1964), Livre-anniversaire, 1964, 269 p.

Maurice Lévy-Leboyer, *Les banques européennes et l'industrialisation internationale dans la première moitié du XIXe siècle*, Paris, 1964.

Bertrand Gille, *Histoire de la maison Rothschild*, Droz, Genève, 2 vol., 1965 et 1967.

Jean Bouvier, *Les Rothschild*, Fayard, Paris, 1967.

Pierre Pouchain, « Ébauche d'une Histoire du Crédit du Nord : 1848-1939 », mémoire de recherches préparé sous la direction de Jean Bouvier, 1969, 201 p.

Bertrand Gille, *La Banque en France au XIXe siècle*, Droz, Genève, 1970.

Paribas (1872-1972), Livre du centenaire, 1972.

Maurice Lévy-Leboyer, « Système bancaire et entreprises industrielles dans la croissance européenne au XIXe siècle », in *Annales*, janvier-février, 1972.

Mallet Frères et Cie, 250 ans de banque (1723-1973), Paris, 1973.

Jean Bouvier, *Un siècle de banque française. Les contraintes de l'État et les incertitudes des marchés*, Hachette, Paris, 1973.

André de Lattre, *Le Crédit National*, Éditions Berger-Levrault, Paris, 1975, 279 p.

Maurice Lévy-Leboyer, « Le crédit et la monnaie », in *Histoire économique et sociale de la France*, dirigée par F. Braudel et E. Labrousse, PUF, Paris, 1976, Tome III, vol. 1.

Georges Petit-Dutaillis, *La Banque Française : évolution des activités et des structures*, Mac Graw Hill, 2e édition, Paris, 1978, 361 p.

Hubert Bonin, « Un ancêtre combatif de la B.N.P. : la Banque Nationale de Crédit (1913-1932) », thèse de 3e cycle préparée sous la direction de Maurice Lévy-Leboyer, Université de Nanterre-Paris X, 1978, 191 p.

Pierre Chauvot, « Le Système bancaire français au XIXe siècle : instruments, fonctions, structures », Nanterre-Paris X, 1980, thèse de 3e cycle, économie.

Alain Plessis, *La Banque de France et ses deux cents actionnaires sous le 2ᵉ Empire*, Droz, Genève, 1982, 294 p.

Michel Lescure, « Banques régionales et croissance économique au XIXᵉ siècle, l'exemple de la Société Marseillaise de Crédit », Actes du Colloque Banque et Industrie et économie méditerranéenne, 1982.

Alain Plessis, « L'âge d'or de la Banque de France », in *L'Histoire*, n° 53, Février 1983, p. 94-97.

Alain Plessis, « Les concours de la Banque de France à l'économie, 1842-1914 », Actes du Vᵉ Congrès de l'Association Française des Historiens Économistes, Publications de la Sorbonne, Paris, 1983.

Alain Plessis, *De la Société générale de Crédit industriel et commercial au groupe CIC, 125 ans de banque*, publication interne, Compagnie financière de CIC, 1984.

Sylvie Boudoulec, « Les Banques Populaires : des origines à la mise en place de la loi du 13 mars 1917 », 1984, Paris-1, thèse de 3ᵉ cycle.

Alain Plessis, *La politique de la Banque de France de 1851 à 1870*, Genève, Droz, 1985, 354 p.

Alain Plessis, *Régents et Gouverneurs de la Banque de France sous le 2ᵉ Empire*, Droz, Genève, 1985, 444 p.

André Gueslin, *Le Crédit Agricole*, La Découverte, Paris, 1985, 125 p.

Hubert Bonin, *Indosuez : L'autre Grande Banque d'Affaires*, Economica, Paris, 1987, 141 p.

Hubert Bonin, *Suez : du Canal à la Finance (1858-1987)*, préface de Jean Peyrelevade, Economica, Paris, 1987, 673 p.

Anne Sabouret, *MM. Lazard Frères et Cie : une Saga de la Fortune*, Olivier Orban, Paris, 1987, 285 p.

Hubert Bonin, *L'Argent en France depuis 1880 : Banquiers, Financiers, Épargnants dans la vie économique et politique*, Masson, Paris, 1989, 302 p.

Claire Andrieu, *La Banque sous l'Occupation, Paradoxes de l'histoire d'une profession, 1936-1946*, Presses de la FNSP, Paris, 1990, 258 p.

Marc Meuleau, *Des Pionniers en Extrême-Orient : Histoire de la Banque de l'Indochine (1875-1975)*, Fayard, Paris, 1990, 646 p.

Catherine Schwartz, « Histoire du Réseau France de la Banque Paribas, 1967-1991 : stratégies, structures, identité », mémoire de DEA, soutenu à l'EHESS, septembre 1991, 150 p.

Michel Lescure, *Les Banques, l'État et le marché immobilier en France à l'époque contemporaine, 1820-1940*, Éditions de l'EHESS, Paris, 1992, 621 p.

Éric Bussière, *1872-1992, Paribas : l'Europe et le monde*, Fonds Mercator, 1992, 320 p.

Hubert Bonin, « Une grande entreprise bancaire : le Comptoir National d'Escompte de Paris dans l'entre deux guerres », in *Études & Documents* IV, CHEEF, 1992, p. 226.

Yasuo Gonjo, *Banque coloniale ou banque d'affaires. La Banque de l'Indochine sous la IIIᵉ République*, 1993, 442 p.

Collectif Animation de la Recherche, « Les Banques en Europe de l'Ouest de 1920 à nos jours », Colloque tenu à Bercy les 7 et 8 octobre 1993.

« Louis Dorizon, une figure légendaire », *Sogechos*, n° 90, juillet 1994.

Renaud de Rochebrune et Jean-Claude Hazera, « Quand les banquiers font la loi », in *Les patrons sous l'Occupation*, Éditions Odile Jacob, Paris, 1995, p. 692-722.

Hubert Bonin, « Les banques françaises en économie libérale, 1919-1935 : efficacité, innovation et rapports de forces », thèse de doctorat d'État sous la direction de Maurice Lévy-Leboyer, Université de Nanterre-Paris X, 1995, 1406 p.

Hubert Bonin, « La maturation de la professionnalisation bancaire en France », in Pierre Guillaume (dir.), *La professionnalisation des classes moyennes*, Bordeaux, Éditions de la Maison des Sciences de l'Homme d'Aquitaine, p. 131-146.

IV. Histoire du Crédit lyonnais

Robert Bigo, « La fondation du Crédit lyonnais », *Banque*, 1958, n° 147 et 148.

Jean Bouvier, « Le Crédit lyonnais de 1863 à 1882 », *Banque*, juillet 1959, p. 441-444.

Jean Bouvier, *Le Crédit lyonnais de 1863 à 1882 : les années de formation d'une banque de dépôts*, tome I et II, Seupen, 1961.

Jean Bouvier, *Naissance d'une banque : le Crédit lyonnais* (résumé de l'ouvrage précédent), Flammarion, coll « Science », Paris, 1968, 383 p.

Tanneguy de Feuilhade, *Une grande banque de dépôts : le Crédit lyonnais*, Éditions de l'Épargne, Paris, 2ᵉ édition, 1964, 55 p.

Maurice Mogenet, *Un siècle d'économie française*, ouvrage paru à l'occasion du centenaire du Crédit lyonnais, Draeger Frères, Montrouge, 1963, 244 p.

« La Société des Amis des Employés du Crédit lyonnais disparaît », *La Vie au Crédit lyonnais*, Décembre 1968, p. 3-8.

Jacques Dagneau, *Les agences régionales du Crédit lyonnais, 1870-1914*, New-York, Arno Press, 1977, 485 p.

Muriel Weiner, « Comité d'entreprise : "l'action culturelle", pour quoi faire ? Évolution, bilan et perspectives des activités culturelles, sportives et de loisir au Crédit lyonnais, 1945-1978 », thèse de doctorat de 3ᵉ cycle, Université de Paris VIII-Vincennes, Paris, janvier 1980, 595 p.

Jean Morin, *Souvenirs d'un banquier français, (une carrière dans les agences étrangères entre 1898 et 1914)*, Denoël, Paris, 1983, 327 p.

Jean Bouvier, « Le "bon sens" du Crédit lyonnais », in *L'Histoire*, février 1983, n° 53, p. 98-100.

Christian de Montella, *19 boulevard des Italiens*, ouvrage paru à l'occasion du 125ᵉ anniversaire, Jean-Claude Lattès-Crédit lyonnais, 1987, Paris, 96 p.

Jean Rivoire, *Le Crédit lyonnais : Histoire d'une banque*, Le Cherche midi éditeur, Paris, 1989, 239 p.

Jean-Baptiste Senat, « Henri Germain », mémoire de maîtrise sous la direction d'Alain Plessis, Paris X-Nanterre, 1993.

Bertrand de Lafargue, « Henri Germain », thèse d'habilitation.

V. L'identité de l'employé de banque aux XIXe et XXe siècles

1. Du monde des employés...

Pierre Delon, *Les employés, de la plume d'oie à l'ordinateur, un siècle de luttes*, origines et activités de la Fédération CGT, Éditions Sociales, Paris, 1969, 223 p.

Henri Mercillon, *La rémunération des employés*, Centre d'Études Économiques, Études et mémoires, Armand Colin, Paris, 213 p.

Guy Thuillier, *La vie quotidienne dans les ministères au XIXe siècle*, Hachette, Paris, 1976, 255 p.

Claudie Lesselier, « Les femmes employées dans les grands magasins à Paris avant 1914 », maîtrise d'Histoire, Université Paris VII-Jussieu, 1976, 147 p.

Pierre Roger, *Employés : le mythe du tertiaire*, Éditions Sociales, Paris, 1980.

Guy Thuillier, *Bureaucratie et bureaucrates en France au XIXe siècle*, Droz, Genève, 1980, 670 p.

Annie Sornaga, « La dactylo, de l'apparition des machines jusqu'en 1930 », maîtrise d'Histoire sous la direction de Michelle Perrot, Université de Paris VII-Jussieu, 1981.

Dominique Bertinotti, « Recherche sur le développement et la naissance du secteur tertiaire en France, les employés des PTT sous la IIIe République », Doctorat de 3e cycle d'Histoire, Université Paris I, 1984.

Dominique Bertinotti, « Carrières féminines et carrières masculines dans l'administration des postes et des télégraphes à la fin du XIXe siècle », *Annales E.S.C.*, mai 1985, p. 625-640.

Sylvie Zerner, « Travail domestique et force de travail : ouvrières et employées entre la Première Guerre mondiale et la Grande Crise », thèse de doctorat d'économie, Université Paris X-Nanterre, 1985.

Françoise Thébaud, *La femme au temps de la guerre de 1914*, collection « La femme au temps de », Syros, 1986.

Suzan Bachrach, « La féminisation des PTT au tournant du siècle », *Le Mouvement Social*, n° 140, juillet-septembre 1987, p. 68-87.

Jürgen Kocka, *Les employés en Allemagne, 1850-1980 : histoire d'un groupe social*, Éditions de l'EHESS, Paris, 1989, 220 p.

Judith Wishnia, *The proletarianizing of the Fonctionnaires : Civil Service Workers and the Labor Movement under the third Republic*, Lousiana University Press, 1990, 394 p.

Catherine Bertho, « Hommes et femmes au sein des PTT (1840-1914) », contribution au Colloque *Le monde des bureaux XIXe-XXe siècles*, organisé par le Deutsche Forschungsgemeinschaft (DFG) et le CNRS, Berlin, 13-15 février 1991, actes non publiés à ce jour.

Gerhard Halberstadt, *Die Angestellten und ihre Gewerkschaft : Stationen einer bewegten Geschichte*, RHVF, 1991, 483 p.

Delphine Gardey, *La dactylographie et l'expéditionnaire. Histoire des employés de bureau (1890-1930)*, Belin, Paris, 2001.

William Reddy, « "Mériter votre bienveillance" : les employés du ministère de l'Intérieur en France de 1814 à 1848 », *Le Mouvement Social*, janvier-mars 1995, p. 7-37.

2. ...au monde de l'employé de banque

« Les femmes employées aux Finances et au Crédit Foncier en 1900 » in Camille Rouyer, *Les chemins de la vie, la femme dans l'administration*, Tours, Mame, 189 p., in Guy Thuillier, *Études et Documents VI*, CHEEF, 1994, p. 641-646.

« La Banque et ses métiers », *Carrières*, Paris VI, Édition Destin Nouveau, septembre 1955.

Claudine Marenco, *Les employés de banque : contribution à l'étude des attitudes et des motivations au travail en fonction des types d'organisation*, Groupe de Recherches de Sociologie Administrative, février 1959.

Jean-Pierre Moussy, Georges Bégot, Alain Delangre, Antoinette Langlois, Daniel Mignot, Régine Vidal, *Le « Mai » des Banques*, Syros, Lyon, 1974, 99 p.

Robert Leclercq, « Les luttes des employés de banque et leur signification, 1974-1978 », doctorat de 3e cycle, 1981, EHESS.

« Le petit employé de banque dans les œuvres d'Émile Zola », thèse de 3e cycle, Paris X-Nanterre, 1984.

Yves Grafmeyer, « Les employés de la Société lyonnaise de Banque : carrières professionnelles et mobilité géographique dans une entreprise en réseau », in Yves Lequin et Sylvie Vandecasteele, *L'usine et le bureau*, PUL, Lyon, 1990.

Yves Grafmeyer, *Les gens de la banque*, PUF, Paris, 1992, 283 p.

Plusieurs contributions à l'occasion du soixantenaire du Centre de Formation de la Profession Bancaire, in la Revue *Banque*, supplément au numéro 533, décembre 1992.

– Alain Van Bockstael, « Le CFPB toujours recommencé : une brève histoire du CFPB, 1932-1992 », p. 7-15

– Jean Morin, « Travailler dans la Banque en 1932 », p. 69-71.

– Gilberte Beaux, « Les femmes dans la Banque », p. 72-74.

– Jean-Pierre Moussy, « Syndicalisme d'hier et d'aujourd'hui dans la banque », p. 80-82.

– Joseph Musseau, « Soixante ans de formation au Crédit lyonnais », p. 108-111.

Éric Aeschimann « Comment un secteur détruit des milliers d'emplois par an : la mort lente de l'employé de banque », *Libération*, 9 mars 1993.

David Courpasson, « Éléments pour une sociologie de la relation commerciale : les paradoxes de la modernisation dans la Banque », *Sociologie du Travail*, n° 37, avril 1995, p. 1-25.

Nicole Coussemet-Ichou, « Les employés de banque du CNEP et de la BNCI, parcours de travail et temps de vie, 1848-1870 », thèse de doctorat d'Histoire, sous la direction d'Alain Plessis, Université Paris X-Nanterre, 2001, 2 vol., 657 p.

VI. Histoire de la gestion du personnel

1. Histoire de la fonction Personnel

Jean Fombonne, « Pour un historique de la fonction Personnel », in Dimitri WEISS & collaborateurs, *La Fonction Ressources Humaines*, Les Éditions d'Organisation, Paris, 1992, p. 53-100.

Marc Meuleau, « Les débuts de la fonction Personnel » in le tome III de sa thèse, « Vers une nouvelle gestion de l'entreprise », in *Les HEC et l'évolution du management en France (1881-années 1980)*, thèse d'État sous la direction de Maurice Lévy-Leboyer, Université de Paris X-Nanterre, p. 742-754.

Jean-Pierre Bouchez, « 1880-1975 : Émergence de la fonction Personnel », in *La Revue Française de Gestion*, n° 90, septembre-octobre 1992, p. 5-19.

Jean Fombonne, « Des démarches participatives : associer le personnel à la vie et au destin de l'entreprise », in *Personnel*, n° 343, juillet 1993, p. 6-10.

Groupe Térence, *Encyclopédie des Ressources Humaines*, tome I, Les Éditions d'Organisation, 1993.

Marc Meuleau, « L'action d'un précurseur : Louis Devaux à la Shell française de 1952 à 1960 », in *Personnel*, n° 343, juillet 1993, p. 23-28.

Yves Cohen, « Aux origines de la Direction du Personnel aux États-Unis : 1900-1918 », à partir de l'ouvrage de Sanford M. Jacoby, *Employing Bureaucracy, Managers, Unions and the transformation of work in american industry 1900-1945*, Columbia University Press, New York, 1985, 377 p., in *Personnel*, n° 343, juillet 1993, p. 29-32.

Jean-Louis Gazzaniga & Pierre Spiteri, *Histoire, Gestion et Management*, collection Histoire, Gestion et Organisation, n° 1, Éditions ESUG-Université de Toulouse, 1993, 289 p.

Cet ouvrage a fait l'objet d'un article critique de Jean-Pierre Daviet, paru dans *La Revue Française de Gestion*, juin-juillet-août 1994.

Jacques Igalens & Bruno Sire, « De quelques textes fondateurs dans l'enseignement de la gestion des ressources humaines en France » in *Les sources d'information et leur transmission en gestion et management*, novembre 1993, Presses de l'Université des Sciences Sociales de Toulouse, p. 223-233.

Marie-Claude Betbeder, « De l'ordre à la négociation : la fonction du chef du personnel s'est profondément modifiée » in le dossier « Cinquante ans du monde de l'entreprise », *Le Monde-Initiatives*, 14 décembre 1994.

Plusieurs contributions au Colloque *Le personnel communal face à son Histoire : nouvelles approches, nouveaux enjeux*, organisé par le Groupe de Recherches sur l'Histoire du Personnel Communal, Reims, les 24 et 25 novembre 1994, actes non publiés.

– Colette Grandclaudon, « La Fonction Publique Territoriale : de l'analyse historique à l'étude prospective ».

– Pierre Morin, « Le changement dans les organisations : toute une histoire ».

– Pierre Legoy, « L'organisation syndicale ne peut dédaigner l'Histoire ».

– Ambroise Georget, « Gérer les Ressources Humaines sans histoire ? »

2. *Histoire de la gestion du personnel : études de cas*

Catherine Omnès, *Gestion de la main-d'œuvre à la Compagnie française des téléphones Thomson Houston dans les années 1930*, Centre d'Études de l'Emploi, Paris, s.d., 62 p.

Florence Delacour, « Permanences et Mutations dans la gestion des hommes au Crédit Foncier de France : 1936-1956 », maîtrise d'histoire sous la direction de Jacques Marseille, Université de Paris I-Panthéon-Sorbonne, 1992, 125 p.

Mylène Cabour, « Promotion, Formation, Stabilisation, l'exemple d'une banque lyonnaise : la Société lyonnaise de Dépôts, 1865-1945 », mémoire de DEA sous la direction d'Yves Lequin, Université de Lyon II, 1992.

VII. Histoire des politiques sociales patronales et étatiques

Cent ans de jeunesse, publié par *Printania*, la revue du personnel des entreprises du Groupe Printemps, 1966.

Patrick Fridenson, *Histoire des usines Renault. 1. Naissance de la grande entreprise, 1898-1939*, Le Seuil, Paris, 1972, 359 p.

Françoise Guitard, « La politique sociale de la Compagnie du Nord, 1845-1910 », 1972, mémoire de maîtrise sous la direction de René Rémond, Paris X-Nanterre.

Maurice Lévy-Leboyer, « Le patronat a-t-il été malthusien ? », *Le Mouvement Social*, juillet-septembre 1974, p. 10 et suivantes.

François Picque, « Le paternalisme dans l'opinion des industriels français au XIXe siècle », doctorat d'État, économie, Université Paris I-Panthéon Sorbonne, 1980.

René-Pierre Parizec, « Le Paternalisme et son influence politique au Creusot de 1899 à 1939 », doctorat de 3e cycle, 1980, Toulouse II.

Sylvie Schweitzer, « Organisation du travail, politique patronale et pratiques ouvrières aux usines Citroën (1915-1935) », doctorat de 3ᵉ cycle, 1980, Paris-VIII.

Sylvie Schweitzer, *Des engrenages à la chaîne : les usines Citroën, 1915-1935*, PUL, Lyon, 1982, 203 p.

Jean Luquet, « Du paternalisme aux conventions collectives : la politique sociale de la Société des Hauts fourneaux et fonderies de Pont-à-Mousson des origines à 1939 », thèse de l'École Nationale des Chartes, 1983.

Michael B. Miller, *Au Bon Marché, 1869-1920, le consommateur apprivoisé*, Armand Colin, Paris, 1987, 238 p.

Jean-Pierre Daviet, « Un destin international. La compagnie de Saint-Gobain de 1830 à 1939 », thèse d'État d'histoire, Éditions des Archives Contemporaines, 1988.

Gérard Noiriel, « Du patronage au paternalisme : la restructuration des formes de domination de la main-d'œuvre ouvrière dans l'industrie métallurgique française », in « Paternalismes d'hier et d'aujourd'hui », *Le Mouvement Social*, juillet-septembre 1988, n° 144, p. 17-37.

Marianne Debouzy, « Permanence du paternalisme », in « Paternalismes d'hier et d'aujourd'hui », *Le Mouvement Social*, juillet-septembre 1988, n°144, p. 3-17.

Jean-Marie Moine, *Les Barons du Fer. Les maîtres de forges en Lorraine du milieu du XIXᵉ siècle aux années 1930*, Serpenoise-Presses Universitaires de Nancy, Nancy, 1989.

Plusieurs contributions au Congrès International d'Histoire Économique de Louvain, tenu les 20-24 août 1990, la session B étant consacrée au thème « Libéralisme et paternalisme au XIXᵉ siècle » :

– François Weill, « Les paternalismes aux États-Unis, 1800-1930 »

– P. Joyce, Work, Society and Politics, Brighton, 1980.

– François Jéquier, « Fondements éthiques et réalisations pratiques de patrons paternalistes en Suisse romane (XIXᵉ-XXᵉ siècles) ».

Henri Hatzfeld, *Du paupérisme à la Sécurité Sociale, essai sur les origines de la sécurité sociale en France : 1850-1940*, Armand Colin, Paris, 1971, 344 p.

Élisabeth Meignien, « Les origines des lois de 1905 et 1910 sur l'Assistance aux Vieillards et sur les Retraites », doctorat, École Nationale des Chartes, 1982.

Dominique Simon, « Des origines des Assurances Sociales au début des années 1930 », thèse d'histoire de 3ᵉ cycle sous la direction de Jean Bouvier, Université de Paris I-Panthéon Sorbonne.

François Ewald, *L'État Providence*, Grasset, Paris, 1986, 608 p.

Pierre Rosanvallon, *L'État en France de 1789 à nos jours*, Le Seuil, Paris, 1990, 369 p.

André Gueslin et Pierre Guillaume, *De la Charité Médiévale à la Sécurité Sociale*, Les Éditions ouvrières, Paris, 1992, 337 p.

André Gueslin, « Le paternalisme revisité en Europe Occidentale (seconde moitié du XIXe, début du XXe siècle) », in *Genèses*, n° 7, mars 1992, p. 201-211.

André Gueslin, *Michelin, les hommes du pneu : les ouvriers Michelin à Clermont-Ferrand de 1899 à 1940*, Les Éditions de l'Atelier, Paris, 1993, 269 p.

Yves Cohen et Rémi Baudouï, *Les Chantiers de la Paix Sociale*, ENS Éditions, Fontenay/Saint-Cloud, Paris, 1995, 321 p.

VIII. Organisation et rationalisation du travail

F.W. Taylor, *La Direction Scientifique des Entreprises*, Dunod, Paris, 1957.

Aimée Moutet, « Les origines du système Taylor en France, le point de vue patronal (1907-1914) », *Le Mouvement social*, n° 93, octobre-décembre 1975, p. 15-49.

Aimée Moutet, « La rationalisation de l'industrie française », in « Le Soldat du Travail », *Recherches*, n° 32-33, septembre 1978, p. 449-492.

Georges Ribeill, « Les débuts de l'ergonomie en France à la veille de la Première Guerre mondiale », *Le Mouvement Social*, n° 113, octobre-décembre 1980, p. 3-36.

Olivier Pastre, « Analyse économique de l'organisation du travail : gestion de la main-d'œuvre et évolution de la productivité en France », thèse complémentaire, Paris XIII, 1981.

C. Thomas, « Machines de bureau et Bureau-Machine, vieille idée, nouvelle jeunesse », in *Critique de l'Économie Politique*, n° 22, 1983.

Maurice de Montmollin, Olivier Pastre, *Le Taylorisme*, La Découverte, Paris, 1984.

Luc Marmonier, « L'espace bancaire et la rationalisation en France dans l'entre deux guerres », mémoire de DEA de Sciences Sociales sous la direction d'Alain Plessis, EHESS-ENS, septembre 1986, 87 p.

Patrick Fridenson, « Un tournant taylorien dans la société française (1904-1918) », *Annales E.S.C.*, septembre-octobre 1987, n° 5, p. 1031-1060.

Alfred Chandler Jr, *Stratégies et structures de l'entreprise*, Les Éditions d'Organisation, Paris, 1989, 543 p.

Aimée Moutet, « La rationalisation industrielle dans l'économie française au XXe siècle. Étude sur les rapports entre changements d'organisation technique et problèmes sociaux (1900-1939) », thèse de doctorat d'État, 1992, 1807 p.

Aimée Moutet, « Sous le gouvernement de Front populaire : problèmes humains de la rationalisation et action ouvrière », in Yves Cohen et Rémi Baudouï, *Les chantiers de la paix sociale (1900-1940)*, ENS Éditions Fontenay/Saint-Cloud, Paris, p. 288-310.

IX.   Instruments de travail

Roland Pressat, *Dictionnaire de Démographie*, PUF., Paris, 1979, 294 p.

Jean Maitron, *Le Dictionnaire Biographique du Mouvement ouvrier français*, vol. 1914-1939, Les Éditions ouvrières.

Michel Dreyfus, *Les Sources de l'Histoire Ouvrière et Sociale et Industrielle en France au XIXe et au XXe siècles*, Guide Documentaire, Les Éditions Ouvrières, Collection « Mouvement Social », Paris, 1987, 297 p.

Alain Croix et Didier Guyvarch, *Le Guide de l'Histoire locale*, Le Seuil, Paris, 1990, 347 p.

Le quinzième chapitre s'intitule : « Faire l'histoire de l'usine, de l'entreprise ».

Index

Économie et Histoire

Fondée en 2007 par le Comité pour l'Histoire Économique et Financière de la France du ministère de l'Économie, des Finances et de l'Emploi et du ministère du Budget, des Comptes publics et de la Fonction publique, la collection « Économie et Histoire » contribue à la diffusion des savoirs en histoire économique et en économie. Les ouvrages concernent toutes les périodes depuis le Moyen Âge jusqu'à nos jours.

Cette collection a pour vocation d'accueillir les travaux d'auteurs français mais aussi étrangers, de chercheurs reconnus ou de jeunes universitaires ainsi que d'acteurs de la vie économique et financière, sous forme de monographies ou d'actes de colloques.

Directeur de collection

Comité pour l'histoire économique et financière de la France
(Institut de la Gestion publique et du Développement économique)

Titres parus

N° 1 – Cécile OMNÈS, *La gestion du personnel au Crédit lyonnais de 1863 à 1939. Une fonction en devenir (genèse, maturation et rationnalisation)*, 2007, ISBN 978-90-5201-358-9

N° 2 – Antoin E. MURPHY, *John Law. Économiste et homme d'État*, 2007, ISBN 978-90-5201-366-4

Visitez le groupe éditorial Peter Lang
sur son site Internet commun
www.peterlang.com